《郑州大学学报》（哲学社会科学版）名栏建设文丛

21世纪
美学热点问题 上

乔学杰　主编

中原出版传媒集团
中原传媒股份公司

大象出版社
·郑州·

图书在版编目（CIP）数据

21世纪美学热点问题／乔学杰主编.—郑州：大象出版社，2019.3
(《郑州大学学报·哲学社会科学版》名栏建设文丛)
ISBN 978-7-5347-9559-6

Ⅰ.①2…　Ⅱ.①乔…　Ⅲ.①美学—研究
Ⅳ.①B83

中国版本图书馆 CIP 数据核字(2017)第 296207 号

21 世纪美学热点问题（上、下册）

21 SHIJI MEIXUE REDIAN WENTI（SHANG、XIA CE）

乔学杰　主　编

出 版 人	王刘纯
责任编辑	郑强胜　连　冠
责任校对	钟　骄
书籍设计	王　敏

出版发行	大象出版社（郑州市郑东新区祥盛街 27 号　邮政编码 450016）
	发行科 0371-63863551　总编室 0371-65597936
网　　址	www.daxiang.cn
印　　刷	洛阳和众印刷有限公司
经　　销	各地新华书店经销
开　　本	720mm×1020mm　1/16
印　　张	54.75
字　　数	824 千字
版　　次	2019 年 10 月第 1 版　2019 年 10 月第 1 次印刷
定　　价	168.00 元（上、下册）

若发现印、装质量问题，影响阅读，请与承印厂联系调换。
印厂地址　洛阳市高新区丰华路三号
邮政编码　471003　　　　电话　0379-64606268

序

中国美学，自晚清民国进入世界现代进程以来，涌现出了一大批学人，最初是王国维、蔡元培、刘师培、梁启超等，接着是朱光潜、宗白华、邓以蛰、方东美、蔡仪等，再后来是李泽厚、高尔泰、马奇、蒋孔阳、杨辛、葛路、蒋培坤、刘纲纪、叶朗、曾繁仁等，他们的优秀论著，呈现出了中国美学波澜壮阔的演进历程。美学在 21 世纪的最新演进，由浪花朵朵形成的各个热点，首先从一大批学术期刊中冒出，其中《郑州大学学报》在美学上特别用心，专门策划，成为美学发文的亮点。从一定意义上讲，几乎成 21 世纪美学热点的导演或推手。

新世纪以来在《郑州大学学报》发文的作者，如果按而今时尚的以 10 年为一代划分的话，那么包括了 5 代美学学人，有："30 后"学人阎国忠、杜书瀛、陈望衡、杨春时、毛崇杰、张涵等；"50 后"学人高建平、潘知常、宛小平、张法等；"60 后"学人王德胜、刘成纪、彭锋、彭富春、朱志荣、邹其昌、史鸿文、刘彦顺、吴海庆、李冬妮等；"70 后"学人余开亮、郭文成、李震等；"80 后"学人李修建、周黄正蜜、韦拴喜、曹谦等。除上述学者外，还可看到斯洛维尼亚学者阿列西·埃尔耶维奇、美国学者弗兰德里克·齐乔瓦茨基等。

不同代际的学人，因代际差异、社会环境、生活氛围、学术训练、关注重心不同而呈现出不同的特色，加上其异如面的个人禀性，再因新世纪以来中国风云和世界潮流的种种激励，而写出有如其人的不同文章，怎能不显得多姿多彩！

从新世纪以来在《郑州大学学报》发文的主题，沿美学演进的内在逻辑，因中西互动的风云激荡，关乎时代浪潮的沉浮转折，缘自个人情性的天机一闪，如清朗夜空、繁星灿烂。在这浩瀚阔大的美学星光中，可观看美学原理的银河里，今夕今夜，有哪些新星闪烁；可细寻美学史上一座座星座，在原有的不同文化的既成划定中，因激烈碰撞而产生出了新的视点，不按中国古代的左青龙、右白虎，也不依西方古代的狮子座、金牛座，而要融古今以构奇景，合中西而呈妙象；美学的新进展，犹如天上的昼去夜来的斗转星移，有的按着后浪前浪的规律而来，有的却如水流花开的突然临现。在《郑州大学学报》展现的新世纪的美学天空中，当你带着解释学前去理解预期、去仰望时，或许会在本以为了然于胸的星空里，突见流星坠落，令人惊叹。在这一瞬间，你不会感到突然被引着去思考那星外之星的奥秘，空外之空的玄妙……

本书的编排，把《郑州大学学报》新世纪以来的美学文章，按主题和热点，分成四个部分：美学问题、美学新进展、美学史、美育。还有在中西互动中风起云涌的"环境美学"，被编为另一专辑。如果读者是美学界内之人，熟悉新世纪以来中国美学的基本进展，看一看本书的目录，可以概知；中国美学新世纪以来演进中的理路、要点、热点，已基本在其中了，有些要点和热点，还得到了细致和新意的呈现。当然，它还不是新世纪中国美学的全部，但它关联着全部。更为重要的是，它像一个窗口，吸引着人去走向全部。中国古人历来认为，无论是读书还是读世，如果不能举一反三，由一而三，用古人的话讲，举一隅不以三隅反，"东向而望，不见西墙"，那么，书读不懂、世阅不明，是可想而知的了。这本《21世纪美学热点问题》虽然不是全部，但它有要点、有亮点，会引发思想，引向全部。我认为，这是此书的首要价值。在今天，回首21世纪以来中国美学的演进时，翻开此书，不禁生出与孟浩然诗句相同的感受：

却顾所来径，

苍苍横翠薇。

张　法

2018年8月

目　录

第一部分　美学理论

何谓美学?
　　——100年来中国学者的追问 ·················· ⊙阎国忠　3
构建新世纪中西美学对话的总体框架 ················ ⊙张　涵　23
生存-超越美学的现代性 ························ ⊙杨春时　29
全球化语境与存在论美学 ······················ ⊙张　弘　33
美学的第三条道路 ·························· ⊙彭富春　38
自然美：一个经典范畴的当代价值 ················· ⊙刘成纪　42
自然美的难题 ···························· ⊙杨道圣　47
最难舍却自然美 ··························· ⊙阎国忠　53
生态中心主义视角下的自然审美观 ················· ⊙陈望衡　58
多元一体的美学 ··························· ⊙刘成纪　64
美学：边界与超越 ·························· ⊙毛崇杰　70
美学的场域转换 ··························· ⊙牛宏宝　74
普遍性：中国美学古今会通的现实途径 ··············· ⊙薛富兴　80
跨文化美学与美的共识 ······················· ⊙彭　锋　86
自然与艺术的对立与和解
　　——康德的自然美与艺术美之辨析 ··············· ⊙周黄正蜜　92

如何进行现象学的美学研究？
　　——以杜夫海纳《审美经验现象学》前言为中心 ⋯⋯⋯⋯⋯⋯ ⊙郭勇健　102
技术、艺术与语言的家园
　　——论海德格尔晚期美学思想的三重边界 ⋯⋯⋯⋯⋯⋯⋯⋯ ⊙郭文成　122
论艺术哲学与美学的对立 ⋯⋯⋯⋯⋯⋯⋯⋯⋯⋯⋯⋯⋯⋯⋯⋯ ⊙张志伟　131
美学：艺术哲学还是文化哲学？⋯⋯⋯⋯ ⊙［斯洛文尼亚］阿列西·埃尔耶维奇　138
美学定位的传承与转化 ⋯⋯⋯⋯⋯⋯⋯⋯⋯⋯⋯⋯⋯⋯⋯⋯⋯ ⊙史鸿文　154
缪斯与上帝的相遇
　　——生存论视阈中的审美体验与宗教体验 ⋯⋯⋯⋯⋯⋯⋯⋯ ⊙刘春阳　165
人类生命历程与审美实践关系探析 ⋯⋯⋯⋯⋯⋯⋯⋯⋯⋯⋯⋯ ⊙唐玉宏　177
审美之"无"：中国美学和艺术的"本无论"精神 ⋯⋯⋯⋯⋯⋯⋯ ⊙史鸿文　187
现象直观与意象的诞生
　　——从心物关系看审美活动的内在发生机制 ⋯⋯⋯⋯⋯⋯⋯ ⊙朱建锋　197

第二部分　美学新进展

和美·优存·同乐
　　——六学者谈"新人间美学" ⋯⋯⋯⋯⋯⋯⋯⋯⋯⋯⋯⋯⋯⋯⋯⋯⋯　207
空间美学的建构及后现代文化表征实践 ⋯⋯⋯⋯⋯⋯⋯⋯⋯⋯ ⊙裴　萱　220
当代传播美学纲要 ⋯⋯⋯⋯⋯⋯⋯⋯⋯⋯⋯⋯⋯⋯⋯⋯⋯⋯ ⊙张　涵　245
电影美学的哲学立场 ⋯⋯⋯⋯⋯⋯⋯⋯⋯⋯⋯⋯⋯⋯⋯⋯⋯ ⊙史鸿文　274
艺术的"空间原型"
　　——以电影《花样年华》为例 ⋯⋯⋯⋯⋯⋯⋯⋯⋯⋯⋯⋯ ⊙张璟慧　283
论当下影视剧中的审丑化审美
　　——以《士兵突击》和《丑女无敌》为例 ⋯⋯⋯⋯⋯⋯⋯⋯ ⊙周　徐　291
法美学生成的时代背景及理论基础 ⋯⋯⋯⋯⋯⋯⋯⋯⋯⋯⋯⋯ ⊙李庚香　299
关于价值美学 ⋯⋯⋯⋯⋯⋯⋯⋯⋯⋯⋯⋯⋯⋯⋯⋯⋯⋯⋯⋯ ⊙杜书瀛　339

身体美学对传统美学的超越路径之省思 ⊙韦拴喜 345

生态学视野中的当代美学 ⊙刘成纪 360

艺术，死亡抑或终结？ ⊙阿列西·埃尔耶维奇 374

艺术是一种生活方式
——当代生活方式下的艺术追问 ⊙郭文成 390

游戏的幻象：康德论艺术中的真理 ⊙［美］弗兰德里克·齐乔瓦茨基 398

走向生命优存论美学 ⊙史鸿文 407

第三部分　美学史

古代中国天下观中的中国美学
——试论中国美学史研究中一个缺失的问题 ⊙张法 419

中国美学与农耕文明 ⊙刘成纪 425

中国美学史中的审美意识史研究 ⊙朱志荣 432

近三十年来中国美学史写作的维度 ⊙王燚 437

东吴与江南美学的四个方面 ⊙张法 444

《楚辞》中的"江南想象"及其空间感
——从人文主义地理学观念来看 ⊙刘彦顺 450

论早期吴越审美文化中的江湖与剑道
——以《越绝书》和《吴越春秋》为例 ⊙吴海庆 457

良渚审美文化中的玉陶、徽饰、墓葬及其江南特质 ⊙李震 463

论中国社会早期审美时空格局的形成 ⊙刘成纪 470

陶铜审美之变与中国早期国家的形成 ⊙刘成纪 485

朱光潜晚年美学思想的思想史价值
——以《谈美书简》和《美学拾穗集》为中心 ⊙曹谦 502

朱光潜中西美学论域下的桐城派 ⊙宛小平 520

"意象美学"的现代形态论
　　——论叶朗的美学本体论 ⋯⋯⋯⋯⋯⋯⋯⋯⋯⋯⋯⋯⋯ ⊙邹其昌　529
蒋孔阳的实践创造论美学 ⋯⋯⋯⋯⋯⋯⋯⋯⋯⋯⋯⋯⋯⋯⋯⋯ ⊙朱志荣　539
论宗白华美学思想的局限性 ⋯⋯⋯⋯⋯⋯⋯⋯⋯⋯⋯⋯⋯⋯⋯ ⊙王进进　551
末路回光
　　——评王夫之美学理论的历史地位 ⋯⋯⋯⋯⋯⋯⋯⋯⋯⋯ ⊙王小慎　561
王阳明"万物一体说"及其对当代美学的启示 ⋯⋯⋯⋯ ⊙张　辑　李冬妮　569
家园何以可能？
　　——海德格尔晚期美学思想论纲 ⋯⋯⋯⋯⋯⋯⋯⋯⋯⋯⋯ ⊙郭文成　578
比较美学语境中的中文"美"字与中国美学之特色 ⋯⋯⋯⋯⋯ ⊙张　法　584
从"美"字释义看中国社会早期的审美观念 ⋯⋯⋯⋯⋯⋯⋯⋯ ⊙刘成纪　592
《说文解字》中的"美" ⋯⋯⋯⋯⋯⋯⋯⋯⋯⋯⋯⋯⋯⋯⋯⋯ ⊙刘天召　602
"美"字原始意义研究文献概述 ⋯⋯⋯⋯⋯⋯⋯⋯⋯⋯⋯⋯⋯ ⊙王赠怡　613
古希腊审美主义的发生及价值维度
　　——从毕达哥拉斯到苏格拉底 ⋯⋯⋯⋯⋯⋯⋯⋯⋯⋯⋯⋯ ⊙彭公亮　623
论宋明理学的美学意蕴 ⋯⋯⋯⋯⋯⋯⋯⋯⋯⋯⋯⋯⋯⋯⋯⋯ ⊙史鸿文　634
三大观念与魏晋南北朝美学的重写 ⋯⋯⋯⋯⋯⋯⋯⋯⋯⋯⋯ ⊙张　法　647
论魏晋南北朝美学的三个特征 ⋯⋯⋯⋯⋯⋯⋯⋯⋯⋯⋯⋯⋯ ⊙李修建　659
郭象哲学与魏晋美学思潮 ⋯⋯⋯⋯⋯⋯⋯⋯⋯⋯⋯⋯⋯⋯⋯ ⊙余开亮　670
从都城变迁看北朝审美观念的融合 ⋯⋯⋯⋯⋯⋯⋯⋯⋯⋯⋯ ⊙席　格　681

第四部分　美　育

美育哲学基础的重建 ⋯⋯⋯⋯⋯⋯⋯⋯⋯⋯⋯⋯⋯⋯⋯⋯⋯ ⊙刘成纪　697
技术时代的审美教育 ⋯⋯⋯⋯⋯⋯⋯⋯⋯⋯⋯⋯⋯⋯⋯⋯⋯ ⊙彭富春　704
美育与社会改造 ⋯⋯⋯⋯⋯⋯⋯⋯⋯⋯⋯⋯⋯⋯⋯⋯⋯⋯⋯ ⊙高建平　709
美育在全球化时代的任务 ⋯⋯⋯⋯⋯⋯⋯⋯⋯⋯⋯⋯⋯⋯⋯ ⊙彭　锋　717

美育问题的美学困局	⊙潘知常	724
蔡元培美育思想批判	⊙郭勇健	749
关于美育合法性的反思		
——兼及生命美学的必然性存在	⊙范 藻	771
美育本质的双重规定性	⊙冉祥华	793
生态审美与生态美育的任务	⊙丁永祥	804
功能论思想模式与生活改造论取向		
——从"以美育代宗教"理解现代中国美学精神的发生	⊙王德胜	814
"以美育代宗教"的四个美学误区	⊙潘知常	823
当代美学转型与美育的理论困境		
——兼论美学与美育的关系	⊙席 格	847
后记	⊙乔学杰	859

第一部分

美学理论

何谓美学？

——100年来中国学者的追问

⊙阎国忠
⊙北京大学哲学系

何谓美学？自美学诞生之日起，人们便不停地追问，而且还将追问下去，美学史因此成了问题史，不同的只是追问的目的、角度和方法。不过，美学之所以保持着勃勃生机，也许正在于不停的追问。恰恰是不停的追问激活了一代又一代人的情感和智慧，从而将他们内心世界真实地敞现出来。从这个意义上看，我们对这一问题的回顾，可以看作对100年来中国学人心路历程的一次浏览。

一、王国维：寻求美的标准与文学原理

美学经由日本传入中国是在20世纪初。王国维是最早阐扬美学的人之一。王国维是启蒙思想家，他推重美学主要是从国民教育出发的。在他看来，美学之重要，不仅在于它是哲学的一部分，能够将本属直观的、顿悟的审美与艺术现象放在理智的层面上进行思考，而且在于它能够为人生提供某种"美之标准"，为"文学上之原理"提供某种根源，从而现实地为人们指示一条通往理想境界的途径。

王国维最初接触的主要是叔本华的美学。《红楼梦评论》是他的一次实践。这篇文章在美学本身上并无新的建树，但对于美学在中国的传播，对于文学批评之纳入哲学视野，无疑起到了奠基性和先导性的作用。

《红楼梦评论》第一章意在为评论确立一个原则。他指出:"生活之本质何?'欲'而已矣。"而欲生于不足,因而与苦痛相联,所以"欲与生活、与苦痛,三者一而已矣"。他认为,人类一切知识的探求和实践的行为,无不是"欲"的结果,无不与苦痛相始终,唯有一物,可"使吾人超然于利害之外,而忘物与我之关系",这就是"美术",即文学艺术。文学艺术所呈现给人们的不是可感可触之实物,而是"美"。他认为,美之中有优美与壮美两类。所谓"优美",是指一物或与我无关系,或虽有关系但为我所漠视,我是以宁静心态去观照物之本身;所谓"壮美",是指一物大不利于我,我的意志因之破裂,我遂成为但知之我,从而得以深观此物。无论优美还是壮美,"皆使吾人离生活之欲,而入于纯粹之知识者"。《红楼梦评论》第二、第三章讨论《红楼梦》之精神及美学上之价值。王国维认为,《红楼梦》之精神在于通过对贾宝玉等人物形象的描写揭示出生活之本质即生活之欲及其解脱之道。贾宝玉的"玉"实为"生活之欲的代表",玉之来龙去脉,恰好说明"此生活、此痛苦之由于自造,又示其解脱之道不可不由自己求之者出"。《红楼梦》之美学价值,与《桃花扇》相似,而与《牡丹亭》《长生殿》等不同,主要是壮美或悲剧的美,但《桃花扇》的悲剧,是政治的、国民的、历史的,《红楼梦》的悲剧则是哲学的、宇宙的、文学的。《红楼梦》因而大悖于国人的、世俗的、乐天的传统精神。王国维由此得出结论,文学艺术的任务,"在播写人生之苦痛与解脱之道,而使吾侪冯生之徒,于此桎梏之世界中,离此生活之欲之争斗,而得其暂时之平和","美学上最终之目的",应"与伦理学上最终之目的合"。①

《文学小言》特别是《人间嗜好之研究》,可以看作王国维美学的一个转折。转折的标志是与"生活之欲"不同的"势力之欲"的提出。他在《文学小言》中写道:"文学者,游戏的事业也。人之势力,用于生存竞争而有余,

---

① 王国维:《王国维文集》第一卷,中国文史出版社,1997年,第1~4页。

于是发而为游戏。"①《人间嗜好之研究》中进一步谈到"势力之欲"与"生活之欲"的关系,并由此拈出"嗜好"这一概念。他说:"人类之于生活,即竞争而得胜矣,于是此根本之欲复而为势力之欲,而务使其物质上与精神上之生活超于他人之生活之上。此势力之欲,即谓之生活之欲之苗裔,无不可也。人之一生,唯由此二欲以策其智力及体力,而使之活动。其直接为生活故而活动时,谓之曰'工作',或其势力有余,而唯为活动故而活动时,谓之曰'嗜好'。故嗜好之为物,虽非表直接之势力,亦必为势力之小影,或足以遂其势力之欲者,始足以动人心,而医其空虚的苦痛。不然,欲其嗜之也难矣。"② 王国维将烟、酒、博弈、宫室、车马、衣服等称为低等的"嗜好",其中适用部分属于"生活之欲",装饰部分属于"势力之欲";称文学、美术等为最高尚之"嗜好",这种"嗜好"则完全属于"势力之欲"。他说:"希而列而(即席勒)既谓儿童之游戏存在于用剩余之势力矣,文学美术亦不过成人精神的游戏。故其渊源之存于剩余之势力,不可疑也。"③ 他认为,普通人对文学艺术的爱好均源于"势力所不能于实际表示者,得以游戏表示之",而真正之大诗人,则"以人类之感情为其一己之感情","遂不以发表自己之感情为满足,更进欲发表人类全体之感情","彼之著作,实为人类全体之喉舌"。王国维进而由文学艺术推及哲学、科学及一切知识,说:"一切知识之欲,虽谓之即势力之欲,亦无不可。"把"势力之欲"及"嗜好"引进美学,标志着王国维从叔本华转向康德、席勒,标志着他不再从悲观主义角度将文学艺术的意义消极地归于超脱生活及其苦痛,而赋予文学艺术以表现与完善人性自身的人文主义功能。这一转变同时改变了王国维对"美之标准"和"文学上之原理"的理解。这便是《人间词话》及《宋元戏曲史》所以产生的理论根基。

《人间词话》和《宋元戏曲史》的核心概念不是美,而是"境界"或"意

---

① 王国维:《王国维文集》第一卷,第25页。
② 王国维:《王国维文集》第三卷,第28页。
③ 王国维:《王国维文集》第三卷,第30页。

境"。它是"意"与"境"的浑然统一，是"自然"。所以他在评元南戏时说："元南戏之佳处，亦一言以蔽之，曰自然而已矣。申言之，则亦不过一言，曰有意境而已矣。"① 这个"自然"，有道家讲的"自生自成"之意，而不同于"自然中之物"，其中包括真实、真诚及描写时之质朴无华等多种含义。王国维认为艺术，至少诗词戏曲之类的最高范畴，应是"境界"，美作为一种形式只是构成"境界"的一个因素。因此，他从"有我之境"与"无我之境"重新界定了优美和壮美。在他看来，优美既然是由对象之形成不关乎吾人之利害，使吾人得以静心沉浸于其形式中，作为"境界"，便是"无我之境"；壮美既然是由对象之形式大不利于吾人，吾人必须调整心态超越利害之观念，以达观其形式，作为"境界"，便是"有我之境"。"无我之境"的特征在"静"，"有我之境"的特征在"动"。同时，因为艺术作为"第二形式"，有个表现问题，所以他又在优美、壮美之外，提出了"古雅"这个范畴。由于"境界"概念的提出，王国维完全抛开叔本华所谓的"实念"（理念）这样异常空乏的用语，而注重对艺术家人格修养的分析，强调"其所写者，即其所观；其所观者，即其所畜者"，强调"物我无间，而道艺为一，与天冥合，而不知其所以然"。②

综观王国维的叙述，可以见出，王国维所理解的美学，实即艺术哲学，而美育，实即艺术教育。他的美学是随着他对艺术本身的理解的变化而逐渐完善的。

二、宗白华：美学归美学，艺术学归艺术学

与王国维不同，宗白华是直接受到了德国哲学和文化熏陶的。在宗白华身上，不仅凝聚着中国传统的艺术精神，而且保有德国学人那种形而上的思辨的智慧。宗白华是在诗情与哲思的激烈碰撞中走入美学的，一开始就致力于给美

---

① 王国维：《王国维文集》第一卷，第 407 页。

② 王国维：《王国维文集》第一卷，第 132 页。

学一个明确的定义。1925年到1929年宗白华在中央大学任教期间，给我们留下了一份"美学"讲授大纲和两份"艺术学"大纲，三份大纲均谈到了美学与艺术学的区别。其中第二份"艺术学"大纲讲得最为概括。他说，"美学之范围为自然美、人生美、艺术美、工艺美等"；"凡是对于文化世界、精神世界及全世界之美感，皆属于美学。即艺术学也可谓是美学的一部分，但艺术学虽为美学之一部分，至其内容非仅限于美感的，如 Eola（欧拉）的小说，描写的事实，既皆系鲜活之事，文笔和结构方面，也少美的组织，但吾人不能谓其为非伟大的艺术品也。盖艺术除美的实现之外，作家的个性、社会与时代的状况、宗教性，俱非美之所能概括也。故艺术学之研究对象不限于美感的价值，而尤注重——艺术品所包含、所表现之各种价值"[①]。

在宗白华看来，美学与艺术学应是相互区别又相互关联的两门学科。美学的对象包括"文化世界、精神世界及全世界之美感"，具体地讲，涉及"人生方面"——人对于世界的"美的态度"（鉴赏、创造）、"文化方面"及人们创造的"美的各物"。艺术作为人鉴赏与创造的对象，即作为"美的态度"的实现，也应包含在其中。美学研究的方法是由对象决定的。就人生方面说，美学要分析美感和美的创造、一般人类美的创造的历史和动机、民族心理学上的创造美的过程、天才问题等；就文化方面说，美学要回答艺术品是什么、它的历史与分类，还要回答美学的应用问题，而美感"乃人生对于世界之一种态度"。它要求人将一切"占有的、利害计算的、研究的、解剖的各种观念"完全抛开，纯然用"客观的目光观察之"，所以美感态度也就是"客观的态度"。根据这样的认识，我们看到，在"美学"大纲中，宗白华着重讨论了这么几个问题：审美方法——静观、同感（移情）、联想、幻想（幻觉）；艺术创造——动机（私人动机与非私人动机）、工作之次序（过程）、天资与天才。与美感态度无关的其他艺术方面的问题，宗白华通通放在艺术学中去了。

从两份艺术学大纲来看，艺术学讨论的是艺术的范围、艺术的起源与进

---

① 宗白华：《宗白华全集》第一卷，安徽教育出版社，1994年，第542页。

化、艺术的形式与内容、美感的主要范畴、艺术创造的本质及意义、艺术之欣赏、艺术家的个性与风格、艺术门类。宗白华认为，艺术是"美的技能"，因此，艺术学必须研究艺术的美。他在大纲中以很大篇幅来讨论艺术的内容（象征之实际、"美的实际"）及形式的美，尤其值得重视的是，他把美感范畴美、丑、崇高、滑稽、悲剧、优美等都放在了艺术学中。显然，在他看来，这些范畴的形成是在艺术中，是人们在欣赏艺术时所呈现的"主观之情感的状态或判断"。但是，正如前面已介绍的，宗白华认为，艺术除"美的实现"之外，尚有其他各种价值。"艺术为生命的表现，艺术家用以表现其生命，而给予欣赏家以生命的印象。"所谓"艺术内容"也就是表现于艺术品中的艺术家生命的经历。所谓"艺术形式"便是由表现冲动而生的象征化、形式化了的材料，如文字语言、色彩、音响等。这个意义上的艺术内容实际上就是意境。所以宗白华说："每一艺术品所表现，皆作者心中所见的境界，兹名为作者的意境。"创作就是"将作者心中境界表现，转入他人心境中"，欣赏也非"消极的领受"。可见，在宗白华的艺术学中，作为理论核心的概念，并不是美，而是意境。意境中除了美，尚有一定的文化、个性、时代性、宗教性等的内涵。

宗白华将美感范畴纳入艺术学之中，并非否认它同样适应对自然美的观赏，而是因为只有艺术才能充分揭示它的丰富的深刻的内涵，宗白华将艺术分类纳入艺术学之中，也并非否认它在美学上的意义（他的美学大纲亦有艺术分类的讨论），只是为了更深入具体地阐明各门类艺术自身的特征。同一道理，宗白华在美学中把艺术创造的有关问题，如动机、过程、天资及天才等，当作理论的重心，也不是否认这些问题应当归属于艺术学，而是为了从艺术实践的角度阐明人对世界的美感态度。从动机可以看出美感的人性根基与社会根基；从过程可以看出美感的自然因素与心理因素，从天资及天才可以看出美感的意识层面与非意识层面。这样，美感态度问题就成了人生与文化方面的最根本问题之一。

于是，宗白华把一般艺术结构、个性、风格、创作方法等的讨论从美学中剔除出去，赋予美学以人生哲学的性质，从而强化了美学作为哲学一个分支的地位。

三、朱光潜：把美学看作文艺心理学

朱光潜把他第一部美学著作称作《文艺心理学》，这是很耐人寻味的。为什么要起这个名称？他在"作者自白"中解释说："这是一部研究文艺理论的书。我对于它的名称，曾费一番踌躇。它可以叫作《美学》，因为它所讨论的问题通常都属于美学范围。美学是从哲学分支出来的，以往的美学家大半心中先存有一种哲学系统，以它为根据，演绎出一些美学原理来。本书所采的是另一种方法。它丢开一切哲学的成见，把文艺的创造和欣赏当作心理的事实去研究，从事实中归纳得一些可适用于文艺批评的原理。它的对象是文艺的创造和欣赏，它的观点大致是心理学的，所以我不用《美学》的名目，把它叫作《文艺心理学》。这两个名称现代都有人用过，分别也并不很大，我们可以说，'文艺心理学'是从心理学观点研究出来的'美学'。"①

在朱光潜看来，美学的对象是文学艺术，并作过多次论证。他认为，美学，顾名思义，应该是研究"美"的学问，而艺术恰是"美"的高度集中的体现。所谓优美、壮美、悲剧、喜剧、崇高、滑稽等都只是通过艺术才为人所认识和领悟。自然中无所谓美。"在觉自然为美时，自然就已造成表现情趣的意象，就已经是艺术品。"② 他认为，美是创造出来的，美是艺术的特质。"艺术的目的直接地在美，间接地在美所伴的快感"③，所以对艺术的研究应该是美学的中心。他认为，美学把艺术当作中心是美学上一个进步的传统。从柏拉图、亚里士多德到狄德罗、莱辛、康德、黑格尔，他们的美学，实际上是从一定哲学体系出发对文艺实践的总结。

但是，朱光潜指出，美学与个别文艺理论不同，它又是一种认识论，④ 是

---

① 朱光潜：《朱光潜全集》第一卷，安徽教育出版社，1987年，第197页。
② 朱光潜：《朱光潜全集》第一卷，第347页。
③ 朱光潜：《朱光潜全集》第一卷，第349页。
④ 朱光潜：《朱光潜全集》第十卷，安徽教育出版社，1987年，第188~215页。

从哲学的角度上对艺术现象作出的最普遍、最一般的概括。个别的文艺理论讨论的是个别艺术，比如音乐、美术、文学的具体的审美特征、艺术规律、艺术个性与风格等，美学研究的则是艺术作为一种审美现象的一般特征、本源，以及它对于人生的意义。朱光潜认为，人对世界的态度，无非有三种：实用的、科学的、美感的。"实用的态度以善为最高目的，科学的态度以真为最高目的，美感的态度以美为最高目的"，这三种态度不可机械地区分。不过从价值论的角度讲，"美是事物的最有价值的一面，美感的经验是人生中最有价值的一面"①，而这些都是通过艺术创造和鉴赏实现的。由于美学触及艺术的根本性质，触及人性或人生中这些最根本的方面，所以美学必须从一定的哲学出发，以一定的哲学作为自己的理论依据。

于是，1960年，朱光潜在《美学研究什么？怎样研究美学？》一文中，对美学作了这样的界定："美学是处在哲学和个别艺术理论之间的一门科学。就对上的关系来说，它是哲学的一个部门；哲学研究的是一般，是意识反映存在或人掌握现实的普遍规律，而美学研究的是这一般下面的特殊，是关于人用艺术方式掌握现实的规律。就对下的关系来说，美学又是个别艺术理论的共同基础，它所研究的是一般，即各种形式的艺术所掌握的普遍规律，而个别艺术理论（例如音乐理论、文学理论）则研究各自的特殊规律。"②

在朱光潜看来，美学固然不能不以哲学为根据，但仅仅如此还不足以对艺术现象作出科学的阐释，还必须借助心理学的方法。他认为："过去许多文学批评之所以有缺陷，都在于缺少坚实的心理学基础。"他论证说，哲学的优势是它把艺术放在人性与人生这个深度的层面，对它进行概括和抽象。"抽象地处理事物"，是哲学家们的"特权"。而心理学的意义则在于"注意各个组成部分的相互关系，并弄清每一部分的原因和结果"，心理学家的权利是"整个

---

① 朱光潜：《朱光潜全集》第二卷，安徽教育出版社，1987年，第12页。
② 朱光潜：《朱光潜全集》第十卷，安徽教育出版社，1987年，第182页。

地处理具体经验"①，近代美学的基本特征和重要贡献就是把美学的中心从美作为客体的研究转向了"我们在欣赏自然美或艺术美时的心理活动"，即美感经验的研究。美学遂日益演化为文艺心理学。

在朱光潜看来，美感经验的研究，既是哲学的，也是艺术学的、心理学的。从认识论角度讲，是哲学的；从创造与鉴赏角度讲，是艺术学的；从心理机制及效应角度讲，是心理学的。美学是连接哲学、艺术学、心理学的纽带。

朱光潜用以阐释美感经验的哲学依据是康德、克罗齐的形式主义。他把美感经验直接归于"直觉的经验"或"形象的直觉"。他认为，形象的直觉的特征是"孤立绝缘"与"物我两忘"。他说："意象的孤立绝缘是美感经验的特征。在观赏的一刹那中，观赏者的意识只被一个完整而单纯的意象占住，微尘对于他便是大千；他忘记时光的飞驰，刹那对于他便是终古。"又说："在美感经验中，我和物的界限完全消灭，我没入大自然，大自然亦没入我，我和自然打成一气，在一块发展，在一块震栗。"他把这种形象的直觉等同于艺术创造。他说："直觉是突然间心里见到一个形象或意象，其实就是创造，形象便是创造成的艺术。因此，我们说美感经验是形象的直觉，就无异于说它是艺术的创造。"②

形象的直觉，作为一种哲学上的表述，在克罗齐那里，具有极大的包容性，以至于从中引发出其全部的美学学说。但在朱光潜眼中，却是一个需要限定的概念。他认为克罗齐的意义上的直觉过分纯粹和独立，已失去了与生活整体的联系，因此很难解释美感经验中概念思维和道德感的因素。所以，形象的直觉作为逻辑的起点，还需要有能使之恢复与生活整体的联系的理论原则的支持，这个理论原则就是英国心理学家爱德华·布洛的"心理距离"说。朱光潜认为，在美感经验与艺术中，"距离是一个重要因素""艺术成功的秘密在于距离的微妙调整"。"心理距离"理论完全可以证明，逻辑认识、个人经验、

---

① 朱光潜：《朱光潜全集》第二卷，第233页。
② 朱光潜：《朱光潜全集》第一卷，第209~215页。

概念的联想、道德感、本能、欲望等，对于美感经验与艺术并不是绝对不相容的，问题只在于把它们"放在适当的距离之外"①。

以"心理距离"为中介概念，朱光潜顺利地将美感经验的讨论转向了心理学。他先后吸纳了费肖尔、立普斯的"移情说"，谷鲁斯的"内模仿说"以及英国经验主义的"联想说"，同时给了以黑格尔、托尔斯泰为代表的道德论美学以应有的位置。他做了大量的"补苴罅漏"与"调和折中"的工作，在前人已有成果的基础上，建构了一个具有自身特色的美学框架。在这个框架中，不仅包容了美感经验本身的各个环节（直觉、距离、移情、内模仿、联想、快感等），还涉及美与自然、艺术与游戏、想象与灵感、理智与情感、天才与才能、创造与模仿、艺术与人生等。值得指出的是，朱光潜还依照自己对美感经验的理解，成功地重新阐释了刚性美（壮美）与柔性美（优美）、悲剧与喜剧这些范畴。

无疑，朱光潜讨论美学的方法和所运用的概念主要是西方的，但这并不意味着他完全捐弃了中国传统美学的成果。他在美学上的贡献之一就是运用"情趣"与"意象"这一对概念重新阐释了"境界"，并把它纳入到他的美学框架中，从而一方面纠正了克罗齐"直觉说"的机械性的弊病，另一方面为中国传统美学与西方美学的结合做了成功的尝试。

朱光潜没有忽略美学所包含的对人生的思考，但是他宁愿把这种思考统统纳入艺术的创造与鉴赏中。在他看来，美学所应回答的是，人应以怎样的心境进入艺术？或者，艺术将人引向怎样的心境？全部的问题是心理问题。所以他的美学恰如他称呼的是艺术心理学。当然，这里主要是指他早期的美学。

四、蔡仪：美学应属于哲学认识论

蔡仪没有西方美学的学术背景。在日本读书期间，他所接触的主要是马克

---

① 朱光潜：《朱光潜全集》第一卷，第216~229页。

思主义。他的美学完全是在马克思主义认识论基础上建构起来的。①

蔡仪肯定美学是一门独立的学科,不认为美学可以等同于艺术学。他在主编的《美学原理》中写道:"美学固然要研究艺术美及其创造的普遍规律,要与艺术实践紧密结合,但是,它并不要求专门研究艺术的一般的具体问题,也不要求专门研究艺术的每一个侧面。"同时,"美学又不仅仅是研究艺术的,它还把艺术范围之外的自然美、社会美和美感等问题作为自己专门研究的对象"②。他也不认为美学可以等同于心理学。他说:"美学作为完备的学科不能局限于美感心理现象和艺术精神活动的研究,它首先必须明确美感和艺术美的来源和基础。同时,艺术创造和欣赏固然与人的心理活动有联系,但我们又不能把它们仅仅看作是单纯的心理活动,囿于心理学范围。"③

蔡仪认为,美学作为哲学的一个分支或一个部分,应该把"研究美的存在与美的认识的关系及其发展的普遍规律,研究艺术与现实的相互关系及其发展的普遍规律"作为自己的任务。他认为美学包括三个部分:美的存在(现实美)、美的认识(美感)、美的创造(艺术)。

美的存在包括自然美与社会美。它们虽然"都是不依赖于人的感受和认识而客观地独立存在的现实事物的美",但是又有本质的不同,"自然美主要有关事物的实体的美,也就是直接间接地联系于实体事物的美,这种美是较多偏重于形式或现象的方面的。而社会实质上不外是各种各样的人和人的关系,社会美便主要是属于社会事物的关系的美,即主要是社会关系的美,这种美偏重于内容和本质的方面"。同时,"自然美是自然界事物的美,它和自然的真是一致的","社会美不仅同样地和社会的真理是一致的,而且和善实际上也是一致的";"自然美和自然事物的发展相关,也就是体现着自然的必然的美","社

---

① 蔡仪:《蔡仪美学讲演录》,长江文艺出版社,1985年,第65页。
② 蔡仪:《美学原理》,湖南人民出版社,1985年,第8~9页。
③ 蔡仪:《美学原理》,第9页。

会美则和社会事物的发展是不分开的","是必然和自由统一的美"。①

蔡仪认为,无论是自然美还是社会美,以及作为它们的摹写、复现的艺术美,都因体现了"美的规律"才成为美的。而"美的规律"也就是"典型的规律"。"真正美的艺术品,无论如何是不能脱离艺术典型的创造的",这固不待说。自然与社会中,也"只有那些以非常突出的现象充分地表现本质的事物,才是美的事物"。所以,"一般说来,具有丰茂的枝叶、鲜艳的花朵的植物,充分地表现出它们的欣欣向荣的生意,就是美的植物";那些以其"非常特异的性格特征,或非常突出、鲜明的举止行为",充分体现先进的社会关系或革命阶级的要求的人物,就是美的人物。

蔡仪所说的美的认识,也就是美感。在他看来,"美感根本上就是对美的认识"。但美感不同于一般的认识,它是"能够正确掌握美的规律的一种形象思维"。一般的认识侧重于利用概念的抽象性,形象思维则侧重于利用"概念的具象性",通过"表现具象的关联,而形成观赏、创作的心理状态"②。蔡仪把形象思维的结果称为"意象"。不过他明确地把他理解的"意象"与传统意义上的"意象"区分开来。他理解的意象不限于文艺创作和欣赏,也包括"人们面对现实的事物时的一种心理状态",它的含义"大体相当于具象概念或形象观念这种认识","是经过联想、想象或形象思维等对感性材料的比较、分析、综合、概括而成的"。"意象"具有"直观性",但是"它同时又是思维的成果,它还可能包含着"逻辑因素"。③ 蔡仪认为,"意象"作为形象思维的结果是阶段性的,"意象"虽然"可能反映一些美的现象,却不一定能反映美的规律",所以还要进一步使"意象"典型化,使"意象"上升为"美的观念"。

"美的观念"在蔡仪美学中是很重要的一个概念。在他看来,"美的观念"是"对于客观事物的美的理智认识的重要过程,也是关系着理解整个美感心理

---

① 蔡仪:《美学原理》,第25页。

② 蔡仪:《美学原理》,第125页。

③ 蔡仪:《美学原理》,第125~129页。

活动的关键"。一般说来，美感之形成必须有两方面的条件：一方面是"客观的美的事物"，一方面是"能与客观事物相符合的""美的观念"。所谓"美感"，就是"客观事物的美"，使"美的观念得到充实、得到明确、得到满足"，从而引起"感官的快适"和"心灵上的喜悦"①。"美的观念"与科学中的概念虽同属于认识论的范畴，但它具有自身的一些特性，这就是具有"非常鲜明突出的具体形象性"，同时具有"比较不确定和不明确的特性"。此外，"作为一种理智的认识，它积极地要求使自己的认识功能不断地扩大和深入，也就是必须不断地更加确定化和明晰化"②。

蔡仪不否认美感同时是一种情感活动，但是他认为美感的情感问题必须在谈清美的认识的前提下进行讨论。因为美的认识活动反映的对象是客观事物的美，在美感中是作为客观内容存在的，而情感则是主体对认识客观所发生的反映，是属于人的主观意识的。显然，美的认识在先，情感表现在后，情感表现决定于美的认识。③

蔡仪将通常的美的范畴作为美感的形态来讨论，分为"雄伟"的美感与"秀丽"的美感、"悲剧"的美感与"喜剧"的美感。他认为，"美的对象同美的观念相结合时，不仅产生美感，而且往往产生感性的、知识性的及感情的伴随条件"，"这种伴随条件的不同就会造成美感形态的不同"。

蔡仪早年写了《新艺术论》，以后又写了《新美学》，艺术学与美学是分开的，后来他在对《新美学》进行修订时，又将它们合在一起。"美的创造"，即艺术，是构成他的美学的有机组成部分。蔡仪认为，艺术是一种社会意识形态，是社会生活的反映，艺术表现就是艺术认识的摹写；艺术美的创造在于艺术的典型化，是具体形象的真理。在艺术分类问题上，他主张应该"按照艺术所反映的现实"，即"社会生活的历史过程和人对现实认识的发展"，"按照艺

---

① 蔡仪：《美学原理》，第144页。
② 蔡仪：《美学原理》，第138~141页。
③ 蔡仪：《蔡仪美学讲演录》，第174页。

术所反映的客观事物的美"进行。艺术可分为"以图案、形制、节奏、旋律、色彩的美为基础的艺术，即主要是以反映现实的现象美为基础的艺术""以动植物的形体，特别是以人体的美为基础的艺术，即主要是反映现实的种类美，特别是个体美的艺术"以及"以描写人的生活情景或模拟人的生活情景为基础的艺术，即主要是反映社会的关系美的艺术"。① 值得注意的是，蔡仪在美学之外，还有艺术社会学的创构。他认为艺术社会学的任务是"考察艺术及其产生的社会基础的相应关系和其随社会基础的发展而变化的相关联的规律"。所以艺术社会学"只是一种广泛而完全的艺术史论"，而不是传统意义上的艺术哲学。

蔡仪的美学是哲学的美学，是哲学在美学领域的运用，具体地说，是一种认识论。它的全部讨论的意义，就是为美感和艺术提供一个认识论的基础。以认识论为界限，蔡仪为艺术学，包括艺术社会学，保留了一块属于它自己的天地。

五、李泽厚：哲学、心理学、艺术学三个视角

李泽厚的美学是在20世纪60年代美学大讨论中，在阐释马克思主义某些原理的基础上创立的，在20世纪七八十年代逐步吸纳西方及中国传统美学的过程中渐趋完善的。

李泽厚于1980年发表了两篇谈论美学学科性质的文章。他认为，美学应该包括三个方面或三种因素，即美的哲学、审美心理学、艺术社会学。②

美的哲学是美学的"主干"，包含美的存在与美的种类两个方面的讨论。他认为，美的存在表现于三个层次上，即审美对象、审美性质、美的本质。所谓"审美对象"，是指比如一处风景、一件彩陶、一块宝石、一幅名画等，但这些事物之成为审美对象要有主观与客观两方面的条件，它们应该是"主观意

---

① 蔡仪：《美学原理》，第321页。
② 李泽厚：《李泽厚哲学美学文选》，湖南人民出版社，1985年，第190页。

识、情感与客观对象的统一";所谓"审美性质",是指对象的客观的自然性质,即比例、对称、和谐、秩序、多样统一、黄金分割等;所谓"美的本质",则是指"美的普遍必然性的本质、根源",这个普遍必然性的本质、根源,就是人类的社会实践,就是自然的人化。李泽厚沿用习惯的分类方法,将美分为社会美、自然美、科学美和艺术美。他认为,社会美是"美的本质的直接展现",它"首先是呈现在群体或个体的以生产劳动为核心的实践活动的过程中,然后才表现为静态成果或产品",是"从动态过程到静态成果";自然美分为两种:一种是"具体自然物的美,包括山水花鸟、珠光宝石和整个大自然风景",另一种是"净化了的自然美,即形式美"。自然美与社会美一样也是人类历史的产物,是自然人化的结果;科学美是"人类在探索、发现自然规律过程中所创作的成果或形式",是一种"反映美";艺术美也是一种"反映美"①,"艺术从再现到表现,从表现到形式美、装饰美,又由这些回到具有较具体明确内容的再现艺术或表现艺术"②。艺术美总是艺术之为艺术的重要因素,但艺术绝不等于艺术美。

审美心理学是美学的"中心和主体",是围绕审美意识展开的,所谓审美意识,在李泽厚看来,就是美感。这项讨论共分五部分:审美意识各阶段、建立新感性问题、积淀问题、美感种类、审美个性。他认为,审美意识有三个阶段,即准备阶段,包括审美态度、审美注意、审美经验;实现阶段,包括审美知觉、审美愉快(狭义的美感);成果阶段,包括审美观念、审美趣味、审美理想、审美情感、审美能力。其中,审美情感、审美能力的塑造是审美意识的最后成果。建立新感性的问题,实质是审美的目的性问题。李泽厚认为,审美是实现"内在自然人化"的重要途径。"内在自然人化",首先是"感官的人化",即"感性的功利性的消失";其次是"情感的人化",也就是对人的情感的塑造和陶冶。"内在自然人化"是"社会生活实践'积淀'的产物",有关

---

① 李泽厚:《李泽厚哲学美学文选》,第146~147页。

② 李泽厚:《李泽厚哲学美学文选》,第401页。

"积淀"问题的谈论,也就是讨论新感性得以建立的历史根据问题,李泽厚根据"内在自然人化"这个"总原则",将美感分为三个层次:悦耳悦目、悦心悦意、悦志悦神。"悦耳悦目一般是在生理基础上但又超出生理的一种社会性的愉悦,它主要是培养人的感性能力;悦心悦意,则一般是在认识的基础上培养人的审美观念和人生态度;悦志悦神则是在道德的基础上达到一种超道德的境界。"李泽厚认为,审美对人的心灵的塑造,最后还是要落实到人的个性上,"艺术或审美的个性多样化,通过社会历史而形成、发展,它标志着内在自然人化的尺度,是一个极深刻的问题"①。

关于艺术社会学,李泽厚前后理解有些不同。在1956年发表的《论美感、美和艺术》中,把"艺术的一般美学原理"归为两个方面:一是"艺术和艺术创作的基本美学问题",包括艺术与现实的关系、艺术形象与典型、形象思维问题;二是"艺术批评的美学原则",包括艺术的时代性和永恒性、艺术的阶级性和人民性问题。到了1980年写《美学的对象和范围》时,强调艺术社会学的对象是"作为审美对象的艺术品",即"物态化了的一定时代的心灵结构"。随后在1986年刊出的《艺术杂谈》中,又把艺术的审美研究扩展为三个方面:"审美素质的创造(创作过程和创作);审美素质的贮存(作品本身);审美素质的实现(接受过程、接受者)。"同时以审美经验为中心,将艺术作品自身分为三个层面,即感知层、情欲层、意味层。他认为,"艺术作品的感知层,它的存在、发展和变化,正好是人的自然生理性能与社会历史性直接在五官感知中的交融会合,它构成培育人性、塑造人类的艺术本体世界的一个方面";"艺术情欲层所呈现所陶冶的是更深一层的人性结构,它是情欲(动物性、原始本能)与观念(社会性、理性意识)的交错渗透";而意味层既不脱离又超越了感知层与情欲层,它是"整个心理状态"的"人化",就审美讲,实际就在意味层。②

---

① 李泽厚:《李泽厚哲学美学文选》,第378~412页。
② 李泽厚:《走我自己的路》,生活·读书·新知三联书店,1986年,第312~332页。

值得一提的是，李泽厚鉴于美学自身在当代的发展，特别是历史美学与实用美学的发展，将美学看作一个广大而又细密的系统，对美学的各个部门及其关系作了如下的描述：首先是基础美学，包括哲学美学、科学美学（心理学美学、艺术学美学）；其次是实用美学，包括文艺批评和欣赏的一般美学、文艺各部类美学、建筑美学、装饰美学、科技-生产美学、社会美学、教育美学；再次是历史美学，包括审美意识史或趣味流变史、艺术风格史、美学史。李泽厚认为，美学的发展，便是这三大部分间相互分化又相互渗透的过程。[①]

李泽厚建构了一个包括美的哲学、审美心理学、艺术社会学在内的庞大的理论框架。从这个框架来透视美感经验的本质、根源、机制、运作、效应、趣向、结果，无疑会更全面和深入，问题是用以支撑这一框架的根基和逻辑环节，尚待进一步完善。

六、"后实践美学"：美学应为"哲学的哲学"

20世纪90年代以来，美学界出现了新的人物，他们纷纷倡导以"生命""生存""存在"为基本范畴与逻辑起点建构美学，以取代旧有美学，这些人的主张被称作"后实践美学"。

杨春时是"后实践美学"的代表人物之一。他将自己的美学称作"超越美学"或"意义论美学"。他把审美看作人类的一种"自由的生存方式"和一种"超越的解释方式"。他说人类有三种基本生存方式：一种是"自然的生存方式"，即原始人的生存方式；一种是"现实的生存方式"，即文明人类的生存方式；再一种是"自由的生存方式"，这就是审美。"审美是独立的精神生产，它不依附于物质生产，是精神的自由创造。"在这种创造中，主体作为"自由的主体面对世界"。与这三种生存方式相对应，人类还有三种解释方式：一种是"巫术的解释方式"，它构成了"巫术化的意义世界"；一种是"理智"的、"符号系统"的解释方式，它构成了"文化的意义世界"；再一种是"超越的解释方

[①] 李泽厚：《李泽厚哲学美学文选》，第190页。

式",这种解释方式的特点是"审美突破现实观念,以直觉和情感体验来占有对象,使其呈现出超现实的意义即审美意义,这是对生存意义的领悟","在审美状态中,主客对立消失,知识与价值同一,达到天人合一境界"。①

杨春时认为,"应该把生存作为美学的基本范畴和逻辑起点",但生存作为一种意义是主体所阐释的结果。所以全部讨论的重心便是这种阐释何以成为可能、意识的本质特征及其结构等问题。在他看来,审美意识植根于人的"非自觉意识"之上,是"非自觉意识"的"最充分的体现"。审美意识是一个复杂的心理结构的运作过程。它由潜意识引发而形成审美需要;在审美需要作用下,人的现实意识(全部生活感受)以及以往的审美经验、审美观念提升、综合为审美理想;在审美理想支配下,想象力调动记忆中的生活感受材料,并加以选择,重新组合,构筑审美意象;审美意象呈现于审美理想之前,使之得以实现,产生审美情感。审美情感是审美意识活动的最终结果,它以最高愿望的满足而不以意志为转移。他认为,在审美意识中,主体与客体,认识与情感,思维、意识与实践,感性认识与理性认识,个人意识与集体意识的对立通通消解了,从这个角度看,审美意识实际上成了"人类实践创造自由的意识类型",成了"人类意识发展的最后结晶"。②

杨春时把美学范畴看成是"审美意识的内容范畴",并且认为这些范畴与"原始意识范畴"存在着"心理结构上的对应关系"和"心理能量的承继关系"。他把"审美意识内容范畴"分为"肯定性"与"否定性"两类。"肯定性"范畴指"通过对人的全面发展和自由直接肯定上升到美的高度"的审美对象,即优美、崇高、喜(剧);"否定性"范畴指"通过对人的变化存在的否定而上升到美的高度"的审美对象,即丑恶、卑下、悲(剧)。这两类范畴均脱胎于原始意识和原始文化,具体地说,脱胎于巫术中的祈求性与诅咒性两

---

① 杨春时:《生存与超越》,广西师范大学出版社,1998年,第35~36页。

② 杨春时:《生存与超越》,第200~207页。

种活动。①

潘知常是"后实践美学"的另一代表。他的《诗与思的对话》可以说是"后实践美学"的一个较完整、系统的理论建构。

潘知常认为，美学是一门人文科学，它与哲学、文艺学有密切关系。哲学是"借助于这样一种强烈的'形而上学欲望'表明人类对于自身的存在根据即生存意义的深切关注"。美学与此类似，但"哲学的'形而上学欲望'，面对的是作为'思'与'诗'相统一的生命智慧，美学的'形而上学欲望'面对的却只是以'诗'为主的审美智慧，因此就更加与人类自身的存在根据即生存意义密切相关"②。美学与文艺学都以艺术作为研究内容，但文艺学是"构造性"的，"以不考虑前提作为自己的前提，以认可某种观念、某种已知判断并以之为预设前提作为自己的前提"，美学却"把文艺学当作前提从而不予考察的对象当作自己的考察对象，以新的视角、新的方法、新的理论转向对于习惯不惊的文艺前提的考察，转向美学的考察"，"相对于文艺学，美学应该是反思性的"。③ 他认为，美学之为美学，它的真正问题，不是什么是美、美在哪里这些问题，而是"审美活动如何可能"的问题。

"后实践美学"明确地把美学定位在人文科学方面，美学面对的不再是外在于人的美，而是作为人的生存或生命活动方式的审美活动，美学因而被赋予了更深刻的形而上学的意义。

以上我们选取几位有代表性的学人，对他们的观点做了简要的介绍。从此可以大略看出，百年来中国学人对"何谓美学"这一问题的追问历程及他们所获得的进步及尚待思索的症结。

可以看出，中国美学百年来确实有了很大进步，这些进步，我冒昧地概括为四个方面。第一，在美学对象问题上，认识经历了这样的过程：开始认为是

---

① 杨春时：《生存与超越》，第115~116页。
② 潘知常：《诗与思的对话》，生活·读书·新知三联书店，1997年，第3~4页。
③ 潘知常：《诗与思的对话》，第7~8页。

"美""艺术",后来认为是"审美关系""美感经验",最后归结为"审美活动",由于把美学对象确定为审美活动,摆脱了审美主体与客体,美感与美孰先孰后这个本属虚幻问题的纠缠,把美学研究引向具体的审美现象本身,美学因此被推及人的一切审美领域,从而消除了由形而上与形而下的虚假对立所带来的困惑。第二,在美学宗旨或目的问题上,认识开始局限在"定美之标准与文学之原理"上面,后来根据马克思主义认识论,确认是指导人们"艺术地把握世界",再后来,趋向于把美学与实现人自身的价值联系起来,要求美学满足人的"形而上学欲望"。这样,美学越来越意识到它的目的不在人之外,而在人本身。美学的核心问题不是"什么是美"或"美在哪里",而是"审美如何可能"及审美对人生的意义。第三,在美学学科性质及定位问题上,从笼统地认为美学是哲学的一部分或一个分支,到认为美学处于哲学和艺术理论之间,再到认为美学作为边缘学科与哲学、心理学、社会学、人类学、艺术学间具有多元互补的关系,并肯定美学属于人文科学,从而使美学在理论上真正地独立起来。第四,在美学方法论上,较长时期中,中国美学基本上套用了西方古典的主客二分的方法,尽管运用这种方法在对审美主体与审美客体的探索中取得了相当的成果。"实践"作为一个基础概念引进美学后,在方法论上发生了重要转变,美学开始采用一种新的以审美活动为本体的一元论的研究方法,这应该是美学跨入新的阶段的一个标志。中国美学百年来的进步不只这些,限于我们设定的"何谓美学?"这一题目,无法一一列举。当然,无可否认,中国美学尚未真正成熟,回顾100年来走过的路程,可以看出,在我们面前,尚有许多概念需要清理,尚有许多疑难需要澄清,美学所承诺的与它实际上所给出的还相距甚远。正因为如此,所以问题还需提出,讨论还需进行。

(刊于《郑州大学学报》2001年第6期)

构建新世纪中西美学对话的总体框架

⊙张　涵
⊙中国出版家协会

在刚刚过去的一百年内，中西美学各自取得了很大的发展，但彼此在相互交流与借鉴上出现了很大落差。这就是中国学者向西方美学借鉴得多，而西方学者向中国美学借鉴得少；中国学者对西方的美学经典大都十分熟悉，而西方学者对中国美学的典籍大多十分陌生，甚或一无所知。为了美学在新世纪的繁荣，中西美学家应该携手改变这一局面。为此，第一件要做的事情就是共同寻找和建构中西美学的总体性对话框架。

那么，这一总体性对话框架是什么呢？我认为它至少应由下列三部分组成。

一、在审美意识母结构层面上的对话

我在《中华美学史》中曾经指出一个有趣而且成为鲜明对比的事实：中华人在其生命形态和文化形态早期形成的过程中，产生了影响深远的"太极说"，西方人在其生命形态和文化形态形成的过程中，产生了影响深远的"伊甸说"。"太极说"即"易"创世说，它用哲学语言高度概括了宇宙人类的生成与发展，即"太极"生阴阳，阴阳生万物，阴阳之最生男女；"伊甸说"即"上帝"创世说，它用艺术的语言描述了人类的由来与命运，即上帝造亚当，亚当用自己的一根肋骨生夏娃。我们认为，正是"太极说"与"伊甸说"分别构成了中西文化和审美意识的"母结构"，即源头性总体构架。"太极说"实乃哲学层面上的天、地、人互动互生的动力构架，"伊甸说"则是神学层面上的上帝设定的众生框架。前者是一个哲学的"合命题"，即天、地、人互生互大；后者是一个神学，也是一个哲学的"反命题"，即上帝单向度创造宇宙人类与人类单向度被创生，同时人又为万物的主宰，人类是宇宙万物中唯一的一个中心"主体"。不仅如此，"伊甸说"中还有一个关键性的情节，即上帝规定同生命树长在一起的那棵知识树上的果子，是不能吃的。上帝的意志和反上帝的意志是两个反命题。亚当、夏娃违背上帝的意志，偷吃了"知识"禁果以后，就开始了西方文明，也注定西方文明包括哲学与美学，在其发展的历程中要走一连串"反命题"的历程，也决定其一直要走一种单向度的知识理性主义的路线，直到后现代派想力挽狂澜，从根本上变革其偏颇的哲学构架，然而却又单向度地举起反理性主义的单色旗，始终未能将"知识"与"生命"统一于一个合命题的哲学构架之中。

具体来说，在思维方式上，中华人重整合，又重悟性；西方人重分析，又重实证。在对自然的认识上，西方民族重万物的物性，中华人重万物的灵性。在对人自身的态度上，西方人重人的肉体与灵魂的相悖性，中华人重人的身与心的协调性。在人与自然的关系上，西方人强调人对自然的征服性，中华人强调人对自然的亲和性。在人与人的关系上，西方人强调人的个性张扬，中华人强调人的人格修养。在对生命的终极关怀上，西方人是纯宗教的，中华人是宗教式的。由于生命意识和审美意识上的这些主要差异，中西方就各自生成和发展出了不同特点、不同形态和不同范畴体系的美学思想。

俗话说："有其源才有其流。"中西双方通过上述层面上的对话，大家就会一方面看到人类审美意识的同根性，这就是中西方都重视生命的超越性与回归性，即既超越于生命的"三位一体"性，又回归于生命的"三位一体"性；另一方面又看到彼此间的差异性，这就是各自对"三位一体"的诠释与态度不同，即中华先人强调个体与天、地、人"三才"之间的互动共生性，西方先人强调个体与圣父、圣子、圣灵"三圣"之间的分离性。有了这种比较，就容易从根基上和整体上认识和把握中西美学各自的特质，而不至于陷入范畴隔膜，不得要领。

马克思曾深刻地指出，古代希腊民族是一个"天真的儿童"，古代中华民族是一个"早熟的儿童"。这种"天真"与"早熟"的特征，恰好体现在两大民族审美意识的"母结构"上。无论是一种"天真"的审美母结构，还是一种"早熟"的审美母结构，都是人类先人智慧和情思的宝贵结晶，从而共同拉开了人类审美活动和美学思想的丰富多彩的动人序幕。

二、在自我或人格三元结构层面上的对话

我们知道，"自我问题框架"一直是西方哲学和美学的"第一问题框架"。最早表述这一框架的是柏拉图关于人类自我的理性、欲望和精神三元结构思想。这一思想后来与犹太基督文化相交汇，进而明确为人类自我或人格的理性、激情和意志三元结构。从西方哲学"母体"角度来说，这种三元结构仍然不是一种合命题，而是由灵魂与肉体、理性与激情、激情与意志相对立而构成的"反命题"。这一反命题哲学框架，不仅困扰了此后两千多年的西方哲学家和美学家们，也困惑着此后两千多年的西方艺术家们，例如大文豪歌德的《浮士德》，就典型地描写了人的灵魂与肉体的苦苦纠缠。直到今天，如何整合现代人的自我分裂和建构日常生活中健全的人格，仍是西方当代美学和文化艺术亟须集中解决的"第一框架"问题。

对于人类自我或曰人格问题框架，在古代中国孔子最先给予了明确的表述。他说："知之者不如好之者，好之者不如乐之者。"其中"知之""好之"和"乐之"三元结构，相当于西方自我即人格论中的"理性""激情"和"意志"三元结构，但它分明不是"反命题"，而是一种"合命题"。在孔子看来，知之的求真活动、好之的求善活动和乐之的求美活动，三者是一种辩证递进的关系，只有三者的有机统一，才能使人的生命活动与审美活动进入理想的境界。庄子也这样说："天地有大美而不言，四时有名法而不议，万物有成理而不说。圣人者，原天地之美而达万物之理。"这番话几乎将理性（成理）、情

感（大美）和意志（明法）三元结构进行了完美的统一。又如孟子所说："可欲之谓善，有诸己之谓信。充实之谓美，充实而有光辉之谓大。大而化之之谓圣，圣而不可知之之谓神。"（《孟子·尽心下》）这里说的是一个理想的人格应该具备的六个层面上的品格：其一"善"，其二"信"，此二者为实用和道德伦理上的要求；其三"美"，其四"大"，此二者为心灵美和行为美层面上的要求；其五"圣"，其六"神"，此二者标志着已脱离一般的知识、理性、技术等层面而进入一种出神入化的美学境界。

需要特别指出的是，中华美学中的自我人格三元结构"合命题"思想，源于伏羲"易"创世说。正如《系辞传》所阐释的："仰则观象于天，俯则观法于地，观鸟兽之文，与地之宜，近取诸身，远取诸物。"其中的"观天""观地""观人"，不仅是伏羲八卦的由来，而且本身就是一种通观天、地、人的全方位的、立体的大审美观。这种大审美观，实现了审美本体论与审美方法论的高度辩证统一，成为一种大观照、大智慧、大运作的精神实践活动。反观整个西方哲学包括美学，虽经数世纪的苦苦探索，至今仍未能真正走出理性何以规定经验、经验何以掌握整体的两难境地，而且面临着本体论与方法论的严重冲突。而《易》无论从哲学的角度还是从美学的角度看，都是既有"体"而又无定体、既有"方"而又无定方，恰好为解决当代西方哲学、美学难题提供了一个上乘的答案。众所周知，近现代西方美学关于审美的著名见解是"无功利说""直觉说""移情说"种种，多局限于从单一的心理层面上界定或规范审美活动。审美观念上的知、情、意三者关系的割裂，理性主义与经验主义的对立，本体论与方法论上的二元主张，正反映了也加剧了西方工业化、现代化过程中科技与艺术、理性与情感、人与社会、人与自然之间与日俱增的矛盾。这也给中华通观天、地、人的大审美观的更新与拓展带来了千载难逢的良机。例如中华美学体系中的道与技、技与艺等问题，在新形势下就应该受到格外的重视。人们会高兴地发现，在《易》之"结构思考"和美学思维中，在天、地、人的大观照、大运作中，天、地、人之道与高科技、高科技与艺术审美，是可以求得动态和谐的。

三、在全球化背景下世界美学走向亲和层面上的对话

进入新世纪，中西美学在这个层面上的对话最为重要。因为当前的全球化浪潮，不仅在一般的经济、政治和文化意义上改写着人类的工作和生活，而且在整个人类文明范式上将重塑人类自我。在这样的宏大背景下，中西美学对话的意义，就远不只是双方的交流与融通，更在于顺应和迎接扑面而来的人类文明的大变革。事实上，新旧千年之交，世界美学正在走向综合与亲和。

首先，当今世界美学趋向综合与亲和，与当代人类文明正在走向综合与亲和一致。回首人类文明发展数千年乃至上万年的历程，大体可将公元15世纪末哥伦布发现新大陆和海上新航线的开辟作为分水岭。此前，各地人类先后以不同的方式进行着某种科技的、文艺的和哲学的变革，推动着本地区、本民族、本社群的自我发展和文明发展。此后，由于全球性地理学观念的产生与世界性市场开始出现，作为人类文明发展和自我成长的科技、艺术和哲学三大动力革命都先后进入了空前活跃和相互激荡的阶段，相应地，人类文明的发展，就整体而论驶入了全球化发展的快车道。由于种种历史的条件和机缘，欧洲率先发生了文艺、科技和哲学等方面的变革，从而创造了辉煌的西方现代文明。但这一文明模式的最大特征，是物质产品总体上的空前丰富和人们精神上的空前迷茫。于是，自20世纪20年代起，西方学者对此种文明模式开始进行全面反思，包括哲学和美学的反思。特别是到了20世纪末，历史的终结（福山）、人的终结（福柯）、作者的死亡（罗兰·巴特）和哲学终结（德里达）等终结论同时出场。虽然这些话语各自诉说的语境并不相同，但在反思西方现代文明范式、寻找人类文明新范式的意向上都是一致的。

其次，当今世界美学走向综合与亲和，更是美学自身解惑与发展的逻辑与需要。我曾在《中国当代美学》一书中指出，当代美学的困惑实质是当代人类的困惑，两者的困惑都只有通过理论上和实践上的综合与亲和才能解决。这种综合，包括美学自身的综合、人类自身的综合和"美学-人类"统一的综合。作为这种综合的结果，在理论上，就宏观而言，将是人类生态学美学或战略美学的诞生；就微观而言，将是人格美学或主体性美学的诞生。而在实践上，将

是新人或新的人类的诞生。

所谓"美学自身的综合",包含东方美学与西方美学、传统美学与现当代美学、理性主义与非理性主义、认识论与实践论、价值论与生存论、科学精神与人文精神、基础理论美学与应用美学等的综合。所谓"人类自身的综合",就是人类带着历史的积淀和全部的丰富性,在更高的层次上实现人性的复归和重建。而要实现美学自身的综合,就必须根植于人类自身的综合;要实现人类自身的综合,就必须借助于美学自身的综合。人类自身的综合是美学自身综合的现实依据,美学自身的综合是人类自身综合的理论基础,两者是互为条件、互为动力的。

我们认为,世界美学与人类自我、人类文明一同走向综合与亲和,其"第一问题框架"就是实现美学自身范式的大转型,其核心是实现人类生命意识与审美意识的变革,即实现人类从"适者生存"的生命意识与审美意识向"美者优存"的生命意识与审美意识的转向。但以"适"求"生",只是人类的低层次生物特性,是人与动物的共性;而真正驱动人类从动物界提升出来的规律,则是基于"适者生存"的"美者优存"。因为人类的生命活动,包括劳作、起居、饮食、生育、交往、言语、衣饰、环境等,总是始于求其"适",进而求其"美",总是低则求"生存",高则求"优存"。这就是说,人类的生命形态在本性上趋向寻找某种文化的形态和审美的形态,而且只有当它取得某种文化的形态和审美的形态的时候,人之为人的生命活动才真正开始。因此,"适者生存,美者优存"——这密不可分的两个方面,才是人类生命活动及其形态包括审美实践活动不断演化递升的根本规律。

据此,走向综合、亲和的世界美学,将着重考察和揭示美的规律包括审美结构、审美机制、审美选择等在人类自我与人类文明整个生成优化过程中所起的全局性作用,将深入研究审美思维、审美操作、审美疏导、审美决策等重大理论问题,以指导和提升人类的各项审美实践活动,从而促进人类生存质量与生命境界的全面提高。

(刊于《郑州大学学报》2003年第5期)

生存-超越美学的现代性
⊙杨春时
⊙厦门大学中文系

中国社会已经开始了现代性的进程，它在改善人们的物质生活条件的同时，也产生了精神世界的困境，这是由于生活世界的散文化，生存意义成了问题。面对现代性的挑战，中国现代美学必须积极地作出回应。同时，就世界范围而言，美学已经走出了古典形态，完成了现代转型。面对美学现代化的历史要求，中国美学也必须作出回应。具体地说，中国美学要在理论上实现现代转型，与世界现代美学对话和接轨；在实践上要发挥批判世俗现代性、对抗散文化的功能，以满足现代人的超越现实的精神需求。自20世纪80年代以来，实践美学成为主流学派。应当说，实践美学尽管突破了反映论美学的桎梏，体现了启蒙运动的历史要求，因而具有特定的历史价值，但是，它毕竟属于前现代的美学体系，没有完成美学的现代转型。它维护现代性而没有批判现代性，也不能满足现代人的审美需要。而后实践美学各派则努力建设一个现代的美学体系，从而满足现代人的精神需要。作为后实践美学之一的生存-超越美学，也努力实现着美学的现代转型，并满足现代人的精神需要。

首先，生存-超越美学努力适应现代人的生存状况，立足于个体存在，建立新的美学体系。实践美学立足于社会存在即集体性的生存，而忽视人的存在的个体性本质，它基本上符合前现代人的生存状况。现代人挣脱集体的襁褓，个体独立，生存成为个体性的生存。因此，生存-超越美学确立了以生存为基本范畴的哲学基点，把审美作为个体生存的自由形式和生存体验的超越形式。审美是对现实的超越，是对社会关系束缚的解脱，从而使人获得自由。这意味着摒弃传统美学包括实践美学的哲学出发点，即集体性存在（社会实践等）。生存虽然不能脱离社会，但其本质是个体性的。审美正是个体性生存的充分实现，只有从个体性生存出发，确立审美的个体性，才能充分表达现代人的审美理想。

其次，生存-超越美学努力关注现代人精神世界的冲突，亦即确立审美的超物质的精神性。传统美学包括实践美学以外在的实体或物质实践作为审美的根据，强调审美的社会内容，忽视人的精神生活。生存虽然有物质基础，但本质是精神性，这意味着人不因物质生活条件的改善而获得精神世界的满足；相反，物质生活的丰盈往往导致精神世界冲突的加剧。现代人的物质生活压力缓解，精神压力则加剧。

散文化导致生存意义的失落，物质生活改善后产生精神世界的空虚，个体独立后出现精神的孤独，这一切"现代病"要求审美的关怀和美学的指导。如果说，前现代美学侧重于对人的物质性社会存在的关注尚有一定历史根据的话，那么，这种历史根据正在迅速丧失。现代美学应当关注人的精神世界的困扰，解除人的精神负担。生存-超越美学强调审美的精神性，认为审美是对现实生存的超越，是自由的体验，并告诉人们，自由的途径在于精神的解放、自我的升华。这样，生存-超越美学就发挥了美学关注精神世界的功能，满足了现代人的审美需求。

再次，生存-超越美学努力突破理性主义，承认存在的非理性和超理性方面，肯定审美的超理性。传统美学包括实践美学从传统哲学的理性化概念出发（如实践美学的实践概念就是一个理性化的概念），强调审美的感性形式和理性内容，而其体系也具有理性主义性质。现实生存虽然有感性、理性层面，但也有非理性层面，更有超理性层面，后者是更本真的存在。审美是超理性的生存方式，不能用理性来界定，美学也具有哲学的超理性思辨性质。在现代社会，"理性的人""理性的世界"观念已经被打破，非理性与理性发生冲突，它要求审美的升华和美学的反思,因此,现代美学必须突破理性主义,达到超理性。生存-超越美学认为审美作为超越性的存在和存在体验,不仅超越感性,也超越理性,审美具有超意识形态的性质,从而肯定了生存的自由本质,符合现代人解脱理性压迫的精神需求。

最后,生存-超越美学肯定审美的超越性,努力满足现代人的自由要求。传统美学包括实践美学把审美定位于现实,审美成为一种现实活动(如实践美学认为审美是受实践决定的)。生存本质是超越性的,它不是在场的、已然的现实,而是超越现实的过程,审美活动就是超越的形式,而超越就是自由本身。在散文化时代,现实不再可能满足人的终极追求,理性不再可能解决生存意义问题。在"上帝死了"之后,现代人的超越需求转向审美,人们从审美获得对现代性的批判意识,并以审美超越对抗散文化,审美成为自由的途径。生存-超越美学从生存的超越性出发,确立审美的超越性的品格,认为审美不是现实的活动,而是对现实的超越、批判,是自由的生存方式,美学也因此成为人们反思现实存在的思辨形式。接下来,我们继续考察生存-超越美学如何完成理论的现代转型。由古代美学到近代美学再到现代美学的转化的核心是由客体性到主体性再到主体间性的转化。古代美学认为美是实体或本体的属性,因此美具有客体性。如毕达哥拉斯认为本体是数,因此美是数量关系的和谐;柏拉图认为本体是理念,因此美是理念的光辉;亚里士多德认为本体是质料加形式,因此美是对现实的模仿。近代启蒙理性崛起,而主体性是启蒙理性的核心,因此,近代哲学和美学是主体性的。近代美学考察人的认识能力,并且主张人对世界具有主体地位,因此认为美是感性认识的对象,美是主体的构造,是自由精神的体现,如康德认为审美是情感先验范畴的构造,黑格尔认为美是理念的感性显现,青年马克思认为美是人化自然的产物等。主体性和启蒙理性一样,在现代社会中受到质疑,主体性的负面性突出,主体性哲学、美学被主体间性哲学、美学取代。因此,现代哲学、美学转向主体间性。胡塞尔提出主体间性概念,海德格尔提出"此在"是"共在",伽达默尔建立了以问答逻辑为中心的解释学,哈贝马斯建立了交往理性理论,巴赫金建立了文学对话理论，等等。中国现代美学必须完成由主体性到主体间性的转化，才能与世界现代美学对话和接轨。

实践美学的哲学基础是实践哲学，而实践哲学是主体性哲学，它认为存在是社会存在，即人的物质生产活动。实践是"人化自然"，在自然上面打上人的印记，从而实现了主体性。实践美学认为审美是"人化自然"的产物，美是"人的本质力量的对象化"，是主体性的实现。因此，实践美学虽然更新了旧的反映论美学并在新时期的启蒙运动中发挥了进步作用，因而有其历史地位，但是，实践美学的主体性不能证明审美的自由性和真理性。实践美学的前提仍然是主客分离，它认为通过实践活动就可以征服世界，实现主体性，而审美就是在打上人的烙印的对象上面进行自我欣赏。但实践并没有解决主体与客体的对立，或者可以说正是实践结束了原始的同一，创造了主客对立。因此，对客体的征服不会导致自由，也不会成为审美活动。而且，世界作为实践对象仍然是"物自体"，也不会被主体所把握，审美体验的真理性也就无从论证。

后实践美学特别是生存-超越美学强调存在的主体间性，它超越了实践关系，克服了主客对立。本真的存在不是主体征服客体，而是自我主体与世界主体的共在。现实存在中主体间性不可能真正实现，只有在审美活动中才真正实现。在审美活动中，通过精神的创造，进入主体间的世界，自我与世界失去了对立，世界成为另一个主体，双方和谐相处，充分交流，彼此不分，因此，审美实现了存在的本真性，成为自由的生存方式，自我和世界都获得了升华，审美也成为对世界的本真性的体验，从而领悟了生存的意义。这就是说，生存-超越美学对审美的超越性的强调，最终落实到主体间性。审美超越了现实存在的主客对立和主体性，实现了世界的人性化，也使人自身实现了自由。生存-超越美学以其主体间性的建构，与世界现代美学接轨。

（刊于《郑州大学学报》2003年第3期）

全球化语境与存在论美学

⊙张　弘
⊙华东师范大学中文系

全球化语境对当代中国美学带来的最大挑战，在于此后的理论建设将置身于国际范围的对话中。为此，我们不仅必须找到中外对话的契合点，还需要反思和发现自身的问题，清醒地认识和把握它们。这是因为，对话并不等于简单地认同、回应甚或重复别人的话语，它还另有重要的目的，即求得我们自身问题的解决。

那么，现代意义的中国美学的根本问题究竟何在？如果以王国维的著述活动为现代美学诞生的界石，有两点是无法回避的，即在随后百年左右的岁月里，美学不止一次受到外力的干预，使得它无法真正面对真实而生动的审美世界。尤其是20世纪中叶以后，美学在意识形态的规范下，只能从某些经典论述出发构筑学说与观点，尽管这些经典有时甚至根本与美的话题无关。美学理论成了它们直接、间接的演绎，并深受其制约。即便有什么新创意，也必须证明能从经典中找到根据。严格地说，这并非真正的学术探讨，相反更接近中世纪的解经学。

这一点，令人联想起福柯对知识学中包含的"权力话语"的揭示。其实更早时候，尼采就对认识论本身的道德价值提出了怀疑，因为从柏拉图开始，"真实的世界"就被规定为必须是"善的世界"。这种情况持续了很久，直到后来的反映论；由于生活中的丑陋实在无法回避，不得不提出所谓的"两种真实"说，但其目的仍是把真实存在的丑陋排斥在艺术之外，要求艺术只涉及真实生活中的美好东西。按照尼采的说法，这种认识论仅是一种"信仰理性"，而不是科学。

今天的中国美学在回顾走过的道路和看待眼前的分歧时，应当正视这个问题。道理很简单，美学是一门有关艺术审美的科学，它所研究的艺术审美虽不是科学，但本身需要有科学的态度与方法，这点恐怕没有人会公开否认。既然如此，美学建设的任务之一就是反思和清除美学理论中的"信仰理性"与"权力话语"，它们在美学大厦上堆积起来远不止一天，已严重阻碍了美学向更高的层次发展。这是大家有目共睹的。

"信仰理性"与"权力话语"也导致了美学研究心态的失衡。那种以正统权威自居的理论话语屡见不鲜，似乎唯一的"真理"就在个别人手中。对不同见解则口诛笔伐，除恶务尽，实则就是谋求话语权。但从另一角度看，又是不难理解的，因为信仰的维护和经典的诠释都离不开绝对的权威性，也从来容不得异端邪说。20世纪50年代以来的几次美学论争，都有过这类表现。流风所及，直至今天，还有人在实践美学和后实践美学的争议中宣称，自己的美学见解"完全可以涵盖"别的流派，言外之意，别的观点皆为多余，顽强地表现出话语权的意志。

美学研究作为审美科学，始终应该关注美的活生生的实现，即美在实际活动中的形态和审美关系的确立。假如美学体系的建设有什么"第一原理"的话，它也应当来自审美的亲历亲知，而不是某个一般概念。为此，必须提倡现象学的方法。这里所说的现象学方法的要义，按照海德格尔的理解，是"面向事情本身"，在美学领域也即"面向美的本身"。他说："如果现象学须作为让事实本身自身显现来规定哲学方法的调子，如果哲学的主导问题自古以来就一直以千差万别的形态作为追问存在者之存在的问题贯彻始终，那么这个存在也就一定始终都是为思而有的最初和最末的事实本身。"① 我认为，这一番话也适用于美学。通过现象学方法，哲学的主导问题被确立为存在者之存在的追问，在此前提下，美学的主导问题无疑应是美的存在，美的存在即美学需要追究的"事实本身"。

存在论美学就是这样提出来的。必须申明，存在论美学严格区分"存在"（Sein，Being）与"生存"（Existenz，Existence）这两个概念，也反对把"存在"等同于"此在"（Dasein）。就此而言，存在论美学的哲学根据是海德格尔的存在论，而不是人类学化或人道主义化的存在主义。存在论和存在主义的这一区别，是被海德格尔本人一再强调的。他晚年回顾自己的思想道路时谈道，即使在《存在与时间》中，"问题是以摒除主体性的范围来立论的，任何人类学的提法都不沾染"，"'存在'绝不可能由什么人的主体来设定"。如果在追问存在时又涉及此在，只是由于询问存在问题必然会"触动我们的此在"，由于"从其时间性质而表现为在场的存在却与此在相关"。换句话说，"存在问题的高瞻远瞩"离不开"此在的经验"，但又不能用此在的经验取代存在的问题。② 同样道理，艺术审美虽是属人的活动，却不应从人学的角度去构建美学，从人的主体性去解释审美的本质。

古典美学中，狄德罗对美的探讨有助于我们对美的存在的理解。他认为，美只能来自一种特定的经验，即对事物的一种共同品性的经验。有这样一个品性在，物体就变美了。它常在或不常在，事物就会有美的程度的区别。它改变了性质，美也随之改变类别。这一品性他概括为"关系"，"只有关系这个概念才能产生这样的效果"③。跳出狄德罗经验论（这已经不是一般的经验论）的圈子，所谓的"美的关系"就相当接近美的存在。美的存在并非一种实体，

---

① ［德］海德格尔：《海德格尔选集》（下卷），孙周兴选编，上海三联书店，1996年，第1274页。

② ［德］海德格尔：《海德格尔选集》（下卷），第1276~1277页。

③ ［法］狄德罗：《狄德罗美学论文选》，人民文学出版社，1981年，第24~25页。

而是在人的艺术审美活动中既到场又缺席、既敞亮又晦蔽的东西。就像瓦雷里《风灵》一诗所言："未见亦未识，与风俱来去"，却又"目接神驰间，刹那现本体"。在这里，美的存在不等于美的存在物，美的物品也并不等于就是美。对美的存在这一独特性必须有充分认识。

因此，美与审美虽同人的生存方式、行为活动和鉴赏判断密切相关，但美学应聚焦于美在其中显现或到场的缘由。这就是海德格尔所说的"思"之使命。它必须解释清楚为什么有一类活动是审美活动，为什么有的事物我们会判断其美，如此等等。这就必须突入审美自己的领域，而不是总在外面兜圈子。这样一来，美学研究就把美的存在放在了探讨的中心，进而也确定了作为审美科学的美学的自主性与内在性。换言之，美学将改变以往总是将目光滞留在美的外围的习惯定式，而专注于美的本身。所有从美的外部为其寻找根据的理论学说，都同美的本身形成了隔膜，将被扬弃。

与此同时，存在论美学有关美的探讨，不再回答"美是什么"，转而回答"美是怎样"的问题。道理很明显，美的存在是鲜活生动的现象，而不是固定不变的实体，无法得出一个确定的答案，所以不再使用定义的方法，而改用描述的方法，以追踪美的到场和隐退。这也意味着对形而上学美学的消解。后者经常从某个先验的观念出发，来说明美的本质及审美的功能，而忽略了审美的实际体验。它执迷于理论话语的"逻辑起点"，然后从中演绎出整个学说或知识的体系结构，在注重自己的系统性与自足性的同时，往往遗弃了研究对象的生动性和丰富性。相反，存在论美学始终关注美的本身，它从存在论那里学到的，并不是某个具体的结论，而是"面向事情本身"的精神。

存在论美学反对形而上学、注重审美体验的立场，符合世界范围内美学发展的当代趋势。从19世纪后期起，美学界就普遍不满从一般的理论前提和预设出发再进入艺术审美分析的"自上而下"的研究倾向，而倡导从艺术审美的各种事实出发，通过综合和概括，逐步上升到一般性结论的"自下而上"的方法。到20世纪，同艺术审美活动联系更为紧密的艺术哲学更是大行其道（其实黑格尔早就说过，真正的美学是艺术哲学），甚至有人公开要求"取消美学"。不过，不少艺术哲学在反形而上学和反本质主义的同时，滑向了另一个极端，满足和局限于个别的零碎的审美经验，从而排斥任何理论的概括与哲理的思考。这样，就把个别的经验，甚至感官性的东西，当成了美的真谛。这种单纯经验论有一重大弊端，当年康德就指出了，即否定了艺术审美是可以共享的活动。但存在论美学一方面坚持反形而上学和反本质主义，另一方面也反对将感官经验直接等于美的经验主义。它认为即使在艺术审美活动中，美也并不始终在场。即使美敞亮的场合，也可能随时被遮蔽。因此在主张审美的现实性的同时，存在论美学也强调了审美的超越性。只有在超越一般经验的情况下，美才能被把握。

正由于和具体的艺术审美活动紧密相联，存在论美学对美的存在的描述便拥有了丰富的资源。这一资源涵盖了历史的、当今的、异国的、本土的等各方面，其中尤以当今的和本土的具有决定性的价值和意义。这一当今的和本土的范围是我们此在的界域，我们在此中从事艺术审美，领会到美的存在。经常有人说，中国当代美学应该具有中国特色。这话一点儿也不错。但这一中国特色，恰恰应来自现代中国人的艺术审美活动，而不是某一个理论预设或先验概念。正是凭借这一立足于现代中国艺术审美的美学或艺术哲学，我们才可能在全球范围的学术对话中，说出真正属于我们自己的话语来。

（刊于《郑州大学学报》2003年第3期）

美学的第三条道路

⊙彭富春
⊙武汉大学哲学系

在国内,20世纪50年代的美学大讨论主要围绕美和美感的本质及其关系问题展开了广泛而深入的研究,并形成了以朱光潜、蔡仪和李泽厚等为代表的美学派别。虽然他们都认为自己坚持了马克思主义观点,但其争议的核心始终是美学的唯物主义和唯心主义、辩证法和形而上学。80年代持续了美学的讨论,不过问题集中于关于马克思《1844年经济学—哲学手稿》的解读,尤其是关于"美的规律"的阐释。这次讨论使更多的人趋向于马克思主义的实践观点,于是"实践派美学"成为显学。与此同时,中国美学史、西方美学史,特别是现代西方哲学美学的介绍,为美学基本问题的研究开辟了更加广阔的领域。90年代以来,新生代的学者越来越不满实践美学的局限性,提出建立"后实践美学",如存在美学、生存与超越美学、生命美学和修辞论美学等。他们为中国当代美学的多元建设作出了自己的贡献。但我们可以清楚地看出,实践美学主要囿于物质生产领域而忽略了从个人生活世界来解释美学现象,而后实践美学则主要援引了西方的话语,缺少自己思想的根基。因此需要对实践美学和后实践美学综合重建,走出新的道路。

在国外,从近代到现代和后现代的美学主要经历了理性美学、存在美学和语言美学等阶段。美学作为感觉学只是近代的产物。感觉总是我的感觉和关于一个对象的感觉,因此它的语言表达式为:我感觉对象。我感觉对象就是我规定对象。我不仅规定对象，而且我规定自身。在这个意义上，作为先验主体的我是自由的。所以近代美学尤其是德国古典美学总是将美的本质规定为自由。这样近代美学的感觉的根本意义在于它是先验主体的我的自由设定，而这正是从康德到黑格尔哲学的基本主题。在此范围内，审美规定了理论和实践理性，由此德国古典哲学作为设立的思想就是一种审美思想和诗意思想。当然，现代思想也谈论美学，但是美学的意义已发生了根本性的变化，甚至如同哲学一样已经终结。它不再是基于"我感觉对象"这样的主客体分离的模式，而是基于"人生存于世界中"这样的主客体合一的本原。所以美的问题不是思想性的，而是存在性的。与此相关，真、善、美的区分与知、情、意的分离也不复成为主题。例如，马克思认为人按照美的规律创造自身的生活，尼采确定艺术是权力意志的直接表达，海德格尔主张美和艺术是存在的无蔽。总之，审美不是被感觉所规定，而是被存在所规定，所谓的"体验和经验"不过是存在自身的体验与经验而已。至于后现代思想不仅反对传统，而且也消解现代，因为在它看来，现代所说的存在仍然是传统在场的形而上学的不死幽灵。只是在语言尤其是在文本的维度里，后现代才展开所谓的美学问题。但是它不再是古典的美学，也不是现代的非美学，而是反美学，只要美学仍然试图在思想和存在的领域为美的本质寻找定义的话。后现代将美学问题变成艺术问题，而将艺术问题定为文本问题，正如德里达所言：文本之外，别无他物。所谓的"文本"只是能指的自由游戏。后现代美学因为局限于文本之内，所以它缺少现实批判的力度。

鉴于国内外的美学情况，中国当代美学应在"实践美学"和"后实践美学"之后走出第三条道路。其意义在于对中西美学研究的成果进行综合、重建和创新，以期建立新的美学思想，为中国当代社会主义的文化建设作出贡献。

第三条道路力图在马克思主义历史唯物论的指引下，结合中西美学的思想，建立中国当代美学的新概念和新思维，对美学基本问题进行语言、思想和现实分析。因此其基本思路和方法可称为分析或批判的思路和方法。它将在马克思主义现实批判的基础上，强化思想批判和语言批判。

第三条道路并不如某些时髦的主张一样,认为"美、美感和艺术"是过时的概念,相反认为要重新思考它们所具有的哲学美学的意义,让这些词语在我们当代生发出新的意义。

首先是语言分析,即对美学的一些基本词语进行界定和解释。美学是哲学的一部分。哲学的所在之处是语言的领域,无论是批判自身还是批判的对象都是语言的战争。因此美学分析首先就是给语言划界,指明它到底说出了什么。即词语是不是有意义的,以及有何种意义。其次,在语言基础上,美学分析要进行思想分析,即对中西美学历史的基本观点进行批判。思想的现实表现为自己思想的,它是各种学说、体系和主义等,同时它也呈现为日常的各种想法和说法。对于美学思想的分析在于揭示其建筑学结构,检查其基础是否牢靠,其结构是否矛盾。再次,通过语言和思想的分析,美学分析必须进入现实分析。美学的现实分析才是美学自身的真正完成和实现。现实作为人的生活世界、作为社会的存在整体是经济、政治和文化等不同方面的发展。美学的现实批判的根本任务就是指出现实的真相,分析其问题,并提出可能的道路。对于中国当代哲学和美学来说,什么是这一时代最值得思考的问题?我们处于21世纪的开端,我们进入了全球化的浪潮,我们遭遇到了中西思想和文化的撞击,我们面对着许许多多的问题。但究其根本,大致有三:其一,虚无主义;其二,技术主义;其三,享乐主义。当代中国美学的建设必须回答这三方面问题。

基于上述思路和方法,美学的第三条道路的主要观点如下:

关于美学。它不再只是狭义的感性学或感觉学,也不再只是关于艺术美或者自然美的科学,而应是关于整个人类审美活动的理论。因此当代美学包括关于审美的语言、审美的思想和审美的现实的批判。

关于美。一般的美学理论往往会走向两个极端,不是描述美的现象,就是探索美的本质,而忽略了美的存在的显现。因此必须考虑到美的现实存在的显现过程和生成过程以及它的多样性和开放性。如果将美规定为人的自由的实现的话,那么我们不仅要注意其物质维度,还要注意其思想和语言维度,同时不仅要关注人类总体,还要关注个体生存。

关于美感。人们习惯于将美感解释为关于美的感觉或者感情，看成一种心理行为。事实上，美感的发生依赖于人对于美的经验或者体验。但这之所以可能，是因为人生活在美的世界中。因此美感经验是一种人生的存在经验，它是自由感。

关于艺术。艺术一向被人理解为现实的模仿或者情感的表现，但在现代社会里，艺术和现实的界限逐渐淡化甚至消失，艺术成了生活的另外一种形态。这样艺术要在模仿或表现之外将自身理解为现实生活的构造或生成。它揭示了现实的真理，并使人不断去实践真理。

第三条道路是在"实践美学"和"后实践美学"之后探索一条当代美学新路。它一方面将吸收"实践美学"和"后实践美学"的成果，另一方面将克服其时代局限性，并以此走出美学的困境，为中国当代美学的多元化作出新的贡献。

（刊于《郑州大学学报》2003年第3期）

自然美：一个经典范畴的当代价值

⊙刘成纪
⊙郑州大学美学研究所

20世纪90年代中期以来，美学界关于自然美的研究有许多值得注意的进展，其中最突出的表现就是生态美学的勃兴，以及景观、环境作为美学问题引起人们的广泛关注。通过历史比较可以看出，这一次对自然美研究的热潮有许多新的特点。首先，学者们关注自然美的价值取向发生了变化。它摆脱了20世纪50年代美学大讨论以来的意识形态纠缠，自然美观念是否符合某种既定真理的问题让位给它能否为人的现实生存提供智慧帮助的问题。其次，自然美在美学中的地位在上升。它不再被定位为艺术美和社会美研究的剩余，而是借助现代生态学的理论资源，从美学的边缘走向中心。再次，传统美学框架中一系列关于自然美的理论难题被轻易克服。比如，由于一系列关于动物美感的研究成果出现，人的因素不再成为自然向美生成的唯一因素，自然美由此溢出了被人学限定的框架。同时，生态本位主义的美学观衍生出了"自然全美"的观念，在自然与自然美之间进行人为的划界失去了意义。最后，观念的转换使自然美研究得以深化和展开。美学研究不再纠缠于自然美的合法性问题，而是把它的存在作为一个自明的起点来看待。在此基础上，生态美学、景观美学、环境美学在不同侧面拓展了自然美研究的理论空间。

显然，20世纪90年代自然美研究的进展离不开生态学理论的推动，更离不开学者们对中国经济发展导致的生态危机的现实关怀。但是，这种理论的和现实的背景在为自然美研究带来机遇的同时，也在美学学科内部孕育了一场前所未有的混乱和危机。主要表现在，生态美和自然美到底哪个概念能更有效地指称自然？生态美的出现是否已意味着自然美作为一个美学范畴的死亡？同时，在当代美学中，除生态之外，景观和环境也作为指称自然的概念被广泛使用。像谈论生态美一样，人们也习惯于用这些更有针对性的概念描述自然。显然，如果生态、景观、环境都可以作为对自然美取而代之的概念，那么用"自然美研究的进展"来评估其在当代美学中的发展现状，就是颇具讽刺意味的了。也就是说，中国当代美学中关于生态、景观、环境的研究不但没有对自然美提供有效的理论支撑，反而导致了它作为美学范畴的空壳化和虚无化。

一方面，由生态、景观、环境表征的自然问题在当代美学中受到空前的重视，另一方面，作为核心概念的"自然美"却逐渐退出了人们的视野，这确实是美学领域一个令人困惑的奇观。在这种背景下，我们不得不思考的问题是：自然美作为一个宏观而经典的美学范畴，它和生态、景观、环境美到底构成了怎样的关系？它还有没有对这些子范畴作出理论概括和阐释的可能性？同时，在围绕自然问题形成的诸种美学形态中，除了人们常常谈及的生态美学、景观美学、环境美学，还有自然生态学美学、景观生态学美学、环境生态学美学等一系列相当混乱的命名。面对这种称谓上的混乱，我们也不得不思考生态、景观、环境美之间有什么内在的关联性和统一性。可以认为，如果这些问题不能得到有效解决，不但自然美作为一种美的形态将从人们的学术视野中消失，而且新的探索的价值也会在一系列混乱的命名中自我淹没。由此，澄清自然美与生态、景观、环境之美的关系，以及生态、景观、环境美之间的相互关系，将对我们重新定位自然美的当代价值具有非同寻常的意义。

首先，关于生态美。这个概念在当代的提出和被使用，和人对自然内在本质的重新认识是密不可分的。在西方，自从近代科学在牛顿那里建立以来，自然被等同于自然物，人的活跃与物的死寂，人的主动与物的受动，被当成人、物二分的根据。但是，现代物理学和生物学的一系列新观念却申明，经典科学的物质自然观已让位于现代的有机自然观。不但人是生命的存在，而且自然对象也是生命的存在，所谓"僵死的自然"不仅是有生命的，而且其中的一些生命形态甚至具有审美和表情能力。在这种背景下，现代意义上的自然就不再是经典科学及哲学意义上的自然，而是一种生命化的自然。由此，生态学意义上的自然美，就不再是一种需要人单向度去"审"的美，而是具有自我开显、自我涌出、自我绽放的主动性质，即生态是自然生命的表现形态，生态美是一种生命的样态之美。

从以上分析可以看出，关于自然生态的美学研究，是建立在人对自然物性重新认识的基础上的。它暂时搁置了作为审美者存在的人的重要性，对自然物本身的美给予充分肯定。也就是说，生态美学之所以成立，其前提是物性论的。它立足于对自然美何以可能的存在论考察，而不是首先在人与自然审美关系的探讨中展开问题；自然美作为一种自我完成的审美形态，它首先是"美者自美"，而不是等待着"人化"才成为美。

其次，关于景观美。从这一概念的内涵看，它没有对自然物的内在本质重新进行哲学界定的企图，而是关注自然外在形象的呈现。这种呈现预示着有一个隐性的他者存在，即为了理论探讨的需要而暂时隐身的审美者。在中文中，所谓的"景"，意味着对象只有映现在审美者眼中，它才成其为景；所谓的"观"，则预示着这种形象的呈现对审美者虚席以待，使它的价值在"观"中实现。在英文中，Landscape（景观）可直译为"大地之景"，它明显也有对大地上的栖居者进行召唤的意味。也即这种景观之美，不是"美者自美"，而是需要"因人而彰"。

从这个角度看景观美学，它对自然的观照就不是物性论的，而是现象学的；它关注的只是自然事物的表象形式，而不是物之为物的内在本质。进而言之，由于景观的成立离不开作为审美者的人，它就明显缺乏生态这一概念的自我完成性或独立性，而是将自然向美生成的可能寄托在人的发现和观照上。由此可以认定，与生态美学相比，景观美学中人的位置在上升，自然形式的意义压倒了内容的意义，甚至本质和内容被作为虚妄的概念来看待。这种美学形态，与西方自康德以来主流性的自然审美观念是一致的。

最后，关于环境美。比较言之，环境这一概念虽然指涉自然对象，但这里的自然明显以人为中心，以人的可居性体现其价值。即环境是自然对作为主体的人的"环绕"，是周边的自然为人建构的生存之境。在英语中，environment一词也有类似的意味。据此，从环境层面讲自然美，自然就不是自我完成的美的形态，而是依托于人的价值判断；审美者也不是暂时隐身的他者，而是人与自然关系中显在的主体。由此看环境美学这一称谓，它关注的就不是自然的自在本性，而是自然为人而在的品质；它关注的也不仅仅是自然的审美价值，而是包括对人有益或有害的功利性。也就是说，所谓的环境美，是彻底为人而在的美。

从以上分析可以看出，我们平常大而化之谈论的生态、景观、环境，其语义是有微妙差别的。比较言之，生态美学侧重对自然的定性考察（存在的本性），其价值在于对自然生命本质的重新发现，带有更多的哲学意味，是属于物性论或存在论的问题。景观美学带有更多的审美意味，它更关注事物的外在表象，侧重对自然呈示形象的观照，与人感性的审美活动密切相连，属于现象学的范畴。环境美学侧重自然与人现实生存的关系，是以人为中心对自然进行价值定位和审美再造，带有强烈的目的性和价值论层面的意义。也可以说，生态美学更偏重于对自然的求真，它在本质上是对自然的知性把握，由此衍生的美是一种以真为基础的"真美"（或自然美的本质）。景观美学偏重于自然可以使人产生适志怡情的愉悦，它对自然的把握是以审美主体的情感认知为主调，由此衍生的美是美之为美自身（或自然美的现象）。环境美学重在对自然的价值考察，自然是主体意欲的对象，建立在这种功利主义基础上的自然美是以善为美（或自然美的实现）。从表面上看，以自然为同一研究对象的生态美学、景观美学、环境美学，在称谓上是混乱和矛盾的，但经过分析却可以发现其内在的秩序和相互关联。可以认为，它们分别代表了人对自然进行审美判断的三个维度，即以真为美、以美自身为美和以善为美；代表了人对自然进行审美把握的三种方式，即以知性重解自然、以情感观照自然和以意志重构自然。就三者之间的关系而论，单有对自然内在生命本质的考察，就会忽略美学作为感性学的独特规定；单有对自然表象形式的认识，其内在生命的审美本质就会被遗忘。而环境美学，它强化了自然为人而在的功利价值，但自然本身的审美品质却往往被放在了相对次要的位置。由此来看，在由生态、景观、环境构成的自然审美的三个维度中，单单强调任何一个侧面都会失之片面，都是对自然美作为一个完整形态的割裂，甚至践踏。

通过以上分析，自然美这一经典范畴在当代的意义也就不言自明，即和生态、景观、环境相比，自然明显是一个更具包容性和超越性的范畴。所谓的生态美、景观美、环境美，在根本意义上不过是对自然美问题的展开，它们构成了当代美学领域研究自然美的三个维度。由此看来，自然美在当代美学研究中被冷落的状况，并不足以说明这一范畴已失去了理论活力，而只能证明在"道术将为天下裂"的当代，研究者学术视野的狭窄和整体观念的缺乏。可以认为，从古典的自然美研究到当代的生态、景观、环境美学研究，这是一种必要的"分"，因为没有这种"分"就没有自然美研究的拓展和深化。相反，从这种分化的研究重新回到自然美这个宏观的范畴也是必要的，因为没有这种"合"，所谓的学术原创就只能是一些无序的理论、碎片的堆积。在这种背景下，我们重提自然美的目的也就变得十分明确，即一方面以当代生态、景观、环境美学的理论探索为背景，重新确立一种现代意义上的自然审美观；另一方面，将生态、景观、环境之美纳入自然美的整体框架，并进一步探讨重构一种新自然美学的可能性。

（刊于《郑州大学学报》2004年第4期）

自然美的难题

⊙杨道圣
⊙北京服装学院

在美学研究中，艺术所受到的重视远远超过了自然美，以致自然美的问题在很大程度上被忽略了，于是美学一次又一次地变成了艺术哲学。而试图讨论自然美的人又会发现自然美的问题似乎非常复杂。

在中国美学中，没有任何前提地使用"自然美"这一概念使得自然美的研究很难进行。这一概念本身没有什么问题，但在中国当代美学背景之下对它的使用往往会使人停留在把美学等同于美的科学或美的理论这种思维模式上，因此美学的中心问题又被归结到美的本质或"什么是美"的问题上了。李泽厚提出："就美的本质说，自然美是美的难题。"这一说法几乎成了国内美学界关于自然美的共识。一说到自然美，人们首先肯定就要问什么是自然美，最后不可避免地要回到什么是美的问题上来。可以说，自然美的难题部分的原因就在于它容易让人陷入传统美学的思维模式中。但这尚不是自然美问题的全部。

如果仔细考察理论中对自然美的讨论，我们发现还存在这样一个问题：所讨论的实际上是艺术中的自然美，而很少是现实中对自然审美鉴赏的经验。这样就会产生类似于黑格尔和朱光潜所提出的问题：艺术美是美的更高级的形态，自然美包含在艺术之中，因此就没有作为独立研究对象的必要。但如果这样的话，中国当代的美学论争中，自然美成为一个关键问题，就有些奇怪了。我们发现，实际上，当时之所以对自然美的问题如此关注，并不在于对自然的特殊的审美经验的考察，而是把"美是什么"的问题转嫁到了自然美之上。也就是说，出于讨论的方便，以"什么是自然美"代替了"什么是美"这一问题。毕竟讨论具体的自然对象如何是美的更容易说明问题。今天我们重新讨论自然美的问题，更多的是从环境保护和人类可持续发展的角度，出发点已经和当时完全不一样了。

环境问题在西方发达的工业社会中出现得比较早，在中国对此产生普遍的意识还是在20世纪90年代以后。美学界对于自然美问题的提出表现出了一种强烈的现实关注，想从美学的角度提出自己的理论思考甚至解决的方案，这都是可以理解的，这也是学界各个领域所表现出来的共同的倾向。和学界其他领域相似，大家都不约而同地把目光转向了中国古典思想，认为其中所蕴含的丰富的关于人与自然和谐相处的思想可以为今天的问题提供有益的启发和帮助。特别是当西方的环境伦理学和环境美学的理论出现以后，中国美学似乎觉得更有可能产生一种与艺术哲学并立的自然美学。这种想法有没有根据呢？让我们先看看所谓的自然美学是怎么一回事。

最近几年来，英美最具影响力的两家美学刊物《英国美学杂志》与《美学与艺术批评》发表了许多讨论自然美问题的文章。这些文章大多从环保的角度出发，反对人类把自然沦为满足自己目的的工具，强调对于自然的审美鉴赏要把"自然作为自然"来欣赏，甚至提出要建立一种自律的"自然美学"。

怎样才能"把自然作为自然"来对待呢？斯坦·戈多洛维奇（Stan Godlovitch）提出，仅仅指出对于自然和艺术作品价值评价方式的不同并不能把自然真正作为自然来看待，除非超越价值的评价，以"自然之所以为自然"来对待自然。因为在他看来，按照价值对于自然的审美判断和道德判断就如对于自然的经济化、科学化的解释一样，都是对于自然的"人化"的解释，要想完全摆脱把自然同艺术相类比的解释，只有采取一种"非人化"解释。他说："自然之所以为自然并不会因为没有价值而缺少价值，就像颜色不会因为没有香味而缺少香味一样。自然之所以为自然——自然美学最合适的对象——就是不能被评价之物。""用尼采的话说，是超越于美丑之外的。"这就是他所说的自然美学的自律。这里对于自然自身特性的强调，无非要人类改变把自己作为中心的态度，试图培养一种对自然的尊重。他们所提出的理由与根据当然同中国的传统思想无法相比。因为在这里无论是对自然的人化还是非人化都是由人自己来决定的，本质上都是人类中心主义，把"自然看作自然"是由人所作出的，这里所说的"自然"实际上就是外在的物质世界，是以人为主体的对象，不管对自然进行评价与否，人都是自然价值的赋予者，这样，自然不可能被尊重。而在中国传统思想中，自然具有一种超越性，这种价值不可能由人赋予，甚至人的价值也源于这同一种超越性，因此人就不是主体，自然也不是对象，人甚至可以说就是自然的一部分。我们在这里看到，对于自然的不同态度是由对于自然的不同理解，也就是说由不同的自然观念所决定的。我们现在有必要考察这样几个问题：我们今天具有的是一种什么样的自然观念？它是怎么形成的？有没有可能以中国传统的自然观念来代替我们今天所具有的自然观念？一旦我们把目光转向对自然观念的考察上，就会发现自然美的问题并非一个孤立的问题。

不同时代由于特定的生产力的发展以及社会状况决定着人们对自然的不同理解，形成不同的自然观念，对自然的审美往往是处在不同的自然观念的支配之下，或者说不同的自然观念决定着自然美的命运。我们依据历史的发展可以看到人类自然观念经历了这样几个阶段：神化的自然观念、人化的自然观念和物化的自然观念，或者也可称为宗教的自然观念、科学的自然观念与经济的自然观念。

神化的自然观念或宗教的自然观念是指在生产力不发达的农业社会，人对于自己的有限性有着强烈的意识，尚未把自己看成是自然的中心，认为万物都在神的掌管之下，所以人以外的万物与人具有同等的地位，万物同人一样具有神性或者某种超越性，人对于万物持一种尊崇的态度。在多神论的古希腊、中世纪基督教占统治地位的欧洲，人们所具有的就是这样一种自然观念。在儒、释、道三家思想支配中国的漫长的封建社会中，人们所具有的也是类似的自然观念。不过前者把万物价值的来源归因于神，而后者则归因于天、道或佛。在这种神化的自然观念支配之下，人们不会把万物当成纯粹利用的对象，但也不会形成真正的审美鉴赏。我们看到在中国文学艺术中所表现出来的对于自然的浓厚的兴趣和强烈的爱好，正是在这种宗教或准宗教的自然观念影响下产生的。但对于自然的尊崇绝非中国传统文化所独具，在西方工业化已经比较发达时期所出现的浪漫主义文学也表现出对于自然的同样浓厚的兴趣，以至于白璧德把它与中国的道家相比。不过这只是特定时代的产物，时易世移，自然观念相应地也发生了变化。

经历了文艺复兴和启蒙运动的西方社会，随着生产力的发展，人们利用和控制自然的能力提高，越来越推崇人类理性的力量，人相对万物具有绝对优越性的主体地位得以建立。特别是自然科学的发展，使得自然越来越被当作纯粹的物质世界，当作可以通过分析彻底认识的对象。自然失去了令人尊崇的神圣性，成为野蛮、无理性的对象，是要通过人的理性和力量来驯服和改造的，成为可以任意研究和利用的对象。在这样的背景中，形成了人化的自然观念。所谓"人化的自然观念"就是说自然被理解为价值完全由人来赋予、来决定，因而成为等待着由人改造的纯粹的物（康德的作为知性规律总和的自然概念是在哲学上相应的表达）。对于自然的真正的（脱离了宗教意识的）审美意识恰恰由于自然的超越性的丧失从以前对自然的尊崇中分离出来。换句话说，自然美是在人化的自然观念影响下的产物，是一种与科学或工具理性相对立的审美或价值理性对自然的改造，前者是从实用的目的，后者是从审美的目的，也就是所谓无目的的和目的性的角度出发的。

随着资本主义市场经济体系的完善，与科学相对立的审美再也无法保持自己的独立，而为市场经济所全面渗透。在这样的情况下，人化的自然原来所包含的实用的和审美的两个方面最终被整合，自然对象的价值最终被统一在所提供的经济利益之中。自然完全沦为经济活动的对象，自然的审美完全为旅游商业所代替。在经济主义或者商业主义支配之下所形成的对自然的理解，我们称之为物化的自然观念或经济的自然观念。因为这时候，自然对象和商品没有了任何的差别，人们会像崇拜商品一样崇拜提供经济利益的自然对象。如果说人化的自然观念还表明了人对于自身所具有能力和心灵情感的尊崇,那么物化的自然观念则表明这种尊崇从人转移到了物的身上。

当然,我们对于自然观念的演变所描述的只是一种倾向:人类对于自然的理解越来越世俗化。但自然观念的演变并非交替出现,一种自然观念一旦出现,就会一直存在并发挥着特有的影响,只是其主导地位会为下一种自然观念所代替。那么到今天,神化的、人化的和物化的自然观念应该是同时并存的,而以物化的自然观念为主。从神圣到世俗其实也是人类社会发展的普遍倾向,这在各个领域中都可以看得出来。神圣性不会完全消失得不再发生影响,它会在一定范围内继续存在,或者在世俗化发展到极端时重新获得统治的地位。无论如何,神圣性不会再以过去的形式发生作用,如果忽视这一点,就会像卢梭一样,看到人类文明发展中出现的问题,于是就想保持原初的状态,这最多只是发一发思古之幽情。无论是希腊的、基督教的还是中国传统的神化的自然观念都不可能直接地拿到今天的社会中来,作为解决问题的方案。对于自然美的讨论只有在特定的自然观念的前提下才有可能,在今天,也只有在物化的自然观念的前提下讨论自然美的问题才有意义。

在当代西方美学中,除了环境美学,还有两种讨论自然美的方式。法国的杜夫海纳从现象学的角度提出审美经验作为一种特殊的意识方式,它可以按照对象自身的特性来感受对象,因此作为审美对象的自然就是自然本身,并且"当它与艺术结成联盟时,它保持着自己的自然特征,并把这一特征传给艺术。这种特征就是自然向人类挑战并显出深不可测的相异性的面貌"。这一解释虽然对海德格尔《艺术作品的本源》一文中的观点做了进一步的发挥,避免了环境美学没有克服的"人化自然"的倾向,但由于缺少历史的观念,仍然难以为人所接受。由于自然观念的变化,自然美的意义绝不可能按照在近代社会中所表现出来的那样被理解。在当代社会的状况下,对于自然美的解释如果不突破理性主义的模式,不赋予新的含义,这个概念就会成为理性化进程中的一个牺牲品。法兰克福学派的阿多诺针对这种现状,提出一种和黑格尔的辩证法相对立的否定的辩证法。按照这种否定的辩证法,在对事物的理解中,特殊性和多样性不是被扬弃、被整合成概念,而是保持着自己的独特性,概念成为众多的特殊性聚合而形成的星座。按照这一解释,自然美不是被艺术扬弃,完全消失在精神里,而是成为艺术不可缺少的一个契机。阿多诺所讨论的核心并非自然美的问题,他更在于考察现代文明发展的方向的合理性。但自然美在理性主义支配下的现代文明中的消失也在揭示这种文明的危机。理性化的进程是以人的自由和解放为目的的,结果却造成了人的物化,人成为物的奴隶,成为发展的奴隶。所以环境的问题不是一个孤立的问题,自然美也不是一个孤立的问题,它们都是现代文明危机的表现。如果对于这些问题的讨论不能放在现代文明发展的整个进程中来考察,不能把对这些问题的研究指向对于理性主义的批判,这些研究自身的意义和结果都是令人怀疑的。在我看来,如果自然美的研究还要继续下去的话,阿多诺所提供的是唯一的方向。但即便如此,我也心存疑问:这仅仅是理性主义的问题,是现代文明的问题,还是人的有限性的问题呢?人自身的问题不解决,由此而产生的一切怎么可能解决呢?

(刊于《郑州大学学报》2004年第4期)

最难舍却自然美

⊙阎国忠
⊙北京大学哲学系

继汪济生的《系统进化论美学》之后，近来鲁晨光的《美感奥妙与需求进化》和肖世敏的《有动物有美感论》又从进化论角度谈到了美感的起源及相关的美的本质问题，读了之后颇受启发。肖世敏批评了我们美学界普遍存在的将人与自然截然区分开来的二元论倾向，否认可能存在的美感的生物性本源。我以为这个批评是中肯的。在美感起源的问题上，历来有许多不同看法。不少朋友倾向于普列汉诺夫的观点，认为美感与美都起源于生产劳动；也有一些朋友认为应将其他社会实践包括进去，比如巫术、游戏之类。持这种观点的人有一个看来不可动摇的论据，就是恩格斯讲的劳动创造了人本身。既然人都是劳动创造的，人的美感以及对人来说美的东西当然也是劳动的产物。但是，恩格斯是在肯定进化论的前提下说这句话的，生产劳动只是从猿到人进化过程中的一个不可或缺的中介。如果人和人的美感都纯粹是由生产劳动创造的，生产劳动是这一切的最初的本源，那么可以说，劳动在这里不折不扣地被神化了。这很容易使我们想起基督教关于上帝无中生有创造世界的假说。那么，马克思说的"人是按照美的规律来建造的"又怎么解释呢？马克思明明认为按照美的规律建造是人的劳动区别于动物的"劳动"的本质规定之一，美的规律并不是生产劳动的产物，而是生产劳动自身的一种特性。这就是说，当人一开始像人一样进行生产劳动的时候，便懂得了美的规律，并把它应用到生产劳动中。有的朋友用"原始劳动"或"非审美的生产劳动"这样含糊的字眼来辩解，试图说明美的规律产生在生产劳动中，不过这是前人类或准人类的生产劳动。当然，这很难自圆其说。汪济生、鲁晨光、肖世敏所追问的就是这个前人类或准人类的生产劳动是不是就是类人猿这样动物的生产劳动，如果是这样，那么审美活动是否还能说为人类所独有？

汪济生、鲁晨光、肖世敏列举了许多事例说明美不是生产劳动创造的，在人类诞生之前某些动物已有美感存在。但我对此依然持怀疑态度。理由很简单：美感产生的无可置疑的前提是将自己同自然界区别出来，有了自我意识。动物本身就是自然界，它与自然界的关系是直接的、一次性的，就是说动物不能在自己的意识和行为中复现自己，不能把自己看作主体，把对象看作客体，因此它不可能作为欣赏者面对自然界的美。不过，我赞成这样的观点：在动物与人之间不存在一条不可逾越的鸿沟，人的审美能力和人本身是自然进化的结果。在这个问题上，我认为进化论者达尔文的一些观察是有价值的，值得我们借鉴。他认为动物，比如某些鸟类，是有审美能力的，不过它们对于美的爱好"仅限于吸引异性"。这就是说，动物对于在我们人类看来是美的东西同样具有兴趣，只是这种兴趣是与性的需要联系在一起的。达尔文说动物有审美能力，这可能会让人产生误解，我认为用"兴趣"这个词比较好。既然绚丽的色彩、均衡的线型、和谐的节奏能够吸引异性，说明动物对这些被我们称作美的表象是感兴趣的，这不应该有任何疑问。

无论人还是动物，对自然美感兴趣是合乎情理的。因为美的自然就是适宜他们的生存、令其怡悦的自然。人和动物都是从自然中走出来的，与自然有着天然的亲缘关系。他们就是自然界的一部分，并且每日每时与自然界进行着物质交换。自然界不仅为他们提供了衣、食等生活资料，而且还为他们提供了休憩与游戏的契机和场所。当然，人和动物不同，工具的使用使人类具有远远超出动物的能力及需要，人不仅能够按照自己的意愿改造原有的自然界，而且能够运用想象创造第二个自然界。人还能在自己的作品中复现自己，从中体味创造的快乐。人对自然的兴趣因而从自然自身的兴趣渐渐转向人以及人同自然关系的兴趣，也就是哲学意义上的自然，即自由的兴趣。无疑，在这一转变中，物质生产实践是个决定性的因素。不过，不仅是物质生产实践，还有人类自身的生产，人类种族的繁衍。恩格斯曾说，生活资料的生产和人类自身的生产是造就社会文明的两大动力。这句话千真万确，可惜没有引起主张实践观点的朋友们的注意。毋庸说，在种族繁衍上，人与动物本来没有什么区别，但是当人通过生活资料的生产结合成社会群体后，当人把社会情感融入两性关系后，便具有完全不同的性质和意义。

人学会了爱，而爱使人在不同程度上超离了性。德国哲学家马克斯·舍勒说，爱就是"步出作为肉体单位的自己"。步出了自己的人类走向哪里？走向真、善、美。爱永远是对真、善、美的爱。美是伴随爱而产生的，不是仅仅用石刀、石斧打造出来的。所以，孔子有"里仁为美"的话，乌纳穆诺有美与爱何为因果的追问。据考古证实，迄今发现的最早的艺术作品是奥地利出土的旧石器时代被称作"威伦道夫的维纳斯"的一座石雕。雕像对女性的性器官做了极度夸张的描写，乳房和臀部加在一起，几乎等于全身的一半。可以想见作者当时是出于什么兴趣，如果算是人的本质力量的显现，所显现的不是别的，恰是对生殖的崇拜，是对女性的尊崇和爱。

在这个问题上，也许不得不迫使我们回到柏拉图的观点。柏拉图关于美与爱的一段谈话意味深长，对我们特别有启发。他说，审美的拓展与爱的升华是分不开的。当审美从个别的美上升到一般的美，从事物的美上升到精神的美，从行为的美上升到社会的美之后，人们将凭临一片美的汪洋大海，沐浴在无限的怡悦之中，同时将达到爱的极致，进入爱的神秘境界。柏拉图所说的，其实是古代希腊人对爱和美的关系的共同体认。在希腊神话中，爱神和美神本来就是一体的。由此可见，美对于人的意义，主要不是提供什么美的享受，超越人生的苦难，而在于使人学会并珍重爱，在苦难中去实现人生的价值。

一方面是对自身的爱，一方面是需要认识自身，人才从对自然的兴趣渐渐地转向对自身的兴趣，转向对艺术的兴趣。艺术最初是被用来表达对自然的爱的，所以艺术的口号是"模仿"，衡量艺术的标准是"真实"。古代希腊的雕塑与文艺复兴时期的绘画曾以其对自然的惟妙惟肖的描写令多少人为之倾倒啊！但是就是在艺术对自然的不遗余力的盛赞声中，艺术自身却悄悄地跻进了审美的祭坛。人们甚至以古代希腊和文艺复兴时期的作品为例，高喊艺术之美高于自然之美。温克尔曼说，希腊艺术的美在于它的"崇高的庄严和静穆的伟大"；席勒说，艺术是游戏，人只有在游戏中才是自由的；康德说，自然之美是纯粹的美，艺术是依附的美，后者才是理想的美；谢林、黑格尔说，艺术是心灵的产物，与艺术之美比较起来，自然之美永远是粗糙的。艺术在一片赞扬声中，堂而皇之地戴上了"美的集中和最高体现"的王冠。19世纪浪漫主义的成功，使人们相信，法国艺术批评家斯达尔夫人揭示了一个千真万确的真理：迄今唯有一个领域是人们所没有认识的，那就是人本身；唯有一个领域能够激起人的激情，那就是人本身。于是，艺术在畅游了人的情感世界后，又先后沉迷于人的下意识和非理性之中，在人的印象、直觉、幻象、梦境、意识流等上面踟蹰徘徊。如果还有自然，自然也已被心灵撕成了一段段碎片。但是又一个多世纪过去了，人们终于发现，人是什么，不是人自身说了算，要看他给周边环境打下了怎样的印记。没有了自然，心灵就是一片空白。艺术如果只是咀嚼自己那一点小小的甘苦，拒绝从大千世界获取营养，必然会变得非常苍白和羸弱，以至于除了自言自语，几乎不能再告诉我们什么。

当然，人作为主体，在艺术中得到了张扬。艺术为"万物之灵"的人类绘制了一幅历史性的肖像。但是，作为它的负面代价，人类变得异常傲慢和狂妄，就像慈母跟前一个不肖子女，公然蔑视自然给予的抚养和宠爱。大气被污染了，海面漂着一层厚厚的油渍，本来绿绿的草地被撒满了白色的化学粉尘，本来生机勃勃的生物种群遭到了前所未有的灾难性的浩劫。"人类中心主义"所带来的是人类越来越不能掌握自己的命运，越来越对自己失去了信心。《圣经》中说，人的原罪是人的傲慢。那么，为了赎罪，人类是不是应该谦逊一点，摆正自己在自然面前的位置？也许过去对月球，现在对火星有无生命的探求是人类开始与自然和解的一种证明。是的，那个被大气包裹着的星球曾给了我们多少关于地球的昨天的美妙的遐想啊！

自然给了人类一记响亮的耳光，使人类记起了自己是吃着自然的奶水长大的。如今，人类该回到自然的怀抱了。但是，这不是初民时代的自然，而是经历了数十万年瀚海沧桑、负载着数十亿生灵的憧憬的自然。而这确实是与我们朝夕相处的真实的自然，不是西方马克思主义者阿多诺说的作为"主观表象"的、与人类保持距离的自然。但阿多诺有一句话是对的，就是"没有历史的记忆就没有美"。当我们重新返归自然的时候，我们怀着对自然的深深的歉疚，对自己的深深的悔愧，怀着和解、期待、同情和爱。我们知道，只要我们真诚地爱着自然，自然就会倾其所有的美回报我们。我们渴望着走向自然，因为我们在用钢筋水泥浇灌的世界里已生活得太久；我们甚至向往着大漠、荒原和冰川，因为即便那里也能感受到大自然的新奇、博大和永恒。我们不再把自己与自然分割开来，不再单纯地把自己看作主体，把自然看作对象，因为生存和文化已经把我们和自然融为一体，自然是我们的另一体，我们在自然中生成，我们在欣赏自然的时候，用的其实就是自然给予我们的眼睛和耳朵。

套用黑格尔的话，人类的审美活动从初民时代到现在，经历了一个否定之否定的过程。这就是：自然—人—自然。后一个"自然"是前一个"自然"和"人"的综合。它是自然，但不仅仅是自然，同时也是人，是自然中的人和人中的自然，也就是马克思在《1844年经济学—哲学手稿》里说的人本主义与自然主义的统一。而审美活动的历程也就是人类的爱的升华的过程：从对自然的爱，到对人类自己的爱，再到对自然的人化和人的自然化的爱。由于人与自然的统一，或人本主义与自然主义的统一是一个需要不断接近的过程，而不是一个可以想象的历史的终点，所以，美永远是悬在人类前面的一盏耀眼的灯，爱永远是趋近这灯光的昂扬的步履。

（刊于《郑州大学学报》2004年第4期）

生态中心主义视角下的自然审美观

⊙陈望衡
⊙武汉大学哲学系

人类对自然美的认识是一个历史的过程。人类的发展就其文化形态来说，大体言之可以分为：神灵中心主义、人类中心主义、生态中心主义。这三种文化都严重地影响到人类对自然、对自然美的观念。

神灵中心主义时代，人类的生产力发展水平较低，人类对自然、对人自身的认识都非常有限，人类的自我意识处于低级阶段，尚不能很好地将自然与人区分开来，总是将人世间的变迁看成是自然界变迁的反映，而且将这一切都归于神灵，于是神灵成为人类命运的主宰。几乎所有的民族都经历过自然泛神化的阶段。不仅整个大自然是有灵的，每一自然物也都是有灵的。这个时候人们也不是不能发现自然物的美，但是对这种美保持一种敬畏，而丝毫没有亲近亵渎之感。

在神灵中心主义时代，自然在人类生活中既是物质生活资料的来源，又是精神崇拜的对象。这两者是有矛盾的，既要获得物质生活资料，又要不得罪神灵，就只得乞求神灵的宽恕了。据列维-布留尔的《原始思维》一书中的介绍，原始部落苏兹人出发打猎前，一连几天都在不断地跳熊舞，希望熊神能对他们发生好感。到了狩猎现场，见到动物，还要为动物唱赞美歌，以讨好动物神灵。在中国文化中，自然充当着最高神灵使者的作用，传达最高神灵的信息，自然成为人与最高神灵精神沟通的通道。据张光直先生的研究，出现在青铜器上的动植物花纹，它们充当着通天的作用。这个时候的自然美，实质是神灵的现实显现。

  人类中心主义时代，始于何时，不能确指。这个时代的出现，在精神上突出的就是人与自然两分，人有了强烈的自主意识、对自然的抗争意识。在中国文化中，《周易》中"三材"观念的出现应是突出的标志。虽然说人不是万物的主宰，但人与天、地相并，且人在天与地之中，隐含有以人为中心的意思。西方文化中，古希腊哲学家明确地提出"人是万物的尺度"，将人的地位张扬到超越自然的地步。有了这种观念，人类中心主义便得以确立。

  人类中心主义在农业社会与工业社会的体现是不一样的。在农业社会，人类中心主义主要为自然人文主义，在这个时候虽然看重人对自然的认识与改造，但基本上规范在合乎自然的这个根本原则上。中国儒家哲学讲的"天"，虽有神灵意味，但基本上还是说的自然。孔子说："获罪于天，无所祷也。"这个"天"含有自然规律的意思。中国的儒家哲学喜欢讲"不违天时""合于天"，体现出对自然规律的遵循。道家哲学讲"道法自然"，更是明确地以自然为本。不管是儒家哲学还是道家哲学都体现出典型的农业文化的特征。这个时候人们对自然美的认识最为典型的命题是"澄怀观道"。"道"即自然。

  工业社会的人类中心主义，主要体现为科技人文主义。科技人文主义对待自然的突出特点是运用高科技手段认识自然、改造自然，让自然成为人的又一体。用黑格尔的话来说，是"自然人化"。马克思接受了这个命题，将其基础由精神移到实践。工业社会的审美观突出体现为美包括自然美的本质是人的本质力量对象化，或者说自然人化。这种美学观念直到今日还在我们的美学理论中占据主流地位。

  生态中心主义，是20世纪产生的。它的出现是因为工业社会的高度发展造成了人与自然和谐关系的严重破坏。自工业革命以来，人类对自然资源的无休止的掠夺造成了地球生态系统的严重破坏，于是一个一直潜在的生态问题得以彰显，地球上出现了有史以来从未有过的"生态危机"。本来一直由自然独自来实行调剂的生态平衡竟然要由人类来参与才能实现。生态危机的出现调整了人的全部理念，生态主义应运而生。生态主义是堪与人文主义、科学主义相提并论的一种文化主义，一种价值，一种思维方式。这三种文化主义其实也是相互交叉、相互渗透的。相比较而言，生态主义的兼容性更强，它无疑有科学主义的内涵，但不能归结到科学主义。生态主义的终极关怀是人的命运，因此，骨子深处是人文的，因此，我们也可以称之为生态人文主义。生态主义与人类中心主义是不同的，人类中心主义以人的利益为唯一利益，以人的价值为唯一价值，人是宇宙的中心。生态主义则不是这样，在生态主义看来，既不是人，也不是自然，而是生态是宇宙的中心。因此，生态主义也可以称为生态中心主义。生态中心主义对人类中心主义的进步，最为重要的是价值观念的转变，由单一的人类价值观转变为多元价值观。传统的价值观只承认人类的价值，忽视甚至否定自然的价值。总是将自然看作占有、掠夺的对象。这种观念现在已经面临崩溃。因为事实已经雄辩地证明，不尊重自然的独立地位，不尊重自然的价值，人类就必然遭到自然的严重报复。这方面人类尝到的苦果实在是不少了。与其被逼迫承认自然的价值，不如主动地承认自然的价值，将"尽人之性"与"尽物之性"统一起来，而且在观念上明确，只有"尽物之性"，才能很好地"尽人之性"。生态中心主义主张人的价值与自然的价值均衡发展，根本的价值既不属于人，也不属于自然，而属于生态。生态平衡与和谐发展既是自然的最高价值所在，也是人类的最高价值所在。

生态中心主义审美观是全新的审美观，这种审美观在自然审美上体现得最为突出。

第一，它不是从生命某一部分或生命的个体来看自然美的性质，而是从生命的整体、生命的联系来看待自然美。

从生态的意义看自然美，自然美之所以存在，其基础在于构成生态环境诸要素相互作用所达到的和谐运动和良性循环。保持物种的多样性是造成和谐运动和良性循环的基本条件，体现着生态意义的自组织进化图式只不过是无数生态因子运动形态的有机结合。正是生态因子的多样性和差异性，才导致了生态运动的复杂性，也由此形成了地球生态景观的多样性。任何一个生态因子的片面发展，都会对整个生态系统造成威胁，而整个系统的危机也同样决定着个别生态因子的命运。

从生态意义看待自然美，美不是美在个体的生命上，而是美在生态平衡上，也就是说要着眼于生命的联系，从生命的存在与发展去看待自然美。这种视野的扩大，将极大地丰富自然美。有些在人类中心主义看来根本没有审美意义的事物有了审美的意义，而有些在人类中心主义看来审美意义很大的事物也许没有那么大的审美意义甚至根本没有审美意义。

从生态的意义上看自然，自然不是全美，有些因自然的生态平衡遭到破坏出现的自然景观不能称为美。人造的自然景观美不美要看它是否符合生态平衡，如果它的出现造成对生态平衡的破坏，就不能说它是美的。

第二，它不只是从人的价值上来看自然美，也从自然自身角度来看自然美。自然美不只是为人而美，也为自身而美。

人的价值不是评价自然美的唯一维度，只是维度之一。汉斯·萨克塞说："物体的美是其自身价值的一个标志，当然这是我们的判断给予它的。但是，美不仅仅是主观的事物。美比人的存在更早。蝴蝶和鲜花以及蜜蜂之间的配合都使我们注意到美的特征，但是这些特征不是我们造出来的，不管我们看见还是没有看见，都是美的。"[①] 说美比人的存在更早，是人类中心主义根本不能接受的，因为我们向来认为，只有人才拥有美。美国学者纳塔莉和安吉尔著的《野兽的美》以大量的事实证明动物其实是有它们的美的。这种美有些能为人所接受，于是成了人类的审美对象，有些至今还不能为人类的审美习惯所接受。有些虽然具有很高的形式美，但因为其对人类负面的损害，人类尚不能对其持审美态度，比如有些小蟑螂的颜色是非常精美的，最耀眼的一种是宝石蓝，带有青铜色的斑纹和细长的红条纹，但人们普遍地憎厌蟑螂，因而很难进入审美的态度。

这个维度的变化可能是人最难以接受的，却是可以实现的。本来人与动物

---

① ［德］汉斯·萨克塞：《生态哲学》，东方出版社，1991年，第58页。

之间，就在于人可以既按照自身的尺度，又按照物种的尺度创造世界。既如此，人也就能既按照自身的价值，又按照物种的价值来评价世界。

第三，它不只是从自然人化的维度，还从自然创化的维度来看待自然美的产生。

向来的观点认为自然美是自然人化的产物。当然，这种观点内部也有分歧。一部分学者将自然人化理解为劳动，自然人化是人的物质性的改造自然的活动，即生产实践。有一部分学者将自然人化理解成移情，人将自身的情感投射或者说转移到自然物身上，于是，自然物就具有人的思想与情感。这种自然人化不是物质性的，而是精神性的。这两种看法当然有重要的不同，但都是人类中心主义的表现。

按照生态中心主义，自然美的产生是自然创化与自然人化共同的产物。自然具有无比的创造力，现今成为人类审美对象的事物，绝大部分是自然创造的，而且人类的创造也就是文明，从根本上来说，仍然是人类利用与运用自然规律的成果，是自然创化假手于人的实现。

生态美学认为，人拥有人的智慧，自然拥有自然的智慧——生态的智慧。许许多多的生命物种，植物、动物都有生存的办法和自我保护的策略，都有着一定的适应环境的智慧，有些智慧的精致和神秘，还远不能为人类现有的科学所破译。自然的美是神奇的，它既可表现为像鹦鹉螺的形体那样的外在表象的完美，也可表现为更深沉内在的数理结构逻辑的美。这些美未尝不可以看成生态智慧的产物。自然的进化是一种自组织的进化，在这个过程中，美是自然进化的方向，是自然选择的目的。

第四，它不只从人与自然、人与人、人的内部心理等方面的统一来看待和谐，而且从整个宇宙，至少是整个地球、整个地球上的生命有序存在与运动来看待和谐，赋予和谐新的解释与意义。

向来的美学都承认美是和谐，不论古典形态的美学，还是现代形态的美学，也不论是中国美学，还是西方美学。但是向来的美学对和谐的理解都没有提到生态平衡的高度。在生态中心主义看来，和谐的本质就是生态平衡，是生命的有序存在与发展。自然美是诸多美的形态中和谐的典范。和谐是生命之间的相互支持、互惠共生。原始森林的多元性、四维性，充分体现了生态和谐性。植物与植物之间的不同品种、不同高度、不同情状的互相搭配，植物与动物又构成非常和谐的共生关系。除此之外，有机体与无机体之间，甚至空气、阳光与大地上所有的成员的关系都是和谐的。所有这一切，构成一种生态景观。这种生态景观无疑是最美的，人类的创造无法与之相比。所以和谐的实质，在生态中心主义看来，就是生态的平衡与有序发展。

第五，它不是将艺术美，而是将自然美看作最高的美、典范的美。

人类中心主义是轻视自然美的，黑格尔就是最为突出的代表，他将自然美视为低层次的美，只有艺术美才是真正的美。其原因是艺术美是人工的创造，具有更多的精神性。朱光潜先生将自然美看成雏形的艺术美。在这方面，中国的道家哲学是超前的，它与现在的生态中心主义倒是有相符合的地方。道家重自然，这自然诚然不是自然界，而是自然而然，即本然、本性。但毋庸置疑，自然界具有最多的自然而然，最多的本然、本性。因此，道家的道法自然虽不能等同于道法自然界，但说自然界最能体现道的精神却是可以成立的。由于道家在中国美学中的深远影响，中国人倒是比较重视自然美的。自然美在中国美学中的地位远胜于在西方美学中的地位。尽管如此，自然美仍然未能获得中心的地位，自然美更多的是借助艺术美而在中国美学中获得重要地位的。生态中心主义的美学观，不是将艺术美，而是将自然美看作最高的美、典范的美。热爱自然、热爱自然美成为人的最基本的素质。

生态中心主义的宇宙观意味着一场革命，它将全面刷新人的生活，刷新人的观念包括审美观念。这是人类的进步。珍惜自然，也就是珍惜人类自身。

（刊于《郑州大学学报》2004年第4期）

多元一体的美学

⊙ 刘成纪
⊙ 北京师范大学

新时期以来中国美学的发展，我们一般可以以10年为界分为三个时期，即20世纪80年代的"美学热"时期、90年代的沉寂期和新世纪以来的复兴时期。关于第三个时期，高建平先生曾经列举过一系列迹象谈到美学的复兴，比如，在这一时期，中西美学界开始有了真正意义上的对话，文学艺术界对美学理论的要求重新被激活。[①] 与此一致，美学理论研究也开始活跃，并有新的创获，如生态美学与环境美学、后实践美学与新实践美学、生活美学与社会美学乃至新人间美学、日常生活审美化与艺术的生活化等。但必须指出的是，这次所谓的"美学复兴"，与此前的"美学热"有着根本不同：首先是理论杂乱，缺乏共同问题。像生态美学、后实践美学和日常生活审美化的研究者们，大多自说自话、互不交集。其次是研究领域各据一隅，缺乏普遍解释能力。像生态美学解释了自然而遗忘了社会和艺术，后实践美学和关于日常生活审美化的讨论则相反。最后，对西方美学的译介呈现新的繁荣，但理论原创性严重不足。所谓的美学讨论或争鸣，大多沦为西方美学在中国的代理人之间的战争。

当然，最近10年中国美学研究中存在的问题，并不仅仅是中国美学自身的问题，而是有着很深的西方背景。就其根源而言，西方哲学自20世纪早期

[①] 高建平：《改革开放30年与中国美学的命运》，《北方论丛》2009年第3期。

对形而上学和所谓宏大叙事的搁置，以及美学领域的取消主义，不但使以美的本质问题为主导的美学元理论探索被放弃，而且连美学学科本身存在的合法性也广受质疑。在美学研究中，否定美的普遍性，进而以艺术批评代替理论建构，成为研究者保持审慎的学术立场并对传统具有反叛性的证明。所以在西方，中国近10年美学研究中出现的理论杂乱、自说自话的现象同样存在，比如西方的环境美学、身体美学、审美文化研究，除共用"美学"一词之外，几乎找不到任何共同点。同时，由于研究者对美学普遍性的理论问题缺乏兴趣，学术视野必然要向局部性的现实问题下降，并更加重视美的实用价值。像阿诺德·伯林特称他的环境美学为应用美学，理查德·舒斯特曼将他的身体美学与身体训练搞在一起，都不是偶然的，应是美学领域反形而上学的必然结果。这种对美学的形而下定位，显然与传统美学借审美无利害性确立的超越立场和普遍价值相矛盾。但是，环境美学和身体美学研究者之所以不回避美学的实用或应用问题，也自有其理由。西方美学自20世纪前期经过分析美学的严格审查，追求理论的普遍性已被视为浪费智力的无效劳动。相反，研究具体问题并对现实有直接的帮助，则成了对传统美学因"不及物"而陷入空泛的修正，并因此使美学的存在价值得到彰显。另外，在后现代语境下，美学之间找不到理论的可通约性，似乎也不是什么缺陷，因为所谓的后现代将任何理论共识都视为美学的本质主义。相反，去本质、无中心、放弃探索美学的普遍规律，则意味着学术取向的明智，意味着反思想专制，当然也意味着美学的多元取向和学术自由的无限可能。

就西方现代美学所背负的形而上学传统看，美学的取消主义确实一度是革命性的，对恢复美学知识的现实有效性也有重要价值。但是，当这种倾向成为一种学术的常态，并因此对任何超越性的理论思考均持否定态度时，所谓的反传统也就成了一种新的思想强制，并使任何有价值的理论探索，都在一种有类于蒙昧主义的契约中被自动中止。可以认为，20世纪西方美学研究的衰弱和中国新时期第二个十年美学的沉寂和停滞，这种由"反本质主义"形成的自甘蒙昧的选择是难辞其咎的。在此，所谓的拒绝本质，放弃理论，其实成了研究者思维懒惰的借口,"反映了论者理论水平的陷落和无能"①。

多年前我曾经讲过,西方后现代哲学的去本质、无中心,其本义并不是反理论,而是在解构传统的基础上,找到一种更具真理性的理论。或者说,后现代的废墟性,其实形成了一种对重建美的共识或知识普遍价值的召唤机制。在当代社会,这种对普遍知识的需要因经济、文化的日益全球化而变得更加紧迫,但美学及相关人文学科,却仍然停滞在毫无交集的散沙状态,这是让人殊感遗憾的。19世纪初叶,黑格尔曾在其《精神现象学》中指出:"在我们现在生活着的这个时代里,精神的普遍性已大大加强,个别性已理所当然地变得无关紧要,而且普遍性还在坚持着并要占有它的整个范围和既成财富,因而精神的全部事业中属于个人活动范围的那一部分,只能是微不足道。"② 从这段话不难看出,后来被人们反复抨击的黑格尔哲学的宏大叙事或普遍性,其实是对当时由资本主义海外扩张推动的全球化浪潮的理论回应。这种回应之所以后来遭到抨击,很大程度上是因为黑格尔式的全球化理论是一种逻辑思辨与浪漫玄想的混合物,尚缺乏足够的现实支撑。但是在当代社会,依靠现代科技的强力推动,黑格尔带有更多想象成分的全球化,明显已成为人人必须面对并参与的现实。但具有讽刺意味的是,当代哲学满足于从现象碎片中寻找心理陶醉的犬儒主义,因拒绝理论而导致的学术视野的狭隘,却使理论与现实之间出现了前所未有的不对称。在此,如果碎片式的后现代不是对一种更趋普遍的美学话语的昭示,那么从人类历史看,可能就没有任何一个时代的思想者像今天一样无能而平庸。

那么,对于美学而言,全球化究竟昭示了什么?可以认为,它昭示的是一种真正的多元一体的美学的出现。也就是说,美学虽然因地域、文化、族际差异表现出多元性,但这种多元必然归于一体,或者说多元必然是从一体出发的多元。就目前中西美学发展的状况而言,多元性显然不是问题,它缺少的是一

---

① 邓晓芒:《文学的现象学本体论》,《浙江大学学报》2009年第1期。

② [德]黑格尔:《精神现象学》,商务印书馆,1978年,第50页。

个与全球化相适应的美学整体观。对于这种超越文化差异或对立的整体的美学，传统美学的解决途径往往是首先设定美的根源或本质，然后围绕这一被认定的普遍本质演绎出对具体问题的审美判断。但自柏拉图《大希庇阿斯篇》以来西方美学发展的历史证明，关于美的本质的探索是永远也无法得出正确结论的无效劳动，或者说，传统关于美的本质的抽象判断本身就是反美的。面对这种状况，19世纪后期崛起的心理学美学采用了相反的方法，即通过广泛的心理实验和社会调查总结出人相对普遍的审美趣味，以此作为美的共识或标准。美国学者乔治·迪基甚至认为，关于何为共同美，应该诉诸全世界人民的投票表决。这种借民主信念求取审美共识的方法，在当代传媒对于"超级女声"的选拔中已得到有效的运用。但是必须指出的是，建立在现象归纳和数据综合基础上的美的共识，仍有其无法解决的问题。比如，人不是一个审美的恒量，而是随年龄等原因不断变化的变量。同时，建立在"民主"基础上的审美共识，虽然尊重了大多数人的看法，但少数人的意见却被忽略。由此看来，无论是逻辑的方法还是经验的方法，都不是获得美的共识的有效方法。

虽然按照传统美学的方法，为美重建共识缺乏可行性，但这并不足以否定美的一些基本理论的存在。按照鲍姆嘉通以来西方美学家对美的认识，我们起码可以认定感性、形象和情感是任何审美活动都无法越过的关键词语。美学作为感性学，任何审美活动都离不开看和听，都必须在具体的、活生生的感性形象中进行，这是美之为美的一条铁律。同时，任何审美判断的形成都以人对审美对象的爱为前提，并通过对爱的激发体现审美价值，这种情感态度也从不可轻易否定。进而言之，在审美活动中，任何感性都是由形象体现的感性，任何爱的情感也是由审美形象引发的情感。这样，形象问题就是审美活动成为可能的核心点，而感性和情感则是对形象向美生成的两重限定。

以感性、形象、情感为基点，我们对何谓美、何谓美学形成共识将是可能的。比如，"心灵美"是人们经常使用的一个词，但心灵从本质意义上讲只涉及善恶问题，而不涉及美丑问题，因为它无法以形象的方式直接在场。同样，形象虽然构成了美之为美的必要条件，但并不是充分条件。比如《周易》中的卦象就不是美学问题，因为它虽然显现为形象，但作为认识对象，它拒绝人的情感参与。近来邓晓芒先生谈文学的现象学本体论，也是忽视了情感的参与在一般现象学和审美现象学之间造成的差异。进而言之，如果说美是人对感性形象所抱持的情感态度，那么跨越文化和种族的共同美或美的普遍标准便是存在的。这是因为，无论感性、形象还是情感，都是属人的。美学作为人学，人生理和心理结构的趋同性，决定了其大体一致的审美感知能力。这中间，虽然人因个体、文化的差异表现出不同的审美趣味，但对美和丑的判断依然有超越种族和文化的定式。这种审美感知力的一致和审美判断的定式，体现了人性的共同性。当然也正是共同人性的存在，使美学获得理论的普遍性成为可能。

感性、形象、情感，为美学提供了超越文化差异的基本学科限定，共同人性的存在则为跨文化的审美共享提供了心理基础。以此为背景可以看到，目前学界对美学作出了诸多的分类，比如生态美学、环境美学、身体美学、实践美学和后实践美学，感性、形象、情感都构成了它们的共同本质。或者说，以形象为本体，以感性、情感为支撑的元美学，构成了一切具体美学门类的共有基础。同样，关于美学的国别和历史的划分也是没有意义的，所谓的中国美学、西方美学、古典美学和现代美学，至多仅具案例的意义。美学作为理论，总是跨越地理、历史、文化等限定，以美的本性彰显出对人类整体的普适性。也就是说，只要我们承认有共同人性存在，相信人类的审美心理结构是趋同的，美的共同性就永远大于差异性。建立在这种共同人性基础上的美学，作为一种人类学，为全球化时代美学的整体观提供了理论基础。

基于普遍人性的共同美，是一个自康德以来的传统命题。对这一命题的重新体认，有助于纠正当代美学研究中的诸多偏颇，并为处理不同美学之间的关系确立一个超越性的新规范。比如对于中西美学比较，我们一般强调两者的相异，并据此无限放大中国美学自置于西方之外的独立价值。事实上，所谓"中西之异"大多是概念范畴使用上的技术差异，双方所要表达或揭示的美学精神基本是一致的。正是因此，中西美学的比较才是可能的。而对双方差异的过分强调，并不是一种科学态度，只不过反映了知识者对处于弱势的本土文化存续的焦虑感。再如对于当代文化全球化的问题，我们一般认定这是由经济、技术进步带来的文化延伸，但事实上，普遍人性的存在却先在地为这种全球化提供了可能。而学界提到的"全球美学"或"世界美学"等命题，当然也只有在对普遍人性的肯定中才能找到合法性。

当然，美学作为一门西方原创的学科，加上现代西方文化的强势地位，谈文化的全球化极易被等同于西方化，谈美学的共同性也极易导致研究者放弃本土立场，从而使"以西解中"的理论选择显得顺理成章。美学界近年来在"美学在中国"与"中国美学"之间所做的辨异工作，在很大程度上正体现了对这种趋势的警惕。但是必须指出的是，理论的目的向来不是在诸种文化之间筑起墙壁，而是建立道路；不是实现对美之真知的局部揭示，而是获得最大限度的普适性。从这个角度看，即便中国学者跨越了"美学在中国"的移植阶段，并真正书写出了中国美学，也并没有多大的理论意义。作为一种本土美学立场的正确表达也许是：从"以西解中"走向"以中解西"，进而使中西美学在互释中会通。建立在这种互释和会通基础上的中国美学，才能真正拥有世界品格，也才能真正获得理论尊严。在此，美学对跨越文化差异的普遍人性的趋近，成为判断其理论价值的标杆。

（刊于《郑州大学学报》2009年第6期）

美学：边界与超越

⊙毛崇杰
⊙中国社会科学院文学研究所

前几年曾热议文学的边界，现在轮到美学了。这里谈几个问题：（一）边界的存在与划定；（二）边界的突破与危机；（三）边界的限制与超越。

美学边界是其由作为一门学科特定的基本对象的存在所划定的。与其他学科同样，美学边界的存在与划定源于人与世界对象性关系的多样性。随着生产力的发展的劳动分工以及社会对专门人才的需要，知识被区分出许多不同的领域，学科的边界由此形成。学科规训式学院制教育与启蒙理性与技术理性同时，对思想解放在认识自然与自身起着"祛魅化"的作用。20 世纪中期，当代学科形态与格局基本形成。然而，劳动分工也同学科划分一样，一方面促进了生产力的发展，另一方面也给人的潜能释放与思想自由带来了限制。马克斯·韦伯曾指出，在学科教育上同样有资产阶级对教育生产资料占有与知识生产者脱离的弊病。[①] 从体脑分离开始，教育的权力和资源始终被少数人所控制和占有。冷战时期这种矛盾在意识形态上激化为 60 年代的左派政治运动，法国"五月风暴"首先从现存教育制度发端。后结构主义与去中心主义的思维方式为学科边界的消解提供了武器，戒规式的"学科性"被后现代主义看作

---

① [德] 马克斯·韦伯：《科学与政治》，冯克利译，生活·读书·新知三联书店，1998 年，第 20 页。

"现代性的残余","是在国家权力主导下确立的对权势者有利的理论前提和意识形态,包括欧洲中心主义、父权主义、科学主义和国家中心主义"。① 一场突破学科边界的运动到90年代达到顶峰。一方面是作为"后学科"的文化研究起于对学科局限性的不满(杰姆逊);另一方面,80年代以降"后学"大师们一个个离去,他们的思想资源被享用了半个世纪渐渐枯竭,这时进入了伊格尔顿等在《理论之后》一书中描绘的"后理论"状况。

美学正是在这样一种语境下遭到边界消解。这种学科性危机直接来自新实用主义美学,分析美学也起着一定作用。如1958年肯尼克就提出了"传统美学是否基于一个错误"的问题。它们与文化研究、文化消费主义等对学科性形成了交叉火力。于是我们见到90年代以来美学"复兴"又带有"消亡"的泛化状况。舒斯特曼以美学作为"软学科"对其边界进行了多方面的突破。一是提出"身体美学"与低俗的"下半身写作"不同,而是包括瑜伽等与人的健康生活关联的"自我呵护"。二是伦理的审美生活——在舒斯特曼那里是以文化政治为主体对边缘弱势群体的关怀为核心的政治道德、"趣味伦理"之美学价值与知识左派"政治上正确"整合。艺术上反对"精英主义",张扬以拉普为代表的"希哈"大众艺术文化。三是美学与性学边界的突破。2006—2007年舒斯特曼连续发表两篇文章,提出要建立一种所谓"实用主义'性'美学"②。这不仅突破了传统美学,也超越了现代美学的边界。四是日常生活实践对美学学科性边界的突破——一方面以新媒体为主要手段的低俗的文化消费主义的日常生活审美化,另一方面从一般的日常生活到未来的美好生活,从尼采的把"你的生活做成一件艺术品"到福柯的"存在美学",都在于消解审美与生活的边界。五是"科学美"以真理认识的抽象思维形式突破审美的具象感性

---

① [美]伊曼努尔·华勒斯坦等:《学科·知识·权力》,刘健芝译,生活·读书·新知三联书店,1999年,第3页。

② Shusterman, Richard, "Aesthetic Experience: 'From Analysis to Eros'", *The Jounal and Criticism*, 64:2, Spring, 2006, p.225.

形式的边界。

边界突破之泛化给在学科性僵死封闭下的美学带来似是而非的生机，也隐伏着固有对象性消失的存在危机。

美学边界存在的合理性基于：客观存在着的"天地大美"以自身固有的独特形式向审美主体的感性召唤，其结果是主客体双向的激活——对象的美（自然与艺术）因得到一个被审美快感激发的主体，从"无言"（自为）的存在，成为"有意义（为他）的存在"；主体的审美敏感（欣赏彩色的眼、感受音律的耳）也得到强化。美学边界的核心是在审美关系中连接主客体的纽带——"审美形式"。然而，长期以来由于对形式主义的批判以致我国在美学上形成了一个现象——"谈美色变"。教条主义式的"左"与后结构主义对结构主义形式主义的决裂以及后现代主义对审美现代性之审美主义的形式主义的批判，形成了一种强大的"去审美化"思潮（我国有人极端地宣称"审美无意义"）。美学从核心到边界危机四伏。

康德的"形式的合目的性"及非功利的"纯粹美"长期作为形式主义美学的鼻祖被有所误读。康德绝非无视内容，只不过他以三大批判把知、情、意划出边界之后没有把真、善、美辩证地统一起来。席勒也提出了"美是形式的形式""给物质以形式""形式决定一切"这些很吓人的命题，似乎是一个甚于康德的彻头彻尾的形式主义者，实际上形式在席勒是实现人的自由目的之手段。启蒙时代的古典人本主义美学是以形式服从内容的。在目的论上，康德把"人是自然的目的"与"人心向善"的目的统一起来。真正的形式主义是在19世纪末资本主义高度发展时期出现的，集中表现在"为艺术而艺术"之唯美主义口号上，从审美主义到结构主义的形式主义都是后古典美学。作为对这种审美现代性反思的后现代主义发展为对整个传统学科性的颠覆。

真、善、美的界限在于它们有不同的存在内容与外部显现的形式。真与善也有自身形式，但那不是审美形式。真的东西，无论是作为"实在"的真（"万物之成理，四时之明法"）还是进入主观认识的真理（公式、原理等被认作"科学美"的东西），只有在它们自身之外取得审美的形式方与美统一起来。同样，善的东西，无论是作为"美德"之"善行"（乐善好施、急公好义、见义勇为、舍己救人），还是日常生活中的"好的东西"（美事、美差、美梦），也只有取得特定的审美形式方能成为"审美的"，正如席勒所说"美是形式的形式"。

关于"科学美"问题我已有另文专论，这里以屈原为例对善与美的关系略加辨析。"纷吾既有此内美兮"之"内美"作为人格美不是美学学科范畴的"美——而是伦理之善"。当时屈原身边的人们可能为他的人格力量所折服、倾倒，但那并不是审美感受，如果没有诗作，屈原刚正的个性、忧患的良知以及招谤、放逐、投江之生平并不能给人们直接的审美感受。司马迁也是通过"读《离骚》……悲其志"得来的美感效应，于是"适长沙，观屈原所自沉渊，未尝不垂涕，想见其为人"，屈原的人格美正是通过这种审美形式传达给我们的。外部形式对于美的特殊重要决定性，使得美在价值体系中的地位低于真与善。美的形式必须于真与善方有所附丽，真与善借助美的形式必大大强化其感染力。

撇开消费主义的"日常生活审美化"低俗，即使到了"我们有可能随自己的兴趣，今天干这事，明天干那事"的那一天，也并不意味着"这事""那事"之间界限的取消。"捕鱼"不能代替"打猎"，同样它们不能代替歌舞、写诗、观风景等多样审美活动。缺少审美的生活不美好，然而再美好的生活也有非审美的内容。"迷狂"是主体的一种高度美感状态，但是其他非美感的凝神也会进入如牛顿"以乌有为食"那样的痴迷状态。

美学不是象牙塔，美学中许多问题借助其他学科的知识边界可以自由进出。不过这种超越的自由不是无限的，"界外"不能说成"界内"。超越不仅体现在许多跨学科交叉与边缘学科生长，如音乐美学、建筑美学、技术美学、生态环境美学等，而且体现在由时代的问题意识构成的新语境中，一种"大美学"的视角，那就是与人类普遍价值及终极关怀联系。"超越"是美学有待在"后现代之后"展开之课题：怎样在固守自身边界的同时站在历史总体的高度，联合一切学科为实现人与自然及人与人的和谐作出贡献？

（刊于《郑州大学学报》2009 年第 6 期）

美学的场域转换

⊙牛宏宝
⊙中国人民大学哲学学院

　　美学学科在过去的100年里，经历了三个方面的冲击：第一是现代主义艺术中的反艺术和反审美的发展，使得艺术和审美的疆界很难维系，如戏仿、现成品、装置艺术等。第二是大众文化所生产的艺术消费品，更使传统的美学和艺术理论除批判之外，无法正面作出令人信服的评价。结果，一方面是更多的人开始消费这些产品，另一方面则是美学理论除僵硬的敌对外，就只有放弃自己的边界。第三是网络和数字技术所带来的传媒革命，使得艺术和审美的活动直接进入到了鲍德里亚所谓的拟象世界。在拟象的条件下，启蒙美学所承诺的真理、合目的性、普遍有效性和无功利等美学原则的有效性，不仅变得无效甚至变得可笑了。这样，在欧洲启蒙时代所形成的现代美学学科的学术范式，似乎不仅失去了其合法性和阐释力，而且失去了坚守其划定的界限的理据。我们知道任何一个学科要成立，必须满足三个条件：一要有自己确定的研究对象；二要有自己需要解决的问题；三要有自己独特的研究和解决问题的方法。那么，一旦学科界限崩溃，什么东西都涌进来，学科不再有自己牢固的原则维系，该学科就会面临崩解的局面。

　　面对上述种种困局，过去的100年里，美学理论界出现了两种基本的态度：一种就是固守原来的理论界限，形成新的等级和排斥机制，如将大众文化产品排在精英艺术之下，从而消化它。另一种就是重新为美学和艺术划界，将新的审美和艺术现象纳入辖区内。从分析美学对"家族相似"的引入，到阿瑟·丹托、卡诺尔和迪基等人的"艺术界""艺术机制"等新设定，都是这种重新划界的努力。在这种重新划界的努力中，他们是想解决艺术创新与定义的界限之间的矛盾，这样，定义的目标就必须是开放的而非封闭的，只有这样才能既有一个确定什么是艺术和什么不是艺术的划界，同时又向所有艺术创新敞开大门。但是，这样的定义方式就只能是一种外延性定义，而非内涵性定义。这是这种划界工作不能令人满意的原因。但是，真正的问题在于，与上述三个方面的具体实践领域的冲击相联系，启蒙美学和艺术理论的学科范式所遇到的根本问题，是哲学方面的，这就是现代社会中变得普遍起来的相对主义思潮和反本质主义思潮。相对主义与反本质主义是彼此联系的。相对主义是这样一种思想，就是认为所有事物的性质都是相对的，它们并没有绝对的本质。因此，认为任何事物都有个区别于其他事物的不可移易的本质的信念，是一种不可靠的信念。美学和艺术也是如此。历史上不断出现的关于美和艺术的定义都会时过境迁，就说明了这一点。既然这些定义都像沙滩上的画像，会被历史的浪潮所冲刷消弭，那么放弃定义显然是明智之举。不过，相对主义和反本质主义的根本区别在于这样一种新的信念，即我们生活在历史的变迁之中，任何事物都会随时间的展开而变化。我们关于某种事物的任何确定的认识或知识，不过是在知识和认识的经纬线网络上捕捉到的一个定格而已，一旦该经纬网络发生变化，该定格的对象或表象就会消失或变形。

这一对本质主义致命的冲击，随着下面一点的出现而变得异常严重，这就是现代性中的时间意识的变化。马克思在《共产党宣言》中曾说，在现代"一切坚固的东西都烟消云散了"。即一切在过去被认为牢不可破的、永恒的、不朽的东西，到了现代，进入现代性之后，都淹没在时间之流中。这里有一个转换，即从前现代的凝固的空间性向现代的时间性的转换。在前现代，人们通过拟制时间而固守牢固的空间，来维系稳定性和建立安全感。到了现代，人们则进入时间的流动性之中。按照齐格蒙特·鲍曼的解释，现代性本身又可分为"凝固的现代性"和"流动的现代性"。前者是通过将时间流动性变成一种持久的、连续性的序列，而获得某种稳定性的。但是，后者却连这样的连续性也要抛弃掉，从而使人们进入一种瞬间、短暂的体验之中。这就是后现代性的特征之一。用鲍曼的话说："永恒持久的贬值，不能不预示着一场文化巨变，也可能预示着文明史上的一次最为关键最具决定意义的转折。而从沉重的资本主义过渡到轻灵的资本主义，从固态的现代性转变到液态的现代性，结果也可能是一次比资本主义和现代性本身（以前它被看成是人类历史上至少是从新石器革命以来的人类历史上的一个显然最重要、最为关键的里程碑）更为激进、更具深远影响的新起点。"在鲍曼看来，在走向流动的时间性的时期，那些执着于某种固定不变的东西的人们，就像被土地束缚的人们一样，因为缺乏流动性而丧失掉了机会。而那些进入时间激流中的人们，则获得了完全不同的发展方式：在时间的展开中突进。

波德莱尔曾经在《现代生活的画家》一文中说，现代性就是过渡、短暂、偶然。这是艺术变化的一半，另一半是永恒和不变。他提醒人们，对于现代性的流动性的方面，即它的过渡、短暂、偶然，它的变化如此频繁的成分，我们没有权利蔑视。因为，"如果取消它，你们势必跌进一种抽象的、不可确定的美的虚无之中，这种美就像原罪之前的唯一的女人的那种美一样"。那么，什么是艺术和美的那永恒的、不变的一半呢？波德莱尔并没有对传统美学和艺术中的哪些因素能够进入永恒作出清算，相反，他主张应该从任何变动不居的现代性中提炼出神秘的美来，从大街上夺取诗意的意象，寻找现实生活的短暂的、瞬间的美，"因为几乎我们全部的独创性都来自时间打在我们感觉上的印记"。在这个意义上，生活在流动性、时间激流中的艺术家，必须变成"现代的美"的铸币师，变成语言的炼金术士。

在这种从凝固的现代性向流动的现代性转换的过程中，对于美学和艺术而言，在过去的几十年里，下面几个方面得到了凸显：第一，真正介入时间之流中的不再是"我思"主体，而是身体感性知觉实在。也就是身体感性的时机性展开以及其意向的丰富性和多元性，取代了主体的牢固地位，而成为力量的源泉。对于经典现代性美学和艺术而言，主体取代本体成了意义的唯一来源，无论这个主体是"我思"主体，还是无意识主体。这正是"凝固的现代性"的状态。在"流动的现代性"状态中，身体知觉的时间展开主要是作为意义生成的意向性动力而存在的。第二，依据身体的感性实在的时间展开，一种生成论的创造变成了审美活动的核心。依据传统的本体论，形成的是"模仿论"；依据现代性的主体概念，则形成主体"表现论"；而依据身体知觉实在的时间展开，则是意义的瞬间铸型和生成的"生成论"。也正是在生成论意义上，审美创造获得了新的维度：个体身体知觉的不可取消、不可化约的差异性，将成为创造的主要力量，也是形成批判的主要力量。更重要的是，在身体知觉展开的时间之流中，生成并不依据已经确定的价值以形成表达，而是针对未来、针对无限的可能性所进行的探索。第三，身体知觉实在的意义生成，并不是通过确定的对象，就像经典现代性美学中所确立的客观对象来进行，而是通过符号的构成来进行。这是与艺术和审美进入到了一个编码世界相适应的。我们知道，从19世纪开始，世界编码化就在加速进行。实物的世界被编码世界所取代。无论是哲学领域的"语言转向"，还是美学领域的"语言转向"，都顺应了这一巨变。此一巨变意味着，实物的实在世界被符号的编码世界所取代。符号变成了我们面临的最基本现实。从元素周期表、基因编码到计算机键盘和数码化，编码化已经无处不在。对于哲学来讲，我们需要发展因应编码世界的认识论、知识论和世界观；对于美学和艺术理论来讲，则需要世界编码化的美学和艺术。正如福柯所断言的，在编码化的时代，艺术将不再把相似以及对相似的确认作为核心，而是通过符码的组合构成来形成。他认为只有这样，我们才能重获偶然机遇中的自由和创造。正是在这个意义上，福柯将西班牙裔画家米罗的绘画作为符号构成艺术的典范。

西班牙哲学家加塞特曾经说过，"我思"主体是现代性的根基。假如气候变化，出现了一种能够取代"我思"主体的新的根基，那么我们就进入了新的时期。通过对过去几十年美学和艺术世界的变化的上述梳理，我们似乎已经能够清晰看到，取代"我思"主体这个现代性根基的某些趋势已经形成，非主体的身体知觉的时间展开及其自由创造的状态显示出了某种前景，这其中蕴含着

21世纪美学与艺术转换的主要的线索。

面对上述情况，中国的美学界有一种担心和忧虑，担忧美学和艺术会失去其界限，担忧在反本质主义的思潮中，美学和艺术理论会失去其存在的根基。这种担忧在我看来，一方面是习惯性思维的作用。对于一个习惯于本质追问的学者来说，一个失去本质的对象是无法进行研究的。于是有不少学者提出应该有一种"新本质主义"。但是什么是"新本质主义"？在这些学者那里却无法获得捕获"新本质主义"的基本方法。因此，他们的担忧就更多地表现为一种怀旧的祈愿。另一方面，则是我们对于学科演变还缺乏真切的认识。我们内心中可能隐含着一种定见，仿佛学科的边界和学科的内涵式界定是永恒的，仿佛只有有一个永恒不变的美学，才能够保证美学学科的存在。在这里，某种关于历史演变的本质连续性可能在作用着我们的判断。

其实，不仅没有永恒的美，也没有永恒的美学学科。有的只有历史变化中的不同的美和美学学科。迄今为止，从美学史上来说，美学的存在状态，已经经历了两次重大的转型，一次就是从巫术状态向前现代本体论美学的转换，另一次就是从前现代的本体论美学向经典现代性美学的转换。在本体论美学中，本体、模仿和在艺术模仿中的审美教化作用，构成了该形态的核心以及由此形成的疆域。而在主体论美学中，则是审美主体、审美主体的表现和审美判断以及审美主体的意义建构（"天才为艺术立法"），形成了该形态的核心和疆界。在此一转换过程中，前一种形态的核心要素在后者中没有留下多少痕迹。这里面并不存在历史的本质的连续性，而是一种彻底的场域转换，是一种对构成元素的重新配置、重新编码和重新阐释。对于前现代的人来说，主体论美学就是不可理解的，就像神父对于市民宁愿花钱进剧院而不愿意不花钱进教堂大感不解一样。同样，对于从20世纪末叶到现在的美学与艺术的转型，虽然我们也会有许多困惑，但是，从前现代本体论美学向经典的现代性主体论美学的转换，应该使我们清晰看到，美学的学科形态是变化的。当然，对于许多人来说，在鲍姆嘉通之前不存在美学学科。但这一看法过于执拗于学科化的学科形态，而忽视了非学科化的学科存在。因为，在前现代，有一个普遍存在的诗学。难道诗学不具有学科意义？以此观之，当我们进入流动的现代性时期，美学和艺术的存在方式将转换到另外的场域。而这个场域与经典现代性美学的场域将完全不同。

因此，对美学和艺术理论的学科形态保持一种开放心态，并在此基础上，去捕捉和构建21世纪编码世界的美学和艺术学科存在的新场域，就是我们的任务。

（刊于《郑州大学学报》2009年第6期）

普遍性：中国美学古今会通的现实途径

⊙薛富兴
⊙南开大学哲学系

中国古代美学的古今会通问题，即中国古代美学的现代性适应问题，自20世纪90年代中国古代文论界以"古代文论的现代转换"为题提出后，一直如一团疑云存在于中国美学史研究界，未能得到很好的解决，影响着中国美学的健康发展。

由于在外在学术形态上，美学是自20世纪初从西方引进的外来之学，由于我们自身的美学是一种内在、古典形态的美学，于是，美学在中国的合法性问题便在时空两个方面遭到质疑。空间方面的质疑即中国美学与西方美学的会通问题，时间上的质疑即中国传统美学的古今转换问题。

诚然，中国美学的古今转换问题首先起于中国自身整体文化背景的古今巨变：20世纪以来，中华审美实践层面本身发生了极为重大的、全局性的变化，以至于其自身的古典审美观念无以有效描述、评价这种新的审美实践。但更深刻的原因在于，20世纪中国美学是一种全盘引进、应用西方美学话语以阐释和评价中国审美实践和观念的美学，因而原来的古今差异又被转化为文化形态、学术品格上的中西差异。中国美学的时代性差异只是表象，学者们在根子上所质疑的还在于20世纪中国美学内部所蕴含的中西文化差异，这是一种空间差异。中国美学内部所蕴含的这种中西文化差异，极言之则曰"不可通约性"。断然放弃20世纪初期从西方已然引入的整套西方美学话语，或者重新捡起从孔夫子到王夫之的本民族传统美学话语体系，显然都极难。若不同民族文化审美传统真的"不可通约"，下面的路子该怎么走？

我们也许需要反思一个更为根本性的问题：美学何以可能？如果各民族、各时代的审美传统真的不可通约，如果各民族、各时代的审美实践与观念真的毫无规律可言，如果我们在中国古代美学和现代美学之间，在中国美学和西方美学之间，真的找不到任何类似之处，我们如何对中西审美传统与现实做最低限度的规律性概括？如果我们从一开始就坚信民族、时代审美个性的硬壳坚不可破，人类各民族、各时代的审美实践和审美观念之间毫无共同性可言，我们从事美学研究还有什么价值？所有的美学家难道不是在痴人说梦吗？

美学之所以可能，是因为它建立在这样一个理念之上：虽然美学家在经验、具体材料的层面发现了各民族在不同历史时段和各自文化语境下所产生的各具特色的审美实践和审美观念，但他们仍然相信在更深入的层面，人类审美实践和审美观念应当表现出某种程度、性质的相似性，相信人类审美活动与审美观念，亦同于人类其他物质和精神生活领域，应当有章可循。特殊性是人类一切科学研究所面临的现实起点，普遍性才是指导人类科学研究的根本性原则和最高目标。将民族、时代审美特殊性无限放大到"不可通约性"，便从根本上取消了美学研究的可能性与必要性。

因此，针对当代中国美学如何自救于因"不可通约性"而导致的逻辑困境和职业信仰危机的问题，也许重新树立起普遍意识，以人类审美共性，而非审美的民族、时代特殊性为根本立足点，不失为一种有益之途。[①] 这是实现中国古代美学与现代美学会通的逻辑前提，目前学界对这种会通之所以缺乏信心，根本的原因是未能在研究视野和原则上自觉地实现由殊相追求到共相追求的转化。

普遍性原则既经确定，接下来我们就可更细致地思考在古代美学与现代美学的会通方面，我们有哪些具体工作可做，以便积极促进传统智慧融入当代人

---

① 薛富兴：《普遍意识：中国美学研究自我超越的关键环节》，《江海学刊》2005年第1期。

类精神生活，参与铸造当代人类精神幸福的事业，而不只是消极地徒叹奈何。

初看起来，数千年前的实践观念如何能有效言说当代审美实践？美学的古今"不可通约性"不言而喻。但是，退而思之：当代审美实践是否可以与古人决然不同？我们难道不可以想象古今审美之间最低限度的相似性吗？只要我们对古今审美有最低限度的普遍性信仰，这种信仰也将促使我们自觉地从古代美学中发掘一些对当代审美仍有价值的思想资源。

首先，在审美观念方面，庄子所提出的"逍遥游""无用"之"大用"观念，对人类审美活动精神个性的界定，难道不具有与康德"无功利"思想同样的普遍概括力吗？当代人确立正确的审美态度，难道不也需要一种超越物质功利的追求"无用之用"的精神境界吗？为何庄子的"逍遥游"观念只能言说古代审美，而对当代人全然无效呢？

"文"与"质"这对范畴的理论内涵也极为丰富。它首先可以用来描述人类早期审美意识起源时的状态：最早的审美意识（"文"）起源于物质功利（"质"）。其次，它可以描述从古至今人类审美（"文"）与其他非审美（"质"）活动的关系，用今天的话说，即审美与文化的相互依赖、渗透关系。它还可用以描述人类对象的两种基本风格——以外在感性形式、创造技能表达取胜者（"文"）和以内在蕴含取胜者（"质"）。长期以来，美学理论研究人类审美风格、审美范畴，仅取资于西方美学，曰优美与崇高，曰悲剧与喜剧。其实，中国古代美学所凝结之"文"与"质"，完全可以成为有普遍性阐释力的，用以描述人类审美风格类型的第三对审美范畴。古代审美风格有"文""质"之分，当代审美风格仍有"文""质"之辨。

再看"意象"与"意境"这对范畴。如何言说人类审美对象，特别是人造审美对象的内在结构？西方古典哲学有内容与形式这对范畴可资借鉴，但由于它所言说者太普遍，对审美对象这种人类文化创造精神成果，特别是审美这种感性精神成果没有确切的针对性。具体分析审美对象内在结构，则是20世纪"新批评"和"现象学美学"才开始做的工作，而且，他们所分析者只是物化审美对象——艺术作品。在古典时代，真正能深刻、简约地呈现人类审美对象内在结构,并以此揭示人类审美活动基本特征者,则是中国古代美学所提出的"意象"范畴。"意象"范畴显示:一切审美对象必须以感性的对象化方式存在;任何审美对象从本质上说,只能是意念、胸臆之象,是审美主体在内心所营构的主观心象。前者言人类审美对象感性特征,后者言人类审美对象观念性特征;前者用以区别科学、哲学等抽象理性精神成果,后者用以区别物质劳动、器质文化对象。

"意象"范畴在揭示人类审美对象内在结构、审美活动精神个性方面,并不逊色于康德对审美判断所做的一系列规定。意象是中国古代美学观念的成果,当代审美难道可以越出感性与观念这两个基本方向吗?

"意象"范畴呈现了人类审美对象的基本结构和人类审美活动的基本特征,"意境"范畴则揭示了人类审美经验的理想状态。"境"乃整体义、层次义、无限时空义,"意象"指称具体、单个审美对象,"意境"则指称超越了单个审美对象外在物理感性时空局限,在观念上将审美主体引向具有无限可能性的更为广阔、深邃的空间,有丰富内涵和整体性心理效果的感性精神时空,它标志着审美经验作内在超越性追求的形而上高境界。符合了"意象"基本内涵者即可谓之审美,是合格的审美对象、基础性审美经验;符合了后者,则标志着审美经验已然迈入高境界,它言说的是人类审美经验中具有形而上品格的最理想状态,是优质审美经验、理想审美境界。

在满足人类审美活动最基本特征基础上,进而追求审美经验在精神时空的丰富性、深刻性和无限性,这是唐代诗歌、宋元山水画和曹雪芹的《红楼梦》所追求过的境界,难道当代艺术不应有这种形而上性质的审美冲动吗?古代审美经验表现为基础性审美与理想性审美,当代审美经验难道不也可以有这种层次上的划分吗?

整体而言,西方美学为言说人类基础性审美经验提供了一系列有效概念,诸如"审美判断""审美态度""审美趣味"等,也许,中国古代美学提供了另外一种类型的审美观念——专门用以描述精致、复杂、高端的审美经验,诸如"心斋""神思""神韵""意境"等。两者合起来,方可对人类审美心理作出较为完善的描述。当代中国人对这份精神遗产价值的认识，则更需细心体贴。

在审美实践层面，古代中国人也作出了普遍性贡献。比如，在先秦时代，中华早期审美走过了一条从器质审美、制度审美再到观念审美，从生理快感到精神快感，从感性审美成果到理性审美观念发展的路线。这样的审美之路，当能体现出人类早期审美活动的普遍性规律。即使是当代社会，也仍然围绕这些维度而展开。

比如，在魏晋时代，中华古典审美开辟了一条审美创造专门化、门类化，艺术创造与艺术批评相互支撑的道路。就自然审美而言，这一时期中国人开辟出纵游山水、园林建筑和山水艺术三种形态，它们理当成为人类自然审美的三种基本形态。这样的路径对其他民族审美和当代审美难道没有普遍性启示价值吗？当代人类的自然审美难道可以越此范围吗？

也许并不是中国古代审美传统对当代社会没有启示价值，因而古代美学无法实现现代性转换，而是因为学者们事先在心中就有一种中西、古今之"执"，有了一道不可跨越的古今中西鸿沟。因此，我们想当然地把中国美学理解为"中国的美学"，即只对中国人有效的美学，就像我们曾经把西方美学想当然地理解为人类美学，即可以毫无保留地对中国人有效的美学一样。当治中国美学史时，我们只想到向读者呈现中国美学的基本史实，而想不到进一步揭示这些史实背后对人类美学的普遍性意义。当治古代美学史时，我们只感受到它与当代语境的时代差异，而无法意识到二者会通的可能。

诚然，由于中国古代美学的经验主义传统，比之于西方美学，我们的绝大部分思想成果极为朴素，重要概念缺乏内涵与外延的明确界定，相关命题间缺乏很必要的逻辑推理、论证。这就在很大程度上影响了它们在当代社会中发挥价值。正因如此，新世纪中国学人的主要任务便是对古代美学资源认真地做符合当代学术、社会要求的阐释工作，使模糊者明晰之，粗疏者细密之，义精者发挥之。这样的艰苦细致的专题性阐释工作积累到一定程度，中国美学的古今会通，便会由应然变为实情。

对中国美学而言，由于古今会通的根本症结在于学者们无法在内心克服美学的中西之异，因此，在美学研究中确立普遍性原则，具体地说，"以中华审美特殊性材料研究人类美学普遍性问题"，就很可能破解美学的古今梗阻，实现古今会通，使古代美学与现代美学在当代中国成为一有内在有机联系的整体、统一的美学，而非貌合神离的美学怪物，并成为一个有价值的突破口。

（刊于《郑州大学学报》2009年第6期）

跨文化美学与美的共识

⊙彭　锋
⊙北京大学美学与美育中心

随着全球化的不断深入，具有不同文化背景的人们之间的交往变得日益频繁和密切，这就为跨文化美学研究提供了一个很好的契机。跨文化美学研究的一个重要目的，就是通过对具有不同文化背景的人们的审美观的比较，探寻人类在审美观上存在的共识，以及对这种共识作出合理的解释。这已经成为当前国际美学界的一个重要趋势。比如，前国际美学协会主席佩茨沃德就组织了一个"跨文化美学研究小组"，邀请世界上不同文化圈中的学者来讨论审美观上的共识问题。再如，以倡导后现代美学著称的威尔什近来也转向审美共识问题的研究，在最近发表于《国际美学协会年刊》上的《论美的欣赏的普遍性》一文中，全面阐释了他的有关主张。现在的问题是：当代美学为什么会出现这种新的动向？它对于美学理论研究有何意义？让我们先简单地展示有关这个问题的语境，然后再来回答这些问题。

与科学知识和伦理评判相比，审美判断缺少客观标准。审美判断跟个人嗜好或趣味有关，因此不具有普遍性，很难形成共识，就像谚语"谈到趣味无争辩"所概括的那样。在日常生活中，审美判断不会因为缺乏普遍性而造成麻烦，人们在审美判断上并不太较真，可以做到"萝卜白菜，各有所爱"。审美上的这种多元性，在科学知识和伦理评判领域是不允许的。人们在真假和善恶评判的问题上犯了错误，就会遭到惩罚或谴责，但在审美评判问题上出现分歧，在多半情况下不会造成严重后果。也许正因为这些因素，美学这门学科才较晚确立起来，并且学科地位一直遭受质疑。18世纪欧洲一些美学家相信自己为个别的审美判断找到了普遍性的依据，于是美学学科得以成立。英国经验主义美学家舍夫兹伯里和哈奇森等人认为，存在一种"内在感官"，专司道德判断和审美判断之职。"内在感官"，一方面与一般感官或"外在感官"相似，具有非推理的直接性；另一方面又与知性相似，具有普遍可传达性。美学所要求的普遍性问题，通过假定"内在感官"的存在而得到了解决。鲍姆嘉通也是沿着这种思路来获取美学作为学科所必需的普遍性的，他之所以要从希腊语中造出一个新的拉丁词"aesthetica"来指作为美学研究对象的感性认识，是因为他力图将感性认识与一般的感觉区别开来，力图突出感性认识与心灵的密切关系。尽管鲍姆嘉通没有像英国经验主义美学家那样，在"内在感官"与"外在感官"之间作出明确的区分，但是他所说的作为美学研究对象的感性认识，实际上相当于"内在感官"。在休谟那里，美学问题变成了趣味的标准问题。休谟否认趣味有任何普遍的基础，无论是自然的基础还是形而上学的基础，但他又发现人们在有关伟大艺术作品的评价上表现出惊人的普遍性。这种普遍性是如何形成的呢？这是休谟美学的核心问题。休谟认为，这种普遍性是一般公众追随理想批评家的结果，因而是文化教养的结果。众所周知，康德对于美学作为一个哲学分支学科起了至关重要的作用。但是，康德起初并不认为美学可以成为一个学科，因为找不到美学研究的独立领地。在《判断力批判》中，康德重新讨论美学的领地问题，并且认为他成功地解决了这个问题，由此美学可以像知识论和伦理学一样，成为哲学的一个分支学科。康德为美学找到的普遍性依据，就是人与自然之间先天的合目的性原则，或者说是人与自然之间先天的和谐关系。19世纪后半期开始，关于形式美的经验研究取代了关于美的形而上思辨。一些美学家通过心理实验，证明存在某些形式美的规律。比如，费希纳通过实验证明了一个古老的理论：黄金分割率是美的比例。总之，美学作为一门独立学科，是有它的基础的。这个基础就是，无论人们在审美评判上存在多大的差异，在这些差异背后仍然隐含着某种普遍性，无论是形而上的普遍性、社会学的普遍性，还是心理学的普遍性。我们可以依据这种潜在的普遍性，去评判各种各样的审美判断：凡是符合这种普遍性的审美判断，就是有效判断，值得他人遵守；凡是不符合这种普遍性的判断，就是无效判断，不值得他人遵守。进一步还可以说，凡是符合这种普遍性的审美判断，体现了较高的审美趣味；凡是不符合这种普遍性的审美判断，则属于低级趣味。

美学这个学科，就是建立在人们的审美判断具有普遍性的基础之上的。然而，美学的这个基础从一开始就不够稳固。到了20世纪中期以后，由于后现代思想在人文社会学科领域逐渐占得上风，美学学科所依赖的那个本身就相当脆弱的基础被彻底瓦解了。一些分析哲学家通过词语分析，认为根本不存在美的属性，美只是用来表达主观感受的感叹词，根本不可能成为一个研究对象。如果将美学等同于艺术哲学的话，情况也好不到哪里去，因为艺术是一个"家族相似"概念，没有定义需要的充分必要条件，由此出现了"无可无不可"的后现代艺术观：什么都可以是艺术，什么都可以不是艺术。作为后现代思潮的一个重要组成部分，多元文化观以保护文化多样性为名义，推行消极的相对主义：人们不再相信美有客观的、普遍的标准，因为在对待美的评判问题上，文化传统起了至关重要的作用，不同文化传统中的人们对美的评判非常不同。

人们在美的评判问题上究竟存在多大的差异？让我们抛开各种理论来看看实际情况吧！1994—1997年，科马和梅拉米德实施了一个名为"人民的选择"的系列绘画项目。他们雇用民调机构来调查人们对艺术的偏好，范围涉及亚洲、非洲、欧洲和美洲十多个国家。调查的结果显示，人们在美的评判上具有惊人的普遍性：世界范围内最受欢迎的颜色是蓝色，其次是绿色；人们更喜欢写实的具象绘画而不是抽象绘画；最喜欢的画面构成要素有水、树木和其他植物、人物（尤其喜欢妇女和小孩，同时也喜欢英雄人物）、动物（尤其是大型哺乳动物，包括野生的和驯化的）。从科马和梅拉米德以民意测验数据做指导画出来的作品中，我们可以看到，全世界人民喜欢的风景画似乎出自一个原型，即东非那种散落树木的草原景观。如果说艺术家的创作不足为据，那么一些科学家的研究应该值得我们重视。科马和梅拉米德方案的结果，与环境科学家的调查结果完全吻合：草原景观是全世界人民最喜欢的景观。除在自然美的欣赏上具有高度的普遍性之外，在人体美的欣赏上体现的普遍性也不容忽视。比如，无论是在何种文化传统中生活的人们，都喜欢身材匀称、五官端正、皮肤光洁、头发浓密而有光泽。除了自然和人体，威尔什还观察到，人们在具有惊人之美的艺术作品的评判上，也具有普遍性。比如，全世界人民都喜欢泰姬陵、《蒙娜丽莎》和贝多芬的第九交响曲。威尔什主张，对于人们在审美评判上表现出来的普遍性，可以从进化心理学、脑神经科学、认识论等方面来解释。达通尤其热衷于从进化心理学的角度来研究美的本质。在达通看来，经过长期的自然选择，人类对美的偏爱在二百万年前的更新世时期就差不多已经形成。人类之所以偏爱东非草原景观，原因在于人类对美的偏爱受到当时生存环境的影响，人类最初是在东非大草原上由类人猿进化而来的。

丹托认同今天的人们在审美观上具有一致性，但他不认为这是受遗传基因的影响。丹托坚持人类在美的问题上本来就没有普遍性可言，之所以呈现出普遍性，是因为现代商业的影响，由于挂历和广告影响深入人心，人类在审美观上逐渐趋同了。换句话说，人类在审美观上的普遍性，是现代商业塑造的结果。丹托的这种观点，揭示了美和艺术中所蕴含的某些社会学因素，但是它不能回答这样的问题：挂历商人在选择图像的时候，为什么会优选草原景观呢？难道不是因为挂历商人的经验或商业嗅觉告诉他，草原景观是最受欢迎的景观，选择它作为挂历图像可以获得最大利润吗？一方面，我们承认挂历商人强化了我们对草原景观的偏爱，但是另一方面我们也得承认挂历商人最初的选择是有理由的，而且这种理由不是因为受以前的挂历商人的影响。

鉴于人们比较容易在对自然的审美欣赏上达成共识，佩茨沃德建议"跨文化美学研究小组"成员首先研究风景画、园林艺术和环境美学，随后再研究建筑，研究美学与伦理学的关系。自然可以为人类的审美共识提供基础，这一点从布拉萨确立的景观美学研究范式中也可以见出。在《景观美学》中，布拉萨采取了一种三重组合的方式来解决人类在景观审美上所体现出的复杂性问题。在布拉萨看来，人对景观的审美经验受到三个方面的影响，即遗传基因、文化历史和个人发展，因此人对景观的审美偏好需要根据生物法则、文化规则和个人策略三个方面来进行解释。基于遗传基因确立的生物法则具有最大的普遍性，布拉萨用大量数据证明的确存在着这种普遍性。

当美学家们从抽象的理论玄想进入具体的实际生活的时候，都承认美具有一定的普遍性。威尔什和达通等人赞同这种普遍性，丹托和福山等人批判这种普遍性，但是无论是赞同还是批判，都表明美的普遍性得到了认可。由此，我们可以来探讨这个问题：承认美的普遍性会给美学研究造成怎样的影响？

首先，美学研究的对象更明确了。如果美具有普遍性的话，暂且不论造成这种普遍性的原因是什么，至少可以将美学学科安心地确立在对美的研究上。事实上，从古希腊开始，美就是哲学的一个重要研究对象，只是在18世纪现代美学确立的时候，由于对美的普遍性产生了怀疑，美学家们才避免将美作为美学的研究对象，而选取趣味、想象、感性认识、艺术等作为美学的研究对象。

其次，美学研究可以变得更客观。如果美是一种具有普遍性的现象，美学研究就可以对美的现象进行客观分析，而暂且撇开对这种现象的评价问题。以往的美学研究，容易将现象与评价混在一起，从而不可避免地带有较强的主观色彩。按照以往美学的一般看法，美通常被认为是好的、令人愉悦的、值得肯定的，这样就容易反过来将人们认为是好的、令人愉悦的、值得肯定的东西视为美的，从而影响到对美的现象的客观研究，而且限制了美学研究的范围。比如，近来在有关日常生活审美化的争论中，就凸显了将现象与价值混淆起来的美学的缺陷。一些人不赞同日常生活审美化，就主张美学不应该研究它。但是，如果我们将日常生活审美化视为一种美的现象，而不包含我们对它的评价，对它进行研究就无可厚非。让我再举一个相关的例子来加以说明。艺术通常被认为是一种好东西。如果这样的话，就会局限艺术研究的范围，将那些有可能不太好而本身是艺术的东西排除在研究范围之外。我们首先应该在分类意义上将艺术与非艺术区别开来，然后再在艺术的范围内进行价值判断，而不是依据我们的价值判断去做艺术的分类，因为这样就无法避免研究中的主观因素。

再次，当美学摆脱了因为价值判断而导致的局限时，它就可以将研究范围开放到广大的生活领域。比如，研究美对经济活动的影响可以成为审美经济学，研究美对政治活动的影响可以成为审美政治学。这里的研究只是分析，价值判断必须在分析的基础上进行，既可以赞同，也可以批判。

最后，具有普遍性的美，可以为建立适合全球化时代的新文化提供基础。冷战结束后，文明冲突取代了意识形态冲突，不同的文化并没有因为交往的便利而走向融合，相反为了维持文化身份而不断强化各自的独特性。如果具有不同文化背景的人们在美的问题上能够达成共识，那么就有可能在这种共识的基础上建立起一种全人类共享的新文化。只有这种弱化文化背景的新文化，才能适应全球化时代的要求。美学研究，可以在促进这种新文化建设上作出独特的贡献。

（刊于《郑州大学学报》2009年第6期）

自然与艺术的对立与和解
——康德的自然美与艺术美之辨析

⊙周黄正蜜
⊙北京师范大学哲学学院

一、审美中艺术与自然的边界

康德对美的分析从一个特殊的视角入手,试图解决一个根本性的问题——既不是对象的客观形态和属性,也不是主体经验性的情感状态,而是——鉴赏判断的先天结构。康德认为,纯粹的审美判断是一种反思判断力的运用。不同于规定性判断力的运用中判断力被知性范畴或理性法则所规定并为它们服务,反思性判断力在它的运用中并没有一个先在的普遍规定性,相反,它要为自己寻找一种普遍的规则。在审美当中,我们对对象进行反思,即将所予对象的形式与我们认识能力之间的关系进行比较。在这种反思中,想象力和知性自由和谐一致的状态被我们意识到,因为这种状态——一种主观的形式的合目的性——虽然在此并没有一个预设的目的——引起了我们内心的愉快。康德强调,审美活动是不涉及任何利害关切的(不管是智性的兴趣还是感性的兴趣),其判断的基础是一种无目的的合目的性原则。在这样一种描述审美活动的先天视野中,对象是如何被造成的并不重要——这涉及对象之实存状态及其根据和来源,从而是与兴趣相关的。不管是自然对象还是艺术作品,都只是我们直观的对象,其审美属性并不因此而有所区别。纯粹的审美判断必须要排除任何兴趣,与判断有关的仅仅是呈现在我们面前的对象的形式,以及这种形式在心中造成的心灵状态。

那么，康德是在何种意义上谈论自然美和艺术美的呢？自然美是关于自然产品的美，而艺术美是关于艺术品的美。在这种对美的判定中，对象的实存的关注添加进来了，审美判断就不再是纯粹的，而是带有利害的，两者的差别正在于所涉利害的区别。

二者首要的差异在于审美对象的区别。自然的产品是一种非人造的、现成的"效果"，而艺术的结果则是"工作"。在严格的意义上，康德将艺术定义为"通过以理性为其行动的基础的某种任意性而进行的生产"①。在此，他强调艺术必须是由理性的意志所造成的。虽然在一般意义上我们习惯于把蜂巢看作蜜蜂合规律地建造出来的作品，但康德认为在这个创建过程中蜜蜂并没有进行理性思维，也并非在有意识地自由行动，所以蜂巢并不属于艺术品。

我们对艺术品进行审美时，艺术创制中的理性的思维和任意往往也会被纳入到鉴赏活动之中。一方面，艺术家所要创作的一首诗、一幅画抑或一首乐曲，是就艺术门类而言，这规定了艺术作品的基本规范和形式结构（韵律、构图或者曲调）；另一方面，通过这种艺术门类，艺术家所要表达的思想则规定了艺术品的主旨和内容。在我们将艺术品当作艺术品来欣赏的时候，必然是预设了"一个概念及按照这个概念的对象完善性为前提"（KUAA5：229；中译本第65页）的。在这种意义上，艺术美必定是一种依附美，它依附于一种特殊艺术品或者某一特殊主旨的概念，并在这个概念的条件之下考察客体对这个概念的表现。比如判定一幅肖像画是否为美，在于考察它是否展现了模特的容貌和气质。判断一个教堂是否为美，在于考察它是否兼具了教堂的建筑功能，

---

① 康德著作的引用采用普鲁士科学院的版本，即 Kant's gesammelte Schriften, *Königlich Preußische Akademie der Wissenschaften* (Hrsg.), Reimer, später de Gruyter, Berlin, später Berlin und New York 1900 ff. 文中所涉及引用文本的缩写对应如下：AA：Akademie-Ausgabe von Kants Werken -Kant's Gesammelte Schriften；KU：Kritik der Urteilskraft。此处引文见 KUAA5：303。中文译本参照邓晓芒：《判断力批判》，人民出版社，2004 年，第146页。

并能引发人的宗教情感。所以,艺术美的判断已经丧失了鉴赏判断的纯粹性,因为在其中想象力并非处于自由游戏的状态,而是受到给定概念的限定。虽然也会产生愉悦的情感,但这种愉悦并非出自一种内在的合目的性,而是出自与外在目的的符合。

相反,当我们把自然产品当作自然产品进行欣赏的时候,我们并没有一个预设的概念,因为自然并非由人设计建造而成。正是因为这种纯粹性和无利害性,我们在直观自然时仅仅考虑的是对象的形式,而并不考虑它的实用性功能和社交性的作用,也就是说排斥了感性的和经验性的兴趣。同时,在对自然物的直观和反思中,主体因乐于沉浸在一种无利害的静观之中,从而不仅仅喜欢形式上的自然对象,而且也喜欢"这产物的存有"(KUAA5:229;中译本第141页),因为在这种存有之中有"某种他自己永远不能完全阐明的思路"而使他"感到心醉神迷"(KUAA5:300;中译本第142页)。我们在自然对象上所感受到的美妙和和谐让我们不得不猜测自然是按照某种原则被设计好的,即使我们现在还不能破解这种隐秘的思路。在这种意义上,自然美一方面彰显了鉴赏的纯粹性——排除感性和经验性的兴趣,另一方面它也并非纯粹的鉴赏判断,而是结合了"智性的兴趣"。在其中想象力也不再是自由的,但也并不由预先给定的知性概念所规定,而是受更高一级的智性能力——理性的调节和指引。这里所产生的愉悦情感已经不是一种纯粹的审美愉悦,而是掺杂了智性的、道德的情感。

艺术美属于依附美,而自然美是一种自由的美。虽然不可否认的是,论述依附美时康德也举了马和人的例子,论述自由美的时候他也举了卷叶饰的例子,但当康德讲到马的美时,是从经验中对马的概念出发来判定马的美,而不是就马作为一种没有概念的纯粹自然物来判断的。对人的评价也是出于人"在这个种类中一个男人或女人或孩子的美"的标准来对人进行判断的,而非一个没有目的和概念的自然生物。而当我们评判卷叶饰的美时,它并不因符合这种装饰风格的属性而是美的,相反,却因为"它们不表现什么,不表示任何在某个确定概念之下的客体,并且是自由的美"(KUAA5:229;中译本第65页)。

这样，虽然马和人是自然产物，但因为它们被预先设定了目的和概念，因而仍然被看作依附美。而卷叶饰虽然是艺术品，但却因为我们在鉴赏中并不考察它所表现的概念，所以仍然被看作自由美。所以，这里有三种需要区分的视角：自然与艺术的区别在于客体的创制方式中是否预设一个理性目的；自由美和依附美的区别在于是否在鉴赏中预设一个先在的概念和目的；而自然美和艺术美的区别在于鉴赏中何时与兴趣相连接（在判断之后引起的兴趣，抑或判断之前设定的目的），以及与对对象的哪一种兴趣相连接（关于对象的经验性的知性概念抑或对象的实存根据———一种理性的概念）。

二、将自然表象为艺术

在自然美的鉴赏中结合着智性的兴趣。对于它的界定，有以下几个可以区分的层次：首先，自然美并非一种单纯的鉴赏判断，因为后者既不建立在任何一种兴趣之上，也不与任何一种兴趣相结合，而前者是对对象形式的单纯愉悦与一种对对象实存的兴趣的结合。其次，这种结合虽然是外加的和间接的，但这种结合着的兴趣确实是直接的，而非间接的，是审美主体直接的需求。与之不同的是，对美的经验性的兴趣是通过社会性的爱好而与美结合在一起的。再次，这种兴趣的性质是智性的而非感性的，并非出自主体质料的欲求，而是追究事物存有的依据和根源。

康德将"智性的"定义为"意志的能通过理性来先天规定的属性"（KUAA5：229；中译本第138—139页），这种智性的兴趣是与自然的实存有关的，所以结合着智性兴趣的鉴赏就意味着在此过程中不仅是对自然产物的形式进行反思，而且是对其实存的根据进行反思，即思考意志是如何通过理性先天地规定自然产物的属性的。在自然美的静观中，一个人是从精神上沉醉于"某种他自己永远都无法完全阐明的思路"，即我们预设自然的形式中存在着这样一种思路，尽管我们无法完全阐明。之所以无法阐明，是因为这已经超出了我们的认识范围，但我们却要将这种无法认识的对象思考为有规律的。在这种思考中，引导我们的是理性理念。这样，我们对自然美的欣赏中一方面对与对象形式相关的诸认识能力之间关系进行反思,另一方面也对对象实存之形成的根据进行反思。在反思判断力的后一种运用中,就不再是审美的、主观的运用,而是客观的和智性的运用,判定的依据也不再是主体的心灵状态,而是主体的智性需求和兴趣。在这种运用中,我们也是从特殊中寻求普遍,即不只是普遍愉悦的情感,而是一种可能被预设的普遍性原则和规律。那么,这种智性的兴趣具体为何?这种普遍性的规律是何种规律?

首先,这种兴趣是来自理论理性的。我们在沉醉于自然美之时,惊叹于自然的规律如此精巧,以至于我们要将它们想象为是被理性的造物主设计和创造出来的,就好像艺术一样。"独立的自然美向我们揭示出大自然的一种技巧,这技巧使大自然表现为一个依据规律的系统,这些规律的原则是我们在我们自己全部的知性能力中都找不到的。这就是说,依据某种合目的性的原则,或者,更确切地说依据判断力在运用于现象时的合目的性的原则,从而使得这些现象不仅必须被评判为在自然的无目的的机械性中属于自然的,而且也必须被评判为属于艺术的类似物。所以自然美虽然实际上并没有扩展我们对自然客体的知识,但毕竟扩展了我们关于自然的概念,即把作为单纯机械性的自然概念扩展成了作为艺术的同一个自然的概念。"(KUAA5:246;中译本第84页)这种扩展并非在知性与想象力单纯的游戏中或者在知性对想象力的规定中达成,而是通过理性对这种关系的调节性作用获得的。我们由此虽然并没有获得真正的知识,但却获得了一种提示:这种尚未被认识的自然规律是有可能被预设的,也是有可能进一步被认识到的。反思判断力的运用是基于理论理性对整个自然规律系统性的要求之上的,其中被寻求着的普遍规律在于更进一步的自然规律的可能性。

这种智性的兴趣同时也来自实践理性。后者有兴趣使其道德的理念获得"感性的客观实在性,即大自然至少会显示某种痕迹或提供某种暗示,说它在自身之中包含着某种根据,以假定它的产物与我们的不依赖与任何兴趣的愉悦,有一种合规律性的协调一致"(KUAA5:300;中译本第142页)。理性理念不仅要在行为和意志中具有客观的实在性(道德法则),也要在人的主观情感中具有感性的实在性（道德感）。这种感性的实在性不仅要体现为实践理性在道德行为中对内在心灵的直接作用，而且要间接地体现在具有道德意向的人对自然的静观之中（自然美）。对大自然美的沉思，所体现的不仅是作为对象的自然形式对于作为审美主体的感性形式的合适性，而且是它与怀有道德意向的感性主体的合规律的协调一致。在这种协调一致中自然与自由得以连接，审美与道德得以贯通。在这种意义上，作为主体的人不仅仅是被界定在感性的维度之上，而且也是在智性的和道德的维度之中。作为审美对象的自然不再只是为通过对其产物形式的审美反思展示主体感性的自由，而且也通过对其存在根据的智性反思而透露出道德理念的实在性意图。这样，"大自然在其美的产物上，不是通过偶然的，而是仿佛有意地按照合规律性的安排和作为无目的的合目的性，而表现为艺术"。而这里的"目的"，或者说这里被揭示出来的普遍性的东西就是"构成我们存有的终极目的的东西，亦即道德的使命"（KUAA5：301；中译本第143—144页）。

　　自然美的欣赏一方面与纯粹的鉴赏判断相似，它们都排除了先在的目的和感性的兴趣，即无目的性和纯粹性；另一方面，它也极为特殊，其特殊之处在于具有无目的合目的性的审美反思中却又结合了对对象之实存进行探究的智性兴趣。不管是出于理论理性的进一步认识的兴趣，还是出于实践理性实现客观性的需要，自然产物都被设想为一种有目的的被制造之物，即艺术。但自然在此只是被表象为艺术，而非真正的艺术。首先，自然中的目的并非客观的、外在的和预先设定的，而是之后出于智性的兴趣被揭示出来的一种主体的内在目的。其次，如果说艺术当中预设的目的是对象的概念，是作为创制者的人类的有限目的，那么在自然美中被预设的目的是一种非人为的目的，或者说是超感性之物的无限目的。

三、艺术像是自然

　　康德将艺术理解为在理性思维和行动的前提下有目的的自由生产出来的产品，并且他认为真正好的艺术或者说体现了美的理念的艺术应该是没有目的的，甚至超越此前设定的目的。在这种意义上，"艺术只有当我们意识到它是艺术而在我们看来它却又像是自然时，才能被称为美的"（KUAA5：306；中译本第150页）。这种转变和超越从下面两个层次展开：一是艺术的鉴赏与创作之间相对独立的关系；二是艺术创作的过程本身，以及其中的主体内心状态。

关于艺术的美学理论总是包含两个方面——创作和鉴赏。前者是通过实践行为主动创造一个作品，后者是对于现成作品的接受和判断。就艺术的创造而言，艺术家在创造艺术前总是有一个此物应当是什么的概念（如诗歌、音乐），或者它应该表达什么的概念（如被歌颂的人物或者要抒发的情感）。但创作的过程同时也是艺术家不断停下来鉴赏自己作品的过程，以及根据这种鉴赏判断的结果继续进行和调整自己的创作，可以说这是一个生产与反思不断循环、互相促进的机制。就一个完成了的艺术品的鉴赏而言，如果鉴赏者把一个对象当作艺术品来欣赏时，必定是意识到它的存在中是设定了目的的。这样，艺术美必定是一种依附美而非自由美，因为它是预设了一个目的的概念的。在这种意义上，想象力的自由活动是受知性限制的。但对艺术品的鉴赏（不管是创造者的鉴赏还是鉴赏者的鉴赏）都不仅仅停留在将它限制在作为依附美的意义上进行，而是也要超越它所被设定的目的，单纯地进行评判。即在直观审美对象时，不管它是自然美还是艺术美，我们都只是根据对内心诸认识能力之间关系的反思予以判定。"艺术看起来像是自然"中的"自然"是指没有目的和规则的一种自由的、本来的鉴赏状态。因此，由于鉴赏反思之于创作实践的独立性，不管是鉴赏者还是创作者本人都必须从艺术创制所预设的目的中摆脱出来，通过纯粹的、自由的视角欣赏艺术作品（完成的或未完成的）。创作与鉴赏之间相对独立的关系是艺术"看起来"像是自然地得以可能的第一个层面。

"好的艺术要像是自然"的第二个层面可以从艺术作品创作的角度进行说明。艺术作品都是有目的的，但却看起来像是自然的，这有两种情况：第一种情况是设定的目的得到了完美而贴切的展现，以至于让人意识不到目的的存在；第二种情况是预先设定的规则和目的被创造性的作品超越了。第一种情况在某些情况下被称为巧夺天工或者浑然天成。这里的"自然"是与刻意设定的目的相对的，即无规定、无限制的状态。康德说："一个艺术品显得像是自然的是由于，尽管这产品唯有按照规则才能成为它应当所是的那个东西，而在与这规则的符合中看得出是一丝不苟的，但却并不刻板，看不出训练有素的样子，也就是不露出有这规则悬于艺术家眼前并将束缚套在他的内心能力之上的痕迹。"（KUAA5：307；中译本第150页）在不断创作的过程中，通过对规则运用的熟稔，艺术家将外在规则化归为内在行为之本能，不需要对规则有特别的关注，其自身的行为就能自动符合规则的要求。知性规则虽然没有退位，但将自己隐藏起来，从而给在其框架之下活动的想象力的创造留下更大的自由。从鉴赏的角度而言，艺术作品被创造得如此之美，以至于让欣赏者忘却了艺术品的目的。比如欣赏者被艺术作品所表达的内容所吸引，以至于忘却了作品形式上的规定。或者欣赏者单纯地沉浸在欣赏时所感受到的愉悦的心灵状态之中，以至于忘了作品所要表达的主旨。欣赏者在对艺术品的审美不断无意识地突破依附美的鉴赏状态，从对作品形式的规定性的突破（进而只关注作品本身的内容），到对对象与主体边界的突破（进而不将作品看作外在分析和判断的对象，而只是鉴赏判断中内心心灵状态的载体）。在这种意义上，艺术作品并没有被其概念和规则所框定或限制，反而，规则成了服务于体现美本身的手段。被知性限定的想象力并没有被束缚住，相反，两者所达成的自由和谐关系突破知性对想象力的规定性。就是说，艺术美在创作中和鉴赏中都有一个从有目的到无目的的过程。

第二种情况关涉的不仅仅是从有目的到无目的，而且是超越目的。虽然艺术家的创作是在一定规则之下，但已有的艺术形式及其规则经常无法满足艺术家表达的要求，因而艺术家会通过运用给生产性的想象力创制新的范式和规则。康德认为，虽然每一种艺术都预设了规则，"但美的艺术的概念却不允许关于其作品的美的判断，从任何这样一个规则中推导出来。这种规则把某个概念当作规定根据，因而把有关作品如何可能的方式的概念当作基础。所以美的艺术不能为自己想出，它应该据以完成其作品的规则来。既然没有先行的规则，一个作品就仍然不能被叫作艺术，那么自然就必须在主体中（并通过主体各种能力的一致）为艺术提供规则"（KUAA5：307；中译本第151页）。这里，"自然"不再是消极意义上定义的无目的，而是从肯定的、建构的意义上为艺术提供规则。但这种规则并非现成的，而是通过主体内心的能力创造出来的。在这种创作中，预先的规则甚至理性的意图都无法作为行动的基础，反而是艺术家心中的直觉和本能指导着他的创作和探索。就规则和理性的消退而言，这个过程类似自然产物中蜜蜂建造蜂巢。所以，康德不仅将天才定义为具有独创性的、示范性的为艺术提供规则的能力，而且强调这种能力是天才本人都无法说明和无法控制的。他一方面通过将这种能力的神秘性和无意识来消解创作中预设的目的，另一方面通过其创造性和规范性说明它超越了预设的规则和目的。

  那么，主体是如何通过内心能力间的一致（主体的自然）为艺术创造规则的？在鉴赏评判中，想象力的自由游戏和知性的合规律性协调一致，而在艺术创作中，天才也是以想象力（作为生产性的认识能力）与知性（作为概念的能力）之间的关系为前提的。一方面，两种认识能力之间的一致虽然不能从后者对前者的规定中产生，但知性通过给定的概念限制着想象力；另一方面，天才中的想象力摆脱了一切规则束缚，是自由的，并在其自由的运用中同时表现为对于概念而言是合目的的。解释天才的创造性与规范性，其中想象力的受限与自由之间的张力必须要引入审美理念的概念。审美理念是想象力的一种表象，它创造性地自由活动，以至于要超越所有确定概念可以言说的范围（经验的界限），而试图接近理性理念。在艺术创作中，它作为理性运用的主观原则，一方面引导着想象力不断扩展自己向无限进发；另一方面作为绝对统一性的要求，调节着想象力和知性的协调一致。作为主体中的自然的那种东西，"也就是主体的一切能力（没有任何知性概念能达到的）超越感性基底，因而我们的一切认识能力是和它相关协调起来的东西，是由我们本性的理知的东西所提供的最后的目的"（KUAA5：344；中译本第190页）。理性的这种调节性作用不仅使得想象力自由运用的同时知性受到鼓舞和扩展（为给定的概念找到各种理念，发现新的规则和概念），而且保证了这种互相激发的内心状态的普遍可传达性，即使在没有规则强制作用的条件下。

我们可以看到，从一开始康德将自然与自由定义为两个对立的概念，到最终两者之间互相渗透，边界模糊，其中经历了一个戏剧性的变化过程。在此，我们并不是要追责康德概念运用的前后差异，或者诸概念之间划界不明，而是从这种变化中尝试发现康德美学内在的辩证发展和逐渐展开的逻辑线索。一方面，自然产物作为审美对象，本来是在典型的意义上无关利害、不带目的的，但对它们的审美却必然导致与智性的兴趣结合（理论理性和实践理性的兴趣）。在带有智性兴趣的视角之下，我们可以将自然看作一种按照规律被设计出来而符合某种目的的技术性产物，而这种目的最终将我们引向主体存有之终极目的。另一方面，艺术作为一种有意识的理性活动必定是有规则和目的的，但美的艺术不管就鉴赏还是创作而言都要求向纯粹状态的回归（没有规则的自由以及没有目的的自然状态），或者通过对规则的无意识而将其屏蔽，或者通过对规则的超越而使其消解。这个从有目的到无目的的过程，实际上是从外在客观目的（经验性概念和规则）到主观内在目的（审美理念的实现），从相对、有限的目的到绝对、无限的目的的过程，也是想象力受经验概念限制到在超验理念指引下自由扩展的过程。于是，在这种意义上，从艺术中揭示出来的自然不仅是一种消极意义上的概念（无利害、无目的），而且也是一种积极意义上的概念（主体的本质、自然），不再是客观地存在于我们周围、被我们感官知觉到的机械性自然，而是主观地生长在我们心灵之中的超感观的理性精神。自然与艺术的对立从有无目的、有无概念规定之间的对立，通过主体的终极目的和自然（本质）的一致性得以消解。进一步地，这种对立也可以被看作康德美学自身内部辩证关系的一种体现——想象力的自由与知性的规则之间的平衡，鉴赏判断的纯粹性与审美理念的导向性的并存，以及鉴赏的自律与其作为道德理念感性化表象之间的张力。通过在诸多理论节点上康德对上述看似矛盾关系从各种不同的视角进行阐释，其美学的多重维度得以逐渐地展开和推进。

（刊于《郑州大学学报》2017年第2期）

如何进行现象学的美学研究？
——以杜夫海纳《审美经验现象学》前言为中心

⊙郭勇健
⊙厦门大学人文学院

自胡塞尔创立现象学之后，用现象学方法进行美学研究的不乏其人，如盖格尔、英加登、杜夫海纳、海德格尔、萨特、伊瑟尔等，均取得了不俗的成就，并形成了影响深远的现象学美学流派或传统。杜夫海纳的《审美经验现象学》是现象学美学的一部经典之作，此书的英译者说它"构成了四十年来在现象学美学这一特定领域所作的努力的最高成果"①，是杜夫海纳"在美学方面经久不衰的成就""使他千古不朽的唯一著作"②。《审美经验现象学》的前言，相当于梅洛-庞蒂《知觉现象学》的前言，其意义非同小可。杜夫海纳是把这篇引言作为单独的论文来写的，取名《审美经验与审美对象》，可见他自己也非常重视。马格廖拉说："杜夫海纳在前言中勾勒出他的理论构架的大致轮廓。"③ 不仅如此，这篇前言还初步勾勒了杜夫海纳所理解的现象学方法。因此，以这篇引言为中心，适当参照其他现象学美学家的某些观点，便可以管窥现象学美学研究的方法与思路。一般而言，现象学的美学研究都是意向性分析和本质研究，并且在这个过程中，

---

① [法]杜夫海纳：《审美经验现象学》英译本前言，韩树站译，文化艺术出版社，1996年，第602页。
② [法]杜夫海纳：《审美经验现象学》英译本前言，第627页。
③ [美]马格廖拉：《现象学与文学》，周宁译，春风文艺出版社，1988年，第230页。

现象学美学家往往坚持价值中立的原则，因此，意向性分析、本质研究和搁置价值判断便构成现象学美学研究的三个要点。

一、意向性分析

杜夫海纳在前言中开宗明义地说："我想对这种经验首先加以描述，随后进行先验的分析，并尽力从中引出形而上学的意义。"① 但他随即强调，他要研究的审美经验，并不是艺术家的审美经验，而是欣赏者或接受者的审美经验。"我说的审美经验指的是欣赏者的而不是艺术家本人的审美经验。"② 照理说，艺术家应当是最懂艺术的人，我们应当听信艺术家提供的证言。如美国美学家苏珊·朗格就主张："艺术哲学应该开始于艺术创作室，而不是美术馆、音乐厅或图书馆。……艺术哲学也需要来自艺术家们的意见，可以避免空泛和过于简单化的概括。……事实上，探讨艺术而不在某种程度上采纳艺术家的语言是不可能的。"③ 但苏珊·朗格同时认为，仅仅掌握艺术家的语言是不够的，因为艺术家的语言具有隐喻性质，哲学家必须将它们提升为概念，并建构一套理论。但无论如何，艺术家的经验与语言被视为艺术哲学研究的出发点。为什么杜夫海纳不选择艺术家本人的审美经验呢？杜夫海纳虽然也承认艺术家经验和言论的重要性，但他指出："研究创作过程完全能进入美学的大门，它十分公正地对待作品的实在性，并且直接提出了关于技艺与艺术关系的重要问题。但是，这种研究也不是没有危险，因为一方面它无法保证不会陷入心理主义，从而就有可能离开正道去叙述创作的历史背景或心理状态；另一方面，在把审美经验局限于艺术家的审美经验的时候，它就有突出这种经验的某些特点的倾

---

① ［法］杜夫海纳：《审美经验现象学》英译本前言，第1页。
② ［法］杜夫海纳：《审美经验现象学》英译本前言，第1页。
③ ［美］苏珊·朗格：《情感与形式》，刘大基等译，中国社会科学出版社，1986年，第3~4页。

向，譬如，强调一种强力意志，而有损于审美欣赏所要求的静观。"① 按照以上说法，选取欣赏者的审美经验有两个理由：其一，欣赏者的经验更具有静观的性质；其二，可以避免陷入心理主义。古罗马贺拉斯的《论诗艺》就是从创作的角度研究诗的。他有一句名言："你如果要我哭，你自己就得首先感到悲伤。"这句话长期以来成为艺术家的基本信念，然而它正是心理主义的表现。我们知道，艺术固然是表现，但这表现并不等于表现艺术家个人的情感。一个表现悲伤的舞蹈，并不意味着舞蹈家本人在跳舞时也是悲伤的。是舞蹈动作呈现了悲伤，而不是舞蹈演员陷入悲伤。表现并不是自我表现或心理表现，这一点就连苏珊·朗格也是坚持的。审美经验是一种经验，但它并非主观的心理经验。所以在杜夫海纳看来，"负有确认作品并通过作品维护作者的真理之责的欣赏者，应该比艺术家创作作品时更需要有鉴赏作品的能力。'美学'若想在人类世界立足，既要调动创作者的审美活力，又要调动欣赏者的审美经验"②。即便是艺术家的经验，这个艺术家也应是作品中体现出来的艺术家，而不是现实中的或历史上的艺术家。"这里所指的作者是作品显示出来的作者，而不是在历史上创造出这个作品的作者。"③ "我们描述其创作行为的作者实际上是在作品中出现的、对公众而言的现象学作者。"④ 在《审美经验现象学》中，杜夫海纳并没有忽视现象学的作者，不过他是在作品分析时加以研究的，而在审美经验分析时，创作者的经验实际上被悬搁起来了。

但是，研究欣赏者的审美经验，会带来一个"特殊的困难"，这就是如何界定审美经验的困难。何谓审美经验？审美经验就是对审美对象的经验，或是由审美对象产生的经验。但是，何谓审美对象？审美对象就是审美经验所指向、所关联的对象。这显然是一个循环。杜夫海纳如是说："我们当然应该用

---

① ［法］杜夫海纳：《审美经验现象学》英译本前言，第1~2页。
② ［法］杜夫海纳：《审美经验现象学》英译本前言，第3页。
③ ［法］杜夫海纳：《审美经验现象学》英译本前言，第2页。
④ ［法］杜夫海纳：《审美经验现象学》英译本前言，第57页。

审美经验所经验的对象即下文所说的审美对象来界定审美经验。然而，为了识别这个对象，我们不能求助于艺术作品——就它作为一种只能以艺术家的活动来辨识的东西而言；审美对象只能作为审美经验的关联物而界定自己。这样一来，我们不是走入一个循环里去了吗？用审美经验来界定审美对象，又用审美对象来界定审美经验。"① 在《艺术作品的本源》开篇处，海德格尔也曾指出一个循环，就是艺术作品与艺术的循环：我们根据艺术作品而知道艺术是什么，但是，如果不是事先就知道了艺术是什么，我们又怎么确认艺术作品呢？这显然是在绕圈子。但海德格尔说，踏上这条道路，乃是思想的力量。② 换言之，只有主动进入这个循环，而不是回避这个循环，才能体现思想的力量。

不妨以中国当代美学做个比较。中国当代美学中占主导地位的思路就是主张美学研究应当从审美活动出发。例如朱立元说："审美活动是美学问题的起点，有关美的一切问题都在审美活动中产生，也应在审美活动中求得合理的解释。"③ 可是，把审美活动规定为美学研究的起点，这没有什么必然依据。众所周知，20 世纪初期西方美学有一个"艺术转向"，自那以来，绝大多数美学研究都是以艺术作品为起点的，例如海德格尔的艺术现象学、苏珊·朗格的艺术哲学、英加登的文学作品本体论等。朱立元主张以审美活动为起点，取决于他的实践美学的立场。根据实践美学的立场，审美活动也是一种实践。但是，审美活动区别于其他实践的特殊性表现在哪里？应当如何界定审美活动？朱立元问道：什么是审美活动？他提供了三种界定：

第一，审美活动是对自然界的审美。这个说法类似同义反复，几乎没有说明审美活动到底是怎么回事，因为我们不知道对"自然界"何以产生审美活动，而不是认知活动或征服活动或膜拜活动。

---

① ［法］杜夫海纳：《审美经验现象学》英译本前言，第3~4页。
② ［德］海德格尔：《依于本源而居——海德格尔艺术现象学文选》，孙周兴译，中国美术学院出版社，2010 年，第 14 页。
③ 朱立元：《走向实践存在论美学》，苏州大学出版社，2008 年，第 285 页。

第二，审美活动是艺术活动。"各个方面、各种题材、各种体裁的艺术作品给我们带来审美的愉快，现在已成为我们生活中不可缺少的部分。"①

第三，审美的丰富性已经进入人类日常生活的方方面面。这与其说是界定，不如说是对审美活动之后果的描述。

在这三种界定中，最像界定的是第二个界定，即审美活动是艺术活动。

不过按照这种说法，朱立元原来的思路是通过审美活动界定艺术活动，现在又通过艺术活动界定审美活动，陷入了循环，绕开了圈子。陷入循环并不可怕，可怕的是对这个循环并无意识。因为如果没有意识到陷入循环，那就根本谈不上找到解开循环的突破口。事实上，按照朱立元的倾向，审美活动归根到底要通过艺术作品来界定，既然如此，那就并不是从审美活动出发，而是从艺术作品出发了。

杜夫海纳显然要高明得多。他不仅意识到了审美经验和审美对象的循环，而且积极进入这个循环，从而也与海德格尔一样，展示了思想的力量。他说："这个循环集中了主体—客体关系的全部问题。现象学接受这种循环，用以界定意向性并描述意识活动和意识对象的相互关联。"② 这个说法明确宣告了他的美学是现象学美学。一种美学是否属于现象学美学，其标志之一就是它是否使用了现象学的意向性理论。胡塞尔的意向性理论表明，意识总是对对象的意识，意向活动必定和意向对象相互关联。现象学的研究，要兼顾主客体两方面，即兼顾意向活动和意向对象。现象学的美学研究也是如此。英加登后来在《现象学美学：其范围的界定》一文中指出："从古希腊开始，美学的探索就在两个极端间摆动。一方面，美学专门探索'主观'，即产生艺术作品的经验和活动，或专门探究读者的接受经验和行为、感受的接受，即艺术作品（或其他审美对象）中的愉悦的快感的接受，而且一般都认为从中再无其他东西产生。另一方面，美学探索集中在几种特殊的'对象'上，诸如山岳、风景和日

---

① 朱立元：《走向实践存在论美学》，苏州大学出版社，2008年，第285~286页。

② [法] 杜夫海纳：《审美经验现象学》英译本前言，第4页。

落，或是人工制作——通常称为'艺术作品'的东西。"①

在现象学美学之前，美学要么是主观的，要么是客观的。例如我们说，康德美学是主观的美学，黑格尔美学是客观的美学。英加登认为，现象学的美学研究"不倒向所谓'主观'美学和'客观'美学的任何一边"②。这自然是由于现象学美学的学理支撑是意向性理论。尽管现象学美学中也有偏于主观与偏于客观的不同，但这只是侧重点的不同，并不意味着倒向主观或客观的某一边。杜夫海纳研究审美经验，似乎是偏于主观的，然而审美经验也包含了主客观的经验，是主体与客体的统一。审美经验的客观方面，也就是审美对象。审美经验的主观方面，杜夫海纳称之为审美知觉。审美知觉与审美对象的关系，也就是美学领域中的意向活动与意向对象的关系。杜夫海纳说，在审美经验的研究中，"我们将到处看到审美对象和审美知觉相互关联的情况。这二者的关联是我们研究的中心"③。

所以，进入审美知觉与审美对象的相互关联而形成的循环，这本身就是意向性理论的要求。而要进入审美知觉与审美对象的循环，首先要保证审美对象的客观性。这是由于，一旦审美对象为审美知觉所吞并，即它成了心理意象，这时"一切唯心造"，也就无所谓什么循环了。如此，我们就陷入了心理主义。相应地，对审美经验的研究也就不再是审美经验现象学了。意向性理论的意义，首先就是对心理主义的批判和超越。而要超越心理主义，就得让审美对象保持其相对于审美经验的客观性。因此杜夫海纳指出，审美经验与审美对象的循环提出了一个理论上的困难："其所以是理论上的是因为始终需要追问：由于同自己在其中呈现的知觉相关，审美对象是归结为这种呈现呢，还是包含有一个自在之物？我们必须始终提防唯心主义或心理主义，记住知觉——无论是否审美知

---

① 单正平：《现象学与审美现象——文艺美学译文、文论集》，南开大学出版社，2004年，第11页。

② 单正平：《现象学与审美现象——文艺美学译文、文论集》，第4页。

③ [法] 杜夫海纳：《审美经验现象学》英译本前言，第22页。

觉——并不创造新的对象:对象,作为审美知觉的对象,与客观认识到的或创作出来以引起这种知觉的东西并无不同。因此,在连接这二者的审美经验中,可以区分出对象与知觉,以便分别加以研究。倘若注意到主体和客体的统一并不像化合物那样,一经分解,性质便会起变化,或者更确切地说,倘若注意到体现这种统一的意向性并不排斥实在论,那么这种区分便是合情合理的了。"①

所谓理论上的困难,难在对意向性概念的理解。意向性概念往往与"构成性"联系在一起,但是杜夫海纳在《审美经验现象学》整部著作中都不谈"构成性",因为他与梅洛-庞蒂一样,也反对胡塞尔的"先验意识"。杜夫海纳比较重视的是,意向性概念表明了意向活动与意向对象的契合相关性。恰如庄子所言:"瞽者无以与乎文章之观,聋者无以与乎钟鼓之声。"② 文章之观和钟鼓之声对于瞽者和聋者都是不存在的,因为他们没有相应的知觉。审美对象也只对审美知觉显现出来。但杜夫海纳认为,尽管审美对象是在审美知觉中呈现的,但审美知觉并不创造新的对象。这个观点似乎与我们的美学知识有所冲突。卡西尔认为艺术的关键在于形式的创造,他指出:"如果艺术是享受的话,它不是对事物的享受,而是对形式的享受。"但是,"形式不可能只是被印到我们的心灵上,我们必须创造它们才能感受到它们的美"③。正如卡西尔所言,我们通常认为,审美经验是一种创造性的经验。这自然不错,然而,这究竟是什么样的创造性? 可以肯定的是,创造不是无中生有。按照英加登的文学理论,我们作为读者能够以自己的经验去填充文学作品中的"未定域",使文学作品得以具体化。由于读者个人的经验、学识、修养各不相同,他们所具体化的文学作品也相应地有所不同,这就是所谓的创造性。的确,哪怕是面对同一部文学作品,我与你所具体化或现实化的审美对象也很可能大相径庭。尽管如此,文学作品本身,那个充满未定域的图式化结构,却是预先给定的,对所有的读

---

① [法] 杜夫海纳:《审美经验现象学》英译本前言,第5页。
② 陈鼓应:《庄子今注今译》,商务印书馆,2012年,第28页。
③ [德] 卡西尔:《人论》,甘阳译,上海译文出版社,1997年,第203页。

者都是一样的。它出自作者之手，不可能源于读者的创造。杜夫海纳大概也是在这个意义上主张审美知觉并不创造新的对象。

　　假如认为知觉行为创造了新的对象，那就是唯心主义或心理主义。在中国哲学史上，王阳明常常被定性为主观唯心主义者，不过他在《传习录》中解说的"山中观花"，与其说是唯心主义，不如说是现象学。这是因为，王阳明虽然主张"心外无物"，但"山中观花"同样没有创造新的对象："游南镇。一友指岩中花树问曰：'无心外之物。如此花树，在深山中自开自落，于我心亦何关？'曰：'未看此花时，此花与汝心同归于寂；你来看此花时，则此花颜色一时明白起来，便知此花不在你的心外。'"① 看花，是将知觉加于花，花因了这一知觉而得以呈现，"颜色一时明白起来"，但这并不是知觉创造了花。与其说是知觉创造了花，不如说是知觉发现了花，唤醒了花。所以王阳明说"未看此花时，此花与汝心同归于寂"。看花，可以是审美，也可以不是审美，无论是还是不是，花都是同一朵花。审美知觉和一般知觉指向同一个对象。对象本身只有一个，只是由于意向行为发生了变化，对象的呈现方式也相应地发生了变化。这正如太阳只有一个，但赫拉克利特却说，太阳每天都是新的。日本现象学美学家今道友信似乎也有类似的看法，他指出："自然美与艺术美，并不是根据外部对象来区别的，而是根据意识状态区别的。""即使是对于艺术品，由于意识状态的变化，有时人们也并没有从艺术美的角度去观察它。"② 按照杜夫海纳的说法，如果我们并没有在一件艺术作品上加以审美知觉，那么这件艺术作品就不是我们的审美对象。因此，一方面，审美对象依赖于审美知觉；另一方面，审美对象又对审美知觉保持着客观性。

　　审美对象之所以保持着客观性而不可以被消融化解于审美知觉，还有一个理由就是"主体间性"。事实上，对象对于知觉的客观性有两个表现：一是它可以多次被知觉或反复被知觉，这是就同一个知觉主体而言；二是它可以被多

---

① 王阳明：《传习录》，中州古籍出版社，2011年，第346页。
② [日] 今道友信：《关于美》，鲍显阳、王永丽译，黑龙江人民出版社，1983年，第155页。

个意识所知觉,这是就不同的知觉主体而言。一个对象被不同的主体所知觉,具有主体间性,我们就说这个对象是客观的。"庄生晓梦迷蝴蝶",这或许只是梦境,是幻觉,因为梦见自己变成了蝴蝶,这只是庄子个人的经验,缺乏主体间性。珠穆朗玛峰并不是我的幻觉,因为世界上无数的人都看到它的存在,并且都认定它是世界第一高峰。《红楼梦》可以被视为中国古代小说的最高成就,这是由于很多文学史家和鉴赏家都有同样的看法。杜夫海纳认为:"主体间性是历史的根源,它的人类学上的等义词便是孔德所说的'人类性':总有某个人,对他而言,对象作为对象而存在着;我可以参照某个对象,这个对象对他人来说也存在着,因为它对我说来已经存在了,反之亦然。在这个意义上,如果说对象被据为前提,总是已经给定的,那么意识也被据为前提,它总是已经浮现的。这样,对象总与意识相关联,与某种意识相关联,但这只是因为意识总与对象相关联。"[1] 意向性理论认为,意识总是对对象的意识,反过来说,对象也必定是意识的对象。但这里所说的对象,可能是主体间性的。正是主体间性保证了对象不被消融于知觉之中,并因而避免了心理主义或唯心主义。

　　杜夫海纳指出,审美经验与审美对象的循环还带来了一个方法上的困难,即审美经验的研究应当从哪一个开始?既然审美知觉和审美对象互相关联、互为前提,那么我们似乎可以从其中的任意一个开始。但杜夫海纳认为并非如此,因为,"如果从审美知觉出发,那就会诱使我们将审美对象从属于审美知觉,结果是赋予审美对象一种宽泛的意义:凡是被任何审美经验审美化的客体都是审美对象。例如可以把艺术家在着手创作之前对自己作品所形成的意象——如果有一个意象的话——叫作审美对象,只要说明指的是一个想象中的审美对象就行了。还可以把这个术语扩大到自然界中的对象。……但这样给审美经验下定义就是不严格的了,因为这个审美对象的定义缺乏足够的精确性。怎样才能做到准确呢?那就要把经验从属于对象,而不是把对象从属于经验,

---

[1] [法]杜夫海纳:《审美经验现象学》英译本前言,第6页。

就要通过艺术作品来界定对象自身"①。

如果从审美知觉出发,审美对象就具有了不确定性,而根据审美对象而来的审美经验,也随之变得不确定了。例如,美无处不在,我们几乎处处都可以发现自然美,但根据"自然美"这种审美对象来研究审美经验,显然不太合适,因为自然美的偶然性和不确定性太强了。既然如此,我们便只能"把经验从属于对象,而不是把对象从属于经验"。这就是说,对审美经验的研究,在程序上必须从审美对象开始,先考察审美对象,再考察审美知觉。既然审美对象先于审美知觉,那么审美对象就不能依据审美知觉来界定了。审美对象从何而来?杜夫海纳认为,审美对象有一个现成的来源,那就是艺术作品。"艺术作品就是这样已经存在在那里,引起审美对象的经验,它就是这样为我们的思考奠定了一个出发点。"② 于是,从艺术作品出发,通过艺术作品来界定审美对象,这就打破了审美知觉与审美对象的相互关联而圈起来的循环。

把艺术作品作为研究的出发点,通过艺术作品给审美对象下定义,这并不是将艺术作品与审美对象等量齐观。艺术作品与审美对象有所重叠,却并不等同。首先,在事实上,艺术作品并不是全部的审美对象,除了艺术作品,一座山、一棵树、一片云、一朵花均可被视为审美对象,杜夫海纳显然赞同审美对象的范围大于艺术作品。其次,在逻辑上,审美对象必须参照审美经验界定自己,艺术作品却不必如此。"艺术作品则在审美经验之外,是诱发这一经验的东西。……审美对象存在于意识之中却又好像不在其中。相反,艺术作品除了在参照意识时,都处于意识之外,是万物之一。"③ 艺术作品也是一物,雕塑与建筑与普通的砖瓦木石并无两样,这一点我们在海德格尔的《艺术作品的本源》中已经看到了。但艺术作品也可以作为审美对象。是否被视为审美对象,取决于指向它的

---

① [法] 杜夫海纳:《审美经验现象学》英译本前言,第6~7页。
② [法] 杜夫海纳:《审美经验现象学》英译本前言,第9页。
③ [法] 杜夫海纳:《审美经验现象学》英译本前言,第8页。

意向性。杜夫海纳说:"审美对象是作为被知觉的艺术作品。"①

二、本质研究

意向性是现象学的理论出发点,本质直观则是现象学在方法上的标志。胡塞尔说:"现象学的特征恰恰在于,它是一种在纯粹直观的范围内、在绝对被给予性的范围内的本质分析和本质研究。……现象学的研究是普遍的本质研究。"② 这句话可以缩减为"本质直观"四个字。尽管杜夫海纳不怎么提及"本质直观",但他也坚持现象学的特征是本质研究,而且事实上也有本质直观的思想。在《审美经验现象学》前言的一个脚注里,杜夫海纳声称:"我们并不刻意去服从胡塞尔的字面意义。我们是按照萨特和梅洛-庞蒂两位先生把现象学引进法国时对它所作的解释来理解这一术语的。它是以本质为目标的一种描述,而这种本质又被视为内在于现象的意义并伴随现象而出现。本质有待于发现,但需通过显露过程,而非通过从已知到未知的跳跃。"③ 这几句话里有以下三个地方值得注意。

第一,我们看到杜夫海纳并不谈对本质的直观,却强调对本质的描述。这篇前言开门见山就说,此书对审美经验的研究,首先要对它加以描述。诸如现象学家的美学著述,如果说英加登的《论文学作品》是现象学分析的最佳代表,海德格尔的《艺术作品的本源》是现象学直观的最佳代表,那么,杜夫海纳的《审美经验现象学》可谓现象学描述的最佳代表了。

第二,描述是建立在直观之上的,对本质的描述基于对本质的直观。尽管杜夫海纳并没有使用"直观"一词,但他显然有直观的思想。这可从否定和肯定两方面看出。否定的方面,杜夫海纳说:"本质有待于发现,但需要通过显露过程,而非通过从已知到未知的跳跃。"所谓"从已知到未知的跳跃",也

---

① [法] 杜夫海纳:《审美经验现象学》英译本前言,第8页。
② [奥地利] 胡塞尔:《现象学的观念》,倪梁康译,人民出版社,2007年,第44页。
③ [法] 杜夫海纳:《审美经验现象学》英译本前言,第4页。

就是推理，或者是思辨，而现象学是不重推理、反对思辨的，因为它强调的是直观和描述。推理出来或思辨得来的本质，是所谓"透过现象看本质"，这并不是现象学所说的本质。肯定的方面，杜夫海纳指出本质有一个"显露"或显现的过程，又说："这种本质又被视为内在于现象的意义并伴随现象而出现。"这明显就是主张本质直接显现在现象之中。现象学之所以认定本质可以"直观"，其基本的依据正是"本质就在现象之中"。

第三，杜夫海纳是法国现象学家，并在萨特和梅洛-庞蒂之后进行现象学研究，他的现象学观念自然深受萨特和梅洛-庞蒂的影响。尤其是梅洛-庞蒂的知觉现象学，对杜夫海纳的美学研究几乎起到立竿见影的作用。正是由于梅洛-庞蒂《知觉现象学》对知觉的强调，杜夫海纳把审美知觉的问题提到了前所未有的高度；而在审美经验中强调身体的作用，大概也是从梅洛-庞蒂的身体现象学那里受到了启发。作为杜夫海纳现象学观念的来源之一，梅洛-庞蒂在《知觉现象学》的前言中也说："现象学是关于本质的研究，在现象学看来，一切问题都在于确定本质，比如，知觉的本质，意识的本质。"[①]

现象学的本质研究在美学中是如何进行的？在盖格尔的《艺术的意味》一文中已经稍有说明。他指出："美学家感兴趣的不是个别艺术作品，不是波提切利的画布，不是莎士比亚的十四行诗，也不是海顿的交响乐，而是十四行诗本身的本质、交响乐本身的本质、各种各样素描画本身的本质、舞蹈本身的本质等。他感兴趣的是那些一般的结构，而不是特定的审美对象。"[②] 为了达到这个目标，现象学家并不是随便拿起手边的什么对象就加以研究，可以直观其本质的对象，必须符合一定的条件。譬如要直观悲剧的本质，选取索福克勒斯、莎士比亚、拉辛、席勒的作品当然较为有利，因为它们都具有典型性。研究审美经验的本质也是如此，它首先要求考察具有典型性的审美经验。杜夫海纳说，这正是他选取从艺术作品出发而不从审美知觉出发的根本原因所在。因为

---

① ［法］梅洛-庞蒂：《知觉现象学》，姜志辉译，商务印书馆，2001年，第1页。
② ［德］莫里茨·盖格尔：《艺术的意味》，艾彦译，译林出版社，2012年，第8~9页。

审美知觉可能将自然作为审美对象,但是我们对自然产生的审美经验既不够典型,也不够纯粹,而艺术作品则能够提供典型的和纯粹的审美经验。"我们将要描述的审美经验也将是典型性的,不受在感知自然界的审美对象时可能混进的不纯成分的影响……把探索自然界的审美对象留待日后再说,读者也可能引以为憾。我们却认为这是良好的方法,因为直接来自艺术作品的审美经验肯定是最纯粹的,或许也是历史上最早的审美经验。"①

正因为要考察的是审美经验的典型样式,所以杜夫海纳认为对产生审美经验的艺术作品也要有所选择,例如,"只有当我们首先向画家学习之后,儿童的图画或业余画家的作品才能使我们了解什么是绘画。这些作品告诉我们的大多属于画家的心理,而很少涉及绘画的本质。相反,我们认为——尽管在本书中我们不予论证——只有借助对真正艺术的某些认识,才能提出那些有关于艺术的边缘情况的问题。对于'原始艺术'及低级艺术或艺术的副产品、军乐、歪诗、好莱坞西部片或廉价小说所提出的那些问题,若想给予解答,必须知道什么是审美经验,知道处在艺术边缘的那些作品为何不能唤起审美经验变成审美对象"②。这种说法有些类似于马克思的名言:"人体解剖是猴体解剖的一把钥匙。"我们不能通过低级的东西去理解高级的东西,而应当通过高级的东西去理解低级的东西。这就像《庄子·逍遥游》中的蜩、学鸠、斥鷃,根本不能理解大鹏从北冥飞向南冥的举动,庄子称之为"小知不及大知"③。杜夫海纳认为,今天是美学研究的"一个优越的时刻",因为今天艺术才真正回归自身,换言之,也就是审美经验达到最为纯粹化的时候。所以杜夫海纳主张,"审美经验是最近的发现"。

本质研究意味着去探索对象的一般性结构或普遍性特征,因此杜夫海纳说:"艺术分类的确是美学家共同要求的一项任务。但是我们不打算承担这项

---

① [法]杜夫海纳:《审美经验现象学》英译本前言,第7页。
② [法]杜夫海纳:《审美经验现象学》英译本前言,第13~14页。
③ 陈鼓应:《庄子今注今译》,商务印书馆,2012年,第15页。

任务，因为我们的目的是说明一般的审美经验，因而着重阐述一切艺术所共有的东西。"① 当然，杜夫海纳更在意审美经验的本质，而非一切艺术的共同点。我们知道，主要是由于维特根斯坦"家族相似"理论的影响，今天人们已经很少愿意进行本质研究了，人们甚至认为本质根本就不存在。但是，正如迪萨纳亚克所言："不再寻求普遍性的人就会拥护一种极端的相对主义。"② 当初胡塞尔一再强调现象学是研究本质的"科学"，其主要意图也是抵制相对主义。然而时至今日，相对主义并没有像心理主义那样因为胡塞尔的抵制和批判而销声匿迹，胡塞尔的本质研究和"严格科学"的理想反倒被视为迂腐之举。胡塞尔之后，相对主义先是因（维特根斯坦）分析哲学，继而因文化人类学，最后因后现代主义而不绝如缕，甚嚣尘上。因此，坚持现象学的本质研究在今天仍有其现实意义。杜夫海纳也呼吁，审美经验现象学应当"不受审美相对主义的诱惑""走在探求本质的线路之内"。

相对主义在胡塞尔那里，表现为历史主义，或合称为"历史相对主义"。在《哲学作为严格的科学》中，胡塞尔指出："历史主义将自己定位于经验的精神生活的事实领域……这样便产生出一种相对主义，它与自然主义的心理主义非常接近，并且被纠缠到类似的怀疑困难中去。"③ 历史主义是事实研究，现象学则是本质研究。历史与本质，似乎不共戴天。但是，杜夫海纳的审美经验现象学一开始就遭遇了历史主义的困境。如前所述，为了避免陷入心理主义，杜夫海纳选择了让知觉从属于对象，先描述审美对象再描述审美知觉。为了走出审美对象与审美经验的相互关联圈起来的循环，杜夫海纳选择了从艺术作品出发，通过艺术作品界定审美对象。但是，如何确定艺术作品呢？这只能用经验主义的方法，杜夫海纳说，我们求助于"能者的见解"，也就是那些鉴赏家、批评家、艺术史家的见解，他们的见解也是共同的见解。这就是说，艺术作品

---

① ［法］杜夫海纳：《审美经验现象学》英译本前言，第11页。
② ［美］埃伦·迪萨纳亚克：《审美的人》，户晓辉译，商务印书馆，2002年，第115页。
③ ［奥地利］胡塞尔：《哲学作为严格的科学》，倪梁康译，商务印书馆，2002年，第46页。

本身是经验之物,是历史的存在。这就面临了一个问题:"有人会说,受历史影响的这种思考会被历史打上相对主义的印记。"① 杜夫海纳指出:"当决定打破审美对象和审美知觉的关联把我们关进去的那个循环,把艺术作品视为研究的出发点,以便在这个基础上重新发现审美对象及审美知觉时,我们将求助于经验的和历史的东西。若想达到本质,这岂不是死路一条吗?我们认为不是。马克斯·舍勒的说法对我们很有教益。他说,道德的本质可以历史地揭示出来,但未必是相对于历史的东西。审美经验的本质不也是如此吗?"②

盖格尔在《现象学美学》一文中也曾回应本质与历史的关系问题,或者说是"现象学方法与历史之间的关系问题"。他认为,本质的东西可以在历史过程中展示出来。因为盖格尔所说的本质,不是柏拉图式的僵化的本质,不是固定不变的如同数学般的本质,而是黑格尔式的能动的本质。杜夫海纳则认为,历史的东西仍然能够展示本质的东西,产生于历史的东西未必是历史的,我们在历史中发现的东西也未必是历史的。这就像毕达哥拉斯定理是在古希腊被发现的,但毕达哥拉斯定理本身并不是历史性的。审美经验的本质同样如此。一方面,我们似乎可以说,直到20世纪,真正的审美经验才被发现,或才被发明;另一方面,"审美经验不全是20世纪的发明,犹如一句名言所说,爱情不是12世纪的发明一样。审美经验在时间的场合中可以由截然不同的各种艺术作品来诱发,但它总是倾向于形成一个典型的样式"③。不错,20世纪以前的审美经验往往不是纯粹的审美经验,但是,在那些并不纯粹的审美经验的表现形态中,仍然在指示着一种纯粹的、典型的、本质的审美经验。"审美经验尽管是最近的发明,它身上仍然有表现出某种本质的趋势,应该予以解释。"④

---

① [法]杜夫海纳:《审美经验现象学》英译本前言,第10页。
② [法]杜夫海纳:《审美经验现象学》英译本前言,第9页。
③ [法]杜夫海纳:《审美经验现象学》英译本前言,第11页。
④ [法]杜夫海纳:《审美经验现象学》英译本前言,第9页。

三、搁置价值判断

由于现象学极力避免心理主义,始终提防相对主义,因此它一般来说主张在研究中保持价值中立,因为价值判断往往会导致心理主义和相对主义。如果说现象学研究的方法是本质直观,那么现象学研究所遵循的一个原则则是价值中立,或曰搁置价值判断。胡塞尔在《逻辑研究》中说过:"纯粹现象学展示了一个中立性研究的领域,在这个领域中有着各门科学的根。"[①] 但是,美本来就是一种价值,而当我们说一件物品是"艺术"时,也往往是一种价值判断。庄子说庖丁解牛的动作"合于桑林之舞,乃中经首之会",把杀牛的劳动视为艺术,或者从庖丁解牛的行为中领略到艺术的境界,这显然是一种褒美。那么,在美学研究中也能坚持价值中立的原则吗?关于这个问题,现象学家们的意见并不一致。

盖格尔认为,审美价值确立了美学研究的领域,因此,在美学研究中区分事实与价值是至关重要的,价值论美学才算货真价实的美学。而且审美价值是作为现象被给予的,因此他对美学本质的研究,探究的是审美价值的本质。然而,纵然是盖格尔,也只是着意于审美价值的本质,而并没有提供价值判断的尺度或"建立趣味的标准"。这正如杜夫海纳所说,虽然我们从艺术作品出发,但是我们并不走向艺术批评。因此我们似乎可以说,盖格尔是以价值中立的方式来研究艺术价值或审美价值的。

英加登是胡塞尔最忠实的学生,在美学研究中也贯彻胡塞尔价值中立的原则,他说:"我在研究文学作品时,并不考虑它是不是有肯定的价值,还是根本没有价值。"[②] "我们并不认为只有文学价值或文化价值高的作品才算是文学作品,把文学作品所包括的范围弄得这么狭窄是完全错误的。现在我们也不知道,一部作品有价值,特别是有文学价值是什么意思,但要说没有'坏的'、

[①] [奥地利]胡塞尔:《逻辑研究》(第二卷),倪梁康译,上海译文出版社,1998年,第2页。

[②] [波兰]罗曼兰·英加登:《论文学作品》,张振辉译,河南大学出版社,2008年,第43页。

毫无价值的作品也不对。我要说的是一种所有的文学作品都具有的基本的结构，而不管它们有没有价值。"① 英加登在文学研究中之所以能够搁置价值判断，是因为他的目标是考察"文学作品的存在方式"，他的现象学美学是本体论美学或存在论美学。对英加登而言，价值论美学也是必要的，事实上他建构了将本体论美学、认识论美学、价值论美学囊括其中的庞大的美学体系，但他认为，价值论美学必须放在本体论美学之后。

杜夫海纳的现象学美学也坚持了价值中立的原则，这表现为他避免引入美的概念。在论文集《美学与哲学》中，他指出："说对象美，是因为它实现了自身的命运，还因为它真正地存在着——按照适合于一个感性的、有意义的对象的存在样式存在着。"② 换言之，与其断言对象美，不如说对象作为有意义的感性对象而存在。所以在《审美经验现象学》中，杜夫海纳颇为赞赏地引用了让娜·埃尔丝小姐的一句话："艺术的真正问题是一个本体论问题……艺术家是要使某种东西存在，不是要使某种东西美。"③ 如前所述，杜夫海纳确认艺术作品的方法采取了经验主义的方法，即听取"能者的见解"，但他随之追问："与其首先信赖那些能者的见解，我们何不寻找真正作品的固有标准呢？难道无法界定审美对象的固有本质吗？它不就是美吗？美的特征或对美的追求不是划定了审美对象的范围吗？然而我们将避免引入美的概念，理由是，按照人们赋予这一概念的外延，它对我们来说，或者无用，或者有害。……每当进行价值判断，包括对美的鉴赏判断的时候，都难免陷入主观主义，以致本希望找到的客观标准立刻显得含糊不清。"④ 价值判断往往令人陷入主观主义和相对主义。所谓"情人眼里出西施"，这是价值判断的主观主义；所谓"各美其美"，这是价值判断的相对主义。主观主义和相对主义都使价值判断丧失了客观标

---

① ［波兰］罗曼兰·英加登：《论文学作品》，第29页。
② ［法］杜夫海纳：《美学与哲学》，孙非译，中国社会科学出版社，1987年，第21页。
③ ［法］杜夫海纳：《审美经验现象学》英译本前言，第176页。
④ ［法］杜夫海纳：《审美经验现象学》英译本前言，第14~15页。

准,这是杜夫海纳避免引入美的概念的第一个理由。

搁置价值判断、避免引入美的概念的第二个理由是,美并不是所有艺术都追求的目标。一般来说,美与古典艺术形影不离。杜夫海纳说:"应该像马尔罗那样注意到,自从审美领域中奠定以来,有多种艺术形式呈现在我们面前,其中很少有像古典艺术那样关心美的问题。"① 但是艺术史表明,早在巴洛克时期,美就不再一统天下了。此后,西方美学史上出现了悲剧、崇高、滑稽、丑,以后还出现了荒诞、险恶等审美范畴。如果考虑到中国艺术史,我们还要在审美范畴表中加入气韵、境界、沉郁、飘逸、空灵、含蓄、中和、雄浑等,不胜枚举。光是司空图的《二十四诗品》,就完全不是"美"这一个字所能够概括的。美不过是众多审美范畴中的一个,不可能作为一切审美对象的属性。

为了对付这种状况,美学家们想出了两种方法:一是主张美学研究的"美",并不是"美的现象",而是"美的本质"。例如蒋孔阳说:"美学所要研究的,是作为普遍规律的美,也就是美的本质,而不是林林总总的美的现象、美的东西。"② 这个观点是蒋孔阳在评论柏拉图美学时说的,然而这显然是对柏拉图美学的误解,并且在逻辑上是错误的,姑且表述为"本末倒置的错误"。因为实际上,美学所研究的正是活生生的、直接体验的甚至令人心醉神迷的"美的现象",至于"美的本质""美的普遍规律"或柏拉图的"美本身",则是美学研究的结果和探索的终点,如何可以倒果为因呢?这个说法也是与现象学精神相违背的。现象学恰恰是企图回到事情本身,回到"林林总总的美的现象、美的东西"中去描述、去分析这些美的现象。二是主张区分三种"美",即日常生活中的"漂亮"、古典艺术中的"优美"和审美判断的"美"。审美判断的美包括古往今来的一切审美特质,例如崇高是一种美,丑何尝不也是一种美?刘熙载就说:"怪石以丑为美,丑到极处,便是美到极处。"③ 但是这样一来,将会使

---

① [法]杜夫海纳:《审美经验现象学》英译本前言,第16页。
② 蒋孔阳:《美学新论》,安徽教育出版社,2007年,第53页。
③ 刘熙载:《艺概》,上海古籍出版社,1978年,第168页。

"美"的概念扩展得没有边界。杜夫海纳指出:"这时我们就会看到,美的这种意义可以扩大到完全脱离审美对象领域的东西:一个道德行为,一个逻辑推理,或是制作时毫不关心审美的那些日用品,都可以说是美,而没有理由怀疑每次使用这个词是否严格。"① 如此一来,我们等于回到了古代美丑不分的状况,回到了美学产生之前的"美",这样的"美"对于今天的美学研究又有什么用处呢?

搁置价值判断、避免引入美的概念的第三个理由是:"若美不表示我们所说的艺术作品的本真性,那又表示什么呢?美的概念只有这样重新变得无用才不再危险:它只提出而不解决问题。"② 美就是艺术作品的本真性,杜夫海纳对此还有一个清晰的表述:"当对象直截了当地宣称自己享有实体的完善性时,美便表示对象的真:美是眼睛可感受的真,它是对先于反思的、令人愉快的东西的认可。"③ 美就是真。然而,这并非认识论意义的"美就是真"(艺术的模仿论往往持有这种观点),它也并不是心理学意义的"美就是真"(中国的儒家持这种观点,这里的"真"就是真诚)。杜夫海纳说"美就是真",指的是艺术作品或审美对象达到了完善的、完美无缺的存在。换言之,当艺术作品成其为艺术作品,或当审美对象成其为审美对象时,它就是美的。所以杜夫海纳指出:"美的反面不是丑,如同浪漫主义运动以来人们所理解的那样。美的反面对于想要成为审美对象的作品来说是流产,对于不要求审美特质的对象来说是中性。这意味着审美对象可以是不完美的。……其之所以不完美,是因为它要成为它所想要成为的东西但没有成功,因为它没有实现自己的本质;必须就它所想要成为的东西来对它加以判断,它也在这个基础上进行自我判断。"④ 如果审美对象不能实现自己的本质,没有获得自己的存在,那就意味着审美的流产。恰如飞机不能飞,玫瑰不开花,桃树不结果,审美对象也可能不能成为审

---

① [法]杜夫海纳:《审美经验现象学》英译本前言,第17页。
② [法]杜夫海纳:《审美经验现象学》英译本前言,第17页。
③ [法]杜夫海纳:《审美经验现象学》英译本前言,第18页。
④ [法]杜夫海纳:《审美经验现象学》英译本前言,第18页。

美对象。可见审美对象的本真性就是美。因此，我们不需要通过美的概念来界定审美对象。如此，杜夫海纳就让美变成了一个无用的概念。

那么，审美对象又是如何实现了自身的存在呢？这就又回到了前面讨论的审美知觉与审美对象的相互关联。"审美对象的标准，乃是它那渴求绝对的意志。它只有说出并达到这个标准才反过来成为审美知觉的标准。审美对象为审美知觉提出的一项任务，正是不带任何成见地去接近对象，尽可能信任它，将它置于能够证实自己存在的地位。"① 审美对象要求公正的知觉，要求一个"使之显现的范例式的知觉"。而为了形成这样的知觉，知觉主体必须服从艺术作品，充分信任艺术作品，顺从艺术作品的引导。当艺术作品引导出这样的知觉时，艺术作品就被转变为审美对象。所以杜夫海纳虽然从艺术作品出发，却并不是要导向艺术批评，也不是要像英加登那样建立艺术作品本体论，而是为引导出审美对象。就研究程序而言，英加登是先分析艺术作品（文学作品），而后导出审美对象（后来又补上审美经验）。杜夫海纳则是先描述审美对象，而后分析艺术作品。对英加登而言，本体论在现象学之前；对杜夫海纳而言，现象学在本体论之前。但杜夫海纳的本体论又不是艺术作品本体论这种"区域本体论"，而是要从审美经验导向一般本体论，所以后来杜夫海纳在《美学与哲学》中说："是审美经验提示哲学要从先验走向超验，从现象学走向本体论。"②

（刊于《郑州大学学报》2017年第3期）

---

① ［法］杜夫海纳：《审美经验现象学》英译本前言，第19页。
② ［法］杜夫海纳：《美学与哲学》，孙非译，中国社会科学出版社，1987年，第6页。

技术、艺术与语言的家园

——论海德格尔晚期美学思想的三重边界

⊙郭文成
⊙浙江传媒学院设计艺术学院

海德格尔晚期美学思想的出发点依然是世界,但此世界在海德格尔那里是一个被语言规定的世界。在此世界中,技术的边界何在?艺术的边界何在?语言家园的边界何在?在对这三个问题的追问与回答之中,海德格尔晚期美学思想的边界得以显现。

一、技术批判的边界

晚期海德格尔的技术批判理论在西方思想史上可谓独树一帜,其主要观点在于:技术的危险不是说技术就是危险,技术与危险不是等同的关系;也不是说危险属于技术,技术与危险也不是从属关系。技术的危险要说的是技术的本性就是危险。

为了理解他的这一观点,可以他同时代的人及以后的人对技术批判的理论为参照。

一是技术与工具理性的关系。在马克斯·韦伯那里,资本主义社会的合理性是他论述的中心问题。而在其中,他认为技术是主导因素。他把那种属于资本主义特质的理性区分为工具理性和价值理性,由此,工具理性从工具合理性概念演变而来,并受到广泛关注。

韦伯认为工具理性主要通过"世界的去魅"和"铁笼"表现出来,并指出资本主义文化发展的最后阶段"专家没有灵魂,纵欲者没有心肝;这个废物幻想着它自己已达到了前所未有的文明程度"①。而在齐美尔那里,他试图从个体的心灵出发描述出一种类似于韦伯的东西。他认为,在工具理性的支配下,情感被制度化并且被排除,与此同时,现代心灵已经变得越来越有计算性,人们开始用脑而不是用心来做出反应。

二是技术与意识形态的关系。马尔库赛与哈贝马斯把技术作为意识形态。什么是意识形态?马克思第一次使用意识形态这个概念是在1845—1846年的《德意志意识形态》这篇文章中,"意识形态"这个概念主要是指一种特定的哲学信仰。这种信仰相信思想的统治,相信世界是由观念统治的,而观念和概念是规定的原则。在这个意义上,"意识形态"指的是"观念主义"或"唯心主义"。马克思力图指明,一方面,包括艺术在内的意识形态奠基于物质生产,经济基础是其最为根本的起决定性作用的因素,因此意识形态(艺术)必须有意识反映这种矛盾——这是一种"回声"和"反射"。在这样的语词中,我们看到的是意识形态对物质存在的依附性。另一方面,马克思以历史的眼光指出,正是因为意识形态奠基于经济基础,所以随着经济基础的变更,全部庞大的上层建筑也或慢或快地发生着变革。显然,在此处意识形态这个概念指的是特定历史时期的信仰体系和"世界观"。

马尔库赛从意识形态的角度为科学和技术做出了规定:技术的解放力量——物的工具化——转而成为解放的桎梏,成了人的工具化。而哈贝马斯认为:"科学和技术的合理形式,即体现在目的理性活动中的合理性,正在扩大成为生活方式,成为生活世界的历史总体性。"② 两人观点的差异在于,马尔库赛把技术当作意识形态(技术与人的对立),而哈贝马斯对技术作为意识形态

---

① [德] 马克斯·韦伯:《新教伦理与资本主义精神》,于晓、陈维纲译,生活·读书·新知三联书店,2002年,第143页。

② [德] 哈贝马斯:《作为"意识形态"的技术与科学》,李黎、郭官义译,学林出版社,1999年,第44页。

的态度是批判的，有所保留的。

三是技术、生态与伦理的关系。在对技术的批判理论中，生态和伦理的视角也是非常被看重的。如环境伦理学提出的自然界有其内在价值，这蕴含着为人的行为提供一种规范的努力。另外，基因克隆与转基因技术使得技术伦理问题显现出来，这些关系都值得认真思考。

但这些西方思想如上述影响较大的法兰克福学派（马尔库赛、哈贝马斯等）的技术批判和技术伦理学（汉斯·尤纳斯的责任原理）对技术本性的思考，基本上没有超出海德格尔的视阈，当前流行的技术现象学等的思考走的依然是海德格尔的思想道路，而其他技术哲学（如德韶尔的技术哲学）的探讨大多囿于自身的技术性而不得要领。国内相关的哲学、美学等研究，也大多停留在对海德格尔技术思想的介绍和解释的层面上。当然，在此并不是否定上述国内外技术研究的意义，因为它们的确很有意义。同时，也并不是要求我们放弃对技术的沉思，因为对我们而言，沉思技术依然要沿着海德格尔的思想道路，不过这并不意味着只是原地踏步，而是要继续虔诚地走在思想的道路上。当然，这并不意味着简单地超越（肯定或否定）海德格尔的思想，而是要对技术进行语言、思想和现实的批判。

首先是语言批判。在此我们必须分析"技术"一词，从而对技术现象进行区分。如上，西方技术可分为古代技术（手工制作）和现代技术（主要指机械技术和信息技术），其本性在于去蔽。但从古代技术到现代技术的转换中，人的身体消失了其决定性的作用。同时在信息技术中，人将自己的身体和智力都转让给了技术，由此现代技术成为对于存在的促逼和采掘，以至成为海德格尔所说的设定。"在这样的意义上，现代技术的本性已不是传统的技艺，也不只是人的工具和手段。它成为技术化，成为技术主义，也由此成为了我们时代的规定。这样一种规定正是通过设定而实现的。"① 这表现在，现代技术当然设定了自然，现代技术也设定了人自身，现代技术还设定了思想，形成了虚拟世

---

① 彭富春：《哲学与美学问题——一种无原则的批判》，武汉大学出版社，2005年，第295页。

界。与虚拟世界相关的是虚拟技术,而当前虚拟技术的思考成为技术哲学探讨的热点。这种思考当然有其意义,但其并没有显现虚拟技术的本性,这里关键的问题在于技术哲学如果囿于自己的形而上学性,就无法为虚拟技术划界。

其次是思想批判。在此我们必须去掉日常态度和理论态度对于技术本性的遮蔽,从而显现技术这一事情本身。海德格尔的技术沉思指出了技术构架本性的危险,由此他建议我们首先必须深思技术的本性,而为了鉴于人的本性来建立人与技术之间本源的关系,我们必须从表象性、计算性的思想中退回到应答的、感谢的思想,在更本源的领域思考自己的本性。这是转折过程的开始,此种转折可以由艺术来完成,因为现代技术的根源与技艺相关,也是一种创造,故克服技术只能通过技艺而回到艺术。正如海德格尔所说,艺术的本性是诗,但同时也要注意艺术与诗意的区分(区分的根本在于海德格尔思想由中期的真理到晚期语言的转换)。所以,这就要求我们在应答的、感谢的思想和诗中去经验技术的本性。此经验因此是语言性的,而此语言可区分为技术语言(信息)和诗意语言。由此,技术的克服是技术语言向诗意语言的回归,这里的诗意不再是设立(给予尺度),而是接受尺度,即倾听存在和语言的道说。但这"并不是要放弃技术和技术语言,而是要让技术语言限制在技术之领域,不要越出技术而无端外推与泛化,从而使语言技术化"[①]。而此语言性的经验在根本上是源于存在的呼声,它让我们与技术的本性相遇,也让我们与自己的本性相遇。

但这里更为迫切的是对于技术的现实批判,"现代对于技术的真正态度是抛弃乐观主义和悲观主义,确定技术的边界"[②]。这意味着在当今时代,我们必须在海德格尔之后继续追问:作为技术构架的本性还适用吗?技术的危险仍然存在吗?技术的危险的当代形态何在?如何克服此种危险?对当代的现实而

[①] 张贤根:《存在·真理·语言——海德格尔美学思想研究》,武汉大学出版社,2004年,第205页。

[②] 彭富春:《哲学与美学问题——一种无原则的批判》,第296页。

言，技术已经作为欲望、技术和智慧三者游戏的一个环节。海德格尔没有经验当今的高新技术如网络技术，而且技术的危险展现出新的形态如网络、克隆、安乐死、转基因等。那么克服的方式何在？一般而言，大致有三种方式：让物存在（即诗意的态度）、用技术克服技术和用艺术克服技术（但注意当代艺术的技术化，如何反对技术化的艺术也值得认真思考）。这要求我们进一步指出技术的边界，这表现在技术与自然（生态的界限）、技术与人（如克隆、避孕、堕胎、安乐死等问题）的关系上。在此，我们必须注意对技术尺度的限制与放开，从而使技术与自然、人达成微妙的平衡与和谐。

二、艺术拯救的边界

晚期海德格尔给我们指出了一条道路：在作品中寻找艺术的本性；而且他指出，这种本性不是他物，只是存在的真理。这无疑具有深刻的启示性。在这里，艺术既不是模仿，也不是表现，更不是再现，艺术是它自身（如其所是），是真理自行设置入作品。这就消除了所谓的主客体，没有了所谓的对象化。传统的美学观照被中断，这里只有现象学的方式，只有存在之真理在作品中聚集。与此相关，海德格尔以现象学的方法、以凡·高的《农鞋》为例阐释了艺术与真理内在的一致性。这里的真理不同于一般认识论意义上的真理，即它不能理解为正确性（某某与之符合），而是要理解为存在者的无蔽状态。以此真理观为指引，海德格尔批驳了那些"艺术终结论"者。海德格尔给予了艺术一个存在的基础。这种基础的规定是现代性的，它为我们指出了一条通向艺术本源的道路。

与此同时，晚期海德格尔将艺术视为技术的拯救力量，视为人类居住的地方是否能成立？而现今技术对艺术的渗透随处可见，艺术如何成为技术的拯救力量？这里需要继续深思的问题是，艺术的边界何在？海德格尔的艺术沉思是深刻的：追问艺术必须从艺术品开始。但一个现成物，如杜尚的《泉》是艺术品吗？静默4分33秒的演奏是艺术吗？"不要以为这种改变是玩弄文字游戏，那些把种种现成物当作艺术作品的人，实际上是在从事着一种非常严肃的事业

——他们实际上在扩大或重新创造人们的艺术概念。"① 而那些不认为上述现成物是艺术的人,则是在保卫已有的艺术边界,对于改变它的种种企图进行抗击。这种争执实则是一种关于概念之边界的争执。这种争执是十分重要的,其结果关乎我们未来文化的形式。但这里的争执并不急于有一个非是即否的答案,关键是把问题看清楚。

那么,这是一个什么问题?它是艺术与当下生活的融合问题,即审美文化问题,或者说是艺术化生存问题。自杜尚以来,日常生活物品和行为变成艺术品似乎成为合法的。这种革命取消了艺术与生活的界限。我们应该承认这种革命的价值,它解放了我们的感觉,但问题在于如果这种革命只是一味地比拼谁最离奇、谁最革命,那么革命和离奇就会成为生活常态,就不会有感性积累。真正的艺术不是需要变态之后才能理解的感觉,它必须是卓越的生活直观。在这个意义上,"艺术不是用来挥霍感觉的,而是用来拯救感觉的"②。因此,现代艺术必须是怀疑的,或者说是现象学的,即废掉我们的感觉习惯,从而建设另一种心灵。只有这种革命才能使我们达到"艺术化生存"。它能重新形成感性积累,并且使我们的感觉双重化——令人眷恋和开拓想象的。对于艺术而言,审美文化作为当代人的时代精神,这是必须面对的事情。我们应该看到,审美文化这一概念被"爆炒"以至于"滥用"。这里的审美文化,"无非是指当代社会中艺术的普遍化甚至泛化的现象"③。有人认为,这正是"艺术的终结"。黑格尔曾在绝对精神运动的前提下,指出艺术终将消亡,而被哲学替代。的确,他所谓的艺术是消亡了,那是古典艺术的消亡。对于杜尚而言,艺术的确被他终结,这里的艺术是作为美的艺术,即现代的艺术概念被终结了。取而代之的是一种全新的艺术概念:审美文化。在这个意义上,审美文化是对传统

---

① [美] H. G. 布洛克:《现代艺术哲学》,滕守尧译,四川人民出版社,1998年,第7页。
② 赵汀阳:《拯救或者挥霍感觉》,《花城》2000年第3期。
③ 聂振斌、滕守尧、章建刚:《艺术化生存——中西审美文化比较》,四川人民出版社,1997年,第38页。

美学静观理论的反叛，它是真善美重新融为一体的文化。传统美学的失误正在于分离真善美，因此要将分离的领域重新融合。"在这种融合中，起关键作用的是艺术。"① 但我们应该防止审美文化成为"技术主义、物质主义、虚无主义"② 的俘虏，使之真正成为建设新的心灵的力量所在，从而给人的灵魂以居住的家园。

三、语言家园的边界

晚期海德格尔思想的主题为语言，此语言作为语言带向语言自身，从而成为事情的规定。此时，语言的本性即本性的语言，而在对存在的言说的聆听与吟唱中，诗人说出了全新的一切，第一次传达了此种消息。但不是人说，而是语言自身沉默的道说，那么道说的语言说出了什么？语言如何与人相关？海德格尔认为语言说出了四元——天、地、人、神的统一——人作为四者立于四元这一语言说出的世界之中。语言性生成了人性，并生成语言和人的关系，并具体化为人的家园。

如前所述，正是对于家园的向往，即我们常说的乡愁激励着海德格尔晚期的思考。在此，作为思想者就要去思考家园的本性，思想又如何通达家园并得以在家园中居住。在此沉思中，家园向思想者生成。但这里需要深思的是语言的家园是否存在？其边界又何在？海德格尔晚期走向了语言性的领域，这时的问题不在于信息语言对于诗意语言的遮盖，而在于作为道的语言的言说和沉默所构成的悖论。此悖论即海德格尔所谓的"宁静的排钟"，此"宁静的排钟"将那尚未言说的和已被言说的聚集为一。在此，语言的本原意义在海德格尔那里得以显现，它被称为存在的家园。所谓返回家园，不是回到大写的人，而是回到语言。然而最危险的东西是语言，人因语言而虚无，但抛弃了语言人将更

---

① 聂振斌、滕守尧、章建刚：《艺术化生存——中西审美文化比较》，四川人民出版社，1997年，第352页。

② 彭富春：《重建历史唯物主义》，《读书》2002年第7期。

快地堕入虚无的深渊。但是哪里有危险，哪里就有拯救。危险来自语言，拯救也只有依靠语言。但语言也有其区分：技术语言和诗意语言，只有诗意语言才是原始的道说，才是存在的真正家园。这种语言不是用来佐证符号与对象相符合的科学语言，而是描述性知识背后的渊源和意义。

但后现代干脆简捷地否认了家园的存在，由此，人成了漫游者。后现代的否定是唯一的可能性吗？家园的存在问题不能证伪，也不可能证实，对此我们不应该盲目地否定，也不能简单地肯定。现代与后现代的思想在此都应悬置，因为最重要的是作为自由选择的个体去经验家园，毕竟居住本就是人的命运，而诗意的居住更是本真地生存于世上的方式。海德格尔的美学是对传统美学的克服，并且与现代美学和后现代美学保持区分。如后现代思想并不满足于此，因为以语言来置换理性或存在曾经占有的规定性地位，也只不过是重蹈在场形而上学的覆辙。在德里达看来，西方思想的历史始终存在一种语音中心主义，这正是逻各斯中心主义的一种形态，而这又不过是所谓的在场的形而上学而已。为此，德里达利用了文字—痕迹的游戏，以此来理解语言：文本之外，别无他物。

因此，我们可以看到晚期海德格尔美学中的后现代因素，它转向了语言本身，试图让语言自身道说，但又摆脱不了现代思想的牵绊——其语言仍然是存在的语言。而后现代思想正是在海德格尔思想的基础上深思了语言，从而彻底使语言成为无底棋盘上的游戏，它更主要是文字—痕迹。

四、结语

海德格尔晚期美学思想的边界在上述定位中显现出来，尽管有关批评认为，海德格尔虽然极力批判西方形而上学的传统，但他无法摆脱西方形而上学的命运。如邓晓芒认为海德格尔"没有摆脱传统形而上学的幻觉，即一切哲学问题都可以归结到对唯一的一个哲学概念的澄清上，由此便能够一劳永逸地把握真理，或坐等真理的出现，至少，也能把可说的话说完，却忘记为自由的、无限可能的、感性的人类实践活动留下充分的余地"①。但这些批评并没有抓住海德格尔思想的要害,因为海德格尔的思想属于现代思想,这正是他的要害也即界限所在。现代思想关注的存在问题实际上是为人找到家园,但此家园不是现在的,而是未来的,因此它成为现在人的规定。

综上所述,以海德格尔为代表的现代的核心思想都怀有一种乡愁来寻找家园,也就是回归存在。但是这种存在却不是现在的,而是未来的,亦即一个将来的美的世界。现代美学之所以成为可能,是因为它们设定了存在的本源性及它对于思想和语言的优先性。然而一个没有被思想和语言所照亮的存在是黑暗的,因此也是不可思议和不可言说的,这导致后现代将存在问题转换为语言问题。后现代思想对于现代的存在问题实现了致命一击,但是当它排除了思乡的痛苦和还乡的期待之后,它自己却只是在荒原上漫游。这是因为它一方面反规定性,消灭了家园及现代的关于家园的构想,另一方面无规定性,不是家园,也不可能成为家园。后现代如德里达没有注意到海德格尔的存在悖论,而只是指出了其语言的悖论。不幸的是,这种语言的悖论并没有得到区分,它们只是成为消解的对象,而不是原创的力量。分析哲学、解构主义的语言只是工具的语言,解构主义的语言只是欲望的语言,它们远离了语言是存在的家园的梦想。"然而还存在一种诗意的语言,它是道,是真理……这种语言就是黑暗中升起的星星,它能照亮人的道路。"② 因此走出后现代不是走向无规定性的语言,也不是走向本原性存在,思想唯一的道路就是走向纯粹语言。这并不意味着要脱离人的实践,相反,它要求进入人的实践,即创造一个美的世界。

(刊于《郑州大学学报》2017年第2期)

---

① 邓晓芒:《什么是艺术作品的本源》,《哲学研究》2000年第8期。
② 彭富春:《现代与后现代思想——评19世纪下叶到20世纪末期西方美学的两重边界》,《西南民族学院学报》(哲学社会科学版)2000年第3期。

论艺术哲学与美学的对立

⊙张志伟
⊙河南师范大学美术系

  自从"美学"（aesthetics）一词被德国人鲍姆嘉通创造出来，感性的美（beauty）就到处统治着对艺术的哲学讨论。当20世纪艺术抛弃了"美"的概念时，美学家依然死抱着"美"的概念不放。他们不从事艺术活动，只在书斋里分析概念、构造体系，使美学脱离真实的艺术生活而自我陶醉。

  当然，如果美学仅是美学家自我陶醉的哲学生活方式，倒也无所谓了，因为无论怎样的精神生活都是可以自我完善的。但是，美学并非只是一种在其中享受"美"的精神生活方式，美学本质上是一种艺术哲学，它阐释的道理常常影响人们对艺术的看法。例如，今天的大多数人还把艺术看成美化生活的技艺，满大街都可以看到"艺术设计""艺术花园""艺术世界"……艺术几乎成了"美化"的代用词。人们想到艺术，总是把欣赏和艺术连在一起，这样，艺术品就只能是赏心悦目的东西——具有感性美的东西，因为"美是理念的感性显现"，不能感性地显现为和谐形式的理念，当然不能是美的。然而，罗丹以《老娼妇》的形象一反用女人人体显现美的理念，大胆地否定了只作为美的感性显现的艺术哲学，使艺术哲学有可能向传统美学挑战。接着，凡·高的《农鞋》、毕加索的《格尔尼卡》、达利的《内战的预兆》都一再向美的艺术法则宣战，但传统美学的防线是牢不可破的，因为一种哲学总是有力量化解自己的对立面并使之成为自己的部分。这样，不美的感性显现又与美的理念得到了统一，一切艺术的法则依然是美——《老娼妇》是美的，《农鞋》是美的，《格尔尼卡》是美的，《内战的预兆》也是美的。

这时的"美"，不再可能被归结为感性形式的美了，就只能求助于内在的美，这就完全回到了新柏拉图主义。"美"成了一种无须外化的理念，它与真和善是同一个东西。至此，关于外在的感性形式——和谐之美也就完全被取消了。可见，作为感性显现的"美"与作为理念本身的"美"是不能真正统一的。因为实际上，作为理念本身的"美"并不是我们语言中通常意义上的"美"，它只是"真"或"善"的语言误用。其实，我们根本无须这样使用语言，在理念的意义上，我们有"真"和"善"就已经够了，根本不必非要把表达我们对感性形式的感受之词"美"，混淆在真和善的理念中间。

美，只是一种视听知觉的感受，这无论对于从事具体艺术的艺术家来说，还是对于普通观众来说，都是一种单纯、自然的看法。而美学家关于理念之美的看法则与古代神学相关。古人把"美"与信仰连在一起，必然把感性之美上升为理念之美。但感性之美与理念之美的矛盾是无法消解的，所以，在中世纪早期的基督教中，感性之美反而被视作邪恶，与理念之美的善相对立。这充分说明，感性之美是不能被异化成理性之美的。一旦被异化，它就会反过来反对本真的感性之美，使"美"本身陷入矛盾之中。这正是传统美学始终不能摆脱的内在困境。

以这样的美学观念去理解艺术，也常常使艺术陷入无所适从的窘境。一件作品，如果达到了感性形式（色彩、线条、造型等）的和谐，可能被批评为思想性不强、缺乏深度而不够（内在）美；如果达到了具有思想深度的理念要求，就很可能要放弃感性形式的和谐，就有可能被批评为不美或不够美。这种"美"的标准上下伸缩，左右摇摆，成为批评家任意调整的机关，把整个艺术世界搞得乱七八糟，乌烟瘴气。更重要的是，以一个"美"字作规范，就造成了普通公众对艺术的误解，把艺术活动看成美化和装饰、把艺术作品看成唯美的玩意儿，完全取消了本真艺术的精神境界，这是非常有害的。

真正的艺术哲学要在精神层面上让艺术离开"美"这个异化了的概念，而回到本真的"真理"概念。艺术真理就是艺术真实，就是生活进入艺术心灵的真实。它不同于外在生活本身的真实，更不同于所谓符合客观事实的认识。艺术是心灵的外化，所以，艺术的源泉是心灵对生活的感受和体验，而不直接是生活本身，更不是观察对象本身。

这样，对于艺术来说，对象的感性之美就并不重要了。重要的是心灵所感受到的和谐之美，这种和谐之美来自一颗和谐的心灵，如果没有和谐的心灵，那种和谐之美就不会产生。正如马克思所说："对于不辨音乐的耳朵来说，最美的音乐也毫无意义。"① 所以，无论美与不美，都总是来自心灵。但是，这种来自心灵的美并不是柏拉图所谓的理念，而是外在感性形式之美的心灵反映（感受）。如果没有外在感性形式之美，心灵就无所反映（感受），那么，即使一颗和谐的心灵，也只是内在地和谐着，而无所谓美。美是一种感受，没有感受的心灵中不存在一个美的理念，美随着感受的产生而产生，随着感受的消失而消失，它无法以理念的形式贮存于心灵之中。

同样，外在感性形式之美也是在感受之中才美，无人感受的外在形式，无论怎样比例匀称、秩序井然，都谈不上美，只是一种和谐而已，只有人们感受到这种和谐，这种和谐进入了人的心灵，它才被看作是美的。否则，任何一种外在形式与美都是无关的。当然，由于形式和谐的外在事物能够被较多的人反复感受到某种和谐，所以，它们就被人们惯性地称为"美的"了。相反，一个不能被多数人反复感受到美的对象，就不会被惯性地称为"美的"。可见，"美"并不是所谓"美的事物"的客观属性，而只是它们某种客观性质在人们心灵中的反映。正因为如此，才会有"情人眼里出西施"这种特殊感受的可能性。

可是，既然我们承认了"美"这种感受，为什么又要在精神层面上离开美而回到真呢？难道艺术不需要美的感受吗？是的，艺术需要和谐的感受，但艺术不只需要和谐的感受，和谐的感受并不是艺术感受的全部。艺术还需要不和

---

① ［德］马克思：《1844年经济学—哲学手稿》，人民出版社，1997年，第79页。

谐的感受，甚至艺术在精神层面上可以不需要美的感受，因为在精神层面上，感受已经深入到体验的水平。单纯的感受还只是心灵对外在感性事物的直接反映，尽管这种感受中也会包含着一定的心灵前见，但它终归是直接面对外在感性事物而产生的情景。体验则是感受的一种深化，它不直接面对外在感性事物，而是把感受作为原料，靠心灵以往感受烙印的积淀和内在思想情感的熔铸，在心灵中获得的意境。这种意境只可意会，不可言传，甚至不可立象。至少是言不尽象，象不尽意的。

随着感受深入到体验，艺术就进入了精神的层面，这是一个高于形式感的层面。所以，它可以不再需要形式的和谐，甚至，往往冲突的形式更能够表达心灵体验到的空寂、苍凉、幽深、旷远、崇高、神圣、痛苦、忧伤、恐惧。这些精神意境远非美或不美的感受所能达到的，也不是所谓"美"的理念所能概括的，这里需要"真"的概念。只有在艺术形式中的心灵真实才能达到这些精神意境。

心灵真实，一方面指心灵体验的真实流露，另一方面指心灵的本真状态。因为，一个非本真的心灵即使真实地流露，可如果它只有一些肤浅的感受和被知识异化了的思想情感，而没有本真的体验，它也还是无法真实——无法达到人类性的艺术真实。

人类性的艺术真实是人类精神历史积淀成的真理，它曾以艺术的方式不断地发生过。如果我们的心灵体验没有达到这个真理（也许是由于理性知识掩盖、遮蔽了这个真理），那么我们在艺术形式中所流露的就只是个性的真实或时代性的真实，而不是人类性的真实或历史性的真实。

人类性的真实或历史性的真实是永恒的真实，它不会随着个人的好恶或时代的好恶而发生改变。某个时代潮流可能会像一个人一样背离这种永恒的人类精神，但无论什么时代中的基本人类——他们并不张扬于时代的潮流之中——都会使自己的灵魂融进永恒的真实之中。只有时代的弄潮儿，才最可能让自己的灵魂远离永恒的真实而不自知。因为，他们身处潮流的浪尖之上，而不能潜入深层水域的真实之中。他们只以为现实的潮流才是真实的，却不知潮流还会退去，无论哪一层浪花都终将回归人类精神的大海深处。永恒的真实是人类的真实，是历史积淀的真实。任何个性的真实都必须与这种永恒的真实相一致，才会达到终极的真理。只有达到终极的真理，艺术才能达到精神的最高境界，远离庸俗。

然而，以往的美学并不把真理看作艺术的本体，而是把"美"当作艺术的本体，这就为艺术的庸俗化打下了哲学基础。当然，艺术作品的存在首先是物质的感性形式的存在，但这种感性形式不必非是和谐的，而完全可以是冲突的。这就要求放弃唯美的艺术形式准则，禁止把艺术等同于装饰工艺。而以"美"为艺术本体的传统美学，却无法给冲突的艺术形式以恰当的美学地位。它只能把冲突的感性形式提升为崇高精神，置冲突于内心体验的层面，这样，等于取消了冲突的感性形式本身的美学价值，而把冲突——不和谐的因素完全归属到精神理念的领域。正如康德那样，在感性的领域只分析美，而在精神的领域只分析崇高。可是，这样感性的形式就会与精神理念发生断裂，因为，美的形式并不产生崇高精神，而美的形式却被要求作为普遍的艺术形式，这样崇高精神就失去了其感性形式，而只能成为一种哲学概念了。

古典美学始终没有意识到这种矛盾，20世纪的艺术却在这种美学的基础上发生了根本性的分化：一方面以形式为艺术本体，产生了抽象主义；另一方面以精神为本体，产生了表现主义。它们合流的产物是波洛克艺术这样的怪胎，难怪英国电视台会以隆重展览清洁工人的胡涂乱抹来讽刺这种艺术呢！这就是传统美学中的内在矛盾所产生的"艺术"恶果。其实，康德美学的内在分裂症所产生的恶果还不止于此。如果说抽象主义艺术是感性形式脱离了精神理念，那么观念主义艺术就是精神理念脱离了感性形式，这两种脱离都可以在康德美学中找到根据。然而，这两种脱离却给艺术造成了巨大的伤害，这伤害是在艺术公众心灵中造成的，人们不再能体验到在高级艺术形式中所显现的真理，人们把握不住艺术的真实，只好退回到庸俗艺术的领域，这就导致了后现代主义波普艺术的兴起。这种艺术放弃了对永恒真理的追求，只给人提供广告般变换的心理真实、潮水浪尖上的短暂真实。这种真实是浅薄和庸俗的，它比现代主义之前的唯美主义艺术还要浅薄和庸俗，而且还丧失了艺术的尊严。

艺术的尊严就是人的尊严，就是人的精神的尊严，这种尊严是人与动物的根本区别。科学技术再发达，也无法使人摆脱物质属性，所有的科技成果都是为人类创造物质财富，给人类提供物质享受，火车、汽车、飞机、电冰箱、空调、洗衣机等高级工具不但没有使人摆脱动物本能，反而增强了人的物欲。即使电影、电视、电子音响设备为人的精神生活创造了条件，那也只是精神生活的物质条件，科技理性并不能创造精神生活本身，更无法保证人的精神尊严。科技理性是没有尊严的，它同时为精神和本能服务。但艺术是有尊严的，它只是精神的外化，超越于本能之上。如果一种"艺术"直接显现本能，它就是一种丧失尊严的低级艺术或伪艺术，当代各种以寻求官能刺激为目的的流行艺术就是这样的伪艺术。然而，许多伪艺术却打着美学的旗号要求审美，因此，科学主义的庸俗美学应运而生。它们依据各种实验心理学或统计社会学的原理，把传统美学中感性形式与精神理念的分裂推向极致，彻底否定永恒精神的真实存在，把艺术钉在感官享受的耻辱柱上。

艺术就这样完结了吗？庸俗美学真的能彻底掌握艺术的命运吗？绝不会是这样的！因为美学毕竟只是一种艺术哲学，如果庸俗美学反对艺术——真正的艺术，那么，它也就把自己驱逐出了艺术哲学的行列，它也就不再有资格谈论艺术，而只配去谈论所谓的生活美，谈论装潢美术，谈论广告设计。一旦这种庸俗美学离开了艺术哲学领域，我们倒可以给它一个更好的定位，称它为设计美学，这会更加符合它的科学主义面目和美学身份。设计本质上是一种科技理性，而与艺术精神无关。早在毕达哥拉斯时代，人们就懂得了用数学去设计美的比例，这就揭示了"美"与理智的亲缘关系。当代设计更加体现了"美"与理智创造出来的"新奇"的巧妙结合，"美"和"新奇"是设计的两个根本要素，它们都是由理智创造出来的而不是由精神创造出来的，人类的艺术精神从来不参与标新立异的勾当。所以，设计美学应该受科技理性的支配，而不应该受精神的支配。

然而，真正的艺术哲学则必然要反抗科技理性的支配，反对美学对艺术的庸俗化。因为，艺术是最高层次的精神生活，而科技理性只能以物性为精神生活创造物质条件的方式介入精神生活，如果我们以科技理性去支配艺术哲学，那么艺术就将会被理解成为一种理性技术，而远离精神生活。同样，如果让艺术哲学继续成为美学，那么艺术即使被理解为创造"美"的技术、被理解成装饰技艺而回到精神生活，那也只是一种低品位的精神生活。所以，总有一天，美学会从艺术哲学中分离出去，不再干涉本真艺术的理解和讨论。

（刊于《郑州大学学报》2003年第2期）

美学：艺术哲学还是文化哲学？

⊙［斯洛文尼亚］阿列西·埃尔耶维奇
⊙斯洛文尼亚科学与艺术研究院

一

综观错综复杂的美学史可以发现，历史、文化和理论框架下的美学，与认知、美、自然和艺术，以及它们之间的相互联系和一致性紧密相关。因此，鲍姆嘉通建立的美学，是倾向于感性认知的科学（尽管与科学理性并不相悖）。康德却把美的理念和崇高同时与自然和艺术相联系，也同人的认知和理解的先决条件相联系。到了黑格尔，美学则彻底成为艺术哲学，但它仍与感性有着血缘般的密切联系，因为"美是理念的感性显现"这个确切的界定，使艺术不能脱离感性而存在。虽然黑格尔认为艺术是绝对精神自我觉醒过程中的关键，但它特殊的感性特征使它不能达到纯粹理念的终极目标。黑格尔认为，这应该是由哲学处理的概念。

黑格尔的美学与艺术哲学的一致性和以艺术代替自然作为审美反映基本目标的观点，标志着一个关键的历史时刻。因为它不仅把美学当作艺术哲学，而且通过减少它的主体——艺术的历史重要性，揭示出哲学理念与感性形式关联性的终结。

如同彼得·比格尔在《先锋艺术理论》中所指出的，从黑格尔思想中可以发现一个后浪漫艺术思想的构架："他以近代荷兰风俗画为例，认为艺术对客体的兴趣已转变为对于当前技术的兴趣。'使我们愉悦的应该不是绘画的内容和它的实在状况,而是完全没有主体情趣的那种对象所显现出来的那种外貌。这种单纯的外貌仿佛就是由美凝定在它上面的,而艺术也就是把外在现象中本身经过深化的外貌所含的秘密描绘出来的巨匠本领。'黑格尔这里涉及的只是我们所说的审美自觉的形成。他明确地说:'艺术家的主观技能和他掌握艺术程序的方式能提升艺术作品所描绘的对象事物的地位。'这意味着形式与内容的辩证法偏向了形式,形式问题成为艺术作品更重要的问题。"① 比格尔由此得出结论:黑格尔预见了内容与形式的分离,或者如他本人所宣称的"艺术与生活常识的背离"②。

在黑格尔派哲学理论中,对与哲学相关的处于中介地位的艺术,还有另一种解释,这在亨利·列斐伏尔和法国另一位哲学家拉可·法利那里能够得到证实。现代艺术已经失去了否定的力量。法利认为,尽管艺术单凭其空洞的形式结构就在哲学那里获得了肯定,但总体而言,艺术因走进哲学而地位降低,而且由此使艺术走向了自身的对立面。用法利的话说:"如果艺术仅仅是以感性面目出现的抽象理念的化身,艺术就走向了它的终结。"③ 这里涉及的艺术是最宽泛意义上的概念艺术,也是在现代主义之后以精英艺术面目出现的艺术。

甚至今天,如果我们依旧把当代和古代艺术视为一个单一整体的话,我们或许不得不从历史的角度来定义艺术,并在以下几种范畴之间来区别它们:①古典艺术;②概念艺术;③当今占支配地位的商业化、快餐化的视觉艺术。这最后一种艺术因与大众文化关系密切,曾是现代主义者抨击的主要对象。上述三种艺术以一种常见的作为整体称谓的术语——"艺术"——存在,究其原因,表面上看是因为艺术定义的相互矛盾、模棱两可和区分模糊,但实际上却是由于艺术和文化之间联系的加强,以及"文化哲学"这一概念日益普遍地在

---

① [德] 比格尔:《先锋艺术理论》,明尼苏达大学出版社,1984年,第93页。
② [德] 比格尔:《先锋艺术理论》,第93~94页。
③ 法利:《美感》,《艺术圈》,1998年,第200页。

艺术和美学研究中出现。

那么,我们如何历史地界定艺术呢?首先,我们可以根据它功能的转换来界定。艺术给我们一个本体稳定的表象,这仅仅是因为我们没有从历史长期发展的角度来考察它。从这个观点来看,艺术只是一个暂时具有本体,具有认知、审美、意识形态和其他功能的实体。艺术家和作家在一个短暂的历史时期内被欣赏和尊重,然后渐渐被遗忘。或许在几年、几十年甚至几个世纪以后又重新被人们发现。那时,他们才会成为真正作家的成员。但即便如此,也并不是说他们在整个历史中都受欢迎。捷克结构主义美学家马可罗夫斯基在20世纪30年代初就指出,每种新兴的艺术运动或倾向——如先锋艺术家——首先要反对和颠覆过去的艺术规范,但紧接着它自身却成为传统的一部分,并且成为一种规范。马可罗夫斯基从20世纪初就追随俄国形式主义,宣称艺术作品在历史中获得、失去,并且可能再次在历史中获得它们的地位。但是,形式主义者几乎只研究诗和散文,而不涉及视觉艺术作品。

在上述第一个对艺术的历史性界定中,艺术是指具有艺术功能的东西。它的基本特征可以用尼尔森·古德曼的方式来加以界定,即问题不是艺术是"什么",而是它"什么时间"是艺术,或者用阿瑟·丹多的话讲:"我们或许能用它们发挥艺术作用的某一历史瞬间,作为它们成为艺术的时间。"[①]

艺术效法某个在历史上预先存在的典范,这是一个历史主义者的界定。按照黑格尔的观点(在某种程度上也是海德格尔的观点),这里所指的当然是古希腊的古典型艺术。像彼得·松蒂所看到的:"在黑格尔那里,每件事物都开始运动,并且在历史发展中都有自己的特殊地位和价值……但艺术这一概念几乎无法发展,因为它在古希腊艺术那里打上了独一无二的印记。"[②] 而后来的浪漫型艺术则不能体现这些准则和理想。比格尔也指出:"对黑格尔而言,浪漫型艺术是古典型艺术精神和表象特征解体的产物。但除此之外,他还进一步想到了浪漫型艺

---

① [美] 丹多:《艺术终结之后》,普林斯顿大学出版社,1997年,第196页。

② [德] 比格尔:《先锋艺术理论》,第92页。

术的解体问题。在他看来,这是由界定浪漫型艺术的内在精神和外部现实尖锐冲突引起的,艺术将瓦解为'对现成事物的主观模仿(写实主义)'和'主体的幽默'。黑格尔的审美理论由此逻辑地导致了艺术终结的思想,因为黑格尔理解的艺术,是形式与内容完美交融的被古典主义规定的艺术。"①

艺术在浪漫型艺术之后丧失掉了它在过去曾经拥有的历史位置,这是必然的吗?显然,如果我们认同黑格尔对绝对精神发展阶段的划分,答案将是十分肯定的。在这种背景下,或许我们采纳法利的论点是十分必要的,即真实情况是,在浪漫主义艺术之后,尤其是在19世纪和20世纪的大部分时间内,它仍然拥有着或重新获得了一个十分优越的生存空间,直到20世纪60年代以后,当艺术的新倾向、新形式、结构主义和随后的后结构主义开始激烈地质疑、攻击先前艺术作品、艺术家、艺术创造性时,这种艺术观念才毫无争议地丧失了自己的地位。而这一过程恰巧和现代主义向后现代主义的转型相一致。

在这样一个已经变化了的文化景观中,当代历史主义者对黑格尔艺术终结论的理论选择变成了如下情况——正如阿瑟·丹多所言:"情形现在是这样的:无论何时何地,艺术中都有一种超越历史的本质,但它只是通过历史来自我展示……它一旦达到自我觉醒的水平,这个真理将在当前所有相关艺术中展现出来。"② 这种通过历史所揭示的本质是艺术的历史性本质。丹多接下来的论述很像比格尔,尤其类似法利的观点:"艺术的终结构成了真正的艺术的哲学本质的觉醒。"③ 艺术的哲学化、对艺术解读的智能化,敲响了艺术秩序最后死亡的丧钟,但是在法利那里,艺术不仅丧失了它历史上的角色定位,而且也一并丧失了它当下的位置。在这种变化中,丹多看到了后历史主义艺术的兴起,尽管这种艺术不再具有历史的重要性,但它依然合理地继承了前代的传统,因此也是具有同一本质的艺术的继续。对艺术重要性的信仰和它具有揭示真理之基本

---

① [德]比格尔:《先锋艺术理论》,第93页。
② [美]丹多:《艺术终结之后》,第28页。
③ [美]丹多:《艺术终结之后》,第30页。

功能的信念,是19世纪和20世纪关于艺术创造性的最重要的观念。但同时,艺术的重要性至少在近来几个世纪一直被削减的观点,显然也来自海德格尔在1950年的追问:"艺术是否依然是为人的历史性存在显现真理的基本和必要的方式,或者说艺术不再具有这个特征?"①

法国美学家热奈特在他1997年出版的《艺术作品》一书中提到了类似的问题。他在这本书中注意到了阿多诺和海德格尔"系统地过高评价艺术"②,因而也回应了丹多对后历史主义艺术的观点。确实,我们不能说真正意义上的艺术的主要叙述者仍然还是现代性的,现代主义仍然是它最后或许也是最重要的历史特征吗?换句话说,我们能不宣称我们当代占据主流地位的大众艺术已经失去了它曾具有的社会、政治、认知甚至伦理的重要性,已经转换成艺术之为艺术的对立面——视觉艺术,尤其是文化多于艺术的商业化的后现代版本吗?这两种判断显示出的基本差异,就是商业化的视觉艺术的崛起和现代主义者执守的艺术范例的消亡。我认为,这个描述基本上是被接受的,因为在今天,无论是哈贝马斯20年前提出的后现代主义是"未完成的现代性课题"的观点,还是20世纪80年代常常争论的以后现代主义作为现代主义被强化的象征的观点,都缺乏当代的辩护者。虽然后现代主义曾经在表面上作为一种与现代主义相对同时的现象,曾以其彻底明确的特征有力地支持过现代主义,并且以其唯一和易于识别的特性被立为典型,但是在90年代以及稍后,我们似乎不能再确认后现代主义的这种可归于现代主义的明晰性。换句话说,目前的后现代主义以一系列仅具局部艺术特征的文化现象和文化实践出现,以一系列没有特别声明、没有普遍性和历史重要性的局部而短暂的事件存在,这使它与现代主义艺术形成了鲜明对比。从这个意义上看,海德格尔关于艺术重要性可能降低的修辞性追问和热奈特对阿多诺、海德格尔过高评价艺术的批评,正确地宣谕和判定了艺术的当下处境。这种处境与当前大众文化代替高雅艺术的倾向

---

① [美] 丹多:《艺术终结之后》,第33页。

② [法] 热奈特:《技术工作关系美学》,《赛伊》,1997年,第11页。

具有相近性。

虽然一切已经变化,但将这种判定建立在20世纪具体而广为人知的历史背景中依然是可能的,这种背景也是现代主义的背景。詹姆逊注意到了这一点,阿多诺则在他的《审美理论》中指出:"无论黑格尔对浪漫主义的情感态度的合理性如何,由他提出的这一概念却导致了一种被称作现代主义的艺术时期的出现,而这一时期也因为黑格尔的艺术分期而被认定为人类历史上最杰出的艺术创造时期之一。"① 或许正是因为这种关于艺术的历史定位的存在,从对现代主义抱有情感倾向的角度看,艺术在当代重要性和社会关联性的缩减就显得十分悲凉。这也是引起一大批理论家群起追问艺术当前地位的原因。此外,既然先锋艺术作为一种与现实生活分离的艺术课题,作为与现代主义具有同一种乌托邦进程的两种艺术被提出来,我们对它也有探讨的必要。关于先锋艺术的乌托邦进程,克罗埃斯曾根据俄国先锋派艺术进行过很好的描述,② 我们当前所面对的先锋艺术,最早则是由奥利瓦、坚克斯和詹姆逊③分别在1972年、1975年和1984年提出的,分别被称为超先锋派④、后先锋派⑤和后现代主义。果真如此,那么,杜尚已有的创作以今天流行的美学和哲学议题重新引起争论,就并不意味着他仅具有20世纪前半期被阐释为达达主义者、超现实主义者、概念主义者的意义,而是具有了鲜明的当代性。可以认为,只有当后现代艺术创造按照或与它几乎一个世纪前的创造相似时,只有这种艺术开始变成当今唯一被认可的占主流的艺术倾向时,它才会成为人们密切关注的对象,并成为当代艺术的早期范例。今天,为了后现代主义的理论构成,杜尚已经天然地被看作原初意义上的后现代主义者在当代的复活。齐泽克曾对先锋艺术有如下

---

① [美]詹姆逊:《文化转向——后现代文选,1983—1988》,伦敦:维梭出版,1998。
② 克罗埃斯:《斯大林总体艺术》,汉斯出版,1998年。
③ [美]詹姆逊:《后现代主义是晚期资本主义的文化逻辑》,《新左派译论》1984年第7~8期。
④ 奥利瓦:《超前卫国际》,米兰·健卡罗政治版,1982年。
⑤ 坚克斯:《后先锋派》,《艺术与设计》,伦敦:学院版,1987年。

见解:"在对客体的直接展示中,允许它使自己成为冷漠而专断的可视形象。同一个客体可以成功发挥令人厌恶、拒绝和让人感到迷人、崇高的双重功能。事物的差异和严谨的内部构成与它在艺术中的使用价值无关,而只与它在象征秩序中的位置有关。"① 难道这种见解不完全适合杜尚早期创作的历史吗?比如《泉》,虽然来自一个不值得让人注意的对象,大体限制在一个公用便池的造型上,但它却成为20世纪后半期人们讨论最多的艺术作品之一,甚至原初的便池有几个洞的问题也成为艺术史家和批评家争论的焦点。杜尚作为一个后现代主义的先驱,他不是至少在这方面迎合了20世纪艺术理论分配给他的任务了吗?我们能从以上这种背景中得出的结论是,今天存在的占支配地位的艺术是概念艺术和后历史主义艺术,这两种艺术均已失去了否定的力量,而与文化的人工制品联系在一起。

在最近发表于《美学和艺术评论》上的一篇文章中,彼德·戈奥尔基论证了"艺术史的终结"问题,这一观点他曾在1984年左右谈及过。其中讲道:"艺术的终结表现为高雅艺术与大众艺术之间界限的消失,同时也与在艺术与非艺术之间划界的失去意义相一致。"进而言之,"在本质主义和制度主义相互交错的情况下,我们可以说占主流地位的本质主义和功能主义是适用于艺术史的,是适用于几个世纪的伟大叙事作品的。这一时期从文艺复兴持续到了抽象的表现主义,或者说从瓦萨利持续到了贡布里奇或丹多。至于此后发生了什么或正在发生什么,可以说除了为高雅文化的最后被废黜作准备,什么也不是"②。

这一艺术终结的时期恰恰碰上了现代主义向后现代主义的过渡,即碰上了现代主义显而易见的消亡,碰上了利奥塔、布曼关于作者和解释者角色互换理论的产生,③ 以及詹姆逊1984年提出的后现代主义是资本主义晚期文化的逻辑

---

① 齐泽克:《斜视》,《拉康关于流行文化的简介》,麻省理工学院出版社,1991年。

② 戈奥尔基:《本质主义和制度主义之间或之后》,《美学和艺术评论》,第57卷,1999年第4期,第431页。

③ 布曼:《立法者和解释者》,剑桥:保雷特,1987年。

(这一观点得到利奥塔和鲍德利亚的坚决支持)。这种历史的吻合是偶然的吗？在这里，提及一系列20世纪80年代后期出版的研究视觉文化的出版物似乎是没有必要的，因为它们不仅数量众多、毫无差别，而且普遍地弥漫着视觉中心主义的文化气息。即便不能说所有的当代文化都指向视觉文化，但至少它在当代文化中是具有主导性的。[①] 在这里，允许我重申一下，今天我们主要经验的是两种既相互关联又相互区别的艺术形式，第一种是概念艺术，其经典例证是杜尚；第二种由优雅艺术和视觉艺术组成，它们在具有支配性的视觉文化的格局中不间断地平行发展着。

二

文化以及由此衍生的文化哲学重新介入当代艺术的讨论，至少经历了30年时间。此前的很长一段时间，由于文化带来的震惊性经验，它曾被一些法兰克福学派的学者们以富有影响和煽动性的方式表达出来。那时，正值他们仍在二战前的德国（在这里他们已经体验了美国文化，无论是爵士乐还是好莱坞），稍后，他们中的一些人到美国避难，但仍然延续了此前对于这种文化的批判立场。在所谓的后现代理论产生之前，他们这种思想深刻的评论严重阻碍了任何从积极、正面的角度对大众消费文化进行分析的尝试。20世纪六七十年代，当这些批判性的观点被移置到欧洲时，情况发生了变化，它们促成了文化成为社会研究的对象，有时成为哲学考察的对象。只是在更具意识形态性和政治性的形式里，文化才仍然被时常看作不同阶层之间或温和或激烈的意识形态冲突的表达。同时，在现代主义和高级现代主义里，文化也标志着一个与艺术密切相联的、没有经过类分的社会领域，在文化这个大的框架内，许多原先被认为是非艺术的东西开始被包容进艺术的范围。这种艺术文化化的倾向，许多地方与柯罗夫斯基的审美理论一致。

[①] ［斯洛伐克］埃尔耶维奇：《眼睛所遇到的……》，《文艺研究》2000年第3期，第140~149页。

正是由于20世纪80年代引人注目的时代转型、后现代文化的崛起和许多学者在七八十年代对它全球化趋势的描述和分析（其中包括鲍德里亚的符号和经济分析理论），人们对文化的态度开始发生变化。由最初的批判转为冷静分析，并进一步对后现代文化的价值做出客观评价。这种对文化所持的越来越近于中立的态度是令人欣慰的。[①]

马丁·杰伊在一部关于阿多诺的书中写道："提及文化，立即意味着要面对其文化人类学的和精英的含义之间的基本张力。对于前者而言，在德国至少可以追溯到赫尔德，文化意味着人类全部的生活方式，诸如人的实践、社会秩序、社会组织、人工制品及文本、思想和形象等。对后者而言，在德国，文化是一个人内在精神修养的表征，与个人举止的肤浅形成鲜明对照。于此，文化指称艺术、哲学、文学、学问、戏剧等，是有教养的人追求的东西。作为宗教的替代物，这种文化的重要性是逐步彰显的。它在19世纪被看作人的非凡成就和崇高价值的宝库，时常与'大众'或'流行'文化，以及更多表现为物质成就的'文明'形成对立。由于这种文化带有无可置疑的等级观念和精英痕迹，在被限定的意义上，它时常唤起平民主义者和激进批评家们的敌意。他们断言，这种文化与社会阶层的贵贱划分构成了天然的同谋关系。"[②]

在其他大多数欧洲国家，文化概念具有与德国相似的含义。但法国的情况有所不同，这一概念在这里不像其他一些地方那样常被用到。按照《拉洛斯辞典》的解释，"文化"这一术语在法国与以下几个方面有关：①耕作行为，如"花卉文化"；②获得的部分知识和全部知识；③成为一个社会局部的或全部的社会性、宗教性及其他结构性特征的东西；④"大众文化"；⑤"物质文化"；⑥生物学意义上的文化，如微生物学。此外，还有另一种用法，它与欧洲一般

---

① 关于后现代主义文化符号的商品化问题，一个众所周知的例子是鲍德里亚的作品和他随后公开发表的见解。自此，对后现代文化的讨论开始成为热门话题，并持续10年之久。鲍德里亚本人为这一问题提供了主要的理论支持，并成为文化中立观念的拥护者之一。

② [美] 马丁·杰伊：《阿多诺》，伦敦：冯塔纳，1984年，第112页。

意义上的文化含义有差异，但这种差异来自一种更为不同的历史背景。这是对文化的一种俄语解释，许多年前俄国哲学家埃普斯坦讲过，文化是指"把一个人从他注定要生存的特定社会中解放出来。文化不是社会的产物，而是对社会的一种挑战和选择"①，是一个与现实生活平行的世界。用当代俄国画家巴拉托夫的话说，在这里，艺术"比现实生活更为真实"，因此，它给人们提供了一个远离日常生活的盲动和喧嚣的精神栖居地。

文化这一术语的不同含义为进入一种可能的文化哲学提供了不同的途径。比如法兰克福学派的传统，以及关于新技术的当代讨论、文化选择、后现代主义、后现代性，尤其是当代的视觉文化等，都是目前让哲学美学和当代文化融为一体的构成要素。当然，在这种融合的尝试中存在着一种悖论，因为文化在过去是一个常规的中性术语，而在法兰克福学派的传统中却是一个负面的概念，同时也因为它常被看作反叛性的先锋艺术的对立面。这种对立就像只有阿多诺或者马尔库塞的教义对艺术和文化的近期发展迅速失去解释能力时，本雅明的理论才赢得尊重一样。但在今天，文化这一范畴显示出极强的包容性，它对关于文化中立的观点和非常规的观点均有良好的回应。像"精英文化的颠覆"用的是戈奥尔基的短语，"制度的灌输"用的是斯蒂芬·戴维斯的术语，②这种对文化的程序性定义和对艺术理论的规范性解释，为对艺术的审美探讨提供了一个哲学框架。但尽管如此，假如文化没有随着时代的变化出现其他的阐释和解读，也将会出现错误。像戴维斯的"对艺术的功能性定义"就是一例。今天，对艺术进行规范化和程序化定义的困难在于，人们往往忽视了时代的变化，社会文化已从现代主义过渡到了后现代主义，而人们眼中的艺术，却好像仍然具有现代主义充满生机和占据主宰地位的时代那样的功能。事实上，像被人们引作例证的概念艺术，在今天的功能常常只不过是维特根斯坦所讲的语言游戏而已。但是，如果艺术的社会的和实用的功能由于一系列原因已明显大大缩减（这

---

① 埃普斯坦：《未来之后》，马萨诸塞州立大学出版社，1995年。

② ［新西兰］戴维斯：《艺术诸定义》，康奈尔大学出版社，1991年。

些原因在过去几十年里已被列菲伏尔、利奥塔、詹姆逊、于森、戴维·哈维、布曼、瓦迪摩还有其他人分析过了），那么我们也许会有理由去追问，是否这些理论及与其相伴的各种定义从一开始就是完美无缺的？是否它们没有或不能真实地表现理论家本人提出的有关论点？是否它们没有或不能解释被定义的对象？

如果这种理论在当代仍保持着它的合理性，这就意味着艺术仍像过去那样发挥着它的基本作用（尽管或许达不到同一程度、同等的深度或同样的经常性）。但即便如此，问题依然存在，即如何确立这种依然具有功能意义的艺术和大众消费文化的关系。今天，这种文化主要指视觉文化及其混合形式，它的范围涉及服装款式、设计样式、日常生活的审美化，以及与之相伴的审美风尚的进化与回归等。在发达国家，当代艺术在大多数情况下明显不再充满激情、颠覆性和激进色彩，即使像伊格尔顿这样的理论家宣称后现代艺术同时具有激进性和保守性，① 但最经常的情况是它的激进特征瞬间即被商品化，或者带有明显的商业性。可以说，从这种艺术的社会影响来衡量，它的激进性只维持了较轻的分量。商业化是古今文化和众多当代艺术共有的基本特征之一，但对于这一问题，依然存在如下疑问，即为了避免艺术哲学和文化哲学的分裂，如何通过比较它们在社会中所占的主体位置和显现的众多相似性确立两者之间的关系。这中间，由于艺术正在失去或减弱它的揭示真理的功能，它已经不再具有整合的能力。那么，在艺术与文化之间，艺术将要被宽泛而一般处于中立状态的文化所包容吗？

现代主义艺术趋向于使自身远离文化，因为文化是伦理的、地域的、传统的或大众消费的，而艺术无论从常规的现代主义还是从先锋派的角度看，它主要都是指精英的艺术（或高雅文化的一部分）。这种艺术在和它之前的艺术、社会的联系中，表现出鲜明的否定性和颠覆性，它的揭示真理的能力为从黑格尔、尼采、海德格尔到梅洛-庞蒂、阿尔都塞的许多哲学家所捍卫，它甚至进而强求观众要努力完成对它的审美的和艺术的欣赏。但是今天，这种"远离文

---

① ［英］伊格尔顿：《美学体系》，牛津：布莱威尔，1990年。

化"的现代主义艺术却被吸收、融入到了文化的宝库之中,被作为一种文化的遗产来对待。按照利奥塔的观点,"现代"在本质上指"近代",所谓的现代主义艺术在本质上具有鲜明的近代特征。与此相对,后现代主义艺术和文化的一个特征当然与它们的商业性有关,是它的可进入性和它作为"友善使用者"的本质。这种本质一方面使它允许自己为全球共事,另一方面则允许人们提出它是否仍然是艺术,是否不再是传统意义上的单一文化形式之类的问题。因此,这类以后现代面目出现的作品,常常是现代主义艺术和文化的混合物——它们既维持着作为艺术存在的理念,同时又是易进入的,并因此以它的商业性特征被人们理解。这种艺术和文化的最重要的例子是当代建筑,它同时兼有艺术的、审美的、以市场为中心的、代表一个公共场所等多重性质。在建筑中,艺术和文化的界限常常极难划分。正是因为这一点,我们不用对后现代主义问题首先在建筑中出现感到惊讶。以现代展览会呈示的空间形式为例,建筑环境与其中的展品常常具有同样或相似的重要性。

但是,将美学称为文化哲学的努力乍看起来好像注定是要失败的。这不仅因为艺术存在形式的功能性,而且也因为它仍具有艺术之为艺术的诸多规范和限定。尽管有无数人试图打破这些规范并搅乱艺术的领地,但它依然含有一种固有的一般性特征。当代艺术可能失去现代主义一般被认为具有的东西,比如存在的真实性和想象性,揭示真理的能力和价值等,但不管怎样,被命名为"艺术"的东西至少还潜在地保留着它作为人工制品的存在形式,以及其他一些不可回避的规定性。这些限定仍然使艺术与非艺术存在距离。在发达国家,即所谓的第一世界,现在要做一个艺术家几乎经常是首先自我认定,然后才是受众的承认和认可,但即便如此,这种存在距离的情况在本质上并没有改变。确实,在当代,艺术家是一种个人的命名,没有或很少有社会的或其他因素介入。我在自己看来是一个艺术家,或者在一个非常小的圈子里被看作艺术家,而不需要来自任何社会机构的认证——这是后现代艺术家和现代艺术家相区分的鲜明特征。与此相比,一个现代艺术家终究需要赢得公众的承认和欣赏。但即便在这种情况下,即使今天对艺术的限定变得如此私人化、如此宽泛化,在艺术的与非艺术的活动之间，依然会允许人们用一些基本的标准对其作出区分。

三

美学究竟是怎样的？它还可能是一种文化哲学吗？在此，本文将讨论关于这一问题的两种尝试。

首先是海因兹·佩佐尔德的观点。佩佐尔德在1990年以来的一系列文章和著作中反复论证了这种观点（如1990年的《新现代派美学》和1997年的《文化、优美艺术和建筑的象征语言》），即建立一门批判性的文化哲学。用他的话说："这项事业，一方面在早期批判理论，另一方面在符号哲学里找到了历史依据。"佩佐尔德的文化哲学课题让人感兴趣的是，他要求文化哲学要具有批判性，如果没有这种批判性的因素，提出一个具有说服力的哲学课题无疑是困难的。他从卡西尔那里借鉴的是把文化理解为一个"人类进步、自我解放的过程"。但如果这成为可能，就必须认识到文化的两面性。如他所言："所有这一切促使我得出这个结论，即只有达到我们把握住文化两面性的程度，人类文化哲学才能成为一种批判性的哲学。这种两面性就是文化给出承诺的希望和它的彻底失败。"其次，佩佐尔德主张："人类文化哲学不得不用一种无差别的、综合的方式来处理符号形式的多元性……将科学理性和工具理性从文化的基本范式中废黜掉，并不意味着像浪漫主义想做的那样，让艺术和诗代替科学成为主宰。"再次，对于什么导致了文化的主观性这一问题，人类文化哲学拥有一个答案，即它源于那些不能被转化为纯粹理性的躯体性的、肉感的部分。

在早期的文化哲学家中，佩佐尔德发现，不仅赫尔德、西美尔，而且维柯、卢梭、克罗齐和科林伍德，都把美学作为批判的文化哲学的组成部分。在那里，艺术作品作为"文化符号性的、有意味的表达"而存在。

佩佐尔德的文化批判哲学研究表现出良好的理论前景，其中的一部分也可被视为艺术哲学的美学。但至少在目前情况下，他的理论缺乏对文化两面性中的负面部分即文化失败的分析。如果这方面没有解释，他的研究就似乎陷入了和理查德·舒斯特曼、理查德·罗蒂的新实用主义相似的境况，而这种新实用主义正因为只注意当代文化审美的维度而受到佩佐尔德的批评。从这种情况看，批判性的文化哲学研究目前并不完善。

目前，另一种更广为人知的文化哲学研究来自詹姆逊。继 1984 年在《新左派评论》上发表关于后现代主义的文章之后，他的作品广泛涉及了后现代艺术的诸多方面。不仅关注当前作为后期资本主义文化主流的后现代主义，而且关注了更广范围的文化论题，如大卫·兰迪的电影、当代诗歌、后现代建筑、沃霍尔的绘画和海德格尔对凡·高一幅绘画的著名分析。在某些方面，詹姆逊对当代文化的分析评论与佩佐尔德相似，但从理论基础来看，詹姆斯不仅坚持了法兰克福学派的传统，而且也吸收了卢卡契、利奥塔和波德里亚蒂等人的观点。

事实上，詹姆逊的大多数理论具有令人惊异的传统性。从总体趋势看，把他的理论放在 20 世纪前半期或者中期，也许比放在后现代的开端时期更为适宜。提及这一点，绝不是希望削减其理论的重要性和影响，而是想指出他的这种文化总体观揭示的以下问题：首先，当代需要这样一种观点，而他恰巧提了出来。其次，这种总体性理论避免了把后现代主义看作一个与过去割裂的完整形式，以致妨碍了对它进行严肃的历史比较分析。另外，在詹姆逊的理论中，艺术和文化这两个术语几乎经常是被交互使用的，他将艺术看作向文化含蓄延伸的范畴，或者文化中的一个相对特殊的部分。这种看法避免了试图在文化和艺术之间划出一条明晰界限时出现的一些意想不到的困难，同时暗含着将它们纳入一个单一整体的愿望。詹姆逊的理论途径显得成功有效的原因是，它广泛地涉及了现实主义、现代主义和后现代主义艺术和文化，在他含蓄的解释中，艺术和文化都是创造意义和价值的基本工具。因此，他的基于真实艺术和文化的理论诉求是为了给政治和盲动主义提供理论观点和话语方式，是为了满足对既成规范和观念进行颠覆的需要。当这种理论面向以政治为中心的作品或者一种阿多诺式的对艺术社会作用的解释时，它是非常成功的。但是，当它被应用于那些从未公开表达或从未暗中隐藏某种政治意图的作品时，就显示出了理论的软弱无力。这一问题经常被詹姆逊提出来，比如在对沃霍尔作品的评论中，他说："问题是为什么安迪·沃霍尔的可口可乐瓶子和坎贝尔的溺罐如此明显地代表着对商品和消费的迷恋，但却好像没有发挥政治性或批判性的功能？"可以说，这一问题准确地说明了詹姆逊试图用模式化的方式判定艺术功能的局限性。但是，从这种困境中走出来的一条显而易见的道路被"认知图像"这一概念所提供。事实上，像詹姆逊本人所承认的那样，这一概念其实是对卢卡契阶级知觉的意译。这两个概念的差异姑且不论。可以说，在任何时代，一切艺术的目的和功能都是为我们个人和我们所属的社会提供一个认知的图像（即想象的方向），都表现为对具体的某人某地生存真相的揭示，提示人们获得共同真理性经验的可能性，从而帮助我们在一个给定的社会、历史和精神区间内确立我们的当下处境。1984年，他曾在一篇文章中说，后现代主义还没有充分发展到可被称为认知图像的程度，相反，它存在着精神分裂、混乱、瞬间转换等许多非稳定的征候。令人不解的是，这一论题后来被他放弃，这让我们怀疑是否因为这一问题有点离题太远，或者更可能因为认知图像没有在文化艺术中找到具体事例的印证。换句话说，后现代艺术和文化看来没有给詹姆逊提供一个确立认知图像的线索，而现代主义的艺术作品却为卢卡奇、阿多诺及其他人的描述和解读提供了足够多的例证。比较言之，詹姆逊对这一问题的放弃似乎在情理之中。当然，也许正是因为詹姆逊没有为自己的后现代主义研究找到答案，他好像就顺理成章地接受了利奥塔在《后现代状况》一书中提出的观点。这点可以从他为此书的英译本所写的序言中看到。对詹姆逊而言，这应该是一个理论的失败，而利奥塔则是一个成功者，因为他在自己的著作里准确而清晰地讲出了后现代主义艺术的主要特征。

在某种程度上，认知图像这一观念也符合佩佐尔德提出的观点。因为认知图像并不仅是一种理性的符号，从詹姆逊的黑格尔主义背景来判断，它同样是感性的，并在这方面表现为符号形式。如果这是真实的，那么，将这些不同的理论尝试整合起来，从而形成一种文化哲学似乎将是可能的。但从现实的角度看，要真正形成一种比较一致而且具有理论说服力的文化哲学，我们似乎还有很长的路要走。经过二战以后的半个世纪的时间，关于文化哲学的讨论再一次显示了它的必要性，这无疑将帮助我们在艺术与文化之间建立富有成效的联系，但这种工作必须立足于当代的历史环境中。

从当代的视点看，19世纪和20世纪的现代主义时期是将艺术作为审美鉴赏对象的特殊历史时期，艺术在过去几乎从没有得到过如此高的重视和尊重。但随着后现代主义的出现，这种情况发生了变化，艺术开始转向日益商业化的文化，并因此丧失了它批判的潜质和揭示真理的功能。在这种背景下，为艺术寻找新的哲学理论基点是理所当然的。在这种寻找中，已变化了的社会文化环境必须被纳入考虑的范围，比如彼德·戈奥尔基提出的"高雅艺术和非高雅艺术界限消失"的问题，也必须考虑艺术在向非批判性或肯定性艺术、向消费文化转型时出现的诸多变化。在全球性的深刻变革面前，我们不得不对艺术、文化及它们在社会发展中的定位进行分析和评估，然后找到新的理论途径，不得不为艺术寻找与它在现代主义时期所具有的揭示真理功能相似的活力。也许，艺术并没有随历史的变化而表现出它新的式样、新的外观，像阿瑟·丹多所讲的，它具有"超越历史的本质"，也许艺术已经失去了它批判性的、揭示存在本质的功能，但即使如此，这种"艺术终结"的事实也不得不被关注、被阐释，并以哲学的方式作出回应。

必须承认，虽然当前的哲学刚刚开始追问这些问题，虽然这些问题在当代全球化的文化背景下显得十分重要，虽然艺术和艺术哲学将不再像现代主义时期那样对社会具有重要意义，但是，我们仍然不得不寻找新的方式去研究正在发展着的文化及其相关的社会进程，并将20世纪主流性叙事话语的辉煌和失败都保存在记忆中，这是哲学对时代的责任和对历史的情感义务使然。由于文化形式的丰富多样性，各种文化哲学（更多地作为一种理论上的自我省察而不是科学性的文化研究）必定会得到发展，而且像本文所展示的，它已经在发展着。但需要谨记的是，真正的哲学总是一方面保持着它与自身历史和社会的联系，另一方面也保持着它自我反省和自我批判的本质。只要在这一脉络中继续努力，我们就有充分的理由期待一个"文化哲学王国"的出现。

（刊于《郑州大学学报》2003年第2期）

美学定位的传承与转化

⊙史鸿文
⊙郑州大学哲学系

美学的发展经过了漫长而艰涩的历程,世界上几乎没有任何一门学科像美学一样,让人们津津乐道,又让人们茫然不知。美学领域中的诸多不确定因素,使其难以像其他学科一样走向成熟。而不成熟的美学又使人们难以割舍对它的执着,往往能激发人们对它的探索热情。在美学的诸多不确定因素中,美学的定位似乎更令人关切,也更令人捉摸不透。美学是一种哲学吗?美学是艺术理论或艺术哲学吗?美学是心理学科吗?美学是一般的社会科学吗?美学是人文学科吗?长期以来,人们对这些问题的思考仁者见仁,智者见智,终究不能形成定论。

一

德国现象学美学家莫里茨·盖格尔在他的最后一部美学著作中指出:"在'美学'这个一般性名称下面,人们所理解的有三种性质各不相同的学科:美学是一门独立自主的特殊科学,美学是一种哲学学科,以及美学是运用其他各种科学的领域。"① 说美学是一种独立自主的特殊科学,大概人们是从鲍姆嘉通开始推断的,鲍姆嘉通因之也被冠以"美学之父"的称号。但在鲍姆嘉通之

---

① [德] 莫里茨·盖格尔:《艺术的意味》,华夏出版社,1999年,第4页。

后，美学的"独立自主"性并未完美地展现出来，它始终没能形成自己严密的学科体系。这里的关键问题之一是，美学既然是一门"独立自主的特殊科学"，那么它又是怎样一门"独立自主的特殊科学"？

鲍姆嘉通的"感性学"并没有被发扬光大，以后的其他说法也都是昙花一现。于是便有了另一种说法，即"美学是运用其他各种科学的领域"。这种说法相当于我国学术界常说的"美学是一门边缘交叉科学"，但这种说法究竟有多大的合理性，它在何种程度上令人信服，只要我们看看它微不足道的影响就不言而喻了。于是问题就自然集中在"美学是一种哲学学科"上面，这确是长期以来人们所津津乐道的。正如莫里茨·盖格尔所指出的："就这三种美学理论形式而言，作为一种哲学学科的美学在很长一段时间内延伸到另外两种美学学科之中去了，并且使它们黯然失色。在谢林和黑格尔看来，在叔本华和爱德华·冯·哈特曼看来，美学的哲学特性是毋庸置疑的。"[1] 其实远在德国古典美学之前，美学研究也主要是在形而上学（哲学本体论）和逻辑学（哲学认识论）的层面上展开的，譬如柏拉图在《大希庇阿斯篇》中假借苏格拉底和希庇阿斯的对话而勾出"美是难的"这一命题，相信柏拉图不是拿苏格拉底和希庇阿斯开涮，而是陷入了对美的深深的哲学思考。柏拉图为擅长哲学思辨的西方知识分子指明了方向：美学研究就是要从哲学的高度去追究美的实质，于是后来有了康德、黑格尔、谢林、叔本华等人博大精深的哲学式美学体系。即便是鲍姆嘉通这位被称为"美学之父"的哲学家也未必不是如此。英国阿尔都塞学派主要代表人物之一的特里·伊格尔顿指出："鲍姆嘉通论述道，美学是逻辑学的'姐妹'，是一种次级推理（ratio inferior），或理性在感性生活的低层次上的女性类似物。"[2] 既然是"女性"，按伊格尔顿的说法就要"从属于男性"，这位"男性"就是哲学。

把美学看成一门哲学学科或者说就是哲学的组成因子和附属物的观念，不

---

[1] ［德］莫里茨·盖格尔：《艺术的意味》，华夏出版社，1999年，第4~5页。

[2] ［英］特里·伊格尔顿：《美学意识形态》，广西师范大学出版社，1997年，第4页。

仅由来已久，而且异常顽固，即便是在科学主义的美学思潮产生以后也不能从根本上改变人们这一根深蒂固的观念。譬如当代英国美学家哈罗德·奥斯本就多次强调"哲学的美学"或"哲学学科的美学"，并指出："美学是研究美术和自然美以及我们在鉴赏性判断中借以鉴定其特有优点的原理的哲学性探讨。"① 即便是到了后现代思潮所张扬的"文化美学"，也只不过是打破了传统哲学美学的中心性和整体性，而不是否定美学的哲学性质，只能看作另一种形式的哲学美学，即无中心性、无主导性的哲学美学，用后现代思想家德里达的话说是"非哲学式地写哲学，从外边达到哲学"②。我国当代美学界大多数人也都持有这一观点，有的学者明确指出："美学在本质上属于哲学学科，而不属于一般的社会科学。""摆脱美学研究的困境，必须对美学的哲学基础作批判性的反思，并且寻找新的哲学基点，从而在更高水平上解决美的本质问题，重建美学理论体系。"③ 还有的把美学看成哲学的分支，因为它是从哲学中派生出来的，并反对淡化美学的哲学性质，反对"把作为哲学分支学科的美学无限普泛化，把生活中一切同美学有关的现象不论巨细表里高低一概冠之以'美学'称号"④，反对"忽视甚至无视美学的哲学性，把美学的哲学性有意无意地予以淡化以至取消的现象"⑤。

美学的哲学性质虽长期以来为人们所津津乐道，但在美学史上，却发生过一场美学革命，它企图把美学的哲学性质转化为美学的科学性质。这一杰作的导演者是德国思想家费希纳。他的理论迫使美学在研究方法上逐渐从形而上学的哲学思辨向注重美感经验的心理事实转变，并且招引了一大批追随者。在近

---

① ［英］哈罗德·奥斯本：《美学的相关性》，《美学译文》（1），中国社会科学出版社，1980年，第55页。

② 王岳川：《后现代主义与中国当代文化》，《中国社会科学》1996年第3期。

③ 杨春时：《生存与超越》，广西师范大学出版社，1998年，第132页。

④ 朱立元：《略谈美学的深化与泛化》，《文艺报》1996年11月24日。

⑤ 刘恒健：《论中国美学的发展趋势》，《陕西师范大学学报》1995年第4期。

代许多美学家看来，美学由哲学走向科学（主要是心理学），不仅是由美学自身的特点所决定的，更是由哲学的特点所决定的。哲学是人类反思自己的最高级也是最抽象的形式，但这种反思形式如果完全抛弃生活经验，就会失去它反思的意义，这样的哲学毋宁说就是经院哲学或根本称不上哲学。美学由哲学而走向科学和心理学，便是以一种企图摆脱哲学反思的姿态出现的，这就是我们所看到的"自上而下"与"自下而上"的矛盾和对立倾向。虽然费希纳并没有真正抛弃"哲学的美学"。

二

美学走上科学和心理学之路，并没有使哲学美学止步不前，而只是造成了美学研究阵营的分化，只不过科学的尤其是心理学的美学盛极一时罢了。但人们很快便发现，如果说哲学作为美学的基础学科难以令人信服，那么科学或心理学作为美学的基础学科同样困难重重，它并没有给美学定位带来惊人的突破。莫里茨·盖格尔说："美学一直既是哲学的过继子女又是科学的过继子女；它那真正的哲学意义上的发展只限于少数几个名称；而且只是到18世纪晚期，科学才开始支配它，而且一般来说，它直到今天仍然是一无所获并且充满了各种矛盾。"[①] 因为科学的美学或心理学的美学所赖以存在的基础同样缺乏说服力，譬如像马歇尔、格兰特·艾伦和雷曼等人的生理学方法，都在无视人的灵性和复杂性的情况下而显得偏激和死板，使美学丧失了它的生动性和灵活性，其研究结果自然不会完美。可以说，作为科学美学的主要形态的心理学美学虽然在许多方面确实令人耳目一新。例如移情论、心理距离学说及异质同构学说等，但它们共有的不足是不能阐明审美活动的丰富性、多面性甚至是偶发性问题；而另一方面它们又无法和传统哲学美学取得一致。正是这一缘故，在科学美学高涨的同时，一些人便开始超越它，从而导致一些新的既不同于传统哲学美学又不同于近代科学美学的有关理论登场亮相。这其中影响较大的有现象学

---

① ［德］莫里茨·盖格尔：《艺术的意味》，第41页。

美学和语言学美学等。

现象学美学一再声称自己既不同于"自上而下"的哲学美学，也不同于"自下而上"的科学美学，而企图从美学本体论和方法论的变革这一角度来建构新的美学学说，所以它具备明显的超越传统的特色。"它既不是用演绎法，像旧美学一样，从上到下；也不是用归纳法，像较为新近的美学一样，从下到上。它所采用的是一种特殊的直觉，即'本质直觉'，那就是在一个特殊的例子中抓住每一个对象的一般性。"① 莫里茨·盖格尔认为，现象学方法"既不是从某个第一原理推演出它的原则，也不是对那些特定的例子进行归纳积累而得出它的法则，而是通过在一个个别例子中从直观的角度观察普遍性本质，观察它与普遍法则的一致来得出它的法则"②。现象学美学虽然是以否定哲学美学和心理学美学的姿态出现的，但它的新颖之点仍然是在美学的方法论上，所以我们用它来为美学的学科性质定位仍然力不从心。再言之，现象学美学所提倡的美学研究中的"直观"方法带有一定的神秘性，并不是任何一位美学研究者都能掌握的，这不利于美学的发展。而且，站在现象学美学之后的是胡塞尔的现象学哲学，由于它研究问题的特殊视角，也有人甚至把它看作一种"科学美学"思潮。③ 所以现象学美学虽然合理地指出了美学作为哲学形而上学和作为科学的心理学的不足，并在一定程度上抛开了纯主观或纯客观的美学研究风格而主张二者的统一，但它并没有给美学找到真正的归宿。

"语言学美学"是我们为了说明现代西方美学的一种动向而借用的概念，它并不是一个独立的流派，而是由分析哲学、逻辑实证主义、符号学、结构主义、解释学、语言哲学，甚至包括存在主义、现象学等众多流派所倡导的美学研究的一种转向，即将美学研究的中心由传统的本体论、认识论转向语言分析和语言批判。早在克罗齐那里，就提出了"美学和语言学统一"的问题，他甚

---

① 朱狄：《现代西方美学》，人民出版社，1984年，第69页。
② ［德］莫里茨·盖格尔：《艺术的意味》，第10页。
③ 朱狄：《现代西方美学》，人民出版社，1984年。

至说:"人们所孜孜寻求的语言的科学,普通语言学,就它的内容可以转化为哲学而言,其实就是美学。任何人研究普通语言学,或哲学的语言学,也就是研究美学问题;研究美学问题,也就是研究普通语言学。"① 克罗齐之后,对美学研究的语言学转向有较大影响的人物很多,如符号学家卡西尔和苏珊·朗格、存在主义者海德格尔、分析哲学家维特根斯坦、语言哲学家巴赫金、后现代思想家福柯和德里达、解释学美学家伽达默尔等。这些人的思想之间也没有什么必然联系,但他们都对美学研究的语言学转向作出了贡献。这种贡献主要表现在他们或从理论上或从实践上把语言或符号作为美学研究的切入点,以"词语的研究方式"代替了"观念的研究方式",维特根斯坦甚至认为"全部哲学问题就是'语言批判'"②,美学也不例外。海德格尔甚至把语言问题提到生命本体的高度,认为语言(主要是"诗")是人的生存的家园而不是人们所掌握的工具。现代西方美学中的语言学转向既是为了摆脱传统哲学美学无休无止的形而上学争论,也是为了摆脱心理学美学过分关注个体心理经验的狭隘目光,企图把美学带入语言分析的广阔领域。但仔细分析一下就不难发现,美学的语言学转向和现象学转向一样,更多的是倡导一种新的研究视野和研究方法,并不能得出"美学是一种语言学"结论,也无法使美学获得独立自主的充分条件。

三

当美学的语言学转向正引人注目的时候,美学的发展正经历着另外一种转向,即以人文关怀来为美学寻找根基,从人文主义和人文学的层面上提升美学,进而用人学为美学定位。

把人文精神与美学联结起来的做法可能古已有之,但真正把人文主义作为美学研究的立足点和支撑点却是很晚的事情,它与19世纪以来西方哲学和文化中人文主义思潮的再度高涨有着不可分割的联系。而西方人文主义的再度高

---

① [意大利]克罗齐:《美学原理 美学纲要》,外国文学出版社,1983年,第153页。
② [奥地利]维特根斯坦:《逻辑哲学论》,商务印书馆,1985年,第38页。

涨则与西方社会的精神危机有关，战争频仍、商品拜物教蔓延、技术至上主义流行、生存环境恶化，都使得人的生存问题遇到了前所未有的挑战。在这种背景下，不仅哲学开始反思人的生存意义，美学也步入了人生拯救的轨道，所以人文关怀便成了美学家们津津乐道的话题。一时间，人文主义、人文学、人道主义、人文精神等许多相关概念在美学研究领域漫天飞舞。

现当代西方美学的许多代表人物，大都从不同角度去关注艺术和美学同人类生存状态和生存意义的内在联系，强调审美意义的"终极关怀"和"此在关怀"。例如尼采就是一位强调"终极关怀"的哲学家，"尼采认为，艺术并不像其他学说所认为的那样使人从日常生活那些琐屑的忧愁烦恼之中解脱出来，而是使人从那种深刻的、终极的痛苦中解脱出来，这种痛苦是年轻的尼采在叔本华的影响下感受、考虑到的存在的本质。在艺术中，最初的意志把自身从它的痛苦之中解脱出来，而这就是人们从形而上学角度对艺术提出的辩护。因此，只有那些对深不可测的存在和对有限的形而上悲哀有所认识的像希腊人那样的人，才能够以一种恰当的严肃态度来研究艺术；因为只有那种洞察了存在的那些最初的矛盾的人，才能真正需要通过艺术的中介寻求解脱。艺术通过把美的外表覆盖在这个世界的深不可测之上而使这种人获得解脱"①。与尼采相比，马尔库塞和海德格尔等人更善于把人的终极关怀和现实关怀统一起来。其实早在19世纪初，叔本华就强调人的生命意志的本质是痛苦，而超脱痛苦的途径之一就是审美静观。而在法兰克福学派创始人之一的马尔库塞所构筑的审美"乌托邦"之中，审美毅然成为人类摆脱单向性、求得精神解放的新感性乐园。海德格尔则认为，哲学所真正关注的应当是人的"此在"而不是传统的"作为整体的存在物"，而由"此在"达到人的本性存在（生存）的基本环节是"语言"，而语言借以表述存在所采取的方式便是美学的基本内容。海德格尔关于"此在"的思想，恢复了人的主体性地位，同样是西方美学高扬人文主义的一个转折点。由此出发，他还在呼唤"拯救地球"的同时提出了"人诗

---

① ［德］莫里茨·盖格尔：《艺术的意味》，第143页。

意地栖居"这一命题，事实上是拯救人。

海德格尔在谈论人的"此在"的时候，不仅看到了人作为一种存在物的实存性和现实性，同时也看到了人作为一种存在物的本质性，这种本质性能使人走出自己，把握存在。与此相关，他认为美与"真理"有不可分割的联系，它是真理的现身，并因此而具备了存在的特性进而获得自己的独立地位。美作为导向存在的一种方式，它能开启真理之门，但并不被淹没在真理之中，它和真理共同源于存在本体。因此，海德格尔构筑了一条通向美学独立的本体论道路，即存在论的本体论道路。海德格尔这一思想为现代西方的审美救赎或审美解脱理论提供了某种本体论意义上的导向或佐证。

显而易见，海德格尔等人的美学本体论是以人的生存和生命本体为核心的存在本体论，它既不同于传统哲学形而上学的美学本体论，也不同于近代兴起的科学主义美学本体论，更区别于认识论的美学本体论。以此而言，它确乎使美学的学科定位进入了一个全新的境界。在这里，美学不仅因恢复了人的主体性而使其自身也获得了主体性的地位，而且它能把存在本体和此在现实通过显现过程联结起来，从而使美学既关注人的终极存在，又关注人的生命（现实）况遇。以此来构筑美学学科，就可以形成以人的全方位关切为核心的新美学，我们不妨把它称之为存在论的人学的美学。西美尔说："美不过是人的属性，它受人的生命变化和消长的影响。"① 尼采则说："没有什么是美的，只有人是美的：在这一简单的真理上建立了全部美学，它是美学的第一真理。"② 莫里茨·盖格尔认为美学在所有学科中是最接近人类存在本质的。他说："与美学相比，没有一种哲学学说，也没有一种科学学说更接近于人类存在的本质了。它们都没有更多地揭示人类存在的内在结构，没有更多地揭示人类的人格。因此，对于解释全部存在的一部分来说，对于这个世界的人的方面来说，与其说

---

① ［德］西美尔：《柏拉图式的爱欲与现代的爱欲》，转引自刘小枫《人类困境中的审美精神》，东方出版中心，1994年，第268页。

② 李泽厚、汝信主编：《美学百科全书》，社会科学文献出版社，1990年，第346页。

伦理学、宗教哲学、逻辑学甚至心理学是核心的东西,还不如说美学是核心的东西。"① 我国当代美学在20世纪90年代以来,基本上承袭了这一思潮。近十年来,我国美学界"人"声鼎沸,人文主义的呼声震天价响,这恐怕与19世纪末西方美学中的人文思潮的高涨有着大致相同的社会背景,即社会裂变中的世纪末情怀,是人文精神困乏和人性沦丧的社会现实在学术思想上的反思和反映。

四

海德格尔之后兴起的后现代思潮在很大程度上影响着人们对美学学科定位的重新思考。现代主义以前的美学所追寻的对美学学科的定位和对美学本体论的定位,无疑是为了使美学有一个牢固的相对稳定而且自成系统的根基,它们企图使美学富有独立自主的地位、相对完整的体系、明晰确定的品格及个性独到的框架,所以它们追求稳固的逻辑线索、鲜明的学科属性、独到的话语系统及学科内容与表达方式的有效统一性。但现代主义之后的后现代思潮则完全打破了美学的以上追求,它所主张的不确定性、多元性、解构性、偶然性、非原则性、零乱性、卑琐性和不可表现性、种类混杂、过程化与参与性、机构复制性、否定性、异端、模糊、散漫、倒错、变形等,处处表现出对传统美学的反叛,是一种"否定美学"或"反美学"。这使得我们对本来就不知所措的美学定位更加不知所措。按照后现代理论,美学和艺术没有必要去追问自己是什么,因为它无法证明自己是什么,"艺术反对它自身,承认艺术的不可能性"②。它只有在"过程"中才能以"对话"的方式存在。艺术消费者可以对艺术作品进行随心所欲的复制、解构、拆除、重建、拼接,艺术不再是传统意义上的艺术,美学也不再是传统意义上的美学,艺术和美学已近乎死亡和终结。当然,这种无确定性的美学完全可以看作是另一种形式的定性美学,后现

---

① [德] 莫里茨·盖格尔:《艺术的意味》,第194页。
② [英] 特里·伊格尔顿:《美学意识形态》,广西师范大学出版社,1997年,第369页。

代思潮对美学和艺术确定性的破坏也可以看作是另一种形式对美学和艺术的定位,即德里达所说的"非哲学式地写哲学,从外边达到哲学"。

说到后现代思潮对美学定位的影响,不能不说到法国人波德里亚,以及他所倡导的"超美学"观念。波德里亚曾被西方学者称为"一个显赫的后现代理论家"或"一种新的后现代性的超级理论家"。"超美学是后现代文化现状的一个描述,它涉及一个审美观念和艺术的广泛的扩张或泛化过程。美学不仅仅局限于传统的艺术领域,在后现代条件下,它已经蔓延渗透在经济、政治、文化、日常生活等各个方面。现代主义文化所追求的那种艺术的自律和独立,在后现代文化中被有力地消解了。这个倾向在一些后现代文化的讨论中被广为展开,有的学者把这种现象称为'美学的殖民化',即指美学向其他领域的广泛渗透。"① 就像伊格尔顿所说的:"现在一切事情都成为审美的了。"② 这种"超美学"或"后美学"所导致的美学"殖民化"趋向,一方面意味着美学理论确定性的丧失,另一方面也昭示了美学发展的新动向:美学将走向生活过程本身,美学的发展不在于观念中推导,而在于"行动"中领悟。美学研究将成为一种广泛的"对话"方式和"文化批评"。

值得说明的是,西方的后现代思潮是西方学者关注西方社会的"后现代状况"的必然产物。那么什么是"后现代状况"呢?一个显著的标志就是阿多诺在《启蒙的辩证法》中所谓的"文化产业"的出现,即文化的商品化、商业化,文化和艺术失去了它昔日的高傲气质,也不再迷恋现代主义所追求的"终极关怀",而成为迷恋时尚的梦幻体验,整个文化演变成一种可以买卖的外在"指符","大叙事"转变为"小叙事",知识已不再有普遍性和权威,而成了散乱无序的碎片,知识的逻辑推理演变成感性游戏。正如詹明信所说:"后现代主义是指符和意符的分离和意符的消失。"③ 丹尼尔·贝尔批评道:"资本

---

① 周宪:《20世纪西方美学》,南开大学出版社,1997年,第200页。
② [英]特里·伊格尔顿:《美学意识形态》,第367页。
③ 詹明信:《晚期资本主义文化逻辑》,生活·读书·新知三联书店,1997年,第292页。

主义的双重矛盾已经帮助树立起流行时尚的庸俗统治：文化大众的人数倍增，中产阶级的享乐主义盛行，民众对色情的追求十分普遍。时尚本身的这种性质，已使文化日趋粗鄙无聊。"① 后现代主义美学和艺术完全介入了这种文化逻辑，诚如后现代思潮最著名的代表人物之一利奥塔所说："时尚和美学有着密切关系。"② 丹尼尔·贝尔则说："后现代主义反对美学对生活的证明，结果便是它对本能的完全依赖。对它来说，只有冲动和乐趣才是真实的和肯定的生活，其余无非是精神病和死亡。"③

那么，后现代美学的这种"媚俗"气质能否成为中国当代美学性质转化的向导呢？能否为中国美学的学科定位乃至本体论定位提供某种契机呢？依笔者之见，其立论根据是不充分的。首先，中国社会就总体而言尚未进入后现代状况，甚至还没有进入真正的现代化状况中，所以它在中国缺乏土壤；其次，中华民族有自己一以贯之的审美心态，这种心态与后现代美学在许多方面是格格不入的，而且它相当稳固和强悍；再次，后现代美学尚未走向成熟，还缺乏应有的震撼力和持久性；最后，后现代美学本身虽然是对现代主义美学的反叛，但它并未远离现代主义美学的人学主题，只不过它对人的关注采取了"另类"的价值趋向，是一种变异式的文化或哲学思索。这种变异式思索的无调性缺乏为美学定位的基本素质。所以在当代中国，究竟如何为美学进行学科定位和本体论定位，仍须我们加以思考。

(刊于《郑州大学学报》2001年第1期)

---

① [美]丹尼尔·贝尔：《资本主义文化矛盾》，生活·读书·新知三联书店，1989年，第37页。

② [法]利奥塔：《后现代性与公正游戏》，上海人民出版社，1997年，第15页。

③ [美]丹尼尔·贝尔：《资本主义文化矛盾》，生活·读书·新知三联书店，1989年，第98页。

缪斯与上帝的相遇

——生存论视阈中的审美体验与宗教体验

⊙刘春阳
⊙北京大学哲学系

一

作为人的两种重要的在世经验，审美体验与宗教体验分属美学与宗教这两个不同的领域。乍一看来，二者是不相容的，也不具有多少可比较的价值。因为按照惯常的观点来看：宗教体验赖以发生的虔敬心理与审美体验中的自由创造精神是相悖的；宗教体验的对象具有唯一性（祈求与所崇拜的神明合一，这种神明在该宗教中是唯一的，特别是在一神教的基督教、伊斯兰教中表现得尤为明显），而审美体验的对象则是多样化的。更具冲击力的理由是：在艺术至上主义者的观点中，艺术作品自身就具有神性，是神的代表，取代了上帝这个造物主的位置，这样一来，审美体验就代替了宗教体验。[1] 这也就是马克斯·韦伯所评论的，当"艺术变成具有越来越自觉地被人所掌握的独立存在的价值的世界时，艺术就接管了救世的任务，而无论对此做什么解释"[2]，如此等等。

从以上这些观点中，在有关宗教体验与审美体验的关系方面，我们可以得出两种思维进路：其一，在这种观点的秉持者们看来，审美体验因为其多样

---

[1] ［美］N.沃尔·斯托夫：《艺术与宗教》，沈建平等译，工人出版社，1988年，第72页。
[2] ［美］N.沃尔·斯托夫：《艺术与宗教》，第72页。

化、自由性而与宗教体验的唯一性、强制性呈现出水火不容的态势,蔡元培先生所提出的"美育代宗教"就是一个典范。① 其二,在他们看来,审美对象自身就具有神性,对艺术品或者其他审美对象的审美体验就是一种救赎行为,这实际上是摒除了宗教体验。而对于后者,神学家们是不能容忍的,因为他们一直在警惕不要使审美主义取代宗教,或者将其作为宗教的代用品。② 比如,索伦·克尔凯郭尔就将审美主义者刻画成一个花花公子,说他在暗中破坏着真正的宗教信念和其中严肃的东西。

在笔者看来,这些观点在一定程度上都有其合理性,因为我们毕竟不能否认宗教与审美之间张力的存在,不能否认审美体验与宗教体验存在着差别。比如说从二者在宗教和美学这两个学科中所处的地位上来看,"宗教的源泉现在是而且从来都是经验。与超自然、先验的维度和与完全的他者的相遇,是每一个伟大宗教的基础"③。所以,自宗教研究的发轫,对宗教体验的研究都是其必不可少的环节。而美学学科的成立虽然也赖以对审美体验的研究,但是"审美体验"却是19世纪才确定的术语——尽管它的历史可以追溯到17世纪末甚至更早。④ 再从宗教体验和审美体验自身赖以成立的基础上看,在很大程度上我们可以说,宗教体验是建立在信仰的基础之上的,宗教信仰(以基督教为例)的对象永远只能是那个独一的全知、全能、全善的上帝,并且,"宗教必须履行理论的功能同时又履行实践的功能"⑤,宗教体验最终要落实到人的责任和义务上,因此宗教体验的产生离不开宗教教义和宗教戒律的引导和规范;而审美体验则是对审美对象直接的感知、领悟,没有教条和教义的束缚,具有较大的

---

① 蔡元培:《蔡元培全集》(第六卷),浙江教育出版社,1997年,第586页。
② Patrick Shery, *Spirit and Beauty: An Introduction to Theological aesthetics*, Oxford: Clarendon press, 1992, pp. 20-21.
③ [美] L. P. 波伊曼:《宗教哲学》,黄瑞成译,中国人民大学出版社,2006年,第65页。
④ 彭锋:《西方美学与艺术》,北京大学出版社,2005年,第170页。
⑤ [德] 卡西尔:《人论》,甘阳译,上海译文出版社,1985年,第120页。

自由性。① 但是，如果我们把这两种在世经验放到特定的背景中来分析的话，审美体验与宗教体验就会展现出内在的相关性和同质性。

二

让我们首先来分析审美体验与宗教体验的过程。在这两种体验的过程中，直觉的、想象的、隐喻的、感情的等经验方式都是相互关联的，因而它们在这些方面也就具有很大的同质性。在此我不对宗教体验与审美体验过程中的诸多同质性进行条分缕析的阐释，仅选取两种比较有代表性的因素加以分析，以期对这两种经验过程的同质性给出一个清晰的说明。

1. 对日常经验的中断

宗教体验的发生，一般来说是在信仰者的宗教活动过程当中，当他（她）的日常经验、日常意识中断之后，上帝（或者终极实在）才向他显现。英国当代著名哲学家理查德·斯温伯恩在其《上帝的存在》一书中，从经验者的角度提出了宗教体验的五种类型，在他看来，这五种类型能够囊括所有宗教体验的可能性。② 分别如下：其一，以一个普通的、公开的、感觉的对象为中介，对上帝（或者终极实在）的经验，比如说经验者通过波澜壮阔的大海或者"大漠孤烟直，长河落日圆"的苍凉景致见到了上帝，在这里，大海、孤烟、落日都不是上帝，但是通过它们，人与上帝相遇，经验到了上帝；其二，以不寻常的、公开的、感觉的对象为中介，对上帝（或者终极实在）的经验，这种经验相对于前者来说差别之处只在于这种感觉物是不寻常的，比如某人声称在某个事故现场经验到了上帝的存在；其三，以能够用寻常感性语言描述的个人感觉为中介，对上帝（或终极实在）的经验，比如说某人在梦中或者某种异像中经验到了上帝，这种梦境或异像只能为他个人所感觉，但是能够通过日常语言描

---

① 王苏君：《宗教体验与审美体验》，《武汉大学学报》（人文社科版）2001年第5期，第539~545页。

② Richard Swinburne, *The Existence of God*, Oxford: Clarendon Press, 1979, pp. 249-253.

绘出来；其四，以不能用寻常感性语言描述的个人感觉为中介，对上帝（或终极实在）的经验，比如说某人感觉到某种东西，而这种东西又不能用语言形容；其五，不以任何感觉为中介，当下体悟到上帝或"太一"。从宗教体验的这五种类型中，我们可以看到，其中有四类类似于日常的感觉经验，但显然，这并不是日常的感觉经验，而是在日常经验中断的瞬间产生的。因为在日常的感觉经验中，我们经验到的大海、孤烟、长河、落日等是在自然感觉层面上的，很大程度上建立于功利等基础之上，因此我们很难对它们形成某种超越性的经验，而只有当这种自然感觉的层面中断后，这种宗教的体验才有可能产生。奥古斯丁在其《忏悔录》第九卷中叙述了被后世称为"奥斯蒂亚异像"的一次体验，这次体验可以说是阐释宗教体验是源于对日常经验中断的一个典范。奥古斯丁描绘道："我们（奥古斯丁和他的母亲莫妮卡。——笔者注）这样谈论着，向慕着，心旷神怡，刹那间悟入于真慧，我们相与叹息，留下了'圣神的鲜果'，回到人世语言有起有讫的声浪之中。"[①] 在这里，"刹那间悟入于真慧"的过程就是一种对日常经验的中断的过程，是那种语言所不能表达出来的"灵魂出窍"的境界。而当"回到人世语言有起有讫"时，这种中断就不复存在了，也就完成了一次宗教体验。事实上，对于奥古斯丁来说，他不止一次地谈论这种"灵魂出窍"。在《创世纪字义解》中，他说："当心智的注意力完全转向，从肉体感觉中退还出来，它便成为出窍。这时无论什么东西呈现在面前，都会视而不见，听而不闻。"[②] 而且，这种体验具有唯一性，是一种瞬间爆发出来的，而不具有持续性。所以他说："如果持续着这种境界，消散了其他不同性质的妙悟，仅因这一种真觉而控制，而吸取了谛听的人，把他沉浸于内心的快乐之中；如果永生符合于我们所叹息希望的，那时一刹那的真觉，则不就是所谓'进入主的乐境'吗？"[③] 当然，对于奥古斯丁来说，这种

[①] ［古罗马］奥古斯丁：《忏悔录》，周士良译，商务印书馆，1961年，第10页。

[②] St. Augustine, *The Literal meaning of Genesis*, New York: Paulist Press, 1982, p.12.

[③] ［古罗马］奥古斯丁：《忏悔录》，第10页。

"入神"的体验不仅仅是一种审美体验,更多的则是对天国、对上帝的品尝,但是我们看到它在对日常经验的中断这一点上与审美体验有着深刻的一致性。

在审美体验中,也是如此。审美体验的产生也是起于对日常经验的中断。这种中断不仅是与日常感觉的分离,也是与认识和道德的分离,因此是一种完全彻底的和绝对的中断。在审美体验中,日常的感觉发生了变化,不再是日常的感觉,"它要达到一种特别的感觉,也就是无得感觉。这种感觉不是没有感觉……而是一种虚无的感觉,感觉除了自身而一无所有"①。正是这种感觉,为审美体验提供了可能性。朱光潜先生在其《文艺心理学》中举过这样一个海上有雾的例子:"乘船的人在海上遇着大雾,是一件最不畅快的事。呼吸不灵便,路程被耽搁,固不用说;听到若远若近的邻船的警钟,水手们手慌脚乱地走动,以及船上乘客们的喧嚷,时时令人觉得仿佛有大难临头似的,尤其使人心焦气闷。船像不死不活地在驶行,茫无边际的世界中没有一块可以暂时避难的干土,一切都任不可知的命运去摆布。"在这种情况下,即使有修养的人在这种经验中时也忍不住会变得焦躁、慌乱。但是,当我们中断了这种日常的有关自身利益(能否逃脱撞船、沉船的命运等)的经验时,换一种观点来看,"你暂时不去想它耽误了程期,不去想实际上的不舒畅和危险,你姑且聚精会神地去看它这种现象,看这幅轻烟似的薄纱,笼罩着这平谧如镜的海水,许多远山和飞鸟被它盖上一层面网,都现出梦境的依稀隐约,它把天和海连成一气,你仿佛伸一只手就可握住在天上浮游的仙子"②。这种中断了日常经验的经验就是一种审美体验,所经验到的是"绝美的景致"。事实上,许多美学家都曾提出过审美体验是对日常经验的中断这一观点,比如现象学美学家罗曼·英加登对这一观点就有着精深的阐释,他说:"当我们从日常生活中采取的实际态度、从探究态度向审美态度转变时,……中断了关于周围物质世界的事物中的'正常'经验和活动。在此之前吸引着我们,对我们十分重要的东西(日常事物)

---

① 彭富春:《哲学美学导论》,人民出版社,2005年,第171页。
② 朱光潜:《文艺心理学》,安徽教育出版社,1996年,第21页。

突然失去其重要性，变得无足轻重。"① 今道友信也称审美体验是对日常意识的一种"垂直切断"。在他看来，我们日常的生活是处于下意识状态的，对身边的事物并没有给予太多关注，然而，当我们在某个时刻"一下子注意到那个平常不十分注目的景色时，在那一瞬间，我们的意识一下子脱离了日常行动体系，而集中于那一景色时，我们的日常意识被垂直地切断了"②。可以说，日常经验中断的地方也就是审美体验的产生之处。

从以上的分析中，很自然地能够得出这样一个结论：在宗教体验与审美体验的发生处，存在着一个根本的相通点，即对日常感觉经验的中断。只有与日常感觉经验的彻底分离，上帝（或终极实在）和审美对象才能以其所是的形象向我们显现（或呈现）。

2. 情感的参与

无论在审美体验还是宗教体验中，情感都参与了进来，并成为其不可或缺的重要组成部分。在这两种特殊的经验中，情感以其显著的特点不同于日常的生活情感或情绪：在这两种经验中的情感，不仅仅是对某种显现（呈现）出来的对象的一般感受，而是某种高峰体验。就宗教体验来说，19世纪，施莱尔马赫就明确提出，宗教体验是一种先于概念分别的情感性的经验，也就是说，"它是自足的、直觉的、无须以概念、观念或实践为中介"③的经验。鲁道夫·奥托继承了施莱尔马赫的观点，认为尽管我们能够通过理性把握上帝的某些方面，但是上帝的神圣性是我们无法用理性来把握的，只有依赖于情感，所以，宗教体验也就是一种情感体验，而且不仅仅是一种情感，而是多种情感的复合体。在奥托看来，在宗教体验中，上帝的在场是以三种特定的情感为依托的。首先是依赖感。这是因为，我们作为受造物，时刻都在显示自身的有限

---

① ［美］李普曼：《当代美学》，邓鹏译，光明日报出版社，1986年，第289页。

② ［日］今道友信：《关于美》，鲍显阳、王永丽译，黑龙江人民出版社，1983年，第157页。

③ ［美］麦克·彼得森等：《理性与宗教信念》，孙毅等译，中国人民大学出版社，2005年，第25页。

性,"有限的自我甚至在虚无中也能意识到'我不过是零,而您则是一切'"①。这就产生了对这种最高与绝对的实在的依赖,依赖他就能得到某种我们缺乏的东西,来弥补我们的不完满性。其次是经验到敬畏感,在"令人畏惧的神秘"面前为之震惊。再次是对上帝的神往之情,"神往可以占有某种较为突出的位置并导致平静和激动的心态,在这种心态中,……它是作为一种奇特有利的推动力出现的,这种推动力指向一种只为宗教所知且其根本性质为一种非理性的理想的目的"②。而且,奥托还指出了在这种宗教体验中的情感变化历程,他说:"对它(即上文所提到的令人畏惧的神秘)的感受有如微波徐来,心中充盈着一种深深敬仰的宁静心情。它继而转化为一种较为稳定与持久的心态,不断轻轻震颤和回荡,直到最后寂然逝去而心灵重又回到'世俗的'非宗教的日常状态。它能……从灵魂深处突然爆发出来,或者变为最奇特的激动,变为如痴如醉的狂乱,变为惊喜,变为迷狂。"③ 这种观点颇似柏拉图在《会饮》和《斐德若》中谈到的对美的体验。根据奥托的这种观点,我们可以发现,在宗教体验中,人们感到与神合一,与神对话,领悟到了神的启示,产生了强烈的激情和满足感。威廉·詹姆斯在其《宗教体验种种》中也曾对这种宗教体验中的情感进行过探讨,他搜集了很多例证,比如有一个牧师写道:"我与创造我的上帝单独待在一起,到处是世界的美、爱、懊悔,甚至诱惑。我没有寻找他,却觉得自己的精神与他完全融合为一,对周围事物的日常感觉变得暗淡无光。此时此刻,剩下的只有难于言表的喜悦与欢乐。完全描述这种经验是不可能的。很像一个庞大的乐队产生的效果,所有单个的音调融为一体,形成优雅的和声,听众只觉得灵魂飞扬,情绪高涨,几乎无法控制。"④

宗教体验中的这种强烈的情感状态在奥古斯丁的皈依时也有体现。在叙述

---

① [德]奥托:《论"神圣"》,成穷、周邦宪译,四川人民出版社,1995年,第22页。
② [德]奥托:《论"神圣"》,第37页。
③ [德]奥托:《论"神圣"》,第13页。
④ [美]威廉·詹姆斯:《宗教经验种种》,尚新建译,华夏出版社,2008年,第66~67页。

他的皈依奇迹时,他写道:"我带着满腹的辛酸痛哭不止。突然听到了邻近一所屋中传来一个孩子的声音——我分不清是男孩子还是女孩子的声音——反复唱道:'拿着,读吧!拿着,读吧!'立刻我的面色变了,我集中注意力回想是否听见过孩子们游戏时有这样几句山歌,我完全想不起来。我压制了眼泪的攻势,站起身来。我找不到其他解释,这一定是神的命令,叫我翻开书来,看到哪一章就读哪一章。……我读完这一节,顿觉一道恬静的光射到心中,溃散了阴霾笼罩的疑阵。"① 就在这种极度强烈的情感状态中,奥古斯丁完成了他的皈依。当然,我们也有必要指出,这种强烈的情感状态不仅仅是"狂喜",也可能是深切的"悲痛感",正如威廉·詹姆斯所说的:"宗教史同样表明,快乐始终发挥一定的作用。快乐有时是原初的,有时是次生的,即摆脱恐惧后的喜悦。后一种态度更复杂,也更全面。……如果从宗教需要的广阔眼界出发,我们既不能摒弃悲伤,也不能摒弃喜悦。"②

让我们再来看看审美体验,可以说,在一定程度上,情感是审美体验中的主导动力。"审美体验中的感知和想象不是被思维和意志支配,而是为情感所导引。"③ 审美体验开始后,作为被知觉的审美对象,摆脱了它们作为客观物体的冷冰冰的自然属性,而具有十分鲜明的感情色彩,与主体达到一种"情景交融"的状态,即中国古人所谓的"登山则情满于山,观海则意溢于海"。之所以会如此,也与情感的意向性有关,因为情感总是指涉某种对象,为某种对象而欢喜,又为另一种对象而黯然神伤。正是情感的这种意向性,才能向我们说明一个已经给予的世界。

在《审美体验现象学》中,杜夫海纳分析了审美体验中的情感因素。他认为,在知觉正常进行时,通过变成一种客观反思的形式,它往往趋向理解和认识。但是,知觉也可以转向另外一种共感的反思。这种共感的反思同情感的关

---

① [古罗马] 奥古斯丁:《忏悔录》,周士良译,商务印书馆,1961年,第12页。
② [美] 威廉·詹姆斯:《宗教经验种种》,尚新建译,华夏出版社,2008年,第75页。
③ 彭富春:《哲学美学导论》,人民出版社,2005年,第187页。

系比同理解的关系更密切。这种反思澄清和支持情感，与情感建立起辩证关系。① 也就是说，在审美体验中，"我投入作品之中，而不是作品听凭我的仲裁，作品的意义与我融合贯一"②。这时，从知觉主体内心深处产生的情感使欣赏者能对审美对象的深度即被表现的世界作出反应，这种反应不仅是一种情绪的反应，而且还是对作为被表现的世界的特征的特殊情感特质的领会或者"阅读"。这种反应也不是一种理解或思考，而是一种感觉，这时，通过情感，我们与审美对象的固有的表现性联系在一起。在此过程中，知觉变成真正的审美知觉，因为审美对象主要是通过情感才变得可以理解。杜夫海纳作出结论说，"审美知觉的最高峰是揭示作品表现性的那种情感"。如此一来，情感作为"深层存在"，成为主体成全审美对象的最终方面。

那么，审美体验中的这种情感与宗教体验中的情感到底在何种程度上具有相通性呢？一般来说，美学家们都看到了审美体验中的情感与日常情感、快感的差异，即"美感与实用活动无关，而快感则起于实际要求的满足。……美感的态度不带意志，所以不带占有欲"③。但是正如彭锋所指出的，这些观点"只是从快感的来源上区分了美感和官能快感，并没有指出二者在性质上的根本区别"④。那么真正的区别在哪里呢？主要在于审美体验中的情感与宗教体验中的情感一样，也是一种更为高级的精神体验，或者说是一种"高峰体验"——是对心醉神迷、销魂、狂喜及极乐体验的概括。

也正如宗教体验中的情感一样，这种"高峰体验"也不是某种单一的情感模式，不仅仅有快感，也伴随有痛感。卡西尔指出，在审美体验中，"我们所有的感情在其本质和特征上都经历了某种质变过程。情感本身解除了它们的物质重负，我们感受到的是它们的形式和它们的生命而不是它们带来的精神重

---

① [法]杜夫海纳：《审美体验现象学》，韩树站译，文化艺术出版社，1992年，第615页。
② [法]杜夫海纳：《审美体验现象学》，第393页。
③ 朱光潜：《谈美》，安徽教育出版社，1997年，第45~46页。
④ 彭锋：《美学的感染力》，中国人民大学出版社，2004年，第102页。

负。……艺术使我们看到的是人的灵魂最深沉和多样化的运动。但是这些运动的形式、韵律、节奏是不能与任何单一情感状态同日而语的。我们在艺术中所感受到的不是哪种单纯的或单一的情感性质,而是生命本身的动态过程,是在相反的两极——欢乐与悲伤、希望与恐惧、狂喜与绝望——之间的持续摆动过程"①。在该书接下来的阐释中,卡西尔比较了在欣赏贝多芬的《欢乐颂》和《第九交响曲》时的经验。他发现,在对前者的欣赏中,伴随的是极度狂喜的情感,而后者则是悲怆的情感。针对这种不同,他说道:"所有这些截然对立的东西都必须存在,并且必然以其全部力量而被我们感受;在我们的审美体验中它们全都结合成一个个别的整体。我们所听到的是人类情感从最低的音调到最高的音调的全音阶;它们是我们整个生命的运动和颤动。"②

通过阐释,我们可以看到,至少在两方面,宗教和审美这两种体验的过程具有同质性,即要获得这两种经验,首先必然有对日常经验的中断,只有把经验者的意识从日常经验中剥离出来,凝神观照,摆脱"物我"之间的区分,所体验的对象(神或终极实在与审美对象)才会显现;其次是在体验的过程中,会伴随着强烈的复杂的情感历程,这种情感不仅仅是区别于生理快感的愉悦感,而且是包含着痛感、惆怅等因素在内的形而上的"高峰体验"。

三

在《真理与方法》中,伽达默尔考证了"体验"一词的词源学来历。③ 从他的考证中我们可以看出,"体验"只是与人的(而非其他的动物)生命、存在相关的,而且通过体验,丰富和扩展了人的生命状态。在每一个人的生命历程中,他无时无刻不在经验,但并不是每一种经验都是体验,只有体验方能使人的生命存在状态得以丰满。在宗教体验中,人体验到了上帝(或者终极实

---

① [德] 卡西尔:《人论》,甘阳译,上海译文出版社,1985年,第189页。

② [德] 卡西尔:《人论》,第189页。

③ [德] 伽达默尔:《真理与方法》,洪汉鼎译,商务印书馆,2007年,第83~89页。

在),这个上帝之为上帝,并不在于他的创造一切与全知全能,而在于他时时刻刻以圣爱之光照临苦难世界中的每一个人,给人以"存在的勇气"。正如当代天主教神学家蒂利希所言,"宗教是人类精神生活所有机能的基础,它居于人类精神整体中的深层"。而所谓"深层",则是指"它指向人类精神生活中终极的、无限的、无条件的一面。宗教,就这个词最广泛和最根本的意义而言,是指一种终极眷注。在道德领域,作为道德需求的无条件的严肃性,这种终极眷注是明显的,……在认识领域,作为对终极实在的热切渴望,这种终极眷注一目了然,……在人类精神机能的审美方面,作为表达终极意义的无尽的期望,终极眷注也非常明显"①。因此,宗教体验到的对象(上帝)是作为对人的存在状态的终极关怀而显现的,成就的是一种救赎的功能。也就是说,作为一个在世者,人是存在着很大的有限性的:不仅仅要受制于时间与空间,更根本的是在于人必有一死,必须面对命运与死亡的焦虑,对空虚无聊的焦虑,而宗教体验的对象——上帝(或者终极实在)是作为对这一有限性的克服而存在的,他使得人在与他遭遇的过程中,解除了存在者的苦难和焦虑,获得精神和心灵的安宁。②

同理,在审美体验中,审美对象是一种"意象",这种"意象"不是一种物理的实在,也不是一个既成的、实体化的存在(无论是外在于人的实体化的存在,还是纯粹主观的"心"中的实体化存在),而是"一种灿烂的感性"③,是一个完整的、充满意蕴的、充满情趣的感性世界。④ 在审美体验中,这个感性世界向我们显现。当这个充满意义的"意象世界"向我们显现时,人脱离了日常生活的羁绊,获得了自由。日本当代美学家今道友信对此有所表述,他

---

① [德] 保罗·蒂利希:《文化神学》,陈新权、王平译,工人出版社,1988年,第7~8页。
② 张文涛:《关于审美与宗教的共通性之思考》,《四川师范大学学报》(社会科学版)1998年第3期,第123~131页。
③ [法] 杜夫海纳:《美学与哲学》,孙非译,中国社会科学出版社,1985年,第54页。
④ 叶朗:《美学原理》,北京大学出版社,2009年,第59页。

说:"如果我们能够在唤起意识的事物或现象中,承认人的自由,那么人们就会意识到人从物的桎梏中的自我解放和物的重新组合的自由。这就叫艺术美的体验。"① 因此,艺术和美在一定程度上也具有救赎功能,这一点在西方马克思主义者那里有着更为系统化的表述。以马尔库塞为例,在其《单向度的人》中,他指出,当代的资本主义社会已经不同于以前的社会,它成了"单向度"的社会,即失去了否定面,生活于其中的人也变成了"单向度的人",形成了单一化和畸形化的意识和行为模式。在马尔库塞看来,"艺术就是反抗"②,它是对现实原则的彻底否定,具有摆脱压抑的功能。人可以借助于美和艺术追求自由的特性,通过审美和艺术欣赏,从而达到否定现实,获得拯救的效果。

通过以上阐释,我们可以看出,宗教体验与审美体验在关涉人的存在样态上、在体验过程中,甚至在更为根本的形而上学的层面上,即生存论的视阈中的拯救功能等方面,二者都具有不可化约的同质性。

(刊于《郑州大学学报》2010年第1期)

---

① [日]今道友信:《关于爱和美的哲学思考》,王永丽、周浙平译,生活·读书·新知三联书店,1997年,第312页。

② [德]马尔库塞:《爱欲与文明》,黄勇、薛民译,上海译文出版社,1987年,第105页。

人类生命历程与审美实践关系探析

⊙ 唐玉宏
⊙《河南社会科学》杂志社

一

毫无疑问,审美实践是伴随着人类生命的诞生而出现的一种生命现象。从发生学、文化人类学和生命美学的角度讲,一方面我们可以把人类生命看作艺术诞生的前提和审美实践的母体,可以说,没有人类生命就没有艺术,没有审美实践;另一方面我们则可以把艺术和审美实践看作人类生命的结晶和提升,可以说,没有艺术和审美实践就没有人类生命的发展与完善。因此,当我们考察艺术活动和审美实践时,就必须以人类生命现象为前提,而当我们考察人类的生命现象时,又必须把艺术活动和审美实践注入到生命现象的考察之中。正如以人类生命现象为阐释框架的生命美学所倡导的那样:"美学必须以人类自身的生命活动作为自己的现代视野,换言之,美学倘若不在人类自身生命的活动的基础上重新建构自身,它就永远是无根的美学、冷冰冰的美学,它就休想真正有所作为。"[1]

审美实践活动是在一般社会实践活动,尤其是在生产劳动实践活动基础上发展起来的一种高级的精神活动现象。与"真、善、美"的领域相对应,人类

---

[1] 潘知常:《生命美学》,河南人民出版社,1991年。

通过劳动实践获得了"知、意、情"三种不同的掌握世界的能力。所谓"知",即指人们认识客观世界必然性、规律性的能力;"意"是反映人的意志和愿望的能力;"情"则是指生命主体所拥有的审美能力。这三种能力相互影响、相互渗透,共同构成了人类生命健全、完整的心理整体。作为人类生命系统中重要因素之一的审美活动,不仅是协调"知解律"(知)和"道德律"(意)的中间环节,而且是人类社会和生命主体向更高级、更完美的方面发展的重要动力。可以说,社会的进步和生命主体的发展,就是人类对美追求的结晶。"审美能力的发展说明了人类社会文明的进步,而审美能力低下则是人类社会文明处于落后状态或倒退的表现。"① 随着物质文明的高度发展和科学技术的日益进步,人类的审美欲求将会显得更加五彩斑斓。人类的生命主体将在审美实践活动的推动下日臻完善。

与一般社会实践活动一样,人类的审美实践活动同样经过了由无意识到有意识、由自发到自觉的漫长发展历程。我们知道,现今的人类是由古猿进化而来的。从猿人、古人、新人,到原始社会解体,进入私有制的奴隶社会,人类历史经过了上百万年。在如此漫长的时间里,人类走过了坎坷曲折的历程,付出了极为艰辛的劳动,从而一步步地创造了丰厚的物质财富和精神产品,提高了人类进行物质生产和审美创造的能力。

经过漫长的演化以后,当人类祖先开始用手创造出简陋的工具时,就已经告别了动物界而开始了人类自身的独特历史。在人类社会的早期,原始人打制的各种石器是极其简陋、粗糙的,在外形上与自然界的石头没有什么本质的区别,但它却表明人类的祖先对石头的自然属性和作用已经开始有了新的认识,并且培植了能够按照自己的主观愿望和要求去加工客观对象的能力。这些出现于人类早期的石器,是直接产生于人类社会实践中的,它是以人的物质欲求和生存本能为第一使命的。这些石器是原始人为了维持生存而创造出来的,在某种程度上再现了人的本质力量,具有较高的实用性。尽管如此,我们仍然认为

---

① 何静:《撩开缪斯的面纱》,陕西人民出版社,1989年,第2页。

这一时期的石器，同时也暗含了原始人一定的审美欲求，而并不像一般美学教科书和时下流行观点武断地认为：原始先民只拥有社会实践的能力，而没有什么审美的欲求。当然，我们之所以这样说，并不是主观地把这些人类早期创造出来的石器看成是人类有意识地自觉地按照"美的规律"创造出来的审美产品，但是我们也并不能因为它不是人类自觉地按照"美的规律"创造美的结果就否定它所具有的审美价值。事实上，从非自觉、无意识地创造美到自觉、有意识地创造美，也要经过极其漫长、曲折的历程。只有经过几十万年的实践活动，在满足了人类生存需要的基础上，才有可能有意识地按照"美的规律"去创造纯属于精神范畴的审美产品。也就是说，人类审美意识的自觉，是随着社会生产力的发展，在物质需要得到一定程度的满足基础上日益发展起来的。但是事实上，人类的祖先一经从猿转化为人，一经从消极地"适应自然"发展到积极地"改造自然"的时候，也就是说，人作为真正"人"的系统和机能一旦建立起来，人类就不仅拥有了强烈的物质欲求和改造客观自然的愿望，同时也就拥有了独特的"审美"标准和"审美"能力。只是这一时期的"审美"标准和"审美"能力与日后高度发展与完善起来的审美标准和审美能力还有着本质的区别罢了。人们之所以忽视、怀疑和否定原始人独特的审美意识，从主观方面讲是由于人们片面理解物质第一性、意识第二性原理；从客观方面讲是由于忽略了原始意识和原始思维的"混同性"，忽略了原始人物质生产与精神生产的直接"统一性"。原始人的一切活动在表面上看来都是围绕着自身生存利益而展开的，以至于人们也就撇开了深藏在物质利益之下的审美欲求，进而也就否定了原始人所独有的"审美意识"。事实上，在人类整个生命过程中，审美实践活动从来就没有离开过生命主体，只是有时生命主体和审美实践活动之间的作用是积极的、主动的，有时两者之间的作用是消极的、被动的；有时两者之间作用的表现形式是显在的，有时两者之间作用的表现形式是潜在的。这可以从人类生命历程中各个阶段的不同表现形式中找到证明。

从思维特征上来看，原始人的思维方式是迥异于现代人的，原始思维的最大特点是模糊性、神秘性和混同性。法国著名人类学家列维-布留尔在充分考察了原始人类的思维特征以后认为,原始人类思维的最一般规律就是集体表象,这种表象"在该集体中世代相传;它们在集体中的每个成员身上留下深刻的烙印,同时,根据不同情况,引起该集体中每个成员对有关客体产生尊敬、恐惧、崇拜等情感"[1]。这种集体表象的存在不取决于原始社会的某一成员,每一个成员都必须接受集体表象所强加给自己的一切行为方式。这种思维方式与现代人的思维方式有着本质的区别。对于现代人来说,表象主要是智力方面或认识方面的,但对原始人来说却绝非如此,原始人集体表象的可分析性太少了。在原始人的集体表象中,情感或运动因素同时也是表象的组成部分。也就是说,在集体表象中我们本来认为是表象的东西,同时还掺和着其他情感、运动性质的因素。由于集体表象是情感与理智、审美与功利、历史积淀和个体心理等多种因素的"掺和",这就造成了原始思维活动的多义性、混同性、模糊性和神秘性。当原始部族对成熟男性青年举行"成年礼"这种仪式时,伴随着这种仪式的原始部族成员的心理活动是极其复杂的。"恐惧、希望、宗教的恐怖、与共同的本质汇为一体的热烈盼望和迫切要求、对保护神的狂热呼唤——这一切构成了这些表象的灵魂,使行成年礼的人对它们既感到亲切,又感到可畏而且真正神圣"[2],很难说明这种活动对原始个体所产生的影响。这就告诉我们,绝不能用定性的语言对原始思维活动的复杂性作简单的定量分析。

原始思维活动的另一个特点是他们对周围世界的神秘性。与现代人的思维活动相比,原始人的思维和儿童的思维方式更为相似。原始人丝毫不像我们那样思考问题和感知现象,当原始人感知这个或那个客体时,他们从来不把这些客体与那些莫名其妙的神秘性区别开来。对原始人来说,纯物理的现象是不存在的,流着的水、吹着的风、下着的雨及其他任何自然现象,都不像被我们感知着的那样被他们感知着,一切自然现象都被一种神秘的力量包裹着、驱使着,而且这种神秘的力量是不可理解的,不可战胜的。

---

[1] [法] 列维-布留尔:《原始思维》,商务印书馆,1985年,第5页。

[2] [法] 列维-布留尔:《原始思维》,第27页。

此外，在原始人那里，他们根本不懂得什么是因果关系、逻辑联系，他们只知道在做什么，却不知道为什么要这么做。他们看不出自己行动的意义，只知道默默地承继着先人遗留下来的思维习惯，而置这种思维习惯的前因后果于不顾。因此，我们可以据此推断，原始人的主要思维方式是集体表象，而集体表象的主要特点就是多义性、神秘性、模糊性、混同性的有机统一。这就不仅为我们进一步探索原始人类活动的多重意义准备了理论前提，而且为进一步开掘原始人类活动的审美意义提供了理论根据。

原始思维特征的模糊性和神秘性，决定了原始人类实用观念与审美观念的混同性，决定了原始人类物质活动和精神活动的统一性。美学家王朝闻在为邓福星《艺术前的艺术》一书所作的序中说：人类早期的物质生产和精神生产是交织在一起的，没有可以分割开来的确定性的界限，因而他们的物质产品和精神产品在当时是混沌统一的。认为人类的第一件工具是以后所有创造物的起点和最初形态，是人类一切精神和物质的创造活动的胚胎。在《艺术前的艺术》里，邓福星通过大量的史实证明了这一点。

事实上，把物质生产和精神生产、实用观念和审美观念看作同时诞生的这一结论，也是符合马克思主义的基本观点的。马克思曾经在《政治经济学批判》中指出："思想、观念、意识的生产最初是直接与人们的物质交往，与现实生活的语言交织在一起的。"[1] 在原始人那里，物质活动和精神活动是直接统一的。如果说原始人没有精神活动，没有审美活动，只能说原始人没有独立于物质活动以外的精神活动。"人类早期的物质活动和精神活动是交织在一起的。"[2] 人类在其幼年的相当长的时间里，除了为生存和繁衍所从事的急功近利的物质活动，几乎不再有其他所谓的纯精神活动了。严酷的生存环境和原始人自身极其有限的作用自然的能力，使得人类祖先只能从事维持生存的所谓物质

---

[1] [俄]普列汉诺夫：《普列汉诺夫美学论文集》第1卷，曹葆华译，人民出版社，1983年，第102页。

[2] [苏联]米·里夫希茨：《马克思恩格斯论艺术》，中国社会科学出版社，1982年，第9页。

活动。与现代文明人的物质活动所不同的是，这种物质活动同时也是原始人的精神活动。譬如狩猎，它本身是一种为谋求生存而进行的物质生产活动，但同时在这种物质活动过程中又极其充分地表现了原始人类之间的精神交往及其巫术意识、崇拜精神等，这种物质活动本身又包含着精神活动的因素。再如一件打制精美的石斧，之所以能引起原始人强烈的兴趣，最为直接的因素是它能够满足原始人类的生存需要，但是，在满足原始人类生存需要的同时，它会引起使用者精神上的娱乐和陶醉。在这里，物质与精神是相互交融的，你中有我，我中有你，犹如水中之盐、花中之蜜，生理上的快适和精神上的娱乐已经很难区分开来。

通过以上分析我们可以得知，原始人类独特的思维方法、生产方式和价值取向，使得现代人无法科学地界定其物质生产和精神生产之间的区分。在原始人那里，物质生产和精神生产是同步的，审美取向和生存观念是同源的。在原始人那里，虽说他们的生产劳动的直接动因是出于他们的实用目的，但这种实用目的同时也蕴含了他们的审美欲求，不过这种审美欲求是以一种极其功利的方式表现出来罢了。虽然这种审美欲求不能与文明人的审美标准同日而语，但如果要把这种过于功利化的审美欲求从原始人类的思维机制和价值观念中独立出来，而单一地考察原始人类的心理特征、生产状况和艺术起源是极其不全面的。在原始人那里，实用的即审美的，审美的即实用的，美和实用是合而为一的。对原始先民来说，在那个充满神秘、恐怖、模糊、混沌的世界上，他们不理解日月星辰、风雨雷电，不理解整个大自然的因果关系，不理解人世间的旦夕祸福，他们只能盲目地承袭着世俗遗传下来的行为模式，而对这种承袭的原因和目的却又一无所知。因此，对原始人来说，歌舞、祭祀和那些近似狂热的崇拜，有时也许有着个人的温饱所不能比拟的作用。

因此，在原始人那里，审美和功利是同一活动的两个不同侧面，物质生产和精神生产是同步产生的，功利目的和审美欲求是混沌统一的。精神生产和物质生产的统一性使我们无法界定某一对象的物质归属，它们是亦此亦彼、亦是亦非的。正是在这个意义上，我们把功利和审美看作同步发生的。不过，需要特别强调指出的是,原始人的审美观念是与其实用目的密切相联连,实用观念和审美观念的统一是在审美观念受实用观念"同化"基础上的"统一",是实用"战胜"审美的"统一"。由此我们便可以理解,原始先民在某一时期之所以"不用花朵来装饰自己"①,不仅因为花朵还没有成为他们的实用对象,同时也因为花朵还没有成为他们的审美对象。因为实用对象和审美对象在原始先民那里是合而为一的,只不过审美观念在更多的情况下都隐含在实用功利的背后罢了。在审美意识还没有从实用功利中分化出来的原始年代,某一对象一旦成为先人们的实用对象,它便理所当然地成为他们的"审美"对象;换句话说,某一对象一旦成为人们的"审美"对象,它就必然首先是先人的实用对象。因为,正如人类起源的过程中存在一个"亦人亦猿"的过渡阶段一样,"在艺术的起源过程中,也存在着一个'既非实用品,亦非艺术品'或'既是实用品又是艺术品'的过渡环节"②。

鲁迅先生在他的《〈艺术论〉译本序》一文中说道:"美底享乐的特殊性,即在那直接性,然而美底愉乐的根柢里,倘不伏着功用,那事物就不见得美了。"③ 非常正确,由于社会的进化,由于功利和审美的日趋分化,这对难兄难弟的睦邻友好关系被越来越多的中间环节给弄得日益疏远了,似乎美完全成了游离于功用之外的世外圣物,以至于人们在获得美的享乐的时候很少能想到功用在其间的作用。但是,在原始先民那里情况恰恰相反,他们的审美意识和功用目的还是混沌一体的,他们的审美娱乐恰恰是围绕着功利这一中介而展开的,恰恰是通过功利目的的直接性表现出来的,以至于有时我们也就看不出这种独特的审美方式。因此说,撇开审美实践活动考察原始生命的诞生和发展是不全面的。原始人类生命正是在物质生产和精神活动、自身生产和艺术生产的辩证统一中求得发展的。人类独立的审美意识也正是在这种功利与审美、物质

---

① 邓福星:《艺术前的艺术》,山东文艺出版社,1986年,第27页。
② 朱狄:《艺术的起源》,中国社会科学出版社,1982年,第2页。
③ 鲁迅:《鲁迅全集》第19卷,人民文学出版社,1973年,第19页。

生产与精神创造的混沌统一中日益分化和发展起来的。

二

人类审美意识的独立和审美实践活动的日益丰富多彩，是随着整个社会生产劳动实践不断发展起来的。大约在五六十万年以前，处于旧石器时代早期的北京猿人，就已经懂得用坚硬的石料打制各种石器了。虽然这些人类最早的创造物还很粗糙，与自然界的石头没有什么本质的区别，但它毕竟留下了人类加工的痕迹，是人的本质力量的外化和显现。因此，这些石器虽然不是人们自觉创造美的结果，但已经具有一定的审美价值了。到了距今二三十万年以前的旧石器时代中期，猿人逐渐演化为古人，经过数十万年的生产实践经验的积累，在制作工具上古人已比猿人有了明显的进步。丁村人打制的各种石器不仅制作精细，而且造型各异，加工难度也较大，显示了人类的智慧和技能的长足进步。大约到三四万年前的旧石器时代后期，人类进化到新人阶段。这一时期已经开始出现大量的装饰品，这就意味着在新人阶段，人类已经开始有了不是完全依附物质欲求的精神生活的需要。装饰品的出现虽然不能证明新人已经具有独立的审美意识，"但起码可以证明山顶洞人确已觉察到对象中包含了自身的本质力量，从而或多或少具备了在自己创造的世界中直观自身的能力"①。到了新石器时期，人类的审美需求和美化自身生活的能力有了飞速的发展。当时，人类创造美的活动已不仅仅限于生产工具，已经旁及了社会生活的各个领域，从房屋建造到生产工具，从物质生产到艺术造型，都有人类审美创造的痕迹。山东大汶口出土的玉器、象牙制品等，有的已经失去了实用价值，具有较为独立的审美意义。因此，人类较为独立的审美意识，最迟在新石器时期就已经开始诞生了。从此，日益多彩和独立的审美实践活动便和社会实践活动一道，为创造出愈来愈多的精神食粮和审美产品而作出了自己独特的贡献。

原始社会解体以后的几千年时间内，总体上来讲，人类社会一直是在私有

---

① 刘叔成：《美学基本原理》，上海人民出版社，1984年，第313页。

制条件下不断向前演进和发展的。因此，人类本身所具有的高度智慧和能力，人类社会所拥有的极为丰富的物质财富和高度发达的科学技术，以及人类创造的极为光辉灿烂的精神食粮和审美产品，也主要是在私有制的条件下形成和发展起来的。在这个意义上，恩格斯说："只有奴隶制使农业和工业之间的更大规模的分工成为可能，从而为古代文化的繁荣，即为希腊文化创造了条件。没有奴隶制，就没有希腊国家，就没有希腊的艺术和科学；没有奴隶制，就没有罗马帝国。没有希腊文化和罗马帝国所奠定的基础，也就没有现代欧洲……在这个意义上，我们有理由说：没有古代的奴隶制，就没有现代的社会主义。"[①]与奴隶社会和封建社会相比，资本主义社会获得了比它们高得多的社会生产力。正如马克思所说的那样，在短短的几百年时间里，资本主义社会所创造的财富要比以往全部社会创造财富的总和还要多，它不仅带来了科学技术的高度发达和物质财富的极大丰富，而且带来了意识形态和文学艺术的繁荣，为人的全面发展和更多更好的审美产品的创造打下了坚实的物质基础。因此，从历史的观点来看，无论是地主阶级取代奴隶阶级，还是资产阶级取代封建地主阶级，都是社会进步的标志，都极大地解放了社会生产力，从而促成了物质文明和精神文明的极大发展，也使美的创造和发展达到一个新的水平。但是，私有制条件下创造的极大物质财富和精神财富是以创造者本身丑陋和贫穷为条件的。因此，在私有制条件下，人类审美实践活动的开展是在一个非审美过程中进行的，也就是说人类的审美创造是在强制、压迫和不自由的条件下进行的。但是这种非审美的创造活动本身却为人类创造了丰富的物质财富和审美产品，不仅为社会和审美实践活动的进一步发展提供了物质基础，而且为人类自身的完善创造了必要的条件。

但是，无论私有制为人类创造了怎样的"神话"和"信仰"，无论它为人类提供了怎样的物质财富和精神产品，人们最终还是免不了为它敲起丧钟。因为它毕竟不是人类理想的寓所，它毕竟与人类自由的本质不相符合，人类终将

[①] 马克思、恩格斯：《马克思恩格斯选集》第3卷，人民出版社，1974年，第220页。

埋葬私有制并进入自由、平等的共产主义社会。作为共产主义过渡阶段的社会主义，由于主客观方面的条件所限，社会分工和人类自身的片面发展一时还在所难免，人们的社会实践活动和审美实践活动相脱离的现象还要在相当一段时间内存在。只有到了共产主义社会，在物质财富和精神文明达到相当高度的时候，社会分工和人的片面发展才会取消。人们的社会实践活动和审美实践活动将会融为一体，所谓的社会实践将是充满着极大的自由和审美娱乐的社会实践，所谓的审美实践将是社会实践审美化的审美实践。到那时，人们就不会像现在这样必须按照严格的社会分工而从事着某项单一的工作，人们将可以自觉地根据社会的需要和个人的爱好从事各种力所能及的工作。到那时，个人的、独创的和自由的发展才不再是一句空话，人类的生命才可能是高度自由、高度发展和高度完善的。

由此可见，人类生命的发展史，不仅是社会实践的发展史，同时也是审美实践的发展史。社会实践是人类生命得以诞生和发展的前提和基础，审美实践则是人类社会进步与完善的标志和象征。因此可以说，社会实践愈加发展，人类的生命就会愈加完善；人类的生命愈加完善，人类的审美标准就会愈加提升，人类的审美实践活动就会更为五彩缤纷。正如格罗塞所言："艺术不但是一种愉快的消遣品，而且是人生的最高尚和最真实的目的之完成。"一方面，"社会的艺术使各个人十分坚固而密切地跟整个社会结合起来"；另一方面，"个人的艺术因了个性的发展却把人们从社会的羁绊中解放出来"。[①] 也就是说，艺术活动、审美实践对人类生命的升华和完善将起着不可替代的作用。

（刊于《郑州大学学报》2002年第2期）

---

① ［德］格罗塞：《艺术的起源》，商务印书馆，1984年，第241页。

审美之"无":中国美学和艺术的"本无论"精神

⊙史鸿文
⊙郑州大学公共管理学院哲学系

在中国传统哲学和文化中,"无"是一个极具超越性的概念。它通常并不是一个形而下的毫无反思意义的称谓和缺乏内涵的日常指符。相反,"无"是一个充满意旨并延绵深广、内涵无穷且渗透力极强、张力十足令文人士大夫追慕不已的天地境界和人生境界。这种境界不仅超迈幽玄,而且随俗明辨。它时而用于对天地流化的沉思,于是便有哲学本体论上的有无之争;它时而被用于对治国安民的启迪,于是便有魏晋时期盛极一时的"贵无"政治;它时而用于对人生追求的探索,于是便有"无为而无不为"的生存格言。但它影响最深、意义最丰富的,当是被用于审美反思和艺术创构,于是便有"至乐无乐""无我之境""以虚待实""无意于佳乃佳"等许许多多千古不绝的美学话语。可以说中国美学和艺术有着浓重的"本无论"色彩。

一、道、禅哲学和美学的"本无论"色彩

佛教进入中国之前,道家的创始人老子和集大成者庄子便把"无"作为一个极为重要的哲学命题提了出来。法国新托马斯主义哲学家雅克·马利坦在《艺术与诗中的创造性直觉》中说:"在道家的观念中,不再像实在那样具有

很多含义。"① 他所说的"不在"即"无"。在老子哲学中,"无"被用于说明万物创化的本原,并和"有"辩证地结合在一起,成为万事万物运化不已的极则。《庄子·大宗师》认为"道"的特点是"无为无形""可传而不可受,可得而不可见"。且"无"若不通过"有",便无法转化为实象界的存在,所以《老子·二章》又称"有无相生"。这又说明道家的"本无论"是和"存有论"辩证结合在一起的,只不过"无"是根本,"有"是属从。

老、庄所设定的"道"之"无"的特点,虽然包含有对宇宙无限性的哲学反思,但其根本用意在于解答人生的存在方式,这种人生的存在方式则是"无为而无不为"的自由理想。在老、庄哲学中,"无为"所张扬的是一种消解有形世界恩怨是非的超越性生存境界,但它的更高追求是"无不为"。"无不为"是一种非现实的、超验的且带有理想主义色彩的自由之道。所以,道家讲"无",最终可归结为超现实、超有限、超是非、超存在的精神自由。这种精神自由是对人生观照的无限敞开性的隐喻,它明显透出一种审美主义的色彩,一种将人生虚无化和艺术化的气质。尤其是庄子,他的学问,他的人生,处处表现出一种审美主义者的精神乐趣。可以说,庄子哲学的关键是人生哲学,庄子人生哲学的关键是人生美学,庄子人生美学的关键是虚无化的自由观照。② 这种虚无化的自由观照在审美生活中的基本表现,便是"至乐无乐"和"忘适之适"。

《庄子》一书有《至乐》一篇专讲"至乐无乐"之道,他在列举了世俗之乐的种种"罪过"后指出:"今俗之所为与其所乐,吾又未知乐之果乐邪,果不乐邪?吾观夫俗之所乐,举群趣者,誙誙然如将不得已,而皆曰乐者,吾未知之乐也,亦未知之不乐也。果有乐无有哉?吾以无为诚乐矣,又俗之所大苦也。故曰:'至乐无乐,至誉无誉。'"他接着还说:"至乐活身,惟无为几

---

① [法]雅克·马利坦:《艺术与诗中的创造性直觉》,生活·读书·新知三联书店,1991年,第26页。

② 史鸿文:《优存·自由·美悟》,《江汉论坛》1999年第2期。

存。"显而易见，"至乐无乐"就是抛开有限的感官快乐之后所达到的一种精神上自由的、极致的快乐。这种"至乐"的现身表现是"无为"，不追求任何意义上的感性欲望。在《田子方》中，庄子把"游心于物之初"看成是"至美至乐"。所谓"游心于物之初"，其实就是游心于"虚无之道"，而游心于"虚无之道"的前提是练就《庄子·田子方》中所谓"喜怒哀乐不入于胸次"的功夫，亦即《庄子·人间世》中所谓的"哀乐不易施乎前"和《庄子·达生》中所谓的"死生惊惧不入乎其胸中"。其实这是对"至乐无乐"的另一种解释。《庄子·达生》中还讲到过"忘适之适"，其基本意义和"至乐无乐"相同或相近。他说："工倕旋而盖规矩，指与物化而不以心稽，故其灵台一而不桎。忘足，履之适也；忘要，带之适也；忘是非，心之适也；不内变，不外从，事会之适也；始乎适而未尝不适者，忘适之适也。"可见，"忘"就是无所不忘，甚至忘其所忘；就是忘掉此在的欲念、是非等一切扰心之事；就是感官享乐层次上的"无"。这种"无"是实现"至乐"的根本途径。

对生命优存的观照和对生命忧惧的解脱，始终是中国美学的人本学主题。[①]庄子的"至乐无乐"和"忘适之适"便具有明显的人生解脱、解困倾向，是庄子从生存论意义上来反思苦短忧惧的人生困境而寻找到的一条超脱性和审美化的自由之路。在庄子看来，现实中多数人为物欲冲动而弄得身心疲惫、灵性泯灭，实际上是心已死而身犹存，而在他看来，"哀莫大于心死"[②]。所以人必须从物欲冲动中解脱出来，虚心待物，空无我欲，敞开心扉去容纳宇宙的无穷之道，不要斤斤计较于眼前利益，犹《庄子·山木》所谓"洒心去欲，而游于无人之野"，《庄子·达生》所谓："处乎不淫之度，而藏乎无端之纪，游乎万物之所终始。"《庄子·则阳》还以魏莹（魏惠王）与田侯牟的对话来说明此理："（田侯牟曰）'君以意在四方上下有穷乎？'君曰：'知游心于无穷。'""无穷"是人生的审美场，是精神自由的栖息地。

---

① 史鸿文：《走向生命优存论美学》，《郑州大学学报》2001年第5期。

② 陈鼓应：《庄子今注今译》，中华书局，1983年。

中国文化道、禅相联，禅宗文化受道家思想的影响不言而喻。特别是道家的"本无论"思想，经魏晋玄学的张扬后，为禅宗所吸收利用，发展为以"空""无"为本的禅文化意旨。佛性空无一物，不是任何具象的、有限的存在，而是"空"、是"无"，即《曹溪大师别传》中所谓的"佛性无形"。慧能在《坛经》中大量讲到"无念""无相""无住""无忆无着""无头无尾"等，都突出了佛性禅悟以"空""无"为本的特点。佛教的立身之本也是人生解脱，即《坛经·般若》所谓："智慧观照，内外明彻，识自本心。若识本心，即本解脱。若得解脱，即是般若三昧，即是无念。"解脱就要去思去欲，空无杂念，进入无形无相、无欲无念的禅悟境界，这与庄子人生哲学的出发点颇多相似之处。单从人生层面上讲，禅宗和庄子一样，要求人们抛弃一切物欲杂念，做到如《坛经·般若》所谓的"心量广大，犹如虚空，无有边畔，亦无方圆大小，亦非青红赤白，亦无上下长短，亦无膜无喜，无是无非，无善无恶，无头无尾"，"去来自由，心体无滞"，"空心静坐，百无所思"。禅宗所构筑的这种精神自由境界及其实现方式和庄子的"至乐无乐""忘适之适"如此相似，绝非不谋而合，而是中国文化演变、流传、互渗的必然结果。

综观道、禅特别是庄、禅对"无"的超越性阐释，说明"无"是一个具有审美意义的哲学范畴。这范畴所昭示的是纯美的观照，而不是感官的享乐；是超实象的审美化追寻和在追寻中的体验，而不是在实象界的宣泄和在宣泄中的刺激。它立足于对人的"欲我"的否定而达到对"无我"的肯定，立足于对"欲我"的超越而达到对"无我"的无限伸张。其最终意义是用精神的张力来消解现实的痛苦。萨特在讲到存在主义的人道主义时指出："人类需要的是重新找到自己。"他还说："人始终处在自身之外，人靠把自己投出并消失在自身之外而使人存在；另一方面，人是靠追求超越的目的才得以存在。既然人是这样超越自己的，而且只在超越自己这方面掌握客体（obiects），他本身就是他的超越的中心。"[①] 笔者无意认为庄、禅以"无""空"为媒介的人生超越

---

① ［法］萨特：《萨特哲学论文集》，安徽文艺出版社，1998年，第134页。

观念具有存在主义的人道主义倾向，但它们确有相似的心路历程，只不过于庄、禅的超越路径更具悦心悦意的审美主义理想色彩（而在存在主义那里则往往是抽象的、让人捉摸不透的存在本体），并对中国艺术和美学产生了深远而广泛的影响。

二、无我之境：从人生到艺术

庄、禅从宇宙、大道、佛性的空、无，讲到人的无欲、无为，事实上是由"物之无"而讲到"我之无"，由宇宙"本无论"而讲到人生"虚静论"。"物之无"能通过形而上学的本元性反思而发现，而"我之无"则要通过一定的心理训练去获致。当这种人生超脱意义上的空、无观念被延伸到艺术领域时，便出现了艺术、美学中对诸如"无我之境"的追觅。这里我们不妨以王国维的"无我之境"这一中国艺术意境的典型的、概括性的范畴为例，来说明庄、禅的人生"本无论"对中国艺术意境理论的影响。自王国维在《人间词话》中提出"有我之境"和"无我之境"以来，人们对它们的含义一直争论不休。在我国当代美学中，有的学者以是否经过移情作用来解释王国维的"有我之境"和"无我之境"（朱光潜），有的则以"欲之我"和"知之我"来解释王国维的"有我之境"和"无我之境"（叶朗）。这些解释大都有一定的道理，我们固可存而不论。笔者以为，如果从庄、禅哲学的人生"本无论"层面上去看待王国维的"无我之境"，或许更能洞悉其文化含量。王国维是一位既受西学影响又受国学影响的学者，但国学却是其立学之本。而在国学传统中，对王国维文艺思想影响最大的莫过于庄、禅二家。庄、禅之学，以对人生的反思为本，王国维亦如此。他曾称自己"体素羸弱，性复忧郁，人生之问题日往复于吾前"[①]，说明他和庄、禅一样，更多地关注于人生问题。事实上，从庄子的虚无、禅宗的空无到王国维的"无我之境"，是中国人生文化和艺术文化"本无论"观念绵延不绝、顺理成章的演绎之果，它反映了中国文化在人生解脱方面

[①] 王国维：《王观堂先生全集》第五册，文华出版公司，1968年，第1825页。

的某种一脉相承的关系。

庄、禅之"无"根源于对人生问题的终极追问和此在解脱,所以在生活态度上便是对"无己""虚己""忘己""忘我"的强调,这是人类寻求自我解脱的一种最基本的思维理路。到了王国维,则明确从理论上把这种解脱态度转化到艺术意境中去了,于是,便有了他对"无我之境"的说明。《庄子》一书虽然极少谈到"无我",但却大量谈到"无己""虚己""忘己"。这些概念的基本含义包括:其一,打破自我封闭的心理障碍,消解以自我为中心的闭塞意识;其二,把自我消融到外物之中,做到如《齐物论》中所说的"吾丧我";其三,倡导一种"以天合天"的观照态度,即邵雍、王国维所说的"以物观物";其四,一种摆脱物欲、名辩的心理方式和处世态度;其五,达到物与我、我与物的俱忘与混通;其六,一种"坐忘"功夫或"心虚"之术;其七,通向精神无限自由的一种"无为"的生存方式和生存境界;其八,一种审美化的待物方式和观照维度。以上几个方面均可在《庄子》一书中找到大量佐证。《人间词话》中对"无我之境"的有关论述,与庄子的以上思想有着无可争辩的实质性联系。《人间词话》云:"无我之境,以物观物,故不知何者为我,何者为物。""以物观物",就是《庄子·达生》中的"以天合天";"不知何者为我,何者为物",就是《庄子·知北游》中的"与物无际"、《在宥》中的"人与物忘"、《天地》中的"忘乎物,忘乎天,其名为忘己。忘己之人,是谓入于天"、《山木》中的"人与天一"。

《人间词话》又谓:"无我之境,人惟于静中得之。"这里的"静"就是《庄子·天道》中的"圣人之心静"和"虚静恬淡"以及"言以虚静推于天地"、《刻意》中的"虚无恬淡"和"静一而不变"、《缮性》中的"阴阳和静"、《达生》中的"齐以静心"。"以天合天"和"齐以静心"在庄子哲学中最初是一种人生超脱的养心之术和洞悉物性的观照方式,它们都具有明显的虚无色彩,但当这种养心之术和观照方式被贯彻到艺术创构(如"工倕旋而盖规矩""解衣般礴"和"梓庆削木")活动中去时,它就成了一种具有实际意义的艺术创作的心灵轨迹,由此而创作出来的艺术便可达到"无我之境"。从王国维在讲"无我之境"时所列举的两首诗（即陶渊明《饮酒》之五、元好问《颍亭留别》）可以看出，这两件作品均有虚无恬淡的庄学色彩。陶诗中的"心远地自偏""欲辨已忘言"，更是直追庄子的"心虚""忘我"之道。

　　王国维的"无我之境"与禅宗的"无我""空"同样有着紧密的联系。季羡林先生说："'无我'的思想，'空'的思想，一旦渗入中国的诗歌创作，便产生了禅与诗密不可分的关系。"① 至于王国维所讲"不知何者为我，何者为物"，正与佛教的"彼己无二""物我俱一"相一致。僧肇在《涅槃果无名论》中讲到"有无齐观"和"彼己无二"时说"天地与我同根，万物与我一体"，明显具有《庄子·齐物论》"天地与我并生，而万物与我为一"的"齐物论"倾向；禅宗经典《坛经》里也讲"无二之性即佛性"；《涅槃果无名论》中还有"物我俱一"等诸多类似说法。这些都对中国的艺术理论和艺术实践产生了重大影响。从"存有论"的角度讲，"无我"是不可能的，所以"无我"实际上相当于庄子所说的"忘我""无己"，即如竺道生《注维摩诘经》讲："无我本无生死中我，非不有佛性中我也。"法国存在主义哲学家萨特在其哲学巨著《存在与虚无》中说："唯有存在才能使自我虚无化。因为，无论如何，为了自我虚无化，就必须存在。然而，虚无不存在。我们之所以能谈论虚无，是因为它仅仅有一种存在的显象，有一种借来的存在……虚无不存在，虚无'被存在'（estete）；虚无不自我虚无化，虚无'被虚无化'（estneantise）。因此无论如何应该有一种存在（它不可能是'自在'），它具有一种性质，能使虚无虚无化，能以其存在承担虚无，并以它的生存不断地支撑着虚无，通过这种存在，虚无来到事物中。"② 虽然萨特的"虚无"（neant）和庄、禅的无、空具有很多不同的含义，但庄、禅的"本无论"哲学向艺术意境中的转化，说明这种"本无论"哲学有其随俗明辨的一面，实际上是"本无论"和"存有论"的统一。因为艺术毕竟是存在的，但艺术的确又是超脱的，所以，艺术是有和

---

① 陈德礼：《人生境界与生命美学》前言，长春出版社，1998年。
② ［法］萨特：《存在与虚无》，安徽文艺出版社，1998年，第53页。

无的统一。王国维的"无我之境"之说，无疑包含着对魏晋以降的中国传统诗歌中庄、玄、禅旨意的总结。中国诗歌和艺术自魏晋以后，便明显渗透着庄、玄、禅的"无""虚""静""空"等相关思想的影响，透出一种虚灵淡逸的风格和明显的借艺畅神的特色。也就是说，文人士大夫把艺术作为人生解脱的工具，企图通过艺术的创作与欣赏，达到空无我欲的生存境界。

三、审美之"无"的艺术传达

庄、禅所阐发的审美之"无"对中国艺术意境的影响已如上述，但就艺术创作和意境的传达而言，仍需进一步说明。具体而言，庄、禅审美之"无"对中国艺术创作的影响主要表现在：庄子的"虚而待物"等对中国艺术处理虚实关系的影响，庄、禅的无、空观念对中国艺术空间意识的影响，庄子的"忘我""齐以静心"和禅宗的"无念""空"等对中国艺术创作的审美心胸（虚静心态）的影响等。

王夫之《庄子通·刻意》谓："天下之妙，莫妙于无；无之妙，莫妙于有。""无"被引入艺术中，便不再是毫无生机的一片空虚，而成为具有生命底蕴的生机无限的审美之"无"。如王夫之《姜斋诗话》谓："墨气所射，四表无穷，无画处皆其意也。"笪重光《画筌》谓："虚实相生，无画处皆成妙境。"戴熙《习苦斋画絮》："画在有笔墨处，画之妙在无笔墨处。"至于书画美学中的"飞白美""空白美"，更资证明。这也是中国人独特的空间意识在艺术中的表现。中国艺术美学不仅尚"无"，更尚"有无之间"，此即道家"惚兮恍兮""惟恍惟惚"和禅学"不即不离"之演进。实际上也是道、禅哲学"本无论"和"存有论"在艺术领域的有机统一，是中国艺术处理虚实关系的最高境界。如陆时雍《诗镜总论》："盛唐人寄趣，在有无之间。"王世懋《艺圃撷余》："趣在有意无意之间。"陈廷焯《白雨斋词话》："托讽于有意无意之间，可谓精于比义。"叶燮《原诗》认为"诗之至处"的主要特点是："其寄托在可言不可言之间，其指归在可解不可解之会，言在此而意在彼，泯端倪而离形象，绝议论而穷思维，引人于冥漠恍惚之境，所以为至也。"戴表元《许长卿诗序》:"无迹之迹诗始神也。"

最值得说明的还有中国传统艺术美学的"虚静"理论对庄、禅相关思想的继承和发挥。如前所言,庄、禅从外在的"无""空"而论及人生态度方面的"虚静""坐忘"和"空我""无念",辗转而达于艺术创构,从人生存在方面的反物欲心态而演绎为艺术创构的静心观照和绝尘游思,便是中国艺术一以贯之的心路历程。《庄子·达生》论梓庆削木为鐻时强调艺术家要"齐以静心",而"齐以静心"就是"不敢怀庆赏爵禄""不敢怀非誉巧拙""辄然忘吾有四肢形体"的反物欲心态。另外,像庄子讲的"解衣般礴""工倕旋而盖规矩"等艺术创作方面的例子均具此意。庄子的这种思想和后世禅学相结合,被广泛用以对艺术创作的审美心胸即艺术家所持有的虚静、无念心态的说明。如刘勰《文心雕龙·神思》:"是以陶钧文思,贵在虚静,疏瀹五藏,澡雪精神。"陈文蔚等辑《晦庵诗说》载朱熹言:"不虚不静故不明,不明故不识。若虚静而明,便识好物事。虽百工技艺做得精者,也是他心虚理明,所以做得来精。"朱熹认为,"虚静"就是心里澄明而无杂念,否则,"心里闹,如何见得"?其实就是庄子所说的"齐以静心"。这实际上也是中国古代创作心胸论最普遍、最广泛的见解。

苏东坡论艺,有"无意于佳乃佳"[①] 的名句。有学者用西方现代心理学的"无意识"概念来解释苏东坡此语,[②] 可以说是对中国美学"本无论"精神的某种误读。西方的"无意识"理论产生于17世纪,但给予它明确定位并被用于解释文化、审美和艺术问题的,主要是弗洛伊德和荣格。现代心理学的"无意识"概念主要有以下特点:一是指"不能清晰地意识";二是指"很久以前发生的事件所造成的印象、感觉、情绪,它们还没有来得及进入意识,便很快沉入或存储在意识阈限下的记忆仓库中";三是"本能冲动一旦受到压抑,便沉入意识的深层,成为潜意识"。此外,还有荣格的建立在"原型"基础上的

---

① 《中国历代书法论文选》(上),上海古籍出版社,1979年,第314页。

② 沈季林:《书初无意于佳乃佳》,《书法研究》1989年第3期。

"集体无意识"①。无论如何，西方现代心理学中的"无意识"所表露的主要是一种心理经验的被动存在，是一种心理轨迹的非意识凝结。这与庄、禅及中国美学中的"无念""无意""无己"都有较大差异。如果说西方的"无意识"主要是自然形成的（包括遗传和后天体验），那么立足于人生解脱层面上的庄、禅则主要是强调要主动去消解意识，事实上是把意识转入无意识，即"无念""无意"等。就艺术创作而言，亦复如此。苏东坡讲"书初无意于佳乃佳"，恰恰不像西方艺术那样，把无意识"唤醒"到作品中，而是把意识消解到"无意识"中，从而使"无意识"之中沉淀着丰厚的社会、文化、历史意味及浓重的生命意识。西方的"无意识"以"冲动""性力""原型"为核心，中国的"无意气""无念"则以除杂念、反世俗、消物欲、聚精神为核心；反映到作品中，便是西方现代艺术以"梦魇""狂乱""冲动""性物"为内容，而中国传统艺术中则以宁静、淡然、简约、含蓄为风神。所以，二者本质上不可同日而语。苏东坡的"无意于佳乃佳"是庄、禅审美之"无"的艺术表达，而不是西方"无意识"思想的反映。

（刊于《郑州大学学报》2002年第5期）

---

① 滕守尧：《审美心理描述·附加篇》，中国社会科学出版社，1985年。

现象直观与意象的诞生

——从心物关系看审美活动的内在发生机制

⊙朱建锋
⊙郑州大学文学院

对心物关系的研究,是传统美学一以贯之且卓有成效的部分。无论是对美本身的探究还是对审美经验的考察,审美对象是一个必须认真加以对待的理论问题。

一、日常客体与审美客体的区分

传统美学理论主要采取"心""物"二分的方式解决审美对象问题:前者认为审美对象是由精神如感觉、知觉、情感等主观心理活动等构成,后者认为审美对象是由物如线条、比例等客观属性构成。究其实,两者都采用了一种实体性的、非此即彼的、主客绝对分离的思维方式。现象学作为一种特有的哲学方法,为探究审美对象的构成要素提供了新的理论武器:它在思维方式上突破了原来的主客截然二分模式,用关系思维代替了实体思维;它不再把审美对象看作一种独立的、实体性的物质或精神存在,即不再把审美对象看作一种要么客观的要么主观的存在;它不再在认识论层面而在存在论层面探讨审美对象的构成。

要界定审美客体与审美对象,首先有必要对"客体"和"对象"这两个概念作出界定。

所谓"客体",是指事物以"现成化"的存在方式呈现于我们与其所打的交道中。所谓"对象",是指事物以某种对主体的生命世界产生建构作用的方式进入和显现于主体与它所打的交道之中。显然,对象较之于客体,揭示着事物与我们更为亲密的关系。我与对象是一种"你中有我,我中有你"的相互勾连、相互建构的一体化关系。因此,对象是一种"属我性"的存在物,也就是我的"对象化"。它既是事物的一种存在方式,同时也是我的一种"化入"事物中的存在方式,是一种"我见青山多妩媚,料青山见我应如是""我没入大自然,大自然没入我"的物我交融状态。

这种人与事物的对象性关系是在人类的生命实践活动中历史地建构起来的,因而也是人类本质的存在规定性。正如马克思所说:"我的对象只能是我的一种本质力量的确证,也就是说,它只能像我的本质力量作为一种主体能力自为地存在着那样对我存在,因为任何一个对象对我的意义(它只是对那个与官相适应的感觉来说才有意义)都以我的感觉所及的程度为限。"① 这里马克思对"感觉"的强调,是强调对象的意义是相对于人的全部的感性的存在而言的,而不只是相对于人的意识层面的。因此,人与世界的对象性关系是一种存在本体论的规定性,而不只是认识论层面的东西。

然而,人作为类整体所建构起来的对象世界,并不完全相应于单个的主体的生命存在,因此某一事物尽管相对于类来说已经历史地获得了其对象性的存在,但相对于某一具体的主体却并不一定也必然地显现为一个对象,而只是显现为某种客体的存在。马克思曾说:"对于没有音乐感的耳朵说来,最美的音乐也毫无意义,不是对象。"② 但在此这"不是对象"的音乐,却仍然是一种客体的存在,即它作为一种对我不显现"意义"的、没有进入我的生命世界的,因而与我没有发生本质关联的,但又出现在我的世界之中的一个客观事物而存在着。

事物作为客体的存在方式是人类生命实践活动的历史建构的产物。在不同

---

① [德] 马克思:《1844年经济学—哲学手稿》,人民出版社,1985年,第52页。

② [德] 马克思:《1844年经济学—哲学手稿》,第82页。

的生命实践活动中，同一事物会显现为不同的客体存在。因此，在审美活动中显现出来的审美客体也不同于我们在日常活动中所遭遇的客体。

以陶渊明"采菊东篱下，悠然见南山"这一诗句为例。"南山"作为一个自在的事物，是一个潜在的我们可以与其打各种交道的事物，然而在这各种交道中，它也就转化为各种不同的客体。对于作为审美客体存在的"南山"，我们看到的是山的形状、植被的色彩、山林中忽隐忽现的氤氲等，一句话，是它的"外观形态"，而这一"外观形态"与作为日常客体的"南山"的物质实体性无关。也就是说，我们在审美活动中所观看的只是某一客体所显现的外观形态的"形式"存在，而与这一外观形态是如何构成的无关。因此，不论是自然事物还是艺术作品，当它作为审美客体出现于审美活动中时，便由日常的物质实体性存在转化为形式性存在。形式性存在是对审美客体的存在属性的规定性描述。审美客体本质上只是一种形式客体。

二、审美客体的直观性与个体性

胡塞尔在分析丢勒的铜版画《骑士·死神·恶魔》时曾说："我们在这里首先把作为物的'铜版画纸'也就是夹在纸夹里的这张纸当作相关物的这种常态知觉区别出来。其次，在这张纸上，'马上的骑士''死神''恶魔'等无彩色的小形象显现在我们面前，我们来区别一下知觉意识。但是在审美观照中，我们并不是面对着这些形象。我们所面对的是形象中所呈示的实在性，确切地说是模仿出来的实在性，也就是有血有肉的骑士等。"①

在这里，胡塞尔指出了铜版画的三个层面：第一个层面是作为日常知觉对象的作为物的铜版画纸；第二个层面是用知觉意识把握的显现在我们面前的马上的骑士、死神、恶魔等无彩色的小形象；第三个层面是由审美观照中的意向作用所把握的模仿出来的实在性，也就是有血有肉的骑士。

审美客体在审美活动中只是作为触发主体的审美感性的客体而已，还不是

---

① ［日］今道友信：《美学的方法》，文化艺术出版社，1990年，第55~56页。

真正的审美对象。它只有在触发主体的审美感性的一刹那才转化为真正的审美对象。郑板桥写道:"江馆清秋,晨起看竹,烟光、日影、露气,皆浮动于疏枝密叶之间。胸中勃勃,遂有画意。其实胸中之竹,并不是眼中之竹也。"① 这里,郑板桥把"看竹"分为两个层次:首先是"眼中之竹",即竹的疏枝密叶及浮动于其间的烟光、日影、露气等物的外观形态。如果这一"看竹"的活动仅止于此,那么它不过是日常活动中所恒常发生的视知觉与外物的普通接触而已,即此时的"竹"也只是一种日常知觉的客体。但正是在"看"的活动中,发生了使观看者"胸中勃勃"的事件,便使得看竹活动从日常之"看"转换为审美之"看",使"眼中之竹"转化为"胸中之竹"。而正是这一"胸中之竹"的出现,才使得日常的看竹活动成为审美活动,并使"竹"成为审美对象。

关于在审美活动中存在着审美客体与审美对象两个层次的区别,中国古典美学中有许多论述。如王夫之云:"'日落云傍开,风来望叶回',亦固然之景,道出得未曾有,所谓眼前光景者此耳。所云'眼'者,亦问其何如眼。若俗子肉眼大不出寻长,粗俗如牛,目所取之景亦何堪向人道出。"② 这里,所谓"固然之景"即是审美客体,"眼前光景"则是审美对象。而从"固然之景"到"眼前光景"的转换,取决于"何如眼",即如何"看"。这也就是说,"眼前光景"是"看"出来的。

对于审美客体和审美对象的关系,发生认识论也做过解释。如皮亚杰就认为,主体与客体之间的界限是不稳定的,而认识在本原上既不是从客体发生的,也不是从主体发生的,而是从主体和客体之间的相互作用中发生的。③ 他认为,在主体与客体双向建构的途径中,有个中介环节——认知结构。客体是通过这一内部结构的中介作用才被认识的,而认知结构是通过个体不断

---

① 于民、孙通海:《中国古典美学举要》,安徽教育出版社,2000年,第938页。

② 于民、孙通海:《中国古典美学举要》,第844页。

③ [瑞士]皮亚杰:《皮亚杰发生认识论文选》,华东师范大学出版社,1991年,第3页。

学习得来的。客体产生刺激被整合进个体原有的认知结构中,就好比进入消化系统而被吸收,叫作"同化";同时主体要调整自身原有的结构以适应客体,这种适应叫作"顺化"。同化和顺化不断双向运动,使主体的认知结构由简单到复杂、由初级到高级发展。这就是认识的建构过程,它同时包含着主体与客体。①

由此可见,审美对象是审美主体和审美客体双向建构活动的产物,而审美客体则是事物的外观形态的一种"客观"呈现,这正是审美对象与审美客体的本质区别所在。虽然从现象学的观点来看,一切呈现于意识之中的客体对象都是意识的意向性活动建构的产物(审美客体也不例外),但我们可以说,审美对象是在个体主体的意向性建构活动中建构出来的具有"个体性"规定性的存在物,而审美客体则是一种"非个体意向性"的客观存在物。由于人类认知结构模式的同一性,客体所呈现出来的"形式"是由客体自身的质料属性所决定的。因此,形式客体相对于不同的个体主体来说,具有客观普遍性。

然而,审美经验告诉我们,不同的主体面对相同的审美客体所获得的审美体验是各不相同的。这里的奥秘就在于,我们所面对的虽然是"相同"的审美客体,但却是不同的审美对象。借用叶燮的话来说,便是"境一而触境之人之心不一"。这里,"境"即日常客体,它随"触境之人之心不一"而生成为不同的审美对象。这是个主客体双向建构的过程。

三、审美客体向审美对象的生成

从审美客体到审美对象的转化——审美意象的生成——是一个客体的主体化和主体的对象化同时发生的双向建构过程。一方面,由于在此过程中,客体的显现是相对于"我"的显现,是在我的视域中呈现为如此这般的存在,"故物皆着我之色彩",成为进入我的生命世界之中的存在,因而也就成为只属于"我"的"对象"。另一方面,"我"借此客体的触发而获得了我

---

① [瑞士]皮亚杰:《生物学与认识》,生活·读书·新知三联书店,1989年,第166~168页。

的对象性存在的确证，我也就"对象化"为我的生命世界。在此过程中，主体和客体同时完成了各自的"质变"——客体主体化为"世界"，而相互交融跃迁于一个新诞生的"生命世界"中，而这同时也就是审美意象的诞生的过程。

这里有必要指出的是，我们所说的主体的对象化不同于西方美学中的"移情说"。朱光潜先生认为，移情就是"人在观察外界事物时，设身处在事物的境地，把原来没有生命的东西看成有生命的东西，仿佛它也有感觉、思想、情感、意志和活动，同时，人自己也受到对事物的这种错觉的影响，多少和事物发生同情和共鸣"①。这充分说明移情是单向性，是主体向客体的单向移情，而不是主客体的双向建构。移情说是在心理学的层面对审美活动中主体的心理活动的描述，其本质是把主体自身当作一种客体来置换审美客体，从而把客体"主观化"而不是"主体化"，也就遮蔽了客体自身的存在。"移情"虽是审美活动中经常发生的心理现象，但不是审美活动所必然发生的现象。因为主体的对象化指的并不是主体的思想情感的主观投射，而是指主体从日常主客对立状态中的"片面的""我"之存在转换为真正拥有属我的生命世界的本真圆融的存在状态。因此，仅从移情现象出发，不可能获得对审美活动的真正理解。

审美客体能否生成为审美对象，取决于客体与主体之间能否构成"对象性"的关系，正如马克思所说："对象如何对他来说成为他的对象，这取决于对象的性质以及与之相适应的本质力量的性质。"② 这种在实践中建构起来的人和自然勾连为一个整体的生命世界的对象性关系，是审美活动得以发生的存在论基础。在审美活动中所呈现出来的主体与客体融为一体的完整存在，其实就是对在实践中经由"自然的人化"和"人的自然化"的过程所历史地发生的人与世界的一体化存在的一种直观体验。

由于客体的性质具有相对于个体主体的客观独立性，因此由审美客体向审美对

---

① 朱光潜：《西方美学史》，人民文学出版社，1979年，第584页。

② ［日］今道友信：《美学的方法》，文化艺术出版社，1990年，第82页。

象转换的关键因素在于主体的本质力量的性质。审美主体的本质力量的性质不仅决定着审美意象的诞生，而且也决定着审美意象的具体种类及其独特性。这里所讲的起决定作用的主体的本质力量的性质是一种存在本体论意义上的规定性，是一种客观的历史存在物，而不是主观的意识存在物。因此，由主体所决定和建构的审美对象，也不是主观的意识活动的建构物，而是一种存在论意义上的呈现。

（刊于《郑州大学学报》2004年第6期）

第二部分

美学新进展

和美·优存·同乐

——六学者谈"新人间美学"

主持人： 乔学杰，《郑州大学学报》（哲学社会科学版）副主编
嘉　　宾： 高建平，中国社会科学院文学研究所研究员，博士生导师
　　　　　牛宏宝，中国人民大学美学与现代艺术研究所研究员，博士生导师
　　　　　阎国忠，北京大学哲学系教授，博士生导师
　　　　　邹广文，清华大学哲学系教授，博士生导师
　　　　　王旭晓，中国人民大学哲学学院教授，博士生导师
　　　　　张中秋，北京大学哲学系副教授，硕士生导师

一、美学的复苏

主持人： 近些年来，无论是国外还是国内学术界，有一种"美学的终结"的说法在流行，"新人间美学"的提出，在某种程度上燃起了我们对美学复苏和转型的厚望。对此，请各位专家发表高见。

高建平： 读了张涵与张宇先生的《新人间美学》，掩卷沉思，深感美学要有一种新的做法。

在很长的一段时间里，美学是"感性学""判断力""艺术学"。这本身当然没有什么错，这些概念在历史上也起过很重要的作用。这些年来，人们谈论

"艺术的终结",相应地,也谈到"美学的终结"。

美学曾经确有"终结"的迹象。20世纪80年代的"美学热"之后,美学就被宣布过时了。美学已乘黄鹤去,此地空余美学家。从20世纪50年代的美学大讨论,到80年代的"美学热",中国培养了一支庞大的美学队伍。正当这支队伍成长为年富力强的"黄金一代"时,美学却不景气了。于是,有人逃亡,在其他领域发挥作用,取得了各种各样的成就。这当然很好,也是美学这个学科的光荣。但是,美学怎么了?美学怎么办?这成了悬在我们面前的一个大大的问号。

"美学的终结",在于这种美学就是以"感性独立""审美无利害""艺术自律"为标志的美学。这种美学,在"文革"后和改革开放初的中国,呼唤新启蒙,促进社会和意识形态转型,起了很大的作用。80年代美学之所以能够热起来,是那时需要用一种"无功利"的美学来消解"文革"时代的"工具论"。于是,美学家举起了时代的旗帜,成为思想解放的先驱。但是,如果"无功利"导致了退隐倾向的话,那么,它就与进一步发展的时代大潮不合了。可喜的是,这些年美学正在复苏。

美学终结之时,就是新美学酝酿之日。美学本来就是要对社会起作用的。过去有一种说法,认为经济发展到一定的水平,文化方面的要求就会变得很突出。然而,那种将经济生产与文化生产区分开的做法是一种纯粹的抽象,因为经济生产中始终存在着文化的因素。人们对于美的追求,伴随着全部人类生产的历史。从打制第一把石斧、烧第一只陶碗开始,美的需要就与实用的需要结合在一起。眼下正在流行的那种"日常生活审美化"的说法,其实有着悠久的历史。

牛宏宝:中国的美学理论,到2000年出现了一个分水岭,即20世纪80年代以来形成的美学理论,已经不足以应对一系列新的方面,这些方面包括大众文化的合法化、以互联网为主轴的数字传播中的"拟像"维度,以及文化创意产业的发展。面对这些新的社会生活维度,20世纪80年代以来所塑形的美学理论,或以冷漠对其视而不见,根本不将这些方面列入讨论范围,以恪守美学理论范式的界域；或以知识精英的立场，进行一种雅/俗、本真/戏仿的等级制批判。无论这两者中的何者，其实都是一种尴尬——大家一边享受着大众文化、互联网和文化创意产业所带来的产品，一边却把它们说得一无是处。这种尴尬，迫使我们必须去思索一条解决之道：既不丧失美学理论的思想深度，又能将扩大的艺术场域纳入正当思考范围。这或许是美学理论转型的现实力量。

  当案头摆着《新人间美学》的时候，首先是"人间"这个词吸引了我。汉语中固有"人间""天上"之别，这似乎凸显了美学也有"天上""人间"的区隔。中国美学没有像西方美学那样有过一个明确的神学美学的时期，所以，我们似乎也就最可能会忽略中国美学的形而上维度。但"人间美学"这个词，却显然在凸显中国美学曾经的"天上"面孔：它的玄学维度。这个玄学维度，虽然不具备神学的面孔，却从未彻底对其形而上进行过认真的清理，致使其美学教育总也免不了牧师式的传教声调。20世纪80年代以后形成的美学理论，与大众文化、互联网和文化创意产业之间的区隔，或正因此而无法逾越。而《新人间美学》显然是有意识要突破这种区隔，将传播、城乡建筑、影视、经济等纳入美学理论的具体阐释之中，从而拓展了美学的疆域，开阔了美学理论的视野。

  美学学科在中国起步于20世纪初的"新文化运动"，它的理论是以欧洲的"启蒙美学"为基架的。但是，欧洲"启蒙美学"在汉语语境的落地，更关注的却是审美的"合理性""合目的性""非功利性"等方面，审美的感性、个性维度似乎在指缝中给漏掉了。这样，也就无法将"启蒙美学"最深刻的"感性批判"维度开辟于汉语语境，也就是说，无法真正了解"感性"的深意，致使我们的美学理论始终有一种对感性的恐惧。这也恰恰就是现代中国美学理论隐晦的彰而不显的非神学的玄学性质。现在看来，是到对这个隐晦的玄学性质进行反思的时候了，以便我们能从生命自身的诗性方面，来建构一种美学，从而最大限度地肯定生命，肯定人间的生活。正是基于这样的问题意识，新人间美学主张一种源自中国传统思想的"大生命观"和"大审美观"，是非常深邃与紧密把握中外美学期盼创新发展的脉搏的。

二、大兴大立，大开大合

主持人：的确，新人间美学呈现出一种新的美学体系，其中"大生命观""大审美观"是构建此体系的两个十分重要的理念与范畴。对此，诸位是如何感受与把握的？

阎国忠：读《新人间美学》，感受最深的是无处不突显着和渗透着"大生命观"和"大审美观"。我理解，这是针对传统美学讲的。在作者看来，传统美学，主要是西方美学，局限在艺术范围之内，着眼于人与自然间的协调和均衡，而《新人间美学》着眼于人类新文明的建设和新人格的形成。

由此，我联想到孟子的话："充实而有光辉之为大。"这个"有光辉"不是指美的"层面"或"程度""范围"，而是"照耀"或"显现"的意思。就是说，"充实"而能够显现出来，照亮自身和周边世界，这就是"大"。孟子这一思想和柏拉图与新柏拉图主义之后的西方美学不谋而合，应该说是西方美学的一种传统。柏拉图不否定事物的美，但是他认为，事物之所以美是由于"分有"了美的"理念"。人们可以经由事物的美上升到精神的美，由个别的美上升到普遍的美，由具体行为的美上升到社会制度的美，从而达到美的"汪洋大海"，进入"爱的神秘教"。柏拉图没有用"光辉"这个词，但其"理念"分明具有彰显自身和光耀自身的性质。历经中世纪基督教神学美学、康德美学、黑格尔美学，直到杜夫海纳，美感经验把人"带回到始原中去""揭示了人类与自然的最深刻最亲密的关系"，自然通过"自我揭示"向我们发出"召唤"，并表达着好意，人则"成了自然不可缺少的和正式的见证"，同时"在美的指导下体验到他与自然的共同实体性"，"一种先定的和谐"。海德格尔说，艺术是真理发生的一种方式。在艺术中，"存在者整体被带入无蔽并保持于无蔽中"。艺术中的真理并不是一种真实，而是被照亮了的存在本身。"如此这般形成的光亮，把它闪耀嵌入作品之中，这种嵌入作品之中的闪耀就是美"，所以，"美是存在之光所闪现的光辉，是无蔽的真理的一种现身的方式"。

中国古典美学，不论是孟子，还是孔子、庄子、老子，关注的重心都是在

"充实"而"有光辉"上,即在"大"上。所谓"大",就是自然,就是"天""地"。所以孔子说:"巍巍乎,唯天为大。"庄子说:"古天地者,古之所大也。""天地有大美而不言,圣人者,原天地之美而达万物之理。"老子说:"大音希声,大象无形。"无言之美于是在中国古典美学中成了最高境界。

美学与其说是有关美的学问,不如说是有关美何以"有光辉",何以照亮自己和世界的学问。在这个意义上说,"新人间美学"内含着美学的固有传统。不过,西方美学和中国古典美学讲的"大"或"有光辉",是有明确边界的,基本上限制在个体—情感—艺术这个范围。即便是涉及自然、世界和存在,也是与个体—情感—艺术相对应的自然、世界和存在。海德格尔所谓的"诗意地栖居"很具有代表性。"新人间美学"强调的不是个人,而是"人间";不是一般的情感,而是"新人类"与"大人格";不是传统意义上的"小"艺术,而是与"大生命"互补互动的"大艺术",这种"大艺术"的"无限时空"和"无限对象"就是"由天、地、人建构的大生命或曰大生命网"本身。所以,它把美学说成"大生命美学"或"大审美观",是有根据的。这是无所不在的"大",无处不闪耀着的"光辉"。传统美学的逻辑起点是"美","新人间美学"的逻辑起点是"美的规律"。而"美的规律",在作者看来,不只是将人的劳动与动物的劳动区别开来的标志;也是将人本身与动物区别开来的标志。不仅有普遍性、客观性的特征,还有"生成性"的特征;"是人类之所以真正成为人类并不断自我更新提升的关键",因此也是"美者优存"之成为可能的依据。传统美学把人的自我超越或自由当作最高的旨趣,"新人间美学"则认为美学的最高旨趣应该是"美者优存"。所谓"美者",就是以"智、艺、健"为人格动力构架的天、地、人互为审美对象的新人、新人类;所谓"优存",就是"物质生产与精神生产、物质生活与精神生活协调发展","人的生命维度与生命时空不断开垦与更新的人人共创共享、天地人同乐、大生命美之大同大美境界"。在作者看来,传统美学是"封闭式的、远离生活"的体系,美学应该走向"高度的综合性与创造性、显明的主体性与亲和性、极大的开放性与可应用性",应该成为一种"人类战略学方略学美学"与"人类人格学美学",在新科学技术革命、新文化艺术革命和人的自身革命中发挥其"总升华与大整合的主导性功能"。美学对"大"或"光辉"的表述总带有时代的特征,"新人间美学"的全部构想无疑立足于今天的现实,是对人类文明正在发生的"全球性、结构性、范式性大转型"的积极回应。这是它的一个重要特点。应该说,这样一种大兴大立、大开大合的学术视野与学术风格对相对沉寂的学术界是个不小的冲击,美学或许能够从这里获得必要的激励和启示。不过,有两个环节需要给以必要的说明:一个是美的规律与美的关系;另一个是美的规律与社会发展的规律,与历史唯物主义——生产力与生产关系、上层建筑与经济基础这对矛盾的关系。这涉及全面地理解马克思主义哲学和美学,包括《1844年经济学—哲学手稿》中讲的"美的规律",涉及对美学自身性质的理解和对当代美学的定位。

牛宏宝:"新人间美学"在理论上的一个最大亮点,就是提出了"美者优存"并主张我们应该从"适者生存"转换到"美者优存"。自20世纪80年代末开始,西方理论界对西方版本的现代性设计进行了全面的反思,在西方版的现代性设计中,达尔文的"进化论"和"适者生存"都是其核心部分。但也正是西方版的现代性设计将世界搅得动荡不安。因此,一些学者提出应该用多元文化的资源来对西方版的现代性设计进行改进,以弥补其严重的缺陷。譬如,杜维明先生就提出用东亚价值来矫正西方版的现代性设计。那么,在我看来,"新人间美学"提出应该从"适者生存"转换到"美者优存",就是一个非常重要的思想,是一种将美的维度纳入现代性生活塑形之中的很新颖的思想设计。因此,美或许不应该是对人的救赎,而是生活本身。如作者所说:"真正驱动人类从动物界提升出来的规律,是基于'适者生存'的'美者优存'。因为人类的生命活动,包括劳作、起居、饮食、生育、交往、言语、衣饰、环境等,总是基于其'适',进而求其'美';总是低则求'生存',高则求'优存'。这就是说,人类的生命形态在本性上趋向寻找某种文化的形态和审美的形态,而且只有当它取得某种文化的形态和审美形态的时候,人之为人的生命才真正开始。"

由于"新人间美学"在理论上的全新诉求,作者的写作和思路就摆脱了单一逻辑推断的理路,而不断地在中国传统与西方美学理论之间、在美学与经济学、美学与传播媒介、美学与社会之间穿梭往来,甚至在《易经》与马克思《1844年经济学—哲学手稿》之间穿梭,具有某种全新的学术视野。它以一种大思路,似乎解决了中西之别,也完成了不同学科之间的会通问题。这是其给人最耳目一新的整体感觉。

三、美者优存与三大自觉

主持人:"美者优存"是"新人间美学"的核心话语,也是新人间的灵魂,如何推动人类的生活由"生存"型不断地上升为"优存"型,人类的人格由"适者"型不断地上升为"美者"型?作者提出"三大自觉"("文明自觉""生命自觉""美学自觉")的学术思想。对此,很想聆听各位的想法与卓识。

邹广文:"新人间美学"认为,跨入新世纪以来,为了建构人类可持续发展的新框架,在全球范围内寻求新的科学技术发展模式、新的文化艺术发展模式和新的哲学与美学发展模式,已呈强劲走势。这一切表明,当今人类文明正面临一场全球性、结构性和总体性的文明大转型运动,其灵魂则是树立基于"适者生存"的"美者优存"的新生命观与新实践观。

在我看来,当今世界已联系成一个整体,不同文化形态的运动、发展与变化呈现出一种整体的相关性和一致性。也就是说,任何个别群体(民族的、地域的或国家的)的文化实践行为都离不开所处历史时代的文化整体的价值,并受整个时代文化价值力量的统辖与制约。这种情形预示着人类文化精神将在一个新层次上超越迄今为止所面临的分裂与冲突的格局,人类文化发展将面临一次空前的文化整合。从这一视角来解读"新人间美学",的确让我们感受到作者开阔的文化视野与忧患意识。

基于全球化这一基本的文化语境来反思检讨当下人类的文化实践(包括审美实践),从而为人类文化的健康发展提供一种可资借鉴的思路,这是"新人间美学"传递给人的非常鲜明的价值诉求。作者指出:"当前的全球化浪潮,不仅在一般的经济、政治和文化意义上改写着人类的工作和生活,而且在整个人类文明范式上将重塑人类自我。"在这样的历史时刻,美学何求?美学何为?作者呼唤中西美学的有效对话,因为这种中西美学的对话意义,远不止于双方的交流与借鉴,更在于顺应和迎接迎面而来的人类文明的大转型;尤其是面对当今人类所产生的一系列全球性问题,面对当代人类在实践上的诸多困惑,都需要美学承担起应有的责任。作者认为:"当今人类必须将文化自觉上升为文明自觉,将生态自觉上升为生命自觉,将哲学反思上升为美学自觉,才有可能找到正确的解决之道与全球性方略。"

的确,美学是渐进的人类学。我们这里讲人类审美文化的会通,不仅仅限于中西文化之间,更要着眼于当下人类各种审美文化形态的整合。因为"人类的群体与个体,其生命形态同其文化形态、审美形态总是相互生成、结伴而行的"。审美活动是人对世界的一种艺术掌握方式。以审美的态度观照对象世界乃是人从现实解放自身的一种直接的、感性的方式,它与人从自然的和社会的必然性中实现物质性解放是相辅相成的。但是与人的其他文化活动相比较,审美活动更完整、更深刻地表达了人类文化实践的自由创造本性。通过艺术形式对人生的审美观照,我们能深入到人生的极深处,去体验生命的价值与意义,去把握真、善、美统一的理想。正因为如此,审美实践在当代人类的文化生活中占有越来越突出的地位,自觉地把握考察当代审美文化发展的基本走向,了解当代人类审美的历史变革,从而在哲学和美学的高度上预示未来人类审美实践趋势,这也是当今人类最关心的大问题之一。

面对21世纪,人类审美精神的转型问题已引起诸多美学同人的关注,作者敏锐地指出:"进入新世纪、新千年以来,当代人对日常生活审美化的践行,对自己所创所爱事业的审美境界的追求,对天、地、人的亲近,对当代形态的美学等众多学科的亲近和当代形态的美学等众多学科对当代人的亲近,正呼唤着与催育着新创世纪精神与日常生活实践相统一的新人类文明、新人间的诞生。"这种关注对于审美文化的发展是十分必要的。从世界范围内的人类文发展看,全球信息的一体化使得每一领域的文化发展都不能不考虑世界性背景,这也就要求我们在把握人类审美精神的跨世纪转换时,必须同世界范围内的文化发展潮流紧密结合起来,进而使美学以其特有的品格来展示我们时代文化的丰富性与生动性,真正实现"美者优存"的理想。从这一角度来展望当代人类审美文化的未来走向,我们认为,美学应该自觉把其发展和深化的指向同人的文化意识自觉联系起来,在密切关注现实人类文化实践中来获得自身发展的生机。

基于这种理解,审美文化实践应该努力致力于当代人类所希望、所追求的生活秩序,使人们以审美的态度从事现实文化实践,并把现代审美意识辐射到人类文化的广阔领域,从根本上改变和提高社会文化的质量,最终达成全社会与全民族的审美水平和文化素质的提高。从这一价值诉求来解读"新人间美学",个中所传递给我们的启示无疑是深远的。

张中秋: 张涵先生多年来一直沉浸在研究美学的愉悦中。早在20世纪90年代初期的《中华美学史》中,他就从生命美学的角度提出:真正驱动人类诞生并不断提升的规律,则是基于"适者生存"的"美者优存"。可以说,这一新的生命观和实践观,成为他美学思想的核心。同时,在其《中国当代美学》《美学大观》《影视美学》《艺术生命学大纲》等著作中,均潜心探究"美者优存"。可以说,他的每本书都记录了其追寻生命之美的足迹;最终,在新世纪勃发出新的美学视野,新的生命信仰:"美者优存,美学雕龙。"新人间美学处处可见"大"字,如"大生命观""大科学观""大审美观"和"大人格观"等。何为大?作者引老子"道大,天大,地大,人亦大"的观点,阐明人与天、人与地、人与人之间是一种互"大"的关系,即互为主体与客体。实际上,对"大"的思考,正是作者站在新世纪的高度对新美学理想的追求,也是其精神的内审和提升的过程。例如,作者提出"人类人格学美学"的构建。这不是作为伦理学范畴的"善",也不是作为心理学范畴的"性格"和"个性",而是在哲学层面上对人的全部本质、潜能和丰富性的高度综合的反思。作者在感悟中华传统哲学和美学的基础上,力图揭示人格的内宇宙、小宇宙中的理性、情感和意志之间的关系,同人格的外宇宙、大宇宙中的人与天、人与地、人与人之间的关系,并确认二者之间存在全息性相通和相互作用。他认为,当人与天、与地、与人的交流,表现出独特的理性、情感和意志的丰富关系,即是对天、地、人的亲和力、鉴赏力与创造力。个体通过智、艺、健的"人格动力黄金框架"的塑造,就可以呈现出其人格的丰富性和全面性的光彩。只有个体的提升,才能促进民族和国家的物质生产、精神生产和高科技的全面发展。可以说,作者从"大"的审美视野,对人格美学问题,作出了创新性的探索和研究。

如何大?作者认为孟子提出的"充实之谓美,充实而有光辉之谓大,大而化之之谓圣,圣而不可知之之谓神"是一种理想人格的形成过程。首先,具备"善""信",是实用和道德伦理层面的要求;其次,上升"美""大",是为心灵和行为美层面的要求;最后,达到"圣""神",就超越一般知识、理性、技术的层面,而进入一种出神入化、游若飞龙的审美人格境界。作者认为,正是"善""信""美""大""圣""神"构成了人的最高人格,即一种光照宇宙人间的巨龙人格境界。那么,是否有人可以达到呢?我们说,人类的典范——释加牟尼、孔子、苏格拉底、耶稣等都具有崇高的人格。他们超越自我生命,与天地融合,彰显了人类精神之崇高。

何为美?如何美?哲学家海德格尔发现,人的特性在于对"时间"的意识。人的生命是有限的。我们面对有限的生命,必然采取积极的立场,努力选择做自己,成为真诚的生命"存在"。唯有真诚地面对自我,积极选择"存在"的可能性,才能彰显出生命的大美来。

在"新人间美学"中,作者提出:不因为一个民族或个人生活在人类人格大转型的某个具体时段里或方域中,就自然地具备了新人格的品格。关键在于是否具有人格上的"生长点"。虽然现代化有助于大众人格从传统形态向现代形态转型,但一个民族要想实现人格的大转型,就必须"以人为本",努力追求和实现与自然、与人、与自我的和谐统一,将知识上升为智慧,技术上升为艺术,片面发展的人上升为全面发展的人,把建构现代新人格作为生命的选择。作者认为，实现人类人格大转型和人类生活的大提升，是一项全球性的新世纪宏大的系统工程。那么，如何实现呢？作者明确指出，必须将文化自觉上升为"文明自觉"，将生态自觉上升为"生命自觉"，将哲学反思上升为"美学自觉"，才有可能找到正确的解决之路与全球性的方略。这"三大自觉"，就是推动人类的人格由适者型不断地上升为美者型，人类的生活由生存型不断地上升为优存型。

四、美学家要举起新的旗帜

主持人：为了实现中华民族的伟大复兴和谋求全人类的和谐共荣，当代美学应发挥其独特的学术与社会功能。对此，各位专家、学者是如何估量的？

王旭晓：看到张涵与张宇的大作"新人间美学"，最感兴趣的是"人间"二字。美学与各种各样的学科相关的提法多矣，与"新"的联系更是经常看到，但与"人间"的直接相联却还是第一次。因此，我的注意力必然集中在对"人间"的理解上。

从历史上看，美学是产生于西方纯思辨的哲学领域，从古希腊时期起对美学问题的讨论到18世纪德国哲学家鲍姆加登倡导建立美学学科，再到德国哲学家康德、席勒、谢林、黑格尔等人的发展深化，真正建立了规模宏大、空前严谨的古典美学的学科体系，都有着不食人间烟火的特点。美一直被看作概念的存在物，艺术也被看作人的自我创造、理念的外化等。这样的美学是"天上"的。

黑格尔之后，费尔巴哈从生活与自然出发，开始把美学从"天上"引向"人间"的。他认为美就在自然之中，把美学与人对幸福生活的追求联系起来。因此，费尔巴哈导致了德国古典美学的终结。

车尔尼雪夫斯基继之提出美的本质不在理念而在客观事物中，美在生活，艺术应当反映生活。这应该就是"人间"的美学了。

马克思主义的美学通过革命的批判，继承了德国古典美学的合理内核，并真正发展了辩证法。马克思主义美学反对德国古典美学玩弄抽象的理论体系，从客观现实出发,强调美学要参与社会实践。马克思主义美学对人的本质做了科学的说明,对象化的主体是人,对象化的过程不是思维的实践过程,而是革命的实践过程。对象化的结果不是理念的自我实现和认识,而是人的本质的丰富性。因此,马克思主义美学实际上更属于"人间"的美学。

作者在书中有专章论述马克思对美学的伟大贡献及其在当代的重大意义,更是在美学研究中贯彻马克思主义关于理论联系实际的原则,把抽象的美学理论探讨与我国的实际紧密地联系起来,探讨城乡建设、经济与文化活动、当代传播等与人们生活密切相关的美学问题。书中特别提出了"新人间美学"与经济学联姻的建议,认为进入21世纪,遍布物质生活领域和精神生产领域里的个性化、审美化趋势,必将进一步得到深化与强化。正是在这个基础上,美学与经济学的联姻不仅是可能的,而且是必然的。使人类社会从生存型向优存型提升,这是美学研究的另一个主要目标。

作者的美学不仅与"人间"相联,更与"新人间"相联。所谓"新人间",是《易经》中所启蒙的"天、地、人和谐互美同乐"的人间,是从适者生存提升到美者优存的人间。毫无疑问,新人间是人类的理想世界。"新人间美学"把新人间的建立与美学紧密相联,在赋予美学以艰巨的历史使命的同时,更使每一个美学工作者意识到肩负的重担及努力的方向。

阎国忠:"新人间美学"认为,当今人类历史已发展到这样一个黄金时段:当代人类活动和当代哲学一旦双双具备并充分发挥其美学的品格,将有助于人类文明和人类自身从多重困惑的旧范式中"脱壳",促进人类文明的转型和人类人格的提升,从而把人类的生命与生活的质量提到一个崭新的境界,即促成新人间的诞生。这无疑彰显了当代美学的学术与社会功能。

张中秋:汤一介先生说现在人文学科的确存在不少问题,他认为主要是不能沉下心来研究和思考一些问题。"新人间美学"确实思考了一些重要问题,因此它肯定会发生影响。汝信先生认为,"新人间美学"纵论新的人类文明、新的人格和新人间的诞生,尤其对当今人类文明将由"适者生存"型向"美者优存"型提升做了深刻的论述,充满着创新意识,这是很可贵的。从这个意义上说,"新人间美学"的确是一部创新之作,作者站在"前见古人""后见来者"的路途,勇敢地迈出坚实的步伐,为中国美学增添了新的光彩,推动美学研究从传统走向新的时代。

高建平:我以为,"新人间美学"对美学在人生作用上的探讨,正是走在了一条朝向新美学建构的道路上。过去的三十年,中国的美学经历了"美学热"、美学的低潮、美学的复苏这三个阶段。现在,我们正处在第三个阶段之中。要想建立新美学,有赖于大量的好书问世。新世纪、新人间、新时代,需要我们有更积极的创新精神,用新的做美学的方式把美学做好,这就需要美学家举起新的旗帜!

(刊于《郑州大学学报》2009年第2期)

空间美学的建构及后现代文化表征实践
⊙ 裴　萱
⊙ 武汉大学文学院

空间和时间一直是供人类生存和发展的两个维度，也是构成世界的基本形式。然而自西方古典时期以来，时间性就构成了哲学和美学的逻各斯先验样态，优美、崇高、古典、浪漫、荒诞等美学范畴的生发和衍变都是在时间性的前提下产生的。启蒙运动以来的现代性更是以摧枯拉朽之势破除本体论哲学和超验意识形态对人类主体的控制，以工具理性和艺术自律的态势实现主体性的价值确证。"西方美学特别是现代西方美学是时间性美学，它认为审美是时间性行为，克服时间距离，就进入了永恒的审美王国。"[①] 进入后现代社会以来，由于主体社会实践的改变和生存体验方式的转型，空间性逐步受到哲学和其他相关人文社会科学的重视。"后现代主义是关于空间的，现代主义是关于时间的。"[②] 列斐伏尔在1947年出版的《空间的生产》中，就打破了空间作为僵化的物理场所和三维量化概念，而将其看作能够自我生产的动态实践主体，它以其深刻性和丰富性重塑社会实践、主体体验和文化场域，并且上升至人类存在的原初体验。"哪里有空间，哪里就有存在。"[③] 由此，空间转向经由列斐伏

---

① 杨春时：《论中国古典美学的空间性》，《中山大学学报》（社会科学版）2011年第1期。
② ［美］杰姆逊：《后现代主义与文化理论》，唐小兵译，北京大学出版社，1997年，第243页。
③ Henri Lefebvre, *The Production of Space*, Blackwall, 1991, p. 22.

尔、福柯、索亚、巴什拉、布朗肖等理论家的推动，成为20世纪较为显著的社会思潮与文化表征。一方面，空间转向适应了后现代主义学科互涉的知识景观，并且沟通了文学审美、地理景观、城市建筑、室内装修、话语霸权、图像感官等不同领域，呈现出在后现代时期强大的理论话语；另一方面，空间转向与后现代时期的主体实践联系更为密切，成为主体意义彰显与价值对象化的载体。"空间的构造以及体验空间、形成空间概念的方式，极大地塑造了个人生活和社会关系。"[1] 它更加关注主体在后现代时期的精神体验与文化表征实践，并与审美文化产生延展互动。技术文明的日新月异已经使得人类对时间的感知充满漠视，对生存家园的体验、对外在空间的体察以及对生存意义的探索成为更有价值的话语，空间与主体时刻处在相互体验、感知的过程中。所以，"生存的空间性"和"空间的生存性"成为空间转向和主体性之间辩证互动的理论核心。

可以看出，空间转向实现了"向外"的文化景观和"向内"的主体体验两个维度上的后现代思想文化范式变革，无论是外在的媒介空间、文化地理，还是内在的对于生存空间的探求，其核心仍然是对人类主体的关注，给当前的人文社会科学注入了强大的反思向度。因为其以"人"和"人文"为核心，空间转向理论就更多地成为美学和文学的理论资源，并且与文学、文艺理论和文化研究保持密切的联系。以空间理论引入、反思美学理论，不仅能够丰富美学话语，更是为美学阐释后现代的文化现象带来了崭新的视角，并且广泛地参与到文化表征实践之中。后现代思潮早已打破古典时期天人合一、境由心生的空间体悟，也消解了过于高扬主体性特质的审美自律、空间征服与自然祛魅，而是转向更加开放和多元的审美文化实践。空间转向和空间美学不仅丰富了美学资源，更是以其独特的"空间体验""文化表征实践"等理论有效地阐释后现代审美文化现象，并以期获得新的审美发现与美学启示。

---

[1] [英]丹尼·卡瓦拉罗：《文化理论关键词》，江苏人民出版社，2006年，第180页。

一、空间转向与美学理论的融合建构

空间转向不仅是哲学领域的重要思潮与研究范式,更是深刻影响到美学理论与文艺理论的进程。它和"现象学转向""语言学转向"和"文化转向"一样,都经历了从哲学到美学再到审美经验的过程。如果说古典时期建构的是"美学—时间性"样态,那么在后现代时期就是全球化、都市化和平面化的"美学—空间性"样态。"我们无法返回过去的美学活动,它们是在已经不属于我们的历史环境或者困境基础上精心构造出来的……与我们自身处境相适应的政治文化模式将必然把空间问题作为其基本的构成线索。"[①] 空间理论中的文化地理、城市设计、赛博空间、异质区隔等都给审美文化提供了更为宽阔的视野,而文学和美学的多元性、生存性、家园感与体验性等也契合了空间转向的"第三空间"阐释与"前学科"风貌,二者从而相生共赢地建构起主体心灵世界的无限空间。所以,美学理论与空间理论就天然地结合在一起,生发出阐释美学的"空间理论"和引入空间性的"美学理论",从而形成一种崭新的具有后实践性质的"空间美学"。这一美学样态不仅着眼于空间体验对生命的诗性言说,更是将美学作为特殊的文化实践方式,实现了后现代文化表征的建构,以"主体间性"的视野拓展了主体性的自由与"自律论"终结之后的敞亮。在当前学科互涉的语境中,文学和美学更需要以多样化、异质性的多元空间适应日常生活审美化的后现代价值取向。而空间美学的建构正是在"向内"维度的心灵体验和"向外"维度的文化实践两个层面实现其存在的合理性价值。

第一,空间理论与美学理论共同营造了主体性的审美性与自由感。空间作为世界和人类存在的重要维度,一直以来就与主体性密切相连,并且成为生存、发展、启程与回归的重要承载。人类的出生与成长就意味着对空间的占有,而死亡与逃离就代表着对空间的放逐。所以,空间自古以来就具有地理现

---

① [美]爱德华·W. 苏贾(索亚):《第三空间》,陆扬等译,上海教育出版社,2005年,第214页。

实性与审美体验性两个层面。从现实的角度而言,自然空间中的日升月落、斗转星移、崇山峻岭、森林湖泊不仅给人类提供了物质层面的劳动实践,更是产生了类似"崇高"性质的诗性体验。从精神的角度而言,对于家园的向往也已经成了内化于"集体无意识"心灵深处的情感渴望,所以家园已远远超越单纯的空间区隔和安全防护的功能,而是成为带有审美意味的"归属感"。中国古典大量离乡归家的诗词与西方的英雄史诗正是此种心结的外化。从古典时期到后现代时期,主体性的精神空间架构实现了空间理论与美学理论的完美融合,共塑了自由的审美超越精神。

其实,中国和西方古典时期对于空间的审美体验本身即为诗性风貌,当科技文明和理性思维方式还未发展到一定程度时,对外在空间的体验、直觉、感悟就显得更为强烈,并且往往以身体比附自然的方式实现"天人合一""天人感应"等思维。比如《周易》以八卦形式象征天、地、风、雷、水、火、山、泽,以之推测自然和人类社会的变化,认为阴阳两种势力的相互作用是产生万物的根源,言天之体以健为用,察地之体厚德载物,实现主体对自然空间最为朴素的把握。《尚书·洪范》的五行学说、《黄帝内经》中对人体的阴阳调和理论、以董仲舒《春秋繁露》为代表的谶纬之学都是把个体的身体空间、心灵空间同外在自然空间进行呼应和比对,进而通达一种主体性色彩浓厚的审美空间意识,以"神思""妙悟"等为核心的审美创作和品评系统正是空间性的话语言说。同样,中国笔墨画用线条勾勒直接打破了逼真刻板的立体空间、光线的阴影效果和透视的实体再现,笔笔虚灵不局限于物,动态中纵横交错为物传神。"高远""深远"和"平远"的透视画法正是审美主体遥观山水、神思万物,在空间感的营造中顾盼流连,以自由平和的审美心态统摄大千世界,感受人间情怀,这也正是一点山水见世界,一花一木皆有情。而西方古典时期的宗教信仰使得主体对空间的体验更加具有超验、神秘和崇高的色彩。诸神就存在于空间之中,而人类则在祈求和信仰之中完成了人性与神性的审美感悟。《荷马史诗》中的《奥德修记》正是英雄"归乡"的空间历程,海怪、巨人、仙女、海浪、水妖等出现在不同的空间场景中,而主人公用有限的生命抗拒无限的困苦和磨难，在漫漫的归途中最大限度地彰显了人类的价值。空间意象再现了回归母题的话语言说，并成为民族史诗渗透进西方美学深处。所以，在西方美学和文学思想中，空间与家园是带有形而上意义的终极存在，也是由"神"到"英雄""人"的生发场域。"在这里，'家园'意指这样一个空间，它赋予人一个处所，人惟在其中才能有'在家'之感，因而才能在其命运的本己要素中存在。"①但丁在《神曲》中通过地狱、炼狱和天堂三处空间的游历，肯定人类现世生存的意义与价值，追寻内心的宁静。歌德的《浮士德》再现了人类不同的生活空间，在神奇游历的空间结构中完成了对神性、人性和魔鬼等不同存在意义的拷问，人类的欲望和道德约束被作家创设在虚幻的空间体验中，从而生发出别具特色的审美空间景观。

现代性与后现代思潮的来临给当代的人文社会科学带来整体学术范式的改变，学科互涉、文化研究等成为新的研究理路。而哲学和美学上的主体性特质经历了主体性扩张、主体性消泯和主体性重构的过程。空间美学在后现代语境中，一方面通过地缘政治学、空间符号学、后现代地理学等学科适应了文化研究的浪潮，增强了理论在当下的介入性；另一方面却更加重视主体性美学的建构，并以期从碎片式的存在状态恢复完满的生存体验，空间美学也彰显了主体在后现代时期的自由景观。索亚首先批判了现代性的历史决定论，并试图恢复空间性的本体地位。"这种对空间性的重新安置的核心，是对长久以来本体论的和理论的历史主义提出批判，因为历史主义在批判性论述中倾向于以优势包摄空间性。"②当空间性从时间和语言的囚笼中被解放出来时，就和主体性的意义体验联系起来。《第三空间》通过对列斐伏尔的赞扬，认为空间性和空间想象乌托邦构成文化研究层面的审美体验。布朗肖对于空间的分析始终与主体的生存体验密切联系，并吸收现象学与海德格尔的观点，将"存在与时间"的命

---

① ［德］马丁·海德格尔：《荷尔德林诗的阐释》，孙周兴译，商务印书馆，2000年，第15页。
② ［美］爱德华·W. 苏贾（索亚）：《后现代地理学：重申批判社会理论中的空间》，王文斌译，商务印书馆，2004年，第31页。

题转化为"存在与空间"的生存感知。通过对"孤独""死亡""灵感""睡眠"等人类独特生存空间的分析，发现唯有以主体体验的方式才能进入这几种不同的存在状态，而文学作为生命的语言，同样是主体营造的诗性空间话语，并与人类原初的生存空间体验相关。巴什拉《空间的诗学》真正从美学的意义上确立了空间的诗性特质，并打破了长期占据统治地位的时间性美学。在他看来，主体生存的外部空间直接影响到其精神体验和生存的状况，比如柜橱、箱子、海滩、贝壳等日常生活的空间都隐含着生存的秘密，在主体的体验中生发出无限寂寥的梦想空间，进而通达诗意的"虚静"宇宙空间。由此，主体的存在价值和空间的本体价值得以产生。"被想象力所把握的空间不再是那个在测量工作和几何学思维支配下的冷漠无情的空间。它是被人所体验的空间。它不是从实证的角度被体验，而是在想象力的全部特殊性中被体验。"① 可以看出，美学空间仍然是人所建构的主体价值空间，主体性的力量和审美实践一以贯之。美学空间正是主体在与外在空间的依赖、胶着、克服和超越中，完成了审美的体验和终极自由意蕴的追寻，在后现代的学科互涉、杂语丛生下保持真诚的人文亮色，实现精神家园的诗性回归。

第二，空间理论与空间美学适应了当代学科互涉的文化景观，共同参与了后现代文化表征实践。空间转向在后现代时期打破了古典时代人与自然以及人与社会之间的稳定模式，空间的恒定结构也被改弦更张，成为"把一切旧的神圣的和异质的空间重新组合成几何的和笛卡尔式的同质性空间，一个无限对等和延伸的空间"②。这个空间充满了权力、话语、传媒、图像、都市和身体的流动性，并且广泛涉及社会学、建筑学、地理学、政治学、伦理学等多个学科的资源，可谓是空间性的"学科间性"。同时，消费社会和商业伦理也在重新划分着空间的领域，重塑人们对都市、生存和身体的心灵体验，传统意义上和

---

① [法] 巴什拉：《空间的诗学》，张逸婧译，上海译文出版社，2009年，第8页。
② [美] 詹姆逊：《认知的测绘》，《詹姆逊文集》第1卷，中国社会科学出版社，2004年，第295页。

谐、稳定、静谧的空间体验已经完全被超空间感的幻象与破碎的认知地图更改,经验化的混乱与差异重新彰显了物性的丰富与冷漠,正如大都市建筑的迷宫,"这种新潮的建筑艺术当下就仿佛刺激着我们去发展新的感官机能,扩充我们的感觉中枢,驱使我们的身体迈向一个全新的(至今依然是既难以言喻又难以想象的,甚至最终难以实现的)感官层次"①。可以看出,后现代的异质空间和超空间加大了对不同学科的阐释力度,同时这也与主体"震惊化""离散化"的审美体验密不可分。此种混杂的空间带给主体的已经不是与自然合一的崇高美学体验,而是在充斥着符号与迷宫的身体认同中自由地选择适合自身的空间归属,感性化、虚拟化和平面化的多维超空间已经成为主体生存必然的选择。所以,"由于人类的空间总是互相缠绕,因而就出现了这些'混杂的空间'。异质空间以多种方式交织在一起,构成了各种各样迷宫式的联系,这些异质空间互相强化、削弱和弱化。主导空间能够征服其他空间,并根据自身的配价从内部重新配置这种空间"②。在此基础上,索亚曾经分类总结并概括出后现代空间的六十余种不同样式,比如资本空间、行为空间、抽象空间、构造空间、文化空间等,几乎涉及后现代文化与社会生活的方方面面。"空间在现代思想中无处不在。它是使理论之骨更为赏心悦目的血肉……问题不仅在于空间——不同于概念——意味着颇为不同的事物,而且还在于其意义随境而生。"③所以,空间性在不同的文化与社会实践中也扮演了不同的角色,比如:在文学和美学理论中,空间性成为推动叙事线索和转换话语的重要脉络,并且以空间体验的方式完成了主体心灵化和情感化的诉求。"文学研究介入空间维度,关注民族、家庭、信仰、风俗、制度在地域间的流动和相互关系,从而展示更立

---

① [美]詹姆逊:《晚期资本主义的文化逻辑》,张旭东编译,生活·读书·新知三联书店,1997年,第489页。

② [荷兰]约斯·德·穆尔:《赛博空间的奥德赛:走向虚拟本体论与人类学》,麦永雄译,广西师范大学出版社,2007年,第10页。

③ Mike Crang and Nigel Thrif ted, *Thinking Space*, London: Routlege, 2000, pp. 1-2.

体、更全面的文学脉络"①。在新传媒语境中，赛博空间的建构和超空间的体验成为后现代崭新的图像与意义体验，在地理学和都市学的视野中，空间性的区隔、设计与划分也与权力、身体和文化表征等密切相连。空间性已经成为后现代文化的显著景观，并广泛参与到主体的物质实践与精神实践之中。而对于美学而言，同样消解了现代性的审美自律与艺术独立原则，精英化的审美独语也已经让位于大众审美文化。一方面，文化工业以席卷之势将美学纳入生产与消费之中，成为具有实用价值的文化产品；另一方面，后现代的"异延"与"播撒"原则也使得美学剥去膜拜与崇高的面纱，转向了广泛的文化实践与意识形态生产，以其平面化、模式化和自由化的新的美学原则彰显从"主体间性"到"文化间性"的现代景观。"后现代主义阶段，文化已经完全大众化了，高雅文化与通俗文化、纯文学与通俗文学的距离正在消失。商品化进入文化意味着艺术作品正在成为商品，甚至理论也成了商品……商品化的逻辑已经影响到人们的思维。总之，后现代主义的文化已经从过去那种特定的文化圈层中扩张出来，进入了人们的日常生活，成为了消费品。"②正是在此维度上，空间转向和美学共有的学科互涉性质与后现代文化景观使得它们天然有机地联系在一起，共同参与了主体的文化实践活动，同时以文化表征的形式反观着主体的精神实践，二者融合所形成的后现代空间美学不仅继承和发扬了古典时期与现代时期的主体化心灵体验原则，更是适应、建构了后现代的学科互涉场景。城市设计、现代传播、赛博空间、图像身体、民族文化、话语霸权等都与空间美学有着千丝万缕的联系。同时，从美学的视角可以看出，空间美学的前学科属性也为众多的现实场景与文化实践进入审美领域提供了可能性，极大地开拓了美学在后现代时期的话语力量与适应性，重塑了美学的地位与价值。比如面对当前的城市空间设计与审美文化塑造，可以采用物质空间形态、社会空间属

---

① 汪娟：《文化地理学与中国文学研究概观》，《吉首大学学报》（社会科学版）2013年第2期。
② [美] 杰姆逊：《后现代主义和文化理论》，唐小兵译，陕西师范大学出版社，1987年，第147~148页。

性和旅游文化空间的建构等理路进行分析，以地域性、多元性和异质性的视角使空间外壳过渡至深层次的审美空间，确保城市开发的经济效益和社会效益最大限度上同居民的和谐文化空间共赢。再比如当前的后现代建筑设计，被纳入空间美学的视角时，就会彰显出独具特色的后现代审美体验，从而更好地揭示在文化实践中的主体生存问题。"大家不妨把置身于这偌大空间时所亲自体验到的侵入感，视作'无深度感'在一种新媒体中所借以呈现的相等形式"，人们处在多元化的都市空间中，"是对我们在晚近资本主义多国化经济和文化爆炸条件下无能为力去辨别方向这种状态的隐喻"①。可以看出，空间美学在后现代的主体生存中发挥了巨大的理论阐释空间，也成为联系形而下的物质实践与形而上精神实践的有机桥梁，使文学和美学的理论资源重新焕发活力。所以，空间美学极大拓展了美学研究的范围与视野，促使长期以来被忽略的理论资源重新焕发了活力，使文学、美学真正具备广阔的自然与社会景观。

空间美学作为后现代时期跨学科的美学理论，业已成为各种学科理论资源的承载，并且使得文学与审美成为开放的多元辩证的话语场域，主要体现在文化地理学、意识形态权力等领域中。列斐伏尔认为空间是可以被"生产"出来的文化实践过程，将以往的"在空间中生产"转化为"生产空间本身"，明确空间的本体性、建构性和主体的能动性。"空间的生产在概念上与实际上是最近才出现的，主要是表现在具有一定历史性的城市的急速扩张、社会的普遍城市化，以及空间性组织的问题等各方面。今日，对生产的分析显示我们已经由空间中事物的生产转向空间本身的生产。"② 在他看来，整个二战以来的各国历史文化与权力争夺都是在空间的"大容器"中展开的，空间的变化与重组将导致社会关系、文化霸权、意识形态等多个方面的转化，并在此基础上形成了空

---

① [美] 詹姆逊：《晚期资本主义的文化逻辑》，张旭东编译，生活·读书·新知三联书店，1997年，第497页。

② [法] 亨利·列斐伏尔：《空间：社会产物与实用价值》，包亚明：《现代性与空间的生产》，上海教育出版社，2003年，第47页。

间的三元辩证法。这三元分别是自然物理空间、心理话语空间和社会体验空间，三个向度建构成为人化实践空间。这一由人类的文化实践活动生产出来的空间也正是"空间的实践""空间的表征""表征的空间"之三合体。① 列斐伏尔对空间本体价值的确立使得美学更加关注意识形态背后的话语霸权，促使第三世界、女性主义、黑人和同性恋等边缘群体的审美现代性反抗。福柯对于空间的重视仍然是立足于对权力和规训的洞察。西方现代理性社会中空间的构架无处不体现出规训，监狱、学校、修道院、工厂车间等设置封闭的不同单元的空间，处在不同的空间中就代表不同的权力和地位，而此种看与被看的空间设置正是意识形态和话语霸权渗透的场所。"这种系列空间的组织，是基础教育的重要技术变动之一。它使得传统体制能够被取代。它通过逐个定位使得有可能实现对每个人的监督并能使全体人员同时工作。它组织了一种新的学徒时间体制。它使教育空间既是一个学习机器，又是一个监督、筛选和奖励机器。"② 福柯的空间美学思想直接影响到格林布拉特等新历史主义文学批评流派，更激发了后现代主义和解构主义的理论热情。克朗吸取了列斐伏尔的空间生产理论与福柯的空间文化霸权思想，将视角重点放在空间和地理景观的关系之中，并且从对文化地理学的考察中，研究地理景观在文化实践中的影响。而正是这些具有差异性、多样性的地理景观给予文学和审美以错综复杂的意义之网。文学的目的不在于对地域空间生活描写得多么准确，而是发掘其背后的意义价值。如克朗对《悲惨世界》的文本分析就指出巴黎截然不同的两种空间，也分别代表了两种不同的阶层，更是文化之间的鲜明对照。在城市空间场景的转换中彰显小人物生存的悲欢离合、世事沧桑。可以看出，在空间美学的视域中，空间并不是僵化和空洞的被动存在，而是为主体文化实践和审美体验所建构起来的"第三空间"，是社会关系和文化的产物。"以空间作为社会学分析的切入点，

---

① Henri Lefebvre, *The Production of Space*, Blackwall, 1991, pp. 38 – 40.
② ［法］福柯：《规训与惩罚：监狱的诞生》，刘北成、杨远婴译，生活·读书·新知三联书店，2003年，第166~167页。

提供了一种新的看待与理解社会的方式,并能将原来属于不同领域的现象,以空间的线索串联起来"①。空间美学不仅为后现代美学的发展提供了丰富的话语资源,更是以自由的主体性建构、多元的文化景观和介入社会的现实诉求给理论界提供了崭新的思维途径和阐释方法。在后现代语境中,实践美学、后实践美学、环境美学、生活美学、审美文化等风生水起,它们在促进美学发展的同时却也有着各自方法论的不足。空间美学以其强大的理论包容力为美学理论的研究提供了崭新的活力。

二、空间美学"生存—体验论"哲学基础及文化表征实践

空间性作为人类历史发展和存在的基本形式,同样经历了不同时期人类特有的理解与反思,"空间本身究竟是实在的,还只是事物的属性,这在过去是形而上学的一个首要问题"②。而空间美学虽然是在后现代时期建构起来的美学样态与美学话语,但其实作为一种审美理念,一直伴随着人类的"生存—实践"进程。比如在古典时期,空间性质的美学话语仍是以认识论哲学为基础的空间体察。"只有空间是纯一的;可以知道,空间的各物构成一个无连续性的众多体,可以知道,每一个无连续性的众多体都是经过一种在空间的开展过程而构成的,从此又可以知道:如果我们按照意识对于这些字眼所了解的意义来使用它们,则空间没有绵延,甚至没有陆续出现。至于所谓在外界的先后状态,它们每个单独地存在着。"③ 人与自然空间之间是认识与被认识的关系。而中国古典的空间美学仍然没能够跳出认识论的窠臼,虽然"中国古典美学从审美表征、美学特质和思维方式都呈现出浓厚的空间情结,而其内在的对自然空间的散点体验、主体性彰显的情感确证和物我合一的同情思维都构成古典美学

---

① 文军:《西方社会学理论:经典传统与当代转向》,上海人民出版社,2006年,第377页。
② [德]黑格尔:《自然哲学》,梁学智译,商务印书馆,1980年,第42页。
③ [法]柏格森:《时间与自由意志》,吴士栋译,商务印书馆,1958年,第81~82页。

特有的审美意境"①，但是在很大程度上人们本身并没有参与到空间的实践之中，而只是以"同情"和"移情"的方式使得"山川美景皆含笑，一草一木俱传情"，外在的自然空间依然统摄在感性的认知能力之中。进入现代和后现代社会以来，空间理论和空间美学的基础伴随着哲学思潮的转型，逐步转化为以"生存—实践论"为基础的空间生产论样态，而其核心正是对物质和精神的双重体验。伴随着工业文明的发展和人类生产能力的不断提高，现代性进程以摧枯拉朽之势破除了氤氲在古典时期的自然静谧，人类对空间的改造和征服能力已今非昔比，在某种程度上，人类分析、体验、反思着自己生产实践出来的空间。"凡是把理论导致神秘主义方面去的神秘东西，都只能在人的实践中以及对这个实践的理解中得到合理的解决。"② 所以古典时期认识论基础上的空间美学观点必然式微，这也正是"生存—实践论哲"学基础出现的必然性。无论是本体论维度的超验空间、认识论维度和科学空间，还是经验论层面的心灵感知空间，都缺乏主体能动实践性的参与且成为带有形而上学色彩的超验存在，不适应后现代社会的现实与思想基础。而马克思自下而上的"生存—实践论"哲学不仅给空间性注入了强大的理论活力，而且直接启发了列斐伏尔、福柯、詹姆逊等人的思想，促使了后现代空间转向的生成。"整个所谓世界历史不外是人通过人的劳动而诞生的过程，是自然界对人说来的生成过程。"③ 人类主体的劳动实践改造了自然空间的原始状态，并且在实践成果中反观自身的存在价值，而这一过程同时也生产着自身"人化的空间"，从而具有来源于自然却又与自然相迥异的"家园空间"。"周围的感性世界绝不是某种开天辟地以来就已存在的始终如一的东西，而是工业和社会状况的产物，是历史的产物，是世

---

① 裴萱：《中国古典美学的空间情结与方法论意义》，《人文杂志》2013年第5期。
② 马克思、恩格斯：《关于费尔巴哈的提纲》，人民出版社，1988年，第85页。
③ 马克思：《1844年经济学-哲学手稿》，《马克思恩格斯全集》第42卷，人民出版社，1979年，第131页。

世代代活动的结果。"① 列斐伏尔系统地将实践论观点引入空间研究的视野，倡导"空间的生产"，空间作为本体正是在人类的物质实践和精神实践的过程中，通过"自然的人化"生产出来。这一本体性的空间蕴含了所有人类社会活动和力量的场所，并且具有流动性、自足性、多元性的特质。"社会空间与自然场所的鲜明差异表现在它们并不是简单的并置：它们可能是互相介入、互相结合、互相叠加——有时甚至互相抵触和冲撞。"② "今日，对生产的分析显示我们已经由空间中事物的生产转向空间本身的生产。"③ 列斐伏尔彻底地以"生存—实践论"的哲学基础树立了现代空间的本体地位，同时也赋予了空间性和主体之间相生共存的一元论关系。这一空间生产理论也成为20世纪重要的哲学进展。"1968年以后，列斐伏尔围绕空间生产的'知识'，一种切实的理论建设，从本体论、认识论到社会解放的实践，开始了批判思想本身的彻底重建工作。现在看来，这也许是20世纪最重要的批判哲学工程之一。"④ 由此，空间性和空间转向的哲学思潮就真正浮出了水面，成为继现代性思潮以来后现代人类生存状况的重要维度。实践性的空间完成了自然性、物质性、社会性、主体性、精神性等多维空间的辩证统一，更是与后现代的学科互涉景观遥相呼应、相得益彰，从而得以共同关注主体的存在与实践问题。

后现代空间转向具有了实践性的哲学基础，而由此基础上生成的空间美学经由蒂里希、索亚、巴什拉等理论家的论述，更加侧重"精神实践"的维度，并试图建构后现代美学"体验"视域中的文化实践，体验也就构成了精神实践的主要内涵。这样，空间性和空间转向的本体问题也就被提升到了生存论美学

---

① 马克思、恩格斯：《关于费尔巴哈的提纲》，人民出版社，1988年，第20页。

② Henri Lefebvre, *The Production of Space*, Blackwall, 1991, p. 88.

③ [法] 亨利·列斐伏尔：《空间：社会产物与实用价值》，包亚明：《现代性与空间的生产》，上海教育出版社，2003年，第47页。

④ [美] 爱德华·W. 苏贾（索亚）：《第三空间——去洛杉矶和其他真实和想象地方的旅程》，陆扬、王毅译，上海教育出版社，2005年，第55页。

的层面，成为人生命存在的话语言说方式。众所周知，美学自诞生之日起就密切关注主体的感性问题，并且经历了不断突破理性、获得自身存在价值的过程。鲍姆嘉通自 1750 年创立美学学科以来，一直将美学定位为"感性认识的科学"，符合感性认识原则的便是"美"的，而不符合的便是"丑"的，这在一定程度上承认了审美的感性认知能力。但是感性依然是统摄在理性、哲学和逻辑学的归属之下，没有取得本体论价值。而现代美学和后现代美学经由非理性转向和人本主义思潮的双重建构，重新确立了感性经验、直觉体悟、情感意象与心灵意义的本体地位。"我们敢说，审美经验在它是纯粹的那一刹那，完成了现象学的还原。"① 在此维度中，主体的情感体验逐渐成为美学理论和美学研究的重要话语，并且成为贯穿现代性与后现代性的重要因子，为主体有机地参与到精神实践之中提供了基石。"从这个意义上，美学应该超越以单纯的理性的眼睛和逻辑的眼睛看待现象界，应该借助于独特的感性和诗性的眼睛俯视万象，反观历史和瞻望未来，打量主体的心性，以获得新的观念和体悟。"② 所以，空间美学为空间实践和文学文本提供了独特的理论切入点，它可以更好地发掘出自然空间和文化空间中的审美因子，联系不同的场景与多种类型的空间，使之集中到现代人的情感体验之中。"恰恰是组织空间经验的形式在变化着，它以特有的方式把空间上的近与远连接起来，这是以前的任何时代都没有发生过的。在熟悉与疏远之间有一种复杂的关联。地域性情景中生活的许多方面，仍然具有一种熟悉和轻松舒适的东西，它建立在人们所遵循的每日生活的常规之上。"③ 同时，空间美学在后现代语境中也密切了与文学文本和审美经验的联系，通过分析文本中的空间性从而更好地发掘其中的审美意味。"空间在现代思想中无处不在。它是使理论之骨更为赏心悦目的骨肉……意味着颇为不

---

① ［法］杜夫海纳：《美学与哲学》，孙非译，中国社会科学出版社，1985 年，第 53 页。
② 颜翔林：《佛学视野的美学方法论》，《文学评论》2012 年第 2 期。
③ ［英］安东尼·吉登斯：《现代性的后果》，田禾译，译林出版社，2000 年，第 95 页。

同的事物,而且还在于其意义随境而来。"① 空间美学以其学科互涉、文化霸权、地理空间的多元视角给文学和文学研究提供新的视角和研究方法。这样,空间转向和空间美学直接促使美学研究范式的转换和方法论原则的调整。对于空间美学而言,根本不存在哲学意义上的客体本体论和宏大的理性话语,其对象正是无限而又超验空间中的"第三空间"——只有破除逻辑与理性的方法而采取体验的方式才能进入这一独特、神秘的空间之中,并完成空间性的主体实践本身。其实,空间美学的"生存—体验论"价值正是在对主体"存在"的发现中,完成了精神领域的实践过程和人类的本质力量对象化过程,并且能够有机地参与到后现代文化实践之中。自列斐伏尔系统地以"生存—实践论"定位空间转向之时,空间美学的建构也吸取这一哲学基础,并且在"精神体验"的层面将现实的物质实践转化成了精神实践,从而能够更好地介入当下的文化研究。"存在,就意味着拥有空间。每一个存在物都努力要为自己提供并保持空间。这首先意味着一种物理位置……它还意味着一种社会'空间'——一种职业、一个影响范围、一个集团、一段历史时间、回忆中或预期中的一种地位,在一种价值和意义结构中的位置。"② 蒂里希认为对于空间的感知和体验决定了主体的生存状况和意义的彰显,并且此种"审美"维度上的体验也直接通达了对人生存价值的追问。从蒂里希开始,空间转向的"生存—实践论"逐步向后现代空间美学的"生存—体验论"过渡。索亚的主体性思想就基本上完成了空间美学的话语言说,精神体验也成为主体实践的文化基础。"生产的空间性过程,开始于身体……开始总是包裹在与环境的复杂关系中的、作为一种独特的空间性单元的人类主体。"③ 在"此在"的空间之中,人类广泛展开了各个领域的实践进程,并且创造了属于主体自身的专属空间,比如家园、城

---

① Mike Crang and Nigel Thrif ted, *Thinking Space*, London: Routlege, 2000, p. 12.
② 何光沪:《蒂里希选集》,上海三联书店,1999年,第1119~1120页。
③ [美] 爱德华·W. 苏贾(索亚):《后大都市:城市和区域的批判性研究》,李钧译,上海教育出版社,2006年,第7页。

市、传媒、通信等,而这一空间不仅是以现实劳动实践产生的,更是成为精神上的意义寻求,"家园"也更多地呈现为内心体验的归属感。所以,主体的精神实践能力在空间美学中也就主要表现为"生存—体验论",空间美学也正是在后现代多元、无根、播撒的语境中获得了重塑人类生存价值的话语空间。"这就是那个里尔克的体验,首先是'神秘'形式的体验……他把这东西叫作世界的内部空间,这个空间与我们的内在深处一样也是事物的内在深处,以及这二者的自由交流,即那种无控制的强大的自由,不确定物的纯力量在那里体现出来。"①

可以看出,空间转向和空间美学的哲学基础正是建立在实践论维度上的精神体验,并且在对空间的改造、胶着、放逐、回归、重塑的构建中完成了对人类本体意义的反观与实践,这样,空间就成为人的生产对象,并且在生产和实践的过程中反观自身的力量。所以,空间美学的"生存—体验论"精神实践过程也是赋予空间以意义和主体价值澄明的过程。对于空间美学而言,正是试图以"体验"的精神实践方式完成后现代时期的文化表征话语言说。空间美学体验的实践方式不仅为文学和美学活动提供了丰富的方法论资源,更是以个体充满生命感的感受与经验介入不同的空间领域之中,进而实现对生存空间、文学空间和文化空间的审美解读。所以,以"体验"作为精神实践原则就以人为核心并肯定了其理想、信念、感性、情感的力量,并进而实现他的意志、能力和道德。由此,审美活动彰显了作为个体人类的不可重复的神秘世界。"空间的构造,以及体验空间、形成空间概念的方式,极大地塑造了个人生活和社会关系。"② 这样,就恢复了审美实践和美学理论"感性学"的原有之义,打破西方古典美学"逻辑—归纳"方法论并矫正先验宏大理性构架对个体审美的伤害,从而进一步恢复美学在后现代时期的应有之义。作为美学研究而言,我们需要立足两个视角,一个是对个别审美活动的把握,另一个就是实现美学作为

---

① [法]巴什拉:《空间的诗学》,张逸婧译,上海译文出版社,2009年,第8页。
② [英]丹尼·卡瓦拉罗:《文化理论关键词》,江苏人民出版社,2006年,第180页。

哲学分支应有的学科综合。对于第一个视角而言，因为审美活动本身就是个体"凝神静观"的无功利情感活动，需要对自然、对艺术品进行审美体验。而空间美学作为一种更高层面的理论建构，就必须在初次审美实践的基础上进行再次的理论综合。比如博尔赫斯的小说《阿莱夫》就实现了文学层面的空间体验，阿莱夫的空间是浩瀚的海洋，是金字塔内部的蜘蛛网，更是无限浩渺的宇宙，博尔赫斯在审美描绘和主体体验的基础上给我们展开了一幅无限空间的画卷。而索亚却在对《阿莱夫》的文本体验之上，进一步从美学的高度进行"再体验"，从而生发出"第三空间"的美学概念。对于第二个视角而言，美学作为人文科学的组成部分和哲学的一个分支，其本身就具有交叉性的理论取向和前学科性质的元素。因为美学和文学一样，其研究的对象是"人"，所以既有"形而上"的理论性，又要"形而下"的艺术实践，就需要以"自下而上"的逻辑推演来完成美学理论的建构。哲学、社会学、心理学、地理学、文化学、空间转向等都需要进入美学的视野。而审美活动和审美体验既不是单纯的感性活动，也不是单纯诉诸理性的推演；既不是单纯对外在现实空间的体察，也不是纯粹的心灵精神，而是将其融合其中的生命活动。所以体验不仅是感性的活动，而是可以存在于"自上而下"的语境中。比如狄尔泰所建构的"意向性"生命体验，正是一种从"本质存在"开始的生命本体体验活动。克罗齐的直觉主义体验模式仍然是"自上而下"的模式，从心灵活动认识论的四度空间出发，将直觉和体验看成最为低级的认识活动，从而对西方自古希腊以来的传统的理性主义、逻辑主义哲学进行调整与反拨。我们不仅可以体验艺术、审美与文学，还可以体验理念、思想与哲学，所以，空间美学的"生存—体验论"精神实践也为重新恢复感性体验的美学原则提供了强大的理论活力，不仅纠正了"自上而下"的形而上体验，实现了"自下而上"的美学研究原则并确立感性的"首要"地位，而且在空间的维度中将审美化为存在，将艺术化为人生，继续在后现代时期保持崭新的活力。

"文化表征"其实是伴随着后现代文化研究而产生的概念，主要侧重于精神的实践过程与众多文化场景的意义彰显话语。"表征是在我们头脑中通过语言对各种概念的意义的生产,它就是诸概念与语言之间的联系,这种联系使我们既能指称'真实的'物、人、事的世界,又确实能想象虚构的物、人、事的世界。"① "表征"正是通过主体精神上的能动过程,对不同的文化产品和审美活动赋予意义。因为在后现代时期已经产生了众说纷纭、学科互涉、文化研究和审美泛化,所以必须在不同的语言文化符号中发现意义可以被传达和有效阐释的领域,并且能够有机地建构主体的后现代生存体验。"我们所说的'表征的实践',是指把各种概念、观念和情感在一个可被传达和阐释的符号形式中的具体化。意义必须进入这些实践的领域,如果它想在某一文化中有效地循环。"② 对于后现代的文化表征而言,它打破了前现代时期反映论和再现论的僵化模式,而是更加侧重在物质实践和精神实践的基础之上的"意向论"和"建构论"。人的劳动生产活动并不仅仅生产了现实的产品,而是以自身精神上力量的"投射"完成了"属人"的文化意义。后现代空间上的区隔与体验更为丰富,实体空间与赛博空间的界限也越来越模糊,城市设计与地理区位也更加赋予人的表意、象征、隐喻和霸权,所以就更加需要文化表征实践介入空间性的研究,这也是空间美学的现实意义。比如后现代的"家园"流动感更强,与自然和土地的分离程度也大,所以文化表征空间的建构就得以个体在"体验"的维度上实现精神上的家园归属。童年的记忆、仿真的影像和熟悉的场景都有可能成为重构家园情结的文化符号。再如电子媒介的赛博空间,本身即为与现实空间完全割裂的计算机"二进制"虚拟场景,但是现实主体以"代入"的方式完成了另外一个身份的主体转换,尽情在网上江湖中逍遥纵横,这依然是文化表征实践作用的结果,是一个完全建构在后现代主体心灵体验基础之上的"异度空间"。可以看出,空间美学在后现代语境中,通过文化表征实践焕发了强大的理论活力和适用性价值,并且能够有效地分析、阐释和指导后现代

---

① [美] 斯图尔特·霍尔:《表征:文化表象与意指实践》,徐亮、陆兴华译,商务印书馆,2003年,第17页。
② [美] 斯图尔特·霍尔:《表征:文化表象与意指实践》,第10页。

文化景观，显示出独具特色的话语空间。

三、空间美学与后现代文化表征实践的显性特质

空间美学的"生存—体验论"哲学基础适应了后现代众说纷纭的文化景观，并且增强了空间美学的实践性与普适性价值。一方面，"生存—体验论"的美学样态打破了传统和现代对空间形而上学的绝对认知，也消解了主体性膨胀之后对空间的统摄，而是以辩证的眼光审视主体与空间之间的流动性、建构性关系；另一方面，空间美学以其对空间特有的感性话语、情感体察赋予更多的后现代文化景观以美感的色彩，给予美学阐释现实和自身发展的新维度。同时，20世纪60年代以来，超空间、空间压缩、空间政治和空间霸权的出现，也使得空间美学需要以更加宽广的视野和美学意识形态的眼光重塑后现代话语。这样，空间美学便广泛参与到文化表征实践和建构符号意义的进程之中。总体看来，空间美学在后现代文化表征实践中呈现出"三个融合"的特质。

首先，空间美学的表征实践呈现出自然空间性与都市实践性的融合。传统地理学意义上的空间往往被看作被动僵化的客观存在。"（传统）空间同样被当作一种自然事实来对待，它通过指定的常识意义上的日常含义而被'自然化'了。它在某些方面比时间更为复杂——它具有作为关键属性的方向、地域、形状、范型和体验，以及距离——我们象征性地把它们当作事物的一种客观属性，可以测量并因此能被确定下来。"[①] 而后现代时期的都市兴起、建筑装修、街道场所等在很大程度上已经突破了自然空间恒定的精神体验模式，成为主体充分发挥物质实践和精神实践的场所，进而形成丰富的空间内涵。时空压缩、流动空间和场所主义都是空间美学在当今大都市的现实介入。在空间美学看来，当今的大都市建构其实实现了美学上现实的"同一性"和体验维度的"差异性"。众所周知，现代性工业文明已经成为全球化发展向往的目标，大都

---

① [美]大卫·哈维：《后现代的状况：对文化变迁之缘起的研究》，阎嘉译，商务印书馆，2003年，第253页。

市的建立正是其中重要的一个地域承载。集中化的商业摩天大楼、按区域划分的不同功能、高架立交的交通道路、高度密集的商业广场以及同质化的迪斯尼乐园、影院和饭店,这些都构成了"千城一面"的独特景观。但是在同质化的物质建构中,人们对于流动空间和地域空间的追求却更加强烈,这正是以空间美学体验来完成的对于家园和内心归属的向往,即使是在后现代破碎、震惊的体验中。"时空压缩的这一思考方式,也使我们回到地方的问题和地方的意义,在所有这些社会形态各异的时空变化语境里,我们如何思考'地方'?诚如我们的时代有人说,'本土社群'似乎是分崩离析了,你可以在国外发现跟家里一样的店铺、一样的音乐,或者就在路边哪家餐馆,享用你钟爱的异域假日佳肴,当每个人都有了这样那样的此类经验,我们又怎样思考'本土性'?"[1] 所以,现代大都市的兴起首先体现了主体实践化了的"场所主义",将"空间"转化为"场所",并强调人对空间建筑的能动性作用,随后又以"时空压缩"的方式完成主体的美学体验和意义彰显,最终形成个体建构空间同时又在空间中流荡体验的"流动空间"。比如都市中的闲逛者,他们也许并没有消费或者其他的目的,而只是以审美愉悦的心态寻找城市中的心灵认同符号,这样,他们在人类自我建造的空间中"消费",同时也建构着自我心灵上的"空间"。"这个无名男子在穿行伦敦时总是故意混迹于人群中间,这个人就是闲逛者。"[2] 本雅明透过19世纪巴黎的都市空间,敏锐地发现个体"差异"空间对都市"总体"空间的张力关系,并形成了与同质化空间相抗衡的异质性审美空间。这一潮流在20世纪也得以继续深入,比如美国的格林尼治村群体,以及西方随之而来的都市"内爆"与郊区化现象,这些都是空间文化实践在后现代继续深化的结果。可以看出,都市作为人类现代化实践的重要产物,一方面具有空间的自然属性和物质实践属性,另一方面都市空间美学也在对空间的"定

---

[1] Doreen Massey, A Global Sense of Place, Ann Gray and Jim McGuigan ed., *Studying Culture: An Introductory Reader*, London: Arnold, 1993, p. 236.

[2] [德]本雅明:《巴黎:十九世纪的首都》,刘北成译,上海人民出版社,2006年,第109页。

位"和"他者"的寻求中，找到各种异质性因素共存的张力关系，并深切观照主体的生存体验和情感归属。"确切地，因为漫游本身会促使个性化与孤立，使得人们相互依赖，所以，它使人们趋于一种紧密的凝聚力，而同时又保存着现存的差异性……显示出他们在漫游者孤立与缺乏支持的命运中增加了紧密的团结，从而形成一种超个人的一致性。"①

其次，空间生产性与空间话语论的融合。后现代性的空间转向与空间美学不仅是个人差异性与群体同质性之间的张力，也是国家、政治、民族等权力的生发场域。后现代性完成了政治、文化多元化和民族国家重组的进程，但是发达资本主义国家却随时通过对文化空间、传媒空间、社会空间和软实力空间的侵占与渗透，以类似于福柯的"权力话语"对本国普通民众和民族国家进行意识形态控制。"空间已经成为国家最重要的政治工具，国家利用空间以确保对地方的控制、严格的等级、总体的一致性，以及各部分的区隔，因此，它是一个行政控制下的，甚至是由警察管制的空间。"②福柯在《空间、知识、权力》《疯癫与文明》《规训与惩罚》等相关访谈和著作中，同样以空间权力的批判思想为出发点，展现了都市的设计如同监狱的构造一样，都渗透了意识形态对于个人的管理与规训。空间美学的生发同样也可以以个体私化的空间和对空间的直观体验能力消解政治的霸权。鲍曼就曾经在《后现代伦理学》中把社会实践空间进行"三分法"归类："如果说认知空间是通过知识的获得和分配在智力上被建构的，美学空间是通过由好奇引导的关注和对经验强度的探索在情感上进行划分的，那么道德空间的'建构'就是通过感觉到的、假定的责任的不平均分配来实现的。"③认知空间和道德空间在后现代时期都被压抑和离散。国家意志和意识形态规约着认知空间，成为话语霸权，而道德空间在多元异质的

---

① [德]西美尔：《时尚的哲学》，费勇等译，文化艺术出版社，2001年，第40页。

② [法]亨利·列斐伏尔：《空间：社会产物与实用价值》，包亚明：《现代性与空间的生产》，上海教育出版社，2003年，第50页。

③ [德]鲍曼：《后现代伦理学》，张成岗译，江苏人民出版社，2003年，第172页。

后现代时期也呈现出言说的无力感，个体对于宏大叙事的规约早已厌倦，所以，只有美学空间适应了自由、多元、瞬间、感官和平面化的后现代文化体验，在主体间性的审美文化中，保持着个体性的一抹亮色。詹姆逊同样从马克思主义理论出发，倡导在文化层面生成全球性的"认知绘图"美学，其实也正是空间美学另一种有机表达方式。认知绘图来自个体心灵对地理现实空间的理解与再现，并且成为一种反抗意识形态的"意识形态美学"。"即在文化逻辑和后现代主义的诸种形式中体察权力和社会控制的一种工具性制图法的能力，换言之，以一种更加敏锐的方法来观察空间如何致使我们看不到种种后果。"[①]空间美学成为一种符号反抗的话语体系，可以在同样的空间建构中以个体性、民族性和差异性实现对空间压抑的反叛。比如带有民族地方特色的文化旅游，可以以审美渗透和民族身份认同的形式实现对同质性空间的反叛。"垮掉的一代"作家凯鲁亚克的小说《在路上》，正是通过空间的游移和永远在路上的状态，虚化了都市本身的存在，并将其看作年轻人寻梦的符号。而唯有自身多姿多彩的体验和感性的放纵才是最为真实的审美存在，这一空间美学体验"提供一个具有教育作用的政治文化，务使个体对其自身处于整个全球性世界系统中的位置有所了解，并加以警觉"[②]。所以，空间美学以其强大的审美话语替代了认知空间与道德空间，以文化表征实践的方式实现了对空间压抑的反抗，呈现出生产实践论与话语权力论的统一。

再次，生活空间性与身体在场性的融合。后现代时期主体的日常生活得以极大丰富，也改变了被动依靠自然空间的单一劳动实践模式，而是在丰富的生活场域中体验空间的社会文化意义，并在表征实践中发现自身"身体性"的感官经验。这样，也就把形而上的超验空间转化为后现代时期的日常生活性，美

---

① [美]爱德华·W.苏贾（索亚）：《后现代地理学：重申批判社会理论中的空间》，王文斌译，商务印书馆，2004年，第96页。

② [美]詹姆逊：《晚期资本主义的文化逻辑》，张旭东编译，生活·读书·新知三联书店，1997年，第514页。

学空间也得以深入到主体生存的方方面面。"这些地点（空间）是我们居住和劳动的地方，是我们把大部分时间都花费在其中的房屋、街道、工厂、办公室、学校、公园、影院等，对于这些地点我们不可避免地形成一种地方感——对这些地方如何运作的基本理解以及对于这些地点挑剔的情感，像喜欢、不喜欢、爱、恨、接受、拒绝等等。"① 后现代的众多空间领域正是以主体的生活范围以及生活体验所建构起来的。在前现代时期，因为交通的不便和漫长的旅程，人们对于时空的体验更多带有"膜拜"性质的崇高感，而后现代时期全球化时代的来临大大缩短了时间和空间的间隔，高科技大众传媒早已替代了传统的空间意识。所以在"瞬间"的冲击中，人们更能感觉到的便是以自身生活为核心的空间体验，更加注重以身体性为核心的活生生的空间意义建构。"历史意识受到了星际意识、地形学意识的压制，时间性移向了空间性……后历史带来了历史与'膨胀的现在'的一种新关系。"② 比如在居住空间周围公园的休闲，在家庭中的电视和网络，在附近卖场中的品牌消费与文化体验等，都是以"身体"和"生活"为核心的空间文化建构。而伴随着新传媒、电子信息和网络时代的来临，人们更加注重在空间中的身体体验，甚至只能在虚幻的图像和网络空间中找到存在的价值，这可以说是身体空间发展的极致。"身体的空间性不是如同外部物体的空间性或'空间感觉'的空间性那样的一种位置的空间性，而是一种处境的空间性。"③ 而后现代的处境恰恰是在图像、感官和视觉的"内爆"之中。比如电影所营造的空间正是一种视觉虚幻性的体验空间，人们在影院的现实空间中感受到的是图像带来的情感意义。网络赛博空间更是在二进制数字之上的虚拟空间，超文本、超链接、超自然、主体角色代入等均完成

---

① ［英］阿雷恩·鲍尔德温：《文化研究导论》，陶东风译，高等教育出版社，2004年，第147页。

② ［法］弗朗多瓦·多斯：《从结构到解构：法国20世纪思想主潮》（上卷），中央编译出版社，2005年，第470页。

③ ［法］梅洛庞蒂：《知觉现象学》，姜志辉译，商务印书馆，2001年，第165页。

了身体感官的需要。在网络空间中，可以发泄无意识的不满，可以扮演不同的角色，更可以在网上江湖中快意恩仇、侠肝义胆。"这种虚拟的基本概念，就是高清晰度。影像的虚拟，还有时间的虚拟（实时），音乐的虚拟（高保真），性的虚拟（淫画），思维的虚拟（人工智能），语言的虚拟（数字语言），身体的虚拟（遗传基因码和染色体组）。"① 所有这些，正是空间的文化表征实践所造成的"完美的罪行"。所以，后现代以"身体"和"生活"为核心的空间美学呈现出"超空间"的审美表征。在这样一种符号所营造的空间中，一方面人们沉浸在唾手可得的空间模拟与仿真之中，感受平面化空间所带来的感官愉悦；另一方面超空间的多元性也使得人们深深陷入虚拟的空间迷失之中，进而失去了对方向感和历史性的体验，沦落在后现代的无边空间之中。"你浸淫其中，就完全失去距离感，使你再不能有透视景物、感受体积的能力，整体人便融入这样一个'超级空间'之中，刚才谈到后现代的绘画和文学的时候，我曾经提及所谓深层的压抑。"② 但无论怎样，空间美学完成了对后现代主体身体性与生活性的文化表征实践，并且从空间维度敏锐地发现了主体存在的问题。其实，这也正是后现代审美文化的特征，它正如一把双刃剑，在自由体验和主体彰显的同时是身体的迷失与沦落，而空间美学以强大的理论包容性有效地阐释了这一文化现象，并将继续在历史中完成美学的话语言说，最终为后现代的主体生存指出一条精神归乡之路。

可以看出，空间美学的建构正是伴随着后现代转向应运而生，并且获得了相对独立的理论话语与学科范畴。正是因为哲学领域的空间性完成了从本体论到认识论的转型，空间美学也要以"生存-体验论"确立自身的实践性品格，从而完成对各类空间的阐释与主体生存问题的关注。面对后现代的图像霸权、播撒延伸、民族认同、网络空间、都市设计等问题，空间美学以文化表征实践

---

① [法] 让·博德里亚：《完美的罪行》，王为民译，商务印书馆，2000年，第8～32页。
② [美] 詹姆逊：《晚期资本主义的文化逻辑》，张旭东编译，生活·读书·新知三联书店，1997年，第493页。

的方式完成了对其符号意义的建构,为日常生活审美化的进程抹上了一道亮色,也延展了美学自身的话语场域。其实,空间美学既能够彰显后现代主体的自由体验,也不可避免地使主体陷入平面化和虚拟化的超空间之中,但是,后现代文化的特质和魅力正是在于其流动性和多元性。空间美学建构历史的同时,也终将向历史敞开并被历史检验。"故乡的歌是一支遥远的笛,总在有月亮的晚上响起。"相信空间美学最终会为后现代的主体生存找到一条永恒的精神回归之路。

(刊于《郑州大学学报》2014年第2期)

当代传播美学纲要

⊙张　涵
⊙中国出版工作者协会

　　人类文明发展进程表明，媒体传播是人类文明生成的一个重要机制，当代媒体传播是当代人文明提升的一个重要保障。就整体而言，人类的生成与媒体传播互动同步；就媒体自身而言，媒体传播应推动人类的文明进步，当代审美传播应推动当代人的审美生成。相应地，中华媒体传播活动，应推进中华民族的伟大复兴，中华媒体审美传播应有助于进一步锻造中华民族美丽的灵魂与伟大的人格。

　　在人类社会生活中，有一些事件或年份，值得人们格外地关注。被今人称为"数字化之父"的马歇尔·麦克卢汉在他的《理解媒介——论人的延伸》一书中，首次提出一个"部落化—非部落化—重新部落化"的人类历史图式，与此相对应的则是口头媒介、印刷媒介与电子媒介。他预言，未来数字电子媒介的传播方式，将彻底改变人类的思维方式和生存方式，人们将生活在一个"地球村"里。他在接受《花花公子》杂志采访时，充满信心地说："我觉得，我们正站在一个使人解放和振奋的世界门槛上，在这个世界里，人类部落实实在在会成为一个大家庭，人的意识会从机械世界的枷锁中解放出来，到宇宙中去遨游……"此种思想，被一些权威人士誉为"哥白尼式"的革命。

　　历史的进程，迅速印证着麦克卢汉的论断。随着人们传播意识的增强，1998年，"数字地球"概念提出。1999年11月29日，在北京召开了首届"数字地球"国际研讨会。进入新世纪以来，人们欣然将置身其中的时代命名为"网络时代"。今天，任何信息，一旦进入互联网，几乎可以同时被分布在世界各地的网民在自己的电脑屏幕上看到和随机音箱中听到。同时，传统媒体与新媒体在博弈中走向交融，大大丰富了人们的传播方式与途径。这一切使得麦克卢汉40多年前关于"地球村"的预言在某种程度上终于实现。[①]

然而，在传统媒体与新媒体既各领风骚又彼此交融共同组成"媒介大餐"的今天，人类并未能真正跨进"使人解放和振奋的世界门槛"。人们在面对满目的影像、盈耳的声说、唾手可得的八方讯息的同时，难免感到身心的疲惫与某种精神的迷幻。就是说，人们并非因为拥有了新的技术与传播方式，就意味着拥有了新的思维方式和生存方式。这就从一个方面昭示当今人类社会正处于一个关节点：围绕生存与发展，人类正面临许多亟待解决的重大问题，而这些问题又构成一种相互牵连与纠缠的"问题群"。这就决定人们在致力于解决某一重大问题时，只有在全局意识的统领下，采取相应的跨学科的研究方法，才有望奏效。我们所要进行的当代传播美学研究，正循此道。

那么，什么是当代传播美学？为何要研究当代传播美学？如何多学科、跨学科地进行研究？它与当今人类文明的总趋向有怎样的关系？如何建立和发展中国特色的当代传播美学？这些正需要我们去潜心研究。

一、当代传播美学的研究对象与跨学科研究方法

所谓当代传播美学，就是以整个人类文明发展历程为历史大视野，以马克思主义哲学思想为指导的大生命审美观为主视角，对当代传播活动的审美特征、审美生成、审美运作、审美功能等进行多学科、跨学科的综合研究，从中揭示当代人类文明大变革与人类文明大传播之间的互动关系，和当代人在此两大历史性运动中建构审美生活、塑造审美人格的必要条件、内在机制与根本规律。这也内含着当代传播美学研究对象的界定与研究方法的选择。

[①] ［美］保罗·莱文森：《数字麦克卢汉》，社会科学文献出版社，2001年。

(一) 当代传播活动在总体上的审美走向

1. 媒介演化路径与当代媒体的互补共荣之美

人类传媒演化史告诉我们,媒介革命的路径,不是一种媒介彻底被另一种媒介所置换的线性路线,而是新旧媒介交融互补呈螺旋式上升展开。对此,麦克卢汉曾试图用"媒介四定律"即媒介的放大、过时、再现和逆转四种效应来阐释。① 在他看来,电子媒介使声觉空间"放大"。电脑出现前的大众媒介使印刷"过时",大众媒介在全球范围内"再现"了往日媒介的成分,这些媒介最终发生了"逆转",共同构成一种非常独特的电子环境,这就是我们今日的数字在线时代。在这个数字时代,众媒介构成一种互动、交融的共生局面。

具体说来,麦克卢汉的媒介四定律,对任何一种形态的媒介都提出了相关的四个问题:①它提升和放大了社会或人类生活的哪一个方面?②它遮蔽或使之过时的是什么?③它再现的是什么东西?④它登峰造极之时又逆转为什么东西?例如,无线电广播提升了声音的传播,使印刷品的报纸传播显得迟缓,而这又依稀再现了昔日沿街叫卖的货郎曾因印刷术的问世而销声匿迹的声音,随之当广播被推向极端后,又逆转为视听媒介的电视。接下来,电视又以同样的过程起步,它首先放大的是"视觉",但这种对视觉的放大区别于印刷媒介的视觉,实际上"声觉"也同步被放大,即成为一种新型的视觉,而当电视的声视觉特征达到饱满之时,便又摇身一变而成为个人电脑。广播、电视如此,报刊、书籍也如此。

为了更好地描述媒介的演化轨迹,麦克卢汉父子将"四定律"进而定性为"媒介丛",保罗·莱文森更概括为"四轮滚动演进",其目的都是揭示媒介的演化从来就不是单打一、直线式的,而是彼此交互递进的被放大、隐身、再现和逆转,从而形成众多媒介并存互补、协同发展的传播局面。

由此看来,那种认为广播的出现将取代报纸、电视的出现将取代广播、第四媒体互联网的出现将使广播电视出版诸媒体相形见绌或被取而代之的观点,

---

① [美] 保罗·莱文森:《数字麦克卢汉》,社会科学文献出版社,2001年,第268页。

都是不符合媒介的演进规律的。事实上，进入新世纪以来，传统媒体与新媒体互补共荣的大格局愈加明朗而活跃。然而，对于当代形态的人类传播活动的生成机制、整体特征与发展走向等问题，尚须从多角度尤其是美学的视角进行深入的认识与把握，而这正构成当代传播美学的一个重要研究对象。

当代传媒是人类发展史上迄今为止最宏大而潜力无限的一种传播大系统或曰大家族，而且目前仍处在日新月异的生成过程中，其发展动力乃在于，当代人传播需要的不断提升和满足其需要的现实条件的日益具备。

可以说，人初始为人便有了强烈的传播交流需要，生而为当代人更须臾离不开当代传播。

古希腊那句"认识你自己"的名言，对于当代人来说，通过当代传播活动认识人类、社会、自然和自我，并以此指导自己的实践活动，此种需要日渐自觉而强烈；同时，能够满足当代人这种需要的现实条件，包括社会的进步、科学技术的快速发展、人文精神的日益彰显等，也都比以往任何时候更加具备。

由于上述媒介演进路径和当代传播大系统生成的动力机制与根本属性的共同作用，当代传播活动在整体上形成了如下特征：

（1）传播方式上的跨地域性与跨时空性。在因特网的大环境中，你只要拥有完整的终端系统，便可以实时地、跨地域地同另一个终端线上熟悉的或陌生的对象进行信息交流。

（2）传播时空在维度与内容上的空前丰富。由于当代传播活动是由多种媒体共同组成的媒体大家庭，任何一种媒体都会在充分发挥自身优势的同时，积极运用多媒体技术，创造崭新的审美时空与内容无限丰富的媒体形象，以此荣登数字化、网络化的当代传播大舞台，同其他媒体共同演出一幕幕既各展风采又交融和谐的世纪大戏。

（3）传播众主体关系的极大提升。所谓传播众主体关系，是相对于传统传播活动中创作者、传播者、受众者之间二元论的分离的主客体关系之分，而在当代传播活动中，他们之间的关系已经变成了本质上都是主体与主体间的关系，都以各自的方式积极参与当代传播世界的创造、生成与共享。虽然他们各自在当代传播活动中有社会分工与市场分工的不同,但当代传播活动整体水平的提高又必然是众参与者共同创造的结果,这也是当代社会人与人之间的关系本质上不再是主宰与从属或精英与大众截然对立关系的生动体现。

(4) 传播过程中机缘式审美生成变得更加重要。这与比特数码思维紧密联系在一起,因为比特思维是一种"如果……,就会……"式的逻辑运算过程,时刻处于双向或多向、交互式的思维流程中,与那种"因为……,所以……"式的直线单向逻辑思维路线不同,具有极大的不确定性,在传播过程的每一个环节上,随时都可能有稍纵即逝的机遇出现,是随遇而择、缘机而成。这是当代传播活动在整体上的一大思维特征,所以参与者作为审美主体,都应该不失时机地敏锐地抓住各种机缘,融入和亲历当代传播活动的审美生成,共同参与传播文本的创造与欣赏。

(5) 传播主体的审美个性更加凸显。与传统的大众传播奉行标准化与大众时尚的传播趣味不同,当代传播活动由于参与者主体性的不断提升,在传播的内容和风格上,更加考虑和满足参与者的审美个性追求,更加重视美的多样性,那种缺乏个性特色的"一锅煮"的传播活动必将被摈弃。

(6) 传播媒体的审美功能更加突出。传统媒体较为注重传播的实用功能与传播品的实用价值,满足人们在物质层面与实用层面上的需求;当代传播活动包括传统媒体与新媒体,随着社会的全面进步与时代风尚的变革,更加强调其审美功能的发挥与审美价值的创造,以满足当代人在审美情操和精神境界上对美的渴望。

(7) 传播活动在整体上的审美整合走向更加明朗。进入新世纪以来,经济的全球化和文化的全球传播已蔚成大潮,当代传播活动的数字化、网络化技术本性与其人性化、个性化的人文本性,正构成巨大的张力与合力,这一切推动着当代传播大系统中的各类媒体,一方面在内部快速进行资源、人力、管理等全方位审美整合,一方面在外部寻求全球化传播与本土化传播的最佳结合点,以谋图更快、更强的发展。

2. 当代传媒文化的审美生成与传媒产业的崛起

新媒介的出现,虽然带动了人类文化模式与生存方式的某种改变,但媒介本质上只是讯息或曰文化的载体。事实上，当代信息革命已经越过以硬件与软件为王的阶段，正从"技术为王"走向以"内容为王"的时代。因此，正确的理念是，在充分认识与把握当代传媒技术与当代传媒文化之间的互动共生关系基础上，进而深刻揭示居于"王者"地位的当代传媒文化的审美生成与丰富内涵。

当我们来审视当代传媒文化的审美生成历程的时候，首先应将其放在与当代人类文化的关系、与昔日人类全部文化包括传媒文化的关系的坐标系上。就文化形态而言，当代传媒文化包括书报刊、广播、影视、音像、多媒体与网络等媒体家族所呈现的文化，它们共同构成了当代社会恢宏壮丽的文化景观。一方面，人类既有的文化特别是当代形态的文化，在总体上决定着当代传媒文化的整体水平；另一方面，当代传播文化也影响着人类文化的整体发展。由于社会的发展，当代人较之以往任何时代，在总体上更加重视物质性生存之上的精神性生存，更加重视实用性生活消费之上的审美性精神消费；相应地，当代人对文化的需求，也就将重点从对实用性文化的需要转向对审美文化的青睐。于是，当代传播活动更加注重从昔日人类文化宝库包括传统传媒文化中吸收与借鉴至今仍具魅力的审美文化资源，更加关注当代人追求审美生存的努力和当代人类文化的审美发展趋向，由此也决定了当代传媒文化正处在重心移向审美层面与审美生成的过程之中。

充分认识与估量当代传媒文化的重心移向审美层面和审美生成的过程性，是探索和驾驭当代传播活动规律的关键性问题之一。而解决这一问题的关键，则是深刻理解和把握当代人的经济生活、社会生活和文化精神生活与当代传播活动之间的互生互动关系。因为当代人的经济生活、社会生活和文化精神生活等，是同数字化、网络化和全球化的当代传播活动紧密联系在一起的，后者不仅反映了同时也参与了前者的审美生成；前者也必须借助后者所传播的当代传媒文化而不断实现自己的审美生成。

早在 20 世纪 70 年代初，未来学家阿尔文·托夫勒就察觉到当代经济与人们日常生活关系的某种实质性的变革，率先提出人类经济发展历经产品制造业、服务业和体验业的三段式划分，认为现代经济继服务业繁荣之后，正在向体验经济迈进。他十分风趣地说："我们正从'肠子'经济前进到'精神'经济，因为营填满肠子只有这么多。"事实表明，当代人的确日益从重视物质性的消费走向重视精神性的消费。例如，当今人们外出吃饭，并非仅仅是为了省去做饭的麻烦，也是为了能在愉悦的环境中吃出一种享受。又如走进商场，多数人已从单纯的"物质购买"上升为"体验购买"或"个性购买"。在整个经济活动中，人们自觉或不自觉地将商品和服务分为三六九等，将审美价值附加在商品的使用价值上，从而使个性化、审美化的消费比重愈来愈大。在工作之余，朋友中间会常常听到人们这样的交谈："好日子是有意味的生活，而不只是拥有东西。"这是从当代人消费观念与消费行为的转变上反映和体现的当代人对审美生活和审美价值的追求。当代传播活动理所当然地应该顺应和推动当代人物质生活与精神生活的这种新走向。且不说新闻传播中报告文学的华章，电台广播中抒情节目的文采，影视中艺术片应有的审美，各类出版物中文学艺术所展现的美的意境，网络文化艺术所创造的亦真亦幻的审美时空，就是各种领域里实用知识的介绍和真人真事的报道，在当今不也都需要审美的传播吗？而且随着当代传播活动与各方参与者的互动，彼此间水涨船高的审美需求，不仅会不断扬弃那些不具备审美属性与审美价值的传播形象，大浪淘沙般地洗去那些浅薄的浮躁的甚或低下庸俗的反艺术、反审美的东西，而且会将人们的审美品位不断提升。十分明显，当代传媒文化的审美生成与当代人的审美生成，都是"现在进行时"，都是互补互动中的审美生成。就是说，今天的你必须在当代传播大场中审美地生成，当代传播也必须审美地生成，才能受到当代人和当代社会的欢迎。

正是由于当代人和当代社会对审美文化需求的增长，才催动了当代传媒文化产业的崛起。在世界范围内，传统媒体早已是第三产业的一个重要组成部分，自20世纪90年代以来，传统媒体与新媒体互补共荣的当代传媒产业，更迎来了快步发展的良机。当今文化产业界所谓"内容为王"，对于当代传媒产业来说，就是高质量的传媒文化为"王"，就是高审美价值的传媒文化为

"王"。审美价值链的创造,在当代整个经济增值活动中已成为重要的推动力,增强当代传媒文化的审美功能与审美价值,也就成为繁荣发展当代传媒产业的内在需要。深入探讨和研究当代传媒产业发展中审美价值链的创造和其他相关的市场机制、动力等深层问题,也便构成当代传播美学又一方面的重要研究对象。

(二) 大生命审美观引领下的跨学科研究

1. 跨学科意识、问题意识和当代传播的"祛魅"与"返魅"

前面讲到,当今人类所面对的诸多问题必须在全局意识的统领下,采取相应的跨学科研究方法谋求解决。当代传播活动,实则也是一个问题群,既需要从学科的高度去研究,又不能受学科固有体系的束缚,而应敏锐地把握现实问题,从多学科、跨学科的高度去寻求新的复杂问题的综合解决。也就是说,当我们为高科技在当代传播领域里的应用所带来的划时代革命而兴奋不已的时候,必须清醒地认识到,此种革命不仅是一种信息技术与媒体技术的革命,而且具有极强的内在矛盾性、复杂性,并由此构成对人类智力、道德等的严重挑战。

首先,我们看到当代传播大系统是高科技在当代传播领域里一种典型的应用与聚焦。众所周知,高科技是一把双刃剑,当代传播活动从技术层面来看,它也正隐含着其双刃剑的利弊两重性。对此,尼葛洛庞帝曾坚信媒体技术进步能够为人类带来民主与幸福,并列举数字化技术的 12 项优点。[①] 与此相反,维克多·斯卡迪格利却列举了数字化技术的 13 项可能令人担忧的弊端。在他看来,如果万事万物包括人类全被数字化了,直至遗传特征也变成数码,到那时的"人"是否还是人[②]?就连"数字英雄"比尔·盖茨也早有提醒:"Internet

---

① [美] 尼葛洛庞帝:《数字化生存》,海南出版社,1997 年,第 267~272 页。

② [法] 马克·第亚尼:《非物质社会——后工业世界的设计、文化与技术》,四川人民出版社,2001 年,第 37~47 页。

是一场赌注。"① 对于当代媒体技术迅猛发展的后果究竟如何评价,近年国内外专家学者多有研究,各有所据,各言其是。技术与人类的关系,从来就是利弊、福祸纠葛在一起的,关键是人类如何兴利除弊、避祸造福。概括当代传播大系统,至少存在着下列六方面相互纠结的问题,需要人们去辩证地解决。

(1) 信息的海量性与信息的漂浮性并存。人们早将当代传媒信息量之大比喻为"信息的海洋",加之近年各类数字图书馆、数字资料库等的联网,更使可传信息达到无限。但物极必反,"过"犹"不及"。当代人面对海洋般的信息,常常茫茫然,不知如何索取,更别说"垃圾信息"成堆之患。

(2) 时空的拓展性与时空的离散性并存。一方面,以数字化、网络化为主线的当代传播在时空上具有无限的拓展性,不仅是跨地域、跨时间的,并且可以创造出无穷的新时空,可谓"网者一家,任君遨游";另一方面,它又可能将原本无疆界的时空分割与疏离。除人们早已警觉到由经济上、技术上、文化上等的不平等而造成的国家、地区、民族、性别、个人之间的"数字鸿沟"外,就是单在技术层面,组成"网格"系统的集成网络,在具有无限"通透性"的同时,也会因网络语言竖起的障碍而区别其成员。天马行空的"博客",在使每个人都拥有可以与世界上其他人对话工具的时候,也会引发各类"网上结社"或网上小集团、小文化圈,从而造成人与人、人与社会在文化、心理等时空上新的疏离。

(3) 文本的深度性与浅显性并存。多媒体技术的运用和原创者、传播者与受众互动共创性的不断增强,使传播文本在时空的拓展、意蕴的营造等方面空前地丰满与深厚起来;但是,文本质量的提升,关键在于传播设计的高质量与所有参与者的高品位,而不与高科技传播手段应用的递升成正比。在通常情况下,后者只是提高了文本创作与传播的速度与效率,在更深的传播层面,日益走向大型的信息综合系统,有时还会出现高失效率,这都会使文本只是一种高速率的低水平重复传播,甚至是一种高速率的"助纣为虐"。

---

① [美] 比尔·盖茨:《未来之路》,北京大学出版社,1996年,第271页。

（4）趣味的多样性与单调性并存。当代传播借数字化的魔力，不仅能将多姿多彩的现实世界逼真地模拟出来，而且还能创造出光怪陆离的虚幻世界；然而，五色也会令人目盲，五音也会令人耳聋，一个设定的"多样性"文本同水平地重复，必定成为一种单调乏味的催眠或嘶叫。

（5）主体的自由性与受控性并存。一方面，数字化的当代传媒大家庭为每个在线者提供了一个无时空障碍的自由活动的广阔天地；另一方面，网络化的当代传播大系统，无论在技术层面还是在意识形态层面，都具有很强的预设性与设定性，传播什么、拒传什么、怎样传播等都已在传播前用一种框架或编程设定好了，这无疑使受众的信息获得与思维空间等受到控制。

（6）人格的自立性与走失性并存。新世纪是一个人格张扬的世纪，当代传播活动带给人们的极大自由度，大大促进了每个人人格的自我建构；但同时，高效、简便、快捷的当代传播，又会使一些人或迷失于知识的海洋，或沉醉于虚拟的幻境，或习惯于被动的视听接受，于是在不知不觉中将自我人格丢失。

上述六个方面的问题纠结与悖论，正将人们对当代传媒的总认识推向一个新的高度，于是曾经震撼世人的数字化时代预言者麦克卢汉关于"媒介是人的延伸"的名言，便应该作这样的陈说：媒介不仅是人的延伸，而且又可能是人的萎缩。这也正应验着中国一句俗语："成也萧何，败也萧何。"

那么，造成此种悖论的深层原因何在？此种悖论又应如何解决？我们知道，传播学自20世纪20年代创建至今，主要是从社会学、心理学和信息论等角度研究现代大众传播活动，而当代传播大系统已经远远超越了科技与人文截然分隔的疆界。在这种情形下，就格外需要将"问题意识"上升为"学科意识"特别是"多学科、跨学科意识"，从哲学、美学和科学等大学科综合的视界来寻求问题的解决之道。

众所周知，以笛卡儿、牛顿等人为代表的二元论哲学与科学观，长期主导着西方乃至世界范围的科学技术思潮与发展路径，这种二元论将自然与人类、肉体与灵魂、物质与精神等关系截然对立，即以一种机械论观点看待万物万事，用马克斯·韦伯的话来说，就是认为整个自然界是"祛魅"的，不具有任何魅力，否认自然事物有任何吸引其他事物的隐匿力量。这不仅使得磁力和万有引力等自然现象难以解释，更使自然失去了所有激发人类感受到亲情的任何特性，并将物理学中客观化的还原论的方法用于人类现实活动中的各种领域，其结果是强行使人们生活在一个机械的、被异化的世界里。直到20世纪后期，基于对现代科技正、负影响的深刻反思，人们在众多学科领域对机械论的"祛魅"世界观自觉予以扬弃，代之以整体的有机论的"返魅"的哲学观与科技观。这种整体有机论，主张用"生态学范式"取代机械论与还原论范式，强调事物本身与事物间的"内在关系"，不仅是生命体的基本特征，而且还是最基本的物理单位的基本特征。每一个体活动，都在内部与前面的和后面的活动相重叠，而且它不是将所接收到的东西简单地传递给其他活动，还可能在传递之间有某种程度的改变，即个体活动和事物的发展不是完全"给定的"，而是一种"建构的"即生成的过程。① 在这种身心一元论、生成论与整体有机论的推动下，当代科学技术和世界都开始"返魅"，人类中心主义等受到人们普遍的质疑与扬弃，强调人与自然的同一性与亲和性，日益成为人们思考问题与解决问题的着力点，深刻阐释整体世界的统一性和科学技术的统一性，构成许多哲学家、科学家跨学科研究的重心。例如斯蒂芬·图尔明在其力作《回归宇宙学：后现代科学和自然的神学》中，倡导构建一种跨学科的宇宙学，致力于对世界有机统一体系的理解，并与人们实践结合在一起，从而使人类"再一次感到在宇宙有一种在家的感觉"②。基于对当代科学技术从"祛魅"到"返魅"历程的简约回顾，作为当代高科技的一个聚焦的当代传播活动，上述悖论或曰问题的产生原因与解决之道就呈现出条理。诚如比尔·盖茨所言："信息高速公路将会通往许多不同的目的地。"③ 这许多不同的目的地，概括而言，就是"祛魅"与"返魅"的悖反。因此，谨防"祛魅"、塑造魅力便成为当代传播

---

① ［美］大卫·雷·格里芬：《后现代科学》，中央编译出版社，1998年。
② ［美］大卫·雷·格里芬：《后现代科学》，中央编译出版社，1998年。
③ ［美］比尔·盖茨：《未来之路》，北京大学出版社，1996年，第342页。

活动所要解决的关键问题，而解决之道，就是以大生命审美观为主视角，以马克思主义哲学美学思想为指引，对当代传播活动进行跨学科的审美综合研究。

2. 以大生命审美观为主视角的跨学科研究

所谓"大生命审美观"，就是由《易经》所昭示的对"天、地、人大生命共同体"进行整体审视与审美把握的一种蕴含宇宙观、人生观与价值观相统一的观念体系。这种观念体系，是人类自古迄今都在努力探索和渴求接近的至高境界。

《易传》曰："昔者包曦（伏羲）氏之王天下，仰则观象于天，俯则观法于地，观鸟兽之文，与地之宜，近取诸身，远取诸物，于是始作八卦，以通神明之德，以类万物之情。"又曰："《易》之为书也，广大悉备，有天道焉，有人道焉，有地道焉。"合而曰："《易》者，生生之谓也。"这种"观天""观地""观人"的大统一观照，体现了一种统揽天、地、人"三道"于"生生"之中的大生命审美观。在中华先人们看来，天、地、人"三道"既统一于宇宙生生不已的共同生命性，又体现其大生命的多样性。因此，每个生命体之间既构成一种同构性与和美性的关系，每个生命体自身又具有宇宙的全息性与自我独特性。正如老子所言："万物负阴而包阳，冲气以为和。"所谓负阴包阳，就是拥有阴性与阳性或曰隐性与显性两种大生命之气，并达于和谐。

越过茫茫时空，在两千年后的今天，我们欣喜地看到，一些杰出的哲学家、科学家立足于对高科技发展进程的深思，努力将世界万物构想成"一个由普遍原则联合起来的统一的体系"，强调人与自然的同一性与亲和性，强调宇宙的整体有机性，深情呼唤回归一种跨学科的宇宙学，期盼人类再一次感到在宇宙如同在家。这不仅典型地反映了当代自然科学家与人文社会科学家们共同的学术指归，体现了当代科技与人文走向融合的深刻变革，更回应了《易经》关于天、地、人共同体生命的统一性与多样性、全息性与独特性所勾画的宇宙图式。这种大生命审美观，与马克思主义哲学美学思想息息相通。马克思与恩格斯都强调，自然史与人类史都只是一种自然史。马克思还进一步从人与动物的对比中指出"自然物种的尺度"与"美的规律"之间的内在关系。他说："动物只是按照所属的那个物种的尺度和需要来进行塑造，而人则懂得按照任何物种的尺度和需要来进行生产,并且随时随地都能用内在固有的尺度来衡量对象,所以人也按照美的规律来塑造物体。"就是说,天地有不言的大美的尺度与规律,犹如一双无形的手,在指引与规范着人们的思想与行为。以此大生命审美观来看,所谓"返魅"的"魅",就是天、地、人生命共同体原本就具有的生命魅力,即生命自身具有的统一性与多样性、全息性与独特性之美;所谓"返魅",就是人类回归于宇宙生命大家庭原本就风光无限的生命之魅与美。而这,也正成为"返魅"的当代传播活动所应追求的至高境界。

那么,当代传播活动怎样才能达到使当代人感到在家如同在宇宙、在宇宙如同在家的至高境界呢?

总体而言,就是要在传播领域里实现科技文化与人文文化、科技美与人文美、生态美与生命美等的有机融合,努力使以数字化、网络化为主线的当代传媒技术系统工程成为传播宇宙人间生命之"魅"与生命之美的传媒审美文化系统工程。这就是说,将当代传媒技术系统工程升华为当代传媒审美文化系统工程,乃是解决当代传播活动上述"问题群"的关键,因而也成为当代传播美学研究的核心。而要建构这样的传媒审美文化系统工程,就需要以大生命审美观为统领,多学科、跨学科地对当代传播活动整体的审美构成、审美机制、审美思维、审美运作与审美主体人格的建构等进行审美综合性研究。

概括起来,将当代传媒技术系统工程升华为传媒审美文化系统工程,须在下列几个主要方面进行:

第一,以大生命审美观为统领,在哲学与美学的层面建构当代传播活动整体上的审美思维模式。如前所述,当代传媒技术系统是当代高科技在传播领域里的一种典型应用,而当代科技从"祛魅"走向"返魅",首先根植于哲学上与美学上由物质与精神、客体与主体、身与心二元对立的机械论与工具理性主义的思维模式向整体有机论、全息辩证论的思维模式转变。当代传播活动要想成为人间的传"魅"工程,自然应采用整体有机论与全息辩证论的思维方式,而坚持身心不二、主客互生、万物相通、感性与理性辩证统一,正是审美思维的主要特征。当代传播活动具有极强的系统性、过程性和整体性,而富于包容性、生成性与有机性的审美思维方式，恰是提升和增强当代传播活动生命之"魅"的最佳思维模式。

第二，以大生命审美观为统领，在传播系统工程学与艺术设计学的层面塑造当代传播活动整体上的审美品牌形象。当代传播活动是一项大系统工程，包括报刊、书籍、广播、影视、电子音像、网络等众多传媒子系统，并且以数字化、网络化为纽带，共同组成一个当代传播大家族。在这种媒体大系统环境中，每一子系统要想树立自己的品牌形象，最终都必须上升到审美品牌形象的高度，才能确保其生命力。因此，在媒体的整个系统工程建设中，自始至终要进行动态的艺术与审美设计，其中最具竞争力的是将审美设计贯彻并实现于传媒产品或曰文本的审美创造与审美鉴赏活动之中。

第三，以大生命审美观为统领，在经济学与社会学层面建立当代传播活动的审美长效机制。当代传播活动的最大特征之一，是其自身要有一个文化效益持续增值的长效机制，同时还应有经济效益与社会效益不断增值的两种长效机制来形成支撑体系。就是说，当代传播活动是依靠其文化效益、经济效益与社会效益三种不断增值的长效机制来保障其生命力的。不仅如此，进入新世纪以来，基于实用而又超越实用价值的审美价值在当代人类的文化活动、经济活动与社会活动中的不断提升，使得审美价值链已内在地成为创造文化价值链、经济价值链与社会价值链的主导性因素。因此，加大力度建构当代传播活动的审美长效机制，就成为当代传媒审美文化系统工程建设的持久性重心。实践早已证明，将当代传播活动单向度视为一种技术层面上的活动，割裂其与文化、经济、社会三种增效机制的紧密关系，或仅在实用价值链上寻求传媒增值而忽视审美价值链的主导走向的做法，都是行不通的。

第四，以大生命审美观为统领，在生态学与战略学的层面制定当代传播活动的审美运作方略。生态学是以生物体与环境组成的自然生态系统为研究对象的科学，其理论与方法可广泛应用于非自然生态系统。生态系统的最大特点是整体有机性与自组调节机能，要求人们思考问题应以整体最优化为系统的目标。当代传播活动本质上也是一种生态系统，在整个传播活动的运作过程中，在其内部要时时刻刻处理好传播者与受众之间的关系，在其外部要时时刻刻处理好传播与社会、经济、政治等之间的关系，从而使传播活动的绩效在整体上达到最优化。战略学则是研究带有全局性的筹划指导规律的科学，重视对全局的各个方面、各个阶段的各种关系的综合把握，并进行谋求最大成效的决策。不难理解，生态学与战略学在重视系统的整体有机性与追求主体与环境关系以及整体绩效的最优化上，同美学的思维方法是一致的或相通的。当代传播活动总是一种"现在进行时"，既需要时时关注过程中的生态和谐，又需要注意大的与长远的图景，具有直觉的战略眼光，始终保持传播系统成为一个运转良好的有机整体。例如，当代传播活动中的经营管理与资源整合，就需要很强的生态意识、战略智慧与美学素养。可以说，你如何运作，就决定你是怎样类型与水准的传播。当代传播活动中的诸多"二律背反"现象与问题正需要通过审美运作来解决。

第五，以大生命审美观为统领，在文化人类学与当代心理学的层面树立当代传播活动的审美人格主体。文化人类学提供了全面理解人类行为的大视野，当代心理学倡导人的身心全面健康的大健康观，这有助于当代人在过去、现在与未来的多维文化时空中和身心和谐的人格范型上来建构自己的人格，并不断上升为审美人格。所谓人格，就是一个人之所以为人和他之所以成为独具魅力的他的全部规定性。所谓审美人格，就是心与身、灵与肉和谐统一的人格，就是能与天、地、人、己常处常新的人格。面对苍茫的宇宙和浩渺的时空，当代人比以往任何时候都更加自觉地在追问：我们是怎样的人？我们每个人应如何成为具有人格魅力的人？我们从哪里来？我们向何处去？这不仅构成了当代人类群体与个体共同的生命主题，也恰是当代传播活动最为关注的生命主题，也构成了当代传媒审美文化系统工程的主旋律。促成当代人在当代传播世界中成为传播的主体和在审美传播世界中成为审美的主体，进而推动当代人在现实世界中的审美主体生成，乃是当代传播活动崇高的职责与使命。那种无人格的主体、无生命的主体和无生命之"魅"的传播活动，注定要被时代与历史所抛弃。

二、当代传播美学的主要范畴与学科体系

在确立当代传播美学的主要范畴时,离不开对美学和传播学两门学科的范畴的借鉴,因为当代审美传播活动既要符合美学所揭示的美的规律,又要遵循传播学所发现的一般传播规律。但是,这种借鉴应理解为当代传播活动自身审美水准的提升和两者在当代审美活动中的生动体现。因为当代审美传播是当代科学技术与人文精神的"联姻骄子",而其主要范畴的确立更需要以大生命审美观为统领,从多学科、跨学科的视野来提炼。

概括起来,当代传播美学的主要范畴可分为下列三组。

(一) 回归生命

正如前文所指出,回归生命之美与魅,使人感到在宇宙如同在家、在家如同在宇宙,是当代传播活动追求的至高境界,这就决定了当代传播美学的所有范畴都是基于回归生命之"根"而构建的。

1. 传播的生态美与传播审美场

生态美是人与自然之间和人与社会、人与人之间和谐关系的美,表现在当代传播活动中,则是媒体与广大受众之间呈现为一种和谐的关系,即它能为广大受众营造一种乐在其中、美在其中的传播环境。这种生态美,不仅是受众借以孕育生命之美的土壤,而且它本身就是生命美的一种彰显。所以,生态美成为建构当代传媒审美文化系统工程首先要把握的一个重要指标,也就成为当代传播美学的一个重要范畴。

与生态美紧密相联的是审美场。审美场是审美主客体间得以形成审美交流、审美共振的生态美场,当代传播审美场正是媒体与广大受众之间审美互动、审美激荡共同构筑的生态美场。可以说,当代传播生态美场形成之时,便是当代审美传播活动诞生之日。

2. 传播的诗意美与诗意地传播

所谓诗意美,就是生命的意味与魅力。尽管生命在其行进中充满了险阻、变形与磨难,但天、地、人作为大生命共同体,在世世代代绵延不绝的人类的

眼里和心中，总是令人奋发、爱恋与敬仰，总是一首如泣如诉、可赞可咏、弥久愈新的长诗。以大生命审美观为统领的当代审美传播活动，正是以传播生命之歌为主旨，因而它自己也就饱具生命的诗意之美。诗意地传播，是要求当代传播活动以张扬生命之魅为主导性理念，在对传播内容和传播方式的驾驭上，遵循美的规律进行运作。

3. 传播的隐性形态美与显性形态美

中华传统美学思想十分重视"有""无"相生、"阴""阳"互动的审美现象与审美机制，如老子说："万物负阴而抱阳"，"大音希声，大象无形"。体现在当代审美传播活动中，就是要全面而辩证地把握传播的隐性形态美与显性形态美。一个视角是，当代传播自身不要流于表面声色的浮华，而要提供意蕴无限的审美空间；另一个视角是，要重视由数字化、网络化传播所推动的显性审美活动与人在现实生活中的隐性审美活动之间的互动关系，以此提高媒体自身的美学品位。

4. 传播的技术、艺术向美的升华

必须强调指出，当代传播活动中的"技""艺""美"三者的关系乃是当代传播美学的中心话语，对此三者关系的正确把握与阐释是构建当代传播美学学科范畴体系的关键之一。面对当代科技、艺术与生命的纠缠，许多学者大师既为之兴奋又备感困惑。较有代表性的人物之一是海德格尔，他将技术、艺术和人的命运一并思考，指出技术并不等于技术的本质，技术的本质不是制造工具，而是一种"去蔽"或曰"产生"。因而，如果我们只是推进技术，或者认为技术是某种"中性的东西"，那样事实上是以最坏的方式把人交给了技术。但现代技术确实出了毛病，原因在于它隶属于一种"框架"，这种框架以一种挑战性的指令，把环绕人类的一切都视为供人类消费的东西或曰"储备"物，而人却最先沦为这种物的"定位"。于是，当今人类和地球都已严重地"欧化"了，"唯一剩下的东西，只有技术的关系。这已不再是人生活于其上的地球了"[①]。他举例说，一个林务员表面上和他的祖父一样走在同一条林中道上，

---

① [德] 海德格尔：《人诗意地安居》，广西师范大学出版社，2000年，第121页。

但心中只"计算"被砍伐的木头,不管他知或不知,已经受制于以营利为目的的木材工业了;这工业受到纸张需要的挑战,而生产出纸张又被供应给新闻出版部门;接下来出版物又寻觅着公众的购买欲,相应地一整套被指定的舆论也就被编辑出来,而贯穿这些人的活动的只是一种"技术"与"计算"的关系。这样的人也就成了一种单纯的"技术"与"计算"的人。那么,出路何在呢?他借用一句诗"哪里有危险,拯救之力就在那里生长"予以阐释:当技术疯狂到极端时,对技术本质性的反思和决定性的对抗将在一个领域里发生:"这样一个领域就是艺术。"① 当此之际,技术、艺术、诗这些原本就是使存在得以"去蔽"而"澄明"的活动便融合为一了,从而使现代人诗意地安居于这个地球。然而,他同时又指出:"只有一个上帝能拯救我们。留给我们唯一的可能,是通过思和诗去做好一种准备,即为上帝的出现或者为没落时代上帝的缺席而做好准备。"② 应该肯定的是,海德格尔对当代世界与人类如何从欧式"技术化"重返"诗意"所进行的反思,确有助于人们深入认识技术、艺术、诗与人在本质上的密切关系;但他最终将"拯救之力"归于上帝,却是找错了人类"回家"的路。在大生命审美观看来,由天、地、人所构成的大生命共同体才是人类的家园,一切科学技术归根结底都是某种"天启"与"人悟",一切文化艺术寻根溯源都是某种"天启"与"自启",人类的整体行为和文明创造发展到今天,比起以往任何时代都更加具备自技术上升为艺术再上升为大生命审美的主客体条件。具体到当代传播活动来说,人类比以往任何时候都更加需要实现科技美、艺术美与生命美的融合,即体现为技术、艺术向生命美的升华。

5. 传播的"角色"与审美人格

人类的传播活动,恰似一个由众多演员表演其上的大舞台,每一位演员都是演绎共同故事中的一个角色,而且都必须成为一个真正的角色,从而使整个舞台增色;反之,角色的平庸必然导致整部戏的乏味与无趣。就是说,人类的

---

① [德] 海德格尔:《人诗意地安居》,第 117 页。
② [德] 海德格尔:《人诗意地安居》,第 122 页。

传播活动不只是媒体的传播活动，也不只是传播者的线性传播活动，而是众传播角色共同的活动，即每一个参与者都必须是一种角色。当代传播活动，实乃当代人都充当传播角色的活动。

在当代传播活动中，所有参与者是由其传播人格与现实人格共同构成的，其中现实人格是其传播人格的生命前提，传播人格是其现实人格的生成条件，两者之间构成一种紧密的互动互生关系。对于当代人来说，由于传播活动成为每个人的现实人格生成不可缺少的条件，就要求其在传播活动中应努力建构一种成熟的审美传播人格。这不仅能确保其在传播活动中真正成为"角色"，也有助于其在现实中不断培育成熟的审美人格。此种人格便成为回归生命路上的先行者与诗意地居住于生命家园的主人，而这正是当代传播活动回归生命的要义。

（二）审美生成

至此，我们对"传播"二字不妨做一种最通俗而又恰合其生命意蕴的阐释：传播，就是所有参与者有商有量地携手播种、耕耘与收获的一种活动，它最忌讳的是那种低水平的或同水平的徒有其"传"而获不及"播"。同时，我们对"传播"二字也不妨做一种最高雅也恰合其生命意蕴的阐释：传播者，"生生之谓也"。就是说，传播是一种不断生成的活动，当代审美文化传播就是一种不断审美生成的活动，正是审美生成纲举目张地作用和贯彻于当代审美文化传播活动的全过程。

1. 传播文本的审美创造

当代传播包括传统媒体传播与新媒体传播，由于共生于数字化、网络化的传播大场中，传播文本的审美创造就成为文本原创者、传播者与受众者多重互动的一种审美生成过程。其基本规律是对传播产品的整体美与综合美、交流性与互动性、多样化与个性化、风格美与人格美等的把握，其灵魂是对新的生命形象与新生命时空的审美创造。

2. 传播文本的审美鉴赏

传播文本的审美创造与审美鉴赏，是贯穿整体传播活动的密不可分的两大生成性活动，可以说是"一个钱币的两个面"，两者是互为表里、互相生成的。当参与者对传播文本进行审美创造的时候，在其整个过程中必含着审美鉴赏的动力因素；当参与者对传播文本进行审美鉴赏的时候，在其整个过程中必含着审美创造的动力因素。这两大生成过程则同属于生命对生命的启动，生命对生命的拥抱，生命向生命的超越。[①] 所不同的是，审美创造是基于对生命的礼赞与反思，再创造一种新的生命形象与生命境界；审美鉴赏则是基于创造新生命形象的能力和情愫，对新创造的生命形象与生命境界予以体悟和拓展。

3. 审美价值链的长效生成

进入新世纪以来，基于实用而又超越实用价值的审美价值，在当代人的物质生活与精神生活中均已悄然荣登上位，审美价值链已成为创造文化价值链、经济价值链与社会价值链的主导性因素。对于当代传播活动来说，审美价值链的创造，既是传媒文化系统工程建设的重心，又是传媒文化产业发展的重心，也是当代传播活动推动和谐社会建设的一个关键。因此，审美价值链的长效生成是当代传播美学又一个主导性范畴。

4. "二律背反"与审美转化

"二律背反"，原系德国哲学家康德用语，指两个互相排斥但同样可以论证的命题之间的矛盾。这里我们借来指当代传播活动中同时存在着的诸现象间的相悖性，如前文所述信息的海量性与信息的漂浮性并存、时空的拓展性与时空的离散性并存、主体的自由性与受控性并存、人格的自主性与走失性并存等等。对于这些相悖的问题，我们认为以大生命审美观为统领，采用跨学科的审美综合研究方法可以不断地予以解决，即在当代传播审美生成的过程中，扬弃二元论的哲学与科学观，遵循有机辩证的哲学与美学观，按照马克思所揭示的"美的规律"，充分发挥审美转化的机制，处理好技术、艺术与生命三者的关系，或解两难于创新，或化腐朽为神奇，从而使当代传播活动从"祛魅"走向"返魅"。

5. "审美品牌为王"

目前，当代传播活动已从"技术为王"转升为"内容为王"。然而，内容

---

① 张涵、史鸿文：《中华美学史》，西苑出版社，1995年，第7页。

总是以某种艺术形式与美学风格所建构起来的品牌方式传播着。因此,"内容为王"在本质上是"品牌为王",并由此上升为"审美品牌为王"。品牌有一个不断建构与生成的过程,是一个媒体历时性与共时性相统一的动态形象体系,标志着一个媒体的总形象、总风格与总品位。因而它不仅为媒体自身所关切与珍惜,而且为顾客所关注与珍爱。品牌在媒体自身,是由其优质的产品与服务和成员的高品位人格所共创;在外部环境,则是由广大顾客的批评与建议所共铸。身处传媒时代,人人都应成为"角色"与"品牌",因为只有"角色者"才青睐"角色","品牌者"才青睐品牌。

当今,人们的物质生活与精神生活,都需要从初级的实用上升为高级的审美,由此决定我们所处的传媒时代实乃一个"品牌时代",更是一个"审美品牌时代"。

(三) 综合审美思维

审美思维是一种整体有机、全息辩证的思维方式,其主要特征是坚持身心不二、主客互生、情理和谐、万物相通、感性与理性辩证统一。这种思维方式极具包容性、有机性与生成性,恰与具有极强的系统性、整体性与过程性的当代传播活动相匹配。这种思维能够充分吸收并有机综合当代传播活动中的数字化、网络化思维,从而成为增强和提升当代传播活动生命之魅的最佳思维模式,处处发挥着审美转化、审美设计与审美整合等枢轴作用。具体言之,这种枢轴性作用体现于下列一组范畴中。

1. "数、象、义"综合审美思维

数字化思维即数码式思维。这种思维的基本原理就是信息的数字运算,即人们利用计算机经"比特"将事物的光、色、形、声、质、量等视听觉元素和构成规律收集整理并存储起来,制成各种软件,而后根据需要重新组合,或真实地反映某种现实世界,或逼真地创造一个虚拟世界。例如电影《泰坦尼克号》中真实而夸张的场景,就是计算机思维的杰作。与此相关的是多媒体技术的运用,就是集文字、图片、声音、图像等多种媒介思维于一体进行运作。

网络化思维,是数字化思维包括多媒体思维的延伸与拓展,其技术支撑体系是因特网和信息高速公路,简言之是"一根线"把全世界连接起来。特别奇妙的是,Internet最初设计者的高智慧,使得Internet就像整个宇宙那样无边无际与奥妙无穷,总有广阔的思维空间任你探索驰骋。一方面,世界共"一网",它使人们的思维场"大众化"与"全球化";另一方面,每个人都可以创办媒体,它又使人们的思维场"小众化"与"个性化"。在总体上,它格外增强人们思维的实时性、交互性与多维性,使世界上发生的事情能够即时即景地成为思维的对象,人们乐于接受的那种彼此如切如磋、如琢如磨的思想情感交流方式可以充分体现,超链接的技术手段又有助于人们排除直线式思维,而易于立体式、多视角地思考问题与解决问题。需要指出的是,上述数字化思维与网络化思维,是由当代传播领域里的高科技支撑系统所促成。在思维领域里又潜藏着极大的悖论性。诚然,人类的思维是要遵循某种程序的,计算机的数码编程与运行在一定程度上是与人的思维规律相符合的;但是,人类的思维在本质上又是反程式化、反同质化的。那种程式化、同质化的传播活动是不受当代人欢迎的。不仅如此,当今媒体所崇奉的"个性化"与"特色化"也是需要明辨的,如果是出于对程式化、同质化的扬弃,强调个性化与特色化是对的,但是,"个性""特色"还都只是事物间的异质,尚未进入其特质即"人格"。反"同质化"不能停留于仅仅是"异质"的那种个性与特色,更应上升到独具生命之魅与美的传播人格。

正确的态度应该是,既要充分估量高科技思维工具在思维活动中的技术支撑作用,又要深刻认识当代传播活动的高人文思维内涵,充分看到人文素质与人格魅力在思维活动中的核心作用,决不能只是技术"到场"而人文"缺场",或人处于从属地位,而必须实现人、技术、艺术和生命的共同到场,即人、技术、艺术都统一于生命之美。这就是高科技与高人文、高智慧与高情感和谐统一的当代传播审美思维方式的总体特征。

那么,如何建构高科技与高人文、高智慧与高情感和谐统一的当代传媒审美思维范式呢?这就是中华大《易》所昭示的一种统观天、地、人三才的全方位、立体式的大审美思维方式。① 这种审美思维，融"数""象""义"为一体，彼此密不可分，共同构成对天、地、人大生命共同体及其生命流程综合性审美思维与审美掌握的母范式，或曰元范式。这种审美思维元范式，是一种动态的开放的动力性与创生性思维模式，它提供融高科技与高人文、高智慧与高情感为一体的最佳思维框架，和人们可以驰骋情思、涵咏其华与至广至深的审美思维空间。例如，与数、义思维密不可分的"象思维"就非常重视对宇宙人生整体生命意蕴与气象的"体悟"。所谓体悟，就是对生命的一种直截了当的把握，是一种直取本真的思维方法。这种思维方法的特征之一就是格外关注生命的显性形态与隐性形态的有机统一，即老子所说的"知其白，守其黑"。可以说，将生命的显态（"白"态）与隐态（"黑"态）完全分割或对立起来的思维方式是反生命的。正是在这个思维关节点上，西方哲学家自古而今都饱尝了欲穷事物绝对的明晰性、确定性之苦，直至后现代思想家们不得不对其传统形而上学的实体性概念即一种纯"白"性概念进行彻底的解构，幡然醒悟到单单强调"祛蔽"的纯理性思维是远离生命的，只有将"祛蔽"（"白"）与"遮蔽"（"黑"）相统一，才能回归生命的家园。具体到当代传播活动，倡导和坚持数、象、义综合审美思维方式乃是高扬生命之"魅"的重要保证。

2. "心灵"思维与"眼球"思维

现今人们常把传媒产业称作"眼球"经济，因为当今传媒的确主要靠视觉形象来吸引受众的注意力，相应地就迫使做传播的格外重视"眼球"思维。但是，单纯依靠视觉上的"狂轰滥炸"恰恰是违背审美规律的。2000多年前的老子早就提醒世人在审美上不要物极必反：五色令人目盲，五音令人耳聋，五味令人口爽。庄子进一步揭示了自"目视"达于"神遇"的三种不同境界，这就是著名的寓言故事《庖丁解牛》："始臣之解牛之时，所见无非全牛者。三年之后，未尝见全牛者也。方今之时，臣以神遇而不以目视，官知止而神欲行。"把这番话用到当代传播活动，第一种境界就是完全以感官形象的全方位

---

① 张涵、史鸿文：《中华美学史》，西苑出版社，1995年，第6~12页。

刺激为能事；第二种境界就是只是在技术层面上依靠各种硬件与软件程式化地进行传播；第三种境界则是将视听感官层面上的传播上升为传播众主体之间心灵与心灵的互动。这才是当代传播活动所应追求的审美境界，相应地就要求做传播的要重视"心灵"思维，或曰"心灵"与"眼球"互动的辩证思维。

3. 个性化审美思维

如果说19世纪至20世纪中叶是报纸广播的大众媒体时代，那么21世纪以来，随着数字化网络化传媒的勃兴，人类已进入个性化媒体的时代。这是因为以前是媒体决定播什么、何时播与如何播，现在由于个人终端界面的出现和受众个性化的增强，从本质上讲则是受众决定播什么、如何播与何时播。这就要求当代媒体要从单一化、格式化的思维方式转向多样化、个性化的思维方式，而且还要重视个性化审美思维。所谓个性化审美思维，包括"角色"思维与"角色间互动"审美思维，就是每个传播主体既拥有并能表达自己独特的生命魅力，又容纳和赞赏对方独特的生命魅力，从而达到"各美其美""人人共美"的理想境界。

4. 大设计审美思维

当今，国际上一种新的设计理念正在悄然兴起：设计要走出设计师、设计公司和业主所构成的狭小圈子，人们应努力思考和把握这样的大问题：什么样的设计会使生活更有价值？需要采取哪些措施包括设计才能尽早识别与减少某种高新技术的应用所带来的过高的社会代价和生态代价？这种大设计理念，体现在当代传播美学中就成为思考与把握这样的大问题：什么样的设计会使传播更具魅力和美？需要采取哪些措施能尽早防范或减少不良传播对社会可能产生的不良乃至恶劣影响？相应地，当代传播活动就需要一种大设计审美思维。

5. 整合式审美思维

进入新世纪以来，在数字化、网络化的推动下，当代各种媒体互补交融的景象日益浓郁，大整合已成为传播活动的最大特征，这就要求当代人要具备一种整合式审美思维能力。所谓整合式审美思维，就是"数、象、义"综合审美思维能力在当代传播审美生成过程中的具体应用。其表现在技术与内容的关系上，强调科技美与人文美的有机整合；表现在众媒体之间的关系上，谋求个性美与共同美相得益彰；表现在数字化、网络化思维上，重视现实性与虚拟性的辩证统一；表现在媒体与社会的关系上，要把握好显性形态的美与隐性形态的美的互相生成……所有这些，都整合于当代传媒审美文化系统工程的建构与提升。

三、当代人类文明大转型中的中国当代传播美学

进入新世纪以来，人类文明正在发生结构性、范式性的大转型走向，其最深刻的根源乃在于人类文明自近现代以来连续500年的大发展和人类同时遭遇的空前生存大危机，特别是刚刚过去的20世纪这100年的快速发展，正把与当今各民族国家兴衰存亡有关的经济、文化、政治诸重大问题，一并凸显在全球化的大场中。而促成人类走向新文明的直接原因，则在于曾经主导这一现代化运动的理论及其实践模式，即由欧洲中心主义、人类中心主义和工具理性主义等为核心的现代西方文明发展模式，已经到了必须大转型的时候。①

相应地，当代传播活动必须建构一种新范式，即以大生命审美观为统领的审美传播范式，来推动人类新文明的大生成与大传播，从而促进人类新生活、新人格的双双诞生。而创立中国特色的当代传播美学，正是人类文明的大转型与大传播中的一项宏伟工程。

那么，如何建构和发展中国特色的当代传播美学呢？

1. "情为民所系"——中国当代传播美学的本体论与目的论

马克思主义哲学认为，创造人类历史的真正动力与本体是人民，因此，确立人民的历史主体地位与主体性便成为马克思主义哲学的本体论要义，相应地，确立人民的传播主体地位与主体性也便成为中国当代传播美学的本体论要义。在中国这个伟大国度里，"情"为"民"所系，不仅标识着治国治党的主

---

① 张涵：《从文明范式看人类文明转型与中华文明复兴》，《郑州大学学报》（哲学社会科学版）2005年第6期。

体对象与目的所在，也标识着一切传播活动的主体对象与目的所在。可以说，以人为本、以情系之、以情传之，正构成中国当代审美传播的本体论与目的论。首先，这里所说的以人为本，不仅是对中华传统人文精神和人类文明史上人本思想的合理批判与继承，更是新生成中的人类文明新范式中的新人本观，也是马克思主义人本思想在新世纪的进一步发展。这种新人本观，超越各种狭隘的民族中心主义、国家中心主义、人类中心主义，首先在本民族、本国度以最积极的态度和努力实现人与社会、人与自然、人与人、人与自身的和谐发展；同时，也以此种态度努力在全球范围内谋求这诸种关系的和谐发展。《共产党宣言》早就指明共产主义运动的最高目标是建立"这样一个联合体，在那里，每个人的自由发展是一切人的自由发展的条件"。今天，中国举国上下正在努力建设的"以人为本"的和谐社会，正是自觉地朝此方向不断前进。而以人为本的和谐社会，正需要以人为本的和谐传播与其相适应。其次，以情系之的"情"，实乃一种"大情"。中西比较文化史表明，西方文化一贯重视"工具理性"，中华文化则向来强调"情理相融"，中国人素以"通情达理"为共识。在中华美学思想中，大情、大爱、大美皆统一于生命本体。故中华文化所言之情，既是大情与大理的统一，也是与大爱、大美的统一。这种大情，基于民族与国家，又超越民族与国家；既立足于人类，又超越人类中心主义。此种大情，便与人类新文明所昭示的大胸怀、新人格紧密相连，特别是在经济、文化、传播等日益全球化的今天，这种大情格外显得重要与必要。再次，"以情传之"内含二义：一是情使传"魅"，二是传使情"浓"。在当今人类文明新走向中，当代人愈来愈认识到这样一条真理：高科技文化必须与高人文精神相谐，高科技必须与高情感结伴。近现代以来人类和地球的技术"欧化"，在丰富物质产品的同时，正把人"从地球上甩出去"，人类的各种实践活动包括人类传播活动，都亟须从"祛魅"走向"返魅"。当此之际，唤醒激活与高扬人类的大情之美，便具有建构全球新文明与人类新生活的特殊作用和重大意义。体现在当代传播活动中，便应努力做到无情不传，大情高颂，情使传魅，情传情浓。这是情系中华、情溢四海的中国当代传播工作者应自觉去追求与实践的传播境界。

2. "权为民所用"——中国当代传播美学的方法论与战略论

"民""情""权"三者的关系，在人类新文明、新传播中具有核心地位与深刻意蕴。首先，从本体论的角度来看，"民"（人民）就是生命的拥有者，即生命主体，而拥有生命，就内含着拥有生命之"情"与生命之"权"，民、情、权实则一也。充分认识和肯定民、情、权的本体属性与主体性，无论对于新文明的建构，还是人类新传播的建设，都具有大前提的意义。若从方法论的角度来看，只有生命者即人民的"情"与"权"都得到尊重与保障，人民才不至于成为丧失"情"与"权"的空壳生命，而这正是当今人类所共同奋力抗争的与人类新文明所要扬弃的。强调系"情"于民、"权"惠及于民，就是确保人民真正成为生命主体的双措施，因而又都具有方法论意义，即人类文明发展到今天，在解决人与社会、人与自然、人与人、人与自我等重大关系问题时，"民、情、权"三者的关系，在哲学的本体论与方法论两大层面上，均已跃居最关键、最核心的地位。因为当今人类，在其各种需要中，最大的需要便是"情"与"权"，满足了这两大需要，人们就拥有了生命的主体性与生命的丰富性；因而，就整体而言，当今所有的科学技术、生产实践、文学艺术、社会生活、文化教育、文明传播等都到了以大美之情系之、以人民之权用之的时候。试想，在当今世界，无论肤色的棕黄黑白，还是地域的东西南北，所有的执政者和所有的组织与个人，如果都能够以大美之情相系，以生命之权为上，还有什么物质文明与精神文明方面的问题不能解决？还有什么力量能够阻碍人类共同分享并肩同育的文明硕果呢？当代人类文明发展行程正在表明，各国家、各区域和全球的可持续发展战略与路径，都有可能从昔日空想的非科学的形态不断地上升为现实的科学的形态。当今中国人民自觉地以科学发展观为统领走可持续发展道路，建构和谐社会，正是"情为民所系，权为民所用"的一个生动体现。事实上，对民、情、权三者关系的本体论与方法论把握，已成为建构我国和谐社会的一种关键性理念，也应成为建构中国当代传播美学的一个核心理念。体现在当代传播活动中，"权为民所系"，就是"权乃民命、权贵大用、权情不二",由此构成了中国当代传播美学的方法论与战略论。

其一,"权乃民命"。在传播领域里,人民之传播主权,表现为国家的传播主权、民族的传播主权和个人的传播主权三种主要形态,而这三种形态又统一于和取决于其民族的文化传播主权与民族文化生命力。在经济、文化等全球化的今天,要确保一个国家的生命主权、民族的生命主权与个人的生命主权,在拥有经济竞争力的前提下,其民族文化生命力具有关键性作用。早在20世纪70年代,发展中国家就呼吁和谋求全球"信息传播新秩序",自觉反对"文化殖民",开展"文化反击战"。在发达国家中,法国一向致力于其民族文化的主权独立和文化竞争力的提高。因为在当今世界上,一个国家、一个民族的"形象",如果其传播力量软弱,必然会由其他强国来"塑造"。十分明显,一个国家即使拥有广大的文化市场与众多的文化消费者、广大的传播市场与众多受众,倘若其销售的主要文化产品、传媒产品是由其他文化强国、传媒强国按其观念与思想体系所"炮制"的,那样的国家与民族将因丧失了本民族文化的生命力与竞争力,最终沦为无主权的即无生命主体的国家与民族,从而成为任其他文化强国"精神跑马"的生命空场。所以,在人类各项实践活动日益全球化的今天,确保传播活动中的"权为民所用",便具有重大的战略意义。

其二,"权贵大用"。当代传播的数字化、网络化和全球化高效能等特征,使得当代传播之权大有英雄用武之地。一方面,当代传播与当代经济、政治、文化、教育、社会生活等之间存在着一种互补互动的密切关系,在这诸种关系中,当代媒体要有把握人类文明新走向的大视野、大智慧与大气魄,要善于从这诸多关系中吸取营养、整合力量与进行创新,特别要把握与处理好人类文明大传播中文化全球化与本土化的关系,从而在互动互生的关系中走向共荣。这对于东西方任何一个国家与民族来说都是如此,因为彼此只有通过"共新"才能实现"自新",只有通过"共荣"才能实现"己荣",这是当今人类文明大转型的总特征、总态势使然。另一方面,在当代传播领域里,如何运用好传播者、媒体、受众等各自的传播主权,塑造好各自的传播角色,推动和求得各自的审美生成,更是题中应有之义。人类文明史表明,在人类社会发展的一些重大时期，不同国家、民族与个人对文明新特征、新走向的敏感度与把握度是有很大差别的，那些敏感力与把握力强的国家、民族与个人，就悄然成为人类历史新篇章的"书写者"；敏感力与把握力次强的国家、民族与个人，便黯然成为人类历史新篇章的"观者"；而那些敏感性与把握力基本丧失的国家、民族与个人，便黯然消失在历史的滔天巨浪之中。当今人类历史正步入这样的重大时期，人类的传播活动从未像今天这样在历史的行进中起着一种举足轻重的作用，每个国家、民族与个人在当代传播活动中扮演何种"传播角色"，在一定程度上将决定其在人类历史篇章中所处的地位。可以说，当代传播对于当代国家、当代民族与当代人，都是"传播无小事，传播皆大事"。因此，当代传播之"权"贵在大用，尚须高瞻远瞩，深思谋划。

其三，"情权不二"。前已阐释，生命之主体与生命之"情"、生命之"权"是密不可分的，因为生命在本质上既是一种"情体"，又是一种"权体"，那种将"情"与"权"相对立的观点与做法，与生命的真谛相违。鲁迅曾有诗云："无情未必真豪杰，怜子如何不丈夫。"不难理解，有"魅"力的传播，富于诗意的传播，既是所有传播参与者的大情深透所致，也是所有传播参与者的权利善于大用之效。在当代传播以其澎湃之势成为人类文明大生成、大转型主潮中的万千气象的今天，所有传播参与者都应成为多情善谋的弄潮儿。总之，"情为民所系""权为民所用"两大方面在本体论与方法论、目的论与战略论上的有机结合，共同组成了中国当代传播美学的建构方略，并将大力推动中国特色的当代审美传播活动和传媒产业的健康快速发展。

（刊于《郑州大学学报》2006 年第 1 期）

电影美学的哲学立场
⊙史鸿文
⊙郑州大学公共管理学院哲学系

一

电影美学的哲学立场几乎是一个不言而喻的问题,因为长期以来,美学一直隶属于哲学,电影美学作为美学的一个分支,岂能脱离哲学的牵制?正因为如此,中外学术界都不乏从哲学维度研究电影艺术尤其是电影本性的学术努力。例如,苏联哲学家叶夫根尼·米哈依洛维奇·魏茨曼的《电影哲学概说》就是一例。在这部书的开始,魏茨曼就宣称贝拉·巴拉兹1923年出版的《可见的人》,"应该是宣告电影哲学和电影美学从此诞生的一部书"[①]。不过,从这句话中也可以看出,在魏茨曼的理论视野中,电影哲学和电影美学是二分的两个层面,并由这种二分层面上升到对电影哲学的重视:"建立电影哲学理论是电影学进一步发展的必要前提,也是电影艺术本身进一步发展的必要前提。"[②] 这显然与本文所要探讨的问题不是一回事儿。我们所要探讨的不是独立于电影美学之外的电影哲学问题,而是电影美学本身的哲学立场问题,即电影

---

① [苏联] 叶夫根尼·米哈依洛维奇·魏茨曼:《电影哲学概说》,中国电影出版社,1992年,第1页。

② [苏联] 叶夫根尼·米哈依洛维奇·魏茨曼:《电影哲学概说》,第1页。

美学本身的哲学性质问题。从这个角度而言，电影美学的哲学性质问题首先取决于美学本身的哲学性质。事实上，西方当今的大多数美学流派，譬如俄国形式主义美学、分析美学、结构主义美学、后结构主义美学、实用主义美学、存在主义美学、现象学美学、新历史主义美学、表现主义美学、精神分析美学、符号论美学等，仍然未能脱离西方哲学思潮对它们的影响甚至是支配。在此状况下，西方的很多电影美学流派，也一如既往地秉持西方美学对西方哲学追随的路径。我国学者李幼蒸于20世纪80年代出版的《当代西方电影美学》就认为，像哲学家帕诺夫斯基、茵格尔登、迪夫兰纳等人的电影研究，就主要是从哲学美学的立场上进行的。① 这种情况表明，任何一种电影美学流派的研究内容、研究方法、研究角度，甚至它们的性质、地位和功能，无不受制于它的哲学立场。如果从艺术哲学的角度看待这个问题，这种情况就会更清楚地表现出来。诚如金丹元先生在《试论影视美学的范畴、困惑与研究视角》一文中所说："影视美学无疑应属于美学研究领域的一个分支，既然人们都肯定美学是艺术哲学，那么它就不仅只是建立在普通影视理论的基础上，而且研究本身应体现出一定的哲学内涵……电影由于已经有了一定的理论和审美经验的积累，尤其是一些电影流派的出现明显与哲学思潮有关，如西方'新现实主义'电影等与巴赞的'总体现实主义'、自然主义、精神分析学、意识流的美哲学有千丝万缕的联系；'新浪潮'电影更是明显信奉存在主义和弗洛伊德主义等，况且电影已有自己一整套的权威理论和哲理性论证，尽管对电影美学的理解见仁见智，但电影美学的存在已为影视界所认同。"②

电影美学的哲学立场是电影文本和电影作品的哲学立场的合理延展。美国电影学家波布克则称英格玛·伯格曼的影片"似乎常常在哲学上提出永恒的疑问"。譬如他的《第七封印》与《喊叫和耳语》就是如此。③ 1925年7月，由

---

① 李幼蒸：《当代西方电影美学》，中国社会科学出版社，1986年，第29页。
② 金丹元：《"后现代语境"与影视审美文化》，学林出版社，2003年，第206~207页。
③ [美]李·R.波布克：《电影的元素》，中国电影出版社，1986年，第200页。

上海影戏公司创办人但杜宇自编自导的《重返故乡》在申城公映。令人意外的是,在这部影片的大幅广告上竟然写了"哲学名片"四个大字,而影片的内容更是奇异,可以说充满浓郁的哲学思绪。仅从该片主要角色的名字上便可看得十分真切,除主角叫"素女"外,其他主要角色有"贞节""美丽""虚荣""青年""金钱""诚恳""侠义""谄媚""引诱""色欲""妖冶""懦弱""溺爱""强权""光阴"等。我们且不说这种做法是否符合电影本性,但其注重哲学立场的表达是不言而喻的。作为电影美学研究者,不仅要合理地把握电影文本和电影作品中的哲学意念,还要对这种哲学意念进行再评价,使电影文本和电影作品的哲学立场与自己本身的哲学立场融会在一种应然状态上的价值评判之中。

二

从哲学立场上看待电影美学,要涉及很多问题,但最主要的首先应该是电影美学的哲学品质问题。就此而言,事实上涉及电影美学介入人类社会的性质问题。譬如受存在主义哲学美学影响的电影美学流派,在对电影创作理念的界定,对电影作为艺术与它表现或再现的现实生活的审美关系的理解,以及对具体电影作品的品评视角的理解上,就会过多地表现出一种对电影所表达的人文主义精神的追逐,它们往往会把电影的美学追求置于存在主义哲学对人性由"此在"到"存在"的更为广泛的语境之下,并在此等意义上展开它们的电影美学建构。特别是有很多电影,由于其本身就在张扬着一种存在主义的观念,就更易引起有存在主义哲学美学倾向的电影美学家们或喋喋不休或津津乐道的讨论。譬如让-吕克·戈达尔的《筋疲力尽》(又译《喘息》)、米凯朗基罗·安东尼奥尼的《奇遇》和《夜》、特吕弗的《四百击》、基耶斯洛夫斯基的《盲打误撞》、阿伦·雷乃的《广岛之恋》及华卓斯基兄弟的《黑客帝国》等。相反,如果是受结构主义哲学美学影响的电影美学流派,譬如占据西方电影美学主流之一的电影符号学美学研究,就可能会舍弃存在主义的终极关怀,而陷入对电影作品的结构、代码、语法、话语等相关环节的科学主义分析之中,透过法国电影学家克里斯丁·麦茨的《电影符号学中的几个问题》及《历史和话语：两种窥视癖论》、意大利电影学家乌伯托·艾柯的《电影代码的分节方式》、美国电影学家罗纳德·阿勃拉姆森的《电影中的结构与意义》、美国电影学家比尔·尼柯斯的《风格、语法和电影》、美国电影学家丹尼尔·达扬的《古典电影的引导代码》、英国电影学家吉弗里·诺威尔-史密斯的《论"历史和话语"》等相关研究,① 可以清晰地看到这一点。

但电影美学的哲学品质有时是异常复杂的,同一部影片在主题和风格上可能会同时在几种不同的哲学观念中穿梭——有时会摇摆于几种不同的哲学信念之间,有时则会把几种不同的哲学信念兼容并蓄起来。例如,路易·布努埃尔在著名的超现实主义画家萨尔瓦多·达利的帮助下完成的片长仅24分钟的《一条安达鲁狗》,就将达达主义、存在主义、弗洛伊德主义、唯意志主义、现象学等不同的哲学理念糅合在短短的影像织体之中,看后给人复杂而微妙、难言而欲明的感觉。因此,作为一个电影美学家,在判断电影本文及影像叙事或影像不叙事的哲学品格的过程中,既不能因武断而致片面化,也不能因文本和影像织体的复杂而拒斥分析,最重要的是不能把自身的哲学立场作为品格评判的唯一价值标准。

三

从哲学立场上看电影美学的第二个问题是电影美学中的哲学思维问题。任何哲学都可以被看作一种认识世界和人类自身的思维方法,电影本身也是在编剧、导演、演员甚至是观众各自不同的哲学思维中被创作、拍摄、观赏而实现其价值的。可以说,电影艺术从文本、影像到被各种不同价值主体即观众所接纳,都始终自觉或不自觉地被人们的哲学思维覆裹着。从电影文本和电影作品的角度看,诚如周月亮、韩骏伟在《电影现象学》中所说:"电影思维并不排斥抽象化,它只是隐匿得更深,抽象形式更难明言。《去年在马里安巴德》则

---

① 李幼蒸:《电影与方法:符号学文选》,生活·读书·新知三联书店,2002年。

是抽象与形象高度统一的'经典'。其实爱森斯坦想改变《资本论》也并非不切实际，爱森斯坦具有运用电影手段表现思维辩证法的追求和实力，他曾主张影片可以成为杂文集，甚至论文集，可以提出问题，并且通过最通俗的题材作出哲理性回答。几十年后的法国电影导演、电影理论家阿斯特吕克比爱森斯坦更进了一步，他说：'假若笛卡儿生活在当代，他会选择电影媒介为我们表现他那《方法谈》的思想，因为每一部影片，作为在时间中展开的动态作品，本质上是一个定理。影片是不可抗拒的逻辑的展现场所，逻辑贯穿于影片的关键环节，或者更确切地说，贯穿于辩证法的各级。'虽然这些都是理论言说，但他们都是大师，不是外行人的胡说八道，而且电影要想走出媚俗的娱乐陷阱就要从思想力度方面开拓新世界。在讲电影的感性思维的时候插入这种议论是为了证明：电影感性思维是具有极强的理性内容的。"[①] 波布克则称英格玛·伯格曼的《第七封印》"是对人在探索生命的意义和人与上帝的关系方面所作的一种强有力的理性分析"[②]。而从哲学思维的角度讲，哲学思维也并不一定都是逻辑思维，逻辑、情感、想象都可以成为哲学思考的思维方式，譬如狄德罗的哲学名著《拉摩的侄儿》和尼采的哲学名著《查拉图斯特拉如是说》就是完美地将逻辑、情感、想象结合在一起的典范。台湾学人曹玉玲女士在《理性与感性兼备的哲学思辨——浅谈侯麦及其电影》一文中指出：许多人都曾经被法国新浪潮导演侯麦的电影感动过，那份感动并不是因为侯麦电影的情节有多吸引人，也不是因为其表现的形式有多惊人。相反，侯麦的电影向来极为朴实、简单、自然，既没有华丽的场景服装，也没有炫目的声光特效，更没有曲折离奇的复杂情节。但是，正是因为这份清丽脱俗的极简主义及主角间理性、感性兼备的哲学情感思辨，造就了侯麦电影独有的魅力。于是，看侯麦电影，不再只是单纯地享受一个虚拟的影像世界，反倒像是走入主角栩栩如生的真实生活，我们将蓦然发现那份观看的感动原来源自导演对生命、对人类生生不息的热爱

---

① 周月亮、韩骏伟：《电影现象学》，北京广播学院出版社，2003年，第139页。
② [美]李·R.波布克：《电影的元素》，中国电影出版社，1986年，第198页。

及歌颂。① 台湾导演李安执导的根据简·奥斯汀同名小说改编而成的《理智与情感》，以同样的方式渗透着导演对社会人生的哲学思考，而观众在欣赏《理智与情感》时又会再一次经历理智与情感的艰难抉择，以及理智与情感的思维碰撞。

电影美学不仅要关注电影作品及其接受的哲学思维，其实，就电影美学研究本身而言，也同样要遵循理智与情感相一致的哲学理路。毫无疑问，电影美学研究在多数情况下都要调动研究者的理性判断，因为对电影元素及其组合的分析、评价，往往要调动研究者的多种知识与经验，并对其作出各种思考性努力。然而，电影美学家对电影元素及其组合的理性分析既不是无限度的，也不是无前提的。这种限度与前提就是电影美学家对电影作品的即景体验与玩赏，而这又必须借助于研究者的情感思维。试想，如果电影美学家没有对电影作品进行情景交融的体验，如何对作品作出情感评价？朱光潜先生所说"不懂一艺莫谈艺"即含有此意。

李幼蒸在《当代西方电影美学》中说："在不同题材和风格的电影中，在影像和影像系统传达的意义中，知、情、意三类意义的比例不一样，在观众心中引起的情感性与形式感方面的反应也不一样。在哲理性和政治性影片中，知性的意义较多，在抒情类影片中情感类意义的比重较大，而娱乐片和某些现代派影片则会引起较多的形式美感。"② 然而，对电影美学工作者而言，绝不能停留在作为一个普通观众的心理反应这一层面上。作为一个审美评判者，他虽应始于作为一个普通观众的心理感受，但更要时时超越它，上升到能够进行综合性思维判断的高度。因此，与普通观众不同，他往往要在哲理性和政治性影片中更多地投入情感，在抒情类影片中更多地投入理智，而对娱乐片和现代派影片则要更多地调动其综合性思维判断。

---

① 曹玉玲：《理性与感性兼备的哲学思辨——浅谈侯麦及其电影》，《费加洛杂志》2002年第5期。

② 李幼蒸：《当代西方电影美学》，中国社会科学出版社，1986年，第124页。

四

从哲学立场上看待电影美学的第三个问题是电影美学的哲学观念问题。这里所谓的哲学观念，其实就是电影美学家及其研究在哲学层次上所追求的价值趋向。任何电影美学家在自己的研究工作中，都不可避免地要表达他对积极与消极、主动与被动、高尚与卑微、前进与倒退等价值范畴的情感体验或理智评价，这种情感体验或理智评价往往会左右着他对各电影元素的基本态度和基本看法。当然，电影美学家也要关注电影创作、表演、欣赏、品评过程中的哲学观念问题，这是挖掘电影的美学主题和对各电影元素进行审美评价的前提条件。譬如，好莱坞战争片从"宣战片"到"反战片"的转换，其实就是电影美学的哲学观念的转换，或言之，是人们对战争的哲学认识态度转换的结果。如果电影美学家或电影评论家未能认识到这一点，那么他就无法准确地对好莱坞战争叙事观念作出合理判析。

美国电影学家斯坦利·梭罗门在《电影的观念》一书的"序言"中说："观念往往很难同表达观念的过程分得很清楚。在这种情况下，电影创作者阐述主题的方法，可以使我们更好地看到他用什么方法把材料组织起来，以表达一个电影观念。"[①] 电影创作者表达自己的审美观念是通过他的电影手法自然而然流露出来的，不管是基耶斯洛夫斯基"红黄蓝"三部曲中的情感主义，抑或是黑泽明《罗生门》中的怀疑主义与不可知论，不管是涵姆·薛迪的《王牌天神》（又译《衰鬼上帝》）中的上帝和自由意志，抑或是泰瑞·吉廉姆《十二神猴》中的时间观念，无不如此。然而，作为电影美学研究工作者则必须对影片的哲学观念作出理性的或情感的分析，并从中找寻出符合时代精神的电影哲学观念来。这里所说的"符合时代精神的电影哲学观念"，绝不能理解为一种单一的主流或在大众文化层次上居于强制统治地位的观念。也就是说，这种

---

① [美]斯坦利·梭罗门：《电影的观念·序言》，中国电影出版社，1983年。

被提升和总结出来的电影观念，不仅应是符合人的高雅的自然性情的，而且应是开放的、多元的，为不同层次的人们所分享的。

电影美学的哲学观念与通常所说的"电影观念"和与之相近的"电影哲学观念"虽紧密相关，但不能混为一谈。因为"电影观念"可以从很多方面去研究，从而可以形成电影文化观念、电影文学观念、电影心理观念、电影社会观念、电影教育观念等；而"电影哲学观念"同样可以从很多角度去探索，譬如可以从文化哲学、宗教哲学、社会哲学、伦理哲学等不同层面开展研究。以上这些虽与电影美学的哲学观念关系极密，也都应是电影美学研究所涉及的内容，但毕竟不能简单混同。这里牵涉到电影美学的哲学观念的几个界定：第一，电影美学的哲学观念首先是一种哲学观念；第二，电影美学的哲学观念并不是一般意义上的哲学观念，而是电影美学层次上的哲学观念；第三，电影美学的哲学观念既可以看作"电影观念"和"电影哲学观念"的一种，也可以看作独立存在的一种哲学观念；第四，电影美学的哲学观念既有传统成分，也有现代成分；第五，电影美学的哲学观念可能是一种思想意识观念，也可能是一种形式表达观念，……搞清这些问题，对我们全面把握电影美学的哲学立场显然是有帮助的。

郑雪来在《现代电影观念探讨》一文中说："在电影观念问题的研究上……我主张建立既符合世界电影艺术趋势又具有中国民族特色的现代电影观念，以促进我国电影艺术质量有个全面的、大幅度的提高。围绕着现代电影观念，有众多的理论问题需要探讨和解决，而这正是当前我国电影美学研究面临的一个重要课题。"[①] 不唯一般的电影观念应是如此，就电影美学观念和电影美学的哲学观念而言，亦应如此。不过，现在距郑先生讲这句话已过了20余年，经过第五、第六代导演以及众多电影工作者包括电影理论和电影美学工作者的

---

① 郑雪来：《现代电影观念探讨》，钟惦棐主编《电影美学》，中国文艺联合出版公司，1983年，第58页。

不断探索，已在这方面积累了不少经验，但离真正成熟的具有中国民族特色的电影观念、电影美学观念及电影美学哲学观念还相距甚远，这昭示我们必须在这方面作出更多的努力。

（刊于《郑州大学学报》2005年第4期）

艺术的"空间原型"
——以电影《花样年华》为例

⊙ 张璟慧
⊙ 河南大学外语学院

空间的概念,在建筑艺术中表现得最直观。而所有的艺术种类,包括建筑,都存在一种抽象的"空间":各种艺术以自身特有的设置、表现等综合体所唤起受众的感受而形成的那种精神性的抽象性的承载着该作品意蕴的所在。各种"空间",虽千变万化,却有一些由人的感受的原型组成的基本结构,即"空间原型":每个个体以类似的方式展开对某些古老的自然生成的空间,如平原、海洋、森林、洞穴等的想象,或上述空间所唤起的每个个体类似的心理体验。这种想象或体验是心灵对原始的基本空间元素的共有感受,通过阅读一定的文本对象(如电影"空间")而释放出来。这种释放,可以把握到原作者(如导演)的创造,甚至参与到这种创造中去。电影《花样年华》就集中体现了艺术的"空间原型"及其意义。

《花样年华》是由王家卫执导、张曼玉和梁朝伟主演的一部影片,获第53届戛纳电影节最佳男主角奖、最佳特别技术奖,获第13届欧洲电影节最佳外语片奖。影片以一名被丈夫冷落的女子苏丽珍和一名遭妻子背叛的男子周慕云为主人公,讲述了两人相识、相怜、相恋而又主动相离的故事。《花样年华》的评论主要集中在对导演王家卫一系列电影风格的探讨,对音乐、着装等造型元素的探讨,对意境的探讨,对主题的探讨,对情感与道德的探讨,对诗电影形式的探讨等。然而,对影片中"空间"的探讨尚属鲜见,更未以此为研究对象，指出它展现的抽象的空间类型或曰"空间原型"，以及"空间原型"对作品的构建意义。

一、艺术的"空间"

在文学、戏剧、音乐、绘画、舞蹈、雕塑、建筑、电影等八种比肩而立的艺术形式中，建筑是典型的空间艺术。事实上，所有艺术都有其"空间"。当它们各自的艺术表现在受众头脑中唤起某种感受时，就已不知不觉步入建筑的领土——感受构成"空间"。所有的以艺术表现唤起的感受，都会构成这样的心理空间。无论是哪种艺术种类唤起的，也无论唤起的是何种感受，这种感受就像一个不断实时建构的概念包，容纳包含了现实、虚拟、信念、希望、回忆、经历等一系列因素，并将其融为一体，形成一个承载艺术作品精神意蕴的场所。正是有此"空间"的存在，才有了谈论通感的基础。钱钟书《论通感》一文中曾指出："在日常经验里，视觉、听觉、触觉、嗅觉、味觉往往可以彼此打通或交通，眼、耳、舌、鼻、身各个官能的领域，可以不分界线。"所以，朱自清在《荷塘月色》中有这样的描述："微风过处，送来缕缕清香，仿佛远处高楼上渺茫的歌声似的。"范登伯格曾说，艺术家都是天生的现象学家。萨特也说，艺术家描绘的房屋不只是一个房子的标志，而是包含着真房子所具备的所有特性。如此断言，并非是说画布上、电影画面里、诗行中的艺术塑造变成物质实在，而是说艺术家的塑造使受众感受到一种体验，进而构成一种"空间"。这种空间是抽象的，却是存在的。

《花样年华》讲述的故事发生在20世纪60年代的香港，并且导演以大量的画面表现，让人仿佛置身于20世纪30年代的上海：瘦削的旧阁楼、凌乱的房间、拥挤的楼梯、狭窄的街道、灰暗的弄堂、幽深而又雨雾氤氲的小巷、风雨中飘摇不定的白炽灯、木制的高窗、老式的轿车、灯光迷离的西餐厅，邻里之间的你来我往与说三道四，以及围坐在一起打麻将的亲密无间。影片把主要关系精简到一维层面，苏丽珍的丈夫与周慕云的妻子都是不入近景画的，配以画外音以表现两个人的存在，苏丽珍的老板与何小姐的婚外情只用两句话就交代了……这样设计,是把笔墨全部放在苏丽珍与周慕云的关系上。导演认为,"我从一开始就不想拍一个爱情故事,因为爱情故事的结局总是两种,很无聊的。不是他们一起私奔,就是这两个人放弃彼此,重回原来的生活。我比较感兴趣的东西是,当两人在一种恋爱的气氛当中时,他们的行为、反应及彼此间的关系会呈现什么样的状态"。

导演的意图体现在影片中繁复的慢镜头、平摇镜头或长镜头展开的典型场景之中,以一种缓慢、细腻而克制的电影语言叙述苏丽珍与周慕云富有层次感的微妙关系:由于丈夫长期出差在外,苏丽珍常穿着华美的旗袍,提着饭盒去买面。要到面摊,必须经过一条阴晦、狭窄的小巷,小巷内悬挂着一盏无精打采的孤灯。她拾阶而下,昏暗的墙上映出她修长的身影,暗淡的灯光投射在郁郁寡欢的脸上。又如寂静的小巷与低沉忧郁的音乐声中,窗外总有下不完的雨,漆黑的铁栅栏反复出现在镜头中,男女主人公在暗淡、狭小的弄堂里相遇,苏丽珍总是垂着眼皮,周慕云总有抽不完的雪茄,偶尔才会对苏投去意味深长的一瞥,两人却一次又一次地在沉默中擦肩而过。还有周慕云为躲避日益炽热、无法自控的感情去新加坡后,苏丽珍有一次情不自禁地给他打电话。这些情节在其他电影中也许会被大肆渲染,但在此部影片里,苏丽珍却是欲言又止,一字未吐地挂上了电话。《花样年华》中唯一的亮色是苏丽珍身上不停更换的美丽、精致的旗袍,把一种优雅、高贵、矜持的韵致带到昏暗、狭长的楼道里和黑乎乎的小街上。从视点来看,以上典型场景的镜头总是躲藏在物体的背后,透过门、铁栅栏等形态各异的物体,以他者的目光注视故事中的男女主人公。视点的游移、波动和全方位散点透视,营造出恍惚迷离的效果,传达出婉转、含蓄、优美却压抑、克制的意味与情调,指向一种"收拢性",塑造出"封闭"倾向的意蕴空间。

"封闭"指向的"空间"表现,却最大限度地延展了观众读解人物与剧情的范围,这是借用了中国古典美学中典型的"虚白"手法,画的笔墨与画上的虚白融成一片,生出无穷画境。清初画家笪重光于《画筌》里说:"虚实相生,无画处皆成妙境。"空白处并非真空,乃是供意蕴驰骋的想象之处。即使在观影完毕，或在很多评论文章中，受众都会饶有兴趣地争论不休：苏丽珍的丈夫与周慕云的妻子是怎样在一起的？他们之间又发生了什么？苏丽珍与周慕云各自的爱人是一种婚外恋情关系，后来苏丽珍与周慕云也成为一种恋情关系，周慕云的爱人既是抢走苏丽珍丈夫的情敌，又是目前合法拥有周慕云的配偶，那么作为既是个妒忌的老婆又是个妒忌的情人的苏丽珍，她的内心世界如何？再比如，剧中男女主人公渐渐靠近，而两人肌肤的接触也仅限于拉拉手和拥抱，连亲吻都没有，更无床笫之亲的镜头，那么苏丽珍与周慕云之间到底是不是柏拉图式的精神恋爱？周慕云要去新加坡，那么他怎会出现在吴哥窟？……以上争论与讨论，从一个侧面说明影片压抑、封闭式的氛围设置与叙事手法给观者带来了巨大的解读空间。也就是说，《花样年华》的"空间"是悖论性的，既封闭又广阔。对于受众这个"建筑师"来说，他们在脑海中先建立的是一种封闭、压抑式的空间，随后却奇特地增大了、广阔了。

某个艺术作品的"空间"，如果它既有含蓄、压抑、封闭的一面，又有多义、丰富、广阔的一面，那么，它的"空间原型"是什么？追寻"空间原型"的意义又是什么？

二、"空间原型"

"原型"理论是心理学家荣格提出来的。荣格不同意弗洛伊德以"性欲"来解释无意识的基本性质，1919年，他首次在《本能与无意识》中提出了"原型"的概念。1922年，在《心理学与文学》中，他又进一步将原型应用到文学研究中，认为原型乃是创作的源泉与动力。荣格的"原型"指出现在神话、故事及所有的想象作品中的一种源于集体无意识的普遍心理结构。在《集体无意识的原型》中，荣格指出，"原型"这个词就是柏拉图哲学中的形式，指的是集体无意识中的一种先天倾向，是心理测验的一种先在决定因素，是一切心理反应所具有的普遍一致的先验形式，它使个体以其祖先的方式面对类似的情境。"原型"理论在后代多有发展。

受荣格的影响，弗莱也将目光投向远古，认为文学批评应采取一种"向后站"的批评方法，挖掘出作品的深层意义，继而发展出"神话原型批评"理论。他认为，文学作品中故事的背景可以千变万化，而故事的架构原则却始终不变，因此，一系列文学形态，实际是一系列变了形的神话原型，即一部作品包括一个由意象组成的表层叙述结构和一个由原型组成的深层结构。李泽厚"积淀说"的理论内核与荣格的原型理论也很接近。李泽厚在其人类学本体论哲学中提出"积淀说"，认为哲学和美学的任务之一就是寻找、发现由历史所形成的人类文化—心理结构。近年，他对有人将他的"积淀说"概括为"包括美学在内的、重在系统阐述人性的历史生成的艺术—文化学"表示了认可，原因是，此说法的前提是承认人的"心理结构"的存在，同时承认人性的历史生成过程，这与荣格所说的原型的内涵及特征极为相似。法国思想家巴什拉"想象哲学"的渊源之一也是"原型"理论，尽管他拒绝以追溯"原型"的方式解释人的想象力和创造力，而是强调在诗或艺术作品的创造中，原型和想象力是一种相互唤醒和相互生成的关系。

　　本文运用"空间原型"一词，深受与"原型"有关的各派学说的启发，它包含两个层面的意义：一方面，指沉潜在人们无意识中的那种对某种古老的自然生成的空间共有的类似的本初感受，比如"海洋"带给多数人的本初感受是广阔与变动；另一方面指原型与想象力互相增生的动态过程，即经过历代文化发展影响后的对此"空间"的增生的感受，比如，经过历代文化的熏染，"海洋"带给人的感受不再仅仅是广阔与变动，而很可能增加了茫然与恐怖的意味，因为如美国作家赫尔曼·麦尔维尔的小说《白鲸》等描写海洋与自然力的神秘与狂暴的作品已深入人心。对"空间原型"的探讨，不是对意象的探讨。意象往往是在某个艺术作品中实实在在出现的形象，以此形象来看其延伸意义或象征意义。而某一艺术作品中所塑造的抽象的"空间原型"，并不一定是该文本中出现的意象，而是该作品的意蕴在受众感受中的抽象"塑形"。

　　《花样年华》的"空间"，既封闭又广阔，从"空间原型"的视角观察，类似"森林"的空间模式。古往今来，"森林"被反复运用，暗示、烘托某种气氛：但丁《神曲》的第一部《地狱》，开篇就提到诗人但丁迷失在一片幽暗的林子里，这里，树林的明暗交替、错综复杂象征人内心世界的复杂；弗洛斯特的《梦想的阵痛》，描写诗人想象他的妻子有一天焦急地来到林子边缘找他，而他站在林中低矮的树枝下看到了她，却忍受着"甜蜜的阵痛"不去应她，这里的森林是人千回百转的内心；另一首诗《雪夜林边驻足》中，弗洛斯特沉醉于雪中森林，"林子可爱，黑暗而幽深"，却绝非久留之地，这里诗人以树林象征人的隐晦的情感及永不能去碰触的情欲；曹禺的《原野》中，燃烧着花金子欲望的所在就是森林，这里的森林是原始的情欲。然而，上述作品都是在以"森林"为象征，因为"森林"是实实在在出现在上述作品中的具体意象。《花样年华》中，虽无任何与"森林"相关的实实在在的形象，但从探讨艺术作品抽象的"空间"这个层面讲，该电影所塑造的空间感受，或曰"空间原型"就是类似森林带给人的那种感受，一种封闭式、压抑式、阻隔式的氛围设置，好比森林中层层树蔓藤枝的阻挡与隐藏，却越发让人好奇阻挡与隐藏中及阴影下的丰富内涵，由此越发广阔、美丽、神秘。

  影片中，苏丽珍与周慕云一起吃饭，一起写小说，一起躲雨，所有的东西都不曾挑明，舒缓优雅与平静含蓄之下却深藏汹涌的暗流；苏丽珍将丈夫的背叛深埋心里，不愿向外人道，不动怒，不撒泼，即使试探性地敲开情敌的门，却也强作微笑；苏丽珍不停更换旗袍，或深色条纹，淡雅矜持；或清新柔色，自然恬淡；或艳丽牡丹，炽烈迷人。旗袍如此高调，人却不停挣扎、作茧自缚。作为男性，周慕云可以主动邀约苏丽珍吃饭、写小说，甚至去宾馆，他也会试图去碰触她的肌肤（手），可是面对心动的女人，他只会用那句"如果多一张船票，你会不会和我一起走"作为试探。

  对于受众对《花样年华》中诸多封闭性、压抑性表现之处的好奇与揣测，导演在接受采访时也这样强调他意欲传达给受众的美丽而广阔的"空间"：

    问："在剧照中有张曼玉和梁朝伟做爱的镜头，为什么现在映演的版本里没有？"

    （王家卫）答："做爱的那场戏，我想了很久，在来戛纳的三天前我才剪掉的。我知道这个东西很多观众都想看，但作为一个观众，我自己一路看下来，觉得，这个故事到了某一个程度，其实我不希望看到他们action里有做爱的一场戏，因为我会感觉不想看到这个。像现在，我有一个想象空间，还会觉得这个东西比较美丽一点，要是我看得很清楚的话，就会马上有一个道德（moral）的观念在里面，觉得他们还是在做一个通奸的事情。"

总之，片中男女主人公对感情表达的欲言又止、欲说还休，胜过滔滔的倾诉。同时，片中演员以丰富、生动的肢体语言，传达两情相悦时的细腻、婉转，让人着迷。在这二人的世界里，愁肠百结的爱无法用语言诉说，只有这两个人拥有彼此、分享彼此的秘密，不足为外人道，连亲如夫妻都无法言说，只有当事人之间能够体会。于是，影片的意蕴空间呈现出某种类似森林的设置："森林的特征是在封闭的同时全面敞开"，或者也可以这样说，"森林的特征是在敞开的同时全面封闭"。

三、"空间原型"的意义

荣格说："创作的过程，在我们所能追踪的范围内，就在于从无意识中激活原型意象，并对它加工造型精心制作，使之成为一种完整的作品。通过这种造型，艺术家把它翻译成我们今天的语言，并因而使我们有可能找到一条道路以返回生命的最深的源泉。"空间意识，是我们人类共有的。实际上，即使是作为典型空间艺术的建筑，它所被受众关注的，绝非是它的物理实在，而是它的抽象"空间"。一座建筑的价值，不仅仅在于伫立于我们眼前的建筑实体，更在于建筑从我们灵魂深处唤起的超越于实体之外的形象和感受。巴什拉曾提到家宅（建筑）的各个部分带给人的不同感受：

老鼠们可能在阁楼上大吵大闹。一旦主人突然出现，它们立刻躲回寂静的小洞。在地窖里活动的是动作更加缓慢的生物，它们跑得更慢，却更神秘。在阁楼上，恐惧感很容易变得"理性化"。在地窖里，即使对于一个比荣格所提到的人勇敢许多的生物，"理性化"的过程也没有那么快，那么清晰；这个过程永远都是不确定的。在阁楼上，白天的经验总是能够消除夜晚的恐惧。在地窖里,无论白天黑夜总是充满阴暗。即使手里举着烛台,地窖里的人还是看见影子在黑色的墙上跳动。

巴什拉将阁楼说成是较为光明、快乐的所在,地窖是较为神秘、暧昧的区域,实际是在关注我们的感受与所在建筑的互动而生成的那种"空间",而非欧几里得定律建造的物质实体。在不受限制的精神视阈中,感知各种艺术"空间"的方式都是类似的,包括电影。《花样年华》的主创人员有意无意中利用了人意识深层共有的某些空间结构因素,以电影的氛围塑造建构出"空间"——一个不可见,但人人(主创人员与受众)却都能凭借自己的想象或体验居住其中的"空间",用无数的在场将人人包围起来,实现共存。在这种"共存"中,每个被注入内心空间(感受到影片特殊氛围塑造)的对象(主创人员与受众)都变成整个空间的中心。对每个对象来说,自己的感受都是在场,边缘和中心具有同样的实存。这就是"空间原型"的建筑力量,带给我们巨大的创作可能与组建可能:我们并不需要真的看到森林或其他,借助于我们的创作或组建,我们就可以在抽象中唤起心中对森林所引起的共鸣。自此,我们不再是海德格尔所说的"被抛入世界",而是在某种程度上"打开了"世界。《花样年华》的"空间"表现,一面具有封闭、压抑、孤独、沉默、婉转、含蓄等"收拢性""内在性"的特点,一面具有丰富、广阔、多义解读等"开放性""上无封顶"的特点。借助此种类似"森林"的"空间原型",影片巧妙地表现了一段隐忍、克制、若有若无的美丽恋情如何随那段葱茏岁月一道无疾而终,烟一般飘散。良辰美景奈何天,如花美眷,似水流年,姹紫嫣红开遍,都付于断井残垣。泰戈尔说:"天空中没有痕迹,但我已飞过。"

简言之,强有力的艺术经验都会将我们的注意力延伸至作品实体之外。也就是说,伟大的艺术的价值并不在于它们的物质存在,而在于它们唤起的受众内心的情感所组成的那种"空间"。卓越的艺术能通过一个强化的和有意味的"空间原型"让我们体验作品中之物之人,并最终体会到我们自己:想象创造人自身。

(刊于《郑州大学学报》2011年第1期)

论当下影视剧中的审丑化审美
——以《士兵突击》和《丑女无敌》为例

⊙周　徐
⊙山东大学文学与新闻传播学院

　　一部热销的影视作品，既是按照影视创作规律生产出来的，又是依据受众喜好被选择出来的。步入娱乐时代的今天，不少影视创作为了满足受众的情感需要和精神消费，愈加注重以感官刺激吸引眼球。"美女""明星""恋爱"成了走红电视剧的三要素。出人意料的是，一部名为《士兵突击》的电视剧，没有美女，没有明星，也没有爱情，却从登陆荧屏伊始，就爆发了前所未有的收视狂潮。而这部电视剧最吸引人的，竟然是一个傻模傻样的主人公许三多。《士兵突击》之后，另一部名为《丑女无敌》的电视剧仰仗着女主角的"丑"而红遍全球。这个"看哪儿毁哪儿"的丑女林无敌并非土生土长的中国妹，而是美剧中丑女贝蒂的中国版。可就是这样一个丑女，短短数年内横扫美洲、欧洲，2011年又摇身变为"林无敌"，一举夺得收视冠军。

　　毋庸讳言，两剧的走红离不开天时、地利、人和等客观因素，但两剧通过"傻男丑女"形象的成功塑造而表达出的审丑化审美观，不能不说是其走红的点睛之笔。许三多与林无敌，这一男一女、一傻一丑，看似不相干的两个人，却遇到了同样的生存窘境。许三多是一个傻乎乎的农村孩子，却阴差阳错地来到了只需要聪明人的部队。某重点大学金融专业毕业的硕士研究生林无敌，丑得天下无敌，求职屡屡受挫，直到某广告公司意外将其录取。自此，许三多开始在格格不入的部队出尽洋相，林无敌也在美女如云的广告公司丑态百出。不期而遇的打击和嘲讽成为二人惯见常熟的遭遇。这些境遇的光顾，原因只有一个，那就是许三多的"傻"和林无敌的"丑"。近年，影视剧的主人公，才子佳人有之，英雄大侠有之，农民、小人物亦有之。当然，真正的傻子和丑角也有之。但是像许三多与林无敌这样的"傻男丑女"形象在中国荧屏还前所未有。

一、"面具"与自我

当下的影视创作，不乏傻里傻气的人物形象，然而这"傻"多半是为了"搞笑"。许三多的傻也时常让我们忍俊不禁，然而更多的时候，我们是笑着流泪，笑着感动。许三多呆头呆脑，干啥啥不行，学啥啥不会，让人总憋着股无名火。可他就是认死理，撞了南墙也不回头，认准了目标就一定要达成。他坚守着"有意义的事就是好好活"的简单主义生活观，坚守着"不抛弃、不放弃"的信念，一步一步地从"小屁孩"到"孬兵"，从"孬兵"到好兵，从好兵到"兵王"。他有着一颗被上帝亲吻过的心，而由这颗美好心灵迸发出的傻气让我们看到了一种出尘脱俗的钝性美。许三多的"傻"与美，就这样时而冲突时而调谐，时而剥离时而叠合，将生命的原始状态与人性的纯朴秉性展现得淋漓尽致，让人不由得赞叹许三多美得深刻、美得纯净、美得挚诚。《丑女无敌》中的林无敌，是个颇耐人寻味的丑女形象。她的丑，从一开始就遮蔽了她的其他所有特质，而这本真面目的丑，何尝不是一个"面具"？相貌于人，是无法选择的。对女性而言，"以貌取人"却是根深蒂固的观念。一位研究丑女现象的美国女学者夏洛特·赖特曾精辟地指出，传统文学"对男性外貌的描写远不如对女性外貌的描写，这是因为人们认为决定男人成功与失败的是他的行为，对其行为好坏的判断比对其外貌美丑的判定更有意义。而对女人，我相信情况则正好相反，她的成功与其娇好的外貌有密切关系。一般说来，女人的美貌加上适应性和被动性造就了她的成功"①。《丑女无敌》正是撕破了这一束缚女性最为久远的"面具",堂而皇之地将"丑"展现在美丽的人性之上。这是对女性审美意识的颠覆,也是对现实社会极不公平的审美标准的反叛。当人们轻蔑与不屑的目光,穿越了"丑"的面具,看到丑陋之后的美丽,谁不会从内心深处肃然起敬?恰是这丑陋的面具,让美丽无处躲藏;恰是这最无敌的丑女,展现了女性最灿烂的美丽;恰是这以"面具"示人的反自我,让隐身其后的真我得到了全方位展现。

爱尔兰著名诗人威廉·巴特勒·叶芝提出了"面具"理论。他说:"我所谓的'面具'是出自其内在本质的一切的情感的对立面。"② 换言之,"面具"是自我的对立面,即反自我。"假如我们不能想象自己与自己不同,尝试充当那第二自我的话,我们就不能给自己强加一套戒律,虽然我们可以从别人那里接受一套。因此主动的品德与被动接受一种规范不同,是做戏似的有意识的表演,戴着面具。"③ 无论《士兵突击》还是《丑女无敌》,都是从对于反自我"面具"的认识开始,逐渐将隐藏的自我展露出来,在自我与"面具"的对比中,展现出一个原汁原味、活灵活现的人物形象。傻男丑女形象以"面具"的形式闯入了人们的审美视野,实现了对于人类生命本体与人类生存发展的关怀,达成了最终的审美理想。"面具"与自我的同时出现,使人物形象由一维趋向多面,由单调变得复杂,具有了更大的张力与深度。与以往"表里如一"的俊男靓妹形象不同,傻男丑女形象不经过任何形式的提纯,对于生命的原始形态毫不掩饰,甚至有意夸大,让人物不再囿于某种角色或规约,获取了最大的可能和空间。

---

① Charlotte M.Wright,*Plain and Ugly Janes:The Rise of the ugly Woman in contemporary American Fiction*,st 1:City,2000.

② Yeats.B,*Auto biographies*,London:Macmilan,1955.

③ Yeats.B,*Essays*,London:Macmilan,1924.

二、审丑与审美

人类学的研究表明,人们的感官是符合进化论原理的。经过久远的文化洗练,人们的审美视野已无法再适应丑陋怪异的审美对象,虽然这正是客观世界的本来面目。鲁迅就曾直言不讳地指出:"作为缺点较多的人物的模特儿,被写入一部小说里,这人总以为是晦气的。殊不知这并非大晦气,因为世间实在还有写不进小说里去的人。倘写进去,而又逼真,这小说便被毁坏。譬如画家,他画蛇、画鳄鱼、画龟、画果子壳、画字纸篓、画垃圾堆,但没有谁画毛毛虫、画癞头疮、画鼻涕、画大便,就是一样的道理。"[①] 可事实并非如此,即便在鲁迅先生的创作中,也从未将丑置之度外,譬如阿Q头上的那个癞疤疮。事实上,美与丑自诞生之日起就并行不悖地相依相伴,丑从未因人的理性选择而消失。在审美视野中,"丑"始终如影随行。只是当我们习惯了美的养眼,就忽视了丑的存在。审丑的本质还是审美,只是因为丑的部分超出了审美的经验范畴。

从外表看来,许三多与林无敌的确是又傻又丑。许三多的人生信条是那句结结巴巴的话:"有意义就是好好活,好好活就是做很多有意义的事。"为此,他坚守"不抛弃、不放弃"的信念。林无敌丑陋的外貌让人一看就心生不快。他们的傻与丑与生俱来,是他们独特的生命底色。这傻与丑,让他们生而与人不同,他们深知自己的缺陷却无法拔除。但这傻与丑,又是自以为聪明和美丽的人以自己的标准强加于他们身上的,而这标准并非适用。许三多的"丑态"和林无敌的"丑样",给我们颇多启发。当下中国是社会转型的大碰撞、大激荡时期,市场经济的勃兴、民主法制思想的建立都使人们固有的行为准则不复存在。在这样的环境中,人们的行为方式毫无疑问会呈现多元化的态势。有的人随波逐流、放纵自我,有的人保持冷静、独善其身,有的人匡扶正义、大义

---

① 鲁迅:《鲁迅全集》(第六卷),人民文学出版社,1998年。

凛然。林林总总的人事，让我们颇为感叹：独善其身已非易事，大义凛然的匡扶正义更是难能可贵！许三多和林无敌的所作所为，看似傻头傻脑，却正是这样一种难能可贵。他们面对挫折毫不畏缩，不计得失地为他人着想；他们敢说、敢为、敢担当、敢不顾一切，这就是真正的壮举。许三多和林无敌，傻出一种豪气、血气和正气！正如孟子所说："壮举，己所畏为，人为之，诚服。"透过这傻与丑，我们看到了真正的善与美，看到了他们难能可贵的赤子之心，看到了一种维系国人良知的血脉。

其实，进入人们内心深处的艺术是不分美丑的。法国雕塑大师罗丹曾说到西班牙画家委拉斯凯兹所画的以取悦国王为生的一个侏儒，正是那可笑的外形与感人的目光，让人们读出了"这个残废者内心的苦痛——为自己的生存，不得不出卖作为一个人的尊严，而变成一个玩物，一个活傀儡……这个畸形的人，内心的苦痛越是强烈，艺术家的作品越显得美……因为内在真实在愁苦的病容上，在皱蹙秽恶的瘦脸上，在各种畸形与残缺上，比在正常健全的相貌上更加明显地呈现出来"①。正如许多成功的艺术典型一样，许三多的"傻"和林无敌的"丑"代表了一类人的生存状态与生活道路，浓缩着千百年来人类自身挥之不去的悲欢故事，他们的故事流露着传统文化与现代生活交融碰撞下的人性窘迫与自我救赎。他们的"丑"，使审美与审丑这样一对看似背反的文学宗旨，经过非同寻常的艺术耕耘，巧妙地统一在人物身上，造就了独树一帜的艺术形象。他们的"丑"，改变了长期以来强调共性回避个性、强调完美回避缺憾、强调美回避丑的人物塑造范式，提倡一种缺陷型的草根化艺术形象。他们的"丑"，打破了人们传统意义上的审美视野，特立独行于美与丑的标准之间，提倡平民化、大众化的审丑化审美，隐约建构起一种全新的审美观。

三、美丑对照与以丑为美

《丑女无敌》和《士兵突击》虽然同为审美视野中的审丑观照，但细品会

---

① ［法］罗丹：《罗丹艺术论》，人民美术出版社，1978年。

发现，两者也有着明显不同。《丑女无敌》强调"美丑对照"的美学观，《士兵突击》则倾向于"以丑为美"的审美原则。"美丑对照"原则由法国大作家雨果首先倡导，并在他的《巴黎圣母院》中成功运用。"以丑为美"的审美观是法国诗人波德莱尔首先提出的。二者的区别在于：美丑对照是"拉大、扩张了美丑之间的距离，它使美的更美，丑的更丑"。以丑为美是"缩短、减小了美丑之间的差距，使丑的变为不是原来的那么丑，同时也就蕴含着使美的变为不是原来的那么美"①。

美丑对照，顾名思义就是将美与丑放在一起进行比照，以突显出二者的差异，使美的更美、丑的更丑，从而揭示出美的本质特征。在《丑女无敌》中，随处可见这种美丑对照原则的运用。剧中的主人公林无敌戴着牙套，扎着村姑辫子，戴着大眼镜，被同事们戏称为"丑得天下无敌"。在这样丑陋的外表之下，林无敌的内心却是善良和美丽的。她不介意大家对她的冷嘲热讽，也不惧形形色色的威胁和挑战，总能宽容对待，自信生活。而当他人需要帮助时，她会第一个伸出援手，不管对方是朋友，还是敌人。她丑陋的面容下面是一颗纯净得像天使一样的心灵。不仅如此，林无敌还是毕业于重点大学金融专业的硕士研究生，对于财务管理、资本运作轻车熟路，游刃有余，有着同外表一样不可思议的工作能力。《丑女无敌》中，不仅通过丑女自身的美丑对照彰显出丑女的美，还塑造了诸多反面人物形象来衬托林无敌的美丽。剧中，同为总裁秘书的裴娜是个"万人迷"，可她除沉鱼落雁的外表之外一无所有，可谓名副其实的绣花枕头。正如雨果所说："滑稽丑怪作为崇高优美的配角与对照，要算是大自然所给予艺术的最丰富的源泉。"② 不仅如此，二人还同被安排在公司总裁秘书的职位上，以同样的身份示人，却扮演着判若天渊的角色，给人以截然相反的审美感受。这种美丑对照就形成了美丑的强烈对比，使美丽与丑陋、无

---

① 徐祖明：《论"美丑对照"与"以丑为美"的文艺美学观》，《世界文学评论》2006年第2期。

② 伍蠡甫：《西方文论选》，上海译文出版社，1979年。

私与自私、崇高和渺小一览无余。

以丑为美的审美观，认为每一个客观存在都有美与丑的两面，因而对于每个事物，都要一分为二地看。再美的事物也有丑的一面，同样丑中也必然隐含着美。以丑为美强调视丑为美，即在丑的事物中发现美的一面。《士兵突击》中许三多形象的塑造，可谓是实践这种理论的典型例证。从小被欺负的生活让许三多对于自己的优点一无所知，这让许三多失去做一切事情的信心。许三多的傻，是被社会戴上了心理枷锁，他发现不了自己身上光彩照人的本我力量。比如，他的重情重义、纯洁真挚、朴素无华。当许三多得知班长要复员时，抱住班长的行李死死不放，执拗地不让班长离开，任凭几个彪形大汉也没办法把他拉开。许三多哭着对班长说："班长，我不想当尖子，当尖子太累了，我想做傻子，傻子不怕人走，傻子不伤心。"这话从许三多这个"傻子"嘴里说出来，不禁让人愕然，并为之一震。许三多傻吗？是的，想当傻子的人你能说他不傻吗？可是，许三多真傻吗？不是！如果真傻，他又怎会如此伤心欲绝呢？可见，许三多不是真的傻，他的傻不妨说是大智若愚。从这个意义上说，傻不仅不是贬义，反而是许三多真性情的流露。我们甚至可以认为，正是许三多的这种傻态，这些傻乎乎的话语，让我们在他身上看到了不仅不傻反而很美的地方。从新兵连里跟跟跄跄过关，到钢七连"不抛弃、不放弃"的坚守，从一个"孬兵"成长为了"兵王"，许三多从一个失败者、一个多余的人变成了一个成功者、一个不可或缺的人。许三多傻出了一个光辉的人生轨迹。当我们盛气凌人地指责许三多的傻时，傻傻的许三多已经在你的心里苏醒了。许三多的傻，实际上是被社会忽视的美德，是被喧嚣的浮躁淹没了的人性内在美，是一种未被现代文明异化的原始生命能量。在许三多身上，丑已经完全脱离了美的阴影。丑不再是美的垫脚石，而有了自己独立的位置。丑重新唤醒了我们的眼睛，我们不能再对之视而不见，这丑里正有我们每个人的影子。许三多是傻的，也是美的，这傻不是美的陪衬，不是美的对照，而是与美成为一体。

冯至曾在《西郊遇雨记》中感叹："我真觉得人间的丑永是那样的嚣杂，

而美呢，却长是寂寞："多么美丽的花不也是很寂寞地著着它的色香吗？"许三多与林无敌正是这样寂寞盛放的两朵伤花。他们虽然并不美丽，却依旧倔强地绽放。他们是独特的，独特得让人们为之拍案叫绝；他们又是深刻的，深刻得让人们对于"丑"和"傻"偏爱有加。

（刊于《郑州大学学报》2011年第1期）

法美学生成的时代背景及理论基础

⊙李庚香
⊙中共河南省委宣传部

"人类解放"是法美学的主题,也是法美学的终极价值目标。在人类"认识自己""解放自己"的过程中,存在着"上帝中心论""人类中心论"和"生态中心论"三种理论范式。法美学认为,在这三种理论范式的指导下,现代法学在建设法治社会的同时也"晦蔽"了人本身。

在法美学看来,如果说在"上帝中心论"的理论范式中,灵与肉的关系是法学关心的核心问题,那么在"人类中心论"的理论范式中,理性与非理性、物质与精神的关系是其理论焦点所在,而在"生态中心论"中,人性与物性的关系则首次被置于法学理论的前沿。如果说"上帝中心论"集中于对"神性"的阐释,"人类中心论"重点在于对"人性"的提升和张扬,那么"生态中心论"则开始全面正视"物性""万物有灵"的存在。19世纪末,尼采关于"上帝之死"的宣谕,标志着宗教法的最后消亡,并意味着"人类中心论"法学的兴起。20世纪中期法国思想家福柯提出的"人之死"的断语,直接表明因科技理性而膨胀起来的人类自我中心倾向走到了尽头。后现代主义法学的喧嚣一时,正是传统法学理论范式发生危机的"症状"。而法美学的诞生,则直接与这三大理论范式的误读或盲视生存本体论相关,"上帝中心论"以"神性"无视人,"人类中心论"以"科技理性"和"伦理理性"放大人,"生态中心论"以"物性"湮没人,其结果造成了严重的法律危机。如何在科学发展观的指导下,在"以人为本"的基础上重建法美学的理论基础,建立一种既符合人性要求又适应生产方式需求的新型法律,构建一种理想的社会主义市场经济的法律体系,改变我们在发展上"摸着石头过河"的状况,为构建和谐社会提供理论支持,是一个重大的课题。

一、传统理论范式的局限性

(一)"上帝中心论"及其被证伪

上帝与人的关系或"灵与肉"的关系是神学的中心问题。法美学认为,法律和宗教在起点上的一致性,如今已经被人们遗忘了。伯尔曼指出:"西方社会共同体的各种传统象征,即传统的形象和隐喻首先是宗教和法律方面的。然而,在20世纪,宗教首次在很大程度上变成了一种私人事务,而法律在很大程度上则变成了一种与实际权术相关的事务。宗教的隐喻和法律的隐喻之间的联系已经破裂。它们不再能够表达社会共同体对于未来过去的想象力了,也不再能够博得社会共同体的热诚了。"[①] 而在此之前,法律和宗教却是水乳交融的。宗教法"是一种以天国、以人'向着无限的攀登'、以人的神化为中心的神学。重心在圣父,即造物主。基督向人类展示了走向他的路径"[②]。这时,"上帝掌管着一个依照法律统治的世界,赏罚分明,并对例外案件予以仁慈地宽免"。"上帝首先是正义的上帝。他通过化身为基督和基督为人类而牺牲自己,而使做忏悔的基督徒的原初罪孽得到宽恕,但他们的实际罪孽则必须通过现世或炼狱来救赎。违法必须付出代价。借助于付出这种代价,法律得到维护,先前的犯罪者可以进入天堂。"[③]

然而,西方社会从文艺复兴开始的人本主义、科学主义的发展历程,也是

---

① [美] 伯尔曼:《法律与革命》,贺卫方等译,中国大百科全书出版社,1993年,第2~3页。

② [美] 伯尔曼:《法律与革命》,第216页。

③ [美] 伯尔曼:《法律与革命》,第632页。

灵魂被消解、人类一步步向人本身回归的过程。把肉与灵的关系从中世纪翻转过来，是启蒙思想家一个重要使命。伏尔泰认识到这一转折过程，他说："说老实话，四千卷形而上学巨著，也不会告诉我们灵魂之所以为灵魂的道理。""人是一个能活动、能感觉、能思维的存在物，这就是我们所知的关于人类的一切。"① 狄德罗在《拉摩的侄儿》中大胆宣告："我喜欢美丽的肉！"卢梭则走得更远，他认为原始社会的自然状态是人类社会最美好的状态。他在小说《爱弥儿》的开头这样写道："出自造物主的东西，都是好的，而一到了人的手里就变坏了。"② 他当时已经认识到，"我们的灵魂正是随着我们的科学和我们的艺术之臻于完美而越发腐败的"③。因为"神治"被"人治""法治"取代的结果，就是人类的灵魂问题或精神性存在这一内在性问题被当作"假问题"而被放逐了。虽然"法治"对"神治"的取代是一种历史进步，但当我们以"世俗层面"的法律去取代宗教层面的"上帝的戒律"时，却不能对"上帝"作为一种精神性、审美性存在的历史根源一笔抹杀，斩草除根。伯尔曼清楚地感受到，"传统不仅仅是历史的连续性。传统是有意识和无意识因素的一种混合。用奥科塔威·帕斯的话讲：'传统是一种社会的可以看得见的一面——制度、遗迹、作品和物，但它尤其是社会被淹没了的看不见的一面：信仰、希望、恐惧、压抑和梦想。'法律通常与可见的一面、与作品相联系；但对西方历史的研究尤其是对它的起源的研究，揭示了它在民众最深层信仰和情感中的根源。没有对炼狱的恐惧和对最后审判的希望，西方法律传统就不会存在"④。我们认为，法学从"上帝中心论"中解放出来，是一种进步，但它也因割断了与精神性存在的深层关联而把自己置于一种无"根"的境况中。

（二）"人类中心论"及其误区

---

① ［法］伏尔泰：《哲学辞典》，王燕生译，商务印书馆，1985年，第44、48页。
② ［法］卢梭：《爱弥儿》（上），人民文学出版社，1978年，第5页。
③ 俞吾金：《问题域外的问题》，上海人民出版社，1988年，第9页。
④ ［美］伯尔曼：《法律与革命》，第665页。

从"上帝中心论"到"人类中心论",人类开始处于一种全新的境况中。海德格尔所谓的"人是被抛的设计",从一个角度论述了人类从"上帝中心论"中走出后的那种感觉。宗教法体现的是"上帝为世界立法",在自然主义法学家那里则是"自然理性"为人类立法。人类相信只有依靠理性,才可能代替上帝为世界立法,使上帝的伊甸园在人间得到二度复现。由于人类理性是人类重建世界的最有效手段,所以培根断言:"哲学应当只依靠理性。"① 美国哲学家布兰夏德也指出:"对理性的信仰在广泛意义上说,是希腊时代以来,西方文化的一个重要组成部分。这一点决定了西方哲学的主要传统。"②

但人类理性的膨胀与科技的发展是同步的。科技发展进一步放大了理性的能力,为"人类中心论"的形成提供了可能。英国物理学家保罗·戴维斯坚信:"我认为,与宗教相比,科学能为人指出一条更为确切的通向上帝的道路。"③ 萨拜因也认为:"18 世纪的自信以及对理性的信念不单是出自人们对理性熟悉的结果,而且部分是由于受到科学取得的实实在在的成就的影响。"④ 显然,这种依靠理性(特别是科技理性)为整个世界立法的野心,反映了资本主义在上升时期特有的傲慢和自信。在这个意义上,罗马法之所以适用,"非以其有权力,实因其有理性的权威故"⑤。与科技理性发展的如日中天相对应,伯尔曼看到,"在19世纪甚至在20世纪,传统的宗教逐渐地被降到个人或私人

---

① [英]罗素:《西方哲学史》,马元德译,商务印书馆,1982年,第62页。

② 中国社会科学院哲学研究所现代外国哲学组:《当代美国资产阶级哲学资料》第1集,商务印书馆,1978年,第142页。

③ [英]保罗·戴维斯:《上帝与新物理学》,徐培译,湖南科学技术出版社,1996年,第5页。

④ [美]萨拜因:《政治学说史》(下),盛葵阳、崔妙因译,商务印书馆,1986年,第617页。

⑤ [美]孟罗·斯密:《欧陆法律发达史》,姚梅镇译,中国政法大学出版社,1999年,第271页。

事务的水平,对法律的发展没有公开影响,而其他信仰体系——新的世俗宗教(意识形态、'主义')——则被提升到狂热信仰的水平"①。世俗法取代宗教法,"人类中心论"取代"上帝中心论"的直接后果是,"18世纪末和19世纪重大革命的思想家们——如卢梭和杰斐逊等人——不是信仰上帝,而是相信人,即作为个体的人,个人的本性、理性和权利。启蒙运动产生的政治和社会哲学是宗教的,因为它们把终极意义和神圣不可侵犯性归属于个人的头脑——紧接着还必须补充说归属于民族"②。此时,"人开始占据舞台的中心。他的选择自由成为他走向拯救过程中的决定性因素"③,从此人类取代了上帝的"造物主"位置而成为世界的主宰。

犹太人有句谚语:"人类一思考,上帝就发笑。"这实际上是对因科技理性万能所造成的人类的自大与虚妄的一种批评。意大利学者加林指出,在"人类中心论"的语境下,"人是尘世的上帝,因为如同上帝一样,只有人才能使万物以他为中心交织起来"④。然而,宗教没有解决的问题,科学也同样没有让人看到使问题得到解决的希望。布洛克曼讲得很伤心,"我,主体既不是自己的中心,也不是世界的中心——至今它只是自以为如此,这样一个中心,根本不存在"⑤。后现代主义法学正是看到了科技理性的有限性、局限性之所在,才乘机发难,并痛下"解构""祛魅"杀手,其结果就使取代"上帝中心论"而过分傲慢的"人类中心论"失去其存在的根据和合理性。后现代主义法学看到了人类科技理性、实用理性的弊端,但它企图用非理性取代理性,用物性挤占人性,却也同样是对"现代性问题"的一种"误诊"。

---

① [美]孟罗·斯密:《欧陆法律发达史》,第36页。
② [美]孟罗·斯密:《欧陆法律发达史》,第37页。
③ [美]孟罗·斯密:《欧陆法律发达史》,第208页。
④ [意]加林:《意大利人文主义》,李玉成译,生活·读书·新知三联书店,1998年,第104页。
⑤ [法]布洛克曼:《结构主义》,李幼蒸译,商务印书馆,1980年,第24页。

(三)"生态中心论"的局限性

科技理性对人类生存与发展造成的负实践效果,如今已经成为一个"全球化"问题。文艺复兴以来,由于西方社会一直把自然视为人类征服的对象,认为二者的关系是一种对立关系,这就严重危及自然与人类的协调、共生关系。由于生态环境的破坏对人类造成的压力越来越大,这就迫使人类不得不重新审视人与物的关系以及人类对待自然的传统态度。新世纪新阶段,人类已经逐渐意识到长期对自然进行掠夺性索取、破坏必将遭受惩治,一个从破坏自然、征服自然到回归自然、善待自然的新理念开始产生,因此,"生态中心主义"诞生。由于"生态中心主义"把生态问题置于一切问题之上,不能把人、生态置于平等、和谐发展的关系中,它虽然克服了"人类中心主义"范式的局限性,但本身却有矫枉过正之嫌。

总之,从"上帝中心论"到"人类中心论"再到"生态中心论",这是人类社会历史演变的发展进程,也是法律的生长过程。事实上,从"神治"到"人治"再到"法治",法律的进步并不是单向的、直线的。正如卢梭所言:"人们总是愿意自己幸福,但并不总是能看清幸福。"① 无论是"人类中心论"还是"上帝中心论",这些以对人自身本质的无限提升作为重建世界秩序的努力,最终不但是对自然物象世界的破坏,而且也是对人类自身的败坏,而"生态中心论"也因不能正确处理人性和物性的关系而使人性步入深渊。此时,无论是宗教法还是世俗法,习惯法还是成文法,自然法还是实在法,理性法还是非理性法,都因为没有摆正"人性"和"生产方式"这两极的位置而在局部"解放人"的同时又成了"束缚人"的桎梏。

二、存在的焦虑与现代法律的"总体性危机"

在上述理论范式和传统发展观的指引下,法律现代化的过程其实就是西方社会法律"世俗化""理性化"的过程。韦伯曾经把19世纪、20世纪的现代

---

① [法]卢梭:《社会契约论》,何兆武译,商务印书馆,1980年,第39页。

生活称为一个"脱魅"的时代，即从"价值理性"沦落成为"工具理性"的过程。我们知道，价值理性是一个丰富多彩的领域，它包括人性、人文理性（审美理性）、伦理理性、自然理性等，是指立足于信仰、信念、理想的合理性之上的合理性；工具合理性又称为目标合理性、形式合理性，是指那些目标的确定和达到目标可资利用的手段都是经过合理选择的行为。但是，建立在工具理性之上的科技理性和伦理理性，包括非理性，并没有为现代法律提供坚实的理论基础。现代人生存的困境直接动摇了现代法律存在的根基。这种"现代性危机"直接导致了法律的"总体性危机"。"本世纪中牛顿理论的垮台，才使科学家认识到他们的诚实性标准原来是乌托邦。"[①] 因为"当我们更加精确地定义我们的概念系统，使它们更加严谨地联系在一起而形成一个整体时，就离开实在越来越远"[②]。伯尔曼断言，在 20 世纪，西方法律传统的历史土壤正在受到侵蚀，这种传统本身正在面临崩溃的威胁。在他看来，西方法律传统的危机不仅仅是法哲学的危机，而且也是法律本身的危机。因为这种传统基础的崩溃是不能弥合的，对这些基础最大的挑战是人们对于作为一种文明、一种社会共同体的西方本身的信念和对九个世纪以来维系西方文明的那种法律传统普遍丧失了信心。其结果，"西方法律传统像整个西方文明一样，在 20 世纪正经历着前所未有的危机，但这一点并不是科学上能证明的，而最终是由直觉感知的。可以这么说，我只能证明我感到我们正处在法律价值和法律思想前所未有的危机之中，在这种危机中，我们整个的法律传统都受到挑战"[③]。葡萄牙法学家桑托斯也指出，我们正在进入从现代社会到后现代社会的范式转换时期，法律面临着危机。

法的现代化是社会现代化的一个重要组成部分，而西方法的现代性问题的

[①] ［英］伊·拉卡托斯：《科学研究纲领方法论》，兰征译，上海译文出版社，1986 年，第 3 页。

[②] ［美］卡普拉：《物理学之道》，四川人民出版社，1984 年，第 23 页。

[③] ［德］胡塞尔：《现象学的观念》，倪梁康译，上海译文出版社，1986 年，第 35 页。

核心就是理性。应当承认，对人性特别是对理性的追求意味着人类文明的一种进步。西方的思想文化传统，从柏拉图时代开始一直到19世纪，几乎一致认为只有人类才是理性的动物。在西塞罗看来："法律乃是自然中固有的最高理性，它允许做应该做的事情，禁止相反的行为。当这种理性确立于人的心智并得到实现，便是法律。"西塞罗坚信："正义只有一个，它约束所有的人类行为；它建基于一个法律，那就是用来命令和禁止的理性。"① 到了中世纪，法学中的理性基本上脱离了人这个主体，而成为一种"神意"的代名词。然而，由于中世纪法学中的理性具有反人性的特点，所以它对于人的主体意识有着极大的压抑作用。经历过中世纪神性对人性、神权对人权、信仰对理性的长期压抑后，人类的自我意识开始觉醒。文艺复兴就是这样一个启蒙时代。伯尔曼指出："早期的文艺复兴和宗教改革运动构成了西方历史的第一个重大转折点，它不仅是西方法律传统的源泉，而且也是西方其他社会思想和社会行动的源泉。"② 可以说，启蒙运动从洛克开始，在18世纪的法国进入高潮，到19世纪的康德、黑格尔达到顶峰，其核心就是弘扬理性。理性在17、18世纪的显赫声望应特别归功于格老秀斯和牛顿的努力。格老秀斯恢复了古代自然法，牛顿也证明了这样的图景，整个宇宙弥漫着同样的理性。格老秀斯指出："自然法是正当的理性准则，它指示任何与我们理性和社会性相一致的行为就是道义上公正的行为；反之，就是道义上罪恶的行为……行为的是非一经理性准则断定，如果不是合法就必然是非法的。"③ 斯宾诺莎的法律思想也是以人类理性作为基点的，他把自由、理性和法有机地结合起来，指出："一个人听从理智的指挥。换言之，他越自由，他越始终遵守他们国家的法。"④ 洛克说得更明确：

---

① ［英］韦恩·莫里森：《法理学》，李桂林等译，武汉大学出版社，2003年，第58页。
② ［美］伯尔曼：《法律与革命》，贺卫方等译，中国大百科全书出版社，1993年，第642页。
③ 《中外法学原著选读》，群众出版社，1996年，第410页。
④ 张宏生：《西方法律思想史》，北京大学出版社，1983年，第160页。

"一般地说，法律，在他支配着地球上所有人民的场合，就是人类的理性；每个国家的政治法规和民事法规应该只是把这种人类理性适用于个别的情况。"①孟德斯鸠鲜明地倡导一种理性主义的法律观。他说："有人说，我们所看见的世界上的一切东西都是盲目的命运所产生出来的，这是极其荒谬的说法。……由此可见，是有一个根本理性存在着的。法就是这个根本理性和各种存在物之间的关系，同时也是存在物彼此之间的关系。"②康德明确地把实践理性与纯粹理性相区别，并且将法律归结为实践理性。可以说，理性启蒙、理性独立、理性崇拜，这是西方近代至19世纪理性发展演进的三部曲。

作为自然法的核心，理性存在的理由主要在于，它必须解决法律的独立性问题。理性为什么能够成为自然法的核心呢？卡西勒分析说，启蒙思想当时面对着两个敌人，必须从两个方面解决法律的独立性问题：一方面，法律必须肯定自己在精神上高于神学教条；另一方面则又必须对国家保持警惕，防止国家专制主义的侵害。前者要求他们同将法律归结为人类理性完全无法认识的非理性的神意的神学政治论作斗争；后者要求他们与利维坦国家进行斗争。"为反对这两种倾向，自然法的提倡者力主这样一个基本论点，即存在一种先于一切人的权力和神的权力的法律，它具有独立于这两种权力的效力。这种法律概念的根据不在权力和意志，而在纯粹的理性。只要纯粹的理性认为是'存在着'的东西，只要某种东西是源于理性的纯粹本质，则任何政令都无法改变或贬损它们。"③启蒙时代的思想家高举理性的旗帜，将体现人文关怀的精神追求转化为现实法律的制度设计，将政治问题、社会问题、经济问题在法律框架里转化为技术问题。因此，启蒙运动以后，人们突出强调人性在法律中的地位和作用，倡导一种人文主义的法律理念。他们大胆地把人的经济要求、政治主张和平等意识作为法律思想的主要内容，在法律观念上实现了从神到人的转变。但

---

① 张宏生：《西方法律思想史》，第217页。

② [法] 孟德斯鸠：《论法的精神》，张雁深译，商务印书馆，1982年，第1页。

③ [德] 卡西勒：《启蒙哲学》，顾伟民等译，山东人民出版社，1996年，第232页。

是，许多从人性出发而提出的要求并不能上升为法律，相反还要遭到法律的限制和阻止，人性的局限性开始为人们所认知。这一现象引起了人们的进一步思考。康德、黑格尔继承了古希腊法学家理性概念的合理成分并予以发展，重新为理性恢复了名誉。他们认为，单纯从人性出发去要求和对待法律是不明智的，资产阶级个人主义的法律观之所以在现实中经常碰壁，就是因为法律在现实中并不是完全基于人性的。康德、黑格尔都认为，人性中有恶有善，而法律却必须是纯正的、理智的。理性本身并不排斥人性，而是接纳了人性中美好的部分，理性就是正义、公平，就是自由的最高境界。因此，基于这种意义上的理性的法律，是最好的法律，因此也是最符合人性的法律。法学家贝勒斯对理性在法律中的"一统天下"的作用有过十分精到的描述。他说："理性人运用逻辑推理和所有相关的可以获得的信息，去实现愿望和价值，决定如何行动，以及接受法律原则。逻辑推理不限于演绎推理，而是包括了归纳逻辑或科学方法。理性人会考虑支持和反对原则的各种论点，以接受合理的论点，拒绝不合理的论点。"① 在他看来，"许多法律分析和论证，特别是在侵权法中的分析和论证，是根据人们的利益进行的。几乎没有理由去相信这些利益或愿望是非理性的。某种基本的愿望被假定是理性的，如期望身体和精神健全（包括生命）、声望或荣誉、财富和安全"②。"人应当是理性的，这种要求也影响所处的地位，例如，拒绝把复仇作为刑法的基础。"③ 也就是说："我们把理性人表征为渴望身体和精神健全、名誉、财富和安全，或有这些方面利益的人。我们通常是以原则保护或推动着这些基本愿望或利益为根据而论述原则的。侵权法为对人身、名誉、财产和隐私的伤害提供了补偿，或某种制止；财产法和契约法促进了个人在财富方面的利益，刑罚则提供了人身和财产安全。经济代价（财

---

① [美] 贝勒斯：《法律的原则》，张文显等译，中国大百科全书出版社，1996年，第4页。

② [美] 贝勒斯：《法律的原则》，第6页。

③ [美] 贝勒斯：《法律的原则》，第413页。

富）在程序法中受到了特别关注。"① 但是，这只是问题的一个方面。根据贝勒斯的观点："除了期望财富、荣誉等，理性人也要求诸如自由、隐私、责任、机会、平等这类价值。"② "自由、责任、和平等每一个都与将人尊重为理性人有着内在的联系。如果人们被拒绝给予活动的自由，而缺少依据他们从理性上能够合理接受的原则所做出的证成，他们就是没有被尊重为理性人。理性人也是责任主体。当人们是有责任的主体时，不把他们作为责任主体对待，就是不给他们以尊重。一个人可能认为，在无责任的时候判定他们承担法律上的责任，他们则被剥夺了尊重，因为他们此时被处置为实现他人福利的纯粹的工具。不管这种联系是否合理，在理性人无责任时判定他们承担责任，他们是不会接受的，除非存在着以他们能够接受的支持这样做的原则为依据的充足理由。最后，理性人应当领受平等的机会。不平等地待人，而又没有任何理由，就是不给予人们平等的尊重。"③ 因此，"一般说来，如果不像允许其他人那样允许某人活动或者不相信他能负责任，他就未被尊重为一个理性人"④。

一般来说，人们把这种建立在理性基础上的法律视为一种历史的进步。韦伯指出："在古代类型的统治中，统治者深受各种同情、偏袒、恩赐和感激等情感因素的影响，而现代文化则要求排除这种情感因素，严格地依靠'职业'专家，而且，这种专家越复杂越专门化，就越需要。官僚机构可以提供这一切。它将司法行政作为实现以'法律'为基础，将法律制度系统地理性化的前提。"⑤ "以严格形式化法律概念为基础的理性判决与以神圣传统为指导的判决形成了鲜明的对比。后者缺乏对每一个案件判决的清晰基础。它的判案是以神

---

① ［美］贝勒斯：《法律的原则》，第414~415页。

② ［美］贝勒斯：《法律的原则》，第8页。

③ ［美］贝勒斯：《法律的原则》，第8~9页。

④ ［美］贝勒斯：《法律的原则》，第11页。

⑤ ［德］马克斯·韦伯：《论经济与社会中的法律》，张乃根译，中国大百科全书出版社，1998年，第323页。

秘的正义，即对神谕的具体启示，先知的判决，或神明裁判为基础。或者，它是非形式主义的库海蒂司法，根据的是具体的伦理和其他价值判断。或者，它作为经验性的司法，但却依赖'类推'和'先例'的解释。后两种更令人感兴趣。在库海蒂司法中，根本没有什么'判决'的'理性'基础，而在经验性司法的纯粹形式中，我们也难以发现这种理性的基础，至少是我们在此使用的术语意义上。"因此，"对于现代官僚而言，'规则的可预见性'具有至关重要的意义。现代文明的性质，尤其是它的政治—经济基础，要求这种结果的'可预见性'。完全发展的官僚机制是在'毫无偏见和偏好'的特殊意义上运转的。这种特殊性和对资本主义的适应性使得官僚的'非人格化'更充分地实现，这就是说，使得它在官方任务的执行中，更成功地排除那些纯粹个人的感情成分，如喜爱憎恶等不可预见的非理性因素"①。

与之相应地，把理性仅仅归结为或局限为科技理性和伦理理性，普遍地存在于自近代以来的理性观念中。例如，奥斯丁主张法是主权者的命令，凯尔森确定法律是一个规范体系，庞德的社会工程和社会利益分类理论，其实都是在解决法律的确定性和理性化问题。然而，由于人们看到的只是理性在现代性和西方法治社会形成中的巨大作用，对它的局限性却视而不见，因此在对理性的认识上存在着"盲视"。韦尔默曾经如是谈到"理性化的悖论"："生活世界的理性化原来是系统理性化和分化的前提和出发点，但随后，相对于生活世界的各种规范限制而言，系统理性化和分化取得了越来越自主的地位，直到最后，系统指令开始将生活世界工具化，使之面临毁灭的危险。"② 这种法律虽然实现了对人们的社会控制，但人们的生存困境和精神困境反而加剧了，从而导致了人类的存在焦虑。德国的思想家毕希纳如是感叹："人啊，自然一点吧！你本来是用灰尘、沙子和泥土制造出来的，你还想成为比灰尘、沙子和泥土更多的

---

① ［德］马克斯·韦伯：《论经济与社会中的法律》，第352页。

② ［德］伯恩斯坦：《哈贝马斯与现代性》，麻省理工学院出版社，1985年，第56页。

东西吗?"① 莫兰在《或然性或偶然性》中已经意识到这种代价。他说,人类必须从他的美梦中醒来,意识到他的彻底的孤独和根本的寂寞。现在至少他意识到了,他像一个麻风病人一样生活在一个荒凉的世界上。这个世界听不懂他的音乐,也不关心他的希望、痛苦或罪恶。因此,在法美学的视界中,法律的"总体性危机"体现在三个方面:

(一)从科技理性出发的法律科学化倾向

在科学力量的作用下,中世纪的思想牢笼被打破了,法学上层建筑也开始建立在一种坚实的基础之上,"真"战胜了"假"。蔡元培描述说:"夫宗教之为物,在彼欧西各国,已为过去问题。盖宗教之内容,现皆经学者以科学的研究解决之矣。吾人游历欧洲,虽见教堂棋布,一般人民亦多入堂礼拜,此则一种历史上之习惯。"② 在他看来,"此知识作用离宗教而独立之证也"。如果说达尔文的进化论破除了"上帝造人"说,那么哥白尼的"日心说"则从根本上瓦解了"神的世界",物理学和化学的发展更证明了是一种物质存在。从哥白尼经伽利略一直到牛顿,自然科学家把太阳系里的自然秩序搞得井井有条,从而向世界宣布世界不是由什么上帝创造的,而是客观存在的,它有着自身的运行规律。哲学家洛克是牛顿的莫逆之交,他受牛顿自然科学的影响提出一个问题,为什么自然界如此有规律有秩序,而人类社会却如此混乱?他经过研究认为,人类社会的中心是人不是神,人的利益是治理社会的基础。正如哥白尼把"地心说"颠倒过来建立了"日心说",把上帝赶出了自然界一样,洛克把"君本位"观念逆转过来创立了现代文化的价值观,把上帝赶出了人的政治社会,使上帝只存在于宗教之中。亚当·斯密也不甘落后,他的"看不见的手",即"让每个人都为自己的利益生产和消费,经济就会井井有条"的观念,其实讲的就是"市场机制"。正如经济学家沙弥逊所言:"亚当·斯密的伟大贡献在于,他就像牛顿抓住了天空中的自然秩序一样,抓住了经济社会中的自然规

---

① 刘小枫:《沉重的肉身》,华夏出版社,2004年,第35页。

② 雷欣:《北大演讲百年精华》,中国档案出版社,2002年。

律——市场机制。"如果说 17 世纪的洛克发现了政治生活中以人为中心的规律,那么 18 世纪的亚当·斯密则发现了经济生活中的规律。

马克思曾经对"法之真"做出过精辟的概括,他说:"立法者应该把自己看作一个自然科学家。他不是在制造法律,不是在发明法律,而仅仅是在表述法律,他把精神关系的内在规律表现在法律之中。"① 中国传统文化也意识到了"法"与"真"的一致性,庄子就主张"法天贵真"。"真"使法学得以建立在科学的基础之上,这是"真"的一大历史贡献。在近代法律思想史上,孟德斯鸠的《论法的精神》和黑格尔的《法哲学原理》,对法之"真"即法之"合规律性"的研究曾经做出过杰出的贡献。《论法的精神》指出,"法是由事物的性质产生出来的必然关系"。黑格尔对法的运行规律进行了独到的研究,但它把这种规律性归结为"客观精神",从而使人无法真正了解法的规律。在科学主义者眼中,科学是无往不胜的,科学也是没有疆域的。卡尔纳普的"豪言壮语"听起来像是说"大话",尽管"生活的全部领域尚有许多层面落在科学之外……(但)科学向这些层面的挺进不会遇见任何障碍。……当我们说科学知识是无限的时候,我们意指原则上不存在科学所回答不了的问题"。冯·米斯也说:"没有科学研究之光照耀不到的地方,没有科学所永远不可解释的领域。"② 虽然科学在发展的早期对人类和人的本性是一种解放的力量,但是,当它沦为"科学主义"时,当它越过其合理的边界而进一步泛化时,随着科技理性被强调到不适当的地步,它则成为对人类和人的本性的一种奴役力量。对此,马克思指出,科学并不是万能的。在资本主义生产方式和条件下,科学是"与劳动相对立的、服务于资本的独立力量"。而霍克海默则认识到,"科学的成果,至少在部分上可以有助于工业生产,然而,当面临作为一个整体的社会

---

① 中共中央马克思恩格斯列宁斯大林著作编译局:《马克思恩格斯全集》第 1 卷,人民出版社,1979 年,第 183 页。

② 卢风:《人类的家园》,湖南大学出版社,1996 年,第 162 页。

进程的问题时,科学却逃避着它的责任"①。马尔库塞更进一步指出:"技术持续不断进步的动态充斥着政治内容,技术理性被转变为奴隶理性而持续下来。技术的解放力量—事物的工具化—成为解放的桎梏,这就是人的工具化。"② 海德格尔更是挺身而出,指责技术理性使人类丧失了"诗意地栖居"。由于"法之真"只是"完满的人性"结构——知、情、意中的一部分,所以它的边界条件是很明显的。波斯纳指出,"白人与非白人、男人和女人、健全人与残疾人、正常人与有智力障碍的人、完好的人与瘸腿的人、正常人与越轨者,甚至大人和小孩,这样一些两元对立的分类法,不论它们在整理我们的混乱知觉上多么有用,但它们在架构知觉的同时也在限制知觉"③。斯蒂芬也看到了"工具理性"的普遍化有其"非德性"的一面,"有这样一个尽管无法界定却很真实的领域,在这个领域内,如果让法律和舆论侵入,会造成更大的伤害而不是带来好处"④。他还说:"有这样一种强烈的激情,人们感受到这种激情但不承认它很坏,并且它也不直接伤害他人,法律如果同这种激情直接竞争,一般说来这个法律会造成更多伤害而不是带来好处,并且这也许是为什么不可能直接针对贞节问题立法的主要原因。"⑤ 当然,这也是它的局限性所在,即是说,它一旦越过了科学的"楚河汉界"而沦为科学主义,它对法学的负面作用就开始暴露出来。

法学的科学化,在法学领域有着丰富的表现。分析法学、社会学法学反对超出经验的范围去寻求法律背后的终极原因和无形力量,主张将价值的研究排除出法学的研究领域。布莱克等人的行为法学则将法律现象还原为可观察的行

---

① [德] 哈贝马斯:《批判理论》,李小兵等译,重庆出版社,1989年,第3页。
② [美] 马尔库塞:《单面人》,左晓斯译,湖南人民出版社,1988年,第136页。
③ [美] 波斯纳:《道德和法律理论的疑问》,苏力译,中国政法大学出版社,2001年,第330~331页。
④ [美] 波斯纳:《道德和法律理论的疑问》,第310页。
⑤ [美] 波斯纳:《道德和法律理论的疑问》,第310页。

为,力图使法学研究能够像自然科学那样定量化、形式化。纯粹法学一门心思要建构"法律科学",其代表人物凯尔森指出,"只有把法的理论和正义哲学以至与社会学分开来,才有可能建立一门特定的法律科学"①。波斯纳更是坚定地宣告:"请不要指控我'唯科学主义',即认为,唯有科学知识才是有价值的知识,并因此唯有科学的理论才是引导知识获取的理论。"② 在波斯纳看来,"当对某个法律争议,法律实证主义无法得出令人满意的结论时,法律是应从哲学还是应从科学获得指导……回答是,'应从科学获取指导'"③。与实证主义法学一起,波斯纳坚定地走向了法学科学化的历程。美国大法官霍姆斯也是一个热衷于此道的人物,"作为一个哲学家和法律家,霍姆斯紧紧掌握着他的社会达尔文主义概念,极力从法律中消除道德上和情感上的一切理想主义痕迹。他认为,如果能剔除法律中有道德意义的每一个字,把对立法、先例和宪法规定等外在东西清除净尽,这将是一个进展"④。事实上,在利益法学、经济分析法学、实证主义法学甚至语义分析法学中,我们都可以看到科技理性的作用和影响。特别是在法律实证主义学派中,它在法律中把科技理性推演到了极限,其结果便是出现了法律的科学化倾向。像纯粹法学,简直是把法律简化成了"大鱼的骨头"。与之相应,法学的科学化使法学必然沦为对"规则"(规律)的研究,从而丧失了与人的生命存在的关联,造成法学的异化。因此,在整个法学史上,反对这种法律科学化的呼声也此起彼伏。因为以科学理性为出发点进行理论建构的结果,就是把法律简化成为一种"事实+规则=判决"的法律理论模式。博登海默指出:"我们不能将法律变成一个数学制度或一种故

---

① [美] 凯尔森:《法与国家的一般理论》,沈宗灵译,中国大百科全书出版社,1996年,第3页。
② [美] 波斯纳:《道德和法律理论的疑问》,第5页。
③ [美] 波斯纳:《道德和法律理论的疑问》序言,苏力译,中国政法大学出版社,2001年。
④ [美] 伯恩斯:《当代世界政治理论》,曾炳钧译,商务印书馆,1990年,第115页。

弄玄虚的逻辑体系。"① 马克斯·韦伯发现："在这种实证主义的教条中，社会科学被简单地当作是以自然科学的方法和假设研究人类存在的一种延伸。"②

（二）从伦理理性出发的法律伦理化倾向

对"法之真"的寻求，与对"法之善"的寻求是紧紧缠绕在一起的。康德有一句名言："有两种东西我们愈经常反复思想时，它们就给人灌注了时时更新、有加无已的惊赞和敬畏之情：头上的星空和内心的道德律。"无疑，关注"道德律"的伦理学是研究人之善恶问题的，它关注的是人的幸福，即与责任、义务相关的人的"意志"问题。

应当承认，人类及其文明的存在与发展，离不开道德的进步和成长，而道德的自然基础即我们通常所谓的"人性"。这种人性的自然道德，是人类生命在漫长的历史实践过程中通过自觉认同而培养出来的社会关系系统。这种自然道德是人生、宇宙充满和谐、自由、幸福的基础，一切道德都意味着合理义务或自觉的责任。但是历史的进步总是以牺牲这种自然道德和美好人性为代价的，因为文明的发展就必然伴随着私欲恶性膨胀、剥削和压迫、掠夺和战争等不道德手段，即"恶"往往成为历史前进的主要动力。西方社会的伦理学主张，其实体现的即是"善"与"恶"演进的内在张力与冲突。在西方社会，康德和黑格尔对"善"都有着深入的研究。康德关于伦理学的核心思想是实现"至善"，即以自由为核心的理性的自律。用他的话说，善不是一种"外在自由"，而是一种"内在自由"。黑格尔认为，法是发展到道德阶段中的一个中间环节，评判一种法是善还是恶，主要以其是否能遏制人的自然冲动和任性为标准。叔本华提出了一种"同情"伦理学，不过他承认"道德，鼓吹易，证明难"。尼采则反对上述"道德的偏见"，认为道德既不是先验的，也不是神性的，而是尘世的东西。与尼采相比，海德格尔更为关注人类的道德建设，他

---

① ［美］博登海默：《法理学：法律哲学与法律方法》，邓正来译，中国政法大学出版社，1999年，第242页。

② 朱红文：《人文精神与人文科学》，中共中央党校出版社，1994年，第141页。

的一生都在呼唤"良心"。到了阿多诺,他则看到了"良心"与"责任"平衡的两难,从而提出了一种"最低限度的道德"的主张,"我们可能不知道,什么是绝对的善,什么是绝对的规范,甚至不知道什么是人、人性和人道主义,但我们却非常清楚,什么是非人性的"。与之不同,波斯纳认为:"道德确实是一种社会控制制度,这一点无人怀疑,尽管我要论辩,道德对于行为的影响程度比道德学家认为的程度要小。"问题在于,"尽管道德所起的作用是制约我们的冲动,这并不必然就使道德成了一种理性"①。因此,他赞成关于道德的理论,而反对道德理论。在波斯纳看来:"在对性任其自由之态度或取女权主义意识形态的文化中,人工流产是道德的,但是在那些希望限制性自由、推动人口增长或推动生命神圣之宗教信仰的社会中,人工流产就不道德。这些文化在美国共存,并且各自的追随者没有足够的道德空间通过推理达成一致。"② 在上述意义上,"善"不仅不是一种人性的净化和升华,是一种"合目的性"的存在,相反却沦为一种限制、束缚和枷锁。

中国人则高度重视伦理生活,讲究"极高明而道中庸",正如冯友兰所言:"中国的儒家,并不注重为知识而求知识,主要的在求理想的生活。"③ 我们知道,中国传统道德把"善"往往视作治国安邦的首要价值选择,正像《大学》所言:"大学之道,在明明德,在亲民,在止于至善。"由于把"善"推演到极端,结果出现了"存天理灭人欲"的恶性"德性",就成为"不善"了。传统伦理文化认识到,真是善的基础,善必须以真为导向。《老子》说"知常(规律)曰明","不知常,妄作,凶",就是讲"真"是"善"的基石。但是中国传统伦理文化不能给现代法学提供一个完好的道德基础的原因在于,它虽然重视"人与人之间的关系",但仅限于"社会关系"中的"人际关系",完全忽略了"社会关系"中的"交换关系"特别是"生产关系",并且走到了

---

① [美]波斯纳:《道德和法律理论的疑问》,第4页。

② [美]波斯纳:《道德和法律理论的疑问》,第26页。

③ 冯友兰:《三松堂学术文集》,北京大学出版社,1984年,第497页。

"伦理主义"的极端。

在法学思想史上，自然法学派、社会法学派都是把伦理理性作为法学发展演进的逻辑起点加以推演的，其结果便是出现了法学的伦理化倾向，这与法学的科学化倾向一样也是对真正的法学存在的一种异化，是法美学所力图克服并加以超越的。波斯纳反对道德理论，而主张关于道德的理论，显然具有"法之美"的意味。"人类社会合作的最重要规则就体现在社会的道德法典中。要想让这些规则有效，就必须遵守规则。其中有许多规则都是自动执行的；如果你不同他人合作，他人也就不同你合作，因此你就会失去合作的收益。有些规则则由法律来执行。有些内在化了，成为义务，违反了就会产生我们称之为'内疚'的不快感。当完全没有制裁时，甚至连内疚都没有时（当违反了所在社会的道德法典某个具体规定时，也并非所有的人都会有内疚感），就很难理解一个人为什么会服从这样一个规则，除非是这与自利不矛盾；也就是说，不清楚这个非强制规则的动因"，问题在于，"这种感到内疚的能力，以及更为广泛的道德情感，都隐含了：并不存在一种独特的道德器官，而只有内化了的行为规则。这些规则常常没有道德或不道德的区分"[①]。波斯纳相信："道德法典也提供了把个人自利同体现在道德法典中的社会利益联系在一起的机制。与法律重叠的这部分道德法典由法律制裁来强制实行。其他部分则是自我执行的，也就是说，通过这一道德体系的其他参与者的报复威胁或撤出合作来强制执行。"但是道德理论则认为，"强制执行与道德无关，认为道德家必须做的一切事情就是说服人们什么是对的，服从就会接踵而至"[②]。"人工流产是否道德，你也并不必须了解任何关于家庭和性态的知识。这些问题可以作为一些两难并根据一些关于自主、责任、残酷、人性以及共同体联系这样一些非常一般的前提翻来覆去地争论。当这些问题在某个法律案件中出现时，也可以得到类似的抽象处理。但无须如此"。"这就是认为道德理论对法律毫无用处的一个理由，尽管

---

① ［美］波斯纳：《道德和法律理论的疑问》，第36页。
② ［美］波斯纳：《道德和法律理论的疑问》，第46页。

道德理论在其原来的领域还有某些对社会有用的价值"。① 无疑，在法学的视界中，法与道德的关联从来就没有斩断过。自然法学派、新自然法学派关于法与道德关系的见解表明，法美学必须以道德为基础而又超越道德。德沃金认为，"道德解读在智识和政治这两个层面上都名声不佳，它似乎混淆了法律和道德的截然区别，使法律沦为恰巧能左右法官的那些道德原则；它看来又令人憎恶地削弱了公众的至高无上的道德自主权"②。但是他认为，"道德解读对法律和政治更具有吸引力，以至于人们很难轻易放弃道德解读这一概念"③。道德和法律作为一种强制性力量，显然具有哈耶克所说的如下特点："当一个人被迫采取行动以服务于另一个人的意志，亦即实现他人的目的而不是自己目的时，便构成强制。"④ 那么，在法美学的视界中，道德与法的区别在哪里呢？我们认为，关键在于有无权力的介入。康德指出："一切立法都可以根据它的'动机原则'加以区别。那种使得一种行为成为义务，而这种义务同时又是动机的立法，便是伦理的立法；如果这种立法在其法规中没有包括动机的原则，因而允许另一种动机，但不是义务自身的观念，这种立法便是法律的立法。至于后一种立法……必须是强制性的，也就是不单纯地诱导的或规劝的模式。"⑤ 用韦伯的说法，权力是"一个人或一些人在某一社会行动中，甚至是在不顾其他参与这种行动的人进行抵抗情况下实现自己意志的可能性"⑥。在法美学看来，道德是"自律"，法律是"他律"，那些建立在"自律"基础上的"他律"，则具有审美性。在这个意义上，"法之美"是建立在"法之善"基础之上而又超越

---

① [美] 波斯纳：《道德和法律理论的疑问》，第 150 页。
② [德] 德沃金：《自由的法》，李常青译，上海人民出版社，2001 年，第 5 页。
③ [德] 德沃金：《自由的法》，第 4 页。
④ [英] 哈耶克：《自由秩序原理》，邓正来译，生活·读书·新知三联书店，1997 年，第 164 页。
⑤ [德] 康德：《法的形而上学原理》，沈叔平译，商务印书馆，1991 年，第 20 页。
⑥ [德] 马克斯·韦伯：《社会和经济组织理论》，自由出版社，1964 年，第 152 页。

"法之善"的。

(三) 从非理性出发的非法律化倾向

由于科技理性造成了法学的"现代性危机",因此对于法律科学中的理性主义倾向,后现代主义法学给予了毫不留情的批判。后现代主义是20世纪60年代左右产生于西方发达国家的一种泛文化思潮,涉及人文社会的诸多领域,它把对理性的解构推演到了极致。当代欧美国家业已出现的学术运动,如法律解释学、批判法学、系统论法学、制度法学、女权主义法学、生态法学、种族批判法学、法律与文学运动等,广义上都可归入后现代主义法学的行列。特别是女权主义法学、批判法学和批判种族理论等对现代法律展开了激烈的批判,整个法律领域烽烟四起。罗蒂认为,"康德把我们分成了两块,一块称为理性,我们的理性都是共同的,另一块(经验、情绪、欲望)是盲目、偶然、特异。但是我们应该认真对待这种可能性,即不存在什么被称为理性的东西"。福柯说:"自从18世纪以来,哲学和批判思想的核心曾经是,现在是,将来仍然是这个问题:我们所使用的理性是什么?它的局限在哪里?它的危险在哪里?"[①]后现代主义法学告诉我们要从重大的自相矛盾中去看世界,并引发"与理性之死亡相联系的现代主义情感——沉迷、反讽、消沉以及其他",从而把自己完全筑基于一种"非理性"的基础之上。在这个意义上,后现代主义法学不是试图拯救理性,而是试图摧毁理性。那种试图根据个人的理性来重建社会的欲求,"不仅要求他们自身成为理性者,而且还力图使所有人都成为理性者","正是对理性力量的高估,才导致人们反对服从抽象的规则",事实上,我们不能自欺欺人地认为"理性能够直接把握所有的特定细节","即我们还没有成熟到足以使自己时刻受到理性之严格戒律的制约,而且我们也时常会因一时的冲动而打破理性的约束"[②]。出于对现代主义法学中理性的反驳,后现代主义法学以非理性为自己的特征。正如哈贝马斯所言,后现代主义作为与现代性的告

---

① 信春鹰:《后现代法学:为法治探索未来》,《中国社会科学》2000年第5期。

② [英]哈耶克:《致命的自负》,冯克利等译,中国社会科学出版社,2000年,第38页。

别，必然表现为与合理性的决裂。利奥塔等后现代思想家也认为，后现代主义的出现与理性概念的主要转变相适应。有人甚至认为，理性的死亡是现代性终结的一个标志。非理性包括人的直觉、情感、意志、灵感、顿悟以及所谓高峰体验、潜能，是人身内自然的直接表达。与理性相比，非理性更接近人原始的本来的自我，是自我的无压抑状态。理性就是试图使非理性逻辑化，而非理性化恰恰是反逻辑化。应当承认，非理性对理性也有重要的辅助作用，如灵感、直觉、情感等，对理性的发展是不可缺少的。

从非理性出发，后现代主义法学认为，无论是自然法学、分析法学还是功利主义法学，都是现代法学。法治现代化的过程就是训练人们舍弃具体和个体的经验，接受一般规则，舍弃丰富多彩的人类生活，接受标准化的行为模式的过程。自然法学注重法律与理性、道德、正义以及其他抽象原则的关系，力图通过法律之外的因素说明法律的正当性。从后现代的视角来看，这是典型的本质主义和基础主义。自康德在本体和现象之间划出一条鸿沟之后，自然法学的实体本质论日渐受到挑战。在后现代主义法学看来，现代西方一些法学流派的误区是形而上学地看待了法律的本质，他们出于不同历史时期的需要，往往只强调法的内容、形式、价值等多本质联系的某个方面。如自然法学派片面强调法与一定社会意识和价值观的联系，提出法是体现永恒正义的理性；分析实证主义法学则抓住了法与国家权力的联系，专讲法的社会形式；社会法学派看到了法与社会生活的广泛联系，但同时又歪曲了社会关系的真实状况。在后现代法学看来，理性的个人作为自治的法律主体并不存在，权力则是现代人的陷阱。因为社会领域从来都不是封闭的和终极性的结构，社会现实是多元的、复杂的、开放的、偶然的、不稳定的，并由多种因素所决定，那种固定不变绝对形式统一的法本质更多是一种理论假设，而不是社会实在。同时，后现代法学否定现代法学对历史和法律发展规律的乐观描述，关注西方社会现代化以后的弊端，即"现代性后果"。他们认为，现代西方社会不是解放人的社会，而是压抑人的社会。这种压抑既是制度的，也是社会的。事实上，法律的普遍性理念掩盖了法律代表权力的本质。此时，法律的普遍性在后现代社会的多元化面前显得空泛和远离实际。其结果就是，二战以后，国内法与国际法、私法与公法、法律程序与非法律程序之间的界限日益模糊，法律多元化趋势日益明显。法律语言的游戏不断扩散，不再被视为公共的善、主权者意志或某种终极正义原则的体现。由此可见，以启蒙传统为代表的现代思想对人类的理性的能力估计过高，对人类前途的看法也过分乐观。后现代主义法学指出了启蒙理性的局限、真理的复杂多元性，它促使我们对于不同传统、信念、价值观和生活方式持更加宽容、更加开放的态度。

1. 后现代主义法学在"非理性"的基础上开始扩展自己的边界以加大自己的容纳力。波斯纳指出，"在所有人文学科都相当繁荣的女权主义，已经以女权主义法理学为大旗在法律学术界获得了一块日益扩展的地盘。女权主义对法律学术思考的影响不限于妇女的法律权利，它还包括了法律推理的性质，并有可能会把批判法学赶出学术舞台中心。由于凯瑟琳·麦金农以及其他女权主义者的努力，女权主义法理学已经对大学以外的世界产生一种冲击。例如，女权主义已经说服法官认可性骚扰是一种不法行为（是性别歧视的一种），并说服了立法机关认定婚内强奸是一种犯罪，并使得举证强奸变得更为容易了"①。"还有另外一个新学科，即黑人和族性研究，这是在一个特定群体的视角影响下形成的，这个群体的视角也被认为一直受到了常规科学的轻蔑。这个学科在法律上也有其分支，名字就叫批判种族理论。……男女同性恋的研究现在也正在出现。"② 同时，"使法律与文学的交互作用和相互重叠成了法律研究的又一个交叉学科领域"③。他总结说："在法律学术研究中，如同在任何其他地方一样，边界都正在磨损，结果是法律交叉研究的不同学科间的那些界限，诸如法律经济学以及法律与文学，都模糊了。"④

---

① ［美］波斯纳：《超越法律》，苏力译，中国政法大学出版社，2001年，第99页。
② ［美］波斯纳：《超越法律》，第59页。
③ ［美］波斯纳：《超越法律》，第100页。
④ ［美］波斯纳：《超越法律》，第540页。

2. 后现代主义法学也开始尝试以一种新的视角处理法学领域涌现的新问题。例如，在处理"人工流产"这样的边界问题上，人工流产这个行为是否"只关系自我"，现代法律理论的解释是无能为力的。但后现代主义法学认为，所谓人工流产，主要牵涉"生育自主权""妇女选择权"和"胎儿生命权"等问题。在波斯纳看来，"关于人工流产的争论，以及更大的关于妇女的性和生育自由的争论，都是在这一自由中有所失的妇女与有所得的妇女之间的争论的一个组成部分。妇女拥有的生育自主性和性自由越大，男子对婚姻就越少兴趣，因为对于一个男子来说，婚姻的主要收益之一就是保证亲权；男子一般说来并不希望赡养或关怀其他男子的孩子。因此，性自由伤害了那些更愿对家务有所专长而不是对市场生产有所专长的妇女，而那些更情愿在市场生产上有专长的妇女得到了好处，因为任何使她们可以更完全控制自己生育的东西都有助于她们，尽管她们也要为婚姻机遇的减少付出代价"①。但是，假如没有人工流产权，"妇女对性行为会更为小心，即在她不想要孩子时会不那么情愿性交，在选择性伴侣和性交时机上都更为挑剔并格外努力学习和恰当使用有效的避孕技术，而不是把她们排除在劳动力之外，减少她们受教育的机会，降低她们的收入，阻挠她们投票或是以其他方式剥夺性别平等的实质性内容和力量"②。因此，有学者声称，"人工流产是正当的，并且不限于诸如强奸或轮奸或胎儿严重畸形或母亲生命危险等极端情况下的人工流产"③。

再比如，焚烧美国国旗的权利，在宪法文本中我们都是看不到的，后现代法学站在"非理性"的立场上，对此也有独到的见解。"当火被用作抗议或示威的一个因素而不是用作废弃一件破衣服的手段或者引起了一场（字面含义的）大火的话，焚烧国旗不就是传达了一个信息吗？""也许如此，但这涉及到破坏财产，而这是不同的。""我们允许人们破坏他自己的财产，难道不允许

---

① [美] 波斯纳：《超越法律》，第 210~211 页。
② [美] 波斯纳：《超越法律》，第 219 页。
③ [美] 波斯纳：《超越法律》，第 210~211 页。

吗？为了示威目的而焚烧国旗甚至不是随意破坏。事实上，这是一种消费，就像破坏一片森林来生产《纽约时报周末版》一样。"后现代法学在看待所谓的安乐死、同性恋、色情出版物、卖淫、艾滋病、毒品、克隆人等问题上，也是如出一辙。

法美学认为，法学追求"非理性"虽然不无道理，但从总体上说这一指向发展下去却是十分危险的。可以说，后现代主义在法学之"得"表现为纠正启蒙理性的狂妄自大、傲慢和偏见，其"失"则有"矫枉过正"之弊。信春鹰曾经站在理性法学的立场上指出："'后现代'代表一种游移不定的态度，它无深度、无中心、无神圣。而法学是严肃的，它有自己固定不变的基础和信条，如果它们被动摇了，'后现代法学'还是法学吗？"应当承认，后现代法学对待新的法律实践的"非理性"立场，确实给我们以"面目一新"的新奇，但也给我们"面目全非"的"非法律"感觉。波斯纳发现，"传统的法律学者也越来越无法回答有关法律的最急迫的问题。在一个社会急剧变化的时代，全面的质疑有时变得甚至比教义式质疑更有意思、更为紧迫"[①]。无疑，后现代主义法学的"非理性"立场，决定了它最终无力解决法律发展的"进路"问题。

总之，我们认为，所谓现代化，归根结底是人之为人的人的自主、自觉、自决选择，安排自己幸福生活模式和生活样式的现代变迁过程。但是，在传统发展观的指导下，整个法律现代化的过程其实就是"法律帝国主义"的形成过程，也是法学"自我迷失"的过程。正如德国诗人荷尔德林所言："常常使一个国家变成地狱的，恰恰是试图把国家变成天堂的东西。"[②] 理性借着文艺复兴"人的发现"及随之而来的科学精神、工业文明而得到了极度的发展，从而膨胀为科技理性，进而导致了人类生存环境和个人生活世界的严重危机——人的异化及奴役，人失去了自己的精神家园。庞德指出，"19世纪所有的法学学派都受制于这样一种批判，即这些法学派都努力只根据法律本身且只从法律本身

---

① ［美］波斯纳：《超越法律》，第102页。

② 舒国滢：《在法律的边缘》，中国法制出版社，2000年，第26页。

的方面出发建构一种法律科学。这特别适用于那些根据特定时空的法律对这种法律本身进行批判的分析法学派和历史法学派"①。经过几百年来的理性生活,人们突然发现失去了自己的本真。加谬说:"这是一个完全陌生的世界。"卡夫卡说:"无路可走。"海德格尔说:"无家可归成为世界命运。"传统法律体系在现代社会的局限性,正如尼葛洛·庞蒂所形容的那样,"我觉得我们的法律就仿佛在甲板上吧嗒吧嗒挣扎的鱼一样。这些垂死的鱼拼命喘着气,因为数字世界是个截然不同的地方。大多数的法律都是为了原子世界而不是比特的世界而制定的"②。显然,这样一种法律体系不仅不适应"比特的世界",更不适应"人的世界"。尼采惊呼"上帝死了",马里旦则指喻为"文明的黄昏"。不难想象,"倘若事情长此以往……世界似乎将会成为只能是野兽或神居住的地方"③。弗洛姆非常深刻地指出:"19世纪的问题是上帝死了,20世纪的问题是人死了。在19世纪,无人性意味着残忍;在20世纪则意味着精神分裂般的自我异化。"④ 马克思更为深刻地认识到,"不仅特殊的部分劳动被分配在不同个人之间;个人自己现在也被分割转化成了某种部分劳动的自动机器"⑤。"在资产阶级社会里,资本具有独立性和个性,而活动着的个人却没有独立性和个性。"⑥ 在这里"人死了",就意味着人的理想的破灭,心灵的太阳陨落了,道德的高原下陷了,感情之树枯萎了。无疑,现代人在精神深处开始"杞人忧天":人的生命和精神的一切价值一向所依赖着的法律下的生活并在其中得到幸福的理念和旨趣已经成为可疑的了。

阿贝尔一针见血地指出,"法律社会研究在其发展中已经达到了一个关键

---

① [英]韦恩·莫里森:《法理学》,李桂林等译,武汉大学出版社,2003年,第91页。
② 胡泳等:《网络为王》,海南出版社,1997年,第9页。
③ 万俊人:《现代西方伦理学史》下卷,北京大学出版社,1992年,第45~46页。
④ [美]弗洛姆:《健全的社会》,中国文联出版公司,1988年,第370页。
⑤ 马克思:《资本论》第1卷,人民出版社,1975年,第384页。
⑥ 《马克思恩格斯选集》第1卷,人民出版社,1995年,第266页。

点。原有的范式已经穷尽,学界将注定转动它的车轮,增加其所接受的真理的精确性,在无法解决的争论中重复习惯的观点,直到构建出新的范式"①。既然传统的理论范式和发展观无力解决法学的"总体性危机",也无力引领法学步入更高的境界,这就迫切地需要我们在科学发展观的指导下进行理论创新,通过构建在"以人为本"基础上的法美学,从而为中国社会提供法理依据,为现代人提供一种可能的法律生活。

三、法美学与法律的可能生活

奥科塔威·帕斯说得好:"一个社会每当发现自己处于危机之中,就会本能地转眼回顾它的起源并从那里寻找症结。"既然科技理性、伦理理性和非理性难以解决法美学的理论基础问题,那么,从生命美学的立场出发,我们认为,只有选择人文理性作为理论公设和逻辑起点,才能够重建人、法之间的审美关系,实现在人、法关系上的"以人为本"。

威廉·詹姆士指出:"地球上一切生物中只有人能够改变其生活方式,只有人是自己命运的设计者。"② 罗素则说:"社会制度对于每个人所能做的最重要的事情,就是使他自己的生长又自由又有劲:它们不能强迫他按照别人的模型而生。""人,像树一样,为了生长,需要适合的土壤和不受压迫的足够的自由。"③ 叔本华说:"生活是一件悲惨的事情,我将用一生来思考它。"可以说,从叔本华开始,理论思考的出发点已经不是理性、知识,而是个体生命存在本身了。歌德终其一生思考的问题是:浮士德如何得救?在寻找"美的瞬间"中由"光明的圣母"指引方向,或许就是他的答案。而陀思妥耶夫斯基终其一生思考的问题则是:如果上帝不存在,我将如何活下去?还有尼采,他终其一生思考的问题是:当我们通过无际的虚无时不会迷失吗?他们的最终选择是生命

---

① 朱景文:《当代西方后现代法学》,法律出版社,2002年,第91页。
② [美] 戈布尔:《第三思潮:马斯洛心理学》,上海译文出版社,1987年,第171页。
③ [英] 罗素:《社会改造原理》,张师竹译,上海人民出版社,2001年,第17~18页。

活动只有通过审美活动才能够得到显现、敞开，而审美活动也只有作为生命活动的对应才有意义。于是生命是"断片"（席勒）、"痛苦"（叔本华）、"颓废"（尼采）、"焦虑"（弗洛伊德）、"烦"（海德格尔），而归宿却是"游戏"（席勒）、"静观"（叔本华）、"沉醉"（尼采）、"升华"（弗洛伊德）、"回忆"（海德格尔）、"歌即生存"（荷尔德林）。虽然理念、实体、逻各斯、必然、因果、时空等范畴被生命、意志、酒神精神、悲剧感、厌烦、荒谬、恐惧等范畴取而代之，但人是什么？生命是什么？人和制度，特别是人和法之间的关系如何？这些曾经有过明确答案的问题在今天又变得无解。正如海德格尔所言："没有任何时代像今天这样，关于人有这样多的并且如此杂乱的知识。没有任何时代像今天这样，使关于人的知识以一种如此透明和引人入胜的方式得到了表达。从来没有任何时代像今天这样有能力将这种知识如此迅速而又轻易地提供出来。但也没有任何时代像今天这样对于人是什么知道得更少。没有任何时代像当代那样使人如此地成了问题。"① 这就迫切地需要我们进行理论创新，找回法律的人学基础和人文理性根基。

在法美学看来，法律作为人的一种存在方式和生存样态，之所以成为人们优先性或至上性的选择，无非是因为从一开始法律就记载和反映了人的自我意识的萌动，见证了人对自我价值和生命意义的探寻和追求，是一种人文理性。法美学认为，正是人文理性为人类照亮了一条寻求生活价值和意义的光明大道，它对人类自身生存和发展表达了极大关怀和亲切。正如一些学者所论："法律人道主义把人设定为法律的作者和终结者，法律人道主义发展的最高峰是人权思想。"② 虽然科技理性和伦理理性曾经湮没了法律思维，但人文理性始终顽强地存在着，并终于在当代成为法美学选择的理论公设和逻辑起点。

（一）法美学是在对理性万能的质疑中起步的

应当承认，理性，特别是工具理性，其局限性是在法学膨胀为"法律帝

---

① ［德］海德格尔：《海德格尔选集》，生活·读书·新知三联书店，1996年，第101页。

② ［美］科斯塔斯·杜兹纳：《人权的终结》，江苏人民出版社，2002年，第257页。

国"之后才为人们所认知的。笛卡儿,这位以理性为人类存在的唯一确证的哲学家在私下里对于理性的普遍性并没有信心。他在一封私人信件中说道:"老实说,凭天然的理性,我们便可对于灵魂作出百般的推测,以为头头是道,而实际上却没有任何把握。"① 从休谟开始,人们就对理性表示出怀疑,理性的分裂已然成为一种事实。18世纪,休谟提出一个著名的命题,即"是"与"应该是"之间不可通约,并由此引发了一场革命。在休谟看来,"人类理性或研究的全部对象,可以自然地分为两类,即观念的关系和实际的事情"②。罗素后来对此评价说:"整个19世纪内以及20世纪到此为止的非理性的发展,是休谟破坏经验主义的当然后果。"③ 康德是从休谟"独断论的睡梦"中惊醒的,他把理性分为纯粹理性和实践理性两部分,前者面对的是自然,后者面对的是自由。他的"纯粹理性批判"讨论的是理性如何为自然立法,"实践理性批判"研究的则是理性如何为自由立法。康德认识到,"物自体"与其说是人类理性认识的对象,不如说是非理性信仰的对象。他说:"我们不可能对作为物自体的对象有任何知识,而只可能有关于感性直观及现象的知识。"④ 如是,"在20世纪最后这个时期,当西方不再像从前那样确信自己的法律传统的时候,回顾这种传统最初所替换的东西就尤为重要"⑤。弗洛伊德也认识到,"精神分析有两个信条最足以触怒人类:其一和他们的理性成见相反;其二和他们的道德的或美育的成见相冲突。……所以要打破他们,确是难事"⑥。韦伯用合理性的概念指称西方近代法律体系的本质特点,应当说切中肯綮。他对西方社会法律制度的批判虽然不如马克思尖锐,但是他提出的形式合理性法律与实质

---

① [法] 伏尔泰:《哲学辞典》(上),王燕生译,商务印书馆,1995年,第41页。
② [英] 休谟:《人类理智研究》,吕大吉译,商务印书馆,1999年,第19页。
③ [英] 罗素:《西方哲学史》(下),马元德译,商务印书馆,1982年,第211页。
④ [德] 康德:《纯粹理性批判》,蓝公武译,商务印书馆,1982年,第17页。
⑤ [美] 伯尔曼:《法律与革命》,贺卫方等译,中国大百科全书出版社,1993年,第59页。
⑥ [奥] 弗洛伊德:《精神分析引论》,商务印书馆,1984年,第8页。

合理性法律、工具合理性法律与价值合理性法律之间的内在矛盾,却是很有批判深度的。韦伯将法律理性视作四种类型,包括形式非理性、实质非理性、形式理性和实质理性。而形式理性作为一种程序理性,其实就是工具理性。韦伯发现,工具理性的强势发展必然会造成价值理性(自然理性、伦理理性等)的弱化。因为此时,"一切都必须在理性的法庭面前为自己的存在作辩护或者放弃自己存在的权利"①,其结果就使理性在生成工业文明的同时,也生产着"单向度的人"。哈耶克明确表示反对理性的至高无上。在他看来,这不过是人类一种"致命的自负",因为人的理性是有限的,人在很多问题上是"无知"的。根据哈耶克的观点,"由于理性在笛卡儿那里被界定为根据明确的前提所作的逻辑演绎,所以理性的行动也就仅仅指那些完全由已知且可证明为真的东西所决定的行动","根据这种立场,人仅凭理性,就能够重构社会"②。哈耶克认识到,"笛卡儿意义上的那种完全的行动理性,要求行动者对所有相关的事实拥有完全的知识",但事实上"每个人对于大多数决定着各个社会成员的行动的特定事实,都处于一种必然的无从救济的无知状态之中"。其核心问题是:"我们没有能力把深嵌于社会秩序之中的所有资料或数据都收集起来,并把它们拼凑成一个可探知的整体。"③ 可以说,哈耶克把进化论理性主义和建构论理性主义加以区分,揭示了建构论理性主义的先天局限。继韦伯把理性区分为工具理性和价值理性两类后,哈贝马斯则在工具理性和价值理性的基础上加入了"沟通理性"。哈贝马斯深刻地认识到这种工具理性发展的危险,"资本主义现代化所遵循的模式,是一种使认识工具的合理性,越过经济和国家领域,而渗入其他交往结构的生活领域,并在这里靠牺牲道德实践和美学实践的合理性,而占据优先地位的模式。因此……在生活世界象征性的再生产中就发

---

① 《马克思恩格斯全集》第20卷,人民出版社,1957年,第19页。

② [英]哈耶克:《法律、立法与自由》,邓正来译,中国大百科全书出版社,2000年,第5页。

③ [英]哈耶克:《法律、立法与自由》,第8~12页。

生了故障"①。

(二) 法美学是在人的生命存在这一生命美学的基点上生长的

应当说,从 19 世纪开始,叔本华对意志的肯定,尼采所谓"追求系统化的愿望是不忠实的表现",已经体现出现代人对工具理性的怀疑。在此基础上,人们反思理性,并认识到科技理性这一现代理性的相对性和局限性,认为情感、直觉、意志乃至无意识都具有理性所不可代替的价值。从柏格森到胡塞尔、海德格尔、萨特、弗洛伊德,再到福柯,从乔伊斯到普鲁斯特,都反对纯粹理性、科技理性和伦理理性,而主张一种法美学意义上的人文理性。韦伯如是说:"理性的使命之一,就是要确定理性控制的范围或限度,或者是要确定理性应当在多大程度上依赖于它所不能完全控制的其他力量。"② 因为,"人们常常把那种由我们并不意识的规则所指导的行动视作'本能的'或'直觉的'行动"③。事实上,"我们对调整我们行动的许多规则所具有的那种意识不及的特性的强调,乃是与那种有关无意识的或潜意识的心智的观念勾连在一起的,而这一观念则是精神分析或'深度心理学'理论的基础"④。"无意识的心智与有意识的心智之间的区别仅仅在于前者是无意识的,而在所有的其他方面,无意识的心智则与有意识的心智一样,也以理性的和追求目的的方式运作着"。因此,问题在于,"对理性力量的高估,会经由人们幻想的破灭而导使他们对抽象理性的指导做用作出强烈的反抗,进而导致他们对特定意志的力量给予盲目的吹捧"⑤。哈耶克则说:"这种特殊形式的理性主义一直是我过去 60 年来

---

① [德] 哈贝马斯:《交往行动理论》第 2 卷,洪佩郁等译,重庆出版社,1994 年,第 397 页。

② [英] 哈耶克:《法律、立法与自由》,邓正来译,中国大百科全书出版社,2000 年,第 32 页。

③ [英] 哈耶克:《法律、立法与自由》,第 35 页。

④ [英] 哈耶克:《法律、立法与自由》,第 36 页。

⑤ [英] 哈耶克:《法律、立法与自由》,第 36 页。

从事研究的出发点。我在这些研究中力求证明，它是病态思维的产物，是一种滥用理性的错误的科学学说和理性学说，最为重要的是，它不可避免地导致对人类各种制度的性质和发生做出错误的解释。"① 在他看来，"更为偏爱这种相沿成习的理性传统而不是理性的真实物，会使知识分子无视理性在理论中的局限性"②，即是说，如果法律没有了人文主义立场，失去了审美的情趣和意境，那么法律将最终沦为纯粹的技术性统治工具，将陷入实用主义和功利主义的泥潭，从而使法律庸俗化。乌尔比安以艺术界定法律，其实体现出来的就是一种浓重的人文主义情怀。

（三）法美学是围绕着现代人文理性而构建的

现代人文理性是其基石范畴。人文理性曾经是古典自然法确立的根据。霍尔巴赫指出，"自然法永远引人为善"。"凡是理性示意于我们的一切都可以叫做自然法，因为它们的基础就建立在我们的本性之中。"③ 在梅因看来，"如果自然法没有成为古代世界中的一种普遍的信念，这就很难说思想的历史，因此也就是人类的历史会朝着哪一个方向发展了"④，"因为它能使人在想象中出现一个完美法律的典型，它并且能够鼓舞起一种无限地接近于它的希望"⑤。不过，我们要特别强调指出的是，法美学中的现代人文理性与自然法中的人文理性是有显著区别的。正如康德所言，"人类理性非常爱好建设"，"（它）不止一次把一座塔建成后又拆掉，以便察看地基的情况如何"⑥。法美学中的现代人文理性与文艺复兴时期的人文理性相接，而又具有新的时代内涵，与科学发展

---

① ［英］哈耶克：《致命的自负》，冯克利等译，中国社会科学出版社，2000年，第51~52页。
② ［英］哈耶克：《致命的自负》，第58~59页。
③ ［法］霍尔巴赫：《自然政治论》，陈先太等译，商务印书馆，1994年，第2页。
④ ［英］梅因：《古代法》，沈景一译，商务印书馆，1959年，第43页。
⑤ ［英］梅因：《古代法》，第53页。
⑥ ［德］康德：《未来形而上学导论》，商务印书馆，1982年，第4页。

观、以人为本、社会主义荣辱观、可持续发展、和谐社会等相一致,体现出与传统理性不同的新质。作为法美学的基石范畴,现代人文理性具有如下特征:

1. 体现了科技理性和伦理理性的有机统一

科技理性曾经是西方社会反封建的锐利武器,也是西方法律制度反封建精神气质的内在依据。但是这种理性在20世纪西方社会正面临着被审判的处境,其内在缺陷与不足已经被普遍承认。在哈耶克看来,社会学把现代社会视为一个理性的社会,将现时代视为一个理性的时代。理性虽然是现代性的核心概念,但也是一个"虚妄性"的概念。在他看来,实证主义法学与功利主义法学都是错误的,"它们之所以是谬误的,倒不是因为他们赖以为基础的各种价值,而是因为他们误解了使'大社会'和文明成为可能的那种力量"①。哈贝马斯则说,如果科学技术是唯一的知识形式,那就意味着工具合理性是唯一的理性形式。但实际的生活世界存在着多种知识类型,也就存在着多种理性形式。他提出的沟通理性,显然是解决现代性问题的一个重要突破。因为对于哈贝马斯来说,社会生活的全面工具理性化是社会危机的重要原因。显然,哈贝马斯和韦伯一样,对工具理性主导的历史前景持悲观态度,不同的是,韦伯看不到也不承认在理性化背景下人类的解放前景,而哈贝马斯则希望通过批判的武器,赋予理性以新的含义,从而达到人类解放的目的。哈贝马斯研究合理性的目的,就是试图从"主体之间"出发通过"沟通理性"重建现代性。他说:"我想通过这个论证提纲表明,如果我们想正确地重新解决韦伯以来社会学专业探讨所提出的关于社会合理化极为紧迫的难题,就需要制定出一个交往行动的理论。"② 伦理理性在中华法系和西方的自然法学、新自然主义法学中占有重要位置。黄仁宇明确指出:"中国两千年来,以道德代替法制,至明代而极,这就

---

① [英]哈耶克:《法律、立法与自由》,第9页。
② [德]哈贝马斯:《交往行动理论》第2卷,洪佩郁等译,重庆出版社,1994年,第21页。

是一切问题的症结。"① 如果说法律伦理学的合理性因"存天理灭人欲"而丧失殆尽，那么法律科学的合理性则因造成无数的"单面人"而陷入危机。对此，法美学必须正视科技理性所带来的问题和中国传统法学中伦理理性的局限性，努力以人文理性或审美理性为基础，使法本身少一些权力层面上的强制性的约束，而多一些文化层面上的认同和共识，建立起一个能够对中国人的生存价值更具包容性的文化意义上的现代人文理性概念。如果说法律科学关注的是"权利和自由被侵犯了，我能做些什么？"那么，法美学的回答则是"到底什么是我们可能的生活？"正像德国法学家拉德布鲁赫所说的，在法美学的视界中，"法律制度所考虑的，不是要人们都像哨兵一样时时刻刻目不转睛，而是要他们偶尔也能够无忧无虑地抬头观瞧灿烂的星光、盛开的花木和生存的必要及美感"②。在这个意义上，体现科技理性和伦理理性统一的人文理性，其实就是法美学学科建设新的阿基米德点。

2. 体现了合规律性与合目的性的统一

科技理性和伦理理性在真和善两个方面将宗教赶下圣坛，但并不能够避免其自身的局限性和非完满性，从而也决定了现代法学存在的不合理的一面。传统科学往往以真理的面目出现，将一切具象规范为理性形式，将规律性与目的性等同，从而陷入科技理性的泥淖之中。这种科学的思维方式与宗教是没有多少区别的，只不过一个演绎出客观规律，一个推导出上帝。于是规律对人性的压抑并不比上帝对人的处罚更温柔，人对规律的膜拜也并不比过去对上帝的膜拜逊色。而伦理理性的极限在于"存天理灭人欲"，由于跨越了"合目的性"的界限，则直接取消了伦理学的正当性。于是，蔡元培在1917年提出以"美育代宗教说"，力图以美学来克服从宗教中独立出来的科学、伦理学的局限性，以人文理性来超越科技理性、伦理理性。在他看来，"知识、意志两作用，既皆脱离宗教以外，于是宗教所最有密切关系者，惟有情感作用，即所谓美感"。

---

① 黄仁宇：《万历十五年》，生活·读书·新知三联书店，1997年，第3~4页。
② 舒国滢：《在法律的边缘》，中国法制出版社，2000年，第173~174页。

"纯粹之美育，所以陶养吾人之感情，使有高尚纯洁之习惯，而使人我之见、利己损人之思念，以渐消沮者也。盖以美为普遍性，决无人我差别之见能参入其中。"①

因此，如果说科技理性体现了"合规律性"，伦理理性体现了"合目的性"，那么人文理性则体现了"合规律性"与"合目的性"的统一。如果说科技理性是"我思故我在"，伦理理性是"我欲故我在"，那么法美学作为对人文理性的探讨，则集中表现在马克思那句"人也按照美的规律来塑造"的真理性表述中。亚里士多德说得好："人类在历史过程中自有许多机会——实际可说是无数的机会——再创始各种制度。我们有充分的理由可以设想，'需要'本身就是各种迫切的发明的教师；而人类社会既因这些发明具备了日常生活的基础，跟着也自然会继续努力创造许多事物来装点生活，使它臻于优雅。这个普遍原则，我们认为对于政治制度以及其他各个方面应该一律适用。"②

3. 体现了理性和非理性的统一

如果说现代主义法学理论的核心是理性，那么后现代主义法学的理论核心则是非理性。对于法美学来说，如何正确处理理性和非理性的关系，是一个严峻的挑战。一方面，它反对理性主义一味排斥本能，因为片面强调理性对本能的克制、超越，实质上是对本能的僭越。另一方面，它还反对非理性主义一味强调本能。轻视理性对本能实现的积极作用，必然导致放纵情欲或恢复自然的还原主义倾向。法美学则致力于实现二者之间的张力和均衡。一位实证主义法学家这样说："我们绝不可以去规则中寻求理性的力量，因为这些规则本是理性对我们的想象力发出的指令。因此，我们必须去那种可以把我们从任何经由经验和传统而束缚我们的规则中解放出来的能力当中探寻理性的力量。"③伏尔泰则十分激烈地主张："如果你想要好的法律，那么就烧掉你现有的法律，并

---

① 雷欣：《北大演讲百年精华》，中国档案出版社，2002年，第117页。
② ［古希腊］亚里士多德：《政治学》，吴寿彭译，商务印书馆，第371～372页。
③ ［英］哈耶克：《法律、立法与自由》，第28页。

去制定新的法律。"休谟也看到"道德规则不是我们的理性得出的结论"。这其实都是对法律中人文理性的体认和召唤。正如哈耶克所言:"还必须建立新的理性主义语言和法律,因为出于同样的原因,现有的语言和法律,也不能符合这些要求。"①贝勒斯则说:"一个人可能怀疑这种证成对于理性人的适当性。毕竟没有任何现实的人是充分有理性的。我们中的任何一个都有某些非理性的愿望,并且偶尔作出愚蠢之举。所以,一个对理性人的证成为何应当对充其量是理性的现实人也是相关的?对这个问题有三种回答:第一,当普通人为行为和原则证成的时候,他们正试图去决定理性的东西是什么,一个充分理性的人将要求、接受或从事什么。如果这些证成被显现是依据虚假的信息,包括无效的推理,或者是依据非理性的愿望作出的,那么,普通人将认为它们是不合理的。第二,为一个社会选择法律原则的理性人或许承认普通人并不是全然理性的。他们可能忽略非理性的愿望,虽然可能比理性人更不关心实现这些愿望。其实,把自由作为一种价值,部分地是考虑了非理性的愿望和以此为基础的行为。第三,以上假定的理性的愿望是几乎每个人的兴趣,并且标识与实现这些愿望相关的理性的法律原则。"②所以,"内在限制使一个人不能作出理性的选择。因而,精神病或醉酒状会使一个人不能作出理性的选择。有些因素介于外在限制和内在限制之间。例如,无知使得一个人不能作出理性的选择。如果一个人的无知归因于另一个人的故意的误导陈述,那么这种限制就可以归类于外在的限制。如果它是由于某个人自己不能获得信息,即可归类于内在限制——自己缺乏努力的结果"③。

显然,从胡塞尔、海德格尔、萨特、克尔凯廓尔、雅斯贝尔斯到福柯,他们都在从事理性的拆解工作,并试图重新解释理性,赋予理性以新的生命。柏格森则用直觉来取代理性,他把直觉界定为一种理智的体验,人们置身于对象

---

① [英]哈耶克:《致命的自负》,冯克利等译,中国社会科学出版社,2000年,第74页。
② [英]哈耶克:《致命的自负》,第6页。
③ [英]哈耶克:《致命的自负》,第10页。

之内，以便与其中独特的，从而是无法表述的东西相符合。克尔凯廓尔把情感当作个人把握自己存在境况的认识方式，赋予情感以方法论的意义。在他看来，只有融于生活的情感体验才是正确理解对象和自我的唯一途径。海德格尔也说，人是用整个身心、整个存在而不是单用他的反思来理解他自己的。福柯指出，"理性战胜非理性的过程一度只靠物质力量，并以某种真正的冲突来得到保证。而现在，这种冲突总是事先就定局了，在具体情况下，当癫狂病人和有理性的人相遇时，非理性的失败也早已不言而喻"[1]。哈耶克提出的进化论理性主义也认为，人的理性是有限的，人的理性永远也不能达到凌驾于社会之上审视社会、评价社会的地位。因此，寻求理性的恰当界限本身就是对理性的运用，目的是防止滥用理性、摧毁理性。因此，支撑法律的不仅有理性，还有非理性。正如伯尔曼所言，"法律主要被想象为是对人们无意识心理的表达，是他们'共同良心'的产物，而不被想象为是对有意识的理性或意志的深思熟虑的表达。在这方面，法律同艺术、神话和语言本身没有两样"[2]。此时，"权利和义务不是受法律规定条文的约束，而是对共同体的价值的反映。这种共同体的价值是一种活的法律，用弗里茨·克恩的话说，它是'从潜意识的创造之井中涌出的'一股泉水"[3]。因为"理性不可以从信仰中分离出来——二者中并非一个是另一个的奴仆，而是不可分离的"[4]。然而"一旦可以为着分析的目的将理性从信仰中分离出来，那么为了其他目的而分离二者的尝试也就开始了。最后，理性能够自主地发挥功能被人们视为当然"[5]。但是，在伯尔曼看来，法律"运动的每个阶段都不仅仅是理性的产物，而是理性的与信仰的、科

---

[1] 王治河：《扑朔迷离的游戏——后现代哲学思潮研究》，社会科学文献出版社，1993年，第111页。

[2] ［美］伯尔曼：《法律与革命》，第82页。

[3] ［美］伯尔曼：《法律与革命》，第92页。

[4] ［美］伯尔曼：《法律与革命》，第219页。

[5] ［美］伯尔曼：《法律与革命》，第240页。

学的与神秘主义的以及法律的和梦幻的诸因素间张力的结果"①。

虽然理性、非理性面临的问题是严重的，但是坚持理性的立场而不是非理性的立场还是必要的。美学家雅斯贝尔斯已经认识到，现代主义法学和后现代主义法学起源于对理性和非理性的僵化理解。他是怀着对理性的强烈信念追求理性然而却处处碰壁才发现理性的限制的。他的思想深受韦伯的影响，"只有他才使我知道人的伟大性究竟在什么地方"，但他明确表示不相信"真理最终将获得胜利"。虽然他坚信"已经获得了理性的人决不会再放弃理性"，但在《理性与存在》一书中，他仍然指出："理性期待没有它的另一面——非理性面——是不可思议的。"如今，理性为了反对自己的敌人，"哲学变成了理性的独断，被迫不仅中止了对理性的各个敌人的了解，而且不再承认它们"。这样，理性就有可能走向自己的反面。经过艰难的理论求索后，他勇敢地宣称："在一个非理性的世界中，面对永远有堕入反理性的可能，理性敢于相信和依靠自身。"对此，美国的 W. 考夫曼指出："雅斯贝尔斯一点也不是反理性的，在任何情况下，他都不会要我们藐视理性。但是，与过去许多大哲学家不同之点在于，他认为理性的范围是低于哲学的，只有当理性使我们失望时，哲学才开始，或用雅斯贝尔斯的话来说，只有当理性触礁时，哲学才开始。"如果说后现代主义的解决方案在于解构，侧重于对非理性的张扬，那么我们的观点则是通过建构法美学，以人文理性来克服理性和非理性所造成的悖论。这种对非理性与理性之间的对峙关系与互补关系的认识，对于我们正确认识现代人精神困境的生成具有重要的价值，也使我们的法美学既看清了传统理性的局限性而又坚定不移地走人文理性之路。

4. 体现了生产方式与人性的统一

法美学承认，理性对非理性的超越体现了一种历史的进步。但是，这种理性一旦发展到以科技理性、伦理理性取代人文理性，那么从生产方式的角度看，法律的发展向度就需要受到质疑了。因此，在法美学的意义上，人文理性

---

① [美] 伯尔曼：《法律与革命》，第 238 页。

必须实现资本与劳动的对立统一，从而解决生产方式与人性的对立统一问题。

具体而言，在法美学看来，要认识法律，必先认识人，必须对人性有一个正确的认识。"因为如果不了解作为法律对象的人，就不可能很好地了解法律。"[①] 从未为雅典流过一滴眼泪的苏格拉底，虽然并不赞同雅典的民主制度，但当他有机会逃脱雅典所判的死刑时，却仍然从容赴死，慷慨就法。因为在他看来，他住在雅典这一事实本身就意味着他与雅典法律签订了契约，所以应该信守不疑，逃跑则是无比可耻之事，从而体现了人、法的一体性。启蒙运动中的经典文本如《法国民法典》《德国民法典》中的人都以理性为最高原则，都以意志自由为其基础。作为其"集大成者"的代表人物，康德认为，从封建神权下解放出来的人具有二重性：一方面，人是自然物，服从自然的必然规律的支配；另一方面，人又是理性的社会存在物，服从人自己订立的规则的支配。与康德的见解一脉相承的罗尔斯，就发现了人、法结构的这种一致性。"当社会的基本结构众所周知地在一个长时期里满足了它的原则的时候，那些属于这一社会的人们就倾向于发展起这样一种愿望：他们要按照这些原则行动，在体现他们的制度中履行他们的职责。"[②] 此时，"正义原则通过社会基本结构表明了人们希望相互不把对方作为手段，而只是作为自在的目的来对待的意愿"[③]。由于对人的理解无法通过观察行为的外部特征而得知，所以罗尔斯坚持认为，"在社会体系的设计中，我们必须把人仅仅作为目的而决不作为手段"[④]。在这个意义上，这种以人为目的、"以人为本"的法美学，显然是一门人学。

法美学是人学，但人不是一种抽象存在，而是一种社会历史性存在。在这个意义上，法美学又是一门正义之学，与生产方式紧密相连。从生产力的角度

---

① [古罗马] 查士丁尼：《法学总论，法学阶梯》，张企泰译，商务印书馆，1993年，第11页。

② [美] 罗尔斯：《正义论》，何怀宏译，中国社会科学出版社，1988年，第175页。

③ [美] 罗尔斯：《正义论》，第177~178页。

④ [美] 罗尔斯：《正义论》，第181页。

看，人类社会可以区分为农业社会、工业社会、信息社会（知识社会）；从生产关系的角度看，人类社会可以区分为原始社会、奴隶社会、封建社会、资本主义社会、共产主义社会（社会主义社会）。这些不同的社会生产方式，对人类社会的制度安排特别是法律制度的安排具有质的规定性。我们知道，奴隶社会和封建社会的法律都较少理性，那么，资本主义社会的法律又是怎样的呢？马克思其实已经意识到，它"消灭了封建制度，实行了政治改革，也就是说表面上承认了理性，实际上是使非理性真正到了顶点，从外表看来，农奴制像是已被消灭，实际上它只是变得更不合乎人性和更普遍而已"①。其关键问题就是资本与劳动相对立，"法之美"虽然可以表现为体制正义却难以实现制度正义。在这个意义上，法律只有作为正义的形象才能与人性的要求相对应、相统一，才能够实现对理性与非理性、资本与劳动、自由与平等之间矛盾的真正超越。

总之，建立在现代人文理性基础上的法美学，将不同于建立在科技理性基础上的法律科学，也不同于建立在伦理理性基础之上的法律伦理学，更不同于建立在非理性基础上的后现代主义法学，它将给我们提供一种新的可能的法律生活。耶稣在辞世前曾经慷慨陈言："我要在世上点一把火，而我更希望它早已燃着了。"马克思则说："任何一种解放都是把人的世界和人的关系还给人自己。"② 法美学的努力就是要把人的法律世界还给人本身，让其成为人类的精神家园，使人在法中能够"诗意地栖居"。此时，"法之美"荷载的是对人之为人的终极存在价值的确立和确认，强调的是给予人一种生存意义的终极关怀和人文情怀。而对于普通公民来说，法律并不是法律规则的汇集，它还是他生活方式的一部分。

（刊于《郑州大学学报》2008年第2期）

---

① 《马克思恩格斯全集》第1卷，人民出版社，1964年，第663页。
② 《马克思恩格斯全集》第1卷，人民出版社，1979年，第443页。

关于价值美学

⊙ 杜书瀛
⊙ 中国社会科学院文学所

一

笼统地说，价值美学，或称价值论美学，属人文学科，是美学的一个分支，是以哲学价值论为基础建立起来的，把审美活动作为价值活动来研究的一门学问。

既然价值论是价值美学的哲学基础，那么，离开了哲学价值论，价值美学便无从谈起。也就是说，要描述出价值美学的学科位置、性质和特点，必须从哲学这一根本问题入手，画出一个宏观的坐标图，然后寻找出价值美学在这个坐标图中的位置。

哲学是什么？古今中外的说法五花八门。但在我看来，哲学无非是人（主体）对世界（特别是人自身）的感悟和思索。这里的"人"，是马克思在《1844年经济学—哲学手稿》中所说的与动物相区别的有意识有意志的能够进行"自由自觉的活动"的"类的存在物"[1]，也即马克思后来在《关于费尔巴哈的提纲》中所说的"在其现实性上，它是一切社会关系的总和"[2]的人，是整个人类社会历史实践所造就所规定，同时自身又是社会历史实践主体和人类

---

[1] 马克思：《1844年经济学-哲学手稿》，人民出版社，1979年，第50页。
[2] 马克思、恩格斯：《马克思恩格斯选集》第1卷，人民出版社，1972年，第18页。

历史创造者的人。人不但能够把自己同外在世界区别开来，使世界成为他的对象，与世界组成"对象关系"，而且能够把"自己和自己的生命活动"区别开来，"把自己的生命活动本身变成自己的意志和意识的对象"①，使自己和自己的生命活动也组成"对象关系"。"凡是有某种关系存在的地方，这种关系都是为我而存在的；动物不对什么发生关系，而且根本没有'关系'；对于动物来说，它对他物的关系不是作为关系而存在的。"② 这种处于"对象关系"中的人，我们称之为"主体"。

这里的"世界"，就是与人组成"对象关系"的"对象"，也即处于"对象关系"之中的与"主体"相对应的"客体"，而"客体"是与"主体"同时形成的，没有"主体"就没有"客体"，没有"客体"也就没有"主体"。它包括自然界、人类社会和人自身。它可以是人之外的茫茫宇宙、日月星辰、山川湖海、花鸟鱼虫，也可以是人亲身参与其中的、看起来随机性很强的、不可重复的但归根结底又并非完全无规律可循的社会历史运动，还可以是人自身内在的看不见也摸不着的精神世界、理性思维、瞬间感受、思想、感情、意志、道德情操、虚无缥缈的幻想、变幻无穷的情绪，以至于直觉、非理性、无意识，等等。

这里的"感悟和思索"，是指人（主体）对世界的精神把握方式和精神活动形式。"思索"主要是对世界的理性思维，它虽然是哲学把握世界的最重要的方式和形式，但并不是全部的和唯一的方式和形式。哲学同时还以"感悟"的方式和形式把握世界，其中包含着直觉、非理性、潜意识、无意识的活动。关于这一点，中国的某些哲学流派如崇尚"顿悟"的禅宗哲学早已表现得很明白（例如，他们常常提倡通过"棒喝"而"悟"，而不是通过"逻辑思考"和"说理"而"知"）；外国的一些哲学家如叔本华、尼采、柏格森、海德格尔等对此也予以高度重视。

哲学作为人（主体）对世界的感情和思索，常常历时地或共时地表现为几

---

① 马克思：《1844 年经济学–哲学手稿》，第 50 页。

② 马克思、恩格斯：《马克思恩格斯选集》第 1 卷，人民出版社，1972 年，第 35 页。

种不同的形态，或划分为几个不同的方面和部分。当哲学家进行"哲学活动"即对世界进行感悟和思索的时候，他大体上面对三个方面的问题：第一，世界本身是什么？它怎样存在着？对这个问题的回答，就是哲学本体论，或哲学存在论。它的核心范畴是存在。第二，你如何知道世界本身是什么？你怎样晓得它是如此这般地存在着？哲学家对这个问题的回答，就是哲学认识论。实际上哲学家之所以说世界是什么、是如此这般地存在着，不过表明这是认识的结果。如果主体与客体在实践中通过双向运动达成一致，那就是认识得正确，那就是真理。哲学认识论的核心范畴是真理。第三，你为什么要知道世界是什么？世界的意义何在？世界对人意味着什么？对这个问题的回答，就是哲学价值论。它的核心范畴是价值。这三个问题彼此不同，但有机联系。与此相应地，在上述三种哲学基础上便可以建立起三种不同的美学理论：本体论美学、认识论美学和价值论美学（简称为价值美学）。

以上仅仅是从哲学基础来探讨可能存在的美学派别或样态。美学当然还可以因方法、视角不同或是具体对象、范围不同而有其他派别和样态。例如，从社会学角度研究审美活动的社会学美学，从心理学角度研究审美活动的心理学美学，以及人类学美学、现象学美学、存在主义美学、文艺美学、音乐美学、建筑美学、绘画美学、戏剧美学、电影美学等。它们常常可以互相影响、互相交叉，但并不能完全通约；它们虽然在一定时期有相对稳定的形态，但又常常变动不居，不断淘汰旧的过时的观念，增加历史本身所提供的新的理论因子。

二

然而具体考究起来，随着人们基本哲学观念和考察世界的角度、方法的不同，对价值美学可能会有各种不同的认定。一种观点认为，审美活动本身仅仅是价值活动，因而美学仅仅是价值美学，就如同哲学仅仅是价值哲学一样。新康德主义者文德尔班、李凯尔特等就认为哲学只是价值哲学，哲学以价值问题为唯一问题，因此，美学自然也应该仅仅是价值美学。另一种观点认为，价值美学是从价值论角度研究和论述审美问题的美学，持这种观点的人并不否认还可以从认识论角度、本体论角度、社会学角度、心理学角度研究和论述审美活动。总体而言,我比较倾向于后者。但我又以"中庸"之道,游弋于两者之间,主张吸纳前者的有价值的因素。我的基本观点是:价值美学是从哲学价值论角度对审美活动进行感悟、思索、考察和研究的一门学问,哲学价值论是把握审美问题的最适宜、最贴切、最合其本性的方法和角度。虽然认识论美学、本体论美学、社会学美学、心理学美学都有存在的必要和自身的意义,它们分别能够把握和揭示审美活动的部分特征,并且彼此也不能相互取代。但是,它们(不论是单独还是联合)能否完全把握和揭示审美活动的性质,能否把握和揭示审美活动的最基本和最突出的特征,我对此尚有怀疑。譬如,认识论美学能够把握和揭示审美活动中的认识因素,但审美活动不仅仅是认识,它解决不了审美活动的基本问题。本体论美学、社会学美学、心理学美学等也或多或少存在类似情况。它们把握和揭示审美活动的基本性质和主要特征,总有隔靴搔痒之感。如果把价值美学放在最重要的位置上,而联合本体论美学、社会学美学、心理学美学、认识论美学,则或许能比较顺利和有效地迫近目标。

三

价值美学在国外学界虽非显学,也不算新鲜,但鼓吹者、研究者不乏其人,而且在论述价值美学问题的时候,也常常是把审美价值作为它的核心问题和基本范畴。譬如20世纪初德国学者莫里茨·盖格尔[①]在《艺术的意味》一书中反复强调:"美学是一门价值科学。""当我们来到美学面前的时候,我们想要知道的不是人们在一个艺术作品面前体验到了什么,而是这里是不

---

① 莫里茨·盖格尔(1880—1937),德国美学家,出生于法兰克福。最初是学习心理学的,后转向哲学。1931年协助埃德蒙德·胡塞尔主编《哲学与现象学研究年鉴》,发表《审美享受的现象学》,创立了一个新的美学学派,成为现象学美学的创始人。《艺术的意味》是其晚年关于现象美学的总结性著作,可惜生前未能完成,死后由别人根据手稿整理出版。由艾彦译,华夏出版社1999年出版。

是存在特殊的审美经验和特殊的审美价值。""美学是对有关审美价值的那些法则所进行的分析,仅此而已。"①"美学是一门价值科学,是一门关于审美价值的形式和法则的科学。因此,它认为审美价值是它注意的焦点,也是它研究的客观对象。"②"通过比较审美价值与其他各种价值,价值论美学发现了审美价值的本质;它研究存在于艺术的审美价值和自然的审美价值之间的那些区别。它研究一般艺术的审美价值,也研究个别艺术所具有的特殊审美价值。它在艺术作品中找到了审美价值所具有的那些条件。它本身只关注个别艺术——绘画、诗歌等等——的结构,这些个别艺术由于这种结构就有资格作为审美价值的承担者而存在。因此,它变成了一般的艺术理论,变成了一种有关艺术及其价值的理论。"③ 差不多与莫里茨·盖格尔同时,英国学者萨缪尔·亚历山大④在《艺术、价值与自然》一书中也强调把美作为"价值"来看待,他说,"美是满足建构性冲动的东西","美或美的事物都是这种冲动的东西,而美之所以是一种价值,乃是因为它把特殊的快感带给这一冲动"。"因此,很明显,美的价值是一种美的对象与创造或欣赏它的心灵之间的关系,因为欣赏正是一种服从于创造明显,美的价值是一种美的对象与创造或欣赏它的心灵之间的关系,因为欣赏正是一种服从于创造者的创造,它在作品业已完成之后,要重温对它的创造。""美根本不是一种性质,而是

---

① [德] 莫里茨·盖格尔:《艺术的意味》,艾彦译,华夏出版社,1999年,第49页。

② [德] 莫里茨·盖格尔:《艺术的意味》,第78页。

③ [德] 莫里茨·盖格尔:《艺术的意味》,第31~32页。

④ 萨缪尔·亚历山大(1859—1938),英国哲学家,出生于澳大利亚的悉尼。曾任牛津林肯学院研究员、欧文学院、曼彻斯特维多利亚大学、格拉斯大学教授。新实在论者。主要著作有《道德秩序与进步》(1889)、《时间、空间与神性》(1920)、《美与其价值形式》(1933),以及1939年(即逝世一年后)出版的《哲学与文学论文选》(中文译名《艺术、价值与自然》)。1930年,英王曾赐其金质奖章。《艺术、价值与自然》,韩东晖、张振明译,华夏出版社2000年出版。

对象与满足了审美情感的个人之间的关系。"① "正是艺术运用其幻想,把物质材料未曾拥有的特征赋予它们,从而保证了艺术作品的艺术实在性,并把艺术的实在性增添到世界的真实的事物之上,我们称之为价值。"② 苏联学者、著名"社会学派"美学家列·斯托洛维奇在 20 世纪中期写了一本专谈审美价值的书,中文译名为《审美价值的本质》,也可以算是一本价值美学著作,在中国产生过一定的影响。③

但是,在目前的中国学界,价值美学大概仍然算得上一门新的或较新的学科,谈论审美价值的论文也不是很多。因为,中国的美学家或者研究美学的人,虽然从数量上堪称世界第一,但却很少有人从价值论角度进行美学研究工作,据我所知,到目前为止,还没有一部价值美学的专著出版,也没有集中论述审美价值的专著。或者可以说,现代中国的价值美学还没有真正建立起来。④

总之,以往的中国美学研究,或者说从美学作为一个学科引进到中国这一百年来的美学研究,虽然取得了不少成绩,但薄弱之处在价值美学方面。

(刊于《郑州大学学报》2003 年第 5 期)

---

① [英] 萨缪尔·亚历山大:《艺术、价值与自然》,韩东晖、张振明译,华夏出版社,2000 年,第 78~79 页。

② [英] 萨缪尔·亚历山大:《艺术、价值与自然》,第 36 页。

③ [苏联] 列·斯托洛维奇:《审美价值的本质》,凌继尧译,中国社会科学出版社,1984 年。此外,听人介绍国外还有一些有关价值美学的著作出版,如 M. 格兰斯道尔夫的《价值的一般理论及其在美学和经济学中的应用》、T. 帕洛斯基的《审美价值》等,但我尚未读到。

④ 只有少数几本研究文学价值或艺术价值的著作出版,如程麻的《文学价值论》(人民文学出版社,1991 年),黄海澄的《艺术价值学》(人民文学出版社,1993 年),李春青的《文学价值学引论》(云南人民出版社,1994 年),敏泽、党圣元的《文学价值论》(社会科学出版社,1995 年),等等。

身体美学对传统美学的超越路径之省思
⊙韦拴喜
⊙西安建筑科技大学文学院

作为继杜威和罗蒂之后的新一代实用主义哲学的代表人物，理查德·舒斯特曼（Richard Shusterman）立足于其新实用主义哲学和美学立场，拓展出了实用主义美学的身体维度，创造性地提出了"身体美学"（somaesthetic）的概念，并积极致力于身体美学的学科建构，以实现对人之身体进行改良的实用主义目的。身体美学的出场，固然是舒斯特曼的实用主义美学由关注审美经验进而向生活经验直至身体经验深化拓展的必然结果，同时也是其对西方传统美学的二元论格局、非功利的审美静观论、精英化的艺术体制和狭隘的学科视域进行反思与纠拨的理论产物。

一、消解传统的身心二元论

西方两千多年的传统哲学，从古希腊的柏拉图经中世纪宗教神学，直至近代的笛卡儿，始终都奉行着苏格拉底所奠定的身心二分、扬心抑身的哲学传统。柏拉图设置了一个标举理念而贬低肉身的绝对自我，将灵魂与身体分立并举；中世纪宗教神学设立了绝然对立的上帝之城和世俗之城，将身体囚禁在作为罪恶之渊薮的世俗之城，拒绝使其进入神圣的上帝之城；笛卡儿则创设了一个区别于肉体存在的理性自我，将身体悄无声息地放逐于理智之外。这种身心分立的哲学传统以大同小异的变体贯穿了整个西方传统美学史。

直至尼采出现，身心对立、扬心抑身的哲学谱系才开始被打破。尼采力图摒弃身心二元论的哲学传统，将身体从意识的牢笼中拯救出来，因而宣称"一切从身体出发""身体是唯一的准绳"，用身体夺取了灵魂的领导权，为本能、欲望、情感等感性因素赢取了合法席位。如此一来，身体不仅获得了独立自主的地位，而且还跃迁为哲学的研究重心和真理的评判标准。尼采的身体哲学在其追随者福柯等思想家那里得到了极大的继承和发挥，他们试图彻底解除囿于身体的种种枷锁，确立起生理性、欲望性身体的主导地位，从而将身体的解放推到极致。由于尼采、福柯等后现代哲学家的努力，越来越多的人们开始关注自我身体的存在状态。

事实上，尼采及其追随者力图克服意识优位论，为身体正名的努力虽扭转了传统哲学扬心抑身的致思取向，但并未从根本上颠覆身心二元论传统。以感性身体取代理性意识而成为哲学叙事的重心，并以身体作为真理的评判标准，由此而确立的身体本体论也是一种身体决定论。在某种意义上，这种矫枉过正的做法不过是柏拉图主义的倒转而已。如同意识哲学中找不到身体的合法性席位一样，在尼采所开启的后现代哲学中也少有灵魂和意识的立锥之地。而且，与后现代哲学对身体的极度关注相呼应，消费社会中的人们对身体的重视与日益强化的消费经济相裹挟，表现出一种极端化、畸形化的发展趋势。在自身欲望和消费意识形态的诱导下，人们对自我身体的关注逐渐演变成身体官能的享受和本能欲望的满足。身体审美也被简单而片面地理解为通过美容化妆、减肥瘦身、整容变性等技术手段来修饰和改变身体的外在形象，从而将自身塑造为时尚、广告以及大众传媒所宣传的型男索女。"我们现在比任何时候都更关注我们的身体，这是因为在我们这个环境里已经不再有集中精力关注其他事物的真正需求了。"[①] 对肉体的过分迷恋湮没和放逐了对灵魂和精神的追求，由此而导致的身心分裂，使得人们在追求身体享受和物质财富的过程中，不但体验不

---

① Richard Shusterman, *Performing Live: Aesthetic Alternativesf or the End of Art*, Ithaca: Cornell University Press, 2000, p. 165.

到心所向往的自由和快乐，而且还常陷入一种精神和心灵日益失落、无所寄托的困惑之中。

舒斯特曼之所以倡议建立身体美学，就是要对身心二分、扬心抑身的哲学和美学传统进行反拨，将长久以来处于意识和灵魂的遮蔽状态下的身体拯救出来，引导人们去重新审视身体及身体意识在人类一切活动中的基础性意义和本根性地位。舒斯特曼强调指出，身体是我们所有感知、行为和思想的必需条件，我们通过身体来进行思考，以修养自我的身心，启迪并教化他人。开放权变的身体美学以一种整体观和辩证法来看待身心之间的关系，强调身体与心灵的一体化、交互性。身体是心灵的载体和工具，因为我们的感觉经验都要通过身体来加以把握。反之，身体也受到心灵的影响，我们的喜、怒、哀、乐等各种心理感受都会相应地映射于我们的身体行为之上。"身体与心灵的关联是如此地密切，以至于将它们看成是两个不同的独立实体实在是一种误导。'身心'这一术语更适合表达它们在本质上的统一性，当然它仍然为心灵与身体的现实区分留有余地，同时也为进一步增强它们的统一性提供了空间。"[①] 基于此，舒斯特曼指出，身体美学所探讨的并非身体与心灵的关系及其如何在逻辑上相互适应的问题，而是要探究如何推进和完善身心统一体，如何使身心统一体更好地适应和服务于个体乃至社会的和谐，而不是解释这种身心统一体的构成方式。显然，在身体美学那里，身心一体无可争议，身与心的关系不是理性与感性的问题，而是实践问题。因此，舒斯特曼强调："身体美学不仅仅局限于身体外在形式的修饰和美化，它还关注身体自身的运动与经验。如果说唯智主义美学传统给予固定的外观形式和有距离的欣赏以特权的话，那么我们需要一种更加杜威式的方法，以认识和鼓励动态的审美经验。这种方法将考虑诸如如何更好地平衡呼吸方式与身体姿势，如何更大地协调肌肉运动知觉，以及在更一般的意义上，更强的身体意识如何通过增进感觉经验的质量来丰富我们的生

[①] Richard Shusterman, *Thinking through the Body*, *Educating for the Humanities: A Plea for Somaesthetics*, Journal of Aesthetic Education, 40(1): 1-21.

活。此外，它也可探索身体实践的方式及其所达到的效果。通过灌输更大的心理平衡、知觉感受力以及开放耐心的宽容，可有助于情绪上、认识上和伦理上的自我改善。"① 这即是说，身体美学倡导灵肉兼修、知行合一，主张通过诸如太极拳和瑜伽之类既与身体有关又与灵魂有关的身体训练方式来改善我们的身体习惯、身体意识和身体功能，以使我们的身体朝着一个更理性、更优雅、更具控制力的方向发展。因此，舒斯特曼的身体美学鼓励将外在化的身体装饰和内在化的身体经验相结合，它绝不同于流俗意义上的诸如整容化妆、保健瘦身之类的身体修饰行为，它也坚决反对当代社会中单纯以追求物质欲望和庸俗趣味为目的的身体享乐主义，它旨在将身体作为建构性批评理论的核心，通过身体功能的再培育来促进身心之间的协调与统一，以培养更加丰富而敏感的身体意识，以及更加优雅而和谐的身体行为。

二、突破非功利的审美静观论

众所周知，审美非功利性原则和审美静观论作为审美属性理论的核心命题，深远地影响了整个西方传统美学。就实质而言，审美非功利性是审美静观论以及"美在距离说"等概念的实质和前提。"非功利性不是一个孤零零的概念，它结交了一大群伙伴。普遍性、艺术对象、静观、距离、孤立以及价值等等，这些概念簇拥在非功利性的周围，很难分离开来。"② 最早提出审美非功利思想的夏夫兹博里（Shaftesbury）认为，人的美感不是来自动物性的"外在感官"，而是来自理性的"内在感官"，因而美感区别于肉体感官欲望，与任何利己之心无关。夏夫兹博里之说在美学史上具有转折性意义，如卡西尔所言：

---

① Richard Shusterman, *Pragmatist Aesthetics: Living Beauty, Rethinking Art*, Maryland: Rowman and Littlefield Publishers, lnc, 2000, p. 261.

② [美] 阿诺德·伯林特：《美学再思考——激进的美学与艺术学论文》，肖双荣译，武汉大学出版社，2010 年，第 54 页。

"整个美学问题的体系中心被夏夫兹博里转移了。"① 哈奇生（Hutcheson）、休谟（David Hume）、博克（Burke）等人都不同程度地承续了夏夫兹博里的审美非功利思想。比如作为夏夫兹博里学生的哈奇生就指出，同属于"内在感官"的美感和道德感是无关利害的直觉，是必然而直接地令人愉快的，任何对利益的期待情绪与审美情感都是不相容的。"同其他感觉观念一样，美与和谐的观念，必然而直接地地令我们感到愉快。我们的任何决心以及对利益与危害的任何期望，都无从改变一个对象的美和残缺。……因此，某些对象是这美的愉快的直接诱因，我们拥有适合感知它的感官，它与对利益的期待所产生的快乐不同。"②

夏夫兹博里及其后继者关于审美非功利的论述，直接启发了半个多世纪之后的康德。在《判断力批判》中，康德写道："鉴赏是通过不带任何利害的愉悦或不悦而对一个对象或一个表象方式作评判的能力。一个这样的愉悦的对象就叫作美。"③ "鉴赏判断并不是认识判断，因而不是逻辑上的，而是感性的［审美的］，我们把这种判断理解为其规定根据只能是主观的。"④ 由于康德视审美为一种主观的无利害的快感，审美非功利也就被其作为区分审美和非审美的根本性标准。"关于美的判断只要混杂有丝毫的利害在内，就会是很有偏心的，而不是纯粹的审美判断了。我们必须对事物的实存没有丝毫的倾向性，而是在这方面完全抱无所谓的态度，以便在鉴赏的事情担任评判员。"⑤ 康德还将审美愉悦与"生理的愉悦"及"善的愉悦"进行对比分析。在他看来，来自感官的快适反映的是一种直接的生理上的利害关系，引发尊重的道德感则体

---

① ［德］卡西尔：《启蒙哲学》，顾伟铭译，山东人民出版社，1996年，第310页。

② Francis Hutcheson, *An Inquire into the original of our Ideas of Beauty and Vitue*, edited by wolfgang Leidhold Indianapolis, 2002, pp.26-37.

③ ［德］康德：《判断力批判》，邓晓芒译，人民出版社，2002年，第45页。

④ ［德］康德：《判断力批判》，第37~38页。

⑤ ［德］康德：《判断力批判》，第39页。

现了一种间接的理性上的利害关系。两者都对客体对象有所欲求，都关心的是实践活动。美感却不涉及利害，不求欲望的满足。审美根本不关心对象存在与否，只是对对象形式的一种超然物外的静观。因此，康德指出："在所有这三种愉悦方式中唯有对美的鉴赏的愉悦才是一种无利害和自由的愉悦，因为没有任何利害——既没有感官的利害也没有理性的利害来对赞许加以强迫。"① 经康德深入论述之后，非功利的审美静观作为一条无可争辩的原则，被视为审美与非审美的本质界限。闵斯特堡（H. Mimsterberg）的"孤立说"，布洛（Edward Bullough）的"心理距离说"以及加塞特（Jose Ortegay Gasset）的"艺术非人化说"等都是对康德学说的注解和发挥。

非功利的审美静观论专注于审美对象的内在本质和内在价值，意在强调审美的自律性、纯粹性和直接性，这并不能全盘否定。但在舒斯特曼看来，康德将审美判断狭隘地集中于理智化的形式特性之上，只不过是一种脱离了身体自然主义的形而上学的预设，且这样的论断是以特殊的文化训练和等级特权为前提条件的。因为它试图将审美划定为一个独立自主的自由领域，并将其从功能、意图、目的、用途等实用性考量中解放出来。舒斯特曼一针见血地指出："这种试图将艺术从任何功效中抽离出来的潜在动机，并非将艺术贬低到一文不值，而是将艺术的价值置于工具价值领域之外和之上。这种'为艺术而艺术'的迁移策略，是因为担心艺术在工具价值方面不具备充分的竞争力，从而在同无情地占据支配地位的功利主义思考的不公平的竞争中，去维护艺术的自律性，希望从粗俗的、精于算计的手段—目的理性中，去保护某些人类的精神领地。"②

由此可见，审美非功利性概念的背后，隐藏着的是精英阶级为维持其看似纯洁高雅的审美趣味以及高人一等的阶级地位的利益考量。舒斯特曼指出：

---

① ［德］康德：《判断力批判》，第45页。

② Richard Shusterman, *Pragmatist Aesthetics*: *Living Beauty*, *Rethinking Art*, Maryland: Rowman and Littlefield Publishers, Inc, 2000, p.9.

"康德的传统错误是假定：由于艺术没有特殊的、可以确认的、能够比任何别的东西更好地起作用的功用，因此，只能将它辩护为完全超越用途和功能、具有纯粹的内在价值。"① 正是由于康德将审美经验视为对审美对象所做的非功利的静观，将我们自身的主观意图和目的完全排除在外，从而割裂了审美经验与实践经验、文化经验、社会经验等其他人类经验之间的内在联系。事实上，正像杜威所说的："审美的敌人既不是实践，也不是知性，而是单调、没有目的的松弛，以及屈服于实践和理智行为中的惯例。"② 与康德将审美从伦理、实践以及认知中划分出来，将审美愉快与身体快感区别开来不同，深受杜威影响的舒斯特曼反对这种僵化而严格的区分，他更倾向于寻找和建立事物之间的联系。舒斯特曼从生命有机体的整体经验出发，充分肯定审美和艺术具有全面的工具价值，可满足人的目的性，尤其是激发和增进我们的直接经验，以全方位的方式满足生命体的发展需要。在舒斯特曼看来，所有的审美活动都是身体的表达活动。正如杜威所言："个体身体的运动参与了所有物质的改造……某种充满生机的自然表达之节奏的东西……一定会进入雕刻、绘画、塑像、设计房屋和写作故事之中。"③ 比如我们通过变换不同的姿势去欣赏一幅雕塑作品，下意识地随着音乐节奏或舞蹈表演扭动自己的身体……这些我们随时随地都在进行的身体审美活动都是直接的、全身心的审美参与，而不是有距离的、非功利的审美静观。舒斯特曼在谈到他尤为推崇并视为通俗文化之典范的说唱音乐（rap music）时也同样指出："拉普诗人强烈要求一种深入包含内容和形式的积极参与的审美，而不是距离化的、分离的、形式主义的判断的审美。它们要求在根本上通过精力旺盛和充满热情的跳舞来欣赏，而不是通过不懂的沉思和冷

---

① Richard Shusterman, *Pragmatist Aesthetics: Living Beauty, Rethinking Art*, Maryland: Rowman and Littlefield Publishers, Inc, 2000, p. 9.

② [美] 舒斯特曼：《实用主义美学：生活之美，艺术之思》，第 380 页。

③ [美] 舒斯特曼：《实用主义美学：生活之美，艺术之思》，彭锋译，商务印书馆，2002年，第 380 页。

静的研究来欣赏。"① 正是这个意义上，我们说，身体美学通过将身体的积极参与引入审美活动乃至一切实践活动之中，从而从根本上突破非功利的审美静观论美学传统。

三、辩护通俗艺术的审美合法性

在人类艺术发展史中，与精英艺术和高雅艺术相对的通俗艺术和大众娱乐因其边缘化、底层化的"出身"而被排除在艺术体制之外，不被传统的美学意识形态所认可和尊重，甚至由于其对身体的生命欲望及快感的张扬，而遭到正统艺术家和美学家的批判和诋毁，被"一概拒绝为在美学上非法的和在社会文化上堕落的东西"②。而伴随着现代传媒技术的飞速发展，以及大众审美价值取向的多元化嬗变，通俗艺术逐渐摆脱了传统审美意识形态对它的长期压制，被越来越多的大众所接受和认可。通俗艺术以其所催生的丰富而强烈的审美满足，对沉闷垂死的高雅艺术造成了前所未有的冲击，使得作为知识精英的阶级特权和社会地位之标志的高雅艺术的垄断地位和话语霸权开始动摇，由此所引发的正统美学家和文化理论家对通俗艺术的打压批判之势可想而知。舒斯特曼则试图对通俗艺术的审美合法性进行辩护，如其所言："为通俗艺术进行辩护的最强烈和最迫切的理由是：它带给了包括知识分子在内的我们太多的审美满足，以至于我们无法认同它被普遍地公然抨击为品位低下、泯灭人性以及在美学上的不合法。将它谴责为仅仅适合于那些趣味粗野、智力愚钝，并受到操纵的大众，不仅将我们与社会其他成员相区别，还将我们与自身相对立。我们被动地去伤害那些带给我们愉快的事物，并为它们所给予我们的愉快感到羞愧。……虽然对通俗艺术合法性的批判是在保卫我们的审美满足的大旗下进行的，

---

① Richard Shusterman, *Pragmatist Aesthetics: Living Beauty, Rethinking Art*, Maryland: Rowman and Littlefield Publishers, Inc, 2000, p214.

② Richard Shusterman, *Pragmatist Aesthetics: Living Beauty, Rethinking Art*, Maryland: Rowman and Littlefield Publishers, Inc, 2000, p.168.

但它实质上代表了自柏拉图以来的知识分子用来降低审美那难以驾驭的力量和感性魅力的众多克己禁欲方式中的一种。"① 基于此,舒斯特曼对身体的生命欲望及身体的审美愉快给予了充分肯定,进而也对那些带给人们直接而真实的身体快感的通俗艺术和大众娱乐进行了正名立说。

舒斯特曼指出,批评家对通俗艺术最基本的美学指责是:通俗艺术根本不能提供任何真正的审美满足,而只提供虚假的和欺骗的快感。其中一个极为重要的理由是,他们认为欣赏高级艺术时要求审美上的"智力努力",因而能激发审美能动性以获得相应的审美满足,而对通俗艺术的欣赏往往是一种在智力上不费气力的、被动接受的、心不在焉的参与过程。在舒斯特曼看来,这种指责在实质上"暴露出了将所有合法的行为与严肃的思考简单地等同起来,将'任何努力'与知识分子的'智力努力'简单地等同起来的迹象"②。显然,批评家们的错误在于简单而片面地将精神层面上的"独立思考"和"智力努力"设定为获得审美满足的唯一先决条件。但事实上,正如我们所感同身受的,审美"既可以在更为直接和狂热的身体参与中发现,也能够通过有距离的理性思考来发现;形式既可以是心惊肉跳的,也可以是严整而匀称的"③。无法否认,除智力努力之外,身体层面的努力同样也可获得审美满足。因为相对于纯粹化的理论思考而言,身体运动以及身体意识的参与,可使我们从审美活动中获得更为丰富、强烈而精确的审美体验,因为"审美想象或注意能够被某些不知为

---

① Richard Shusterman, *Pragmatist Aesthetics*: *Living Beauty*, *Rethinking Art*, Maryland: Rowman and Littlefield Publishers, Inc, 2000, p.170.

② Richard Shusterman, *Pragmatist Aesthetics*: *Living Beauty*, *Rethinking Art*, Maryland: Rowman and Littlefield Publishers, Inc, 2000, p.184.

③ Richard Shusterman, *Pragmatist Aesthetics*: *Living Beauty*, *Rethinking Art*, Maryland: Rowman and Littlefield Publishers, Inc, 2000, p.199.

何令人感到似乎与作品相感应的身体运动所推动和加强"①。舒斯特曼举例说道："摇滚歌曲是典型的通过伴奏音乐的运动、舞蹈和歌唱来欣赏的，通常需要付出使我们汗流浃背以至筋疲力尽的那种充满生命活力的努力。这种努力正如杜威所认识到的那样，包含了对诸如'窘迫、恐惧、笨拙、害羞和缺少活力'之类的阻抗的克服。与欣赏趣味高雅的音乐相比，在欣赏摇滚的过程中，明显存在更多身体行为层面的努力。而那种趣味高雅的音乐会，迫使我们静坐不动，这安静不仅经常引起麻木的被动，而且往往引起酣睡。……由摇滚激起的那种更加精力充沛的和充满肌肉运动感的反应，揭露了非功利、有距离的传统审美态度的本质——一种被动性地沉思的态度。"② 正是由于通俗艺术积聚了充满活力的身体的积极参与，舒斯特曼宣称："诸如摇滚之类的通俗艺术，以一种回归身体维度之快乐的方式，显示了一种在根本上得到修正的审美。"③

当然，需要指出的是，一方面，舒斯特曼的身体美学在不遗余力地为通俗艺术的审美合法性进行辩护的同时，并未简单地否定精英艺术和高雅艺术及其所依赖的艺术体制。舒斯特曼承认高级艺术有其积极的价值，比如那些对社会进行尖锐讽刺的小说、诗歌、戏剧及绘画等高雅艺术，作为社会批评和文化转型的工具而发挥着重要作用，只不过特权阶级通过区分性的艺术体制和精英化的意识形态将高雅艺术确立为唯一具有合法席位的艺术形态，使其在文化上占据了垄断地位和话语霸权。这种绝对的排他性最终导致的是"一种完全割裂文化生活的精神分裂症式的分裂"④。而就客观事实而言，"像电影、电视剧、喜

---

① [美] 舒斯特曼：《生活即审美：审美经验和生活艺术》，彭锋等译，北京大学出版社，2007年，第172页。

② Richard Shusterman, *Pragmatist Aesthetics: Living Beauty, Rethinking Art*, Maryland: Rowman and Littlefield Publishers, Inc, 2000, p.184.

③ Richard Shusterman, *Pragmatist Aesthetics: Living Beauty, Rethinking Art*, Maryland: Rowman and Littlefield Publishers, Inc, 2000, p.184.

④ [加] 埃克伯特·法阿斯：《美学谱系学》，阎嘉译，商务印书馆，2011年，第557页。

剧、通俗音乐、录像等大众传媒文化的通俗艺术,广泛受到我们社会各阶层的喜爱。在美学上承认它们作为文化产品的合法席位,有助于削弱将艺术和审美趣味抑制性地等同于高雅艺术和精英艺术的社会文化"[1]。因此,身体美学肯定通俗艺术,并非是要否定高雅艺术,而是意在打破两者间的对立和区分以及由此而造成的社会-文化分裂,并恢复通俗艺术作为调和性补偿的社会-伦理价值。另一方面,舒斯特曼的身体美学在肯定通俗艺术之优点的同时,也清醒地认识到其可能出现的消极影响。如我们所见,在消费社会中,"冷漠的拜物主义占了上风:曾经存在意识、灵魂、幻觉以及欲望,但现在只剩下身体及其标记"[2]。受商品经济大潮的冲击和市场利益最大化的驱动,通俗艺术极有可能与资本逻辑及身体欲望相裹挟,过度迎合大众的低级需要和庸俗趣味,而沦为被人们用以宣泄本能、追求刺激的低级娱乐。旨在对身体经验进行批评性和改良性研究的身体美学,虽然对身体的生命欲望给予了充分肯定,但这并不意味着它鼓励不加节制地自我放纵。身体美学倡导的是一种伦理化的审美生活,其中蕴含着对个体以及社会的改良主义理想和人道主义关怀。它强调通过可选择的身体实践和可改善的身体意识的运用,来增进我们的身体愉快,丰富我们的审美生活,并逐步将这种审美生活扩散到更大的公众领域,以使我们自身以及整个社会都变得更加美好而和谐。这意味着身体美学肯定积极而健康的生命欲望和身体快感,反对身体的享乐主义和纵欲主义;肯定通俗艺术和大众娱乐的审美合法性,反对艺术的庸俗化、媚俗化乃至恶俗化倾向。

四、拓展传统美学的学科疆界

如我们所知,于传统美学而言,艺术美几乎占据了最为重要的位置。鲍姆

---

[1] Richard Shusterman, *Pragmatist Aesthetics: Living Beauty, Rethinking Art*, Maryland: Rowman and Littlefield Publishers, Inc, 2000, p.145.

[2] [法]让-雅克·库尔蒂纳:《身体的历史》(卷三),孙圣英、赵济鸿、吴娟译,华东师范大学出版社,2013年,第338页。

嘉通在创立美学学科之初，除了将美学定义为"感性认识的科学"，还认为美学是关于"自由艺术的理论"。所谓"自由艺术"亦即"美的艺术"，包括演说术、诗歌、绘画、音乐、雕塑、建筑等。及至黑格尔，美学则彻底成为艺术哲学。黑格尔认为，只有艺术美才是真正的美，因为艺术美是由心灵产生和再现的美，它将内在精神和心灵自由灌注于外在事物之中，从而体现出内在意蕴和外在形式的统一。黑格尔曾明确指出，美学的"对象就是广大美的领域，说得更精确一点，它的范围就是艺术，或则毋宁说，就是美的艺术"[1]。受黑格尔观点的深远影响，传统美学长久以来将美学的主要研究范围局限于美的艺术之上，而且习惯于从形而上学或本体论角度去追问艺术的起源、本质以及艺术美的判断标准等理论问题，这样一种以艺术为核心的理论追索往往支配和决定着整个美学领域中各种问题的产生和发展。即便是20世纪后半叶风靡英美及欧洲诸国的主流美学流派——分析美学，也仍然将艺术作为其研究的绝对核心。如舒斯特曼所指出的："分析美学把自己基本上看作是致力于对艺术和艺术批评的概念进行澄清和批评性净化的第二级学科。"[2]

将艺术之外的其他内容排除在美学研究范围之外，且在研究方法上过分倚重纯粹的理论思辨或语言叙事，进而导致了美学理论的整体框架越来越狭窄，美学研究的内容越来越空泛，这就使得传统意义上的美学理论在一定程度上陷入困境。因此，美学学科必须拓宽自身的研究视野，转变研究范式，寻求新的发展路径。正如阿诺德·伯林特所说："美学的王国甚至需要特洛伊木马侵入，需要来自理论内部的批判。"[3] 泛审美时代的来临，为美学学科的更新发展提供了一个难得的契机。如我们亲眼所见、切身所感，审美化过程不仅日益蔓延和

---

[1] [德]黑格尔：《美学》（第一卷），朱光潜译，商务印书馆，1979年，第3页。

[2] [美]舒斯特曼：《对分析美学的回顾和展望》，文兵译，《哲学译丛》1990年第4期，第29~36页。

[3] [美]阿诺德·伯林特：《美学再思考——激进的美学与艺术学论文》，肖双荣译，武汉大学出版社，2010年，第17页。

覆盖到整个世界的表面，而且已渗透在经济、政治、文化等一切领域之中，悄无声息地塑造着物质现实和社会形态，影响着我们的生存状态、社会交往方式以及文化形态。置身这样的时代背景和文化语境，超越艺术而拓展疆界，自然成为美学的新建构和新使命。诚如韦尔施所言："美学丧失了它作为一门特殊学科、专同艺术结盟的特征，而成为理解现实的一个更广泛也更普遍的媒介。这导致审美思维在今天变得举足轻重起来，美学这门学科的结构，便也亟待改变，以便它成为一门超越传统美学的美学，将'美学'的方方面面全部囊括进来，诸如日常生活、科学、政治、艺术、伦理学等等。"① 舒斯特曼也表达了类似的观点："美学研究的兴趣变得越来越广了，远远超出了传统的美的艺术的领域。不仅兴起了自然美学和环境美学，而且出现了家庭美学和产品设计美学、日常生活美学、体育美学……审美化已经广泛地渗透到了我们的文化之中、我们的生活世界之中。"②

基于此，舒斯特曼倡导建立身体美学学科，主张以活生生的、感性的身体为中心，对我们的身体经验和身体意识进行批判性、改良性的研究，并致力于学院理论之外的运动、武术、瑜伽等与身体改善和身体关怀相关的身体训练。显然，作为一门拓展的、以身体为核心并将理论与实践相结合的美学学科，身体美学将审美经验扩张到整个感性认识领域，将美学的研究对象从理论文本扩大到哲学实践，将美学的范围拓展至艺术之外的日常生活世界。首先，如前所述，尽管鲍姆嘉通将美学定义为关于感性认识的科学，并将美学的目的规定为感性认识的完善，但由于他在本质上将身体视为可招致堕落的低级官能，因而便将身体排斥在他的美学方案之外。但事实上，正如梅洛庞蒂所认为的："正是从'身体'的角度出发，外向观察才得以开始——如果不承认这一身体理

---

① ［德］沃尔夫冈·韦尔施：《重构美学·序言》，陆扬、张岩冰译，上海译文出版社，2002年。

② 彭锋：《新实用主义美学的新视野——访舒斯特曼教授》，《哲学动态》2008年第1期，第62~66页。

论，就不可能谈论人对世界的感知。我们对日常生活的感知取决于我们的身体。"① 这意味着包括一切感官在内的身体无疑是感性认识的载体和工具。"我们的感性认识依赖于身体的感觉和运行，依赖于身体的所欲、所为和所受。"② 正是出于这种认识，舒斯特曼在鲍姆嘉通的基础上向前迈进了关键性的一步，即他充分认识到了身体对于感性认识的完善所具有的不可替代的作用。舒斯特曼的身体美学"不仅将身体视为审美价值和审美塑造的对象，而且将身体视为增进我们对其他所有审美对象，以及非标准的审美事物进行处理的至关重要的感觉媒介"③。其次，正如舒斯特曼所说的，作为一个本质上尚可争论的研究论域，身体美学还不应该急于划定其精确的学科界限，而应该允许足够的自由，使其在证明对它的进步最富有成效的方向上发展。舒斯特曼所谓的富有成效的发展方向，显然意指身体美学应该将诸如武术、运动、冥想训练和身心关系治疗等身体实践纳入其研究范围，这不仅有助于促进我们身心之间的内在和谐，培育我们身体的敏感性，增进我们身体的愉快，以有效推进"更加肉身化的审美"，还在一定程度上拓宽了美学的学科疆域。"通过进一步扩展这个观念，我们可以将美学视为除了理论追求之外，还包含摄制、表演、艺术批评及其他审美实践在内的学科。尽管对大多数哲学系来说，这个拓展了的美学学科观念还非常陌生，但它却在诸如音乐、艺术、舞蹈和烹饪等其他学院的实践工作中被熟识。"④ 显然，通过将身体训练作为重要维度，并将其落实于具体化的实践之

---

① 汪民安、陈永国：《后身体：文化、权力和生命政治学》，吉林人民出版社，2003年，第15页。

② Richard Shusterman, *Pragmatist Aesthetics: Living Beauty, Rethinking Art*, Maryland: Rowman and Littlefield Publishers, lnc, 2000, p. 266.

③ Richard Shusterman, *Pragmatist Aesthetics: Living Beauty, Rethinking Art*, Maryland: Rowman and Littlefield Publishers, lnc, 2000, p. 278.

④ Richard Shusterman, *Pragmatist Aesthetics: Living Beauty, Rethinking Art*, Maryland: Rowman and Littlefield Publishers, lnc, 2000, p. 280.

中，身体美学使传统意义上僵化沉闷的美学研究变得更具吸引力。再次，身体美学的价值远远超出了美的艺术的领域，它广泛波及我们的日常生活世界，扩充了我们对自身以及世界的认识。身体美学关注身体在审美体验乃至一切生命活动中的功能，意在将美学与大众日常生活中的身体实践更加紧密地整合起来。通过规范化的身体训练，以有效改善我们的身体意识和身体状态，不仅可使我们更加敏锐地认识和反省自身，而且能让我们获得更大的身体技巧、身体意志及身体愉快。此外，改善了的身体功能和身体意识还可以在成就利他的德行方面发挥积极作用。也就是说，一种更加积极的充满活力的自我审美生活也必将影响我们周围的他人，以及更广泛的社会公众的生活方式，最终使整个社会也变得更加美好而和谐。总之，正是通过以肯定我们的身体感觉为出发点，以具体化的身体训练为方法，以改善自我感觉的敏锐性和执行力以及社会公众关系为目的，身体美学打破了传统美学狭隘的学科疆域，而将审美拓展至整个感性认知和社会生活领域，从而为美学理论开辟了一个联结生活实践的新门类。

（刊于《郑州大学学报》2013 年第 6 期）

生态学视野中的当代美学

⊙刘成纪
⊙郑州大学美学研究所

对于新时期中国美学来讲，将美还给人，将美学还给人学，这曾是20世纪80年代启蒙思潮留下的最重要的理论遗产。[①] 它强烈的人本主义色彩，同样可以概括稍后出现的后实践美学（包括体验美学、生命美学、生存美学、超越美学等）的基本特征。但随着时间的推移，这种坚定地建立在人学基础上的美学的狭隘性日益彰显，其主要的表现就是自然作为人役使和征服的对象，它的独立品质和存在价值被严重地忽略了。尤其在人对自身实践能力的滥用导致了生态危机，人对个体感性生命的滥用导致了美学越来越堕入虚幻的背景下，这种狭隘性更是表现得愈加鲜明。显然，对于一种建立在人与自然和谐共存基础

---

① 关于人在新时期中国美学中的地位，高尔泰认为："美学就是人学""研究美就是研究人"。李泽厚认为："美的本质是人的本质的最完满的表现，美的哲学是人的哲学最高级的峰巅。"对于"美是人的本质力量的对象化"这一命题，朱光潜指出："这种实践观点必然要导致美学领域的彻底革命。"高尔泰指出："这一深刻的论断为现代美学的研究提供了一把打开理论之门的钥匙。现代美学中存在的许多问题，都可以用这把钥匙打开解决问题的门径。"以上观点分别见高尔泰：《论美》，甘肃人民出版社，1982年；李泽厚：《李泽厚哲学美学文选》，湖南人民出版社，1982年；朱光潜：《美学拾穗集》，百花文艺出版社，1981年。

上的新型美学理想而言，这种以人对自然的实践征服和情感再造为前提的美学是缺乏公正的，它以人存在的唯一意义宣布了万物存在的无意义（或仅具有材料的意义），以人的单一主体性剥夺了万物各有其主体性。于此，所谓人学的美学，其实已异化为人类自我中心论的美学；所谓美学的人本主义，其实就是人类自我中心主义。

因此，面对着人学化的美学中自然的缺席，一个亟待解决的理论问题就是将自然重新还给自然，重新发现其作为生命存在的本质，并在生态学的视野中重新建构人与自然平等对话的审美关系。

一、从人学的美学到生态的美学

在人与自然的关系上，深受西学影响的中国当代美学历来是讲究"以人役物"的。其中，人与自然在二分基础上的对立，人对自然的移情，人对自然的审美再造，最终形成一个以人为中心的和谐社会，是这种美学思维的大致线索。具体到作为新时期中国美学发展主干的实践美学和后实践美学来讲，虽然它们在对人的本质的理解上表现出巨大差异，但对自然的蔑视和贬低却构成了这两种美学共有的特征。其中，实践美学试图以劳动实践作为人与动物区别的标志，后实践美学则是以审美个体的高贵性来和对象世界拉开距离。同时，既然人被看作实践或生命的单一主体，他就无可置疑地拥有着对对象世界进行役使和解说的权力，而自然之物则只有显现了人的本质力量时才有存在的价值。显然，这两种建立在人与对象世界对立基础上的美学，在介入美的问题之前就有一个基本的假设：人是主动的，自然是受动的；人是活跃的，自然是死寂的；对象世界是人役使的对象，而不是可以平等对话的伙伴。另外，在实践美学和后实践美学的语境中，人的审美过程也不是对自然本身审美属性的充分肯定，而是被看成对人的本质力量的确证过程。这样，美也就成了为人所垄断、所独享的东西，自然本身的存在仅具有材料的意义。于此，美在对象世界的实现与其说表现了人对自然的审美关注，还不如说达成了人对自身审美能力的新一轮迷恋。在新时期中国美学出现的诸多与人学密切相关的命题中，对异化问题的讨论占有十分突出的位置。在20世纪80年代初，这种讨论的一个直接成果就是促成了人向人本身的回归。但在今天看来，当时人们对异化问题的界定是十分狭隘的，它仅仅局限于个体与社会之间，而忽略了人与自然关系这一更宏观的哲学背景。可以认为，在人与社会之间，当反人道的强力（比如阶级的压迫和政治的专制）导致了人性的极大压抑和扭曲时，异化的社会明显成了人的敌人，而关注主体和个体的存在也就成了对人这一弱势群体最富号召力的美学话语。但进一步而言，在人与自然之间，当人无限膨胀的实践能力导致了自然的破坏，当人的情感对世界的魔幻化改装使自然失去了原生形态，这时，人也就由受虐者变成施暴者。所谓的向人本身的回归，则成了人以自己的本质力量向自然展开"伟大进军"的前奏，所谓的人的解放也因此和人对自然变本加厉地奴役成为一个问题的两个方面。由此看来，人的异化问题绝不应该是当代美学所要讨论问题的终结，因为接踵而来的一个问题就是由人的本质力量的无限扩张导致了自然的异化。与对异化问题的讨论密切相连，在价值层面，自由是新时期中国美学的另一个核心范畴，克服异化的目的就是使人的自由解放得到最充分的实现。但是，从人与自然和谐共存的观念看，人的自由界域的无限扩张必然意味着自然更大限度地失去自由，当人以自己的单一自由宣布了万物的不自由时，所谓的自由也就成了构筑某种权力话语的冠冕堂皇的借口。这种关于自由的悖论提示人们，对于美学来讲，平等比自由更重要，自由的存在必须以平等原则作为前提，否则它就会因与公正原则的悖谬而成为在本质上反美学的东西。从这种对于自由的新界说可以看出，当代实践美学和后实践美学所崇尚的自由，明显是审美主体对自由的独占和独享，而作为对象存在的自然恰恰因为人的自由而堕入被役使的深渊。这样，自由信念也就因为它和平等原则的尖锐对立而变得声名狼藉。在这种背景下，探索一种万物各有其主体性的人与物平等的美学存在的可能性，就成为当代美学获得进一步发展的契机，也成了重建人与自然新型审美关系的开端。

对于实践美学和后实践美学而言，在人与自然的关系上，不仅它们秉持的自由信念殊可怀疑，而且它们分别围绕实践和生命完成的本体论建构也并不可能达到对对象世界的完满解释。这中间，当实践美学以实践作为世界的本体时，它是试图以人的实践活动达到对世界整体的充分定义，但人的实践能力所无法达到的区域——比如原生态的、没经人的实践改造过的自然到底美不美的问题——却成为这种美的形而上学的一个重负。当然，对于这种情况，实践美学除了试图将它放在实践的理论之胃中消化掉别无他法，它的一个自我修正的策略就是将"自然的人化"改装成"自然的属人化"，也即将人视力所及的或意识活动的对象都作为实践的对象，而原生态的自然也因为人的感性能力（情感、欲望等）的介入而成为美。很明显，这种实践概念外延的扩张有助于使实践美学摆脱质疑者的诘难，但这种扩张又势必因其理论的过度膨胀而导致实践这一命题的泛化，失去其应有的理论严肃性。尤其当人的无节制的实践活动导致了人类的生存环境日益恶化时，实践原则的普遍有效性则更加受到人们广泛的质疑。

从宽泛意义上讲，"自然的人化"本身就应该包括"自然的属人化"，因为感性化的欲望、情感、想象等个体生命能力对对象世界的"改造"，也是使自然属人的重要方式。这种看法可以在西方美学发展史上得到印证，比如，弗里德里希·费肖尔在19世纪初谈到移情问题时，已使用了"对象的人化"这种相类似的说法。[①] 但是，不管是自然通过人的实践活动向美生成，还是通过人的生命活动向美生成，它的结论都是一致的，即在人之外，自然不会有独立自存的审美属性。在这种美学语境中，自然美显然成了一个十分荒谬的概念——如果我们将自然美看作人的本质力量的对象形式，那么它的价值就仅是对人实践能力的证明；如果我们将它看成人的情感活动的表征，那么这种美则只不过是人在内心世界产生的关于自然的心理幻影。这样，不但自然美成了一个不具有任何实质内容的虚假的概念，而且我们所说的自然之爱，其实也不过是对自己创造物的爱，或者对自己心理幻觉的迷恋。它最终所要达到的目标，只不过是为了满足"万物皆备于我"的自我神圣感罢了。

---

① 朱光潜：《西方美学史》（下），人民文学出版社，2000年，第588页。

可以认为,当代美学之所以在对自然美的认识上陷入难以自拔的理论困境,一个核心问题是对自然内在属性的认识产生了巨大谬误。从新时期中国美学所依托的学理背景上来看,虽然无数新观念、新方法不断翻新,但它对自然的认识却依然停留在西方近代科学的水平上,它的自然观依然是西方经典科学的机械自然观。按照英国历史哲学家罗宾·柯林伍德的看法,西方文化从文艺复兴时期的哥白尼、特勒西奥、布鲁诺开始,科学的物质自然观就开始逐渐形成,其中心论点是"不承认自然界、不承认被物理科学所研究的世界是一个有机体,并且断言它既没有理智也没有生命,因而它就没有能力理性地操纵自身运动,更不可能自我运动……自然不再是一个有机体,而是一架机器,一架按其字面本来意义上的机器,一个被在它之外的理智设计好放在一起,并被驱动着朝一个明确目标去的物体各部分的排列"[①]。这种观念在17世纪的牛顿那里得到确立,并成为以后数百年间人们对于自然属性的基本判断,即自然世界是一个冰冷死寂的世界,它就像海岸边的弃船一样,只以尸体的形式展示其在自然中的意义。可以认为,这种机械自然观在伦理上赋予了人操纵自然的合法性,并使人对自然美独立自存可能性的否定显得顺理成章。

值得庆幸的是,现代生物学和物理学的发展为改变这种状况提供了新的理论资源。比如,达尔文的进化论使自然界的动植物摆脱了生命周期的无意义循环,成为一种在存在中不断演化的过程;而现代物理学中的热力学第二定律,则发现了无机的自然也有一个在演化中一步步走向寂灭的"悲剧"结局。这些关于自然属性的新的探索提示人们,近代科学关于"惟人独活,万物皆死"的观念,典型地反映了西方资本主义上升时期人的傲慢和无知,它向人文科学的引申则直接导致人类自我中心主义信念的形成。与此相对,在现代科学的视界内,不但人的生命是不可逆的,而且有机的自然也在对自身生命的一次性消费中走上了一条不归路——他(它)们都是在时间中流逝着自己的生命,只不过衡量其生命的时间量度有着长和短的差异罢了。很明显,在科学的自然观已发

---

① [英]罗宾·柯林伍德:《自然的观念》,华夏出版社,1999年,第6页。

生巨大变革的时代背景下，如果自命为最具自由公正精神的美学却依然停留在西方近代科学的思维逻辑上，这无疑是一种十分可悲的事情。

万物皆有生命，万物各有其主体性，这是生态美学应该确立的观念。如果我们由此承认自然中的万物都是独立自主的生命存在，那么人的自命的高贵，以及人以此为基础确立的对自然进行控制、役使的天赋权力，也就失去了继续存在的合法性。代之而起的人与自然的关系，必然是双方在生命基础上的平等关系，是承认万物各有其主体性前提下的人与物平等对话的关系。这是一种更具普遍意义的关于生命的形而上学，是人与自然在生命的基础上结成的新的同盟。如果以此为前提重新审视自然美的生成，那么我们就必须承认：自然美是人与自然之间生命互动的结果，而不是什么"自然的人化"或"自然的属人化"；是"相看两不厌，唯有敬亭山"式的互相欣赏，而不是"石油工人一声吼，地球也要抖三抖"式的人化实践；是"我见青山多妩媚，料青山见我应如是"式的同情关系，而不是"感时花溅泪，恨别鸟惊心"式的单向移情。人以忘情的状态投入对象世界，对象世界以鲜活的生命投入人的怀抱，这才是美学应该追求的理想化的人、物关系；以人是一切自然关系的总和代替人是一切社会关系的总和，这才是对人的本质属性的更合理的规定；让死寂的、被动的自然复活为鸢飞鱼跃的生命世界，让人与自然重新站在同一地平线上去"万类霜天竞自由"，这才是美学应该呈现的审美境界。生态美学也正是在这个层面上成为真正的"第一美学"。

二、从自然美到生态美

当原本死寂的自然具有了鸢飞鱼跃般的生命内涵，当自然由人役使的对象转换成与人平等对话的对象，传统意义上的自然美其实已被生态美这一崭新的范畴所取代。可以认为，生态美就是自然对象所展示的生命样态之美，由此确立的人与自然的审美关系，是互为主体、互为对象的关系。

首先，从生态美学的角度看，"物不自美，因人而彰"这种几成定论的自然美观念应该做出重新反省。自然并非只为人而美，而是包含着独立的审美品性和价值，甚至具有独特的审美感知能力。达尔文在19世纪就曾经指出，对美的感知并不是人类独有的能力，自然界的动物也像人一样具有审美表现和审美鉴赏的欲求。在他看来，不但人的美感会在为了获得异性的青睐中苏醒过来，而且自然界的各种生物也倾向于向异性展示出自己最美丽动人的侧面。如他所言："如果我们看到一只雄鸟在雌鸟之前尽心竭力地炫耀它的漂亮羽衣或华丽颜色，同时没有这种装饰的其他鸟类却不进行这种炫耀，那就不可能怀疑雌鸟对其雄性配偶的美是赞赏的……如果雌鸟不能够欣赏其雄性配偶的美丽颜色、装饰品和鸣声，那么雄鸟在雌鸟面前为了炫耀它们的美所作出的努力和所表示的热望，岂不是白白浪费掉了？这一点是不能不予以承认的。"① 当人们承认动物也有美感和审美表现的意识时，就必然意味着人所确立的审美尺度不能作为天下一切生命之物的共同尺度，而是体现出多元标准共存的特点。关于这个问题，法国启蒙思想家伏尔泰曾经指出："如果你问一个雄癞蛤蟆：美是什么？它会回答说，美就是它的雌癞蛤蟆，两只大圆眼睛从小脑袋里突出来，颈项宽大而平滑，黄肚皮，褐色脊背。"② 中国哲学家庄子在其《齐物论》中说得更明确："毛嫱丽姬，人之所美也；鱼见之深入，鸟见之高飞，麋鹿见之决骤，四者孰知天下之正色哉？"③ 可以认为，只有承认万物各有其审美的尺度或标准，美学才会抛却人为的偏见，才会将自然界中那些长期被看作没有审美价值的丑陋之物纳入美的范围。这样，美学也就不仅在更广阔的生命区域具有了价值评判上的中立性和公正性，而且美也在多元发展和多元表现中体现出更深刻的自由本质。

可以认为，当人将审美的能力仅仅局限于人类自身时，这只不过是人类自恋情结在美学上的反映，只不过是人类以认识上的狭隘和独断剥夺了对象之物

---

① ［英］达尔文：《人类的由来及性选择》，科学出版社，1982年，第112页。

② 北京大学哲学系美学研究室：《西方美学家论美和美感》，商务印书馆，1980年，第124页。

③ 崔大华：《庄子歧解》，中州古籍出版社，1988年，第90页。

作为审美主体的应有权利。这既是人对自然无知的表现，也是人因傲慢而变得愚蠢的表现。基于这种判断，传统意义上关于人类社会出现之前有没有美存在这一问题，就应该做出新的回答。从生态美学的角度看，地球上自从开始有了生命之物的存在，也就有了审美主体和审美对象的存在，人是否来到这个世界并不足以决定审美活动的发生。正如汉斯·萨克斯所言："物体的美是其自身价值的一个标志。当然这是我们的判断给予它的。但是，美不仅仅是主观的事物，美比人的存在更早。蝴蝶和鲜花以及蜜蜂之间的配合都使我们注意到美的特征，但是这些特征不是我们造出来的，不管我们看见还是没有看到，都是美的。"①

其次，从生态美学的角度看，自然界的生命之物不仅具有独立的认识和发现美的能力，而且也以它们独特的方式完成着美的创造。经典美学是建立在人与自然物相区别的基础之上的，这种区别不但表现为对人的审美能力的肯定和对自然生命审美能力的否定，而且更表现为人可以自由自在地完成美的实践创造，而动物不能。对于中国当代美学家来讲，这种观念的形成和对马克思经典美论的误读大有关系。马克思讲过："最蹩脚的建筑师从一开始就比最灵巧的蜜蜂高明的地方，是他在用蜂蜡建筑蜂房以前，已经在自己的头脑中把它建成了。劳动过程结束时得到的结果，在这个过程开始时就已经在劳动者的表象中存在着，即已经观念地存在着。"② 关于这种动物实践与人类实践的巨大区别，马克思在《1844年经济学—哲学手稿》中讲得更明确："动物只是按照它所属的那个种的尺度和需要来建造，而人却懂得按照任何一个种的尺度来进行生产，并且懂得怎样处处都把内在的尺度运用到对象上去；因此，人也按照美的规律来建造。"③

从这两段引文可以看出，马克思并不像人们一般认为的那样，否定动物有

---

① ［德］汉斯·萨克斯：《生态哲学》，东方出版社，1991年，第58页。
② 《马克思恩格斯全集》第23卷，人民出版社，1972年，第202页。
③ 《马克思恩格斯全集》第42卷，第97页。

创造美的能力，而只是将人对美的自为的创造与动物对美的自在的创造做了区分。这种区分并不意味人是美的唯一的创造者，而只是辨析了双方在对美的创造中所表现的方式的不同。从对象事物所体现的创造美的自然本性来讲，虽然"最蹩脚的建筑师"在审美创造的主观能动性方面超过了蜜蜂，但即便是"最聪明的建筑师"创造的蜂房，也比不上蜜蜂创造的蜂房那样具有原生态的审美格调。同样道理，即便人可以按照美的规律逼真地复制出各种自然景观，但这种经过人工雕琢的东西，也远远比不上自然本身那种"清水出芙蓉，天然去雕饰"的美。从这个意义上看，自然界的动植物在无意之中完成的审美创造，明显高于人的有意的复制；来自自然的天籁之音永远高于人为模仿的声音。

同时，人们总是习惯地认为，只有人才会从自己的实践成果中直观其本质力量，并通过对自身本质力量的肯定而进一步肯定实践成果的审美属性。但是，一种更合理的判断也许是，我们之所以不承认动物能从自己的创造物中得到审美喜悦，是因为我们对与人隔离的自然生命世界还知之甚少，那自然生命在成长和发展中所体现的生存智慧和忧喜悲欢，对人来讲还是一个无法破译的谜团。从这种谜团尚没有得到有效破译的角度看，下面的反问就显得十分有力——"人们怎么知道蜂房、蚁穴、鸟巢、河狸的堤坝、野兽的兽穴对于它的建筑者不美呢？人们怎么知道蜜蜂的舞蹈、孔雀和羚羊的求爱仪式在它们自己看来不美呢？人们又怎么能够感受到动物之间通过自己的信息交流，进行着有条不紊、齐心协力地抵抗外敌的美呢？人们又怎么知道生物与其环境和谐相处的满意的生活之美呢？"① 只要人们不能用大量令人信服的论据对以上问题做出明确的回答，那么任何对动物是否能从自己的创造物中得到愉悦的先验判断，就明显是武断的。如果人非要肯定自己的实践是美的实践，而动物的实践是不会带来任何审美愉悦的盲目的实践，那么，这只能说明人性的狭隘和偏执，以及试图独占美的解释权的霸权心态。

再次，如前所言，生态美是自然生命充盈的物态之美，而不仅仅是对象事

---

① 佘正荣：《生态智慧论》，中国社会科学出版社，1996年，第257页。

物与人的感官发生联系时所形成的美的表象。这种区别意味着，判断生态美和自然美的标准是有很大差异的。可以认为，生命之美是生态美的本质特征，事物自身的天然状态是生态美的最理想呈现，对象的外观是否能引起人感官的畅快舒适并不足以成为美的决定因素。但是，如果人的标准不能成为判断生态美的决定性标准，这也会引发一个新的问题，即在人与自然界各种有灵的生命之间，到底还有没有一个被所有生命共同遵守的审美标准，到底有没有被所有生命共享的生态美存在呢？显然，如果对这个问题不能做出肯定的回答，那么生态美就有在审美的多元化中走向失范的危险。对于这一问题，下面的探讨也许是必要的：虽然人眼中的美丽物象和一只蜜蜂、小鸟、癞蛤蟆的审美判断会有很大不同，但他（它）们也有审美的共性，即都对运动的、活跃的自然对象抱有好感，都对世界的生喜悦，对世界的死厌恶。像一只蜜蜂，它明显热爱花朵的绽放；一只小鸟，它也乐于和翩然而飞的同伴做"飞鸟相与还"。另外，即便一只癞蛤蟆，它虽然对世界中静止的一切缺乏感知能力，但如果对象呈现出运动之象，它马上就会做出敏锐的反应。由这种分析可以看出，在人与自然生命之间，虽然产生美感的对象和方式有很大不同，但对生命运动的热爱却铸就了他（它）们共同遵守的同一性，也即超越自然与人类之上的人、物混同的美，是一种生态学意义上的动态生命之美，这种动态之美应该是各种有美感的自然生命共同遵循的共同美。

当然，说自然界的动物也有美感，甚至认为人与动物之间有共同美存在，这种判断必然会因为不具备充分的科学证据而受到人们的质疑。但是，只要人在介入审美活动时，有意识地在人的维度之外纳入自然的维度，这就足以使人的审美观念和实践方式发生重大改变。在当代，随着生态观念的深入人心，人们已很少围绕自身做刻意的修饰和制作，而是将保持个体生命的原生形态作为生活舒适的重要标志。这种观念的转换意味着，人在按照美的规律创造世界的同时，已经开始兼顾到按照生态的规律造型，从而达到自然原生形态的复现与人工制作的圆融统一。在这里，人为加工对象世界的意图总是被刻意隐藏，审美创造的理想也是将复现事物的天然形态作为最高的理想。显然，通过人的努力复现出的自然的原生形态，明显要高于以理性形式对自然生命构成的禁锢；对事物天然形态的顺应，明显是在追求造物者赋予万物的自然形式。也就是说，通过在尊重自然前提下对自然的人工参与，生态美学的实践是既要保持自然的原生性又要与人生存的畅快舒适达到完美的契合，这种按照美的规律造型与按照生态规律造型的结合，是生态美学介入审美实践的典型方式。

三、生态美的价值与理想

人类往往因为追求美而至善。虽然重建人与自然的互动关系是生态美学关注的主要问题，但这种互动并不是它所要追求的最高价值和理想境界。从生态美学的角度看自然，它所具有的审美价值明显比常规的自然美更丰富，它所要达到的理想目标也明显比自然美更富有广泛的包蕴性。这就像一棵树，对于一个生态学家来讲，它发达的根系遏制了生长区域的水土流失，它庞大的树冠不仅增加了周围地区的降雨，而且有效地使该区域保持湿润。同时，有了湿润的土地，也就有了自然界草木的生长，草木的生长又能引来蜂蝶的舞蹈和栖鸟的欢唱，并最终给人提供一种莺飞草长、万物群生的美好生存环境。在这里，一棵树的存在，其价值绝不局限于感性的外观，而是一种希望、一种象征。当它和自然界许多美好的自然生命组合在一起，并共同表现它们的自由生命时，一种万物和谐共存的生态美景观也就在人们的眼前得到完美的呈现。

在和谐的生态美的境界中，传统的关于审美活动与人类的认知活动无关的观点、不涉利害的观点明显是值得反省的。因为人们只有对自然对象的生态价值有了深刻认识，才能对其审美价值做出更充分的肯定。比如，"热带雨林之所以美，不仅在于它具有众多物种繁荣的外观，而且也由于它给人类的生活提供了充足的氧气，净化了大工业和城市生活释放的大量废气；大海之所以美丽，也不仅在于它环抱陆地、水天相连的壮丽景象，吞没一切的宏伟气魄，还在于它参与地球的水、大气以及其他生物、化学循环，保障了生命维持系统的存在"①。在这里，由对象事物的生态美所衍生出的生态价值，明显超出了常规意义上和真、善对立的审美价值，它不但是沟通生态真（生态规律）与生态善（生态伦理）的桥梁，而且在更高的层面上达到多元价值判断的高度统一。

当生态美的价值被看作多元价值的统一，当自然界的各种生命体现出休戚与共的共生关系，这也就意味着和谐之美是生态美的最高表现形式。传统美学总是习惯于将孤立地看待审美对象作为审美活动的主要方式，但对于生态美学来讲，它一个方面充分肯定个别事物的生态美价值，但另一方面更强调自然生命在相互作用和协调中所体现的整体景观。因为自然生命在相互支持、互惠共生中所体现的相濡以沫、相亲相爱，显现出了天地万物在泛爱中融为一体的特点。而这种无言之爱、自然大情，正是天地大美所依托的源生性情感，也正是美之为美的本质所在。庄子云："天地有大美而不言，四时有明法而不议。"②试想，如果没有自然万物在相互依存中所体现的生命之爱作为基础，所谓的"天地大美"大概也只能退化为自然万物为个体生存而互相攻伐、摧残的大丑了。从这个意义上看，生态美不仅是天人合一、美善统一的高度和谐，而且以自然生命之间的泛爱构成了它们普遍的本质。

如果说爱是人与自然之间、自然生命之间关系的本质，那么它就是生态美学建构自己理论体系的逻辑起点。生态美作为个体生命与其生存环境在相互依存中所展现出的美的形态，不管是体现为相互协调关系的形成，还是体现为最终的和谐，都以这种本然之爱作为基础。在人与人之间，人们谈论和谐的人际关系，最恰切的形容莫过于"四海之内皆兄弟"，并常常用"五百年前是一家"作为这种相爱关系血缘上的依据。同样道理，在人与自然之间，虽然在走向文明的进程中日复一日地相互分离，并在生存竞争中不断强化着相互的敌意，但不可否认的一点是，不论是人还是自然界的各种生命，从生命起源上看都具有同一的起点，都具有不分亲疏的同源性。现代科学证明，地球形成之初

---

① 佘正荣：《生态智慧论》，中国社会科学出版社，1996年，第263页。

② 崔大华：《庄子歧解》，中州古籍出版社，1988年，第582页。

并无生命存在，到了大约 38 亿年前，才产生了无核单细胞生物这种最简单、最原始的生命。从这个意义上讲，不管是人还是自然界的动植物，他们都具有共同的祖先，都是无核单细胞生物的子孙。这种生命的同源关系，为确立生态意义上的爱提供了历史和"血缘"上的保证。

16 世纪末，英国玄学派诗人约翰·堂恩曾写下了一首歌颂人类泛爱精神的光辉诗篇，鼓励了西方一代代具有博爱情怀的知识者为捍卫人类存在的整一性而献出自己的热血，甚至生命。诗中写道：

> 谁也不能像一座孤岛，
> 在大海里独居。每个人都似一块小小的泥土，
> 连成整个陆地。如果有一块陆地被海水冲去，
> 欧洲就会缺其一隅。这如同一座山岬，
> 也如同你的朋友和你自己。
> 无论谁死了，
> 我都觉得是我自己的一部分在死去，
> 因为我包含在人类这个概念里。
> 因此我从不问这丧钟为谁而鸣，
> 它为我，也为你。①

这首诗代表了西方人本主义精神所能达到的最高境界。诗人强调人与人之间不仅是主观上对他人有无仁爱之心的问题，而且说明人类作为一个血肉相连、不可分割的利益共同体，爱他人也就是最好地爱自己。但是，在当代生态美学的语境中，人们依然可以鲜明地看出这首诗在高扬人道主义精神时所表现的狭隘性，这是因为，不仅"在人类这个概念里"人与人之间是不可分的，而且在生命这个更广阔的概念里，一切宇宙中的生命存在都是不可分割的整体。今天，

---

① ［美］海明威：《钟为谁鸣·卷首诗》，内蒙古人民出版社，1982 年。

人们从人类的一己私利出发，可以对自然界里物种的灭绝报以冷漠的态度，甚至为了加快自己的富裕而向自然发起残酷的劫掠和讨伐，但是，那看似与己无关的自然生命的死亡，却正在某种程度上加快着人类作为一个物种在地球上的灭亡。所以，那由生态危机敲响的丧钟，既是为自然生命的消亡而鸣，更是为劫掠者行将到来的末日而鸣。

关于世界万事万物的相联性，当代信息论的研究者曾有一个形象的比喻：蝴蝶在北京扇动一下翅膀，就会在纽约引起一场暴风雨。这种普遍联系的观点，正是我们要将看似无关的人与对象世界看成一个整体的原因所在。在西方古典时代，作为对象存在的自然生命之间单纯地被看作弱肉强食的食物链关系，而人作为从食物链环中跳出来的高等生命，则具有对自然生命生杀予夺的天赋权力——全世界的异类生命都以人类的菜谱表现自己的存在价值。值得欣慰的是，在当代，这种处处透着残酷生存竞争的"食物链"，终于被人们改换成了"生物圈"这一让人产生美好联想的称谓。这种生物圈，预示着地球上的各种生命像小朋友手拉手一样，重新有机会跳起圆圈形的舞蹈。这种圆圈舞，是没有歧视和敌意、各种自然生命都有机会平等参与的生命之舞，是生态美学昭示的世界真正走向大同的理想。在这个生命的圆圈舞中，我们不允许任何一环出现断裂或空当，而不必去追问身处其中的人类是一位领舞者还是一般的演员。

(刊于《郑州大学学报》2001年第4期)

艺术，死亡抑或终结？

⊙阿列西·埃尔耶维奇
⊙斯洛文尼亚科学与艺术研究院

一

近几十年来，艺术的"终结"甚至"死亡"已成为美学界和艺术评论界经常讨论的话题。早在20世纪60年代，这一命题便开始被广泛讨论。"进入'艺术终结'讨论的最简洁的方式，就是通过对在过去几年里某一种最热门的时尚或狂热对象——所谓的事件的出现——的搜集来辨明。"① 与弗雷德里克·詹姆逊所谓的事件相并行的是，60年代许多信仰马克思主义及毛泽东思想的理论家，针对艺术观念、艺术家和艺术品的批评，日益活跃且广为接受。尽管这些作者的目的不是繁殖黑格尔主义的艺术终结观念，他们却在不经意间促使了"文学"在"书写"中、"艺术创造"在"作品"和"表述训练"中的消亡，从而有效地削弱了对艺术、艺术品和艺术原则的传统理解。1984年，一本冠名为《艺术之死》②的书出版，它的主要贡献就是阿瑟·丹托的论文《艺术的终

---

① [美]詹姆逊：《"艺术终结"还是"历史终结"》，《文化转向：后现代论文集 1983—1998》，维梭出版社，1998年，第74页。

② [美]贝若·朗：《艺术之死》，哈文出版社，1984年。

结》(尽管丹托本人后来解释说在1984年谈论"艺术死亡"是"一种夸大其词"①。几乎同时,意大利哲学家加安尼·瓦蒂莫以不同的方式讨论了同一问题。在黑格尔和阿多诺的基础上,瓦蒂莫分析得出结论:"在一个舆论被操纵的世界里,真正的艺术只能以保持沉默的方式表述。"② 然而汉斯·贝尔廷在他的著作《艺术史的终结》中却主张,用阿瑟·丹托的话来说:"从客观上讲,艺术似乎不再拥有进一步发展的历史可能性。那么,贝尔廷的问题就是,如果这种客观条件不成立,当前的艺术史如何存在呢?"③ 丹托认为,尽管承认"艺术死亡"是一种夸大,"这种观念也一定会在八十年代中期广泛流行"④。

艺术终结问题,不仅涉及詹姆逊所谓的事件,还有针对黑格尔甚至于他的解释者的研究话语内在价值的讨论,以及针对瓦蒂莫艺术终结本质上与形而上学的终结密切相关论点的讨论。然而,如同上面所提及的作者所证明的,与艺术终结密切相关的西方艺术事件,使艺术终结变得明晰,至少如同黑格尔之后一些西方艺术所展现的,它们似乎要证实黑格尔关于艺术前景的论断。因此,据丹托所言,在"艺术自身的内在状态,被认为或多或少地偏离了较宽泛的历史的和文化的决定因素"⑤的理论基础上,他和贝尔廷得出了艺术终结的结论。⑥

而要讨论各种"艺术终结"理论明确的或潜在的哲学资源,我们就无法回避一位艺术家,因为他处在"艺术终结"出现之后艺术起源的历史位置。这位艺术家(实际上他从未称自己的作品为"艺术")就是杜尚(1887—1968)。

---

① [美]阿瑟·丹托:《哲学对艺术的剥夺》,哥伦比亚大学出版社,1986年,第81页。
② [意大利]加安尼·瓦蒂莫:《现代性》,斯维尔出版社,1987年,第60页。
③ [美]阿瑟·丹托:《艺术终结之后——当代艺术与历史的界限》,普林斯顿大学出版社,1997年,第62页。
④ [美]阿瑟·丹托:《艺术终结之后——当代艺术与历史的界限》,第17页。
⑤ [美]阿瑟·丹托:《艺术终结之后——当代艺术与历史的界限》,第18页。
⑥ [美]阿瑟·丹托:《哲学对艺术的剥夺》,第81页。

他的艺术成品，恰恰代表了20世纪艺术的开端，并受到后来建立的各种形式的概念艺术和新概念艺术的直接追捧，也为黑格尔关于20世纪艺术进程的预言——艺术终结的名言，提供了许多例证。因此它也表明黑格尔不仅公正地宣布了浪漫主义诗歌代表了在艺术中显现绝对精神的最高形式，而且确切地说，他还预见了概念艺术的出现，也即这种艺术不再与感官感受关联，而只与意识、概念相关。那么，这就意味着浪漫主义艺术不再承载内在的精神价值，而是完全转变成为一种产品，甚至仅仅是一种"观念"，因而也就失去了它先前的权利。然而，当讨论艺术终结的时候，我们必须注意到与音乐、诗歌和虚构文学相关的"艺术终结"从来没有达到在视觉艺术中出现的程度。但这或许可以切实地宣布，这些其他的艺术形式虽不再占据与过去相当的历史地位，却依然在文化中占据了相当的位置，至少它们不是丹托所讲的由视觉艺术引起恐慌的原因。因为随着视觉转向或图像转向的出现，视觉艺术成了艺术形式的中心。

二

在艺术理论中，德国理想主义是作为现代哲学——尤其是谢林和黑格尔的哲学——的中心论题出现的。在《精神现象学》中，我们可以找到关于艺术消亡的观念。如同克罗齐1901年在他的《美学》中解释的："形而上学的浪漫主义和理想主义把艺术提升得如此高，甚至已经放到云端之中，那么他们必须意识到放置这么高，艺术就不再为任何目的服务了。"[①] 克罗齐作为黑格尔的追随者，已经认识到黑格尔美学的一个重要特征，即黑格尔把艺术提升到如此的高度，使他必然给艺术的重要性打上历史局限性。黑格尔在宗教领域内对艺术进行限制和假设，始于1807年的《精神现象学》。他说："稍后，精神超出了艺术以便赢得它的较高的表现，即它不仅是从自我中生长出来的实体，而且在它的表现里就是这个自我的对象；精神不仅是从它的概念里产生出来，而且是使

---

① ［意大利］克罗齐：《美学》，格鲁布斯出版社，1991年。

它的概念本身具有形象,这样概念和创造出来的艺术品就可以相互认识到彼此是同一的东西。"①

在黑格尔整个哲学体系中,每一类艺术的形式和形成时期都是重要的,因为它们与精神发展的整体过程——它的历史——的其他部分相关联,并与其组成一体。艺术依据它在精神发展顺序中的位置获得重要性,并且由于这种顺序又使它失去了重要性。正如吕克·费里对它的恰当描述:"因此诗歌是艺术的终结形态。"②

"艺术死亡在黑格尔哲学中意味着什么?这非常简单明了:如果艺术仅仅是抽象真理的感性的道成肉身形式,那么科学要比艺术优越,哲学也是如此,因为哲学和科学以概念和思维的方式抓住了应该抓住的真理。它们(哲学和科学)思考真理而不以具体可感的物质表现真理,因此黑格尔说:'艺术走向死亡。'必须谨记的是,这一论断的倾向是艺术必然被科学和哲学超越。……宗教超越艺术的原因在于,它以一种较好的方式表现了艺术所表达的理念,即最高真实的理念……因此,如果艺术仅仅是抽象真理的感性的道成肉身形式,那么它必然走向死亡。"③

正如费里所公正地宣称的黑格尔艺术走向死亡结论的根源在于他的艺术本质上与真理相关的观点,既然真理的最高形式是概念,艺术被真理的概念的化身所超越就是必然的。再如黑格尔在《精神现象学》中所说的:"因此艺术品要求一种别的因素来表达它的存在,……这种较高的因素就是语言——语言是一种特定存在,一种具有直接自我意识的实际存在。"④

当然,艺术与真理相关是一种传统观念。在古代,亚里士多德对它进行了或许最为彻底的论述。然后,它在浪漫主义及随后的现实主义和现代主义中又

---

① [德] 黑格尔:《精神现象学》,哈伯出版社,1967年,第711页。
② [法] 吕克·费里:《人类学美学》,格拉塞出版社,1990年,第191页。
③ [法] 吕克·费里:《美感》,艺术圈出版社,1998年,第200页。
④ [德] 黑格尔:《精神现象学》,第716页。

达到了新的高度。因而左拉说:"我想……一篇简洁的文章,一种明晰的语言,就像一座玻璃房子允许我们看到其中包含的思想。"① 整个现代主义都被真理冲昏了头脑。尽管在现代主义中,"真理"不直接以具象的形式来呈现,它仍然存在,只是隐藏(或许是"内在于")在抽象艺术的背后。抽象艺术不再揭示"精神"与"物质"相一致的真理,而是海德格尔主义者的"敞开"。在现实主义中,按照弗雷德里克·詹姆逊的观点,语词所指对象之间的关联,能指与所指依然存在。而在现代主义里,外部语词所指对象间的联系已经消失。尽管如此,值得提及的是,詹姆逊对现代主义出现和存在的发现与黑格尔的艺术在浪漫主义中终结的命题相矛盾,② 因为艺术在现代主义中达到了它的最高点。

20世纪前半叶,在许多思想家那里,艺术就是真理为数不多的集中所在之一,这是个适宜于系统化、商品化、具体化和异化的世界。艺术以一种特殊的独一无二的方式呈现真理,因而在这方面,艺术没有偏离在黑格尔哲学中所充当的角色太远。事实上,它们并没有一个关于艺术将要消亡、死亡或者终结的明确观念。然而,海德格尔提出了一个重要的问题:"尽管我们可以确认,自从黑格尔于1828—1829年冬季在柏林大学作最后一次美学讲座以来,我们已经看到了许多新的艺术作品和新的艺术思潮。但是,我们不能借此来回避黑格尔在上述命题中所下的判词。黑格尔决不想否认可能还会出现新的艺术作品和艺术思潮。然而,问题是艺术对我们的历史性此在来说仍然是决定性的真理的一种基本和必然发生方式吗?或者,艺术压根儿不再是这种方式了?"③

彼得·伯格则对黑格尔艺术终结观点解释说:"黑格尔赋予艺术的是历史意义但不是艺术的概念。尽管艺术在希腊艺术中有自身的本源,他赋予艺术一

---

① [法]左拉:《现实主义文学》,斯维尔出版社,1982年,第168页。

② [美]詹姆逊:《"艺术终结"还是"历史终结"》,《文化转向:后现代论文集1983—1998》,维梭出版社,1998年,第83页。

③ [德]马丁·海德格尔:《艺术的起源》,芝加哥大学出版社,1964年,第701~702页。

种超历史的逻辑性。"① 伯格还在黑格尔的美学讲稿中发现了一条关于后浪漫艺术的线索:"借用荷兰风格绘画作为例证,他说这里对对象的兴趣转变为对表现技巧的兴趣:'使我们陶醉的不是绘画的主题和逼真,而是纯粹的表现……这整个都没有主题所具有的那种兴趣。'……他明确地说:'艺术家的主观技巧和他运用的艺术产品形式使客观对象在艺术作品中的地位得到提高。'这就宣布了形式/内容辩证法转换的支持形式,艺术进一步深入发展的过程是以此为特征的。"②

彼得·伯格这里提出了两个重要问题。第一个是众所周知的,即黑格尔的艺术概念源于希腊艺术又受制于希腊艺术。换句话说,艺术形式在黑格尔哲学里虽不断向前发展,艺术却一直维持着从古希腊就具有的本质。然而,伯格在黑格尔那里还发现了一种对美学理论的偏离,并宣称黑格尔预见了20世纪现代主义艺术中的形式主义的出现。

我们是否能从黑格尔美学讲稿的引文中得出在他的话里隐含着西方艺术由现实主义向现代主义以及形式主义转变的信号,仍是有疑问的。或许较为中肯的是,黑格尔关于艺术进入哲学的历程与20世纪艺术的另一形式——概念艺术——的形成之间可以建立关联。既然概念艺术建立在理念、概念的基础之上,它就能要求它充当一个明确的艺术超越自身的局限的事例,因而进入概念真理的王国,同时又保留浪漫艺术及先前时代艺术的特权。这个假设虽然是积极的,但并不能经得起事实的验证。

三

概念艺术有许多资源,但我们能十分确定的仍然只有它的历史发源地——杜尚的现成品艺术。1917年在纽约"独立艺术家协会展"上展出的具有挑衅意味的《泉》,虽在现成品艺术中最为臭名昭著,但依然为现成品艺术赢得了

---

① [美] 彼得·伯格:《先锋派理论》,明尼苏达州大学出版社,1999年,第92页。

② [美] 彼得·伯格:《先锋派理论》,第93页。

自己的生命。这就导致了一个断言:"杜尚的发明——现成品艺术,对当代艺术的发展作出了最本源性的贡献。"① 现成品艺术一直充当着 20 世纪整个艺术倾向偏离现代主义一般轨道的早期例证。要认清两者之间的本质差异,关注现代主义艺术的主要评论家克莱蒙特·格林伯格对杜尚的反应就足够了。

按照科蒂斯·卡特的解释:"克莱蒙特·格林伯格在他的论文中再现了杜尚主义的传奇——'反先锋派'②,与杜尚相对比,格林伯格主张优秀艺术一直源于传统,是艺术自身的期待和满足相互作用的结果。按照他的观点,优秀的艺术家能在被丰富的传统背景和修正期待的准备所揭示的经验中提供新的惊奇。"③

概念艺术,顾名思义,是在包括概念、观念及艺术品实际形式等理念的基础上创造的。在概念艺术中,技巧、工匠的技能或者专业技术并不是根本前提,因为它们的目的并不是成为表现或者表达的特征,而这种特征会提供格林伯格所讲的"满意"、亚里士多德的"认知相似性的愉悦"④、普洛丁的"真理的轨迹是与精神相通的"和厄恩斯特·贡布里希的"认知的愉悦"等。这种概念的主题是理念的转变,是把一件制造品转变为一件艺术品——但转变来的艺术品所承载的是与传统意义相去甚远的特殊意义。杜尚解释现成品艺术的方式是有意义的:"必须以冷漠的态度获取物品,这样物品就不会激起任何审美情感的反应。选择现成品艺术要建立在视觉冷淡的基础上,同时要杜绝好或坏的趣味。"⑤ 杜尚创作的大部分艺术品都完美体现了上面所提及的现成品艺术的特征,尤其是早期的现成品艺术或者《大玻璃》。

还是从把自己称为概念艺术家(杜尚没有如此宣称过)的艺术家中选择两

---

① [美] 胡安·安东尼奥·罗迈兹、[法] 杜尚:《爱甚或死亡》,瑞可书店,1998 年。
② [美] 克莱门特·格林伯格:《反先锋派》,《国际艺术》1971 年第 15 期。
③ [英] 托尼·戈弗雷:《概念艺术》,费顿出版社,1998 年。
④ [美] 赫伯特·里德:《现代绘画简明史》,泰晤士赫德森出版社,1974 年。
⑤ [美] 胡安·安东尼奥·罗迈兹、[法] 杜尚:《爱甚或死亡》,瑞可书店,1998 年。

个比较近的例证。艺术家索尔·勒维在 1967 年定义概念主义时采取了以下方式:"在概念艺术中,理念或概念是艺术品最重要的部分。当一位艺术家采用概念艺术的形式时,就意味着所有的计划和决定都是预先制定的,而技术只是例行公事。理念乃是制造艺术的机器。"① 约瑟夫·库苏斯则提供了另一种定义:"概念艺术的'纯粹'界定,要求界定深入概念'艺术'的根基,即概念艺术本身所具有的内涵。"②

在前面所涉及的黑格尔所论述的假设:既然概念艺术建立在概念的基础之上,因此,概念艺术代表了艺术对自身局限的超越,从而在进入概念真理的王国的同时又保留了艺术的特权,也即概念艺术在假设艺术死亡之前已经存在了。这个难解释的论题的理由可以在格林伯格那里找到:优秀艺术源于传统,并受制于历史环境,因而风格和形式的历史演变将决定相关的艺术形式或艺术作品。没有历史性,黑格尔主义者的艺术和艺术死亡思想也就失去了意义。没有我们所谓的历史的时间推移,没有历史的辩证进程,现在就无法维系过去,使之以更高的水准进入将来,那么,因为没有进行区分的标准,也就没有优秀艺术。相反,典型的概念艺术确切地说就是它与历史无关的本质:概念艺术不再与超越它自身的或其他的过去相关,只是保持重复展览时的同一姿态并不断以艺术展现自己。因此,甚至对概念艺术来讲,它不能宣称它超越了黑格尔所设定的局限:尽管它证明了"艺术的终结",但它不能证明自身已进入哲学概念知识的王国。

作为概念艺术发源地的现成品艺术,是在 1913 年随着杜尚的《自行车轮》即第一件现成品艺术的构思而出现的。我们或许会说,几乎在同时出现的立体派艺术家的拼贴艺术已经在同一方向前进了一步,但这只是部分地而非本质地正确的。拼贴艺术,尽管也包含诸如"真实的"报纸碎片之类的东西,但整体上仍然发挥着表示的作用。而现成品艺术就不是这种情况:自行车轮只能是自

---

① [英] 托尼·戈弗雷:《概念艺术》,费顿出版社,1998 年,第 12 页。
② [英] 托尼·戈弗雷:《概念艺术》,第 12~13 页。

行车轮——杜尚的其他现成品艺术同样如此。通过介绍现成品艺术,杜尚切断了现代主义和先锋派与传统艺术之间一直存在的内在联系。传统艺术通过艺术中的象征意义找到了自己的延续,如马利维奇或康定斯基的象征艺术作品,尽管抽象,仍然被设定蕴含了一些象征性的或形而上的内容,或者拥有纯粹的审美潜能——这个进程在1908年之后的几十年里达到了顶峰,即康定斯基拥有赫伯特·里德所谓的"启示经验",也即"绘画缺乏主题,没有描绘可辨认的对象,整体由闪亮的色斑构成"[1]。在至上主义、表现主义、超现实主义和抽象表现主义中,尽管语词所指事物与能指之间的关联已被切断,但这种符号仍然存在。而在杜尚的现成品艺术和稍后我们能明确判定为概念艺术的艺术品中,就不再是这种情况:它们只代表它们自己,既不是符号也不是表现物。传统艺术与现代艺术,都须植根于或来源于模仿的原则和描写的对象。大马士革的约翰在9世纪形成的一套形象原则直到今天仍然适用:形象"具有和原型一样的特征,但也有一定的差异。它并不是每一个方面都和原型相同"[2]。但只要形象或相似的人工制品表现某种事物,这个原则就是有效的。原型和形象区分的依据准确地说就是原物和复制品之间的细微差异:如果复制品仅仅是原物,传统的艺术影响决不会如此成功。确切地说,概念艺术宣称的是:即使概念艺术品仅仅是原物而不是任何形式的复制品,它仍能发挥艺术的作用。

不得不强调的是,这种状况发生的原因,与黑格尔在艺术哲学中的假设或许并没有直接关联。艺术终结的发生,不是因为艺术已经发展到极限而不得不转向概念形式,而是由于瓦蒂莫所指出的原因失去了它的关联性。艺术不再直接反映发达世界中社会的和个人的矛盾,或者反映程度与过去不同。换句话说,黑格尔艺术终结的理论是正确的,但这仅仅是在他的历史哲学的大框架下

---

[1] [英]赫伯特·里德:《现代绘画简明史》,泰晤士赫德森出版社,1974年,第190页。

[2] 大马士革的约翰:《关于神圣偶像:对于攻击神圣偶像者的三种辩解》,斯维斯出版社,1980年,第19页。

和精神现象学的描述中。在这个大框架下,现代主义之后的艺术已经丧失提供真理的功能,并因此主要演变为日益加剧的商业文化的一部分。如詹姆逊所言:"因此,在新时代里,艺术下降到在现代主义之前所具有的古老的烹饪的地位。"① 要评价这些论述的相关性,观察欠发达世界里艺术的作用就足够了,例如在拉丁美洲艺术仍然具有重要性。它们或许不是以欧洲古典现代主义者所熟知的形式,而是在感受完全改变的社会约定中,在视觉艺术或戏剧和音乐里。

杜尚作品一个明显的特征,即不提供认知的愉悦:一件现成品艺术品只直接表示自身,因而不具有或缺乏一种附加的或多余的含义。因此杜尚的作品不具有表现性。尽管它们有时被称为非客观的,但几乎指不出抽象性或非象征性:一件抽象的艺术品包含象征的内容,或者可能要研究图像特性的可能性以及塑料制品艺术提供的可能性,因而以一种转换的方式提供某种审美"愉悦"或者艺术愉悦,因为它来自被认定的艺术作品。然而在大多数情况下,杜尚的作品不能以这种方式指认,因为它们的意图经常具有明显的反图像性,而且还完全漠视先前的艺术。

而要获得杜尚作品特殊本质问题的可能性答案,需要诉诸一种迂回的方式,即考察20世纪另一位有重大影响的艺术家安迪·沃霍尔。

毋庸置疑,与杜尚的作品相比,由于重复和连载,沃霍尔的作品提供了更多的审美愉悦,不过它们涵盖了认知,虽然强度不同。如同詹姆逊宣称的:"安迪·沃霍尔的《冰晶鞋》明显不再以凡·高的鞋的任何直观性与我们交流;实际上,我很想说的是它根本没有真正和我们交流。"② 换句话说,传统绘画"告诉"我们的,是一个广泛的社会性的、历史性的和或许甚至赋予作品某

---

① [美] 詹姆逊:《"艺术终结"还是"历史终结"》,《文化转向:后现代论文集1983~1998》,维梭出版社,1998年,第86页。

② [美] 詹姆逊:《后现代主义——后资本主义时代的文化逻辑》,维梭出版社,1991年,第8页。

种意义的框架。在这些作品中，这个框架是我们获取并分享的人类存在的一部分。按詹姆逊的观点，就沃霍尔的作品而言这是不正确的。在后一事例中，我们被置于一个没有框架、没有潜力或者想象领域的基本原则的参照之中——这对杜尚的大部分作品而言也是如此。

1964年，阿瑟·丹托发表了论文《艺术世界》，从而帮助开创了艺术惯例说。他在其中写道："当艺术品就是人们把艺术品错认为的真正物体时，把艺术品错认为真实的物体是没有很大功绩的。"① 丹托依据的就是安迪·沃霍尔在纽约马厩美术馆的作品展及稍后在这里展出的著名的《布里洛盒子》。这些对象的实体性，在许多方面类似杜尚的现成品艺术。丹托推论说："某种艺术理论最终导致了布里洛盒子和布里洛盒子构成的艺术品之间的差异。正是这种理论使布里洛盒子进入了艺术世界，并使它避免分裂为实际的真正物体。当然，没有这种理论，就不可能把它视为艺术，而为了把它作为艺术世界的组成部分，就必须掌握大量的艺术理论，及大量近代纽约绘画的历史。"② 因此，丹托宣称是环境把产品提升到了艺术作品。这个环境或许具有丹托所谓的"艺术特定理论"的理论性，或者可能也有历史性，比如精通"大量最近纽约绘画的历史"，艺术作品的恢复就是建立在它的基础上。在很大程度上，这种考察对杜尚而言也是适用的。但这并不适用于杜尚以挑衅当前艺术界的方式来解释作品艺术本质的观点，且挑衅同时导致了艺术过去和现在是什么的问题的边缘化。如同格林伯格考察的，杜尚的挑衅与先前艺术家的姿态相比引发了不同的反应。我冒险假设：或许这是因为不同的文化背景。在美国的文化背景里，先锋派的艺术和影响植根于大众文化和大众传媒的背景下，而在欧洲它们起初并不被视为艺术挑衅，而是作为在先锋艺术伪装下出现的市场行为。因此，或许1917年的"独立艺术家协会展"代表了现代主义的先锋派传统和在美国背景下产生的大众消费文化之间的一个象征性的分水岭，按照詹姆逊的观点，这是

---

① [美]阿瑟·丹托：《艺术世界》，伯克利出版社，1997年，第272页。
② [美]阿瑟·丹托：《艺术世界》，第34页。

后现代主义逻辑和其彻底商品化的发源地。

此外，杜尚的挑衅具有直觉的和反视觉的特征，这就延迟了杜尚进入积极的领域，而是为其他社会实践服务，如《工艺学》《布里洛盒子》等。我们能否宣称这也显示出杜尚的作品具有与传统的艺术作品十分不同的本质？赫伯特·里德在《现代绘画简史》结论中作出了类似的结论：卡罗琳·蒂斯德尔和威廉·费佛敏锐地注意到杜尚建立"艺术理念作为战略"的过程，这一战略"以一种完全必然的方式延续"，"它表面上要改变艺术的本质，但抛却它自身，从长远来看，它可以被视为艺术发展史的一个必经阶段"①。

这类艺术的另一特征，在1966年梅尔·波克勒的展览上已经提出："观察者变成了读者——积极的参与者，因为在展台上没有直观的明显的艺术品，读者不得不亲自获取或演绎艺术体验。也有一些关于作者的质疑：这都是波克勒的作品吗？艺术家和管理者被混淆了。"② 概念艺术的这个特征也成为当前新概念艺术的一个显著特征。

丹托在《艺术界》中和其他许多场合里都认为艺术作品是艺术界解释和接受的事物，这使苏格玛特·布曼注意到：哲学家已不再是立法者，而是转变成了解释者。③ 哲学家（或美学家）不再制定规则和标准，而只解释它们。因此理论家不再描述艺术是什么，只解释艺术起作用和被作为艺术作品公开接受的原因，即描述它。丹托稍后在这个方向上更进一步，完全放弃了价值的观点："我认为，艺术真正是什么与本质上是什么，相对于它表面上是什么与非本质上是什么，是哲学提问的一种错误形式，我在关于艺术终结的不同论文里提出的观点，就是要努力表明提问的真正形式应该是什么。依我所见，问题的形式应该是：当艺术品和非艺术品之间没有有趣的感性的差异时，是什么使一件艺术品与某种非艺术品的事物区分开来？……直到20世纪，人们都默认艺术作

---

① ［英］赫伯特·里德：《现代绘画简明史》，泰晤士赫德森出版社，1974年，第319页。
② ［英］托尼·戈弗雷：《概念艺术》，费顿出版社，1998年，第116页。
③ 苏格特·布曼：《立法者和解释者》，保雷特出版社，1989年。

品同样可以被确认。现在，这个哲学问题就是要解释它们为什么是艺术作品。"① 这个问题的答案前面已经给出了："我认为，真正的哲学发现是，事实上没有比任何其他事物更真实的艺术，也没有艺术必须要成为的方式：所有艺术都是平等且平常的艺术。"② 丹托这里运用了概念艺术的逻辑断言"艺术＝艺术"，因而得出他先前理论的逻辑结论：在各种被判定的艺术之间不再有明确的区别。从长远观点来看，这样一种宽泛的艺术概念完全消除了对艺术的需要。20世纪初由杜尚开创的进程使"艺术即艺术"达到了顶点，因为艺术不再承载先验的、超验的或存在的作用。艺术明显不被看重。如布鲁斯·诺曼在60年代指出的："如果你把自己视为艺术家并在工作室工作……坐在椅子上或来回踱步。那么问题就又重新回到艺术是什么？艺术就是艺术家坐在工作室里的创作。"③

杜尚开创并发展的战略并没有限制他创作艺术的种类，尤其是与他关联的概念艺术。作曲家、音乐家约翰·凯奇在50年代提出的近代艺术的行为规范的基础问题一直困扰着丹托。他的回答是："为什么你要浪费你和我的时间去尽力获取价值判断？难道你不明白当你获得价值判断时，它们破坏了我们正当的对好奇心和认知的权利？"④ 荒谬的是，正是这个叙述包含了一个价值判断，因为它促使我提出"不完全存在的价值"的称谓来证明价值问题仍是艺术内在的问题，例如好奇心和认知。即使概念艺术反视觉的基础引起约瑟夫·库苏斯、艺术语言协会和其他人很少把艺术作为"解释和艺术自身现象集中调查的对象"⑤，"艺术"迂回的处境在这种背景下还是证明了价值判断的相关性，即

---

① ［美］阿瑟·丹托：《艺术终结之后——当代艺术与历史的界限》，第35页。
② ［美］阿瑟·丹托：《艺术终结之后——当代艺术与历史的界限》，第34页。
③ ［英］托尼·戈弗雷：《概念艺术》，费顿出版社，1998年，第127页。
④ ［英］托尼·戈弗雷：《概念艺术》，第63页。
⑤ ［美］罗伯特·莫干：《艺术进入理念——关于概念艺术的评论》，剑桥大学出版社，1996年，第34页。

使是否定的。

丹托关于艺术地位的最新论点只是描述性的：区分是无效的，哲学家不仅放弃了规范地判定艺术是什么的尝试，而且放弃强加这样一个规范的尝试，同时，现代艺术界的现实也迫使哲学家放弃对以"艺术"命名的间接形成物之间的任何区分。我认为，艺术品被偶然地创造，大多数又被偶然地消费，这是有明显区别又可以融为一体的两个过程：第一个是满足人们表现自我需要的创造行动或过程，第二个则是在未策划的社会领域内发生的艺术品的消费行动和过程。艺术品处于两个过程的动态的张力之中，且这两种存在状态从历史的角度同时被视为一种社会的和个人的事实。

术，与文化一样，主要是满足我们想象的需要。这在历史中或许会有所变化，会发现不同的非凡的形式和强度，但仍然能使我们享受、体现、认同和理解世界、他人和我们自己。尽管浪漫主义与现代主义强调只有艺术能够发挥这种功能，而这种任务也能被其他许多人类实践完成，尽管以不同的方式。

然而，在初期阶段，如就1917年杜尚的《泉》或者1964年沃霍尔的《布里洛的盒子》而言，布置的行为依然会引起将作品和姿态系统化为艺术的反应，他们同时代的膨胀的无所不在的关联恰恰产生了这种负面效应。然而，在同一历史框架里，艺术经常维持相同的作用。如俄国概念艺术家伊利亚·卡巴科夫最近的设计和作品，和中国艺术家过去20年里在世界普遍展出的许多作品或设计，其中就运用了典型的概念策略。它们与其他概念艺术家的作品相似，但同时又迥然有别，因为它们基本上依靠的是个人先前的知识——社会和历史的事实。事后证明，它们经常表示并明确揭示的存在现象与先前艺术证实的并没有差异，即偶然创造的艺术的接连出现，仅仅是因为人类条件的接连出现，即使是再次偶然出现。

这种偶然是否意味着任何事物都能成为艺术？答案当然是肯定的。但对社会现象的任意集合而言，达到或赶上这个作用是困难的。再者，艺术接近这样一种概念，即从经典名著到大众文化甚至其他形式一直绵延下来的概念，意味着固定的言语形式不应妨碍我们事实上表示变动现象的意识的概念。

艺术终结问题与当代社会对它的理解有关。从根本上讲，就艺术允许人性的超越和一些复杂形式及由此获得的经验的意义而言，艺术拥有它先前关联性的必需条件就是要具有存在的功能。如果不是如此，那么绘画、雕刻、装潢以及表演就不再代表什么，它们不表示什么，而仅仅从内在两个维度的色彩的层面维持纯粹的物质性，如大量的石头、金属、塑料，在我们眼前由人类身体所转变的纯粹肉体。

赞成后一种观点的理论家渴望排除通过艺术品的共性与创造者和制造品关联的特殊经验。从这个立场引申出一个观点："整个艺术本体论是保守行动反对身体与寓意分离、反对以经验为代价的理论出现的最后胜利。"① 如果理论的目的是阻止与先前传统艺术相一致的经验使之理论化的真实行动也促使理论的艺术化，那么问题就变成在什么地方划定理论和艺术的界限，因为艺术自身已成为理论，或至少理论先于艺术。在这种情况下，证明什么是艺术的重担就转嫁给了理论，这就意味着理论不得不获得区分艺术与非艺术的界限的论据。那么，如果艺术不具有说服性，这就是理论的缺陷。即使它自身宣称是理论，但还毕竟不是哲学。

在黑格尔哲学中，艺术终结与他对精神历程的解释密切相关，与他对艺术的基本构成要素或阶段的解释密切相关。因为艺术要被精神的最高形式即概念性思想所取代，艺术作为精神的主要形式，已经成为过去。如同彼得·伯格证实的，尽管我们依然能在黑格尔的理念中发现艺术在现代主义方向上的进一步发展，但这并不能改变艺术终结（或边缘化）在世界经济发达国家中的发生。在这些发达国家中，艺术已很大程度演变为环境审美化的一部分，广义文化的一部分，或者演变为从过去现代主义形式中分离出来的艺术的一种延续。另外，因为艺术在现代主义时期是如此成功，当代艺术呈现出边缘化或确切地说甚至是"死亡"或许是正确的。

在近几十年里，黑格尔艺术终结和艺术作用在哲学中延续的思想也被运用

---

① 彼得·韦伯：《经验与空间》，《哲学系列艺术和艺术理论》第14卷，1999年，第4页。

于20世纪艺术的不同形式,即概念主义。概念主义,最近已经成为西方许多国家和文化中占主导地位的艺术形式。但我认为,这种关联是不正确的,因为,以黑格尔理解哲学概念的方式来看,概念艺术并不是概念的。它是基于理念的基础,但黑格尔所讲的理念和概念之间的鸿沟依然很深。艺术"终结"或"死亡"的思想,尽管有利于描述当前艺术作用的减弱,却好像潜力有限。当然,除非如果我们能以纯粹的黑格尔主义者的身份理解它。如果我们做到了,那么在黑格尔哲学中概念艺术并没有取代概念知识,而是仅仅被视为"艺术终结"条件下最明显的一面。

1995年,阿瑟·丹托以相似的方式进行了解释:"在我看来,'死亡'并不必然意味着艺术将不再存在;我认为艺术无论怎样,即便没有受益于一种令人放心的叙述——艺术在这种叙述里被作为故事中适当的下一阶段——也会被创作出来。结果终结的是叙述而不是叙述主题。"[①] 换句话说,一旦艺术在整个历史发展中失去了自己的历史角色和位置,一旦历史的"意义"不再存在,一旦历史的整体性消失,当被作为整体意义的步骤和进步时,它的本质部分就基本无意义了。从这种观点来看,艺术分享了在整体化的和已经整体化的历史的命运。

20世纪,艺术呈现两种发展趋势。一种沿着黑格尔的设想发展,但具有时间上的滞后性:标志着现代艺术顶峰的,某种意义上的黑格尔所说的浪漫型艺术——现代主义,在黑格尔之后才出现。在60年代,现代主义开始衰退。到80年代,后现代主义被充分认识时开始终结。许多现代艺术,都是建立在杜尚20世纪早期引进的发明的基础上,而后经由杜尚本人及随后的概念主义、波普艺术得到进一步发展。这条艺术路线,在整个20世纪发展并不显著,最后却支配了当代艺术,甚至在某种程度上,我们可以说是决定了艺术的发展趋势。

(席格译)

(刊于《郑州大学学报》2009年第4期)

---

① [美] 阿瑟·丹托:《艺术终结之后——当代艺术与历史的界限》,第4页。

艺术是一种生活方式
——当代生活方式下的艺术追问

⊙郭文成
⊙东南大学哲学与科学系

对于艺术的边界，人们也许认为这个问题是老生常谈。一般的意见是：这是说不清的问题，最好的态度就是保持沉默。但这是否意味着艺术的边界就不用去追问了呢？显然不是，艺术的边界在当下尤其令人困惑。在此，本文试图从以下三个方面来反思当代艺术的边界。

一、艺术的模糊本性

为什么需要重提艺术的模糊本性问题？根本原因在于以前的提问方式不对。"什么是艺术"这一问题不在于艺术的具体内容如何，而在于艺术本身的提问方式。

在当代，艺术的提问方式与存在样式都有了新的变化，这要求我们重新去追问艺术。对这种追问，有必要交代一下：这是一种美学的追问，即研究艺术的哲学精神。因而这里不致力于描述艺术世界，而是描述我们用来对艺术世界加以分门别类时使用的概念。换言之，这里追问的是思考的方式、谈论的方式。因此，"在提到艺术这个字眼时，一个哲学家或许不是对艺术这个字眼本身作出解释，而是去回答什么是艺术这样一个问题"①。

---

① [美] H. G. 布洛克：《现代艺术哲学》，滕守尧译，四川人民出版社，1998年，第4页。

那么，什么是艺术？这个问题不同于艺术是什么。因为我们可以这样表达：艺术是再现，艺术是表现，艺术是模仿，艺术是生活……这种表述无疑击中了艺术的某些方面，但却没有回答艺术之所以是艺术的原因。也就是说，它遗忘了"什么是艺术"这一基础问题。要追问什么是艺术，首先必须从考察"艺术"一词入手。

"从历史的历时态方面来看，艺术一词并不具有一种静止不变的特征，它是一种漂浮的能指；而从共时态方面来看，诗歌、音乐、绘画等这些主要艺术形式从一开始就是在互不相关的情况下产生出来的。因此，艺术的概念就好比一根电缆，它由许多不同的电线所组成，每根电线都有它特殊的历史，并和它自己遥远的过去相联系。"①

在西方的艺术史上，古希腊所说的艺术主要并不是指一种产品，而是指一种生产性的制作活动，尤指技艺（韵律的生产）。"中世纪是西方艺术史上的暗淡期，在艺术理论上其继承了古希腊关于艺术的看法，并在神学的意义上加以改造。"② 托马斯·阿奎那用"理性的正当秩序"来为艺术下定义，认为在制造者的心里就存在着一件作品的源泉。他是按照制造事物的观念去制造该事物的。邓斯·司各脱在一种神学的意义上也曾涉及艺术的概念，认为艺术是行为的产物，把艺术定义为一种正确观念的产品。此时，艺术是神学的附庸。而到了文艺复兴时期，艺术的自主性才建立起坚实的地基，这一地基的形成是以美为尺度的。而在这之前，"美与艺术是互不相关的"③。到了18世纪，真正的现代艺术体系得以形成，艺术的概念进一步丰富：艺术是再现，艺术是表现。总体而言，西方艺术概念的历史大体上可以分为两个主要部分："第一阶段是古代的艺术概念时期（从公元5世纪到18世纪），艺术被认为是种遵循规则的生产。第二阶段从1747年西方现代艺术体系的建立直到现代，它标志着

---

① 朱狄：《当代艺术哲学》，人民出版社，1994年，第1页。

② 朱狄：《当代艺术哲学》，第15页。

③ 朱狄：《当代艺术哲学》，第23页。

古代的艺术概念终于让位于现代的概念。"① 艺术被认为是美的艺术，技艺与艺术才真正分离。另外，艺术概念的发展不能仅仅依靠理论的力量，艺术概念的出现必须首先以把艺术作品孤立起来为条件。在这个意义上，艺术博物馆体制的建立对美的艺术体系的巩固与发展有着特殊的意义。在这时，"我们不应该问什么是艺术，而应该问：事物何时才成为艺术"②。这预示着一种多元开放的艺术概念的建立。因为现代艺术虽然以美的艺术为主流，但艺术概念已变得模糊开放。

在中国美学史上，艺术的概念也有自己的历史。"艺"，在甲骨文中通"耕"字，指生产劳动，这是古时最早的艺术本义；到了春秋时代，有了所谓的"六艺"，这里的"艺"指道德修养；春秋以后，艺的含义基本继承了春秋时期的规定。术与道相对，主要的含义有三：技艺、方法以及古代城市中的道路。由此，艺术这一词的命名表明中国古人对于它的基本态度，即艺术与道（真理）是不相关的，从而规定了艺术的低下地位。所以，尽管儒家、道家、释家对艺术的态度各不相同，然而有一点是共同的：他们均把艺术作为一种"技"，并没有把艺术当作自主性的。概而言之，中国古典美学史上的艺术概念基本缺乏自主性的一面。

与此相比，西方对艺术概念的论述显然更为深刻，并且西方，现代艺术概念的模糊本性也传染到中国。那么，如何认识艺术的这种模糊本性？这是否意味着艺术概念就是混乱不堪，换句话说，能否给艺术下定义呢？由此，我们必须反思：艺术是否有本源。

二、艺术的存在本源

纳尔逊·古德曼认为"什么是艺术"的问题本身就是一个错误的看法，因此种种答案不免要以失败告终，问题不是哪些东西是艺术作品，而是某物何时

---

① 朱狄：《当代艺术哲学》，第32页。
② 朱狄：《当代艺术哲学》，第39页。

才成为艺术。在这个意义上，艺术的概念是历史的、生成的。然而除此之外，这里有一种取消主义的立场，认为艺术是不可定义的。

从20世纪50年代起，艺术是否可以下定义这一问题的回答形成两种对立的派别：一派是"反本性论"，艺术并不具有一种独立的本性，因此无法下定义，代表者如维特根斯坦。他指出："这种寻找共同性质和它们的本性特征的冲动，因为某种错误的语言表达而受到鼓励。"[1] 另一派是本性论，艺术的本性特征是可以概括的，因此它可以下定义。当然这并不意味着所有的本性论者都认同同一种本性。反本性论者为我们澄清了"艺术"的概念，力图揭示出本性论者在观念上的模糊性，这是有价值的，但其错误也是明显的：取消艺术的本性就意味着取消艺术的普遍性。但在美学、艺术或艺术批评的领域里，一些普遍性的抽象概念是不可缺少的。因此，艺术应该可以下定义，但这种本性论必须注意：所有关于艺术的定义都是探索性的，它们的缺陷十分明显。因而一种适当的艺术定义将努力避免两种片面性，既反对一种取消主义的立场，也反对一种凝固不变的艺术概念的立场。因此，艺术概念不能一劳永逸地由凝固不变的概念来作出界定，它的模糊性也是不能排除的。但我们并不能因此放弃这种努力，因为在当代美学中，"一种可能的艺术哲学只能以一种含糊的有关艺术的观点开始"[2]。因此，在把艺术哲学看作一个松散的体系的同时，"什么是艺术"成了最迫切需要解决的问题。当然，由于经过分析哲学的洗礼，艺术的定义已经不是寥寥数语，而是许多概念的集合了。这样，定义实际上意味着一种理论，而且也只能是一种试探性的理论。

但最基本的不是匆忙去给艺术下定义，而是要描述艺术之为艺术，就是说，给予艺术一个真正的基础。在此，让我们来倾听海德格尔的追问："什么

---

[1] [美] H. G. 布洛克：《现代艺术哲学》，滕守尧译，四川人民出版社，1998年，第240页。

[2] [美] H. G. 布洛克：《现代艺术哲学》，第89页。

是艺术？这应该从作品那里获得答案。"① 这是因为作品是已经完成了的现成物。而对作品而言，物性是其本来就具有的。这里的物性即物之物性（物的存在），其在西方思想上表现为三种形态：（1）物是特性的载体；（2）物是感觉的复合；（3）物是赋形的质料。但这三种形态都遮蔽了物自身。因为其采用的是日常的态度，或者是形而上学的态度。而物的意义不是作为有用性，而是无用性。在对凡·高的那幅《农鞋》的描述中，海德格尔让我们真正去看"物"，即现象学地看。物之物性不同于器具之器具性，也不同于作品之作品性。"我们对作品的追问总是摇摆不定，这是由于我们过去从未探究过作品，所探究的只是半物半器的东西。"② 而这种追问态度正是传统美学的。我们不仅要动摇这种追问态度，而且要从根本上去思存在者的存在。只有在这个意义上，作品的作品性、器具之器具性、物之物性才会接近我们。由此，"艺术作品以自己的方式开启存在者的存在，这种开启，也即去蔽即存在之真理，是在作品中发生的"③。因此，"艺术就是自行设置入作品的真理"④。

在此，海德格尔给我们指出了一条道路：在作品中去寻找艺术的本性。而且他指出，这种本性不是他物，只是存在的真理。这无疑具有深刻的启示性。在这里，艺术既不是模仿，也不是表现，更不是再现，艺术是它自身（如其所是），是真理自行设置入作品。这就消除了所谓的主客体，没有了所谓的对象化。传统的美学观照被中断，这里只有现象学的方式，只有存在之真理在作品中聚集。与此相关，海德格尔以现象学的方法，以凡·高的《农鞋》为例，阐释了艺术与真理内在的一致性。这里的真理不同于一般认识论意义上的真理，即它不能理解为正确性（某某与之符合），而是要理解为存在者的无蔽状态。

---

① ［德］海德格尔：《艺术作品的本源》，《海德格尔选集》上卷，孙周兴译，上海三联书店，1996年，第238页。
② ［德］海德格尔：《艺术作品的本源》，《海德格尔选集》上卷，第259页。
③ ［德］海德格尔：《艺术作品的本源》，《海德格尔选集》上卷，第259页。
④ ［德］海德格尔：《艺术作品的本源》，《海德格尔选集》上卷，第259页。

以此真理观为指引，海德格尔批驳了那些"艺术终结论"者。由上可知，海德格尔给予艺术一个存在的基础。这种基础的规定是现代性的，它为我们指出一条通向艺术本源的道路。

然而在当下，海德格尔的艺术沉思是否依然能指示我们前行？

三、艺术是一种生活方式

在当下，海德格尔的沉思是否还具有效性，即艺术是真理自行设置入作品这一命题是否仍可以解释艺术的本性？这就有待深思了。从当代艺术的实践以及美学理论的发展来看，海德格尔的艺术沉思也只是现代性的，即他还抱有乡愁因而无法给当代艺术提供更好的思想养料。但值得肯定的是，海德格尔的提问方式是深刻的：追问艺术必须从艺术品开始。

如前面所强调的，这里的艺术品是已完成的现成物，比如静默4分33秒的演奏。"不要以为这种改变是玩弄文字游戏，那些把种种现成物当作艺术作品的人，实际上是在从事着一种非常严肃的事业——他们实际上在扩大或重新创造人们的艺术概念。"[①] 而那些不认为上述现成物是艺术的人，则是在保卫已有的艺术边界，对于改变它的种种企图进行抗击。这种争执实则是一种关于概念之边界线的争执。这种争执是十分重要的，其结果关乎我们未来文化的形式。但这里的争执并不急于有一个非是即否的答案，关键是把问题看清楚。

那么，这是一个什么问题？它是艺术与当下生活的融合问题，即审美文化问题，或者说是艺术化生存问题。在当下，艺术已经进入人的生活中，并同日常生活同一。自杜桑以来，日常生活物品和行为变成艺术品似乎变成合法的。这种革命取消了艺术与生活的界限。我们应该承认这种革命的价值，它解放了

---

① ［美］H. G. 布洛克：《现代艺术哲学》，滕守尧译，四川人民出版社，1998年，第7页。

我们的感觉，但问题在于如果这种革命只是一味地比拼谁最离奇，谁最革命，那么革命和离奇就成为生活常态，就不会有感性积累。真正的艺术不是需要变态之后才能理解的感觉，它必须是卓越的生活直观。在这个意义上，"艺术不是用来挥霍感觉的，而是用来拯救感觉的"[①]。因此，现代艺术必须是怀疑的，或者说是现象学的，即废掉我们的感觉习惯，从而建设另一种心灵。只有这种革命才能使我们达到"艺术化生存"，它能重新形成感性积累，并且使我们的感觉双重化：令人眷恋和开拓想象。

对于艺术而言，审美文化是必须面对的事情。我们应该看到，审美文化这一概念被"爆炒"以至于"滥用"。这里的审美文化，"无非是指当代社会中艺术的普遍化甚至泛化的现象"[②]。有人认为，这正是"艺术的终结"。黑格尔曾在绝对精神运动的前提下，指出艺术终将消亡，而被哲学替代。的确，他所谓的艺术是消亡了，那是古典艺术的消亡。对于杜桑而言，艺术的确被他终结，这里的艺术是作为美的艺术，即现代的艺术概念被终结了。取而代之的是一种全新的艺术概念：审美文化。在这个意义上，审美文化是对传统美学静观理论的反叛，它是"真善美重新融为一体的文化"[③]。传统美学的失误正在于分离真善美，因此要将分离的领域重新融合。"在这种融合中，起关键作用的是艺术。"[④]

综上，当代艺术的边界是模糊的，这是由于艺术概念永远在生成之中；当代艺术的边界仍然有一个存在的基础，这一基础就是我们当下的生活世界。此生活世界是一个技、欲、道游戏的多元世界，由此我们说当代艺术就是一种生

---

① 赵汀阳：《拯救或者挥霍感觉》，《花城》2000年第3期，第203~207页。

② 聂振斌、滕守尧、章建刚：《艺术化生存——中西审美文化比较》，四川人民出版社，1997年，第38页。

③ 聂振斌、滕守尧、章建刚：《艺术化生存——中西审美文化比较》，第351页。

④ 聂振斌、滕守尧、章建刚：《艺术化生存——中西审美文化比较》，第352页。

活方式。但我们应该防止当代艺术成为"技术主义、物质主义、虚无主义"[①]的俘虏,使之真正成为建设新的心灵的力量所在,从而给当代人的灵魂以居住的家园。

(刊于《郑州大学学报》2017年第2期)

[①] 彭富春:《重建历史唯物主义》,《读书》2002年第7期,第40~45页。

游戏的幻象：康德论艺术中的真理

⊙ ［美］弗兰德里克·齐乔瓦茨基
⊙ 美国 Holycross 学院哲学系

> 一个表面上看来显而易见的谎言，实际上却蕴藏着玄妙莫测的真理。
> ——米兰·昆德拉

康德虽然谴责其他形式的幻象是有害的，却对被其称为艺术的"游戏幻象"情有独钟。这种游戏幻象，不同于会误导我们现实认知的视觉或直觉幻象，也不同于把超感官物体的符号性表达错认为物自身的宗教幻象。这种游戏幻象是人为的，是艺术家为追求愉悦而创造出来的。"它们是思想游戏的外在体现，但绝不具有欺骗性。艺术家不是想通过它使已确信无疑的见解产生谬误，而是想借这种表象直观真理。这种表象与其说使真理的内在本质晦暗不明，毋宁说形象地表达了艺术家关于真理的意见。"①

怎样的真理才是以表象为形式的？怎样的真理才能够在艺术经验中有所体现？游戏幻象又是怎样揭示真理的？这篇论文的目的就在于重建康德关于这些

---

① 此引文出自康德鲜为人知的论文《作为一般创造原理的诗歌语言学》，见德国皇家科学院出版的《康德全集》中的"关于感官幻象与诗性虚构"部分。1902 年，柏林，第 15 卷，第 906~907 页。在《纯粹理性批判》《实用人类学》和《判断力批判》中，康德虽然经常使用"游戏"一词，但据我的了解，"游戏的幻象"只在《作为一般创造原理的诗歌语言学》中被使用（这篇论文写于 1777 年，即康德"沉默的十年"）。

问题的回答。

一

　　康德坚持艺术介于认知和道德之间。在艺术经验中，我们认识到艺术作品不是对事实的描述或对现实的直接反映，而是一种游戏的幻象。因此，在这种幻象中，不需要直接的认知，对艺术对象是否真的存在也可以漠不关心。① 换句话说，在对艺术作品的体验中，没有"语义限定"②。意识到游戏幻象以后，我们将被艺术作品带入它的时空，带入其自我设定的价值观中。由此我们打开一个截然不同的现实维度，沉浸于"空间的外形游戏"和"时间的感觉游戏"中去。③ 艺术作品使我们的想象力处于自由状态，但这种自由不同于道德体验中的自由。在康德看来，道德意义上的自由是对道德标准理性的自我服从，并按道德标准决定应该怎样，而艺术自由则是在认知与道德之间，即在实然与应然之间发现了它的领地。艺术自由是一种可然的游戏冒险，无须遵循任何外在的规则。伟大的艺术作品为自己立法。它创造的规则可以被遵循，但不应被模仿和机械应用。伟大的艺术品为其自身确立的标准，只是为其他艺术创造提供典范。

　　于是，正如在艺术经验中没有"语义限定"一样，也同样没有"标准限定"。我们无须坚守自己的认知和道德兴趣，而是将其弃置。在艺术经验中，我们放弃了认知和道德关切，将自己投入具有无限可能性的游戏中。作为这种纯然游戏性的艺术探求的一个例证，让我们看下面这首斯洛文尼亚诗人托马

---

① 见《作为一般创造原理的诗歌语言学》，《康德全集》第15卷，德国皇家科学院，第906～908页；又见《判断力批判》，《康德全集》第5卷，德国皇家科学院，第209页。

② "语义限定"一词曾被我的老师刘易斯·威特贝克解释并使用，见他的论文《艺术中的意义判断》和《作为文学的哲学》。前者见《哲学杂志》第41期，第169～178页，1944年；后者见《哲学的风格》第234～255页，芝加哥：尼尔森，1980年。两文又见奇乔瓦什克编：《刘易斯随笔：作为哲学家的50年》，罗彻斯特大学出版社，1998年。

③ 康德：《判断力批判》，《康德全集》第5卷，德国皇家科学院，第225页。

斯·塞拉蒙的短诗：

  无题

  空虚，我唯一的爱，

  让我得到休息吧。

  在类似俳句的形式中，诗人与自己空虚的感情游戏。这种感情如此强烈，以至于诗人称之为"爱"，他唯一的爱。我们都清楚，空虚并不受人欢迎，只会让人厌恶。而在这里，诗人却用唯一的爱这种美丽的形象去表达它，可见空虚是多么强烈地占据了诗人的心灵。没有人希望感到空虚，也没有人愿意被那种绝望的空虚所支配。诗人当然也不例外，但他没有简单地将空虚斥为坏东西，同时也没有转移注意力（像我们通常会做的那样）去设法摆脱它。诗人沉浸在这种感情中，甚至强化这种空虚感，并向它发出轻轻的请求："让我得到休息吧！"通过与这种空虚的感情游戏，诗人将丑陋的东西转化为美好的感情表达出来。

  康德也坚持艺术的游戏性是虚幻的，艺术除了"游戏的幻象"[①] 什么也不是。"幻象"一词历来代表着不好的含意。幻象使事物以不真实的方式显示，从而产生误导甚至错指（上面的那首诗中，空虚以爱的方式显现）。荷马和赫西俄德将神写成具有人类所有的缺陷和不完美之处，从而激怒了柏拉图（像尼采所说的："人性，太人性了！"）。亚里士多德仿效他的老师，也抱怨"诗人对许多事情撒谎"[②]。而康德却为诗人辩护，并赋予诗歌在所有高雅艺术中最高

[①] 见《作为一般创造原理的诗歌语言学》，《康德全集》第15卷，第907页；又见《判断力批判》第44节、第54节，《实用人类学》第67节。梅海斯派代表人物鲁索在他重要的著作《狄俄尼索斯再生：现代哲学和科学中的游戏和审美之维》（耶鲁大学出版社，1989年）没有提到这种表达，不过他谈到，康德的观点是另一种具有悠久传统的表达方式的一部分，即自我意识的幻象。用他的话说："在康德那里，亚里士多德的模仿好像变成了艺术家与读者和观众相互模仿。这种艺术作为自我意识的幻象的观念将穿越19世纪美学和游戏理论，甚至被当代的权威评论家所认同。"

[②] 亚里士多德：《形而上学》，吴寿彭译，商务印书馆，1981年。

的地位。如果诗人真的撒谎，那也是"高贵的谎言"①。诗歌的游戏幻象并不像普通的谎言那样意在欺骗，而是通过这种虚幻的游戏，要阐明一些重要的东西。康德甚至发挥得更远，他说："诗歌中的一切都伴随着忠实和真诚。"②

那么，诗歌又是怎样一方面由游戏幻象组成，另一方面又伴随着忠实和真诚的呢？康德没有详细阐释他的观点，但我们可以根据托马斯·塞拉蒙的另一首诗来理解他的意思。

民歌

> 每一个真正的诗人都是怪物，他毁坏人类及其话语。为防止我们被蠕虫吞噬，他用歌声把泥土清扫。醉鬼卖掉了外套，盗贼卖掉了母亲，而诗人却卖掉了他的灵魂与他深爱的肉体分离。

在用反讽和野蛮而又生动的形象构成的游戏中，诗人称自己为怪物和人类的破坏者。像醉鬼和盗贼卖掉他们的外套和母亲一样，他也卖掉了自己的东西——灵魂。但与醉鬼和盗贼不同，他不是为了满足身体的私欲而出卖自己的最爱，而是为了擦去泥土，"防止我们被蠕虫吞噬"。如果诗人不牺牲灵魂，并将其从比任何人都深爱着的肉体中分离出来，星星和天堂将不会存在，地球也将是一片被蠕虫吞食的荒原。真正的诗人可以为了梦想与幻想而牺牲灵魂，但他们又被视为怪物，因为有别于他人，因为他们能够放弃最爱。

虽然诗人在与虚幻的形象游戏，但他是绝对严肃和真挚的。他向我们坦承：自己已在肉体与灵魂之间、在此在世界与彼岸世界之间被一分为二。他的游戏幻象也许能够取悦我们，但同时也强迫我们反思自己的生活和渴望，反思并直面关于我们自身的真理。

二

那么艺术作品体验又是怎样引导我们反思自身，并直面关于自身的真理呢？如果说艺术是游戏幻象，那么我们不是应该期望它的游戏性将导致我们失

---

① 康德：《作为一般创造原理的诗歌语言学》，《康德全集》第15卷，第910页。

② 康德：《判断力批判》第53节，《康德全集》第5卷，第327页。

去自我、遗忘自身吗？康德又是怎样解决这种理论的呢？虽然游戏和游戏幻象的观点出自康德的文本，但直到后来被席勒发展，这种观点才在我们关于艺术经验的理解中发挥重要作用。[①] 康德本人根据"判断"和"判断力"来理解审美、认知和道德经验，所谓判断力，就是"将特殊纳入一般的能力"[②]。特殊指一种感性直观或形象，是关于某物的具体表达，是指"此时此地"的"这一个"。而一般是一种概念或理念，是对许多"此在"的概括与总结，不具有当下实存性。通过判断力我们能够理解我们的经验并加以评判。康德将所有判断力分为"规定性的"与"反思性的"两种，规定性判断力将特殊包含进已给定的一般之中，比如认知判断力和道德判断力，它们是通过给定的认知或道德概念来判定某物"是什么"或"应该怎样"。而相比之下，艺术判断力是反思性的，没有给出既定的一般，但必须为已经给予的特殊去发现它。适于反思性判断力的一般，比如美与崇高，因此不会是规定性的，而应该永远得到新的发现与欣赏。这就使反思性判断力不同于规定性的认知和道德判断力，它屈伸自如富于变幻。一朵花永远只是一朵花，一个谎言永远只是一个谎言，而一个艺术作品现在体验起来是美的，并不意味着以后仍会有相同的体验，是美是丑将永远有待于再发现。

康德认为，对优美和崇高的体验是人独特的品性。如果我们记得这一点，就会更容易理解游戏幻象怎样引导我们反思自身，面对关于自身的真理。艺术经验具有独一无二的属人的品质，而认知和道德经验不具备。[③] 康德对这个有争论性的观点作出好几方面的解释。根据心情愉悦与否，我们会体验艺术的反思性判断，我们也能体验到这种超验性，但这种超验的获得不是来自外在的绝对命令或严格规定的"应该"，而是来自个体的理想与潜能。也就是说，反思

---

① 对康德和席勒的游戏概念及其后来发展的讨论，参见上引梅海斯派鲁索的著作及伽达默尔的《真理与方法》。

② 康德：《判断力批判》，《康德全集》第 5 卷，第 179 页。

③ 康德：《判断力批判》第 5 节和第 29 节。这种观点被约翰·塞米图在其《康德〈判断力批判〉的根源》一书中做了发挥，芝加哥大学出版社，1999 年，第 292 页。

性判断为我们预示的不是责任，而是渴望。它不使用命令或证明，而是为我们提供具体可感的典范和例证。反思性判断给我们展示的是一个未知的但梦寐以求的世界。这个世界靠游戏的幻象活生生地展现在我们面前，让我们从中看到自己将会成为什么。也就是说，反思性判断以表象的形式带来了真理。

康德认为，道德属于没有冲动与偏好的世界，属于理性的超验世界。不知道到底是幸运还是不幸，我们不是这种理性存在。我们也许会追求那个应然的理性世界，但并非生存其中。我们生活的世界充满了空虚和无常、醉汉与盗贼。在这个世界上，还有许多诗人，他们清醒地意识到，如果我们的歌声不能够使这个世界清晰纯洁起来，蠕虫将吞噬一切。就像醉汉、盗贼和诗人一样，我们也在对现实世界的恐惧和对更美好世界的渴望中被一分为二。反思性经验之所以是人类独特的经验，是因为它向我们展示并让我们意识到两个世界间的斗争和不可调和——一个我们置身其中却从未充分了解，另一个我们渴望进入却从未置身其中。

三

在艺术的游戏体验中，我们似乎忘记了认知与道德关切，将其弃置一旁。我们沉溺于美与崇高的感情，这种感情又依次与一种生命游戏，与形象、外形、感觉、言辞、色彩和符号等感触，一种朝气蓬勃的感情相连。[①] 这种生命情感虽然被身体经验和人类的物质性限制，但绝不可能仅仅停留在这一层面上。一般性的优美与崇高体验和特殊的艺术体验，都超越了作为盲动与本能之源的自然经验。通过反思，人们将从自然冲动和关乎生存的直接需要超拔而出。由此，我们的反思性判断力就指向了一个不被当下性限制的世界——这个世界没有局限于感性和物质性，而是最终与道德和宗教发生关联，这就是康德说"美是道德的象征"的原因。尽管如此，反思性判断仍然不是道德判断。在康德看来，道德标准具有限定性和优先性，不可更改。不管个人、社会与文化有怎样的差异，这些标准都将指引我们明白自己"应该是什么""应该怎样行

---

① 康德：《判断力批判》第53节，《康德全集》第5卷，第204页。

动"。它指向的是一个超验世界——我们虽然不属于这个世界,但作为理性的存在,我们必须向它努力,尽情嬉戏,进入忘我之境。但实际上,当我们确信这种游戏仅仅是孩童般的戏耍和纯粹的生命愉悦时,不可预期的东西却随之产生。这就如同掷出的回飞棒,在艺术体验中,一种被放大、强化的东西又回到了我们身边。在这一"往"与"复"的过程中,我们与其游戏、掷出的是形象,瞬间返归并借助这些形象撞击我们的是康德所说的"审美理念"。审美理念不像理性观念那样能够概念化和被证明,也缺乏适当的语词和概念加以描绘。康德将它理解为原型或最具本源性的形象。这意味着审美理念并不描绘一般意义上的或然性和可能性,而是因展示与人类有关的诸种可能性而引起我们的关注。这些可能性与我们密切相关,涉及恐惧与希望、悲伤与快乐、缺点与美德、人类与上帝、幻觉与真理,能够表达我们的基本人性欲求和价值关怀。在虚幻的、孩童式的游戏中,我们会被严肃的人生之思触动,对一个虚构人物悲喜命运的关切会突然上升为人类关怀,并对一切感同身受。

那么,这些关怀之心从何而来?这些审美理念又从何而来?它们出其不意地从灵魂的某个莫名其妙的深处冒了出来,[①] 直接呈现在我们面前。通过艺术游戏性的呈现,这些审美理念能够得到即时体验和直观理解。审美理念以或美

[①] 按照康德的看法,这种关切和审美理念来自人类精神,精神创造理念。比如,诗是精神和趣味的产品(见康德《实用人类学》第71节及《判断力批判》第46节、第49节、第51节)。如果我们想讲得更精确,可以说,它们是人类可共享的基本需要的反映和表达。正如艾里克·弗洛姆所言:"当我们看到原始艺术,如深藏在山洞里的三千年前的岩画,或者文化上具有根本区别的非洲、古希腊、中世纪艺术,虽然我们的文化与其有着本质的差别,但仍认为能理所当然地理解它们。我们想象那些象征符号和神话,好像来自几千年前的那些人的清醒的构思。不管他们的转解力有多么大的差异,难道他们不是有着全人类共同的话语吗?"(见艾里克·弗洛姆:《人类破坏欲的剖析》,1992年)虽然弗洛姆所言的共同语———像启蒙运动时期哲学家(如洛克)所相信的———不是人类有意识的发明,但这种象征性语言却在人类进化过程中被本能地、无意识地创造出来了。在这种象征性语言中,伟大的艺术作品能够不依靠有意识建构的限定性语言,而是通过音乐、诗歌、戏剧等形式获得永恒的真理。

或丑的形式出现，对它们的认识可以让我们充满活力和生机。康德确信，美和艺术具有不可低估的重要性："我们从美德与圣洁的典范（艺术作品）中得到的，远比从牧师或哲学家的普遍概念或者从我们自身中发现的要丰富得多。"① 哲学家和牧师会告诉我们，勇敢面对空虚和孤独是良好品德的体现，不准回避它。而诗人却从不强迫和命令，他只是为我们展示如何将挫折转换为美丽和纯真。哲学家和牧师会告诉我们，没有了精神的希望和渴望，生命将成为一片废墟。我们能够理解这些说教，但并不一定真正受到触动。而诗人却可以将废墟的样子呈现在我们面前，真实可感，让我们面对蠕虫吞噬的世界图景，战栗不已。

现在，我们将在一种更好的情形下去理解康德怎么谈论艺术中的真理。虽然艺术根本的直接的目标不是教导我们什么是真、什么是假，但艺术经验却有这方面的影响。它引导我们进入反思和静观的判断。虽然这种判断不排除与概念的关联，但也并非植根于概念。反思性判断力以形象的游戏性为基础，相关的概念居于次要的位置。与规定性判断力不同的是，反思性判断力不需要证据和证明来确保其真实性，不模仿任何事物，也不像自然科学那样去加以解释和证明，艺术仅仅通过事例和图像来表现真理，通过审美观念展示的真理可以在瞬间得到体验和直观，也即艺术中的真理是通过生命力而不是客观性被衡量的。康德相信审美理念在激活思维和认知能力方面是真实的。但审美理念是怎样做到这一点的呢？

像所有其他真理一样，艺术真理之所以真实，是因为它充分反映了现实。然而，游戏幻象并不像普通的镜子那样仅仅反映呈现在它面前的事物。艺术作品用它的内在形式和独特原理表现真实。它就像狂欢舞会上的镜子，乍一看，镜子里的形象陌生而又虚幻，如同漫画或变形的图像。尽管如此，正是这些变了形的游戏性形象，这伟大的艺术之镜，使我们真实的影像得到了显现并且具体可观。无论我们愿意与否，这些影像总是展示我们自身最真实的一面：冷酷

---

① 康德：《判断力批判》，《康德全集》第5卷，第283页。

残忍而又不讨人喜欢。康德认为，艺术经验存在于认知经验和道德经验之间。我们也已经认识到艺术真理不同于道德与认知真理。对于其他形式的真理而言，它的存在不可约省，在对内心的激发能力方面真实可信。艺术真理的生动性与劝谕性不是来源于推理与证据的强力，而是基于理性的不完满和直接吸引人的洞见。在认知判断和道德判断中，我们试图确认"事实是什么"或"事实应该是什么"，这种确认是一种控制事物和预测事物的途径。在反思性判断中情况却大相径庭。在认知和道德领域，人是真理的控制者或衡量者，而在艺术领域里人却成了被控制者与被衡量者，我们和我们的人性被暴露在大屏幕上，艺术成为人的尺度。游戏幻象有时呈现给人的是喜剧，但更多的时候是悲剧。有时它揭示的是有关我们的真实，更多的时候却不是。在现实世界与理想世界之间，在"我们是什么"和"我们想成为什么"之间，艺术作品表现出人存在的两难处境。这就是反思性判断揭示人性之真的独特性。

　　通常情况下，我们认为认知和道德比艺术更重要，但现在看来，这种假定应该进行重新审视。如果美与崇高的体验是人类所独有的，那么反思性真理不就应该比认识与道德之类的规定性真理更为基本吗？科学家的技术游戏污染了地球和我们的生活，政治家的战争游戏杀戮人民、破坏国家，道德家的理性游戏忽视人类的现实问题而过分沉溺于理想世界。在这种背景下，除了艺术的游戏幻象，还有谁能够为我们清除泥土、防止被蠕虫吞噬呢？

（周波译，刘成纪校）

（刊于《郑州大学学报》2006年第1期）

走向生命优存论美学

⊙史鸿文
⊙郑州大学哲学系

美学的发展不断向我们表明，不管美学的形态和理念如何千变万化，它始终在关注着人的主题，这种关注并非是一种简单的生灵嗟叹，而是深入生命的最深层面，调整生存结构，优化生存环境，改善生存状态，提升生存境界。一句话，美学以人的精神放达和无限度的精神自由为坐标，使人从简单的生存状态直达超越性的优存状态，美学乃优化生命之学。

一、生命优存：美学的恒久主题

中西美学史的发展表明，美学最终关爱的只能是人的生命。汉斯·罗伯特在《美学经验和文学的注释学》中说过："美学经验开发和传导个人化的精神狂热的格式塔。"费迪南·费尔曼在引述这句话之后说道："艺术的传导在于，人在艺术的经验中，通过自己的暂时性媒介看到了自己。"[1] 这说明审美活动和艺术活动都旨在帮助人认识自己，获得关于自己生命感悟的自我冲动。这种冲动通过审美的激活而达到对生命意味的完善，并从精神状态的终极性观照中获得对感性存在的物质化跨越，获致精神自由的无限敞开性。

中国美学对生命优存的关切几乎是自始至终的。综观中国的哲学和美学，

---

[1] [德] 费迪南·费尔曼：《生命哲学》，华夏出版社，2000年，第6页。

始终未曾离开对生命的颂赞与驱动这一主题，中国人审美意识的流变更显示出一种对生命节奏的把玩与梳理，中国美学和中国人审美情趣的历程是一首生命诗、一支生命乐、一曲生命舞、一幅生命画。从《易传》的"天地之大德曰生"，《庄子》的"达生""卫生""养生"，汉代扬雄《太玄》的"天地之所贵曰生"，到魏晋精神大解放时代对生命优存的高扬，中国人的审美意识里便一以贯之地灌注着优化生命存在的节奏与韵律。正如宗白华先生所说："生生的节奏是中国艺术境界的最后源泉。"① 所谓"生生的节奏"，是指生命创化演进、绵延不绝的无穷境界，即《易·系辞上》的"生生之谓易"，《黄帝内经·素问》的"生生化化，品物成章"。中国美学以"生生"为境界，以"生生"为动力，以"生生"为源泉，更说明了中国美学是生命优存的美学，中国艺术是生命之舞节奏化、肉身化的艺术。

具体言之，中国美学作为生命优存的美学，具有以下特征：一是它的广泛性。中国美学对生命的关注体现着中国人的宇宙意识，这种宇宙意识首先将宇宙生命化、艺术化，然后通过天人合一的哲学理路再将宇宙的生命节奏肉身化、艺术化。宗白华先生说："中国画所表现的境界特征，可以说是根基于中国民族的基本哲学，即《易经》的宇宙观：阴阳二气化生万物，万物皆禀天地之气以生，一切物体可以说是一种'气积'。这生生不已的阴阳二气积成一种有节奏的生命。中国画的主题'气韵生动'，就是'生命的节奏'或'有节奏的生命'。伏羲画八卦，即是以最简单的线条结构表示宇宙万相的变化节奏。后来成为中国山水花鸟画的基本境界的老、庄思想及禅宗思想也不外乎于静观寂照中，求返于自己深深的心灵节奏，以体合宇宙内部的生命节奏。"② 他还称："宇宙是无尽的生命、丰富的动力，但它同时也是严整的秩序、圆满的和谐。""和谐与秩序是宇宙的美，也是人生美的基础。"③ 二是它的超越性。中

---

① 宗白华：《美学散步》，上海人民出版社，1981年，第66页。

② 宗白华：《美学散步》，第110页。

③ 宗白华：《美学散步》，第199页。

国美学受道禅精神的影响，常常对生命优存的关注采取了超迈清逸的浪漫旨趣。在中国许多文人看来，人生的优存和人生质量的提高，是通过人生的艺术化和审美化表现出来的，而人生的艺术化和审美化恰恰意味着人生的超迈化和理想化。尤其是以庄、禅为代表的人格理想，处处表现出对生命此在追问的超脱，体现出一种对无休无止的俗世冲动的扬弃，以"坐忘"和"养心"之术妙悟人生的真境，获取人生优存的万象境界。① 三是它的终极性，也就是说，在中国人生命优存的审美意识里，"潜藏着人们向生命本源归投、冥合的强烈憧憬、思慕和无止境的欲求。这种憧憬和欲求，归根到底是把一切事物所由产生的最高实体，也就是把老子所谓的'玄牝''母''自然'当作'美'而思慕、憧憬并投归其怀抱"②。这种憧憬和归投意味着人们把自己的生命冲动与生命的终极性根源连成一体，从而获得无比的审美乐趣。

就总体而言，西方美学同样体现着对生命优存的反思。首先，古希腊思想家对美与人生优化的态度具有很伦理性的意味。譬如我们在德谟克利特的著作残篇中能够看到类似中国儒家人格美教育的相关语句："永远发明某种美的东西，是一个神圣的心灵的标志。""大的快乐来自对美的作品的瞻仰。""动物只要求为它所必需的东西，反之，人则要求超过这个。"③ 这里将对美的创造和对动物本性的超越作为人格提升的关键因素，同样蕴含着"美者优存"的哲理。柏拉图也有类似的说法：音乐的"节奏与乐调有最强烈的力量浸入心灵的最深处，如果教育的方式适合，它们就会拿美来浸润心灵，使它也就因此而美化"④。其次，在文艺复兴时期，对人类生存意味的优化则主要是以高度繁荣的艺术创作来完成的。文艺复兴时期对人的看法可以归结为："人靠自己的力量

---

① 史鸿文：《关注"优存"的赏美意识》，《郑州大学学报》1998年第2期。
② [日] 笠原仲二：《古代中国人的美意识》，北京大学出版社，1987年，第14页。
③ 伍蠡甫：《西方文论选》（上），上海译文出版社，1979年，第4~5页。
④ 伍蠡甫：《西方文论选》（上），第29~30页。

能够达到最高的优越境界,塑造自己的生活,以自己的成就赢得名声。"① 而这一对人的态度主要表现于当时高度发达的美术及文学创造领域,艺术家们以大量卓越的美的载体复制着人们的自醒意识,并以极大的热情颂赞着生命的自由冲动。但文艺复兴始终与中世纪保持着若即若离的关系,所以它对人类生命优存的审美化张扬不可避免地拖着神学的尾巴。因此,最后只是到了19世纪初,西方人文主义高涨的时候,西方美学和艺术才真正把人类生命的优存看作永恒的主题。从启蒙运动时期的人文理性到现代主义的终极关怀,生命之舞弥漫于人们的美学理论和艺术创作之中。海德格尔的"人诗意地栖居"可以看作是其极致化的表现。接下来的后现代主义则以极度变调的方式,承受着对人的关切,但事实上,后现代主义也并未远离现代主义的人学主题。

二、生命优存:美学的逻辑起点

在以历史为向度分析了生命优存的美学主题之后,我们便可以剖析一下生命优存的哲学本质。从内在本真的意义上讲,"优存"即优化生命存在的实质是人的生命自由的引渡和实现,但这种自由不是感性过程中的为所欲为,而是感性超越意义上的人本性的精神解放,是人作为人的真正意义上的无限解脱,同时,也是一种对人的自我本质的无限度沉迷和狂喜。因此,"生命优存"对自由的实现既具有导向作用,又具有提升作用。从导向意义上言,"生命优存"能打破感性的枷锁和障碍,使人对自身的生命反思获得超越性意旨,使人向人本身回归,使人回到自己真正的"家啊",从而使人生追求的方向得以改变,抛开单纯的无休无止的"此在追问",而转向人的真正的存在尺度。从提升意义上言,"生命优存"意味着人生境界意义上的洗刷和净化,使人对自己的沉迷脱离庸俗贪欢、俗不可耐的生存层面,使人上升到人的本体层面上。

法兰克福学派早期代表人物之一的弗罗姆,把马克思在《1844年经济学

---

① [英]阿伦·布洛克:《西方人文主义传统》,生活·读书·新知三联书店,1997年,第36页。

—哲学手稿》中对人的论述归结为生存和占有、生命和死物的关系问题。他指出，马克思在《1844年经济学—哲学手稿》中提出的问题是："究竟谁统治谁？是生命统治死物呢还是死物统治生命？"他认为，在马克思看来，社会主义是一个生命战胜了死物的社会，马克思对资本主义的全部批判和对社会主义的憧憬都是基于这样一种信念之上的，即在资本主义制度中人的"自身活动"受到了阻碍，我们的目的在于在生活的各个方面重建人的自身活动，从而将完全的人性归还给人。① 这里所谓的"自身活动"其实就是马克思所说的"自由自觉的活动"，马克思在《1844年经济学—哲学手稿》中把它看作人的类的特性。弗罗姆没有看到的是，马克思对人的"自身活动"实现的论述，是同他对"丰富的人"的生命表现需要的论述联系在一起的，马克思在《1844年经济学—哲学手稿》中指出："丰富的人同时也是需要人的十分完满的生命表现的人，是他自身的实现在自己身上表现为内在必然性即需要的人。"② 所谓人的"十分完满的生命表现"的需要，自然包括人的审美需要，这种审美需要是人区别于动物的根本标志之一，正是在这种情况下，人才能够"按照美的规律来塑造物体"。也就是说，人自由自觉地面对自己的生命，把自己的生命活动变成自己意志和意识的对象。因此，人在反思自己的生命和生存状态时，能够把异于自己本质的东西作为批判的对象。在这种时候，人便开始超越自己的单纯的物种生活，开始向着优化自己的生存的方向提升自己，使人远离动物本性，追求更加丰富自己、更加完善自己的东西，而人的审美追求和冲动，便是这种提升的一条路径。换言之，人正是依靠自己的审美活动使自己的生命活动得到优化，使自己的生存境界得到提升，使自己能够敞开自己的自由本性而获得生命的丰富性。马克思把对"美的规律"的追寻提高到人的本性存在的层面上，无疑是我们设定生命优存论美学最重要的逻辑前提。除此之外，我们至少还可从以下几个方面来说明生命优存是美和艺术创造毋庸置疑的逻辑起点。

---

① ［美］弗罗姆：《占有还是生存》，生活·读书·新知三联书店，1988年，第102页。
② 马克思：《1844年经济学—哲学手稿》，人民出版社，1979年，第82页。

其一，审美陶醉是解脱人生困境的一剂良药。在这层意义上，精神分析学派、法兰克福学派、尼采的人生哲学及存在主义的某些主张均表达了相同的蕴含。如弗洛伊德以"超我"与"本我"相对立，把"超我"设定为对本能欲望的升华和对文明的遵循，其中蕴含着使人从本能压抑的困境中解脱出来的意义。虽然弗洛伊德对文明进步的批判带有生物学的意味，但他对人的本能压抑升华的论述明显带有超越人的生存困境的特点。而在弗洛伊德的升华理论中，审美活动和艺术创造是获得升华的有效路径之一。在这种路径中，本能压抑被释放和转移到想象活动之中，使其获得文明许可的条件。人在此状态下，也就得到了相应的生存空间。这种带有审美救赎色彩的理论蕴含，无疑为法兰克福学派的社会批判理论和审美拯救主义提供一条反思人生生存困境的路线。

从某种意义上说，尼采在反思人生痛苦时请来的两位艺术之神——日神和酒神，并通过他们把个体生命的痛苦与生命激情的快乐凝合为一种艺术与审美的陶醉，走的是同样一种路径。

存在主义者的人生哲学也有同样的意义。海德格尔说："人的实质是生存。"① 但生存不是一般生物学意义上的生存，而是人的终极本性和此在状态的联合体。在海德格尔的哲学中，人的终极本性通过人的此在关怀而获得与真理的相融，其中的必由之路之一便是人"诗意地栖居"，换句话说，也就是审美化的生命优存。存在主义人生哲学的另一主要代表人物雅斯贝尔斯在讨论当代的精神处境时指出：现时代的精神处境充满着严重的危机，如果我们对这种处境应付不当，整个人类就有可能面临失败的命运。例如人们的生活秩序一直受到困扰，人类的衰退似乎迫在眉睫，人类似乎永远无法完美。因此，人类不可避免地要产生一种"生命的忧惧"。他还认为，"人生根本上是不完美的，而且就我们所知，也是难以忍受的，因此，要不断地尝试，以新形式来塑造生活秩序"②。正是在此前提下，他还批评现代人"没有努力去创造具有真正价值

---

① ［德］海德格尔：《存在与时间》，生活·读书·新知三联书店，1999年，第244页。
② ［德］雅斯贝尔斯：《当代的精神处境》，生活·读书·新知三联书店，1992年，第67页。

的事物，赋予事物一种无法估算的形式美感"①。

其二，审美活动能够把人们带入一种理想的生存境界。在席勒的审美主义人生理想中，有一句决定其思想本质的名言："只有当人是完全意义上的人，他才游戏；只有当人游戏时，他才完全是人。"而这句话的前提是："人同美只应是游戏，人只应同美游戏。"② 这和马克思把按照美的规律去塑造物体看作人与动物的根本区别具有相同的意义。而就人的生存而言，美便是理想化的生存，是使人的生存达到人作为人的理想化生存的基本条件。在最普遍的意义上，生活一旦失去了美，生活也就失去了生机与活力，生活便会变得机械，毫无生命自由的畅快与舒坦。马克思在批评"贩卖矿物的商人只看到矿物的商业价值，而看不到矿物的美和特性"时，其着眼点是"为了使人之感觉变成人的感觉"，"为了创造与人的本质和自然本质的全部丰富性相适应的人的感觉"。③ 换言之，只有当人能从事物当中发掘出美时，即当人面对事物而进入审美的自由感——人之为人的感觉时，人才能摆脱物性存在，才能使人的生活成为理想的人的生活，才能使生命和生存进入理想的人生境界。

其三，审美活动能使人获得精神的无限敞开性，实现超越性人生价值。萨特认为，人是一种自为的存在，与自在的存在被定义为"是其所是"相比，"自为的存在被定义为是其所不是且不是其所是"④。这说明，人作为自为的存在，具有超越性的特点。而恰恰是在萨特看来，美也具有"超越性价值"。他说："美表现世界的一种理想状态，相关于自为的理想实现，事物的本质和存在在其中被揭示为与那在这种揭示本身中与它本身一起融合到自在的绝对统一中的存在同一。""我们需要美的东西，并且就我们把我们本身当作一种欠缺而言，我们认为宇宙是欠缺美的。"美"作为一种不能实现的东西纠缠着世界。

---

① ［德］雅斯贝尔斯：《当代的精神处境》，第130页。

② ［德］席勒：《审美教育书简》，北京大学出版社，1985年，第80页。

③ 马克思：《1844年经济学—哲学手稿》，人民出版社，1979年，第80页。

④ ［法］萨特：《存在与虚无》，安徽文艺出版社，1998年，第26页。

就人在世界上实现了美而言,他是以想象的方式实现的。这意味着,在美学直观中,我由于是在想象中实现我本身,而把一个想象的对象理解为自在与自为的整体。通常,美,作为价值,不是主题地被理解为世上达不到的价值的。它暗含地被理解为在事物上的不在场的东西,它通过世界的不完满暗含地被揭示出来"①。很明显,美的"不在场"性和审美活动的"想象"性,使人的超越性本质能以想象的方式在美学直观中得以实现,换言之,审美活动能使人在想象中敞开精神,摆脱世存的有限凝滞,获得生命境界的彻底解放和自由,并以此而获得生命存在的优化。

三、生命优存:美学的功能达现

以上论述已明显昭示出生命优存论美学的必然意义,而从美的功能实现的角度来看,它对生命优存的助益,至少可以从以下几个方面表现出来:

其一,调整生存结构。人生活在世界上,会同时面对多重人性结构,譬如信仰结构(政治、宗教)、功利结构(经济、职业)、伦理结构(道德、文化)、智能结构(科学、人文)、审美结构(玩赏、艺术)等。在这众多结构态势中,审美起着一种调整、优化的作用。康德以审美判断力架起了纯粹理性与实践理性的桥梁,席勒则以审美游戏消融道德自由与感性依附的对抗。席勒曾说"美已经证明道德自由同感性依附是完全可以并存的","如果人同感性在一起的时候就已经是自由的,如美的事实所证明的那样,那么,人如何从限制上升到绝对,人如何在他的思考和意愿中对抗感性,就不再成为问题了,因为这一切在美之中已经发生过了。总之,一句话,人如何从美过渡到真理,再也不可能成为问题了,因为真理按其功能已在美之中了;成为问题的是,人如何为自己开辟道路,从日常现实走向美的现实,从纯粹的生活感走向美感的"②。实际上,美和艺术能通过悦心悦意、悦志悦情的功能,使人所面对的生

---

① [法]萨特:《存在与虚无》,安徽文艺出版社,1998年,第265~266页。
② [德]席勒:《审美教育书简》,北京大学出版社,1985年,第134页。

存结构产生一种趋向于人的生命完善的态势。也就是说，美和艺术能调整哲学理性、宗教信仰、科学创造、道德人伦等在生命优存中的作用，获得一种和谐的生存价值结构。这一点，笔者已在以前的相关论述中做过详尽说明。[①]

其二，优化生存环境。人的生存质量在很大程度上取决于他的生存环境，美国学者L. P. 维赛尔说："当人的生活整体、他的人造环境、他的文化转变成审美的时候，当它成为一种社会的活的形象时，人才能在最充分的意义上作为类的存在而生存。"[②] 但是，作为人以美的方式去优化生存环境，有着多重含义，因为"人不仅有对外的定向，而且也有对内的定向"[③]。就"对外的定向"而言，人一方面可以通过自己的实践活动去改造环境，使环境在美化过程中助益人生；另一方面美化环境过程本身即蕴含着生命创造的乐趣。就"对内的定向"而言，人以自己的精神观照既可在环境中"发现"美，又可超越环境，在想象活动中获得生命精神的自由驰骋。在此条件下，环境的"美化"是以生命精神的畅达为前提的，而环境本身在实存意义上的美与不美并不重要。以上种种情况都可以看作以审美优化生存环境的内容，但它与传统意义上的美化环境不可同日而语。

其三，改善生存状态。如前所言，在当前条件下，人的生存状态并不完善。人在物欲、感性、理性的束缚下，始终不能获得精神的畅达与自由。毋宁说，物欲冲动使人降低到动物的层次上，而人又沉湎其中不能自拔；生活的苦恼又时常困扰着人的身心，使人茫然不知所措；理性的究诘使人斤斤计较，而忽略了人性的洒脱与韵致。以上种种情况已被自古至今不知多少哲学家论述过，于是审美救赎主义便从庄子、尼采、萨特等人的笔下流出。我们姑且不说审美救赎主义究竟能否实现，但至少有一点能深刻地启示我们，生命的忧惧在

---

① 张涵、史鸿文等：《艺术与生命》，河南教育出版社，1993年。

② [美] L. P. 维赛尔：《席勒与马克思关于活的形象的美学》，《美学译文》第一辑，中国社会科学出版社，1980年，第13页。

③ [美] 马斯洛：《存在心理学探索》，云南人民出版社，1987年，第163页。

审美活动中能得以释放，生存状态也会因之而改善。但这只是问题的一个方面。另一方面，审美改善生存状态的功能还表现为提高生活格调的层次，使人的低级追求上升为高级追求，使人的平庸、乏味甚至是邪恶获得改造与升华，使人的生存真正成为人的生存。正如弗罗姆所说："物、强力和任何死的东西都不是神圣的，神圣的是生命和能促生命成长的一切。"① 而审美活动恰恰就是促进生命成长的重要力量。

其四，提升生存境界。人生境界的高低意味着它向生命本真性的接近程度，而人本质上是具有超越性的，"人靠追求超越的目的才得以存在。既然人是这样超越自己的，而且只在超越自己这方面掌握客体（objects），他本身就是他超越的中心"。② 人既要超越现实实存，不滞留在物的怀抱中，人更要超越自己，把自己指向未来。审美活动的超越性和令人解放的性质满足了人的超越性需要，所以审美活动事实上在提升着人的生存境界。恩斯特·卡西尔指出："生活在形式的领域中并不意味着是对各种人生问题的一种逃避；恰恰相反，它表示生命本身的最高活动之一得到了实现。"③ 这里的"形式"主要是指美，对美的陶醉并不意味着逃避人生，而是对人生境界的升华。正是在这层意义上，中国美学历来把人生境界看作是一种审美境界。

通过以上论述，我们足以看出，走向生命优存论美学乃是当代美学的必由之路。

（刊于《郑州大学学报》2001年第5期）

---

① [美] 弗罗姆：《占有还是生存》，生活·读书·新知三联书店，1988年，第180页。

② [法] 萨特：《存在主义是一种人道主义》，《萨特哲学论文集》，安徽文艺出版社，1998年，第134页。

③ [德] 恩斯特·卡西尔：《人论》，上海译文出版社，1985年，第212页。

《郑州大学学报》（哲学社会科学版）名栏建设文丛

21世纪美学热点问题 下

乔学杰　主编

中原出版传媒集团
中原传媒股份公司

大象出版社
·郑州·

第三部分

美学史

古代中国天下观中的中国美学

——试论中国美学史研究中一个缺失的问题

⊙张　法
⊙浙江师范大学人文学院

中国美学史是现代中国根据中国学术现代化的需要而建立起来的一个学科。它一方面要回到古代中国的原样，通过古代资料（包括文献和考古）而呈现一个古代中国的美学面貌；另一方面是从现代理论框架去做这样的呈现。"美学"本身就是现代理论框架的一个组成部分，对于中国美学史来说，现代理论框架还包含比其他学科更多更复杂的内容，这就是中国美学史的研究比其他学科研究进展更为艰难的原因。本文就是对如何用现代理论框架去组织古代美学材料这一中国美学史研究中诸多困难中的一个，做一初步的探讨。

在目前的中国美学史研究中，翻开已出版的著作，有一个问题一直存在，这就是（乍一看来）中国美学史写成了汉族美学史。于是有人提出，应当在目前所写的（实际上是只有汉族的）美学史中加上少数民族的美学，使其成为一个真正的中国美学史。这一提法有其合理之处，也有其可以讨论之点。汉族和少数民族都是现代的观念，是世界进入现代性进程后，民族国家（或曰主权国家）出现以来，中国在世界潮流的推动下形成中国这一民族国家进入世界民族国家体系之后产生出来的。而中国美学史的时空是古代中国，那时并没有民族国家的观念，而是一个以中国为中心的天下观。因此，对于今天在现代性民族国家框架中认定的56个民族，虽然从现在回溯过去，有其丰富而复杂的历史流源要予以反映，然而作为一种历史，更应该呈现出古代中国天下观中各民族的原貌。因此，中国美学史应当写今天观念框架中的少数民族美学，这是没有问题的，但这一少数民族美学不应从今天的观念框架中去套，而应从古代中国的民族原貌中去呈现，让中华民族自远古以来的多元一体的特色和历程得以呈现出来。

中华民族自八千年前农业文明出现之时就呈现出"满天星斗"的多元一体之势，在以后的发展中，出现了在地理上以中原为核心、在文化上以华夏为核心的天下一体的观念。这个天下观，在地理上由中原而伸向东南西北四面八方，在文化上是由华夏与四夷进行的对话—冲突—融合的中国文化不断丰富扩大的过程。以中原为基础发展起来的华夏构成了在今天看来只是东方、在古代看来乃为天下的中心。因此，"中国"一词在古代，其原意是地域概念，国即城，中国即天下之中的城，即京城，如《诗经·毛传》所说："中国，京师也。"京城作为文化核心，不但代表华夏地区，而且也代表天下之中与四夷和整个天下所形成的结构。如王绍兰《说文段注订补》所说："案京师为首，诸侯为手，四裔（夷）为足，所以为中国人也。"总而言之，古代中国的天下观，是由京城、华夏地区、四夷、八荒（包括尚不完全清楚乃至根本不清楚的夷）构成。从地理上说，这一天下观由《尚书·禹贡》《山海经》和历代史书中的《地理志》所呈现；在文化上由《史记》开创的帝王本纪，以及华夏的世家、列传，加上《匈奴列传》《南越列传》《东越列传》《朝鲜列传》《大宛列传》所组成。但对于这一天下观的文化地理，从《尚书·禹贡》始，一方面真实地反映了天下九州；另一方面又用一种规范的方式将之体系化，即以京师为中心，每五百里分为"五服"：甸服、侯服、绥服、要服、荒服。在文化上与《史记》讲的本纪、世家、列传体系相对应，不同的地区与中央形成不同的关系。把这一规范抽象转换为现实地理，就是学者们所讲的几大区域：一是基本上先后成为华夏族的中原地区和沿海地区；二是北部草原地区，先后为北狄、匈奴、鲜卑、柔然、高车、突厥、回纥、蒙古等部的游牧场所，在蒙古与西伯利亚之间，还有过丁零、黠嘎斯（柯尔克孜人的祖先可追溯于此）等部；三是东北高山森林区，先后有过肃慎（满族祖先）、乌桓、鲜卑（锡伯族祖先可追溯于此)、室韦(蒙古族祖先可追溯于此)、契丹和女真等族;四是与北部紧密相连的西域,包括今天三面环山、向东敞开的新疆和葱岭以西的中亚河中地区,有着塞人、乌孙、月氏、粟特、匈奴、突厥、回纥、蒙古准葛尔部;五是青藏高原和云贵高原,这里有吐蕃(藏族祖先可追溯于此)、门巴、羌、白、苗、傣、壮等十多个民族。除此之外,又牵连到东(朝鲜、日本)、南(南洋各国并由南方丝绸之路和海上丝路而到非洲,中国的穆斯林很大一部分由海上丝绸之路而来)、西(由陆上丝绸之路而与包括中亚、南亚、西亚、中东乃至西方的文化即佛教、祆教、摩尼教、伊斯兰教、基督教等联结在一起)、北(由内蒙古、外蒙古而与西伯利亚及俄罗斯相牵连)的广大地区。把"五服"象征转化为现实的政治/社会关联,这就是与天下观相对应的两类制度的三类情况。"两类制度"即对华夏文化区实行直接行政管理的郡县制度和对有紧密关系的多样性的四夷文化实行的羁縻制度(包括边郡制度、羁縻府州、册封制度、土司制度等)。"三类情况"是除上面两类之外,与核心华夏区无紧密现实联系只有流动中的联系,由三条丝绸之路而不断进行着交流而又时连时断、时闻时亡的民族和文化,则在文化上以一个"夷"字总概,在地理上以一个"荒"字总概(《尚书·禹贡》中五服中最远的"荒服"之"荒",也即《过秦论》中"席卷天下,包举宇内,囊括四海,并吞八荒"之"荒"),从而维护着"溥天之下,莫非王土,率土之滨,莫非王臣"(《诗·小雅·北山》)的华夏中心观和"王者之于万物,天覆地载,靡有所遗"(《资治通鉴》卷一九三,贞观四年四月)的华夏天下观。

在古代中国的天下观里,华夏地区具有农耕文明的高级形态,同时对于整个"天下"具有巨大的吸引力。这一巨大的吸引力体现为,在军事上具有优势的北方游牧民族①不断地南下,以夺取华夏在农业地区的高级文明成果,而且一旦其南下成功,进入华夏核心区的少数民族文化就让自己变成华夏文化,成为天下之中的核心。北魏、辽、金、元、清,无不如此。在军事上、行政上没有优势的南方各民族,其适宜于大片农耕的地区,则在华夏文化的南进浪潮中不断地被华夏化。因此,在一个共同的天下观的东方,无论是北方诸族在军事上、行政上取得胜利,还是南方诸族在军事上、行政上遭受失败,都体现为以华夏为核心的文化像滚雪球一样越滚越大。华夏文化的越滚越大,具有三种含义:

第一,华夏文化作为中国古代的高级文化,在天下观的结构中具有最大的文化吸引力、文化向心力、文化和谐力;第二,华夏核心在农业地区非常普及;第三,非农业区的四夷与华夏形成一种多样共生的紧密关系。正是这三点,构成了现代性之后的中华民族多元一体的基础。这三点也正是"五服"理论抽象的精髓。

一个世界的主流观念就是主流文化的观念。古代中国,正是在这样一种天下观和宇宙观的影响下,形成了京城—华夏—四夷—八荒的互动共同体。只有完整地呈现出这一共同体,才能完整地呈现古代中国的原貌。古代中国美学正是这样一个多元一体的文化共同体的美学表现,其要旨是:

第一,要呈现多元一体中的核心,要有每一朝代的核心区(直接行政区即郡县制地区)的美学样态。这里有随着朝代的更替和演进而来的丰富的形态和内在的逻辑。实际上以前的中国美学史写作主要写的是这一核心区的美学。这样的写作,从主体来说,是不错的,中国美学的理论形态主要是由这一美学样态体现出来的。虽然这样的写作还要进一步加强、补充、深化,但所谓的加

---

① 游牧民族"俗善骑射",相对于农耕民族,在马种类型、骑兵特长、民族性格三方面都有优势,用汉代晁错的话来讲:"今匈奴地形、技艺与中国异。一下山阪,出入溪涧,中国之马弗与也;险道倾仄,且驰且射,中国之骑弗与也;风雨罢劳,饥渴不困,中国之人弗与也。此匈奴之长技也。"(《汉书》卷四九《晁错传》)

强、补充或深化，除了核心区本身的内容，还要关注补充非核心区即四夷及八荒的内容。

第二，要呈现多元一体中的多元，即与核心区密切相连的四夷的美学样态。首先，这里有四夷本身的丰富内容（北方游牧诸文化、青藏高原的吐蕃诸文化、南面特别是众多的西南夷文化、西域的众多的不同文化）和不同朝代（夏、商、周、春、秋、战国、秦、汉、三国、两晋、南北朝、隋唐、五代、宋、辽、金、元、明、清）的复杂变化。其次，这些内容和变化是与王朝及王朝核心区的美学紧密关联的，只有写出了这一关联，才能既充实了核心区的美学内涵，又揭示了四夷自身的美学内涵。

第三，王朝核心区和四夷与"八荒"（由西域、南方、海上三条丝绸之路的贸易路线呈现出来的世界文化）具有紧密的关联。"八荒"的相当部分在世界历史的演进和中外交流中或由无到有，或由模糊到清晰。如印度的佛教文化，由西面到西域进而入内地的祆教、摩尼教、伊斯兰教文化，唐代进入的景教文化和明清来华的基督教文化。当然由中外交流而来的"八荒"的美学内容在四夷和核心区的呈现，是在古代天下观的框架中出现的，是以"华夷一体"的天下观来理解，即被作为远方的"夷"来理解的。

有了上面所讲的第二点和第三点，中国美学史的框架和内容就会发生一种新的转变，以前未能进入中国美学史的很多内容要进入中国美学史的视野之中；比如，北方游牧民族、青藏高原和南方少数民族史诗（柯尔克孜族的《玛纳斯》、蒙古族的《江格尔》、藏族的《格萨尔》、彝族的《铜鼓王》、羌族的《羌戈大战》、傣族的《兰嘎西贺》、纳西族的《黑白之战》等）中的美学思想，东北亚的萨满文化与艺术中的美学思想，藏传佛教经典与艺术中的美学思想，维吾尔族的《福乐智慧》《突厥语词典》等著作中的美学思想，张中、王代舆、马注、刘智、马初复等回族论著中的回族美学思想，云南以贝叶经为代表的南传佛教文化中的美学思想，彝族毕摩文化中的美学思想，纳西族东巴经中的美学思想，等等。这些内容进入中国美学史，古代中国美学的"多元"才会得到一个丰富的呈现，古代天下观的"天下"内涵才会有一个充实内容。有了丰富的多元，核心地区美学所具有的核心体系（以前中国美学史所呈现的体系）之为核心，怎么成为核心，其真正的内涵和广泛的关联才得以呈现出来。而这时，中国美学史，一方面突出了核心地区的美学体系（所谓汉族美学史）的内容，但同时显示了这一汉族美学史不仅是汉人的思想，而且是代表古代天下观中的"天下"的核心思想，其中也有四夷（乃至而今在中华民族之外的"夷"和"荒"）的贡献，美学史的核心体系体现为在"和"的基础上的立"中"，也即中和之中。另一方面也充分体现了古代四夷美学的独特的思想，这是古代天下观中的五行和谐的"相克相生"之"生"，也是"天下之德曰生"之"生"，还是"和而不同"的建立在中和基础上的"不同"，有不同才有"和"。同时，在讲华夏核心和周边四夷之时，要突出中心与周边在相克相生中的和谐共生——这一点正是不注重"多元"、只从核心体系来写核心体系时的不足。有了"多元"，以前只从核心体系本身去讲核心体系而呈现出来的中国美学史，也必然要进行一些局部的调整。当从多元一体的天下观来看"一体"，而不只是从核心地区来看"一体"，看到的景观与以前所呈现的，在广度和深度上都会有所不同。而中国美学史研究和写作的进步，将会从这一种"不同"中显示出来。

（刊于《郑州大学学报》2010年第5期）

中国美学与农耕文明

⊙刘成纪
⊙北京师范大学价值与文化研究中心

中国现代美学自王国维以来,以现代视野重构传统,并借此阐释中国美学的精神意蕴和价值,就成为百余年来学人一以贯之的任务。但是,就美学作为一门原创于西方的学科而言,以此介入中国美学史研究却面临着独特的困难。比较言之,西方美学产生的历史背景虽然复杂,但古希腊的商业贸易及由此形成的以城邦为主体的市民社会,却是奠基性的。这种社会形态所孕育的自由精神和个人主义传统,与中国建基于农耕文明及宗法制的集体主义传统存在着巨大的相异性。关于中国古代社会生产方式的独特性及其对美学和艺术的孕育,冯友兰先生在其《中国哲学简史》中曾有专论。[①] 中华人民共和国成立以后,学界围绕马克思提出的"亚细亚产生方式"也曾产生过漫长的争论。这一争论表明,相对于传统的欧洲文明中心论,中国是一个"他者",而且这个"他者"的"他性"是由其漫长的农耕文明决定的。与此一致,中国美学之所以存在,最根本地是由这种生产方式所决定的。

按照一般的看法,中国农耕文明起于新石器时期。这种文明在中国的早期发展状况可套用苏秉琦先生的"满天星斗说"做出多元的描述。但同时,这种多元最终被归并为一体,即黄河流域的农耕文明奠定了后世中国经济、政治和

---

① 冯友兰:《中国哲学简史》,北京大学出版社,1996年,第15~23页。

文化的基础。关于农耕文明对中国经济模式、政治结构及国家观的塑造，可以从以下几个方面理解：首先，农业经济是一种自然经济，自然是劳动的对象，也是获得生活资料的对象。人对自然的高度依附性，决定了观念领域对自然价值的全面肯定。正是因此，在中国古代思想中，天道自然，不管是儒、道还是墨、兵、法，都是哲学认知的起点，"天人合一"则是共同的价值选择。其次，中国传统政治是一种自然政治，人的社会政治行为只有组入到自然秩序中才具有合法性。这种政治模式显然来自农业生产方式对自然规律的认知和发现。以《礼记·月令》为例，在一年的12个月，帝王、公卿、百工乃至黎民的政治和日常行为，都被纳入四季的变化中，自然的时序更迭为人事的运作提供了尺度和依据。在18世纪，法国启蒙思想者魁奈曾讲："在中国，思辨科学没有取得什么进展，而对自然法的研究却已达到尽善尽美的最高程度。"[①] 这种以自然法则为人的行为立法并作为政治一般原理的做法，是农耕民族的典型特征。最后，传统中国是被人地关系限定的国家，然后才是民族国家。与游牧和商业民族不同，农耕民族的财富（土地）是非移动的。这种财富的特性决定了农民对土地的固着，也决定了安土重迁成为最基本的人地观念。在中国古代，中原地区之所以长期成为中华民族稳固的政治文化中心，与这一民族对土地的固着大有关系。按照《尚书·禹贡》确立的早期国家地理形态，它的疆域基本上是以黄河中游的"河洛王里"为中心，沿着"甸服""侯服""绥服""要服""荒服"的等差秩序四面扩展蔓延，直至"东渐于海，西被流沙"。这种国家观或天下观，有人说是中原中心论，但从根本上讲是农业中心论。或者说，中国农业最早的发达地区被视为国家或天下的中心，愈趋近于这一中心便愈文明，愈远离这一中心便愈荒蛮。但是，中国社会的夷夏或文野之辨又不是恒定的。如果边疆民族占据中原并转为农耕，它便会在政治上获得正当性，并代表中华文明。这说明种族并不是国家组成的决定性因素，土地和农耕生产方式才是根本性的。

---

① ［法］弗朗斯瓦·魁奈：《中华帝国的专制制度》，商务印书馆，1992年，第57页。

农耕文明是深植于泥土的文明。土地不仅决定着中国的经济、政治和国家形态,而且很大程度上决定着美和艺术的属性。在中国美学和艺术史上,对泥土这种媒介的使用是主导性的。比如,按照马克思的观点,制造工具是人的起源也是美的起源,我们往往据此将中国美学的起点定位于石器时代。但对于中国早期历史来讲,石器显然不是最主要的劳动工具。在由黄河泥沙冲积而成的中部平原地区,石材不易获得,石制工具的笨重也使其不适于农业种植。相反,树木作为泥土的直接生成品,用它制造工具不但轻便易得,而且极适宜黄河流域疏松的土质。正是因此,对于中国这个农业民族来讲,最早见于文献的劳动工具不是石器,而是木器,即神农氏的"斫木为耜,揉木为耒"(《易传·系辞下》)。同时,按照现代考古学关于中国早期文明史的划分,陶器在黄河流域大量出现的时期(仰韶文化)被称为新石器时期,这显然也欠准确。陶器作为直接以泥土为材质的器物,它产生的一个重要前提就是中国人对泥土属性的深刻理解,而这种理解同样离不开农耕文明。后世中国人对泥土的加工日益精细化,制造出精美的瓷器。可以认为,从陶器到瓷器的演变,表明了中国农业文明从泥土认知到实践再造直至审美升华的超越之路,也说明中国美学的起点与其说是所谓的旧石器晚期或新石器早期,倒不如说起于耒耜时代、初成于陶器时代、成熟于瓷器时代更为确当。

与日常器具建基于泥土并追求审美超越一致,中国文学和艺术也是农耕实践的引申物。像甲骨文中的"艺",本义就是种植,"乐"则是表达谷物丰收的喜悦。[①] 另像"美"字,所谓"羊大为美",明显与远古农业的家畜饲养有关。后世"艺"由农业种植发展成为雅化的技能,即"六艺",进而发展成精神性的"艺术";"乐"由对谷物丰收的礼赞发展为普遍性的快乐,进而发展为表达快乐的艺术形式"音乐";"美"则由视觉上的胖大和味觉上的鲜,发展成为一般性的审美。这种词义的演进,一方面体现出人类从物质向精神、从实用向审美、从快感向美感进化的趋势,另一方面也说明了农耕文明对于中国

---

① 修海林:《"乐"之初义及其历史沿革》,《人民音乐》1986 年第 3 期。

美学和艺术的奠基性。在诗歌领域,早期中国诗歌以农事诗为主,所谓"饥者歌其食,劳者歌其事",后来则一步步位移为田园山水诗。比较言之,农事诗因更深切地植根于农耕生产建立的人地关系,故而体现出质朴厚重的特点,田园山水诗则因对乡村形式性的审美观照,而表现出轻灵唯美的特征。据此,理解中国审美意识和艺术的发生,必须树立从实用到审美逐渐演进的观念。在这个审美连续体之中,土地和种植为人的生存提供的稳定来源,对于中国美学和艺术具有奠基的意义。

  按照法国18世纪重农学派的观点,自然界虽参与生产过程,但不要求任何补偿。这种无私赐予使农业产品成为纯"新产品"。[①]显然,自然界之所以能实现这种赐予,与土地不竭的生殖力有关。在中国美学中,自然或土地的这种生殖力被赋予了两方面的美学意义。首先,自然的生殖性即其生命性。这种活跃的生命感一方面使其与西方近代机械僵死的自然相区别,另一方面则因其对生命的包蕴而天然地具有美的本己性。"天地之大德曰生。"所谓美的本质,就是自然的生命本质。进而言之,自然生命总是在运动中表现为过程,并通过大地上的花开花落、草木枯荣实现形象的表征。这样,人对自然物候变化的体验就成为对自然生命过程的体验,这种体验使中国人发现了时间,进而以此作为人事的规范。从《夏小正》《逸周书·时训解》直至后世中国的历书可以看到,中国人的时间观是建立在农业节令和自然观察基础上的。如《夏小正》开篇就讲:"正月:启蛰,雁北乡,雉震呴,鱼陟负冰,农纬其耒。"也即大地上蛰虫复苏,南雁北飞,野鸡呴鸣,鱼游水面,被视为农夫修理农具的时间暗示。在此,自然孕育了时间,农耕实践则规划着人的时间感知。后世中国诗歌中所体现的时间意识,大抵脱不了这种被自然主导的韵致和格调。至于从普通百姓到帝王公卿被月令和节气规划出的工作和生活,则明显因为与四季变化的配合充满节奏感,并因此被纳入一个统一的审美化的自然进程。

  但值得注意的是,历史上的中国作为一个起于中原、疆域不断外向拓展的

[①] [法]杜尔哥:《关于财富的形成和分配的考察》,华夏出版社,2007年,第2页。

国家，它由历法规定的时间观念并不具有普适性。如上所言，中国古代建基于自然认知的历法，其标准是中原地区的暖温带气候，但中国起码自秦汉始，其疆域就南北横跨了热带、亚热带、温带等多种气候形式。由此，中原地区农业性的历法不但对游牧、渔猎民族的生活缺乏实用价值，而且对非中原地区从事农耕的人们也同样缺乏指导意义。如唐代张敬忠《边词》云："五原春色归来迟，二月垂柳未挂枝。即今河畔冰开日，正是长安花落时。"这正揭示了农业时代时间体验的区域差异。但同样值得注意的是，中国古代的历法却从来没有因为地域差异而变得多元，它制定历法恒久不变的标准就是"中原时间"。这种历法借助政治权力获得的强制性统一，使时间具有了意识形态性，也为理解中国美学中的时间感知增加了制度主义的内容。

正如中国古代的时间是以中原为中心的时间，其空间也是从中原出发的空间。像中国最早的地理文献《尚书·禹贡》，按照顺时针的顺序，将天下排列为冀州、兖州、青州、徐州、扬州、荆州、豫州、梁州、雍州，基本勾勒出了早期中国以中原为中心的地理版图。但是，就纯粹的空间而论，天下本无中心，如《庄子》讲："我知天下之中央，越之南、燕之北是也。"这种中心观念之所以形成，无非在于当时的中原因农业的发达而形成了人对土地的固着，进而根据当下经验设定了何为中心、何为边缘。可以认为，中国社会早期空间经验的非客观性，铸就了它的诗性或审美特性，所谓的地理也因此成为诗性地理。根据这种纯任感知的"私经验"，中原民族设定了东、南、西、北、中五方，并将五色、五音、五味、四季等都编入到这个稳态的空间格局中，从而使诸种审美要素形成对天下"中央"的环绕。超越这一经验范围的区域，在文化优劣论的主使下被认为荒蛮，但在美学层面，则往往被想象为仙人的居地。一部《山海经》，就是这种审美想象的成果，从《穆天子传》到《淮南子·坠形训》再到张华的《博物志》，则提供了从对中原的现实感知到关于远方的审美想象的渐变路径。这中间，因为中心地区是确定的、清晰的，所以与此相关的艺术往往摹写真实，具有鲜明的现实主义风格；边缘地区则因为超出了经验的范围，往往被诉诸想象，相关的艺术创造则虚幻瑰丽，充满传奇色彩，显示出鲜明的浪漫主义特点。从美学角度理解中国人这种中心清晰、边缘模糊的天下观，可以看到的就是这种从经验到想象、从现实到浪漫逐渐过渡的审美系统。

十余年前我曾讲过，人、时间、空间是美学的"一个中心和两个基本点"[①]。就中国美学史而言，时间、空间这些已被现代科学高度抽象的范畴，在农耕文明背景下，则因对自然的依附而保持着鲜活的审美特征。或者说，农耕背景下的时间和空间，是被自然表象的时间（四季）和空间（风景），它的自然性即可感性，它的可感性即审美性。同时，人参与农事就是参与自然，就是将个体纳入自然时空的生命律动。关于这种由人、时、空复合共铸的农事生活的美，宗白华曾讲："中国古代农人的农舍就是他们的世界。他们从屋宇得到空间观念。从'日出而作，日落而息'（《击壤歌》）得到时间观念。空间、时间合成他的宇宙而安顿着他们的生活。他们的生活是从容的，是有节奏的。对于他们，空间、时间是不能分割的。春夏秋冬配合着东西南北。这个意识表现在秦汉的哲学思想里。时间的节奏（一岁、十二个月、二十四节气）率领着空间方位（东、西、南、北等）以构成我们的宇宙。所以我们的空间感觉随着我们的时间感觉而节奏化了、音乐化了。"[②] 从这种论述不难看出，农耕文明不但铸造了中国人的时空体验和四方想象，而且通过人与自然的相互渗透，为人的生存注入了本质性的审美内容。

当然，除了审美化的时空经验，农耕文明对中国美学最根本的影响还在于对民性的塑造。《吕氏春秋》曾讲："古圣先王之所以导其民者，先于务农……所以务耕织者，以为本教也。"[③] 也即农业劳动本身就构成了对人民的教化。那么，这种教化达成的结果是什么？按照《吕氏春秋》的说法："民农非徒为地利也，贵其志也。民农则朴，朴则易用，易用则边境安，主位尊。民农则重，重则少私义，少私义则公法立，力专一。民农则其产复，其产复则重

---

① 刘成纪：《审美流变论》，新疆大学出版社，1997年，第39~48页。

② 宗白华：《宗白华全集》第2卷，安徽教育出版社，1994年，第431页。

③ 《吕氏春秋·上农》。

徙，重徙则死处而无二虑。舍本而事末则不令，不令则不可以守，不可以战。民舍本而而事末则其产约，其产约则轻迁徙，轻迁徙则国家有患，皆有远志，无有居心。民舍本而事末则好智，好智则多诈，多诈则巧法令，以是为非，以非为是。"[1] 从这段话可以看出，中国社会自文明早期即奠定的重农传统，不仅涉及个人财用或国家富强问题，而且涉及对人民心性的正面养成，即农耕使人心性素朴尚质，远离商业性的好智多诈。可以认为，中国美学重质轻文或先质后文的传统，对人性素朴之美的肯定及哲学上的实用理性，断断无法忽视农耕文明的塑造。中国文学艺术中的思乡主题、家国之恋，则无法忽视由人对土地的固着而培养出的天然忠诚。近年有人提出，中国古典美学是一种农业美学。这种说法有些武断，但一种更圆通的讲法应该是可行的，即中国古典美学是一种奠基于农业并从农业出发的美学。

(刊于《郑州大学学报》2010年第5期)

---

[1] 《吕氏春秋·上农》。

中国美学史中的审美意识史研究

⊙朱志荣
⊙华东师范大学中文系

中国美学史研究起初是在参照西方美学史研究的基础上开始的。多年来，学者们从审美意识史、美学思想史、美学理论史的角度研究，已经有了一定的成果。但是，中国美学史的进一步研究，需要倡导审美意识史、美学思想史与美学理论史互补统一的研究方法。由于审美意识是美学思想和美学理论的基础，因此中国古代的艺术品、生活用品遗存，包括非物质文化遗产，如通过口头传播的神话、传说、民歌、民谣等，一些社会风俗习惯等方面的遗存等，都为我们提供了极为丰富的审美意识的物化形态和相关信息，对它们进行解读、分析和概括，对中国美学史研究显得尤其重要。它们将极大地扩大美学研究的范围，弥补文献材料的匮乏对美学研究所带来的限制，有利于重新审视我们过去的美学研究存在的片面之处、误解和武断现象，并多层面地、相互印证地、更为合理地重构中国美学史。因此，中国美学史研究要充分重视中国审美意识史研究。

审美意识是人的心灵对审美活动的反映与积淀，是人们审美实践的产物，是人们在审美活动中逐渐形成的由自发到自觉的意识，是主客体之间通过审美活动历史地生成的，是人与其所处的环境融合的产物，从中体现了人们的审美感受、审美能力、审美观念、审美趣味和审美理想等。审美意识具有感性直觉的特点，它通过审美创造和欣赏得以体现。不仅如此，审美意识还超越了主客之间的对立，达到了主客合一、物我交融的境界。这个境界就是王阳明所说的不去看山间花，它就与你"同归于寂"，你去看它时，它的颜色就一时明白起来。这种看就是一种审美意识，这种审美意识照亮了物象。这种鲜活的审美意识在人类的各种创造物中得到了某种程度的存留。从远古开始，先民们就在自己的生产工具、生活用品、祭祀用品和礼器等器物的创造上，在文字和语言的发明创造上，在流传至今的原始神话上，乃至岩画和文学作品的创造上，通过感性直观的形态加以体现，从中寄托了自己的趣味和理想。起初他们虽然没有能力通过文字加以记载，后来也不能通过抽象的理论语言加以总结和表达，但是，我们依然能从那些器物的造型、纹饰和风格中看到历代中国人的审美趣味和审美理想，看到人们审美能力的发展历程和审美趣味的变迁历程。

由于审美意识的丰富复杂性，即使到了有美学思想进行概括总结的时代，人们对审美活动中审美意识的研究、概括和总结依然不是完备的，依然需要我们当代人做更深刻、更贴切、更能体现当代要求的概括和总结。历代文献中的美学思想可以与审美意识相互印证、相辅相成，而更为重要的是，中国古人寄托在器物等创造中的未能得以概括和总结的审美意识，为我们提供了丰富的审美资源，是中国古代美学思想的源头活水，有待我们进一步地发掘和整理，值得我们加以利用，值得我们加以继承和发展。这些审美意识的遗存既包括鲜活地保留在后代的艺术品和人类的心灵中得以传承的，也包括由于种种原因而被中断了的。而那些中断或消失了的审美意识，其中依然有不少值得我们重视、可以启迪我们灵感的内容。我们可以通过对新出土的地下文物的研究，通过对以前所忽略的艺术品等进行反思，发现其价值。

中国审美意识史的研究应当重视以下六个方面：

第一，我们需要从学科的角度对"审美意识"做严密的界定，应该有一个基本的共识，才能有利于我们对丰富的审美意识发展史资源进行系统研究。我们对"审美意识"的理解虽然可以讨论，可以百家争鸣，但是作为学科的基础概念，我们必须赋予它基本的学理基础，必须有基本的共识，才能有利于进一步讨论和深入研究。审美意识、美学思想和美学理论之间，尽管是相互联系的，也应该严格地做出自己的界定。只有这样，才能严密地阐释美学作为独立学科的基本问题，才能有利于人们对中国美学史有一个全面准确的把握，才能有利于推动中国美学的健康发展。

第二，审美意识与人类的其他意识既相互关联，又别具特质。人类的社会意识、宗教意识、道德意识和政治意识等，推动和丰富了审美意识的发展，但审美意识本身始终有自己的质的规定性，这是我们研究审美意识发展史的时候必须注意的。我们要避免将审美范畴泛化，把审美与宗教、道德、实用乃至王权等方面的范畴混为一谈。尽管其中有着相互联系、相互影响和相互转化等特点，但是审美意识作为研究的对象，必须有自己的学术边界。我们既不能把审美意识与人类的其他意识截然割裂开来，也不能把审美意识泛化。我们要在重视审美意识自身特性的基础上探究其发展。许多体现审美意识的创造虽然附着于实用器物、祭祀和礼器用品上，但其造型、纹饰和风格中依然充分体现了审美意识。

第三，我们必须重视实证，重视从古人具体的创造遗存中去加以探究，尊重古人审美意识的本来面目，重视审美意识的时代特征和历史印记。这些感性存在的具体的创造遗存是人类审美意识的活化石，每个时代的审美意识乃至自然环境和生活方式等都必然地在人们日常生活的器物、文学和艺术等方面打上烙印。这种审美意识史的实证研究，常常需要跨学科的广阔视野，需要有比较研究的意识，需要多学科的通力合作，尤其需要重视考古学的最新研究成果。

第四，要充分重视中国传统的审美意识、美学思想和美学理论的关系。中国美学思想中很多独特的观念，诸如器与道、技与艺、阴与阳、形与神、虚与实、动与静等，中国古人体现在创造物之中的那种与自然的亲和态度，那种人文精神，那种独特的审美思维方式和以象表意的特点，那种强烈的生命意识，那种充沛的情感和纵横驰骋的想象力，乃至独特的时空意识、抽象方式、和谐法则和形式美的法则等，都是从审美意识中逐步孕育、升华、提炼出来的。中国传统的审美意识不仅是中国美学史研究的基础，更是中国传统美学思想和美学理论形成和发展的源泉。因此，我们研究中国美学史，一定要充分重视审美意识史、美学思想史和美学理论史之间的内在联系，重视它们之间的相互补充和相互印证。

第五，我们对审美意识史研究需要有历史意识，要有史识。审美意识作为人们长期审美实践的产物，是有继承、有发展的，有共性、有个性的。我们在揭示古人保留在历史遗存中的时代特征、社会特征和个性特征的同时，更要从中真正梳理出中国审美意识发展变迁的脉络，揭示它们对前人的继承和对后人的影响，以及审美意识发展变迁的历史必然性。对审美意识史的研究不仅要梳理、厘清其发展脉络、流变历程等，还要总结其发展特征与发展规律，探究审美意识与一个时代的审美标准、审美风尚的关系。我们从中也可以看到，中国传统审美意识虽然历经千百年的发展、变迁，但依然有其不变的内涵，依然一脉相承。

第六，我们要从当代意识出发对中国的审美意识研究进行深化，要体现超越现实的情怀和对人的精神关怀。我们可以从当代人的精神需求和审美理想出发，汲取传统审美意识的精华，将其发扬光大。审美意识史的意义不仅在于它的历史价值和博物馆意义，而且还在于它在审美意识变迁历程中承前启后的价值，更在于它的现实价值和意义。有价值的审美意识不仅是审美意识史中不可或缺的，而且对于我们当代的审美意识及其发展也是必要的。它的很多内涵自身具有符合当代审美需求的潜质，而美学史家的重要任务则在于揭示它的现实价值和意义。因此，美学史家研究审美意识应具有当代视野，使其满足当代需求。当然这种当代意识不是一种狭隘的、庸俗的、实用主义的研究，而是与历史意识相辅相成、有机统一的。审美意识史的研究应该尊重审美意识自身的价值和特点，从中发现并揭示其历史价值和现实价值，以及它的发展、演变规律。这就既要揭示其体现审美意识发展共同规律的共时性的一面，又要揭示其具有时代烙印和特征的历时性的一面。

总之，我们应该重视中国审美意识史的研究。中国审美意识史的发展变迁，涉及中国人的身心基础、自然环境和社会生活等复杂因素，其中寄托了人们美好的理想，反映了人们超越有限的精神追求。其反映人类审美意识共同点的地方，与其他民族相互印证、相互补充，而其差异的地方则极大地丰富了人类的审美意识，对人类审美意识的发展有着重要价值。我们应该对中国古人体现在各种器物遗存、文字和神话中的审美意识，从学科和现代的视角加以深入研究，真正揭示出中国古人探索并流传下来的宝贵和丰富的美学遗产的价值，高度重视审美意识史研究的当代价值。中国虽然不是现代学科意义上建立美学学科的国家，迄今也称不上是美学理论研究最为发达的国家，但是丰富的审美意识资源是古人留给我们的宝贵精神财富，也是中华民族对人类文明进步的一种贡献。而对中国特色的审美意识的继承和创新，不但有助于丰富和发展当代中国人的审美意识和精神生活，而且有助于推动当代世界人民精神生活和审美意识的发展。

（刊于《郑州大学学报》2010年第5期）

近三十年来中国美学史写作的维度

⊙王 燚
⊙北京师范大学哲学与社会学学院

有关中国美学史写作的问题是20世纪60年代的事情,当时宗白华先生在北京大学为学生开设"中国美学史专题"课程。后来,他准备编写一部中国美学史教材,无奈由于当时政治的原因,终究没有完成。但是,宗先生的工作还是取得了一些成果,如在1979年上海文艺出版社出版的《文艺论丛》第6辑上发表了他的《中国美学史中重要问题的初步探索》一文。这篇文章不但点出中国美学史的研究对象与重点,而且也对一些主要问题进行了精准的探讨。可以说,这是中国美学史写作的滥觞。新时期以来,中国美学史的写作才真正起步,也相继出版了一些教材。由于当时受主流意识形态影响较大,因此它与政治结合得较为紧密,其研究模式与语言表达还不太成熟。甚至可以说,中国美学史就是当时主流思想的一个注脚。20世纪90年代中期以来,由于中国美学史在研究视野与方法上取得进展,其写作也逐渐进入成熟阶段。综观近三十年来中国美学史的写作,大致有如下几个维度:

第一,以美学范畴为维度。以美学范畴的维度进行研究,可以说抓住了中国美学史的精神与精髓。由于范畴具有高度的稳定性和历史的延续性,而且最能体现一个时代的审美风格,所以这个维度的中国美学史志在建构一个完整的美学体系。这种体系性的建构方式一方面可以与西方美学进行一种对接与转化,另一方面也可体现出中国美学内在的精神气质与历史流变。比如,西方美学中的范畴有优美、崇高、丑、悲剧、喜剧等,而中国美学中的范畴有道、气、感兴、意象、意境等。可以说,这是中国美学对美学理论的贡献,同时也体现出中国美学的特征。正如叶朗所说:"如果不系统研究中国美学史,不把中国美学和西方美学融合起来,就不可能使美学成为真正国际性的学科,就不可能建立一个真正科学的现代美学体系。"基于这个考虑,他认为要写中国美学史,一定要研究美学范畴之间的体系。因为"美学范畴和美学命题是一个时代的审美意识的理论结晶",所以"一部美学史,主要就是美学范畴、美学命题的产生、发展、转化的历史"①。这种对美学范畴的体系性研究增加了中国美学的历史感,同时也使其成为现代美学体系的一部分。比如,以"意象"为中心范畴,可以贯穿整个中国美学史,这是中国美学史的特点,同时也与西方美学框架下的审美经验与审美对象有着重要的联系。因此,这种维度的中国美学史写作对中西、古今的美学进行了一种内在的整合。但是,也应该看到,这种做法只是抓住了中国美学的骨的部分,而忽略了其肉的部分。代表性著作有叶朗的《中国美学史大纲》、王振复的《中国美学范畴史》、王文生的《中国美学史:情味论的历史发展》等。

第二,以审美意识为维度。就个体而言,审美意识不能作为反映整个时代的审美思想。但是,如果集体的审美意识都有倾向性,那么它就会凝结为主要人物的审美思想。这是一个由审美意识到审美思想的形成过程。因此,从审美意识出发来研究主要人物的美学思想,不失为一种很好的研究方式。而且就西方美学史写作而言,它们关注的往往也是美学家的美学思想。受其影响,中国美学史写作绝大部分情况下还没有跳出这种研究范式。也就是说,中国美学史就是要研究中国历代人们的审美意识以及主要人物的美学思想和美学理论。如李泽厚、刘纲纪认为,中国美学史可分为广义的研究和狭义的研究,前者研究审美意识并分析其所包含的审美思想,后者研究文学理论及美学理论的主要观点。而他们的《中国美学史》则是一种狭义的研究方式,"要对我们民族的审

---

① 叶朗:《中国美学史大纲》,上海人民出版社,1985年,第2~4页。

美意识在理论形态上的表现,作出历史具体的、科学的分析解剖"①。所以,这本书以美学理论与思想见长。陈望衡《中国古典美学史》(三卷本)概括出了一个完整的中国古典美学体系,即"以'意象'为基本范畴的审美本体论系统,以'味'为核心范畴的审美体验论系统,以'妙'为主要范畴的审美品评论系统,真、善、美相统一的艺术创作理论系统"。此书不仅写出了历代美学家的主要美学思想,而且还写出了中国古典美学的内在精神。值得注意的是,尽管这种研究注重思想的体系性与整合性,但是却在很大程度上忽视了美学思想与美学范畴的沿袭性与变革性。代表性著作有李泽厚、刘纲纪的《中国美学史》、敏泽的《中国美学思想史》、李泽厚的《美的历程》《华夏美学》、王向峰的《中国美学论稿》、王振复的《中国美学的文脉历程》、陈望衡的《中国古典美学史》、祁志祥的《中国美学通史》、曾祖荫的《中国古典美学》、于民的《中国美学思想史》等。

  第三,以审美文化为维度。近年,中国美学史的研究逐渐向审美文化拓展,从某种程度上说,这与美学研究的边界有着紧密的联系。在现代美学看来,随着艺术概念的终结及艺术边界的模糊,传统意义上的艺术概念已经不能涵盖现代意义上的艺术。这样,艺术开始向生活渗透,由此带来的问题就是美学研究的对象也开始向生活蔓延。另外,生活用品、器物、出土文物等作为文化品,一方面可以反映当时人们的生活状态与审美趣味,另一方面也可以与当时的美学思想进行互证。因而,美学研究的对象不再仅仅是艺术作品,而且还可以是文化作品。在此背景下,中国美学史的研究视角也开始逐渐向文化移动。如张法就认为中国美学主要由生活审美的各个方面、艺术的各个领域及其理论、哲学等构成。同时,他也注意到朝廷、士人、民间、市民等的审美趣味构成中国美学的四种背景。由此可以说,他的中国美学史写作也朝文化、政治、哲学等方面敞开。这种敞开使中国美学史一方面具有开放性与广泛性,另一方面又具有对象性与整体性。陈炎认为审美文化史不同于审美思想史和审美

---

① 李泽厚、刘纲纪:《中国美学史》(第一卷),中国社会科学出版社,1984年,第8页。

物态史，因为文化本身就是介于道与器之间。这样，审美文化史"一方面用实证性的物态史来校正和印证思辨性的观念史，一方面用思辨性的观念史来概括和升华实证性的物态史"[①]。由此，其研究或描述的对象就是生产方式、生活方式、信仰方式与思维方式。许明认为中国美学史要研究的是审美活动，因为就美学理论的形成而言，先有审美活动，后有关于美与艺术的理论。从这个观点出发，中国美学史研究的范围有行为文化、物质文化、精神文化及审美精神与理论四个层面的内容。从以上三人的观点可以看出，中国美学史的研究已经波及文化。但是，这样做又会使美学研究泛化为文化研究，而且中国古典美学独立自主的光晕或韵味会消融于现代学术体系之中。因此，这里要把握的重点是，既不能使中国美学史封闭，又不能使其泛化。代表性著作有张法的《中国美学史》、陈炎的《中国审美文化史》、许明的《华夏审美风尚史》、吴中杰的《中国古代审美文化论》、周来祥的《中华审美文化通史》等。

第四，以某个朝代为维度。中国历史经历许多个朝代而延绵不断，而每个朝代又有不同的审美意识、审美文化及审美思想。因此，从各个朝代出发来研究中国美学史就成为研究的一个侧面。这样做的好处就是放大美学研究的视界，从而更为细微地关注那个时代的审美风尚、审美思想、审美趣味、审美心理等。尤为重要的是，断代史的写作可以获得大量而丰富的资料，从而会更为清晰地看到一个时代的审美风貌。随着研究的深入，以往以艺术为主要研究对象的断代美学史也开始向文化、政治等方面敞开。这样，一个朝代的整体审美趣味就会呈现出来。这种呈现不是为了历史延续性而有意无意地误读，而是最大可能地达到一种客观化的立体式效果。因此，断代史的研究会成为中国美学史写作最为有效的补充。如朱志荣的《夏商周美学思想研究》就截取夏、商、周作为时代背景，注重于社会生活、宗教生活、艺术文化的研究，从而凸显出当时审美意识与审美思想的形成与演变，其着眼点在于道与器、实证与思辨的统一。可以说，这本书填补了先秦诸子以前美学史研究的不足。刘成纪的《形

---

① 陈炎：《中国审美文化史》，山东画报出版社，2000年，第3页。

而下的不朽——汉代身体美学考论》打破了汉代一般并不作为中国美学史研究重点的看法。这是因为一方面汉代没有突出的审美范畴，另一方面汉代的艺术与文化独具厚重感，令人压抑，引不起研究的兴趣。而这本书则独辟蹊径，从两汉的哲学与美学的本体观出发，把研究视角伸向哲学、文化、政治等领域，以此来说明两汉美学对魏晋美学的开启，从而证明中国美学史的开放性与连续性。吴功正《六朝美学史》认为："我所理解的中国美学史（当然包括断代美学史）是由两大板块构成的，即元美学和美学学双峰并峙却同归一脉，二水分流却共出一源。"① 也就是说，美学史由理论形态的美学和作品现象的美学共同构成。因此，美学理论与艺术作品的互相整合或印证就成为他的断代美学史研究的重要理论依据。他的研究扩大了研究的范围，也更注重各艺术门类的研究。应该注意的是，断代美学史研究应该以多重的视角进行研究，还要注意朝代前后的审美流变，而且宋代以后的研究明显不足。代表性著作有朱志荣的《夏商周美学思想研究》、霍然的《先秦美学思潮》、刘成纪的《形而下的不朽——汉代身体美学考论》、吴功正的《六朝美学史》、袁济喜的《六朝美学》、霍然的《唐代美学思潮》、吴功正的《唐代美学史》、王明居的《唐代美学》、霍然的《宋代美学思潮》等。

第五，以艺术门类为维度。黑格尔认为，美学即艺术哲学。在此理论背景下，艺术顺理成章地就成为美学研究的主要对象。扩而言之，艺术中的某一门类同样也可以成为美学研究的对象。就中国古典美学而言，美学的研究对象主要是书法、绘画、音乐、舞蹈、园林、小说、戏剧、诗歌等艺术门类。这种研究对于某一门类的关注相当多，它可以集中梳理一个门类的历史，使得中国美学史的分类研究更加细致。从现有的资料来看，大多数艺术门类史不但重视历史上艺术家的命题、范畴，而且还注重于艺术理论的呈现和艺术作品的分析。它们以某一艺术门类的历史来反映中国美学史的发展历程，因而从一个维度去弥补中国美学史对某一艺术门类研究的不足。如蔡仲德认为："中国音乐美学

---

① 吴功正：《六朝美学史》，江苏美术出版社，1994年，第4页。

史的对象不是中国古代音乐作品,音乐生活中表现为感性形态的一般音乐审美意识,而是中国古代见于文献记载,表现为理论形态的音乐审美意识,即中国古代的音乐美学理论,中国古代的音乐美学范畴、命题、思想体系。"① 基于此种认识,他的研究注重于一些文献的梳理与运用,从中找出与音乐有关的各个时代美学家的美学思想。因而其著作对一些文献资料的引用相当丰富、考证相当准确,对一些音乐美学的范畴、命题及思想给予相当多的评价,而且也注意到了音乐美学的范畴、命题及思想的历史演变。樊波则认为:"中国书画美学史就是研究各个历史时期美学家和艺术家的绘画美学和书法美学思想,研究各个历史时期的绘画美学和书法美学思想之间的相互联系、转化和发展的关系。在我们看来,这种互相联系、转化和发展的关系主要是以一系列书画美学的概念、范畴和命题的演变形式展现出来的。中国书画美学史就是以一系列概念、范畴和命题构成的逻辑发展史。"② 由此,其研究的基本材料是历代美学家和艺术家的书论与画论,探讨命题的哲学根源,使命题与作品相互论证。但是,也应该看到,以艺术门类为维度的中国美学史写作的着眼点在于某一艺术门类,还不能反映出整个中国美学史的全貌,另外也缺乏艺术的整体意识或整体观念。代表性著作有郭因的《中国绘画美学史稿》,叶朗的《中国小说美学》,金学智的《中国园林美学》,杭间的《中国工艺美学思想史》,陈方既、雷志雄的《书法美学思想史》,蔡仲德的《中国音乐美学史》,樊波的《中国书画美学史纲》,韩进廉的《中国小说美学史》,修海林的《中国古代音乐美学》,袁禾的《中国古代舞蹈审美历程》等。

从以上五个维度,我们可以看出,中国美学史写作已呈现一种多元化的趋势。但无论怎么多元化,中国美学史写作起码应该重视共时与历时的结合,既有共时的美学范畴与美学思想的整合,又有历时的美学范畴与美学思想的演变;既有共时的审美文化与审美风尚的呈现,又有历时的审美文化与审美风尚

---

① 蔡仲德:《中国音乐美学史》,人民音乐出版社,1995年,第3页。
② 樊波:《中国书画美学史纲》,吉林美术出版社,1998年,第1页。

的沿革。尤为重要的是，中国美学史中那种生命的存在与精神的超越、艺术的灵性与自然的审美、器物的显现与文化的固定都是不可忽略的。当然，随着研究的进一步深化，中国美学史的研究一定会使传统与现代、中国与西方进行更为密切的融合，其写作方式也会更为成熟。

（刊于《郑州大学学报》2010年第5期）

东吴与江南美学的四个方面

⊙张 法
⊙浙江师范大学人文学院

三国时期的东吴文化,在江南美学的形成中具有奠基的作用,主要体现在四个方面:地理特色、人物风韵、文艺形式、世界开拓。

一、东吴与江南地理美学之形成

首先是江南美学在这一地理区域的形成。东吴在建业(今南京)建都,使建业继春秋时代的吴越之后成为江南地区全国最高级的都城,使江南都会迅速向全国最高级提升,具有了皇家气象。这从太初宫和昭明宫的巍峨、宣阳门和朱雀门的宏壮上体现出来。而建业的地理特性又让最高级的都城具有了江南风貌,这从秦淮河及两岸的商业区独特风貌呈现出来。这一区域里的"横塘"和"长干"与秦淮河一道成为江南美学的符号,在以后的历史中诗意而香艳地闪耀。在建业的都市意象树起了地理江南的中心的同时,东吴对周围地区山越的规训和教化,让地理江南得到了极大的空间扩展。远古的百越经过春秋、战国、秦、汉的演变,到三国时主要居住在围绕平原的皖、赣、浙、闽山区,称为"山越"。东吴通过对四周山越的征伐和规训,一方面使之成为农民(江南耕地得到大大开辟),另一方面使之成为军人(东吴军力得到大大加强,黄盖在曹操大军压境之时,说东吴是以山越之众抗曹魏之军)。这两种职业让山越有了农人的耐性和军人的纪律,因而在族群互动中迅速汉化。到吴亡时,南方的行政区域已经发展到43个郡313个县，郡县数是东汉时的2倍。人民归化的同时是地理的人化，原始森林转为秀丽山景，荒蛮之地变成了柔美之乡："江南可采莲，莲叶何田田。鱼戏莲叶间，鱼戏莲叶东，鱼戏莲叶西，鱼戏莲叶南，鱼戏莲叶北。"（《江南》）这首乐府民歌之景，正与东吴地理开发后出现的江南景色同调。东吴的江南开发，也使从百越到山越的"南蛮舌"之音向媚人的吴侬软语转换。刘宋时期兴起的吴歌西曲，可以说是从东吴文化开始的江南转变之后结出的硕果。汉末三国正是宗教思想转变之时，西来的佛教开始以自己的面貌出现，中土的道教开始呈现体系。孙权在建业都市之中为印度高僧康僧会修建了江南第一座佛教寺庙建初寺，在方山为道士葛玄修建了江南第一座道观洞玄观。看一看康僧会和葛玄的行迹游踪，可以想象出江南地区由山越的巫风原俗转变为由高级宗教所影响的文明风尚。这是思想的变化，也是美学的演进。至此以后，六朝三百年"多少楼台烟雨中"成为一种独特的江南美学景色。而数以万计的道观佛寺，坐落在从都市乡镇到名川大山的广大地域之中，构成了文化江南的美学景观。正是在东吴以来儒、释、道共同营造的氛围中，江南山水之美迅速地呈现出来。可以说，后来石崇的金谷园之美、王羲之的兰亭之美、谢灵运的永嘉山水之美，都与整个江南地区从东吴开始的文化、思想、美学的转变相关。江南的都市意象、田园风光、山水新貌，正是在东吴时期这一全方位的转变中开拓出一片地域沃土，使东晋以后的江南美学之花在方方面面绚丽开放。

二、东吴与江南人物美学之形成

在江南地理全面的文化和美学转型中，具有独特美学风韵的江南人物也由之而生。这里且举三个方面的人物：一是在政治最高层人物群中，产生了周瑜——一个典型的江南人物之美；二是在政治上层人物群里，产生了陆机——一个典型的江南文人；三是在女性世界里，产生了二乔——典型的江南美人。在东吴的政治高层中，开创者孙坚有武有文而皆有不足，到孙策勇武有余而文不足，到孙权有武有文有智，但都是朝中国文化中普遍性格方向的提升。而周瑜的出现，则是在这一普遍性提升的同时，显出了江南的独特风貌。周瑜有军事帅才，满腹韬略，使曹操雄师在"谈笑间，樯橹灰飞烟灭"，这与后来《三国演义》塑造的诸葛亮的形象相同，具有中国文化的普遍性。正是这一普遍性，使得这一历史中的周瑜元素，被转换成文学中的孔明特点。但周瑜在体现这一普遍性时，显出了江南文化的特色，这就是把"雄姿英发"的儒帅风度用"羽扇纶巾"的江南风度展现出来。这里有老子的智慧、庄子的情调，更是把老庄智慧以江南才子的风姿和韵致予以美学的亮相。因此，尽管周瑜的元素被文学家安置在孔明身上，使本来年纪很轻的孔明显得智慧老成，而早过而立之年的周瑜却被描绘得英姿飒爽。这是一个历史的定型，而这一历史定型正是为了突出周瑜身上的江南之美的特点。在历史的记载中，周瑜不但饱读诗书，而且深通音律，在通向中国文化普遍性的同时，又极大地突出了江南才子的书生英姿，让江南的青春少女们心弦跳动，情不自禁地"欲得周郎顾，时时误指弦"（李端）。周瑜的江南形象在娶得国色美人小乔之时，达到了顶峰。诸葛亮一生都在理性的智慧中殚思极虑，不好美色也不懂美色。曹操喜好美色但只是北方的豪杰心性，了无江南的才情韵味，以致未能留下任何情爱佳话。只有周瑜在"江山如画""小乔初嫁"之中，得到了具有江南情调的理想定型。三国时代，北方的英俊少年是吕布，南方的英姿少年是周瑜。吕布得到了北方美人貂蝉，周瑜得到了南方美人小乔。小乔的姐姐大乔同样国色天香，嫁与孙策。二乔的美丽引起后人无穷的遐想。"大乔娉婷小乔媚，秋水并蒂开芙蓉。"（高启）二乔的美丽又是与江南景色紧密相连的。"修眉细细写春山，疏竹冷冷响佩环。"（王士祯）二乔的美丽还引得后世文人不断吟咏，成了江南型英雄美女和才子佳人的诗意源泉。如果说，周瑜和二乔都仿佛流星般突然而至，那么，陆机则显示了江南才子是怎样在文化的培育中成长起来的。而且，陆机的出现可以让人们去推知周瑜和二乔出现背后的文化逻辑。陆机之祖陆逊主要是帅才，首先跟随吕蒙，捉杀关羽，夺了荆州；继而作为主帅，火烧连营，惨败刘备。陆机之父陆抗也是帅才，20岁继父业，率父部，旋即被封镇军大将军，在西陵之役打败晋军。到陆机脱颖而出，完成了陆家以武将富贵到以文士荣光的转变。陆机的转变,不仅是陆家声誉的提升,而且是整个江南的荣耀。陆机与潘岳一道,成为西晋水平最高的文人。"降及元康,潘(岳)陆(机)特秀。律异班(固)贾(谊),体变曹(植)王(褒)。"(《宋书·谢灵运传论》)潘陆二人,皆求绮丽,但潘有着北人的清朗,陆有着南人的深沉,特别是有着南方从东吴到有晋以来文化融合中的复杂性和多样性。因此,钟嵘《诗品》说:"陆才如海,潘才如江。"如海,即像海一样的美丽、复杂、丰富、深沉。正因如此,陆机代表了魏晋南北朝文学的发展主流。钟嵘《诗品》称曹植为"建安之杰",陆机为"太康之英",谢灵运为"元嘉之雄"。这是一种文学史演进的描绘,而陆机则是文学主潮由北转南的一个标志。陆机带来的南方的绮縻繁缛,以南方的美丽"支持"着曹植的美丽,使求丽之风成为全国性的主流时尚。曹植的求丽有尚气的一面,钟嵘《诗品》评其诗是:"骨气奇高,辞采华茂,情兼雅怨,体被文质。"从曹植到陆机再到谢灵运,陆机的"才高辞赡,举体华美"(钟嵘《诗品》),已经有了巨大的影响。而且这影响不仅在文艺上,还在理论上。曹丕《典论·论文》说"文以气为主",是与曹植的"骨气奇高"一致的。而陆机《文赋》说"诗缘情而绮縻",从尚"气"到缘"情",是理论主潮的变化。晋代诗歌大家"三张"(张华、张协、张亢)、"二陆"(陆机、陆云)、"两潘"(潘岳、潘尼)、"一左"(左思),除左思外,都是华美绮丽的。在这唯美的弄潮中,作为"太康之英"的陆机起了极为重要的作用。陆机由江南文化的转变中孕育出来,又带着整个江南之美进入全国美学的互动之中,并在全国时潮的演进中成为"太康之英",引领了后来南朝滚滚欲大的唯美潮流。

三、东吴与江南美学之艺术孕育

前述人物中,实际上包含了两个层面:周瑜与二乔,主要是江南人物之美;周瑜和陆机则进入了艺术之美——周瑜的音乐和陆机的文学。周瑜代表的吴地音乐,是经过东吴两晋到刘宋时,才产生出吴歌西曲,使江南风情达到全国的高位。而东吴的文学则在陆机那里一下就升到了全国的最高水平。虽然这是在东吴亡后的西晋时期陆机入洛、南北交融中才出现的盛景,但在陆机的身上和文中包含了巨大的江南美学元素。陆机之作,古人多用"繁"字评之。繁,一是指其文之类型多样:《晋纪》四卷、《洛阳记》一卷、《要览》若干卷、《晋惠帝百官名》三卷、《吴章》二卷、《吴书》《连珠》若干卷、《文集》四十七卷……如此广博的创作领域,显示出陆机在南北文化会通中,把江南文化带入其中并使之得到彰显,成为主流。二是指其文之形式在追求华丽这一主流特点时又包含了个性特点:"繁缛赡密""工整绮练"。这里"繁缛赡密"是因容纳万有而显出的艺术特征,"工整绮练"是整合南北而显出的形式面貌。三是指陆机在繁密华丽的形式下由江南入北方,以降将侍晋室,所遭受和要应付的种种环境而产生的复杂心态,并在面对各种境遇和多样互动中努力凸显出来。因此,繁缛赡密、工整绮丽,蕴含着丰富的江南美学内容,而这江南美学内容又成了整个文化的主流时尚。东晋以后,江南唯美风尚成为全国的主流,这一唯美风尚主要体现在骈文里,以这一风尚为主旨的萧统《文选》中,陆机作品选入数量居冠,有二十八题六十一首(《演连珠》五十首计为一首),在曹植、潘岳、谢灵运、颜延之、谢朓、任昉、沈约之上,可见陆机之文被认为是既多且好,乃唯美骈文的最高成就。① 而陆机确实以自己的文学之美,登上了文坛的最高峰,又以这一最高地位引领了文艺的时尚。陆机在当时的地位和影响正如其诗所描绘的美人:"美目扬玉泽。蛾眉像翠翰。鲜肤一何润,秀色若可餐。"(《日出东南隅行》)这四句诗可以说正呈现了陆机的美学特点,以及内蕴在这一美学特点中的江南风韵。

四、东吴与江南美学世界境界之开拓

三国时代,东吴在中原曹魏和西面蜀国的压力之下,发展了自己的地理优

---

① 参见王运熙《陆机、陶潜评价的历史变迁》,《东方丛刊》2008 年第 2 期;王丽珍《太康之英与形式主义》,《青海社会科学》2009 年第 3 期;跃进《陆机文学创作之繁》,《文学遗产》2001 年第 3 期。

势,即重视海军和海外开拓。

东吴发展起了当时世界最大的造船业(1955年在广州出土了东吴的陶制船模,船模从船首到船尾有八根横梁,说明有八副舱板,把船体分成九个严密的分舱),大大提高了航海的安全度。当时,万人以上的大舰队经常航行于沿海岛屿和邻国之间。公元230年,卫温和诸葛直带领兵士万人航行到了夷州(今台湾省),这是台湾与大陆往来的最早记录。公元242年,聂友和校尉陆凯带兵3万人航行到海南岛。东吴还经常派使者远航辽东半岛、朝鲜半岛北部的高句丽,派康泰和朱应出使海南诸国,到了扶南(今柬埔寨)、林邑(今越南中部)和南洋群岛等地,先后经历了100多国。海南诸国的特产如杂香、细葛、明珠、大贝、琉璃、玳瑁、翡翠、犀角、象牙和珍奇异果等涌进东吴,可以想象这类物品激起了江南美学怎样的思考,又给江南美学带来了怎样的新面貌。这些远航经历使康泰写出了《吴时外国传》,朱应写出了《扶南异物志》。在海上交流中,扶南国王范旃在公元243年派使者送来乐队,在孙权为之在皇宫附近造的"扶南乐署"里向东吴宫女传授扶南歌舞。大秦国(东罗马)商人秦论也经由印度支那半岛来到东吴,在建业居住七八年后始归。东吴的海上开拓,把先秦以来的海上丝绸之路提高到一个新的水平,同时也把中国的天下观由西向东进行了新的扩展,为先秦以来的中国天下观加进了新的实际内容。正是这一海上丝绸之路的进一步发展,到唐代使扬州成了中国最大的商业中心,并在唐宋之时造成了中国文化重心的东移和南移。可以说,正是东吴时期江南的兴起,以及与此同时开始的海上丝绸之路的扩大,形成了江南地区新型的天下胸怀。这一新的天下胸怀反过来又加速了江南文化地域特色的形成,以及江南地域文化在全国的影响力,以致在唐宋之后,江南成为全国文化最先进的地方,江南美学蔚为大观。

(刊于《郑州大学学报》2011年第4期)

《楚辞》中的"江南想象"及其空间感
——从人文主义地理学观念来看

⊙刘彦顺
⊙浙江师范大学人文学院

本文所论及的《楚辞》中的"空间感",不是在真实物理空间中生成,而是通过语言描述而形成,是一种诗性的江南空间想象。虽然此空间感来自语言描绘,但是一旦形成,就会对真实物理地域造成影响,使得物理空间主观化。当然,就《楚辞》的空间感而言,只是针对那些受到《楚辞》中相应作品影响的读者而言的,即通过阅读作品而获得深刻的记忆,这一记忆会与真实的空间相联系或产生联想,从而实现一种人文主义地理学所称的"地方想象"。同时,我认为,作品中所描述的空间绝对不能与真实的空间或者地方史做等同或者比对,也不能幼稚地认为,处在某一特定空间或地域的文学家在其作品中必定机械地、被动地传达其地域文化,甚至文学作品比如《楚辞》对于楚地的描绘会赋予该地域以文化意义和想象。

一、《楚辞》中的"恋地情结"

人文主义地理学大师段义孚曾经使用"恋地情结"来指称对一个地方的依恋,他说:"'恋地情结'是一个新词,可被宽广地定义为包含了所有人类与物质环境的情感纽带。……这种反应也许是触觉上的,感觉到空气、流水、土地时的乐趣。更持久却不容易表达的感情是一个人对某地的感情,因为这里是家乡，是记忆中的场所，是谋生方式的所在。"① 这标志着一种新的地理学的产生，即超越于实证主义的地理学所进行的客观、微观的研究方法。人文主义地理学侧重研讨的是现象学式的地域空间感，它往往体现为对某一地域的感受经验或者想象、描述。这一"恋地情结"同样适用于《楚辞》中对江南故地那种不离不弃的情愫。

《楚辞》中所言地域及其名物在数量上极为繁复，历来有不同的见解。宋代黄伯思在《东观余论·校定楚辞序》中曾说："屈宋诸骚，皆书楚语，作楚声，纪楚地，名楚物。"游国恩先生也认为，《楚辞》中所述地理，以《九章》之《涉江》《哀郢》为最详，如《离骚》之济沅、湘，《湘君》之沅、湘无波，邅之道洞庭，遗佩之澧浦，《湘夫人》之洞庭波、木叶下、有芷之沅、有兰之澧，《涉江》之济江、湘、上沅水，《哀郢》之上洞庭而下江，《怀沙》之沅、湘分流，《惜往日》之临沅、湘之玄渊，《渔父》之赴湘流，等等，皆属于江南之地，称为江南之水。游国恩先生针对钱穆曾撰《楚辞地名考》一文认为屈原之放未尝至江南提出异议，并做了大量考证，认为"屈子所欲济之沅、湘，断在今之湖南明矣"②。

在《楚辞》中，"恋地情结"指向的当然是"楚国"，甚至指向整个楚文化的历史文化传统。比如就屈原而言，他的"恋地情结"来自被家国除名，背井离乡，因而，在《楚辞》中的"游"就是一个特别突出的主题。此"游"或是被迫的流放，或是诗人自发的旅行，而且这两种"游"的方式往往缠绕在一起，不分表里。就前者而言，抒情主人公往往意欲回到故土，在作品中以繁复交错的楚地符号抒发故土的空间感；就后者而言，抒情主人公又往往意图建立一个想象中的故土，以便在那里安然栖居。

以《哀郢》为例，屈原在作品中描绘了郢都的水陆路线，以此为核心来抒写所恋故土的空间感，其中大量出现的就是"家门"意象。在这里，作

---

① ［芬］约·瑟帕玛：《环境之美》，武小西译，湖南科技出版社，2006年，第196页。
② 游国恩：《游国恩文选》，北京大学出版社，2010年，第43页。

"建筑意象"的"家门"完全转化为"地理意象"。诗人写到被迫离开郢都,沿着都城的水门与水道离开,他说"过夏首而西浮兮,顾龙门而不见""出国门而轸怀兮""发郢都而去闾兮"等,就一再地以"门"为界线。作为"建筑意象"与"地理意象"交织的"门",除标志南城水路交通便利、门户众多与诗人必须穿门而过之外,"顾龙门而不见"分明预示着"家门"再不可入的深意。在临近离去时不断回望,最后的一个画面就定格在因为距离渐远而再也看不见的"宫门"。除了"家门意象",还有与家园相反的"荒原意象",如"曾不知夏之为丘兮,孰两东门之可芜"。在王逸的阐释中,就以夏为"大殿"、丘为"废墟",即诗人预感郢都即将化为荒原,"家门"也即将荒芜。

在《哀郢》中,最为典型的"江南地理意象"还是耐人寻味的"水道"。就其抒情的方式而言,作品采用了在"回忆"中追溯并建立"空间感"。作为故土的郢都越来越远,致使原来那些流畅贯通、联系四面八方的水路系统,都因为遥遥相距而变得不相通了;同时,也取这一"水道"的变化作为喻体,来表现自己心绪的杂乱与郁结。诗人巧妙地将郢都发达的水路与自己的心境相对照,先描述心情,再以都城内的水路做对照。

《哀郢》首句即言:"皇天之不纯命兮,何百姓之震愆?民离散而相失兮,方仲春而东迁。"正因为如此,诗人离去时总是徘徊不忍,即便"去终古之所居兮",行船时仍"将运舟而下浮兮,上洞庭而下江",乃至于"出羌灵魂之欲归兮,何须臾而忘反";还说"背夏浦而西思兮,哀故都之日远"。这一切都体现了极为繁复的江南水乡的"水道"以及与之相关联的其他意象。除在水道中的游历之外,《哀郢》中还使用了"登高意象","登大坟以远望兮,聊以舒吾忧心。哀州土之平乐兮,悲江介之遗风",来表达细腻的"恋地情结",可谓极为典型的体现。

二、屋宇之感

"恋地情结"在空间感上还较为宏观,尽管真切,却还不能免于泛泛,而对故地的"屋宇之感"则将这种"恋地情结"落实得踏实而强烈。段义孚曾经指出，对农村的屋宇与城市建筑的空间感存在着明显的区别。比如："聚集的村落在景观上显得非常引人注目。当我们走进村落时，会看到房子的轮廓以及在农田上矗立的树木。比较起来，都市地区缺乏较显眼的可见物，每一社区只占整个建筑区域的一小部分，分不清哪一区是尾端，哪一区是开头。"① 虽然在《楚辞》中的屋宇不仅限于村落，但是其空间感却极具"地方性"。

据今天的考古研究，当时的楚人对居室极为重视，徐文武在《楚国宗教概论》中讲道："在楚简中，室神又称宫室，分别又称为宫、室。楚人对宫室的安全十分关注，占祷卜辞中经常出现宫室是否平安。"② 这都能反映出"恋地情结"往往实现在空间感最强的地方，即自己的"居室"及其相关的所在。比如"宗庙"在《天问》中就充当了重要的角色。王逸曾经指出，《天问》是诗人见到楚国宗庙、面对宗庙中的壁画有感而发形成的作品。其《天问章句序》说："屈原放逐，忧心愁悴。彷徨山泽，经历陵陆。嗟号昊旻，仰天叹息。见楚有先王之庙及公卿祠堂，图画天地山川神灵，琦玮谲诡，及古贤圣怪物行事。周流罢倦，休息其下，仰见图画，因书其壁，何而问之，以泄愤懑，舒泄愁思。"

而在《九歌·湘夫人》之中，所抒发的空间感就十分浪漫超拔。如果说《楚辞》中的很多作品带有浓郁的江南美学因子，是取自现实的话，此篇中的空间感则是完全自由地利用了江南风物，把它们作为一种可供自己驱使的符号，构筑了一个梦幻中的屋宇。"筑室兮水中，葺之兮荷盖。荪壁兮紫坛，播芳椒兮成堂。桂栋兮兰橑，辛夷楣兮药房。罔薜荔兮为帷，擗蕙櫋兮既张。白玉兮为镇，疏石兰兮为芳。芷葺兮荷屋，缭之兮杜衡。合百草兮实庭，建芳馨兮庑门。"由于"筑室兮水中"，因而就有了"荷盖""紫坛""芳椒""兰橑""薜荔"等散发着醉人气息的花草，除了描述视觉上的酣畅，更把屋宇空间感的重点落脚在丰富的嗅觉之上。通过这一浪漫构思的屋宇，所传达的就不再是

---

① 季铁男：《建筑现象学导论》，台北：桂冠图书股份有限公司，1992年，第175页。
② 徐文武：《楚国宗教概论》，武汉出版社，2001年，第209~210页。

作为现实人文地理的楚地美学，而是《湘夫人》赋予了楚地湘水以芳香诗学，赋予了"恋地情结"以亲切想象。

除了以"芳香诗学"为主的《湘夫人》，《招魂》更是在招魂仪式中以富丽堂皇甚至奢靡无止的屋宇来实现神灵的附体。

魂兮归来！反故居些。天地四方，多贼奸些。像设君室，静闲安些。高堂邃宇，槛层轩些。层台累榭，临高山些。网户朱缀，刻方连些。冬有突厦，夏室寒些。川谷径复，流潺湲些。光风转蕙，泛崇兰些。经堂入奥，朱尘筵些。砥室翠翘，挂曲琼些。翡翠珠被，烂齐光些。蒻阿拂壁，罗帱张些。纂组绮缟，结琦璜些。室中之观，多珍怪些。兰膏明烛，华容备些。二八侍宿，射递代些。九侯淑女，多迅众些。盛鬋不同制，实满宫些。容态好比，顺弥代些。

从以上段落可以看出，《招魂》以七百字之多来描写宫室的豪华、奢靡，笔墨极为铺张，意象极为繁复多变，辞藻华丽，繁类成艳。在《大招》中，对于招魂所利用的屋宇描写，也同样集中在"美屋""美色"与"美味"之上，而且"美色"与"美味"都杂陈于"美屋"之中。"易中利心，以动作只。粉白黛黑，施芳泽只。长袂拂面，善留客只。魂乎归来！以娱昔只。青色直眉，美目媔只。靥辅奇牙，宜笑嘕只。丰肉微骨，体便娟只。魂乎归来！恣所便只。夏屋广大，沙堂秀只。南房小坛，观绝霤只。"从《招魂》与《大招》来看，所描绘的"屋宇之感"可谓视觉、触觉、嗅觉、肤觉、味觉乃至于全身感觉的纠结与杂糅，与上述《湘夫人》一脉相承，都通过想象赋予了楚地以诗性的人文主义地理学想象。

当然，《楚辞》对"屋宇之感"的抒发是多样的，除直接抒发之外，还有很多取"屋宇"作为比喻的作品，如《离骚》的"固时俗之工巧兮，偭规矩而改错。背绳墨以追曲兮，竞周容以为度"与"不量凿而正枘兮，固前修以菹醢"就是很典型的例子。

三、芳香诗学

除《楚辞》在"恋地情结"与"屋宇之感"所建构的江南想象之外,"芳香诗学"也是很典型的,即在《楚辞》中不仅出现了大量的花草植物名称,而且在其中凝聚了感官的欢愉与记忆,这在很大程度上是由江南的自然地理条件所决定的,因而,这是一种充满"地理个性"的"芳香诗学"或者满目芳菲的环境生存经验,尤其是与北方文化相比就更加突出。

从自然地理来看,所属江南的楚地处在长江与汉水之间,这里气候温润,雨水充沛,汀渚沼泽遍布,土质肥沃,易生各种植物,尤其是其中的美丽花草,更加得到人们的钟爱。散见于屈原的《离骚》《九歌》中的植物就有一百多种。花草在《楚辞》中极为典型的体现就是"香草"的使用,对此,学界已有公认。诸如:其一,以植物为佩物,"扈江蓠与辟芷兮,纫秋兰以为佩""户服艾以盈要兮"(《楚辞·离骚》)。其二,以花叶为衣裳,"制芰荷以为衣兮,集芙蓉以为裳"(《楚辞·离骚》)。其三,以植物济饮食,"朝饮木兰之堕露兮,夕餐秋菊之落英"(《楚辞·离骚》)、"蕙肴蒸兮兰藉"(《九歌·东皇太一》)。其四,以香草沐浴,"浴兰汤兮沐芳"(《九歌·云中君》)。其五,以香草和香木为建材,"播芳椒兮成堂。桂栋兮兰橑,辛夷楣兮药房"(《九歌·湘夫人》)。其六,以香草之名直呼神灵,乃至成为神灵的代称。王国璎认为:"诗人登山涉水采摘草木时,所重视的不是草木的珍贵和芳香的品质,强调的是草木禀赋的象征意味。"① 也可以说,在《楚辞》的很多作品中,往往是把草木的珍贵、芬芳与丰富的象征凝聚在一起来呈现的。诸如:"余既滋兰之九畹兮,又树蕙之百亩。畦留夷与揭车兮,杂杜衡与芳芷。冀枝叶之峻茂兮,愿竢时乎吾将刈。虽萎绝其亦何伤兮,哀众芳之芜秽。"在此,既表达了抒情主人公作为园丁的情怀,又把土地的旺盛繁殖力毫不含糊地倾吐出来。另外,屈原使用香草的主要意图也在于:在遭遇挫折之后,意欲回归芰荷、芙

---

① 王国璎:《中国山水诗研究》,中华书局,2007年,第26页。

蓉等初服所象征的"自然",期望再度经由身体与自然物的接触,才能自然地与故地的母体融为一体。

在《少司命》一篇中,同样很典型地集合了多种香草意象的运用方式。"秋兰兮糜芜,罗生兮堂下。绿叶兮素枝,芳菲菲兮袭予。夫人自有兮美子,荪何以兮愁苦?秋兰兮青青,绿叶兮紫茎。满堂兮美人,忽独与余兮目成。入不言兮出不辞,乘回风兮载云旗。悲莫悲兮生别离,乐莫乐兮新相知。……谏长剑兮拥幼艾,荪独宜兮为民正。"此篇的第一句到第四句先是直接从神堂景物的"芳香诗学"写起,其中的"荪"就是作为一种香草直接称呼"少司命"的,而且最后两句更是以"荪"直呼神灵并乞求神灵来守护儿童。在第二节文字中,为了迎接湘夫人的到来,祭神者也同样使用了各种佳木香草来装饰她的殿堂。除作为祭神或者作为人神交接的神秘巫术的作用之外,从人文主义地理学的角度来看,这更是一种以来自"花草"或者"香草"的浓烈"嗅觉"与"味觉"在空间感上的体现。

尽管是在以语言作为材料的文学作品当中描述此类空间感,但是大量、繁复而且交织使用"花草""香草"意象,就使得楚辞的芳香诗学显得尤其强烈或者浓烈,以至于弥漫于全篇,导致在时间绵延上的强势,因而感官的刺激加强就更加强化了内在的空间感。巴什拉在《空间诗学》中曾对这种嗅觉导致的空间体验做过细微的描述:"我一个人,在我对另一个年代的回忆中,可以打开心底的橱,那里面只为我自己保存着一种独一无二的香气,那是暴晒在柳条筐里的葡萄香气。葡萄的香气!它是淡淡的香气,必须用很多想象才能感受到它。"① 而在《楚辞》中的"芳香诗学",不仅在江南空间想象的维度上贡献极大,而且在美学的维度上,也拓宽了不仅仅局限于视觉、听觉,而且来自复杂、立体的身体诸觉的审美感官。

(刊于《郑州大学学报》2011 年第 4 期)

---

① [法]加斯东·巴什拉:《空间的诗学》,张逸婧译,上海译文出版社,2009 年,第 13 页。

论早期吴越审美文化中的江湖与剑道

——以《越绝书》和《吴越春秋》为例

⊙吴海庆
⊙浙江师范大学人文学院

在世人的心目中,吴越文化最鲜明的特征便是温婉多情,吴越大地上的江河湖泊在数千年的沧桑岁月中早已化为指向这一文化特征的符号,正如余秋雨在谈到西湖时所说的那样,初游西湖者多有旧梦重温的味道,因为"摩挲中国文化一久,心头都会有这个湖"。事实上,不仅西湖如此,其他如太湖、巢湖、钱塘江和扬子江等也是如此,还有那数不尽的小溪与荷塘,都在以自己的潋滟波光诠释着吴越文化的柔婉与多情。然而,吴越文化的魅力和生命力绝非仅在于此,尤其是当我们走近吴越早期历史时,在其文化基因中我们感受更多的是那种山阻水隔的江湖隐忧,是那种为江河湖山的壮阔和丰饶所支撑的江湖宿命意识,是那种为江湖的起伏动荡与灵智所激起的争锋精神和侠骨柔肠。如果说"苏州不喜欢剑戟",那恐怕只是一种现实语境遮蔽下的误读而已。

一、挥之不去的江湖忧患

吴越之地属亚热带多雨气候,在古代水利设施极为落后的条件下,内涝和海潮给这里的人们带来了深重的灾难,浩浩之水决定着先民们的命运,所以在汉以前,纵横交错的江河湖泊在人们心目中并不是什么地理优势,相反是一种发展经济和谋划事业的巨大障碍,如管仲所言"越之水浊重而洎,故其民愚疾而垢"(《管子·水地》)。面对这样的自然环境及其所造成的社会落后,在大多数情况下，人们心中涌起的不是温婉的诗情，而是无尽的忧患。因此，在吴越先民心中最敬畏的便是水神。在吴郡有很多天后宫、天妃宫，宫中敬奉的是护佑舟楫的天后、天妃。在这些宫门的石坊上至今仍能见到诸如"神明在迩，各宜恭敬；官吏士民，在此下马"的字样，从这里我们可以约略窥见吴越先民对待水神既敬重又畏惧的心情，而敬重又主要源于畏惧。当然，吴越先民也曾在大禹的领导下取得过对水患的重大胜利，开创了一个"凤凰栖于树，鸾鸟巢于侧，麒麟步于庭，百鸟佃于泽"（《越王无余外传》）的空前盛世。但是，事实上这个胜利并未彻底消除吴越人心中的水患意识，置身于水网之中的吴越人依然为水所苦，这可以在吴王阖闾、越王勾践的言行中得到印证。当阖闾接纳谋士白喜的时候，给白喜说的第一句话就是："寡人国僻远，东滨海。"（《吴越春秋·阖闾内传》）接下来又问白喜不远千里来到这样一个偏僻的泽国究竟想干什么，又能干成什么！可见阖闾对吴国自然条件的不自信，至少并不认为面前这些纵横的江湖是自己称霸天下的优势。越王勾践被夫差击败后，卧薪尝胆，图谋东山再起，但同样认为多山多水的环境很不利于越国走向强大。他在同谋士计倪谈话时说："吾欲伐吴，恐弗能取。山林幽冥，不知利害所在。西则迫江，东则薄海，水属苍天，下不知所止。交错相过，波涛浚流，沈而复起，因复相还。浩浩之水，朝夕既有时，动作若惊骇，声音若雷霆。波涛援而起，船失不能救，未知命之所维。念楼船之苦，涕泣不可止。"（《越绝计倪内经》）无穷无尽、无边无际的浩浩之水让勾践忧心忡忡，尤其是担心在与敌人交战的时候"独受天之殃"，所以勾践不得不接受范蠡和计倪的建议，把都城迁到"四达之地"，同时大兴水利，疏凿运河，筑堤挖塘。其后，经过反复治理，吴越一带的自然环境逐渐显示出某种优势，如到西汉时期，会稽郡守马臻在前代修建的水利工程的基础上，建成了古越地最著名的蓄淡拒咸工程——鉴湖，使鉴湖地区成为富饶的鱼米之乡。但是，江湖之忧已经深深地根植于吴越人的潜意识中，并且在后来漫长的历史发展过程中，不同程度地影响着他们的思想和行为，并以各种方式反映在吴越文化之中。

二、扁舟归隐的江湖宿命意识

大凡事物都有其两面性,吴越先民眼中的江湖环境也是如此。一方面他们以江河湖山为患,另一方面又据之形成极为强烈的江湖宿命意识。吴越人的江湖宿命意识在如下几种情况中得到了明确的表现:第一,身居世网,向往江湖自由。当年越王勾践战败后和夫人一起到吴国为奴,勾践夫人在去吴国的船上看着鸟儿自由自在地飞翔,饿了便到江边啄虾,于是感慨万千,一边哭一边唱道:"泪泫泫兮双悬,彼飞鸟兮鸢鸟。已回翔兮翕苏,心在专兮素虾。何居食兮江湖?徊复翔兮游飏。去复返兮于乎,始事君兮去家。""愿我身兮如鸟,身翱翔兮矫翼。"(《鸟鹊歌》)勾践夫人在失去生活自由的时候,羡慕自由飞翔的鸢鸟固然是人之常情,但作为一个王后,她最看重的不是昔日宫廷的奢华生活,而是江湖上以鱼虾为食的鸢鸟的自由,这也从一个侧面使我们看到了古越人向往江湖、热爱大自然的真实情怀。第二,远离人世,隐居江湖。春秋时期,越国曾发生过大规模的入山炼丹事件。《吕氏春秋·贵生》载:"越人三世杀其君。王子搜患之,逃乎丹穴。越国无君,求王子搜而不得,从之丹穴。"如果说王子搜抛弃荣华富贵入山炼丹是出于保命的无奈,那么大批追随者集体隐居山中恐怕就不只是保命这么简单了,这其中还包含着吴越先民自觉视江湖为家园的因素。后来,曾经辅助越王勾践称霸诸侯的范蠡,在功成名就之后,毅然离开王宫。"乘扁舟,出三江,入五湖,人莫知其所适。"(《吴越春秋·勾践伐吴外传》)范蠡归隐江湖,一方面是他熟谙"飞鸟尽,良弓藏"的历史定律,以免步伍子胥的后尘;另一方面也是缘于范蠡早年地位低贱,"饮食则甘天下之无味,居则安天下之贱位"(《越绝外传·范伯》)。江湖流浪生活对于范蠡来说更自由,更舒适。再有就是范蠡热衷于风水研究和实践,对人的江湖宿命深信不疑。第三,捐尸江湖,期待新生。为吴王夫差解梦而被腰斩的公孙圣死前曾言:"令吾家无葬我,提我山中,后世为声响。"(《越绝外传·吴王占梦》)公孙圣相信,自己的忠魂一定会在青山间游荡,巍巍青山也必将陈明自己的冤情,颇有英灵不死、长存青山之意。为吴国称霸立下汗马功劳的伍子胥在得知吴王要处死自己的时候,对前来执行命令的冯同说:我死后,"捐我深江,则亦已矣!"伍子胥死后,被抛尸于大江口,其尸"发愤驰腾,气若奔马。威凌万物,归神大海"(《越绝书·德序外传记》)。后人传说伍子胥死后成为水仙,那汹涌澎湃的钱塘大潮便是伍子胥和文种共同驾驭的。

后来历代吴越文人多有归隐江湖的倾向,如晋代的玄学家孙绰、"山中宰相"陶弘景、炼丹家葛洪、画家宗炳等都有隐居江湖,成为"穴居不食"之仙人的愿望。唐代禅僧寒山子与拾得常宿身于浙江台州一带寒岩间,"好吟词偈,言语不常",后来二人钻入岩石穴缝中,石穴"泯然而合,杳无踪迹"(见赞宁《宋高僧传》卷十九《唐天台山封干师传》)。在吴越文化中,类似的人物、事件和传说还有很多,建构这些事件和传说的因素自然是多方面的,如官场失意、城市文明带给文人的危机感等,但也不能否认吴越人自古就有的江湖宿命意识对其产生的深刻影响。如晋人张翰曾非常明白地说过:"吾本山林间人,无望于时久矣。"(《世说新语·识鉴》)可以看出,江湖宿命意识在很多情况下主导着吴越先民们的生活实践方式和价值取向。

三、勇于争锋的江湖剑道

众多的江河湖山在古代作为一种不利的自然条件反而造就了吴越先民艰苦奋斗、逆境图强的精神气质,这种精神气质最突出的文化表征便是对剑道的崇尚。《吴越春秋》上载有越王勾践向越女问剑一事,勾践问何谓剑道,越女言:"其道甚微而易,其意甚幽而深。道有门户,亦有阴阳。开门闭户,阴衰阳兴。凡手战之道,内实精神,外示安仪,见之似好妇,夺之似惧虎,布形候气,与神俱往,杳之若日,偏如滕兔,追形逐影,光若佛彷,呼吸往来,不及法禁,纵横逆顺,直复不闻。斯道者,一人当百,百人当万。"(《吴越春秋·勾践阴谋外传》)后来越国军士根据这位女子讲的剑道练就了"越女之剑",并以之灭夫差,霸天下。当代作家金庸将这个素材进行演绎,写成了一部武侠小说《越女剑》。小说中的越女阿青是剑道的象征,阿青精湛的剑艺据《吴越春秋》的说法乃一神秘白猿所传,以此表明天真自然而又勇于争锋、善于争锋、力求上进的剑道乃自然的精神。

为什么吴越人会特别崇尚剑道并保持了数千年的铸剑传统呢？

首先，吴越人认为真正的宝剑是仅属于吴越的，具有吴越独特的地域风范。没有吴越之地的高山流水，就不可能有如此之美的传世之宝。《越绝书》载："王取纯钩，薛烛闻之，忽如败。有顷，惧如悟。下阶而深惟，简衣而坐望之。手振拂扬，其华捽如芙蓉始出。观其鈂，烂如列星之行；观其光，浑浑如水之溢于塘；观其断，岩岩如琐石；观其才，焕焕如冰释。"风胡子在与楚王谈论干将与欧冶子合造的三把宝剑时说，观龙渊，"如登高山，临深渊"，而泰阿给人的感觉则"巍巍翼翼，如流水之波"。（《越绝外传记·宝剑》）在吴越人的心目中，剑之美与吴越的山水之美相辉映，高贵而美丽的宝剑是吴越秀丽山川的骄傲。

其次，吴越人认为剑体现了吴越人艰苦奋斗、追求卓越的精神风范。为了铸就天下名剑，吴越人不仅付出了艰苦的劳动和辛勤的汗水，而且付出了宝贵的生命。干将的师傅为铸成宝剑，"夫妻俱入冶炉中"，然后剑乃成。干将之妻为帮助干将制成宝剑，"乃断发剪爪，投于炉中，使童女童男三百人鼓橐装炭，金铁乃濡，遂以成剑"。（《吴越春秋·阖闾内传》）为了能够铸成精美绝伦的宝剑，吴越人虽然做出了巨大的牺牲，却无怨无悔，因为他们在这些宝剑上看到了自我，实现了自我价值。越人薛烛在谈到纯钩等宝剑的成因时说："当造此剑之时，赤堇之山，破而出锡；若耶之溪，涸而出铜；雨师扫洒，雷公击橐；蛟龙捧炉，天帝装炭；太一下观，天精下之。欧冶子因天之精神，悉其技巧，造为大刑三、小刑二：一曰湛卢，二曰纯钩，三曰胜邪，四曰鱼肠，五曰巨阙。"（《越绝外传记·宝剑》）薛烛认为，像纯钩这样的宝剑是绝无仅有、空前绝后的，因为这些宝剑都是宇宙的精华，是天地自然赐给越人的厚礼，也是吴越人艰苦奋斗、不怕牺牲、借江湖山川之精华创造辉煌的精神体现。

再次，在吴越人的心中，剑道在更高的层面上体现了铁器时代的人文精神。剑是特定时代的产物，也是特定时代精神的体现。风胡子曾经这样对楚王讲："时各有使然。轩辕、神农、赫胥之时，以石为兵，断树木为宫室，死而龙臧。夫神圣主使然。至黄帝之时,以玉为兵,以伐树木为宫室,凿地。夫玉,亦神物也,又遇圣主使然,死而龙臧。禹穴之时,以铜为兵,以凿伊阙,通龙门,决江导河,东注于东海。天下通平,治为宫室,岂非圣主之力哉?当此之时,作铁兵,威服三军。天下闻之,莫敢不服。此亦铁兵之神,大王有圣德。"(《越绝外传记·宝剑》)按风胡子的说法,人类先后经历了石器、玉器和铜器时代,这些时代的圣人分别将石兵、玉兵和铜兵的功能发挥到了出神入化的境界,从而成为一个时代的领袖,而当一个时代结束的时候,那些曾经给这个时代带来光荣的神圣器物便回归自然,销声匿迹了。在人类进入铁器时代以后,剑成为铁兵之神,天下最锋利的宝剑配上有圣德的君王便可威临天下。从这个意义上说,剑道乃人道。深刻透彻地理解了剑道,也就彻底领悟了人道。据之入世,定可所向披靡。

翻开吴越史,我们可以看到,剑道乃吴越人的精魂,卧薪尝胆的勾践、笑傲江湖的范蠡、折服战神椒丘欣的要离,以及后来数不胜数的吴越壮士,他们无不崇尚"内实精神,外示安仪"和"一人当百,百人当万"的江湖剑道。古龙曾写过一部小说《剑花·烟雨·江南》,小说中的吴越大地冷艳而高傲,透出一种剑花飞扬的绚丽,俨然是一个美轮美奂的角斗场,而由此所折射出的江湖剑道显然是自古以来就涌动在吴越文化中的内在魅力与活力。

(刊于《郑州大学学报》2011年第4期)

良渚审美文化中的玉陶、徽饰、墓葬及其江南特质

⊙李 震

⊙浙江师范大学人文学院

良渚审美文化的构成元素中,玉器和陶器地位显著,其中玉器、徽饰及出土玉器的墓葬,相对同时期同类型的其他史前文化,体现了史前江南地区人类特定的审美风格与文化惯例,折射出江南审美文化所特有的本土意识、唯美精神和巫术性格。

一、良渚陶器与江南审美文化的本土意识

良渚文化陶器在造型和纹饰的形态上体现出对本土自然的塑造与追求的意识倾向,而这往往是通过仿生性的艺术设计来实现的。由中国新石器时代考古资料可知,陶器的基本造型首先可以溯源自史前人类较为熟悉的葫芦。[①] 史前人类将葫芦视为植物的母体,同时也是地母子宫的象征。模拟葫芦的形象使得陶器象征着人类始祖从中孕育而生的可能与契机,这构成了良渚陶器仿生学层面上造型和意义的一般来源。然而,良渚陶器仿生形态的地域特色在于,其模本来自颇具江南水乡特色的自然生物,由之形成了良渚陶器表现本土的气质。陶器中较有影响的是模仿动物造型。江苏吴县澄湖古井中出土的黑陶鳖形壶,

---

① 吴山:《中国新石器时代陶器装饰艺术》,文物出版社,1982年,第2页。

壶身做扁腹凹底状，呈现鳖身的形态。壶身前有上扬的小喇叭形的壶口，同时又是鳖首。壶身后端有翘起的尾巴，扁圆形的壶身外缘等距伸出四个半圆形的錾，表示鳖的四条小腿。壶身外缘和背上都刻有锯齿花边状的纹饰，增强了鳖形壶的仿真度。采集自江苏吴江梅堰遗址的水鸟形陶壶，壶身呈俯首勾喙、双目圆睁、拱北翘尾、身体如豚形的水鸟形象。而上海福泉山墓葬中出土的黑陶鸟形盉，整体造型颇似昂首伫立的鸟形，非常接近南方鸟类形象。良渚陶器中模仿植物造型的同样可观。上海马桥出土的黑陶阔把竹节形杯，杯身呈粗矮直筒形，杯身上环饰以数道竹节形凸起，陶杯整体形成竹节形状。福泉山墓葬出土的陶豆，在高把上均饰以数节环形凸棱，由此形成竹节形高把，并在凸棱间细刻飞鸟纹。在纹饰上描摹自然生物的良渚陶器则更为丰富。福泉山遗址的鱼纹陶盆，盆口外圈四个长方形錾上，各刻了数条游鱼和水波纹，盆内侧面一圈共刻划了9组鱼纹和水波纹，底面又饰以四等分复式的弧线，以象征水波纹。不难看出，陶盆纹饰实际是对江南水乡鱼群景致的写生。同样出土于福泉山遗址的带盖双鼻陶壶和T字形足陶鼎，器盖、器身、腹、足部都细刻有飞鸟纹和鸟首盘蛇纹。考古学研究表明，距今5300~4000年的良渚文化时期，良渚地区生态环境属于地势平坦、水网密布的湖沼平原，气候大体暖热湿润，山地植被覆盖率较高。我们似乎可以推论，由于生态环境条件的适配，包括鳖、鸟、蛇、鱼和竹子、葫芦在内的众多动植物类别在良渚区域内的生存繁衍质量定然较高，它们可能是良渚先民生存活动所依赖的常见生物，也可能是他们精神上的崇拜对象，从而也就成为良渚先民设计陶器的视觉形象时易于模仿的对象。

总体上看，良渚陶器造型与纹饰的仿生艺术形态隐约地显露出江南审美文化中以仿拟生物、写实形象、取法本土、赏味自然为特征的审美意识。在这一本土意识的指引下，人们直接吸取当地环境中的自然生物形象，朴拙地将其或整体或部分地转化为视觉元素，并保持形象的写实化特征，进而缩微并纳入一个相对狭小的空间范围内加以精细地表现，在观览和赏玩中体味故乡自然景致的情趣。上文所提及的皆是不同程度地吸收本地生物外观形象，进行写实性艺术造型设计的例子。在北方史前文化的陶器制作中，仿生设计其实并不鲜见。

陕西华县出土有庙底沟型陶鹗鼎，山东胶县三里河遗址出土有兽形和猪形陶鬶，大汶口文化有猪形陶壶，半坡、仰韶文化陶器上也有鱼、鸟、兽面纹饰。然而，两相比较可以发现，良渚陶器设计模仿的自然生物多适应于江南水乡环境，这样的仿生设计在良渚陶器中明显占据主流，在与良渚区域相近的河姆渡文化陶器中亦是如此。另外，良渚陶器多用写实手法表现自然生物，力求保留生物所处的水域生态环境的背景信息，如水波纹，这与半坡陶器的鱼形纹饰抽象为几何图案形成鲜明对比。由此可见，良渚陶器写实仿生的设计代表着史前江南地区人类对地域环境的一种具象化的审美趣味，后世江南社会的咏物文学、山水绘画、亭台园林对本土自然景致的形象描绘与审美再现其实正是对早期江南审美文化这一特质的回响与呼应。

二、良渚玉器与江南审美文化的繁缛唯美

在良渚陶器引领着江南审美文化的本土意识的同时，良渚玉器则以品种丰富、造型繁复、做工精巧、寓意神秘而著称于中国玉器史。据不完全统计，良渚遗址出土的玉器至少有61种之多，尤以琮、璧、钺、瑗、璜、镯、环、管、珠、项链、坠饰、牌饰、冠饰、带钩、柱形器、冠状器、三叉形器、锥形器，以及以鸟、蝉、龟、鱼、蛙为形象的饰件和一些组装件、镶嵌件、穿缀件为大宗。数量可观的良渚玉器比较多地集中于大型墓葬。有学者依据瑶山、反山墓葬中玉器出土的一般位置，大体复原出墓葬主人入殓时的基本仪容。"死者头戴缀着三叉形饰的冠冕，众多的锥形饰立插在冠上的羽毛之间。头的上端束一副缀有四枚半圆形额饰的额带，嵌有冠状饰的'神像'放置在头的侧边，有的'神像'上还装嵌有玉粒，并有项链状的串饰或配有玉璜。死者颈项及胸前缀满珠串，有的还配以圆牌或璜。两臂除环镯之外，还有串珠组成的腕饰，左手时常握有柄端嵌玉的钺，钺身大约位于死者的肩部，右手则握以其他形式的权杖或神物。琮往往放置在胸腹部，似可理解为手捧之物。玉璧除一两块较精致的放于胸腹部以外，多叠置于下肢附近。另外，一些穿缀玉件常散于脚端附

近,可能是缀饰于长襟衣衫下摆的缀件。"① 由这些描述可以看出,每一类玉器往往处于相应的位置,起到不同的装饰作用,并且,仅是以上文字就涉及十几种大小不一、形态各异的玉器。不仅使用三叉形器、锥形器、玉珠、玉璜、玉串、玉牌等来修饰身体、装点衣衫,而且通过玉琮、玉钺和玉璧来彰显地位和身份。这些名目繁多的玉器汇聚于同一墓葬,使整体装饰风格显得豪华、典雅、繁复、铺张。

  繁缛与唯美成为良渚玉器令人印象深刻的特征。就材料来说,良渚先民有意识地采用江浙山区的软玉,既便于现出质地细腻、颜色纯净的材质,又利于塑造玉器多样化的形式。就造型而言,四十余种不同器型、一半以上的原创器类使得良渚玉器形成了一个庞大、新颖而复杂的视觉体系。每一类玉器造型大体相近,然而类型内部在具体样式上又会有不同程度的差别。这种差别有的是由于良渚文化的不同发展时期,同类玉器造型前后所发生的变迁。比如玉琮,出土于早期良渚墓葬的玉琮,琮身呈扁圆筒形,中间的圆孔较大,琮身有高矮差别,故有"镯形琮"和"筒形琮"之分。而盛行于良渚文化中晚期的玉琮,琮身则呈方形柱体,柱体上又会有等距的横向凹槽,将琮身等分为数节,玉琮中间仍为圆孔,呈现出"内圆外方"的结构。除此之外,还有介于二者之间、流传于良渚文化早期晚段的过渡形态,即弧边短方形琮,琮身略呈内圆外方状,唯四角为弧形,而非直角。无论形制如何变异,玉琮外观的对称、庄重和典雅却始终保持。有的玉器类型内部的形态差别则显示出层出不穷的设计意图,比如玉冠形饰,目前已发现的六十多件玉冠形饰中就有十余种式样:标准倒梯形,顶端凹缺、有圆弧状凸起或弓形尖端凸起的倒梯形,两侧下端向内凹弧的不规则形状,上宽下窄、两侧向下节节内收的近似圆弧形,顶端凸起、表面镂刻或阴刻兽面纹的牌形等。这式样各异又不断变换对局部形态的精致修饰的结果,使玉冠形饰的造型变得极其繁复,风格愈加雅致。玉器视觉元素的精

---

① 牟永抗:《良渚玉器上神崇拜的探索》,《庆祝苏秉琦考古五十五年论文集》,文物出版社,1989年,第193页。

细铺陈使其作为唯美装饰艺术的性能得到了明显张扬。玉琮上的兽面双眼往往被对称刻划在相邻边角的两面上，这就促使欲观览兽面纹整体效果的人需要调整不同的视角，间接推动了中国视觉艺术移动视点的生成。而反山 M12 墓葬出土的"琮王"在三四厘米见方的微小地方刻划了在整个良渚文化中图形最为完整、造型最为复杂、线条最为精细的神人兽面纹（亦称"神徽"），给原本就形制伟岸的"琮王"增添了富丽而神秘的一面。

在江南审美文化史上，尤其是魏晋六朝以降，繁缛铺张和唯美典雅常被人们用来形容具有典型江南风韵的文化艺术形态。如刘勰《文心雕龙》论西晋文学家陆机的作品"缀辞尤繁"，钟嵘《诗品》也说陆机诗作"举体华美"，认为南朝谢灵运的诗"富艳难踪"。这些评价从根本上奠定了古人关于典型江南艺术传统的印象，往往成为归纳江南审美文化形态特征时的主要依据。然而，上文的论述可以让我们看到，这种繁缛风格与唯美精神其实并非直至中古时代的江南方才自发形成、喷涌而出。良渚玉器所体现出来的繁复、精致、粹丽与典雅不仅主导了良渚审美文化的走向，而且成为后世江南审美文化唯美精神的遥远先声。

三、良渚徽饰、墓葬与江南审美文化的巫术性格

良渚审美文化除本土意识和唯美精神之外，其本身的巫术特性同样不能忽视。在良渚文化的构成要素中，玉器的徽饰及墓葬都不同程度地体现出史前江南地区盛行的巫术行为和观念，从而潜在地影响了江南审美文化精神中的巫术性格。

前文提到的神徽及其简化或抽象的形式是良渚文化中晚期玉器上的通行纹饰。考古学研究表明，神徽图案意指良渚古国头戴羽冠的巫师神祖骑坐具有通天魔力的神兽猪龙往返巡视天地之间，是良渚先民膜拜的神像。结合《山海经》对半人半兽的神的形象的描绘可以推论，神徽代表了良渚先民对巫觋和图腾神相结合的造神想象。玉器徽饰的另一重要内容"神鸟"图案在不同玉器上也表现不一：在玉琮上常作为神徽搭配图案的鸟纹，也有以圆雕玉鸟器物呈

现，而在良渚文化晚期的琮璧上则有"鸟立坛柱"的造型。这些形态各异的"神鸟"图符实际代表了良渚社会的"阳鸟"图腾或者对以鸟形象出现的天神的崇拜。蕴含着如此意义的徽饰被刻划在琮、璜、冠形饰、牌饰等典型玉器上，一方面表现了良渚先民的信仰，明确了这些玉器作为随葬礼器的功能；另一方面则异常强烈地凸显出墓葬主人与神祖、图腾之间的紧密关系，是墓葬主人的族群身份及宗教神权地位的象征。"神徽"与"神鸟"在作为族群标志而为生者祈福禳灾的同时，也进入墓葬中向死后世界宣示着死者的显赫来源，从而避凶祛邪。玉器、徽饰由此构建起了神灵与死后世界之间的某种巫术化的联系。

巫术行为与观念在良渚墓葬中同样获得了充分的体现。墓葬本身是建筑、器物、装饰等视觉审美元素的综合体，是良渚审美文化的一个特殊表现。同时，墓葬这一综合体本身又是围绕着对逝者灵魂和死后世界的信仰而建立起来的。因而，良渚墓葬中玉器的呈现方式透露出一种与宗教和伦理息息相关的审美风格，其所蕴含的生死观念与墓葬礼仪实际上形成了玉器艺术背后的巫术支撑。良渚墓葬中的玉器既直接置于死者身体上，作为身体的装饰品，又围绕身体摆放，标示身体位置。可见，墓葬玉器与墓葬主人的身体形态之间存在密切联系。在古人看来，玉藏于石中，以其温润、透明、坚硬、华美和永恒而成为"石之精者""石之美者"。由此观之，以玉随葬，无疑蕴含着将玉的品质传递给墓葬主人，使之吸取玉石精华，成为"如玉之身"的意味。在寺墩 M3 号墓葬中，随葬琮璧往往处在遗体的上下肢及躯干位置上，这使得它们连缀起来形成了大致的人体形状。考古学者对其下葬仪式的复原也表明尸体是被玉石逐步包围起来的。① 现存墓葬中遗骨已经朽尽，然而由于玉石坚固耐久，由随葬玉器连缀构成的整体造型在数千年后仍然近似地保存了人的身体形态。在这里，玉制礼器不仅以其材质的独特起到了保护遗体的作用，而且以自身连缀的整体形式成为对死者身体形态的某种暗示和象征。墓葬主人下葬时拥有的是平常的

---

① 南京博物院：《1982 年江苏常州武进寺墩遗址的发掘》，《考古》1984 年第 2 期。

肉身，历经漫长岁月，这一可朽的身体却象征性地转化为不朽的如玉之身。可见，以玉随葬这一巫术行为传递出追求"身体不朽"的意图。在良渚先民看来，玉石的坚硬质地与美观形态客观上使它具备了保护和转化死者身体性质的功能，也就使得"玉体不朽"这一巫术观念获得了极具意味的表现。

通过徽饰与墓葬，我们可以感受到良渚审美文化对巫术的热衷。而这并非偶然。刘师培在《南北文学不同论》中曾评价："大抵北方之地，土厚水深，民生其间，多尚实际；南方之地，水势浩洋，民生其际，多尚虚无。"因此，巫风盛行是江南文化乃至长江文化的特色。良渚文化的自然地理（湖沼海洋）、人文环境（相信鬼神巫术的存在）和精神倾向（超凡想象与崇尚神秘）促使巫术观念成为良渚先民文化性格的体现，同时也使良渚审美文化获得重要载体，进而推动了整个江南审美文化巫术性格的发展和延续。正是在江南审美文化这一特质的影响下，楚辞、汉赋中，"神""鬼""灵""巫""觋""祝"等称谓如影随形，交替出现；南北朝时期江南地区佛教获得了极大的宣扬，宗教文学也随之风生水起。凡此种种，都彰显出巫术性格对江南审美文化流传的深刻作用。

（刊于《郑州大学学报》2011年第4期）

论中国社会早期审美时空格局的形成

⊙刘成纪
⊙北京师范大学价值与文化研究中心

中国社会从距今 6000 年左右的仰韶文化确立了农业生产方式的主导地位，中经距今 4000 年的龙山文化，到距今 3000 年的夏朝，正式进入王朝政治时代，这一过程与史前文明漫长的历史相比，不算太长，但对后世中国美学的发展却是奠基性的。这中间，农耕生产方式对土地的固着，使人对外部世界的空间经验变得相对固定。由于这种文明在黄河中下游地区发展出了最成熟的形态，这里逐渐成为政治、经济、文化中心，所谓的空间经验也因此成为从中原出发的经验。同时，黄河中下游属于暖温带气候，四季分明。自然界的草木枯荣、花开花落，使与自然打交道的农业民族渐渐从四季的流转中发现了时间。这种时空的交错给中原民族提供了稳定的世界观，也决定着他们对外部世界的审美经验及对人自身的审美发现。因此，人、时间、空间，自那一时期始，逐渐成为中国社会早期审美生活的核心要素，并在随后的夏、商、周时代为中国美学奠定了基本格局。

一、审美空间：经验与想象

农耕文明是深植于泥土的文明。土地不仅决定着社会的经济、政治和文化形态，而且在很大程度上决定着美和艺术的属性。就黄河中下游地区来讲，由黄土构成的土壤，结构细小均匀，松散易碎，适于用最简单的农具（如耒耜）

耕作，也利于草本植物的生长。关于这一区域中国早期农业的发展，何炳棣曾讲："自从1949年以来的大量考古发现证明，中国的农业和动物驯化是与中国第一个成熟的新石器文化同时出现的，这个文化以河南西部的仰韶村命名。"[①]自此以后，中国人建立了非凡而持久的农业制度。

与采集、渔猎文明相比，农耕生产代表着更先进的文明。农业，就其本性而言，是通过种植将自然生产提升为人工生产，它既依托于自然，又通过人力实现对自然的二次重造和改变。这种方式需要人更深入地参与到土地中，通过认识土地、改变地表的植被使其更好地为人类服务。农业劳动中体力和智力的投入，使农耕民族往往比狩猎和游牧民族具有更强的征服自然的能力。同时，辛苦的劳作也往往有丰厚的报偿，使其比其他民族拥有更多的财富和自信。我们常说"黄河流域是中华民族的摇篮"，正在于这诸种文明要素围绕着农耕形成了能量的聚集。另外，就人地关系而论，农耕民族将土地视为最重要的财富，这种财富观强化着农民对土地的依恋和固着，并进而形成安土重迁的观念。相反，游牧和渔猎民族则大多将浮于地表的资源直接作为财富。它要么是便携的，要么是可移动的，这决定了游牧民族多迁徙、常移动的特点。正如西汉晁错所讲："胡人衣食之业不著于地……如飞鸟走兽于广野，美草甘水则止，草尽水竭则移。以是观之，往来转徙，时至时去，此胡人之生业，而中国之所以离南亩也。"（《汉书·晁错传》）据此可以认为，在中国社会早期，以黄河中游（河洛）为中心的天下观的形成绝不是偶然的。首先，农耕生产方式强大的创富能力，使其比周边文明更发达；其次，征服和改造自然的劳作锻造了人的智力和思想力，使其具有更先进的文化；再次，财富的不可移动及由此形成的安土重迁观念，使这一民族以自我为中心设计其天下观，并以自身为尺度对周边文明进行价值评判。司马迁云："昔三代之居，皆在河洛之间。故嵩高为中岳，而四岳各如其方。"（《史记·封禅书》）这是对这种建基于农耕文明、以"河洛—中原"为中心的空间地理观念的绝佳阐释。

[①] 何炳棣：《中国农业的本土起源》，《农业考古》1984年第2期。

自仰韶时期至夏、商、周,虽然中国历史有传说与正史、原始部落与王朝政治之别,但由于农耕生产方式是一以贯之的,所以这一过程具有内在的连续性。所谓的以中原为中心的空间地理观念,也可视为一个不断形成并最终确立的过程。从文献看,早期中原民族的这种空间观念主要是以"四方"标示的。如甲骨卜辞:"癸卯卜:今日雨?其自西来雨?其自东来雨?其自北来雨?其自南来雨?"[①] 这里的"西""东""北""南",明显预设了一个以人为中心的视点,即它是以占卜者为中心形成的空间框架。在《尚书》中,这种空间观表现出更强的秩序性,如《尚书·尧典》:"(尧)乃命羲和,钦若昊天,历象日月星辰,敬授民时。分命羲仲,宅嵎夷,曰旸谷。寅宾出日,平秩东作。日中,星鸟,以殷仲春。厥民析,鸟兽孳尾。申命羲叔,宅南交。平秩南为,敬致。日永,星火,以正仲夏。厥民因,鸟兽希革。分命和仲,宅西,曰昧谷。寅饯纳日,平秩西成。宵中,星虚,以殷仲秋。厥民夷,鸟兽毛毨。申命和叔,宅朔方,曰幽都。平在朔易。日短,星昴,以正仲冬。厥民隩,鸟兽鹬毛。"另如《尚书·舜典》:"岁二月,(舜)东巡守,至于岱宗,柴。望秩于山川,肆觐东后。协时月正日,同律度量衡。修五礼、五玉、三帛、二生、一死贽。如五器,卒乃复。五月南巡守,至于南岳,如岱礼。八月西巡守,至于西岳,如初。十有一月朔巡守,至于北岳,如西礼。归,格于艺祖,用特。"引文的第一段,以天文为背景,划定中原民族存在的空间格局。其中,羲和作为天顶的游历者,形成了对大地的整体笼罩。羲仲、羲叔、和仲、和叔四位天官,分居于东、南、西、北,中心地带则必然是被这些天神、天官守护的人间圣王及其子民。引文的第二段,则记述了居于天下之中的圣王(舜)在四境游历的过程。他按照东、南、西、北的圆周形顺序,巡狩以四岳为标志的国家疆域。同时,四岳因其高耸而近神灵,对山岳的祭祀则是试图与居于四方的天官实现天人交感,神人相通。根据这种关于天空的空间想象和大地的地理经验,一个完美的世界也就在天覆地载中形成了:居于天下之中的圣王及其子民,像

---

① 郭沫若:《卜辞通纂》,科学出版社,1983年,第368页。

裹于蛋壳里的鸡雏一样，在天地的立体包围中得到特别的护佑和垂爱，并从这一具有无限优越感的中心地带出发，对周边世界做出种种既客观又主观、既充满偏见又富有想象的价值判断。

就纯粹的空间而论，天下本无中心，如《庄子》讲："我知天下之中央，越之南、燕之北是也。"（《庄子·天下》）但是，中国社会早期空间经验的非客观性，却正好铸就了它的诗性或审美特性，所谓的地理空间也因此成为诗性或审美空间。这中间，由于周边世界是无限延展的，并最终会跨越人类经验的边界，所以人既可以根据对自身文明的优越感将周边地区视为荒蛮，也可以按照想象的逻辑将周边世界视为神的居地，并且愈趋遥远愈充满超现实的浪漫和神奇。其中，像《尚书·禹贡》中确立的贡服体系，天下以五百里为单位，被划分成甸服、侯服、绥服、要服、荒服五个圈层，最后直至"东渐于海，西被于流沙"。按照这一国家地理版图，作为帝国中心的王畿之地是文明的中心，也是美的中心。其疆域向外扩大的过程，也是文明水准和美的含量不断递减或被稀释的过程。与这种建立在文明中心论基础上的审美地理观不同，上古时期记载周穆王远行探险的《穆天子传》，却提供了一幅截然相反的图景：他四面征伐"亿有九万里"（《竹书纪年》），所到之处，看到的是神奇瑰丽的自然景色，得到的是白鹿、玄貂等祥兽，驾乘的是四方进献的赤骥、盗骊等八骏，交往的是西王母等列仙人物。根据这种开放式的空间观念，远方不但不是荒蛮的，反而因超出日常经验范围而神奇。在这一过程中，美不是随着空间距离的扩大而逐渐稀释，而是按照愈远愈美的想象逻辑不断递增。

由以上分析可以看出，建立在中原中心论基础上的上古空间观念，体现出以下特点：首先，这种空间不是对于自然和人文地理的客观认知，而是一种被主观经验和感知重构的人化形式。就其纯任感知的特点而言，它天然地就是美学的对象，因为美学就其基本特性来讲，就是关于感觉或感性的学科，它包括对于空间的感性判断。其次，按照中原文明中心论，虽然远方世界被设定为远离文明的荒蛮区域，但它同时以自我为尺度勾勒出了一个在政治、文化诸层面趋于完美的经验世界。这种对当下生活的肯定，为后世儒家构建尘世性的审美乌托邦提供了思想背景。这是一个充满人道精神的和谐世界，因此也是审美的世界。再次，人对外部世界的审美评价，总有一对相互矛盾的标准，一是人文，一是自然。在人文方面，它可能因为文明处于原始而被视为荒蛮，但也会因其超出经验的范围而变相激起人强烈的好奇心和想象力，使远方成为审美眺望的对象。夏、商、周时期的《穆天子传》和《逸周书·太子晋》所体现的超越意向，意味着"生活在别处"已开始影响中国人的审美理想。后世，从道家的远方想象到道教的游仙，则延续了这一美的超现实路向。

普鲁塔克在谈他如何为信史确立边界时曾讲："地理学家把世界上那些他们毫无所知的地方填塞到自己绘制的地图的边缘，并加上注释'超过这个范围，惟有干涸无水、猛兽出没的荒山大漠'，或这'无法穿过的沼泽'，或'西徐亚的冰天雪地'，或'长年封冻的大海'，等等。我在撰写这部传记时，也有同样的想法。在纵观那些推理所能及和确实有史可稽的时代之后，我也不妨这样说：'超过这个范围，再上溯到更加遥远的时代，那就唯有种种传说和杜撰的故事了。那里是诗人和传奇作家活跃的领地，虚无缥缈，荒诞不经，令人难以置信。'"① 这段话对理解中国社会早期审美空间的形成同样有效，即这是一个经验与想象交并的诗性空间，经验的现实性与想象的浪漫性，依据从身边到远方的秩序不断递增或递减。同时，中国人由这种纯任感知和想象的"私经验"所构建的审美世界，比西方更具系统性，也更具历史延续性。比如，早期中原民族不仅设定了东、南、西、北、中五方，而且将五色、五音、五味、四季等都组入到这个稳态的空间系统中，从而使包括四方在内的诸种审美要素都形成了对天下"中央"的环绕。超越这一经验范围的区域，在文化优劣论的主使下被认为荒蛮，但在美学层面，则往往被想象为仙人的居地。秦汉时期的《山海经》是这种审美想象的延续，从《穆天子传》到《淮南子·坠形训》和张华的《博物志》，则提供了从对中原的现实感知到关于远方审美想象的渐变路径。这中间，因为中心地区是明确的、清晰的，所以与此相关的艺术

---

① [希腊]普鲁塔克：《古希腊罗马名人传》，北京大学出版社，1990年，第5页。

往往摹写真实，具有鲜明的现实主义风格（如《诗经》）；边缘地区则因为超出了经验的范围，往往被诉诸想象，相关的艺术创造则虚幻瑰丽，充满传奇色彩，显示出鲜明的浪漫主义特点。从美学角度理解中国人这种中心清晰、边缘模糊的天下观，可以看到的就是这种从经验到想象、从现实到浪漫逐渐过渡的审美系统。

二、审美时间：景色与四季

任何一种文明都会有时间观念，但农耕文明对时间审美价值的发现却具有独特性。按照法国18世纪重农学派的观点，自然界虽参与生产过程，但却不要求任何补偿。这种无私赐予使农业产品成为纯"新产品"①。显然，自然界之所以能实现这种赐予，与土地不竭的生殖力有关。在中国美学中，自然或土地的这种生殖力被赋予两方面的美学意义：首先，自然的生殖性即其生命性。这种活跃的生命感一方面使其与西方近代机械僵死自然相区别，另一方面则因其对生命的包蕴而天然地具有美的本己性。"天地之大德曰生。"所谓美的本质，就是自然的生命本质。进而言之，自然生命总是在运动中表现为过程，并通过大地上的花开花落、草木枯荣实现形象的表征。这样，人对自然物候变化的体验就成为对自然生命过程的体验，这种体验使中国人发现了时间。

中国社会早期对土地生命属性的体认，在其创制的象形文字中得到了直观表现。如"土"字，甲骨文、金文、篆文都是以土地对植物的生殖来表意。正如《说文解字》云："土，地之吐生物者也。二象地之下、地之中，物出形也。"与此相应，"生"则是从土地的生殖力获得本义。如甲骨文、金文、篆文都是强调土地之于生物之生命的本源性。也如《说文解字》所讲："生，进也。象草木生出土上。"从"土"与"生"互训的特性可以看出，土是孕育生命的土，土中包含着生命的元质；生是从土中而来的生，它以草木的萌发反证生命之于土地的本己性。进而言之，自然界的生物，虽然直接源于大地的孕育

---

① ［法］杜尔哥：《关于财富的形成和分配的考察》，华夏出版社，2007年，第2页。

和生殖，但它也同样离不开日月的照耀、雨露的滋润以及自然空间对这种生命形式的承载。这样，自然界的草木与其说来自土地的生殖，还不如说来自天地的共同化育。《易经·归妹》中所谓"天地不交，而万物不生"，正是对两者关系的明解。而"天地之大德曰生"，则是由"地生万物"的直观判断转向了综合性的经验判断。这种判断是更趋理性的，也是更周延的，它将整个自然界都纳入一个生成生命并展示生命的系统。

可以认为，没有农耕文明在人与土地之间建立的密切关联，便很难形成上古时期中国人的这种自然生命观。就其与美的关联看，自然的生命本性也就是美的本性，自然孕育的草木与花朵，以感性形式表征着土地和自然的生命之美。从史料看，这种源于大地又隶属于大地的美的表象，被上古时期的中国人以"丽"字象形，即"百谷草木丽于地"（《周易·离卦》），"草木相附丽土而生"（《说文解字》）。这里的"丽"，其本义是依附和附着，其引申义是美丽和华丽。这两种词义之间具有连续性，即它一方面说明大地是谷物百草等感性生命形式的本源，另一方面说明了自然植被之美是大地生命的绽放和外显。或者说，土地和土地上自然植被的关系，是美的本源和美的感性表现的关系。但是，从《周易·归妹》中万物来自"天地之交"的观念看，大地上的百谷草木之所以能从沉寂的土地向外涌现为活跃的感性生命形式，显然又不仅仅来自土壤的孕育，而是同时受到天气的影响。一个地区气候发生的冷暖干湿、风霜雪雨的变化，总会使植物的生长状态和生命周期发生相应的变化。这样，如果说大地对植物生命的赐予是常态性和连续性的，那么气候的变化则是植物生长历程中的变易因素，也即大地对自然风物之美的孕育是一个恒量，而气候的影响则是变量。这个变量的介入，使自然审美中的大地与植被的关系转换为景色与四季的关系。

据此，《周易》中以"天地之交""阴阳合和"来说明万物的创化，其实是考虑到了土壤属性与气候变化的双重因素。具体到黄河流域中国的早期农业而言，除黄土以其良好的保水性和自肥能力为农作物的生长提供一个恒量外，在气候方面，这里属于暖温带，一年四季分明，雨量适中。这种气候使它既不会像北方草原因过度干旱而沙漠化、缺少植被来彰显自然界的时序变化，也不会像南方热带或亚热带地区草木葱茏、森林遍野，使自然植被因常年茂盛生长而失去时间感。对于农业民族来讲，如果说时间意识的诞生主要源自对自然物候变化的感知，那么这种物候变化的规律性就成为中国早期历法产生的背景。像颛顼历、夏历等中国上古时期的历法形式，都是根据黄河流域自然物候变易的规律制定的。它既以规则的形式安排了农耕民族的田野劳作和日常生活，也将空间性的自然经验转换为四季流转式的时间感知。于此，土地对自然生命的直接孕育、气候对自然生命过程的周期性调节，使中国人从自然之中发现了时间。这种时间是感性的，是充满韵律或节奏变化的，所以品味这种以景色与四季表征的时间的过程，就是审美的过程。

中国现存最早的历法《夏小正》，鲜明地表现了三代中国人时间认知的审美特性。如其叙《正月》云："正月：启蛰，雁北向，雉震响，鱼陟负冰。农纬厥耒。初岁祭耒，始用畼。园有见韭。时有俊风。寒日涤冻涂。田鼠出。农率匀田。獭献鱼，鹰则为鸠。农及雪泽，初服于公田。采芸。鞠则见。初昏参中，斗柄悬在下。"（《大戴礼记·夏小正》）按照现代白话文的讲法，其意大致如下：正月，和畅而不乏强劲的东南风扑面吹来，阳光暖暖的，冰冻的土地开始消融，上面一层开始解冻，底下尚坚硬，如泥涂在上面一样。蛰伏的虫子开始复苏，野鸡响响的鸣叫声远远传来。蜷缩一冬的鱼儿游上水面，背上还带着冰凌。水獭抓到的鱼吃也吃不完，便罗列在那里，像祭祀中摆放的供品。菜园中的韭菜露出了嫩芽，杨柳刚刚生出新芽。草木生长，苍鹰翱空的冬日景象不见了。布谷鸟开始做窝育子，鸣声不绝。淳朴的先民们认为这种体型较大的灰鸟是苍鹰变成的，因而有"鹰化为鸠"之说。田鼠也钻出洞穴。农夫开始修理自己的耒耜，忙着整理田畴，除去初生的杂草。有时他们不得不冒着霏霏的雨雪劳作于贵族的公田。采撷芸草以为庙堂祭祀之用。鞠星早晨出现在东方，参星在黄昏的时候出现在南中天，北斗星的斗柄"悬在下"[1]。

---

[1] 武占江：《中国文化概论》，河北教育出版社，2007年，第85页。

这段话从气候讲到物候，从人事讲到天象。它不是对时间运动过程的抽象罗列，而是各种生动而美好的自然物象在时间之链上的感性集结。这与其说是要以制度性的历法来规范人事活动，倒不如说是以制度性的时间范式承载了人对自然的审美活动。时间在此被审美化了，人在大地上的劳作及日常活动则因被组入到了这一审美化的自然系统，而同样体现出因任自然的格调和韵致。这种历法与《诗经》中的农事诗（如《七月》）并无差别，它的诗性大于科学性。或者说，它的科学性奠基于对自然的诗性（审美）体验。此后，从《逸周书·时训解》到《礼记·月令》《吕氏春秋·十二纪》《淮南子·时则训》，这种以自然物候之变为基础的时间观，对自然现象和人事活动的囊括范围日益放大，包括了十二律、五行、五方、五色、五味、五嗅、五政等一切人之所见、所感、所行的内容。于此，以四季彰显的时间节奏和韵律，也就将中国人的生活彻底纳入一个审美化的自然生命进程。

中国人从上古时期渐渐萌发的时间意识，是一种自然意识，也是一种生命意识。它奠基于农业生产方式建构的人地、人天关系，天、地、人之间的交媾和互动使中国人发现了生命是人与自然的元质，自然生命的变易则使中国人发现了时间，并以景色与四季的流转使时间获得审美表现。关于这种时间意识对后世中国美学的影响及日益"纯粹化"的倾向，西方学者克洛德·拉尔曾讲："中国人的感受性完全协调于变化着的自然状态、瞬息即逝的欢乐以及十分微妙的瞬间和谐。这种感受性不仅始终点缀着没受教育的穷人的生活，同时，时间的特性被当作茶、纸、丝或其他无数种赋予生活以魅力的东西的特性来欣赏。时间来而复去，去而复返——李枝、竹节、枫叶、松针上的时间，灰雁尖叫、黄鹂甜啭、鹌鹑欢叫的时间——冲击着人的意识的这种种不同的特点和迹象显示了时间流逝的特征。"[①]

[①] ［法］路易·加迪：《文化与时间》，浙江人民出版社，1987年，第32页。

三、审美者：自我认知与自我发现

在中国上古史中，第一个以农耕立国并奠定了此后数千年政治、风教传统的王朝是周朝。关于这一朝代对于中国史的意义，史家多有论及。如王静安云："中国政治与文化之变革，莫剧于殷周之际。……殷周间之大变革，自其表言之，不过一姓一家之兴亡与都邑之移转；自其里言之，则旧制度废而新制度兴，旧文化废而新文化兴。"① 那么，导致当时文化和政治制度发生剧变的原因是什么？从产生方式上讲，是上古农业制度文明的最终成熟；从人神关系上看，是人的主体地位的凸显。其美学影响则涉及以人为中心建构的自然、历史和社会审美系统的形成。

关于殷周之际人神关系的变化，孔子曾讲："殷人尊神，率民以事神，先鬼而后礼，先罚而后赏，尊而不亲，其民之敝。荡而不静，胜而无耻。周人尊礼尚施，事鬼敬神而远之，近人而忠焉，其赏罚用爵列，亲而不尊，其民之敝，利而巧，文而不渐，贼而敝。"（《礼记·表记》）从这段话可以看出，在人神之间，殷商以事鬼敬神为其文化特色。对鬼神的无条件服从，使其人民慑服于神权的威势，缺乏情感和道德的自主性。这种特点可以从殷墟出土的大量"卜辞"得到佐证。周人既事鬼敬神又对超自然的神性权威保持敬而远之的态度，这意味着他以理性为人神划出了各自行使权力的边界，由神人的两离为人辟出了专属、自主的区域。所谓"亲而不尊"，正是讲人以个体情感为尺度建构与他人的关系，而不再屈服于异己力量的外在强制。"利而巧，文而不渐"等民性和民风的形成，则是人更加尊重自身欲望和感性欢愉的必然结果。与殷商游牧、游农或农牧间杂的生产方式不同，周还发展了中国社会早期最成熟的农业生产方式。这种生产方式不但改变了上古时期的人神关系，而且促成了有中国特色的制度文明和审美取向的发展。与游牧民族总是四处迁徙、"不常厥居"不同，农耕民族的重要特性就是因与某片土地的固定关联而安土重迁。同

---

① 王国维：《观堂集林》（外二种），河北教育出版社，2003年，第231~232页。

时，在一种相对固定的人地关系中，土地作为一种生产资源，人投入劳动力的多寡往往决定着土地对人的反向馈赠。也就是说，相对恒定的土壤和气候条件，人力的投入成为人获得生存幸福的决定性因素。在西周时期，殷商"不问苍生问鬼神"的占卜传统一变而为"自求多福""惟德是亲"的重人传统，巫觋文化让位于重德文化，其根本原因就是人通过对土地的掌握而实现了对自身命运的掌握，而这种掌握也必然意味着人的问题成为这种文化的关注重心。除了思想性文献，周王朝的重农特性也见于其先祖行迹和部族创始神话中。据《史记·周本纪》，周部族的第一个男性名弃（后稷），他幼年时就喜欢以稼穑为游戏，成年后则因高超的农业技能被尧帝聘为农师。后世，这一部族的历代首领，如公刘、古公亶父等，莫不以农耕作为兴业立国之本，即所谓"周道之兴自此始"（《史记·周本纪》）。另外，在其部族创始神话中，弃的母亲名姜嫄。据《诗经·大雅·生民》和《史记·周本纪》：这位母亲有一天在旷野中看见一个巨人的足印，因好奇踏了上去，就"身动如孕""居期而生子"。弃出生后，她认为不祥，要扔掉，结果"弃之隘巷，马牛过者皆不践；徙置之林中，适会山林多人，迁之；而弃渠中冰上，飞鸟以其翼覆荐之"。如果把这段记载和殷商部族的创世神话做一比较，其中透露着极为重要的信息：据《诗经·商颂·玄鸟》和《史记·殷本纪》，殷商部族认为他们的先祖契，是因为其母亲吃了一个天上飞鸟的蛋而怀孕，即"天命玄鸟，降而生商"。这意味着殷商是在人天关系中思考其部族起源的，而周则是以人地关系界定其部族的产生。巨人足印作为大地稳靠性和坚实性的证明，被周视为民族立命的基础；牛马、山林、飞鸟对其先祖的保护，则是强调了自然与人的天然相亲关系。可以认为，正是因为有这种对土地属性和价值的体认，周部族才发展出了人本思想。或者，土地的稳靠性和对人的天然护佑，意味着自然不会继续因其非确定性和异己性而占据人的思维中心，使人"有余力"将关注的重心转向人自身。同时，作为人类创富之源的自然，则因与人构成的纯粹劳作关系而变得简单、弱化甚至过滤掉了不可把握的神性，变得本色，变得理智、清明。据此可以看到，有周一代农耕文明的繁荣，不仅使人的主体地位得到凸显，而且使自然作为纯粹的感性对象与人发生关联。而这，正是从美的角度理解人自身并建构人与自然关系的开端。

一般而言，人们谈到周王朝时期人的主体性问题，往往会涉及《尚书》和《诗经》所表达的重人观念或民本思想。但事实上，这种重人观念和民本思想，并不涉及主体心灵的丰富性，而只是将人当成固国安邦的手段，其价值是工具性的。在周代，真正触及人的自我认知这一问题的，最显在的标志还是对"心"的发现。一个值得注意的现象是，"心"字在甲骨文中不存在，殷商晚期青铜铭文中也无"心"字。但西周以降，不但青铜铭文中大量出现，而且"心"字开始占据相当的分量。如周共王时期《师神鼎》云："臣联皇考穆王，用乃孔德，驯纯乃用心，引正乃辟安德。"懿王时期《师望鼎》云："丕显皇考宫公，穆穆克明厥心，哲厥德，用辟于先王。"孝王时期《克鼎》云："穆穆文且师华父，匆毕心。"厉王时期《散氏盘》引《旅誓》云："余有散氏心贼，则爰千罚千。"与此同时，铭文中以"心"为部首的字大量被创制，或者将甲骨文中原本无"心"的字，用"心"进行了重新配置（如下文的"德"）。这种现象说明，所谓"人的主体性"，最根本地建基于人对其内在心灵的确定性和丰富性的体认。唯有"心"成为身体的主宰者，人才会以此为基准规范自己的思想和行为，并实现对外部世界的反观。比较言之，甲骨文中"心"字的缺失，显然说明殷商时期人的盲动及受外物左右的"魂不守舍"状态，而自西周以来金文中"心"及心部文字的大量出现，正是人逐渐获得主体自觉的证明。

从史料看，周人首先以"心"作为人之存在的内在规定，然后沿两个侧面界定心体之用：一个是德，一个是志。前者涉及现实的知与行，后者涉及内心的情与思。据西周青铜铭文、《尚书·周书》和《诗经》等文献，"德"是当时理解人的内在精神状况的最重要范畴。这一字在《尚书·周书》中共出现128次，在《诗经》中出现73次。那么，什么是"德"？《管子·心术上》云："德者，得也。"《说文解字》："德，升也。外得于人，内得于己也，从直从心。"从这种释义可以看出，所谓"德"首先是对外物的获取（"得"），其次是超越("升"),再次是行动("小步"),最后是心灵("从心")。连缀起来看,它以对外部世界的认识和掌握为前提,是将普遍性的自然纳入个体体验,即道成肉身。这种体验来自人的行动,内化为心灵,但又反过来指导人的行动。在这一过程中,心灵是一个核心概念,它接引外部世界,是知的动因;它又外化为实践,是行的准则。这种德性之心介于知行之间,但又包蕴着向知与行敞开的双向性。所谓周人的自我认知与自我发现,正是因为德性的确立使人有了内在的深度,同时因为向知与行的敞开有了外向的广度。这种由自我认知获得的个体定位和心灵自觉,无论对于中国美学还是其他相关学科的发萌都极为重要。后世中国美学在真、善、美之间形成的撕扯不清的关系,正是因为德在"得于外""聚于心"和"发于行"之间形成了意义的连续。

从"德"的字形演变也可看出,心灵概念在西周王朝的生成。在甲骨文中,"德"字左边是走路,右边是眼睛,尚不涉及心灵问题。但在金文中,已在眼睛下面加了一个心,变为德,这意味着心灵开始被视为行(实践)与看(认知)的基础或主宰者。但同时,就"德"字贯通心与行、知的特性看,它虽然深化了对人的内在性的认识,但仍然是穿行于体用之间,尤其在实践层面是导向人的行为伦理问题,即人的行为的合目的性。这也是后人一般从伦理学角度理解它的意义的原因。就美而言,它一方面建基于这种贯通行知的德性之心,另一方面也必然有其独特的维度,即内在情志的直接抒发。也就是说,在知与行之间挺立而起的主体性的情思,才应是美学真正关注的问题。

有周一代,按照胡适的说法,是"歌者的时代",其标志性的文本是《诗经》,其奠基性的诗歌理论是"诗言志"。从相关文献看,"诗言志"这一中国诗歌美学的"开山的纲领"[①],虽然首出于《尚书·尧典》,并被编织进帝舜与大臣夔的对话中,但学界一般认为这是西周至春秋早期出现的诗歌主张。那么,什么是诗所言的"志"?按照《说文解字》的解释:"志,意也。从心之声。"所谓的"意"则与"志"互训,即"意,志也。从心察言而知意也。从

---

① 朱自清:《诗言志辨》,开明书店,1948年,第6页。

心从音"。进而言之,"音,声也。生于心,有节于外,谓之音"。按照这种释义的链条,诗所言的"志",是奠基于心灵的,是与认知、行为等尚不发生关涉的纯主观体验的表达。这种心灵体验以情感为主调,然后向思与德做了适度的蔓延。按照闻一多的讲法:"志字从之,卜辞之作止。……志从之从心,本义是停止在心上。"[①] 闻一多认为,这停在心上或藏在心里的"志"包含三层意义:一是记忆,二是记录,三是怀抱,即情思、感想、怀念、欲慕等心理状态。从这种释义可以看出,与"德"偏向于知的外得与行的外发不同,"志"是以记忆和记录等方式扎根于心灵的。它不是指向人的思想和行为的合规律和合目的,而是指向由积聚于心灵的记忆和记录直接诱发的情思和感怀。也就是说,"诗言志"这一定位,预示着人的心灵有了内在的根基和深度,预示着从居于心灵深层的经验性记忆到情感的外显式表达有了一条垂直贯通的道路。从美学角度讲,这种由情感与记忆交会的心灵与认知理性(知)和实践理性(行)有着显著的差异,它纯任情感、直抒胸臆,以美为本位。也正是因此,"诗言志"在西周或春秋初期的提出,标志着审美主体这一概念在中国美学史上的确立和自觉。"在心为志,发言为诗。"诗则是这一审美主体内在情志的物化形式。

中国早期诗学以情志为本体,这使其与专注于诗的制造或生产技术的西方早期形式诗学(如亚里士多德的《诗学》)相比,更显出心灵的深度和丰富性。也正是在此意义上,它成为一种哲学,并被视为中国人从美的角度认识和发现自身的起点。以"言志"为核心,它向关涉自然、社会、人生的诸多领域蔓延,从而勾画出中国人审美或诗意生存的早期轮廓。在空间维度,它的十五国风、大雅、小雅,使国家的山川风物、草木虫鱼浸润着人的情感,呈现为诗性的图景。在时间维度,《周颂》《鲁颂》《商颂》,以虔敬的历史追怀和想象,使历史复活于当下记忆,并使本性虚无的时间因审美化的填充变得丰盈。作为建构这种诗性时空的主要方式,它以"赋"铺陈事物,激扬想象,使物之所在

---

① 闻一多:《神话与诗》,上海人民出版社,2006年,第151页。

成为情之所在。它以"比"建构人与自然的类同关系，使自然成为人之情志的物化表征。它以"兴"引譬连类，感发志意，将自然体验导向对人生价值的积极肯定。可以认为，有周一代从情志层面对人的内在丰富性的认知和发现，不但在德性之外别开境界，而且使这个自信"溥天之下，莫非王土"的国度从此成为被诗之情志重构的世界。西周春秋史至此也就有了另一副面孔，即被诗情雅化的美丽面孔。

至此，人、时间、空间就为中国社会早期的认知经验提供了基本框架。这些范畴的诗性特质则使其成为理解中国上古美学的"一个中心和两个基本点"①。有了这一基本框架，中国美学史才开始进入"正史"时代，即春秋以降逐渐被美学思想史或范畴史主导的时代。

(刊于《郑州大学学报》2013年第4期)

---

① 刘成纪：《审美流变论》，新疆大学出版社，1997年，第39~40页。

陶铜审美之变与中国早期国家的形成

⊙ 刘成纪
⊙ 北京师范大学哲学学院

20世纪以来,中国史学界对上古史的重建,由"古史辨派"发其肇端。1923年,顾颉刚在《答刘胡两先生书》中指出,要想使中国上古史成为信史,必须"打破民族出于一元的观念""打破地域向来一统的观念"[①]。就影响中国数千年的正统史观而言,这种"打破"无疑预示着对中国文明起源认知的多元性。以此为背景,从20世纪30年代起,史学界对中国远古文明的划分,相继出现了傅斯年的夷夏东西说,蒙文通的海岱、河洛、江汉三分说,徐旭生的华夏、东夷、苗蛮三集国说等。到20世纪80年代,苏秉琦进一步将中国史前文明划分为六个区系,即以燕山南北长城地区为中心的北方,以山东为中心的东方,以关中(陕西)、晋南、豫西为中心的中原,以环太湖为中心的东南部,以环洞庭湖与四川盆地为中心的西南部,以鄱阳湖——珠江三角洲一线为中轴的南方。[②] 他甚至认为,在距今6000~4000年的时段内,中华大地一地有一地之文明,它们如满天星斗,光耀四野。[③] 至此,统治中国数千年的中原文明中心论,也就在从一元到多元的无限拆解中,最

---

① 顾颉刚:《古史辨自序》,河北教育出版社,2000年,第14~15页。
② 苏秉琦:《中国文明起源新探》,生活·读书·新知三联书店,1999年,第35~37页。
③ 苏秉琦:《中国文明起源新探》,第126页。

终被送入历史。

苏秉琦提出的中国早期文明的区系论或满天星斗论，以新石器时期中国陶器器型的区域差异为基础。也就是说，陶器器型的差异，对判定中国新石器时期文化的多元发展具有标识意义。但值得注意的是，自顾颉刚、傅斯年、蒙文通、徐旭生至苏秉琦，无论他们如何强调中国早期文明的多样性，均无法否认它在夏、商、西周时期归于一体的事实。正是因此，如何借助器具考古规划出中国早期文明渐趋合流的路线图，并为这种合流寻到恰切的历史标识物，就成为现代考古学面临的重大任务。本文认为，按照中国自史前至夏、商、周时代技术进步的逻辑，接续陶器而来的最伟大的工艺制作是青铜器。如果说史前陶器因区域差异而成为中国早期文明彼此分离的象征，那么由青铜器开启的王朝政治时代，则是这一文明从分离走向合流、从多元走向一体的实物验证。在本文中，我将首先通过对陶器和青铜器工艺关系的分析，理出中国早期文明发展的历史连续性，然后探讨青铜器如何铸造出了一个文明共同体，并在纹饰、图案方面如何凸显出政治乃至神性权威向中央之地的聚集态势。在此，青铜器被视为中国早期国家走向一统的象征形式。它既是一个工艺、艺术和美学问题，也是一个重大的文化、政治问题。

一、中国工艺史上的陶铜之变

按照技术进步的一般逻辑，人工器具的发展既有历史的连续性，又有代际之间的差异；既有在统一的技术体系内部的渐变，又有突破固有技术局限的突变。其中，历史的连续性有赖于技术劳动的惯性，有赖于人的记忆在当下与往昔之间形成的经验维系。在这一范围内，技术进步一般本着"精益求精"的原则，在工艺层面寻求改进，器具制作则体现出渐变的特征。与此相比，差异则是一个相对的概念，它可以指因技术工艺的调整为器具带来造型、风格上的表面变化，也可以指因制器材料的变化而彻底颠覆固有的技术体系。

在中国社会早期，从陶器到青铜器的递变，鲜明地表现出这种既变异又连续的双重特征。这中间，如果我们把对上古器具的认知分成材料、器型、功能、工艺、风格等诸方面，那么陶器作为泥土制品，青铜器作为金属制品，双方就在制作材料上显现出了最大的差异性。与此相较，两者在器型、功能、工艺、风格等方面则是同中有异、同大于异的。比如，就陶器和青铜器作为容器（实用器或礼器）而言，其功能表现出高度的一致性。在器型方面，青铜器的鼎、豆、钵、爵、鬲、壶、觚、杯直接就是脱胎于早期陶器。关于这种承续关系，金正耀曾在《二里头青铜器的自然科学研究与夏文明探索》一文中指出："二里头的铜容器目前发现的已有好几种，不但有爵，还有鼎，也有觚等，它们都仿自二里头同类型的陶器，其发展演变也与相应的陶器同步。这些陶制容器特别是爵和觚，有很久的制造传统。陶爵是由龙山文化一种觚形锥足鬶演化而来，这种鬶和爵的雏形在河南及湖北的龙山文化中都有；至于陶觚，在山东半岛龙山文化之前的大汶口文化中也可以看到高圈足、侈口的觚形杯。"[①] 这提示人们，夏商时代青铜器制造业的崛起，并不是甩脱陶器另搞一套，而是同一种器型漫长演进的新成果。早期的青铜工匠应该是陶工中的改行者，他们制造器具的材料变了，但器具造型仍保持了原样。

在工艺方面，青铜器与陶器的一致，最典型地体现在青铜器的陶范铸造技术上。按照现代青铜史家总结出的工艺程序，一件青铜器的制作，首先要用泥土制作泥模，然后在泥模上分块翻出外范，然后再在泥模上刮去一层厚度，作为灌注青铜熔液的内部空间。如果青铜器上需要纹饰图案或铭文，则要首先在泥模或外范上刻写出来。这意味着所谓青铜器的制作，在本质上仍是陶艺问题。如果说陶器是从泥土中生长出来的器物，那么青铜器则是陶模和陶范内外夹持、抱合的产物，具有依样复制的性质。进而言之，泥质的陶模和陶范仍然无法直接作为青铜模具来使用，还必须经过阴干、焙烧等工序，这些工序与陶器的加工制作几无二致。最后，浇注的青铜液在陶范内部凝固，打破陶范也就得到了实体性的青铜器，具有破茧而出的性质。从这一

---

① 金正耀：《二里头青铜器的自然科学研究与夏文明探索》，《文物》2001年第1期。

程序可以看出，在青铜器制作过程中，制陶构成了它的基础和先导，青铜器从来没有构成器具制作的主体，它是被塑造的对象，是全然被动的，而陶器则充当了主动塑造的角色。由此，从泥土到陶器再到青铜器，其实构成了一个技术连续体，即陶器是泥土的生成物，青铜器又是陶器的生成物。在这一过程中，陶器既是泥土孕育的结果，也为青铜器的生成建章立制，起到了"模范"作用。而从陶器中"破茧而出"的青铜器，则以对陶范的超越代表了那一时代所可达至的最高工艺水平。

在艺术风格方面，陶器与青铜器的最大区别在于，前者占主导地位的水纹、植物纹和弱小温顺的水族动物图案，变成了凶猛的兽面纹，从而使陶器给予的优美宁静世界让位于一个狞厉而充满威慑的魑魅世界。之所以会出现这种艺术风格的重大变化，首先应该和生产方式有关。按照现代历史和考古学家的看法，商部族起于蒙古高原，然后迁徙到渤海流域和山东半岛，再从山东半岛迁到河南东部（商丘），最后从河南中部（郑州）迁到河南北部的安阳。也就是说，这是一个善于迁徙的民族，具有漫长的游牧传统。其青铜纹饰对于自然界猛兽、猛禽及神性物象的表现，典型地反映了游牧民族天人对立的自然观。自然作为异己的力量对人构成威压，人则通过对这种野蛮力量的艺术渲染自我威慑，同时又为自身的野蛮化确立合法性。这和农业民族在人与自然（水流、植物、温顺的动物）之间建立的和谐关系是截然相异的，也因此使黄河流域陶器时代偏于优美、宁静、明朗的艺术表达，一变而化为青铜时代的崇高、凝重和狞厉。其次应该和青铜艺术的表现方式有关。中国新石器时期的陶器，东部重形、西部重色，但色彩和线条的描画构成了其艺术表现的最重要特色。所谓"彩陶"，本身就意味着它是以"布彩"为最重要特色的艺术形式。与此不同，中国夏、商时期的青铜器靠铸造成形，它坚硬而光滑的器表无法着色，失去了以色彩装饰的可能性。同时，从夏、商至春秋战国，中国一直没有像古希腊瓶画一样，发展出精致的青铜刻划技术，这使它基本上舍弃了布色和描线的表现，而注重陶模和陶范对它的形式塑造。① 或者说，色彩和线描的不可能，变本加厉地强化了它对造型表现力的追求。青铜器上的图案由于来自铸造，均具有凸凹感，类似于浮雕，这使它比悬于陶器表面的色线，更深植于事物的本质，更易传达出器具内部的强大力量。这种雕塑般的质感和对内部生命的"带出感"，是青铜器比陶器更显现出凝重、崇高之美的根本原因。②

但是，在中国社会早期，陶器与青铜器表现出的风格差异，仍然不足以减损它们相互之间的连续关系。除上文提到的器型和制作工艺的承续之外，图案纹饰的历史关联也十分明显。单就殷商青铜器造型、纹饰的威慑性和神秘感而论，它其实在中国新石器时期的陶器中已多有表现。像仰韶文化史家类型葫芦陶瓶上的变形鱼纹，已存在着向兽面纹转移的意向。马家窑文化马厂类型陶壶上的人神纹、人形浮雕和人头像，其可怖性绝不亚于后世的青铜纹饰。另像仰韶文化史家类型尖底罐上的波折纹、甘肃齐家文化双耳罐上的三角纹，则开了后世青铜器广泛采用三角纹、蕉叶纹图案的滥觞。再如仿生类的兽形器和人首器，是殷商青铜器表现其狞厉风格的重要形式，其祖型则广泛存在于中国新石器时期的陶器造型中。如仰韶庙底沟类型的陶鹰尊、大汶口—龙山文化时期的

---

① 需要注意的是，中国夏商时期的青铜器虽然以形式塑造为主，但"布色"和"描线"的表现法也并非绝迹。如河南偃师二里头遗址出土的兽面纹铜牌，采用了绿松石镶嵌工艺，显现出与青铜器面的色彩对比。到商代，则有镶嵌赤铜的棘纹戈。春秋战国之后，错金银、鎏金银、镶嵌赤铜、镶嵌绿松石、细线刻镂等工艺在青铜器装饰中得到了更广泛的使用，这在某种程度上缓解了青铜器色、线使用上的困难，但与彩陶相比，青铜器因材料导致的局限仍然十分明显。

② 中国新石器时代的彩陶因为有红黑作底，有色彩对比，所以纹饰悦目、明朗。而后世的青铜器则无底色，只能以极具质感的造型本身呈现，所以显得质朴有力。同时，彩陶的纹饰是点缀式的，器面图像处于周围空间的映衬中，给人空旷、疏朗之感。青铜器由于每个部位都来自范铸，几乎所有器面都被图像塞满，这就使陶器纹饰的简练与青铜纹饰的繁复形成对比。这种纹饰的繁复加上兽面的凶猛，给人力量外涌的感觉，从而使器具在静穆中表现出强大的侵略性特征。

兽形陶鬶等。这意味着，无论对于农业民族还是游牧民族，自然都有其可怖的侧面，这一侧面的情感经验都会被早期人类以图案的方式诉诸表达，只不过在某一时期或某一文化类型中得到强化罢了。甚而言之，这种强化的路径在中国社会早期陶器和青铜器中也是有规律可寻的。一个直接的表现是，在殷商青铜器中，漩涡型的水纹并没有绝迹，它只不过递变成了具有运动势能的龙纹。偏于优美的自然物象（如植物纹、云纹及弱小生命的纹饰）也没有消失，它只是退到了器具的边缘，成为对主体图案（兽面纹）的装饰、点缀或陪衬。在青铜器和陶器之间，与其说出现了动物性图案对植物性图案的全面取代，不如说是同一个自然主题的变异和转进。两者的艺术风格与其说是截然对立的，倒不如说是此起彼伏的。

从陶器到青铜器的演化，构成了中国社会早期工艺递变的主导性线索。它同时表明，中国早期文明并没有因为主导性器具的变化而另起炉灶，而是保持着内在的连续关系。这种连续为理解中国早期文明的连续性提供了重要依据。但是需要注意的是，陶、铜之间的工艺连续并不能概括青铜器与早期器具源流关系的全部。比如近年，学界已充分注意到红山文化、良渚文化玉器与商代青铜器造型、纹饰的关联。同时，自20世纪初以来，关于商文化的起源，有所谓的西来说、东来说、北来说等种种观点，其论据除纸上文献外，无一不是注意到了商代青铜纹饰与各地玉器、陶器纹饰之间让人匪夷所思的类似性。对于这种现象，最便捷的解释就是诉诸人性的普遍性，即有共同的人性就会有共同的艺术选择，但这并不足以说明一些独特纹饰的肖似问题。如李学勤在对良渚玉器和商代青铜器饕餮纹做了详细比较后指出："良渚玉器和商代青铜器的饕餮纹，固然不是彼此直接承袭的，但有很多共同的特点，不能用偶合来解释。它们之间，显然有着较密切的联系。"[1] 据此他推断，山东龙山文化和河南二里头文化，应该在良渚和商之间起了中介作用。[2] 马承源则进一步将良渚玉器饕

---

[1] 李学勤：《良渚文化玉器与饕餮纹的演变》，《东南文化》1991年第5期。

[2] 李学勤：《良渚文化玉器与饕餮纹的演变》，《东南文化》1991年第5期。

饕纹与商代青铜器的肖似问题推展到鸟纹,认为商代青铜器以兽面纹配置鸟纹的图案,整体可以上溯到良渚玉器神与鸟相配置的纹样。① 如其所言:"考虑到良渚玉礼器有相当部分在商文化中被继承下来,商代早、中期之际鸟纹作为主体兽形配置这一特殊图像的出现,应该和良渚文化玉琮纹样主题有一定联系。"② 这些现象提示人们,现代以来的青铜器纹饰溯源研究,只注意河南二里头文化到二里岗文化再到殷文化的演进关系,是远远不够的。或者说,仅仅按照夏商时期文化演进的路线图探寻青铜器艺术风格的源流,只能找到这种艺术形式形成的近因。从更具历史感和空间感的器型和纹饰比较看,殷商时期的青铜艺术,应该是中国整个史前文明的集合形式。它在艺术源流关系上表现出的地域多元性,以及图案纹饰上对陶器、玉器等诸多器类的综合,正是当时占据主导地位的中原文明广泛吸纳周边文明的历史见证。

二、作为青铜共同体的天下国家

中国史前人类具有悠久的用铜历史。根据目前的考古发现,距今6000余年的仰韶文化姜寨遗址曾出土有黄铜片,距今5000年的甘肃东乡马家窑遗址出土有单范青铜刀,甘肃齐家文化大河庄遗址曾发现铅青铜,河南龙山文化后冈遗址曾出土青铜炼渣。另外,在山东龙山文化遗址中,也多处发现用铜的残迹。但是,就青铜器的铸造水平及与殷商的关联看,唯有河南偃师二里头遗址是一个关键的始点。如夏鼐所言:"二里头文化同较晚的文化相比较,是直接与二里岗文化、间接与小屯殷代文化都有前后承继的关系……比二里头更早的各文化,似乎都是属于中国的史前时期。最近发现的马家窑文化、马厂文化和山东龙山文化的小件青铜器,如小刀和锥,如果被证实,也只能说它是青铜冶

---

① 马承源:《商代青铜器纹样属性溯源》,《上海博物馆集刊》2002年。
② 中国青铜器全集编辑委员会:《中国青铜器全集》第1卷《夏商》(1),文物出版社,1996年,第12页。

炼的开始，与二里头青铜容器的铸造水平是不能比较的。"① 按照考古学家的看法，二里头遗址对应于夏代，郑州二里岗遗址对应于商代中前期，安阳小屯对应于商晚期。这样，考古学所勾勒出的从二里头到二里岗再到安阳小屯的路线图，其实彰显了夏商时期青铜铸造向中原地带集结的事实，这一区域遂成为中国青铜器的轴心地带，也是青铜器早期繁荣的轴心时代。唯有这一轴心的存在，早期中国才围绕青铜器成为一个工艺和文化的共同体。

与新石器时期青铜考古涉及地域的广泛性相一致，三代时期的青铜共同体也难以划出一个清晰的地理边界。比如自二里头始，虽然位于黄河中游的中原地区成为青铜器制造中心，但这一区域却并非青铜冶炼所需的铜、锡、铅矿的产地。以二里头遗址为例，"这里发现了多处铸铜遗址，最大的面积在一万平方米以上，规模惊人，并从二期一直使用到四期。另外，这里也出土了不少铸造遗物，如相当数量的陶范及大量坩埚碎片等，由此可见当时铸造活动的盛况"②。但吊诡的是，这类作坊遗址却没有发现冶炼矿石必然留下的大量矿渣。也就是说，它的青铜铸造与铜矿石冶炼应该分属于不同的地区。2000年，金正耀对二里头三、四期青铜器铅同位素含量的分析认为，它的矿产地"可能位于夏文化在山东半岛所能达到的地区的范围，并与山东岳石文化地区存在某种联系"。③ 这种采冶与铸造的分离同样出现于殷商时期。比如，目前探明的殷商时期的铜矿开采、冶炼地主要在湖北大冶铜绿山和江西瑞昌铜岭，但青铜器的铸造却在殷地。同时，金正耀对殷商妇好墓中几件含高放射铅的青铜器的分析表明，它的原料极可能来自云南东北部的永善金沙厂，④ 这无疑更增加了关于当时青铜采冶与铸造分离的地理想象。当然，在当时交通不便的年代，人们不可

---

① 夏鼐：《中国文明的起源》，文物出版社，1985年，第96页。

② 金正耀：《二里头青铜器的自然科学研究与夏文明探索》，《文物》2001年第1期。

③ 金正耀：《二里头青铜器的自然科学研究与夏文明探索》，《文物》2001年第1期。

④ 魏国锋：《若干地区出土部分商周青铜器的矿料来源研究》，《地质学报》2011年第3期。

能直接运输矿石，而是将"冶炼出的粗铜以铜锭的形式输往其他地区进行铸造"①。唯有如此，才能使青铜原料的远距离输送成为可能。

关于三代时期中原青铜制造中心的形成原因，地质史家夏湘蓉曾讲："中原地区是我国古代的青铜业中心。这个中心的形成显然是和当时的政治中心有关，并不是因为当地拥有丰富的青铜原料资源。因此，在青铜器时代，中原地区依靠当地所产原料，仅能冶铸铅青铜。而大规模锡青铜的生产，是南方的铜、锡两种金属大量地输入中原地区以后的事情。"② 一般而言，按照就近原则，器具制造具有地理决定论的性质，原料产地往往决定着器具的相应产地。但三代时期，青铜原料相对匮乏的中原地区却成为制造中心，这显然意味着自然因素对青铜制造的影响已经让位于人工，人的意志的主导性已压倒了对自然的依附。这种自然向人的转向，是青铜器成为观念载体的前提，也是它能够成为文明、政治象征的前提。从历史文献看，由青铜构成的中原与边地之间的主从关系，在三代时期是存在的。如《左传·宣公三年》所载："昔夏之方有德也，远方图物，贡金九牧。"这说明进献青铜原料，是当时边地民族对中原王朝的重要义务。《尚书·禹贡》按照以九州为区划的国家地理模式，详备列举了各地需贡赋的物产，如青州岱地的铅，扬州、荆州的金、银、铜，梁州的银、铁，这说明金属矿产的贡赋是当时国家贡赋体系的重要组成部分。

三代时期，由青铜和其他金属原料输送构建的中原与边地之间的关系，画出了一个青铜原料向中央之地聚集的路线图。这种聚集是当时地域之间政治主从关系的表征，也意味着一个以青铜为媒介的文化共同体的形成。同时，这些青铜原料经过铸造，在中央之地摇身一变，从物质走向精神，从无形式走向有形式，从自然提升为艺术，然后以艺术表征文明，以文明强化政治意识形态的感召力和合法性。这样，围绕青铜器形成的美的或工艺的现象学，就成为一种本质主义的文化、政治符码。所谓"青铜业中心"，也就成为美和艺术的中心，

---

① 魏国锋：《若干地区出土部分商周青铜器的矿料来源研究》，《地质学报》2011年第3期。
② 夏湘蓉：《中国古代矿业开发史》，地质出版社，1980年，第207页。

成为政治权力的中心。据《史记·封禅书》,夏禹用九州贡赋的青铜铸造了九只大鼎。这里的"九鼎",作为中国青铜制造史上最伟大的作品,显然已不是物理性的存在物,也不是一般意义上的实用或审美器具,而成为中原王朝自此确立一统天下地位的象征。由此,从青铜原料到青铜器具,从实用对象到审美对象,从文明标识物到政治象征物,从人工创制到神性隐喻,就标示出一条精神性的上升之路。也正是这一超越性的精神意义的获得,使中原王朝作为天下中心的位置变得不可撼动。

由以上分析可以看出,从二里头、二里岗到安阳小屯,中国早期青铜业中心的形成以及与周边地区建立的原料输送关系,涉及的并不仅仅是矿物的聚集问题,而是一种中心、边缘二分的新型国家地理模式的形成。由此反观新石器中晚期的陶器时代,河姆渡、大汶口、仰韶、马家窑文化等,不同地域的陶器既有风格的交集又有差异,其地理布局更像一张无限蔓延的审美之网。它无中心,或者即便有中心,也是区域性的中心。以此为背景来看,中国陶器时代向青铜时代的递变,固然在历史层面表现出制作工艺的连续性,但在现实存在形态上,却经历了早期艺术从"满天星斗"式的四野弥散向"众星捧月"式的一元中心的转移。在多元艺术中,青铜器开始代表最高的艺术;在艺术的多地域分布中,二里头、二里岗、殷墟的青铜制作代表了最高的水平。这种艺术的中心主义,与三代时期中原王朝在政治上确立其天下中心的地位是一致的。也正是在这个意义上,青铜器成为中国早期国家形成过程的见证者,成为那个时代政治走向集权、文化走向一统的象征。而"九鼎"之所以在中国上古史中被赋予神圣地位,原因也正在于它以至高无上的艺术水平充当了那一时代王权神圣观念的视觉相等物。

三、青铜纹饰与图案政治

除青铜制造中心所隐喻的中原王朝在艺术和政治上的主导性,这种倾向也最集中地体现于殷商时期青铜纹饰的布局和构成方式。比较言之,夏代晚期的青铜制品,如偃师二里头具有代表性的长流爵,尚没有饰纹,或至多出现一些简洁的几何纹、乳钉纹。至商代早期，开始出现兽面纹、夔纹、联珠纹、云纹，青铜器的大部分器面仍然处于无装饰状态。但到殷商时期，青铜器的器面不仅被纹饰图案塞满，而且涉及的动植物形象和自然现象也无限繁多起来，如饕餮纹、夔纹、龙纹、蛇纹、牛头纹、禽鸟纹、虎纹、螺纹、蝉纹、蚕纹、蕉叶纹、四叶纹、云纹、雷纹、涡纹以及形形色色的几何纹。这种纹饰的逐渐繁丰化，固然和殷商晚期青铜制作工艺水平的提高有关，但更大的可能性则在于随着商王朝势力范围的拓展，它将各地域的图案类型都纳入到了自己的工艺体系中。也就是说，青铜器面图案纹饰的繁丰性和饱满性，与殷商王朝的政治、文化扩张具有高度的正向关联。这极类似于秦始皇在统一六国过程中，将各侯国的宫室建筑都复制于咸阳，然后将各地的美人、钟鼓充塞其中，① 从而造成"集天下之美于一身"般的丰沛感和充实感。像龙纹原本盛行于以红山文化开启的北方，饕餮纹和飞鸟纹原本盛行于良渚文化指代的吴越地区，但最终都成了殷商青铜纹饰体系的重要组成部分。这说明商王朝扩张其势力范围的过程，也是将各方国的器具纹饰甚至部落图腾、部族族徽进行重新组合的过程。区域性图案被添加进整体图案中，对这一区域被纳入商王朝的势力范围具有标识意义。② 由此看自夏商时期青铜器的演进，其器面上的图案纹饰越拥挤、越饱满，就证明这一王朝对外部世界的认知越细密、越广阔，并日益强化其将天下之美集于一身的能力。

春秋时期，周大夫王孙满曾谈到夏禹铸造九鼎的目的，他指出："昔夏之方有德也，远方图物，贡金九牧，铸鼎象物，百物而为之备，使民知神奸。故

---

① 《史记·秦始皇本纪》："秦每破诸侯，写放其宫室，作之咸阳北阪上，南临渭，自雍门以东至泾、渭，殿屋复道周阁相属。所得诸侯美人钟鼓，以充入之。"

② 按照日本学者林巳奈夫的看法，这些被组合进整体图案中的动物纹饰，其实都指代了区域性的族群或方国。如其所言："中国人将鸟或动物与自己的祖先联系起来，很容易就形成了图腾动物……笔者认为部族的图像符号就是用动物形象作为标识的。"（见林巳奈夫《神与兽的纹样学：中国古代诸神》，生活·读书·新知三联书店，2009年，第38页）

民入川泽山林，不逢不若。螭魅魍魉，莫能逢之。"（《左传·宣公三年》）按照这种看法，夏禹铸鼎的目的就是在青铜鼎上图画远方的未知之物，以作为百姓的日常行动指南。"九鼎"对应于"九州"，这意味着每一座鼎上的纹饰图案具有区域的专属性，组合在一起就成了一个完整的天下地理版图。按照当时的知识水平，人们尚不可能画出现代意义上的地图，只可能以一些最具区域特征的动植物图像来指代，这样，所谓的"青铜纹饰"，其实就是以图像志方式出现的地理志，鼎上图像的饱满性和密集性则代表着对周边世界认知的广度和深度。由此看，夏、商、周三代青铜纹饰日益繁密的过程，当然也就是具有区域特色的远方物象不断被以图像的方式摹写、添加的过程，它意味着人对异己世界的观念把握，这是实现政治、军事掌握的前奏。

九鼎图案组合成了国家的地理版图（九州），鼎上纹饰的繁丰预示着国家地理认知趋于细密的特征。我们看到，青铜器至殷商时期，几乎不留任何余地地要将所有外显的器面用图案塞满，这似乎表明当时人对空间空白的存在是难以容忍的。也就是说，只有将器面塞满，才能证明人对世界的认知是充分、完整的，才能借此克服一个异己的世界带给人的惶恐不安。同时，殷商时期的青铜器，虽然纹饰繁密，但各种纹饰（如兽面纹、鸟纹、夔纹、云雷纹）往往各就各位，见出相对稳定的组合秩序。这意味着，被各种螭魅魍魉、怪力乱神充塞的世界，虽然未必是一个美好的世界，但却是一个可以认知和理解的有规律的世界。这一世界的秩序性和规律性，有助于克服人内心的惶惑和行为的盲动。从这点看，殷商虽然被后人称为泛灵论的时代，但由于它形成了一个相对稳定的众神谱系，自然对人的压力还是得到了某种程度上的遏制。或者说，殷商青铜器对自然世界的图案化表达，本身就反映了当时人以其认知经验实现了对自然的重组和规划。自然界的怪力乱神即便仍然是异己的，也是见出秩序的、有规律可寻的，这使人与自然的沟通成为可能。今天，人们往往因为殷商时期巫风盛行（占卜、祭祀）而将其视为野蛮或蒙昧的时代，但就当时青铜图案所显现的诸神秩序看，它昭示的人的自然观念的进步仍然十分明显。[1]

三代时期的中原王朝，以九鼎组合成天下国家，以青铜图案拼合出自然世界，这是青铜器在中国社会早期被视为国之重器的原因。但问题并没有至此结束。从更具体的视角看，商代青铜器的一些主体纹饰，本身就具有组合的性质。以商代流行的饕餮纹为例，它可以被视为一个独立的兽面，也可以被视为多种动物形象拼合而成的复合体。首先，这类纹样几乎均采用了对称性的构图方式。一个完整的兽面往往以中间扉棱线为界，左右二分，形成一首两身的格局。但这看似一体的兽首仍然是一分为二的，即分别与左右展开的兽身结合成各自独立的兽形。正如有论者所讲："在早商时期，'对半拆分'是饕餮纹图像系统一个重要的造型法则。所谓'饕餮纹'，其实是由两个侧身的夔纹或龙纹组合而成的复合图像。"[2] 其次，就饕餮纹的组合性特征而言，它不仅可以一分为二，而且可以二分为四，甚至图像的每一个构成部分都具有独立的表象功能。像殷商妇好墓青铜鼎上的饕餮纹，往往是由更具体的夔纹、龙纹、鸟纹拼合而成的，体现出合则为统一整体、分则为无限单体的双重特性。正如张孝光

---

[1] 1981年，李泽厚在其《美的历程》中提出了"狞厉之美"一词，自此殷商青铜器的美学特征似乎就有了定论，即用恐怖性的图像对人构成威慑，让人屈服于自然的威压。但是，所谓的"狞厉"只不过是以现代的审美经验强加给历史的印象式判断，至于当时人是否从中感觉到了狞厉并以此作为制器的目的，并不可贸然得出结论。一个值得注意的案例是现藏于日本京都泉屋博物馆的虎形青铜卣，这件器具形塑了一只坐蹲姿势的虎，正准备吞下一个裸体男性。日本学者林巳奈夫注意到："在这个主题中，人们毫无与虎敌对的表情、动作以及恐怖的表情。为什么在张着大口的老虎面前，人的表情却泰然自若。不懂这个'泰然自若'就没有研究这个主题的资格了。"（见林巳奈夫《神与兽的纹样学：中国古代诸神》，生活・读书・新知三联书店，2009年，第22页）这一现象提示人们，今人以原始巫术为背景界定殷商青铜纹饰的功能，未必能反映历史真实。在本节论述中，我有意回避这种"望纹生义"式的判断，而将其视为自然认知问题，原因正在于此。

[2] 黄厚明：《商周青铜器饕餮纹的文化原型》，《艺术学院学报》（美术与设计版）2009年第1期。

所言:"它们的每个部分我们都可以在现实中找到形象依据,它们无非是各种不同动物器官的拼合,在这种拼合中同时还糅进了人类自己的形象。可能是由于作者想象上的差别,这些形象具有不同的倾向,有的像虎,有的像牛。"[1]

从工艺上看,这种拼装式的图像组合法,应该和青铜器的合范铸造技术有关,也和图案构形的程式化有关,但其中隐匿的精神意义仍然不能忽视。如上所言,中原王朝获得天下一统的过程,就是不断将各种区域性图案组合进一个统一图案的过程。其内部构成的多元性,暗示着具有区域特性的自然神灵的无限差异,但这些差异的个体最终又被以秩序性的方式组合为一个整体,表达出多元中追求一体的鲜明政治意向。这是一种图案的美学,也是一种图案的政治学。所谓"早期中国",也正是通过对这些区域性图案的重组,建构了跨越地域差异的政治一体关系。

四、饕餮之眼与图像神学

在带有传说性质的夏代遗存中,有两种东西具有异乎寻常的重要性:一个是具有地图性质的九鼎,另一个是作为历法的《夏小正》。前者涉及空间认知,后者涉及时间计量,两者共同规划了中国社会早期的时空格局。但是,从《夏小正》的文献遗存看,它与其说是历法,还不如说是中国最早的农事诗。以此推断早已遗失的夏代九鼎,它也不可能是现代意义上的地图,而应包含了夏人对周边世界的诗意甚至神性想象。也就是说,它的"远方图物"呈现的是一种诗性乃至神性地理学与物候学的杂合形式,而不可能是对对象世界的客观描摹。从夏商时期青铜图案对摹写对象的表现看,我们可以从中辨认出各种动植物形象,证明认知构成了当时人塑造图案的基本意图。但同时,这些图案纹饰又游移于似与不似之间,这一方面说明当时人造型能力的稚拙,另一方面则说明认知的目的,最终必然借助想象的指引走向价值。

---

[1] 杨晓能:《另一种古史:青铜器纹饰、图形文字与图像铭文的解读》,生活·读书·新知三联书店,2008年,第115页。

那么，这种价值是什么？从夏、商时期青铜兽面纹的构图看，有两点不可不察：一是自然界中那些体型庞大、高贵、凶悍的动物的纹（如水牛首纹、虎纹、凤鸟纹、夔龙纹）往往被置于图案的核心地带，而一些体型弱小、低贱、温顺的动物的纹（如蝉纹、蚕纹、鱼纹）则是点缀性的，到植物纹（如蕉叶纹）和天象纹（如云纹）则被排挤到了图案的边缘，仅起边饰作用。这明显是以图案组合的方式为自然物象排出了一个层层递增或递减的权力阶梯。自然对象为人而在的价值构成了排序的基本依据。但进而言之，对于兽面纹来讲，似乎任何一种现实中固有的物象形式都构不成人的精神的最后目标，而是要在此基础上寻求新的超越，并在超越层面建立一个跨越族际、文化差异的信仰共同体。从这个意义上讲，夏、商青铜器中饕餮形象的创制，一方面是对天下诸种神性之物的综合，另一方面也是通过综合实现对一切固有图像的超越。易言之，它立于经验而指向超验，因此站上了那个时代图像权力阶梯的顶端。[1]

但问题至此并没有完结，最后要讨论的是兽面纹的眼睛。[2] 在商代青铜饕餮纹的构成要素中，没有哪个部位像两只兽眼一样给人带来强大的震撼感。它目光如炬，好像对这个世界怀有无限的愤怒和憎恨，让人无法直视，除了慑服于它的威势，似乎别无选择。从这类兽面纹的构图方式看，它的眼睛之所以具有强大的威慑力，原因在于其中的一切纹饰要素都有一个共同的力的指向，即向兽面的两只眼睛聚集，从而使饕餮之眼形成对画面力量的整体带动，仿佛能外射出一种灼人的光芒。但是我认为，这饕餮之眼仍然不是某种超自然力量的

---

[1] 也如有论者所言："以兽面纹为代表的包罗万物的众神动物崇拜……是跨越时空、文化、氏族的超级载体。"（见杨晓能《另一种古史：青铜器纹饰、图形文字与图像铭文的解读》，生活·读书·新知三联书店，2008年，第222页）

[2] 关于兽眼在商代青铜纹饰中的使用，张孝光曾讲："商代，人们在意识上可能对眼睛怀有一种特殊的感情。这一点在动物纹、饕餮纹中也有反映，即使整个形象的其他部分都简化掉，眼睛仍然要突出出来。"（见中国社会科学院考古研究所编《殷商青铜器》，文物出版社，1985年，第105页）

终极传达者，因为这双眼是"对半拆分"的两组神兽的组合，终极的神力只可能来自这组"二"之上的更高的"一"。从兽面纹卓越的暗示性来看，这个终极的"一"是存在的，它存在于两只饕餮之眼目光的交会处，存在于左右对称的中间扉棱线的正前方。这是一个由目光交会形成的虚拟区域，也唯有在这一区域，青铜纹饰才最终克服了现象组合的重负，实现了对具象世界的神圣超越。这是真正的神域，是由目光所指喻的形而上学。就殷商时期怪力乱神充斥的现实看，它还难以达到这样的精神高度，但从植物天象纹环绕动物纹、动物纹组合成兽面纹、兽面纹聚集于眼睛、眼睛投射出灼人目光的演进关系看，它无疑正处于走向一种抽象神学的途中。

《礼记·表记》云："殷人尊神，率民以事神，先鬼而后礼。"殷商是个泛神论时代，当时青铜纹饰所展示的是一个被怪力乱神充斥的世界，正是这一时代的自然观和神学观念在艺术中的反映。西方汉学家菲利斯·阿克曼在20世纪40年代就指出："青铜器及其纹饰的创作是为了体现一种观念体系，其形制由此观念体系所塑造，随之成为此观念体系一致的载体。"[①] 从以上分析可以看出，这种观念体系就是一种从中原出发的世界观的表达。它试图通过代表性的纹饰图案组合成一种简洁的世界图景，然后通过对诸种异己自然力的汇聚将人引向超越性的神性之境。在这一过程中，青铜纹饰为各种动植物纹饰建立的秩序感，与夏商时代人的信仰逐步规范化、制度化的趋势是一致的。而青铜饕餮纹对各种怪力乱神的超越及饕餮之眼的灼人目光对神圣之域的昭示，则与甲骨文中对"帝"这一至上神的反复提及具有对应性。就此而言，殷商青铜纹饰与那一时代遗存的文献共同孕育了一神教的萌芽。而这又与当时文化层面的中原中心观念、政治层面的专制集权观念以及殷商诸王对神意的垄断，形成了明显的呼应关系。

同时值得注意的是，就像殷商青铜器对至上神的昭示只存在于饕餮目光交

[①] 杨晓能：《另一种古史：青铜器纹饰、图形文字与图像铭文的解读》，生活·读书·新知三联书店，2008年。

会的虚拟之域一样,这种超越性的上帝观念对早期中国人而言从来不是稳固的,它往往因为缺乏现实经验的支持而基础薄弱。至西周时期,这个新崛起的王朝更相信人自身的力量,认为"皇天无亲,惟德是辅"(《尚书·蔡仲之命》)。于是,尚处于萌芽状态的神本主义一变而化为以重德为本的人学观念。与此一致,西周青铜器经过早期对殷商的模仿阶段,至周穆王之后开始逐渐被新的意识形态主宰。作为重德敬人哲学观的反映,殷商时期长期盛行的怪力乱神,要么威慑性大大削弱,变得仅具装饰性,要么被排挤到青铜器面的边缘,仅留下一些无足轻重的残迹。① 这是一场青铜器领域的驱神运动,直接的后果是记载人尘世事功的青铜铭文大量出现,即对祖宗的追怀、对国王的赞美、对自我功德的炫耀代替自然神,成为新时代的主导性欲求。至春秋战国时期,人甚至连借青铜铭文自我炫耀的兴趣也逐渐变得兴味索然。所谓"物勒工名,以考其诚。工有不当,必行其罪,以穷其情"(《吕氏春秋·孟冬》),意味着铭文已退化为监督工匠制器质量的标记,其功能有类于现代的商标。至此,青铜器因承载时代文化、政治、神权观念而在国家一体化进程中显现的重大价值,也就走向了它的终局。

(刊于《郑州大学学报》2003年第3期)

---

① 关于西周中期青铜纹饰上神性主题开始被排斥的状况,马承源曾注意到,在这一时代,"横条沟脊纹和直线纹已经成为时尚,兽面纹被压缩到口沿,降为附属的纹饰,它完全失去了往昔威严神奇、雄踞器物中心的资格,兽面的各个部位也解体变形"。(马承源:《中国青铜艺术总论》,见中国青铜器全集编辑委员会编《中国青铜器全集》第1卷,文物出版社,1996年,第27页)

朱光潜晚年美学思想的思想史价值
——以《谈美书简》和《美学拾穗集》为中心

⊙曹　谦
⊙上海大学文学院

进入20世纪80年代,朱光潜迎来他美学生涯最后一次高潮。在解放思想、拨乱反正的大背景下,他的文字少了一点谨小慎微,多了一些自信和勇气。他及时总结了自己1949年以来的美学思想,回答了一系列当时中国美学发展的"关键性的问题"。这一时期,他主要出版了《谈美书简》和《美学拾穗集》两部著作,而这也实际上构成了晚年朱光潜美学思想体系,即使以当下美学标准看,仍具有重要的美学和思想史价值。

一、以马克思主义实践观点为立论基础

以马克思主义基本原理作为美学的立论基点,是1949年后朱光潜美学的核心思想,进入晚年,他的这一核心思想非但没有削弱,反而有所加强。

他在《谈美书简》第一篇就强调美学中"钻研马克思主义的重要性"[①]。1980年,朱光潜在一次美学演讲中口占一绝:"坚持马列第一义,古今中外要贯通。"[②] 甚至在给嫡孙的家信中也写道:"应该把读通马克思主义看作学哲学的基础,寄你一本我的《美学拾穗集》,望特别注意谈到马克思主义经典著作

---

① 朱光潜:《谈美书简》,《朱光潜全集》第五卷,安徽教育出版社,1989年,第237页。
② 朱光潜:《怎样学美学》,《朱光潜全集》第十卷,安徽教育出版社,1993年,第504页。

的部分。"① 他还多次以"人之将死其言也善"来凸显他对把马克思主义提到美学研究首要地位的特别关注。事实证明,晚年的朱光潜是在思想的最深处奠定了他的马克思主义美学基础的。

然而,朱光潜的马克思主义信念绝非来自传统马克思主义教科书上的条条框框。1949年以后的30年中,传统教科书中的马克思主义文艺理论主要脱胎于僵化的、教条式的苏联马克思主义,也就是所谓的"日丹诺夫文艺理论"。质言之,这是一种为特定政治需要而借马克思主义之名曲意打造的意识形态。而朱光潜学习马克思主义一开始便跳过这些苏联式文艺理论教科书,转而直面马克思主义经典原著,不做人云亦云的理解,而是从源头出发,坚持独立思考,努力还原马克思主义的真谛。

首先,朱光潜认为马克思主义是一种关于"实践"的学说。他强调要准确完整地领会马克思主义的思想体系,不能为一些断章取义的马克思、恩格斯的片言只语所左右。他不客气地批评俄文版《马克思恩格斯论艺术》存在这类"坏毛病"。在朱光潜看来,马克思主义美学是整个马克思主义的一部分,即"马克思主义大体系"中的"小体系"。而"马克思主义大体系就是辩证唯物主义和历史唯物主义,以及从此生发出来的认识来自实践的基本观点"②。

什么是实践观点?朱光潜阐述道:"实践是具有社会性的人凭着他的'本质力量'或功能对改造自然和社会所采取的行动。""应用到美学里来说,文艺也是一种劳动生产,既是一种精神劳动,也并不脱离体力劳动;既能动地反映自然和社会,也对自然和社会起改造和推进作用。作为一种意识形态,文艺归根到底要受经济基础的决定作用,反过来又对经济基础和上层建筑发生反作用。人与自然(包括社会)绝不是两个互不相干的对立面,而是不断地互相斗争又互相推进的。因此人之中有自然的影响,自然也体现着人的本质力量,这

---

① 朱光潜:《致宛小平》,《朱光潜全集》第十卷,安徽教育出版社,1993年,第577页。
② 朱光潜:《谈美书简》,《朱光潜全集》第五卷,第257页。

就是'人化的自然'和'人的对象化'。也就是主客观统一的基本观点。"①

这段文字可以说是对朱光潜1949年后美学思想的高度概括和总结,从中可以看到朱光潜后期美学有一个体系性结构,即以人的"实践"为出发点,把文艺审美活动看作认识自然、改造自然的"劳动实践"。"劳动实践"包含着物质生产劳动和精神生产劳动两部分。通过劳动实践,人与自然实现了对立统一的审美关系,即"人化的自然"和"人的本质力量对象化"。这些归结起来就是朱光潜在美学大讨论后始终坚持的"美是主客观统一"的观点。

不过朱光潜此时概括出的这一体系性结构曾经有一个逐步发展完善的过程。1957年朱光潜在美学大讨论开始不久便提出了"美是客观与主观的统一"②的观点,主要与蔡仪客观派观点相对。为了论证美的主观性,朱光潜引用了马克思主义的"意识形态"概念。但他对马克思主义"意识形态"概念的理解是不准确的,很大程度上将"意识形态"等同于"观念形态"③或"这个意识",因此出现了"齐白石这人的意识形态"④这类似是而非、内涵模糊的说法。

想必朱光潜也意识到了这一点,美学大讨论后期他便不再强调"意识形态",逐渐转向实践观点的阐发。1960年发表的《生产劳动与人对世界的艺术掌握——马克思主义美学的实践观点》,标志着朱光潜实践论的美学思想初步形成。朱光潜认为,单纯从客观或主观方面理解现实都是片面,"马克思主义理解现实,既要从客观方面去看,又要从主观方面去看。客观世界和主观能动

---

① 朱光潜:《谈美书简》,《朱光潜全集》第五卷,第257页。
② 朱光潜:《美学批判论文集》,《朱光潜全集》第五卷,安徽教育出版社,1989年,第51~57页。
③ 朱光潜:《美学批判论文集》,《朱光潜全集》第五卷,第69页。
④ 朱光潜:《美学批判论文集》,《朱光潜全集》第五卷,第115页。

性统一于实践。所以在美学上和在一般哲学上一样,马克思主义所用的是实践观点"①。这样,他把自己的"主客观统一"美学观点建立在了实践论之上,这就抓住了马克思主义美学最关键的一环,也使得朱光潜为自己在美学大讨论以来的美学观点找到了一个可靠的支撑点。朱光潜根据马克思在《1844年经济学-哲学手稿》中关于人类"按照美的规律"生产劳动、摆脱了"异化劳动"的自由劳动产生"美感"等学说指出,马克思主义美学"建立了艺术审美活动起于劳动或生产实践这个基本原则",并"明确指出艺术掌握方式与实践精神掌握方式的联系"②。

从美学大讨论前期的"意识形态论"到后期的"实践论",朱光潜美学思想获得了一次质的跃升。而到了新时期,这一实践美学观再次获得了一次质的跃升。他把"实践"的观点上升到了"人"的观点。这是马克思主义实践观点的合乎逻辑的发展,因为所谓"实践"就是人的实践。

二、高扬"人"的主体性,确立人道主义的美学内核

1979年后,朱光潜突出地从"人"的视角系统论述了实践论美学,并作为一个整体性概念来强调"人"。《谈美书简》专以一章"谈人",并且开门见山地写道:"谈美,我得从人谈起,因为美是一种价值。""文艺活动,无论是创造还是欣赏、批评,同样也离不开人。"③

"谈人"是整部《谈美书简》的核心,也是朱光潜晚年美学思想的灵魂。在朱光潜看来,理解人就是理解什么是"人性"这个命题。首先,人由动物进化而来,因此人性中必然保留着"兽性"的原始因素,即所谓"本能"的东

---

① 朱光潜:《生产劳动与人对世界的艺术掌握》,《朱光潜全集》第十卷,安徽教育出版社,1993年,第188页。

② 朱光潜:《生产劳动与人对世界的艺术掌握》,《朱光潜全集》第十卷,第191页。

③ 朱光潜:《谈美书简》,《朱光潜全集》第五卷,第246页。

西①。审美活动最初就起源于这一本能。

其次,人主要区别于动物的一面,即人"有意识,有情感,有意志,总而言之,有心灵"②,也就是康德所谓的"知(认识)、情(情感)、意(意志)",它们是人之所以为人的主要特征。知、情、意,就是人的精神活动。西方近代以来的认识论将精神活动划分为"感性"和"理性"两方面,从感性经验出发考察人认识活动的属经验主义哲学,从先验的永恒理念出发考察人认识活动的属理性主义哲学。康德、黑格尔美学都在很大程度上调和了经验主义和理性主义,而且都指出了审美活动的感性特征。

朱光潜则根据马克思主义从感性认识到理性认识的原理,肯定了康德-黑格尔认识论美学具有一定合理性,但同时坚信审美活动不仅仅是认识活动,因为在一般认知活动中主体与客体是截然分离的,而在艺术审美活动中却不是。马克思批判说,费尔巴哈对现实事物"只是从客体的或者直观的形式去理解,而不是把它们当作人的感性活动,当作实践去理解","哲学家只是用不同的方式解释世界,而问题在于改变世界"③。朱光潜从马克思这些经典言论受到启发,指出审美活动应当从"人作为主体的感性活动、实践活动、能动的方面"④来理解,它是"物(客体)之中有人(主体),人之中也有物"⑤的活动,即主客观统一的活动。

再次,朱光潜深刻批判了康德美学的不合理之处。我们知道,康德美学主要是一种"非功利说",其核心思想是:审美活动是一种自由想象、情感性的形式直观活动,它不涉及欲念、道德、概念和逻辑,也没有明确的目的。这样

---

① 朱光潜:《谈美书简》,《朱光潜全集》第五卷,第246页。
② 朱光潜:《谈美书简》,《朱光潜全集》第五卷,第246页。
③ 马克思:《关于费尔巴哈的提纲》,《马克思恩格斯选集》第一卷,人民出版社,1972年,第17页。
④ 朱光潜:《谈美书简》,《朱光潜全集》第五卷,第248页。
⑤ 朱光潜:《谈美书简》,《朱光潜全集》第五卷,第249页。

的活动在康德眼里就是"纯粹美"。康德美学固然是建立在主体之上,但朱光潜敏锐地看到了它的弊病,认为以康德美学为代表的西方近代美学有相似的毛病,即"把人这个整体宰割开来成为若干片段,单找其中一块来,就说人原来如此……这就如同传说中盲人摸象"①。朱光潜坚决拒绝这种机械的美学观,因为人不仅是审美的人,同时也是经济的人、科学的人及道德的人。他根据马克思《1844年经济学-哲学手稿》里关于"人的整体"的"有机观",把人看成一个生命整体,并引用歌德的话说:"人是一个整体,一个多方面的内在联系着的各种能力的统一体。艺术作品必须向人这个整体说话,必须适应人这种丰富的统一体,这种单一的杂多。"②

强调"人"或"主体性",是改革开放初期具有里程碑意义的美学主潮——"人学"的思潮,朱光潜无疑是这一主流的促进者之一。当时,不少学者(如李泽厚)也和朱光潜一样沿着人的"整体性"思路来理解"人",但各人理解的角度有所不同。比如李泽厚的实践美学有两个别名,即"人类学本体论哲学"和"人类学历史本体论"。1980年前后的李泽厚讲"主体"首先指"人类"或"类主体",③说到底是一个群体人的概念,即"社会历史的总体"④,虽然也包括"个人",但个人居于次要地位。⑤ 直到2009年李泽厚还坚持说:"必须是有人类主体性才有个体主体性。"⑥

高尔泰虽然肯定"人的本质"在于"个体与整体的统一",但他认为,人道主义与美学中强调"人"不同:"人道主义与现代美学,都着眼于人的解放。不过前者的着眼点,是人从社会获得解放;后者的着眼点,是人从'自

---

① 朱光潜:《谈美书简》,《朱光潜全集》第五卷,第252页。

② 朱光潜:《谈美书简》,《朱光潜全集》第五卷,第253页。

③ 李泽厚:《哲学答问》,《明报月刊》1994年第3期。

④ 李泽厚:《实用理性与乐感文化》,生活·读书·新知三联书店,2008年,第206页。

⑤ 李泽厚:《李泽厚哲学美学文选》,湖南人民出版社,1985年,第164~165页。

⑥ 刘再复:《与李泽厚的美学对谈录》,生活·读书·新知三联书店,2009年,第106页。

我'获得解放。换言之,人道主义是宏观历史学,现代美学是微观心理学。"①高尔泰显然比李泽厚更直接地把美学中的"人"看作"个体"的人。

李泽厚和高尔泰的论述具有相当的代表性,但他们都基本是在个人与社会(个人与集体)二元结构框架下来理解"人"的,这不能不说是他们视野的局限。

朱光潜在讨论"人的整体性"时一开始也从"个人"出发,这一点似乎比较接近高尔泰,但朱光潜的重点不在强调这个相对于"社会"的"个人"。朱光潜说,不能"将康德一棍子打死",因为康德之后克罗齐的"直觉说"、美感经验派的"孤立绝缘说"、帕尔纳斯派的"不动情感""取消人格"主张,以至叔本华"强调意志"、尼采的"超人学说",都在不同程度地从康德主体性美学中汲取营养。② 朱光潜还说:"在近代,人是心理学的主要研究对象。"他还特别提及弗洛伊德所说的"自我本能"在艺术创造中也起到了不容忽视的作用。③ 可见,朱光潜强调的重点在于,把"人"时时刻刻当作一个有感情、有意志、有血有肉的生命体。这一思想无疑突破了80年代前后流行的个人与社会(个人与集体)二元结构,与今天在存在论意义上逐步建立起来的生命美学、后实践美学、诗化哲学甚至与中国古典美学思想都有异曲同工之妙。朱光潜的眼光是深远的,他的思想有超越时代的地方。

正由于确立了"人"(或主体性)在美学中的核心地位,新时期朱光潜将这一坚定信念化作突破禁区的巨大勇气,高高擎起了"人性论""人道主义""共同美"的旗帜。

首先他为"人性论"正名。朱光潜从西方美学源头对"人性论"考察后说,早在古希腊时期便有"艺术模仿自然"之说,"这个'自然'主要就指'人性'"。他还论证:西方现实主义对"真实性"的追求,归根到底是对生

---

① 高尔泰:《关于人的本质》,《美是自由的象征》,人民文学出版社,1986年,第105~106页。
② 朱光潜:《谈美书简》,《朱光潜全集》第五卷,第251页。
③ 朱光潜:《谈美书简》,《朱光潜全集》第五卷,第252页。

活世界中真实"人性"的追求,这里的"自然"是我们生活世界里的自然,归根结底也是人性的一部分。因此,朱光潜关于"人性"的第一个观点是:人性"就是人类自然本性"①。朱光潜关于"人性"的第二个观点来自马克思主义美学的本意。他指出:"马克思《1844年经济学-哲学手稿》整部书的论述都是从人性论出发,他证明人的本质力量应该尽量发挥,他强调的'人的肉体和精神两方面的本质力量'便是人性。"② 这是朱光潜根据马克思主义原理给出的"人性"定义。朱光潜认为,"马克思正是从人性论出发来论证无产阶级革命的必要性和必然性"③,共产主义理想社会就是"要使人的本质力量得到充分的自由发展"。"到了共产主义时代,阶级消失了,人性不但不消失,而且会日渐丰富化和高尚化。"④ 本着对马克思主义的这一理解,朱光潜得出结论:"人性论和阶级观点并不矛盾。"⑤ 正因为如此,朱光潜尖锐地批评了以往长期统治思想界被视为绝对真理的、"正统"的"阶级论"观念。他说:"据说是相信人性论,就要否定阶级观点,仿佛是自从人有了阶级性就失去了人性……这对马克思主义者所强调的阶级观点是一种歪曲。""肯定阶级性并不是否定人性。"⑥ 因此,所谓"正统"的"阶级论"是"建筑在空虚中,没有结实基础的",实际上是"凭借阶级观点围起来"了一个"'人性论'禁区",这种人性禁区笼罩下的文艺实践不可能产生真实感人的优秀作品,只会产生大量公式化、概念化的作品。在思想解放大背景下,老骥伏枥的朱光潜抓住时机,奋力破除阶级论的迷信与教条,还"人性论"本来的面目。这种高度敏感的理论洞察力和奋力一搏的理论勇气,在中国思想史和美学史中的价值是不可磨灭的。

---

① 朱光潜:《谈美书简》,《朱光潜全集》第五卷,第272页。
② 朱光潜:《谈美书简》,《朱光潜全集》第五卷,第392页。
③ 朱光潜:《美学拾穗集》,《朱光潜全集》第五卷,安徽教育出版社,1989年,第392页。
④ 朱光潜:《谈美书简》,《朱光潜全集》第五卷,第273页。
⑤ 朱光潜:《美学拾穗集》,《朱光潜全集》第五卷,第392页。
⑥ 朱光潜:《谈美书简》,《朱光潜全集》第五卷,第273页。

"人道主义"与"人性论"是一对孪生姐妹,讲"人性论"必然涉及"人道主义"。"人道主义"在西方哲学史和思想史脉络中是一个重大的基础性命题。在朱光潜眼里,人道主义"总的核心思想,就是尊重人的尊严,把人放在高于一切的地位","可以说是人的本位主义"①。"人道主义"也主要是一个来自西方的概念:从思想史脉络考察,虽然古希腊时期便有"人是衡量一切事物的标准",但直到文艺复兴时代,"人道主义"才作为一个重要理念被正式提出,它代表了人类思想的一次巨大解放,推动了欧洲近代社会和思想的形成。

1979年之后,朱光潜凭着他对西方美学和文论的熟知,加之1949年后以极大精力钻研了马克思主义经典原著,他对"人道主义"命题有着更精准的理解。概括地说,共产主义是人的本质全面发展的时代,人的个性最大地获得自由和解放的时代,也就是人道主义得以真正全面实现的时代。人道主义实际上就是马克思主义的出发点和归宿。朱光潜还发现,极大影响了马克思美学思想的德国古典美学家如康德、黑格尔的美学著作"都是人道主义"的。一向被视作列宁主义美学重要来源的俄国19世纪自然派美学的代表人物之一——车尔尼雪夫斯基说道:"在整个感性世界里,人是最高级的存在物,所以人的性格是我们所能感觉到的世界上最高的美。"②

关于人道主义问题,朱光潜在这一时期有两个核心论点:①人道主义实质就是"尊重人",确立"人的尊严";②"马克思不但没有否定过人道主义,而且把人道主义与自然主义的统一看作真正共产主义的体现"③。我们从中看到,朱光潜力图在马克思主义理论话语内部证明"人道主义"的合法性,这几乎是当时诸多理论家阐释人道主义的共同思路。但相比较而言,朱光潜显然对以往大加批判的西方所谓"资产阶级人性论"等持更开放吸收的态度。另外,朱光潜在新时期较早(大体在1979年)重提了人道主义命题,而在当时产生

---

① 朱光潜:《谈美书简》,《朱光潜全集》第五卷,第274页。
② 朱光潜:《谈美书简》,《朱光潜全集》第五卷第275页。
③ 朱光潜:《美学拾穗集》,《朱光潜全集》第五卷,第394页。

广泛影响的文章如王若水的《人是马克思主义的出发点》写于1980年、《为人道主义辩护》写于1983年，汝信的《人道主义就是修正主义吗？——对人道主义的再认识》发表于1980年，①周扬的《关于马克思主义的几个理论问题的探讨》发表于1983年，②胡乔木的《关于人道主义和异化问题》发表于1984年，③都较朱光潜晚。可见在新时期，朱光潜以其高度的理论敏感和使命感，顺应思想"启蒙"的时代要求，④率先突破了文艺和美学中的"禁区"，引领并推动了中国当代美学一次巨大的历史性进步。

三、在新语境下回归审美心理学

在高扬人性和人道主义的前提下，晚年朱光潜重新肯定了心理学在美学中的基础性地位，这让我们看到了朱光潜向他早年审美心理学体系的某种程度的回归。

这一时期，朱光潜大凡谈及学习与研究美学的具体方法，强调最多的是三句话：①以马克思主义为"第一义"；②主张"放眼世界"，至少通晓一门外语；③"美学必须有心理学的基础"⑤。

在朱光潜看来，"美感"是一个心理学的"复杂过程"，它首先表现为人在改造自然与改造自己的社会实践中，对对象"激发了伏根很深的本能和情感（如快感和痛感以及较复杂的情绪和情操）"⑥。朱光潜还说："从马克思在《资本论》里关于'劳动'的分析看，就可以看出物质生产和精神生产都有审

---

① 汝信：《人道主义就是修正主义吗？——对人道主义的再认识》，《人民日报》，1980年8月15日。
② 周扬：《关于马克思主义的几个理论问题的探讨》，《人民日报》，1983年3月16日。
③ 胡乔木：《关于人道主义和异化问题》，人民出版社，1984年。
④ 李泽厚：《二十世纪中国文艺一瞥》，《中国现代思想史论》，安徽文艺出版社，1994年，第255页。
⑤ 朱光潜：《美学拾穗集》，《朱光潜全集》第五卷，第530页。
⑥ 朱光潜：《谈美书简》，《朱光潜全集》第五卷，第247页。

美问题,既涉及复杂的心理活动,又涉及复杂的生理活动。这两种活动本来是分不开的。"① 如果说新时期朱光潜有某种心理学方向回归的话,那也不是简单地回到他20世纪30年代的审美心理学,而是从实践论维度重新确立了心理学在美学中的基础性地位,即将心理乃至生理看作人的感性实践的重要组成部分,从而揭示了生理心理反应与实践活动内在深刻的同一性,把审美活动的实践论描述和心理学描述有机地结合起来。

其次,与朱光潜20世纪30年代审美心理学相比,新时期他在具体的审美心理学问题中格外注重从主客观统一的新角度加以审视。比如,对于节奏感,朱光潜说:"节奏是主观与客观的统一,也是心理和生理的统一。它是内心生活(思想和情趣)的传达媒介。"② 关于移情作用,朱光潜指出:"所谓'移情作用'指人在聚精会神中观照一个对象时,由物我两忘达到物我同一,把人的生命和情趣'外射'或移注到对象里去,使本无生命和情趣的外物仿佛具有人的生命活动,使本来只有物理的东西也显得有人情。"③ 他还特意提及作为"移情说"奠基人费肖尔父子的美学曾引起过马克思的极大兴趣。④

朱光潜在总结移情作用和内模仿(移情作用的另一种形式)时说,"首先,美确实要有一个客观对象""要有'巧笑倩兮,美目盼兮'这样美人的客观存在";"其次,审美也确要有一个主体,美是价值,就离不开评价者和欣赏者",⑤ 也就是离不开有主观情感的人。显然,这样的结论就是他的"美的主客观统一"观点。

其实,晚年朱光潜这番"移情"之论,并非什么理论创造,某种程度上是他早年美学思想的重申。他在1936年出版的《文艺心理学》一书中专辟一章

---

① 朱光潜:《谈美书简》,《朱光潜全集》第五卷,第281页。
② 朱光潜:《谈美书简》,《朱光潜全集》第五卷,第282页。
③ 朱光潜:《谈美书简》,《朱光潜全集》第五卷,第283页。
④ 朱光潜:《谈美书简》,《朱光潜全集》第五卷,第288页。
⑤ 朱光潜:《谈美书简》,《朱光潜全集》第五卷,第290页。

"美感经验的分析（三）：物我同一"，重点论述了"移情作用"。他写道，移情作用不仅仅是"我"主观情感单纯地向外物投射，因为"在外射作用中物我不必同一，在移情作用中物我必须同一"。"外射作用由我及物，是单方面的，移情作用不但由我及物，有时也由物及我，是双方面的。"① 比如，当我凝神观照一簇鲜花，忽然觉得它们是"凝愁带恨"的，这是我的幽思移到了这一簇鲜花之上的结果，这又何尝不是鲜花的某些客观特征带给我的想象？鲜花与我，既是托物寄情的关系，也是感物动情的关系。于是朱光潜得出结论，当我"在凝神观照中，物我由两忘而同一，于是我的情趣和物的姿态往复回流"②。在被称为《文艺心理学》通俗版的《谈美》中，他又举例说，当我欣赏一棵古松时，"古松的形象引起清风亮节的类似联想，我心中便隐约觉到清风亮节所常伴着的情感。因为我忘记古松和我是两件事，我就于无意之中把这种清风亮节的气概移到古松上面去，仿佛古松原来就有这种性格。同时我又不知不觉地受古松的这种性格影响，自己也振作起来，模仿它那一副苍老劲拔的姿态"。"真正的美感经验都是如此，都要达到物我同一的境界，在物我同一的境界中，移情作用最容易发生。"③ 古松的"形象"是客观对象，我的"情感"则是主观的人。借助主观的移情作用，古松显出"清风亮节的气概"和"苍老劲拔"的意象。这些意象有多少主观情感的成分，又有多少客观对象的成分，说不清，道不明，因为主观情感与客观对象已经水乳交融成了性质相同的混合体。这样，"我的情趣和物的情趣"才称得上"往复交流"，人才得以生成"美感经验"。显然，朱光潜早年的"物我同一说"其实就是"主客观统一说"。但直到1949年美学大讨论开始后，朱光潜学习了马克思主义辩证法之后，才将此说实至名归地赋予了马克思主义美学的解释。至此，朱光潜初步完成了前期（1949年前）美学的自我改造与重铸，并将此纳入他后期（1949年后）的美学体系中去，也让

---

① 朱光潜：《文艺心理学》，《朱光潜全集》第一卷，安徽教育出版社，1989年，第235页。
② 朱光潜：《文艺心理学》，《朱光潜全集》第一卷，第242~243页。
③ 朱光潜：《谈美》，《朱光潜全集》第二卷，安徽教育出版社，1989年，第22~23页。

我们看到了他的前后两大美学体系深刻的内在关联。

1979年前后，国内美学及文论界曾掀起了一股心理学热。这股热潮发端于1979年李泽厚那篇《形象思维再续谈》①。在该篇文章中，李泽厚第一次将美学划分为"美的哲学、审美心理学、艺术社会学三个方面"②，并在国内率先触及了美学与认识论关系的重大命题。他说："艺术不就是认识，不能仅仅用哲学认识论来替代文艺心理学的分析研究。"显然，此时李泽厚认为审美心理学可以突破以往认识论哲学框架下的研究范式。李泽厚在这里还第一次提出，艺术"创作中的'形象思维'""是包含想象、情感、理解、感知等多种心理因素、心理功能的有机综合体"。③ 这一观点在几年后发展成为他的审美心理学的主要理论框架，④ 刘再复将之称为"美感心理数学方程式"⑤。李泽厚说："马克思说过，只有数学进入某种学科才标志着这个学科的成熟。传为马克思写的（美学）条目中曾说：'我们必须有一门以数学为基础的更完善的心理学。'"⑥ "审美心理学就正是要科学地实证地研究这种种问题。""尽管它现在还处在如此初步的阶段，其前途却是远大的。"⑦ 鉴于李泽厚在20世纪80年代的巨大感召力，随后近十年里国内迅速出现了"审美心理学热"。比较著名的如金开诚的《文艺心理学论稿》、刘再复的《性格组合论》、钱谷融和鲁枢元的《文艺心理学教程》、林同华的《美学心理学》、夏中义的《艺术链》、李泽厚的《美学四讲》等心理美学著作都是在这一时期出版的。

然而最早将审美心理学引入国内并产生广泛影响的，是朱光潜。他发表在20

---

① 李泽厚：《美学旧作集》，天津社会科学院出版社，2002年，第196页。

② 李泽厚：《美学旧作集》，第202页。

③ 李泽厚：《美学旧作集》，第199页。

④ 李泽厚：《美学四讲》，天津社会科学院出版社，2001年，第124页。

⑤ 刘再复：《李泽厚美学概论》，生活·读书·新知三联书店，2009年，第39页。

⑥ 李泽厚：《美学四讲》，第128~129页。

⑦ 李泽厚：《美学四讲》，第130页。

世纪30年代的《文艺心理学》《近代实验美学》《变态心理学派别》，在当时产生了巨大影响。他在1929年出版的英文博士论文《悲剧心理学》也是一部审美心理学专著。朱光潜前期（1949年以前）美学基本可以称为"审美心理学"美学体系。这一美学体系在20世纪50年代以后极左年代被冠以"主观唯心论"而受到批判。① 新时期，朱光潜重申了心理学在美学中的重要地位，与李泽厚之说相得益彰，推动了中国美学向心理学转向。鉴于朱光潜审美心理学在20世纪30年代对中国美学的开拓意义和巨大影响，20世纪80年代"审美心理学热"应该说是中国现代美学中审美心理学传统的一次意义深远的复兴，所不同者，这次审美心理学复兴是在"人""主体性"话语背景下展开的。

四、"从现实生活出发"：提倡经验主义的美学研究

朱光潜在晚年谈到"移情作用"时说："移情说的一个重要代表立普斯反对从生理学观点来解释移情现象，主张要专用心理学观点，运用英国经验主义派的'观念联想'（特别是其中的'类似联想'）来解释。他举希腊建筑中的多利克式石柱为例。"② 这里朱光潜谈审美心理学理论时，自然而然地联系到"英国经验主义"。的确，心理学就是一门经验科学。早在1964年出版的《西方美学史》中，朱光潜便指出了欧洲（主要是英国）经验主义与唯物主义的内在联系。他评价说："英国经验主义美学家们……有力地证明了感性认识的直接性和重要性以及目的论和先天观念的虚幻性，对莱布尼兹派的理性主义树立了一个鲜明的对立面，推进了唯物主义思想的发展。"③ 朱光潜还说，经验主义者博克"由感觉主义发展到有几分庸俗化的唯物主义"。当时他还不敢说持"人性论"的经验主义最重要代表人物休谟是唯物主义的，但是他对当时主流国家意识形态判定休谟是"一个极端的主观唯心主义者和相对主义者"的说法

---

① 朱光潜：《美学批判论文集》，《朱光潜全集》第五卷，安徽教育出版社，1989年，第17页。
② 朱光潜《谈美书简》，《朱光潜全集》第五卷，第284页。
③ 转引自刘再复：《李泽厚美学概论》，生活・读书・新知三联书店，2009年，第277页。

是存疑的。① 他甚至明确说出:"在培根、霍布斯和洛克诸人的手里,经验主义基本上是唯物主义的。"②

从以上论述可以看到,朱光潜有一个极具价值的发现:艺术实践的直接基础是"美感经验",而"美感经验"表现为一个复杂的心理过程,其源头则来自客观事物本身,作为艺术审美理论的美学是对美感经验的归纳和总结。因此,无论从艺术实践、美感经验还是从美学理论看都是一个经验总结的过程,同时也是一个唯物的过程。所以在朱光潜看来,马克思主义的唯物主义理论是一种经验主义的理论,这就一举突破了1949年后国家意识形态将西方近代经验主义统统打上"资产阶级主观唯心主义"印记的思想藩篱。也正因为朱光潜发现了经验主义和唯物主义的内在一致性,所以在新时期他明确提出了"从现实生活出发还是从抽象概念出发"这一重要命题。

朱光潜早年因喜爱文学而被吸引到美学的道路上。极富中国古典文学修养的朱光潜20世纪二三十年代又在英、法等国学习了西方文学和艺术,因此他的美学研究是以深厚审美艺术修养(经验)为基础的,他的被称为审美心理学的前期美学,也是一种经验主义的美学理论,即从审美经验出发,遵循着"从个别到一般"的经验主义思路。③

到了晚年,朱光潜似乎重申了早年的这一经验主义思路,不过他的立论基础有了根本性转变——转向了以马克思主义美学原理为基础,其话语表达方式也较前期美学有所不同。朱光潜说:"一个人如果不是白痴,对于具体的美和丑都有些认识,这种认识不一定马上就对,但在不断地体验现实生活和加强文艺修养中,它会逐渐由错误到正确,由浅到深,这正是审美教育的发展过程。"④ 他的"坚定""信念"是:"现实生活经验和文艺修养是研究美学所必

---

① 刘再复:《李泽厚美学概论》,生活·读书·新知三联书店,2009年,第251页。
② 刘再复:《李泽厚美学概论》,第223页。
③ 朱光潜:《作者自传》,《朱光潜全集》第一卷,安徽教育出版社,1989年,第1~4页。
④ 朱光潜:《谈美书简》,《朱光潜全集》第五卷,第238页。

备的基本条件。"朱光潜认同歌德式"从特殊到一般"的理论思路,比如罗丹《艺术论》堪称上乘之作,因为它"是一位艺术大师总结长期艺术实践的经验之谈,既亲切而又深刻"①。朱光潜反感席勒式"从一般到特殊"的思路,认为:"现在有些人放弃亲身接触过和感受过的事物不管,而去追问什么美的本质这个极端抽象的概念,我敢说他们会永远抓不着所谓'美的本质'。"其词锋显然有很强的针对性。他是20世纪五六十年代"美的本质"大讨论的积极参与者,尽管他在其间得出了后来看来较为合理的"美是客观与主观的统一"的结论,但他对从那时便开始的所谓追求"美的本质"理论思路并不以为然,因为这种理论思路总是以"煞费苦心"地建立一条关于"美的定义"为开端的。朱光潜认为,"这种玩弄积木式的拼凑"的"美的定义"并不能"解决一切文艺方面的实际问题"②。更有危害的是,这种以"美的定义"为开端的思路开辟了一条"从公式概念出发"的错误的文艺批评范式,即"始终一本正经""丝毫不流露一点情感""不但蔑视客观事实,而且帽子棍子满天飞"③,从而"败坏了文风和学风",与马克思主义辩证唯物主义、历史唯物主义的方法论毫无共同之处,根本上是一种唯心主义的思路。朱光潜提倡的美学和文艺批评是怀着"诚挚"的情感"写真实"感受,④它遵循的前提是一切从现实生活的经验出发和一切从艺术实践出发。

其实,"从现实生活出发"和"从抽象概念出发"在悠久的西方美学传统中是个争论不休的问题,只是各个时代具体说法有所不同,它们的理论背景是:"从现实生活出发"其实就是从生活经验和艺术审美经验出发,即经验主义的思路。这一思路以事实为依据,把理论视为对实际生活经验的总结,因此朱光潜把它归结为唯物主义是有理由的。而"从抽象概念出发"其实就是从所

---

① 朱光潜:《谈美书简》,《朱光潜全集》第五卷,第242页。
② 朱光潜:《谈美书简》,《朱光潜全集》第五卷,第239页。
③ 朱光潜:《谈美书简》,《朱光潜全集》第五卷,第242页。
④ 朱光潜:《谈美书简》,《朱光潜全集》第五卷,第243页。

谓的"理念"或"绝对真理"出发,即先验主义或理性主义思路,它常被称为"客观唯心主义",本质上是一种唯心主义理论。长期以来特别在18～19世纪的欧洲有英国经验主义和欧陆理性主义势均力敌的两派,当然还有一些折中调和两派思想的思想家。无论是经验主义还是理性主义,似乎都有一定的合理性。但究竟何者在总体上更为合理些?新时期朱光潜站在马克思主义唯物主义立场上,提倡经验主义思路而坚决舍弃先验主义思路。如果说朱光潜前期美学因秉承审美心理学而认同经验主义方法的话,那么朱光潜后期美学则因站在马克思主义唯物主义立场上而继续认同经验主义思路,前后的结论是近似的,但理论基础发生了巨大的转变。

朱光潜将马克思主义唯物主义与经验主义联系起来,自是他的独立见解,但无独有偶,西方当代美学中也有类似看法。1975年,美国分析美学家比厄斯利根据西方美学史概括道:"将美学当作一门经验科学的概念,至少当作一种综合,在其中各门科学汇聚到一起的概念,有其历史的渊源。18世纪的英国经验主义者,19世纪法国社会学派、马克思主义者,以及我们时代像约翰·杜威这样一些哲学家,确实将美学看成是一门广义的经验研究的学科。"[①] 比厄斯利无疑将马克思主义与英国经验主义等都看成是一种经验主义的科学。

从思想史角度看,朱光潜适时提出"从事实出发",从审美感受出发,反对"公式化概念化"的文艺创作思路,这在刚刚结束极左思想统治的中国有极强的现实针对性——它们是突破片面强调文艺的指导思想、"主题先行"以至于"三突出"思想禁锢的锐利武器。

本来,马克思主义美学就是主张反映真实的,这是地地道道的经验主义思路。但文艺实践中的反映论往往堕入"公式化概念化"窠臼,何以至此?关键在于极左政治大大歪曲了反映论里的真实性原则,它的"真实"不再是生活事实及对生活的真情实感,而是征用生活真实的名义,以一种所谓"真理"的政

---

① [美]门罗·G.比厄斯利:《西方美学简史》,高建平译,北京大学出版社,2006年,第347页。

治意识形态置换了真正的生活真实,这样的政治意识形态往往以"指导思想""主题""典型"的面目出现,本质上与抽象的"理式""理念"并无二致,显然是客观唯心主义的先验主义思路,所以朱光潜说它们是"唯心主义"的,与真正的马克思主义唯物主义方法论毫无共同之处。而且,它们还达不到柏拉图、黑格尔等人所说的"理念"所包含的真实程度,它们几乎完全是政治甚至政策的传声筒。这样虚假理念或概念生产出来的所谓"艺术形象"怎能不是"脸谱化""机械化""公式化"的呢?它不过是虚假政治理念的一个光鲜空洞的外壳。因此,"公式化概念化"文艺的最大弊病在于虚假、不真实,当然与真正的马克思主义的世界观是背道而驰的。从中我们也看到了"公式化概念化"文艺理论是怎样将一个经验主义——唯物主义命题转化成了先验主义——唯心主义命题的。毫无疑问,朱光潜在新时期就是试图让文艺理论和美学的思路重新回到经验主义——唯物主义轨道上来,从真实出发,从真情出发,他也相信这是一条真正的马克思主义美学思路。

五、结论

如果说美学本质上是一种价值观的话,那么朱光潜晚期美学思想就代表了朱光潜最后的价值立场。这一时期,朱光潜在思想解放大背景下,勇于突破禁区,进一步发展了马克思主义美学的实践论观点,进而确立了以人道主义为核心的"人学"的美学。在世界就是"人的生活世界"理论前提下,他无论是重新强调审美心理学的重要性,还是提倡从艺术实践出发的经验主义美学研究方法,都是围绕着"人学"这个核心展开的。即使在今天看来,晚年朱光潜美学思想依然具有普遍意义。

(刊于《郑州大学学报》2013年第3期)

朱光潜中西美学论域下的桐城派

⊙宛小平
⊙安徽大学哲学系

朱光潜是桐城人,祖父和吴汝纶有交谊,少年入吴汝纶创办的桐城中学后始得桐城古文的训练,自称已把文章模仿得极似欧阳修、归有光。青年赴香港大学深造,方始免去他"冬烘学究"的气味,终获得"一点浅薄的科学训练"。受当时新文化运动的激荡,起而放弃文言转作白话,又加上留学英法九年,受当时欧洲流行的克罗齐美学影响,以美学就是语言学为宗,兼以现代美学方法重新思考、整理传统文论(尤其以桐城派为代表),提出了新文学发展的新思路:肯定白话替代文言的大方向,但主张借鉴西方中世纪但丁吸取提炼"俗语"的方式来过滤和保留中土文言中有生命的表达词语(尤其在诗里),同时在语言传达上适度地欧化。可以说,这亦旧亦新的新文学改造方案既不同于胡适、陈独秀、钱玄同的激进派的看法,也不同于林纾等保守派的观点。而且,最重要的是朱光潜在中西美学比较视野下,将中西文论"化合"(不是"凑合")成了一种新的文艺理论形式,这从他对桐城派的评价可以析出。

一、朱光潜对桐城派的总体评价

朱光潜本来可能属于"桐城谬种"之列,在港大读书期间经痛定思痛之后,接受了内地轰轰烈烈的新文化运动洗礼,开始做白话文。但他始终保持冷静思考的独立精神,并不追风。他接受胡适一班人的主张主要在其与他"接受浅薄的科学"精神相一致。但是，他对胡适等人胡乱否定桐城派也有所保留。1926年他在《东方杂志》发表《中国文学之未开辟的领土》，其中有这样一段话："桐城文章之浅狭，固无可讳言。但是浅狭的原因绝不在不精训诂。"[1] 这是对北京大学主张"文学独立"的某教授讥讽桐城文人弊在不学的最早回应。

1943年朱光潜在《我与文学及其他》一书中对桐城派做了全面的评价，这可以代表朱先生这以后的一直态度和看法。他说："桐城派古文曾博得'谬种'的称呼。依我所知，这派文章大道理固然没有，大毛病也不见得很多。它的要求是谨严典雅，它忌讳浮词堆砌，它讲究声音节奏，它着重立言得体。古今中外的上品文章似乎都离不掉这几个条件。它的唯一毛病就是文言文，内容有时不免空洞，以至谨严到干枯，典雅到俗滥。这些都是流弊，作始者并不主张如此。"[2]

由此可析出几点：其一，桐城派的唯一错误是用文言。也就是说，拒绝口语入文，造成文、白脱节，终落入形式主义俗套，不免干枯、俗滥。由此可见，朱先生在大方向上是主张白话代替文言的，并视白话文运动"是中国文化史中一个最重要的事件"[3]。这种新旧势力的转换并无价值优劣可言，实乃文化历史发展的必然。朱先生主张文化发展有三期：生发期、凝固期、衰落期。他认为新文化运动处在生发期。反过来说，桐城派则属于衰落期。这种文化史观显然受到文克尔曼《古代艺术史》的影响。文克尔曼把古希腊的艺术历史分作四期：从造型的有力量但略显生硬可以看作生发期，然后是"崇高的或者雄伟的风格"，这依然属于生发期；再往后是技巧臻于成熟，艺术具有"美的风格"，显示圆融典雅之气，这实际是鼎盛期和凝固期；最后就是失去活力的衰落期。朱光潜的这种历史观是评价桐城派的理论依据，这一点在他晚年的《西方美学史》的叙述方法中体现得尤其明显。他讲法国新古典主义的"古今之

---

[1] 朱光潜：《朱光潜全集》第八卷，安徽教育出版社，1993年，第142页。
[2] 朱光潜：《我与文学及其他》，安徽教育出版社，1996年，第105页。
[3] 朱光潜：《朱光潜全集》第九卷，安徽教育出版社，1993年，第114页。

争",以及德国的新旧之辩,都是面向现代和新的,但是他也不菲薄传统。其二,桐城派之流弊和"始作俑者"当区别开来。恰如道教养生炼汞、求神问卜之异途并不能归之于老庄。桐城派注重雅洁,讲究文字的声音节奏,以及立言有物、有序都无可厚非,而且这些文论思想都应该在现代美学照耀下重现光辉。这也是为什么朱光潜不像胡适一班人只是摧毁而绝少建设。可以说,朱光潜的许多文艺理论思考的生长点都出自桐城古文派所关注的焦点,不同之处在于朱先生能拿西方现代美学的点金棒将传统文论点石成金。一句话,朱光潜发扬了新文化运动的科学精神,但保留了桐城派许多传统的艺术精粹。

二、以现代美学学科形态论衡桐城派

第一,朱光潜以我为主地批判和改造了桐城派始祖方苞的"义法说",使之脱去玄学味,加上了现代西方重经验实证的科学思想方法。对于人们常援引的方苞名言——"《春秋》之制义法,自太史公发之,而后之深于文者亦具焉。义即《易》之所谓'言有物'也,法即《易》之所谓'言有序'也。义以为经而法纬之,然后为成体之文。"朱光潜从经验论视角,没有把"义法"做玄学化解释,只是看作一般做文章所因循的法度规模。他不否认这"义法说"有法度规模(法则)的理论价值。他说:"从前古文家有奉'义法'为金科玉律的,也有攻击'义法'论调的。在我个人看来,拿'义法'来绳'化境'的文字,固近于痴人说梦;如果以为学文艺始终可以不讲'义法',就未免误事。"① 朱光潜又认为这毕竟还是抽象的验方,规模法度和"稳"境相连,要由"稳"达"醇"境、"化"境则要在具体的作品中去体会规模法度。只有这样,"文法、逻辑、义法等在具体实例中揣摩,也比较更彰明较著"②。这里,我们丝毫不见方苞讲义法那种托古自重的腔调。这显示了朱先生对一种文化步入衰落期后常常扭曲作始者的初衷,硬要在什么"义"(理)里见出

---

① 朱光潜:《朱光潜美学文集》第二卷,上海文艺出版社,1982年,第364~365页。
② 朱光潜:《朱光潜美学文集》第二卷,第366页。

"道"来的牵强附会的说法不以为然。朱先生自己在《文艺心理学》里也曾提出"有道德影响而无道德目的"的说法,以纠正为道德从文的道学家们的错误做法。随后他又在《谈文学》里进一步提出以"因文证道"代替"文以载道"的提法。在他看来,方苞的"义法说"不免有后人视其为"文以载道"而掩鼻而过之嫌。对此,朱先生犀利地批评道:"中国人讲艺术的通病向来是在制造假古董。扬雄生在汉朝,偏要学周朝人说话,韩愈生在唐朝,偏要学汉朝人说话,归有光生在明朝,方苞生在清朝,偏要学汉唐人说话。'古文'为世诟病,就因为它是假古董,我们生在二十世纪,硬要大吹大擂地捧晚明小品文,不是和归有光、方苞之流讲'古文'的人们同是闹制造假古董的把戏吗?归方派古文家和现在晚明小品文的信徒都极力向'雅'字方面做,他们所做到的只是'雅得俗不可耐'。要雅须是生来就雅,学雅总是不脱俗。嵇康谈忍小便的话不失其为雅,因为它是至性流露的话,一般吟风弄月的话学雅而落俗套,因为它是无个性的浮腔滥调。西施有心病捧心而颦,自是一种美风姿;东施无心病而捧心效颦,适足见其丑拙。制造假古董,无论它所标的时代是汉唐或晚明,都不免使人生捧心效颦之感。"[①] 可谓入木三分!雅俗并不在文之古今,论文字死活也不在文之古今!桐城派之错误在于它过于"雅"了,"雅"得假了。而以文字新旧来论死活的胡适派则也未见得正确。因为文言并非完全是死文字,经提炼仍能活在生命的传达中。只有"嵌"在生命中的语言才是活文字,无论其是文是白。

第二,对刘海峰"因声求气说",则以西方现代文艺心理学重新加以阐释。刘海峰在《论文偶记》里对中国文人论诗重"气"做了很好的概括,他说:"凡行文多寡短长抑扬高下,无一定之律而有一定之妙,可以意会而不可言传。学者求神气而得之于音节,求音节而得之于字句,则思过半矣。其要在读古人文字时,便设以此身代古人说话,一吞一吐,皆由彼而不由我。烂熟后我之神气即古人之神气,古人之音节都在我喉吻间。合我之喉吻者便是与古人神气音

[①] 朱光潜:《我与文学及其他》,安徽教育出版社,1996年,第89页。

节相似处，文之自然铿锵发金石。"这里，刘海峰已经不像方苞那般玄学味了，而是从语言韵律着手，然而他还是说这"可以意会而不可言传"。这也是新文化运动胡适一班人诟病的地方，以为"乃不能道其所以然"，恰恰是古文家的"大病"。只是熟读于心，却不明其"所以然"。然而，朱光潜并不同意胡适的这种看法。他自幼受到的正是这种熟读范作的教育，"头脑里甚至筋肉里都浸润下那一套架子，那一套腔调和那一套用字造句的姿态，等你下笔一摇，那些'骨力''神韵'就自然而然地来了，你就变成一个扶乩手，不由自主地动作起来。"① 这本是文艺创作的经验之谈，无可厚非。关键是桐城古文家说不出个道道来，只停留在经验笼统感悟的描述层面。朱光潜结合他受西方近代心理学和文艺批评的训练所得到的分析方法，拿这种方法对"气"做了分析。他认为：气与声调有关，声调又与喉舌运动有关，朗诵既久，则古人之声可以在我的喉舌筋肉上留下痕迹，等到我自己作诗文时，喉舌筋肉也自然顺着这个痕迹活动，这"气"实乃一种筋肉的技巧。朱光潜又拿谷鲁斯的"内摹仿"说以及行为心理学派主张情感和思想乃至语言的表达一致的观点强化说明了这一看法，并进一步申论道："诗文都要有情感和思想。情感都见于筋肉和其他器官的变化，喜时和怒时的颜面筋肉和循环呼吸等各不相同，这是心理学家所公认的事实。思想离不开语言，而语言则离不开喉舌的动作，想到'竹'字，口舌间筋肉都不免有意或无意地作说出'竹'字的动作。"② 可见，朱光潜中西美学融合的诠解极有说服力，既不像桐城古文家不知所云，又不像胡适等人空喊科学整理国故，对桐城文派只是斥责，不是对其做科学谨严的分析。相比之下，朱光潜才是真正以科学的精神贯穿于改造和发展中国传统文论的工作中。

第三，以西方雄伟秀美范畴比较姚鼐阳刚阴柔之美以丰富其内涵。朱光潜深知中国传统思维往往习惯于拈出几个感悟性的词语来概括一般审美经验。姚鼐以艺术家的眼光观察宇宙，以"阴""阳"来概括自然两种美便是如此。但在朱先

---

① 朱光潜：《我与文学及其他》，安徽教育出版社，1996年，第105页。

② 朱光潜：《文艺心理学》，安徽教育出版社，1996年，第212页。

生看来，这种概括不免失之笼统。他有意拿西方雄伟秀美来对应姚鼐所说的刚性美和柔性美，就是要使这一立于普遍人性基础上共同感知的范畴在学理上更明晰，更可认知。据此，朱光潜认为："姚姬传所拿形容阳刚之美的，如雷电、长风、崇山、峻崖、大川等，在西方文艺批评中素称为 sublime；他所拿来形容阴柔之美的如云霞、清风、幽林、曲涧等，在西方文艺中素称为 grace。grace 可译为'清秀'或'幽美'。sublime 是最上品的刚性美，它在中文中没有恰当的译名，'雄浑''劲健''伟大''崇高''庄严'诸词都只能得其片面的意义，本文姑且称之为'雄伟'。西方学者常讨论'雄伟'和'秀美'的分别，对于'雄伟'的研究尤其努力。"① 这是朱光潜从普遍人性论立场出发，认为中西美学在刚与柔之美和雄伟与秀雅之美方面有其共同性的一面。但他也特别提到西方 sublime 不太好找到中译名称，这是因为"统观全局，中国的艺术是偏于柔性美的"②。这又是朱先生发现中国艺术和西方艺术不同的一面。也是基于这种特殊性的认识，朱光潜在《中西诗在情趣上的比较》一文里说，中国诗人"哲学思想的平易和宗教情操的淡薄"，并由此引申出"我爱中国诗，我觉得在神韵微妙格调高雅方面往往非西诗所能及，但是说到深广伟大，我终无法为它护短"③。这便是对文化内涵不同的深刻洞见。

第四，对林纾接受西方文学的扬弃。朱光潜认为新文学的主要影响是西方文学，这就涉及语言的转换，不能不涉连到翻译问题。而桐城派末流"林纾以古文译二流小说，歪曲删节，原文风味无存。但是，他是引起中国人对西方小说发生兴趣的第一人，功劳未可泯没"④。但是，在新文化运动已经步入新的历史阶段，像林纾的翻译只能视为"乱译"。因为他不通西文，只能听旁人讲解原文大意，以唐人小说体的古文敷衍成一部译品，是"最不忠实的译者"，也

---

① 朱光潜：《文艺心理学》，安徽教育出版社，1996年，第224页。
② 朱光潜：《朱光潜全集》第八卷，安徽教育出版社，1993年，第311页。
③ 朱光潜：《诗论》，生活·读书·新知三联书店，1984年，第76页。
④ 朱光潜：《朱光潜全集》第九卷，安徽教育出版社，1993年，第329页。

是"不足为训"的,是"乱译"。① 按照朱先生的看法,忠实的翻译是必须的,信、达、雅三原则,"信"字最不易办到。思想情感和语言是一致的,一个意思只有一个精确的说法,随便提一个说法,意味就完全不同了。所以要尽量表达原著的意思,尽量保存原文的语句组织。当然,也要兼顾中文的习惯,以"文从字顺"的直译为上。

朱光潜把接受西方文学和语言转换联系在一起思考,他认为"五四"以后白话代替文言是不可逆转的。与此相应,现代汉语也应该有一个适度欧化的过程,语言离不开思想,既然思想的表达要有某种欧化介入,语言的适度欧化就是必要的。这种适度欧化可以增加句子的伸展长度,复句关系变得复杂而有弹性,这自然增加了情感表达的功能,一定程度上可以克服文言语义凝固、气息短促的毛病。朱先生一再强调"适度",那种"生吞活剥地模仿西文语言组织"及"堆砌形容词和形容句子"的做法,他是坚决反对的。

三、两点启示

应该特别强调指出:朱光潜形成既非胡适激进派又非林纾保守派的独特的思想的原因和他身处异地有关。具体地说,朱光潜在新文化运动开始时,正在香港读书。香港这种中西方融合的英式教育环境使得朱光潜可以冷静观察内地所发生的变化。按照朱光潜自己的说法,他是经过一番激烈思想斗争才转向以白话文替代文言文的写作。他形象地把自己过去受桐城派的教育喻为"一个富足的商人",不过在新文化运动冲击下,濒于崩溃的桐城派已经不堪一击,好像"一夜醒来,旁人告诉他兜里装得满满的钞票全不能兑现,一文不值"。痛定思痛,他毅然放弃了古文,转而做起了白话文。毫无疑问,朱光潜看清楚了他自己所处的时代和桐城派昌盛时期已经不可同日而语。同样应该看到,朱光潜身处的多元文化环境使得他以一种世界的眼光来审视内地的文化变革,他的不偏不倚的调和观点,恰好说明他隔着一定距离所产生的结果。

---

① 朱光潜:《谈文学》,安徽教育出版社,1996年,第139~140页。

对桐城派的评价在新文化运动开始的那几十年，激进和保守界限分明，朱光潜实际是个中间派。在当时人们头脑发热的情景下，当然不会注意到朱先生这种冷静观察下所提出的继承文言遗产、白话代替文言、适度欧化的新文学改造方案。按朱光潜的自述："我对新文学属望很殷，费尽千言万语也不能说服国学耆宿们，让他们相信新文学也自有一番道理。我也很爱读旧诗文，向新文学作家称道旧诗文的好处，也被他们嗤为顽腐。"[①] 可谓两头不讨好。

然而，时隔近一个世纪，今天回首看朱光潜对桐城派的评价，以及由此提出的新文学改造方案，则似乎是更接近真理的声音：第一，白话代替文言是历史的进步，因为白话更贴近群众，更宜于表达思想情感。西方但丁所处时期也经历过俗语替代拉丁语的经历。从世界范围内看，文化都有生发期、凝固期、衰落期。桐城派文论许多思想未必不精彩，但它是用文言传达，脱离大众，最终走向衰落。而白话文运动持续至今仍然还只能说是生发期。这种文化的历史转换是不可逆转的，我们无须再回到文言时代。但是，文言的遗产要批判地继承，朱光潜提出在白话文的写作上从文言借字借词的看法。这是因为文言有简练含蓄的特点。事实上，白话与文言都可以空疏呆板，也都可以恰到好处地表达思想与情感，关键看是否有"嵌在生命"中活的语言。不能像胡适等人以古今论文字的死活，也不能像国学耆宿们以雅洁论文字的是非。朱光潜指出不用担心今天讲的白话就断了古文的线。因为"本来语文都有历史的赓续性，字与词有部分的新陈代谢，绝无全部的死亡"[②]。当然那种以为做白话文可以不读旧书，也是"作茧自缚"。

第二，桐城派的"义法说""因声求气说""刚柔之美说"都有积极价值，但是也多停留在未经科学分析和精神检验的层面上。朱光潜从西方近代美学来重新审视桐城派的许多有价值的理论，对其做了科学的分析和说明，这无疑提升和丰富了传统，并使之和近现代世界学说规范融为一体。如朱先生提出

---

① 朱光潜：《朱光潜美学文集》第二卷，上海文艺出版社，1982年，第257页。
② 朱光潜：《我与文学及其他》，安徽教育出版社，1996年，第107页。

"疵""稳""醇""化"境以含章定位"义法",提出"筋肉的技巧"和"思想情感与语言一致"来细化说明"因声求气"中"不可言"的笼统描述,提出西方"雄伟"和"秀美"美学范畴和理论来参较中国传统"阳刚美和阴柔美"的说法,通过西方相应的理论加深对中国古代文艺的认识,还提出翻译中的"信、达、雅"三原则以"信"最重要,批评林纾的"不忠实"的雅,同时提出借鉴西文的文法,使白话文的表达更流畅而谨严。凡此种种,都反映出朱光潜以一种世界主义的眼光,站在科学的立场上"整理国故",使得桐城派的积极思想得以在当今世界文学中生根发芽。

(刊于《郑州大学学报》2013年第3期)

"意象美学"的现代形态论
——论叶朗的美学本体论

⊙邹其昌
⊙中南民族大学文学院

叶朗的"意象"论美学,是其长期研究中国传统美学、艺术、哲学等的结晶,同时也是研究西方哲学、艺术、美学、宗教等方面的成果,更是以广博的胸襟吞吐中西文化、把握中西美学精神的共同本质的理论形态。在他大量的著述中,最能代表其理论形态的著作主要有《中国美学史大纲》(以下简称《大纲》)、《现代美学体系》(以下简称《体系》)及《胸中之竹——走向现代之中国美学》(以下简称《胸中之竹》)等,而这三大著作恰好从不同的维度构筑了以"意象"为本体的美学体系。具体说来就是,《大纲》立足于本土文化传统,注重东西方文化传统的参照,为建构其现代形态的美学体系("意象"论美学)寻找历史渊源。通过独具慧眼的研究考察,他认为中国传统美学是以"审美意象"为核心范畴的美学体系。相应地,中国美学史就是以"审美意象"为核心范畴的美学体系演变史。如果说《大纲》是从纵向的维度对"意象"做历史的考察的话,那么,《现代美学体系》则是从横向的维度对"意象"美学做理论的、逻辑的、体系化的论证和描述。《体系》立足于当代世界美学研究的现状,探索未来美学发展的趋向,认为现代美学体系应是以作为实践性质的审美活动为其研究对象,以艺术人生为中心而建构起的以集中体现审美活动的审美感兴、审美意象和审美体验为核心范畴的三位一体的体系。当然,《大纲》和《体系》更多地从宏观方面进行把握和定位,《胸中之竹》

则更注重从微观上对"意象"论美学进行多侧面的深入的理论研究。其标志就是叶朗明确地提出"美在意象"①的本体论命题，这一命题是对中国传统"意象"论美学尤其是对朱光潜先生的"美是主客观的统一"理论的整体推进和发展，它们都指向同一个主题："意象美学"。

一

叶朗在建构其美学体系时所依据的理论主要是中国传统的美学，同时还融入了大量西方的现代理论，而这些理论都统一于"意象"。"意象"恰好是叶朗在长期的美学研究中从中国传统美学理论资源里提取出的一个最具代表性的范畴。叶朗以"意象"作为本体建构起了富有民族性而又具当代性的美学体系，这与叶朗对美学的理解及研究对象是有直接关系的。

叶朗认为，美学作为一门学科是近代的事情，不过两百多年，但作为人类的社会实践活动和精神追求，无论在东方还是在西方，却是历史悠久的。"在两千多年的历史中，美学总是随着时代的变化而不断地改变自己的理论形态。"更由于"美学是一门发展中的学科，是一门正在走向成熟的学科"②，因此我们不能把"美学"简单地界定为"美的科学""艺术哲学"或"感性学"等，而应该做更宽泛的把握。也就是不能把美学研究的对象只限定为"美""审美关系"或"审美经验"等某一方面，而要拓展到人类的审美活动的方方面面。"所以，我们设定以'审美活动'来作为美学研究的对象，就想突破以上几种设定的作茧自缚或画地为牢，批判地扬弃它们，把美学研究的天地拓展得更宽一些。而且，只有把'审美活动'作为美学的研究对象，我们才可能对它进行综合研究，才能调动现代知识体系的诸多学科，对它进行多角度的、多方面的、多层次的研究。"③同时，他认为人类的审美活动是一种特殊的实践活动，

---

① 叶朗：《胸中之竹——走向现代之中国美学》，安徽教育出版社，1998年，第262页。
② 叶朗：《现代美学体系》，北京大学出版社，1998年，第2~3页。
③ 叶朗：《现代美学体系》，第5页。

是一种基于物质生产活动又不同于物质生产消费活动的人类所特有的精神活动。审美活动"是对于物质生产活动、实用功利活动的超越，也是对于个体生命有限存在的超越"①。他还认为审美活动作为一种精神活动，有着无穷多的侧面，但最重要的、构成现代美学体系的有八个大的分支学科，即审美形态学、审美艺术学、审美心理学、审美社会学、审美教育学、审美设计学、审美发生学和审美哲学，这八大分支学科各自独立又相互渗透，相互推进。其中最为核心的是审美心理学、审美艺术学和审美哲学。审美心理学是由系统地揭示审美感兴这一中心范畴的性质、类型和动态构成，描述和揭示审美活动中的主体心理过程的特点和机制的学科。审美艺术学是以审美意象为中心范畴来研究审美活动最具典型形态的艺术的学科。审美哲学是以审美体验对审美活动的本质进行形而上的哲学思考。审美感兴、审美意象和审美体验是整个体系中最为核心、最为内在、最为本质的范畴。因此，叶朗将其现代美学体系称为"审美感兴、审美意象、审美体验三位一体的体系"②。在叶朗看来，审美感兴、审美体验和审美意象有着内在的同一性。"美（广义的美）就是审美意象（而非客观实在物），而审美意象又是审美活动（体验）的产物"，审美感兴"就是一种体验"③。因此，审美意象就是美学研究的出发点和本体。

叶朗将"审美意象"确立为美学的本体是有其历史的和现实的依据的。

就历史依据而言，叶朗认为："中国古典美学体系是以审美意象为中心的。它也包含有哲学美学、审美心理学、审美社会学、审美文艺学、审美教育学等多方面的内容，而以审美文艺学（文艺美学）的内容占的比重最大。"④ 而"中国传统美学认为艺术的本体是'意象'，同时认为一切审美活动都离不开'意象'的创造。它对艺术活动和审美活动的一系列问题的研究都是围绕'意

---

① 叶朗：《胸中之竹——走向现代之中国美学》，安徽教育出版社，1998年，第313页。
② 叶朗：《现代美学体系》，第33页。
③ 叶朗：《现代美学体系》，第541~545页。
④ 叶朗：《中国美学史大纲》，上海人民出版社，1995年，第3页。

象'这个范畴展开的"。"'意象'是中国传统美学的中心范畴。""按照我的看法,中国传统美学中的'美'就是'审美意象'。'审美意象'是广义的'美'。""只有抓住'意象',才可以把握整个中国传统美学范畴的网络。"①叶朗还以大量的事实或材料论证了这一观点:"意象"的思想发端于《易传》或更早,而铸就于刘勰,最后完善于王夫之与王国维。据此,叶朗从中国传统美学的宝库中找到了建构其理论体系的"基因"。

就现实理论研究而言,叶朗通过对中西方现当代美学的研究和反思,认为无论是西方美学还是中国当前的美学研究都发生了转型。他说:"现代西方体验美学是以现象学以及由现象学派生出来的存在主义为哲学基础的。西方传统哲学和美学,就其主流来说,都是把世界割裂成为客体和主体两部分。而体验美学的目标就是要消灭主客体的分离,也就是要扬弃西方哲学传统中的'主客二分'的思维模式。""海德格尔就是这一转变的划时代的代表人物。海德格尔认为,世界只是人活动于其中的世界。人在认识世界万物之先,早已与世界万物融合在一起,早已沉浸在他们活动的世界万物之中。人('此在')是'澄明',是世界万物的展示口,世界万物在被照亮。"②世界万物在被"此在"(人)"照亮"的过程就是审美感兴、审美体验的过程,同时也是审美意象或意象世界的生成过程。这个意象世界不同于物理世界,是"我"与"世界"欣合和畅、一气流通的有意味的"本真状态"的世界。这种人自身创造的"情景交融"的意象世界也就是王国维所说的"世无诗人,即无此种境界",只能存在于审美活动之中。

中国当代美学的现实又是如何呢?叶朗通过对现当代中国美学的现状的研究和反思,认为中国当代美学尤其是20世纪五六十年代的"美学大讨论"中的各派,都普遍存在着类似西方传统的"主客二分"的思维方式,将"美"界定为或主观或客观或主客观统一或客观性与社会性的统一等,这种做法实际

---

① 叶朗:《胸中之竹——走向现代之中国美学》,第72~73页。

② 叶朗:《胸中之竹——走向现代之中国美学》,第6~8页。

上是对"美学"的一种误解。同时,他又认为,朱光潜、宗白华先生对中国传统美学中"意象"思想的关注和阐发,是很值得我们研究和发展的,但在那个大讨论中却遭到了无端的批判。因此,叶朗郑重地提出中国当代美学应该有自己的品格,应该"从朱光潜'接着讲'",也就是要回到中国哲学和美学所具有的那种注重"天人合一"、重体验、"美不自美,因人而彰"的"意象"论传统,并把朱光潜的"美是主客观的统一"直截了当地发展成为"美在意象"。①

由此,我们可以看出叶朗以"意象"作为其美学研究的逻辑起点就是想克服和摆脱中国当代美学研究中的片面化、机械化倾向,从而更好地深入"美学"本身做细致的研究和考察。

二

叶朗在确立了"意象"为美学的本体和其现代美学体系的逻辑起点或核心范畴之后,又进一步探讨和研究了"意象"这一范畴的含义、结构、特征及性质等问题。

(一) 关于"意象"的含义

"意象"是叶朗从中国古典美学中提取出来的一个基本概念。叶朗认为,在中国传统美学中,"意象"是一个标示艺术本体的概念或核心范畴。"意象"思想的理论资源十分丰富。"意象"这个词最早的源头可以追溯到《易传》。《易传·系辞》中提出过"立象以尽意"的命题,就是要求在"言不尽意"的情况下,借助于形象("象")来充分表达思想情感或意念("意")。这就"把'象'和'言'区分开来,同时又把'象'和'意'联系起来,指出'象'对于表达'意',有着'言'所不能及的特殊功能,从而对'象'作了一个重要的规定。……《易传》说的'象'和审美形象有相通之处。因此

---

① 参见叶朗《从朱光潜"接着讲"》《中国美学研究之现状及发展趋势》等文章。载《胸中之竹——走向现代之中国美学》,安徽教育出版社,1998年。

'立象以尽意'的命题,也就在一定程度上把形象和概念区分开来,把形象和思想、情感联系起来"。而第一次铸就"意象"这个词的则是魏晋南北朝时期的刘勰。刘勰在《文心雕龙·神思篇》中说:"独照之匠,窥意象而运斤。"刘勰这里的"意象"主要是强调在艺术家的艺术构思活动中,外物形象和艺术家的情意是结合在一起的。只有这样,才有"神用象通,情变所孕"而构成的审美意象。刘勰通过"隐秀""风骨"等对审美意象的内在结构进行了重要分析,又通过"神思"对审美意象的创造做了阐释。至此,意象理论已初具规模。到了明末清初的王夫之,则全面系统地研究和考察了审美意象的生成、结构、特征及特殊性质等,使中国古典形态的意象理论臻于完善。

为了更好地把握作为艺术本体的"意象",叶朗认为,"意象"不只是"意""情"或"物""景",也不等于"情"和"景"的简单相加或相互外在的两个实体化的东西,而应该是"情"和"景"相互内在的、欣合和畅的、一气流通的。因此,他说:"对于我来说,'意象'是情和景的内在统一,是内部世界和外部世界的内在统一,是一个完整的、内部有意蕴的感性世界。"[①]这一界定显示了叶朗对中国传统"意象"理论的独特把握,也使读者看到叶朗的现代意识。同时,叶朗还对与"意象"相关的重要问题进行了澄清,以更进一步地明确"意象"的内涵。

(1)"意象"与"意境"。"意象"和"意境"是中国古典美学中两个重要概念或范畴,一直受到学界的重视。在长期的研究中,出现了两种对立的观点:一是将"意象"和"意境"等同起来对待,二是将"意象"和"意境"视为两个完全不同的概念。对此,叶朗通过认真细致的考察和研究,认为"意象"和"意境"两者间是既有联系又有区别的辩证统一关系。一方面,"意象"和"意境"具有内在的同一性。王国维就是在"意象"(即"情""景"交融)意义上理解和使用"意境"或"境界"的。[②] 另一方面,"意境"和

---

① 叶朗:《胸中之竹——走向现代之中国美学》,安徽教育出版社,1998年。

② 叶朗:《现代美学体系》,北京大学出版社,1998年,第139页。

"意象"不是一个概念。"意境"是"意象",但并不是任何"意象"都是"意境"。"意境"除有"意象"的一般规定性(情景交融)之外,还有自己特殊的规定性。"意境"的内涵大于"意象","意境"的外延小于"意象"。①

那么"意境"到底有什么特殊的规定性呢?这是叶朗着力较多而且极富创造性的地方。众所周知,"道"是传统中国人为人、为学所要追求的目标或最高境界,同时也是中国传统文化(哲学、美学、诗学)体系的最高范畴。作为"天人合一"最简洁表述的"道"是"世界"与"我"的统一,是无限与有限的统一,是虚与实的统一。"意境"可谓是"道"在美学或诗学上的具体应用。叶朗正是从这一角度进行研究和考察"意境"的特殊规定性的。叶朗认为,"意境"中的"意"不是一般的"意",而是"道"的体现。"境"当然也是"象",但不是一般的、在时间和空间上有限的"象",而是那种在时间和空间上都趋向于无限的"象",也就是中国传统美学家或诗学家常说的"象外之象""景外之景"。只有这种"象外之象"——"境",才能体现那个作为宇宙的本体和生命的"道"。因此,"意境"就是指那种超越具体的有限的物象、时间、场景,进入无限的时间和空间,从而对整个人生、历史、宇宙获得一种哲理性的感受和领悟的精神状态。与一般的"意象"不同,"意境"可以带给人们一种特殊的审美感受。所以他说:"这种象外之象所蕴含的人生感、历史感、宇宙感的意蕴,就是'意境'的特殊的规定性。因此,我们可以说,'意境'是'意象'中最富有形而上意味的一种类型。"②

正是对"意象"和"意境"两个根本概念的辨析,叶朗对当前学界流行的观点,即中国传统美学重"表现"而不重"再现"、重"意境"而不重"典型"等进行了有力的反驳和矫正,并认为之所以出现这种错误,关键就在于没有很好地理解或误解了"意境"。

(2)"意象"与西方体验哲学中的"意象"和西方"意象派"的"意

---

① 叶朗:《中国美学史大纲》,上海人民出版社,1995年,第139~140页。

② 叶朗:《胸中之竹——走向现代之中国美学》,第57页。

象"。为了更进一步地阐明"意象"的内涵,叶朗还将它与西方体验哲学中的"意象"和西方"意象派"诗人所使用的"意象"进行了考察和比较。叶朗认为,西方体验哲学(现象学、存在主义哲学等)所重的"意象"不只是指审美意象而是"属于某种事物的意识",它同时具备客体的主体化和主体的对象化双重性质,并且是意向性活动的产物。至于"意象派"诗人所使用的"意象"比较接近于"兴象"("意象"的一种)。因此,他说:"我们所使用的'意象'的概念,乃是指审美意象,既不像西方体验哲学中的'意象'那样宽泛(超出审美的范围),也不像'意象派'诗人说的'意象'那样狭窄(实际上只限于'意象'的一小部分)。"①

至此,对于"意象"的含义,叶朗给予了比较合理的完备的界定和阐释。

(二)关于"意象"的结构、特征和性质

在分析和阐释了"意象"的含义之后,叶朗还对"意象"做了多方面的考察,特别是对"意象"的内在结构、特征、性质等进行了论述。

(1)"意象"的结构。叶朗认为,在中国古典美学看来,"情""景"的统一是审美意象的基本结构。在这个统一体中,"情"和"景"是不可分离的,否则就是"虚景"或"虚情",这样是不可能构成审美意象的。同时,"意象"也不是"情""景"的简单相加。"意象"是既不同于"情"也不同于"景"的一个新的质。因此"意象"不能还原为单纯的"情",也不能还原为单纯的"景"。只有情景交融,一气流通,才能构成审美意象。用现代体验哲学的语言表述就是,"意象"或"审美意象"是主客体之间的一种意向性结构方式。正是这种"意向性结构"决定了审美意象的结构始终是一个不断生成的过程,也进一步说明审美意象是在审美感兴和审美体验中生成和获得的,从而更显示出它们三者间的内在一致性。②

(2)"意象"的特征。叶朗在研究和阐释古典型意象理论的集大成者王夫

---

① 叶朗:《现代美学体系》,第14~15页。

② 叶朗:《现代美学体系》,第115~121页。

之的理论时认为，审美意象具有整体性、真实性、多义性、独创性等特征。所谓整体性，就是指"审美意象是一个血脉流通的活生生的整体"①，是在物理世界之外建构的另一个世界。② 这种整体性又不是靠逻辑概念的分析获得的，而是只能在审美感兴（意向性结构）中直接把握或"涵咏"的。所谓真实性，就是指审美意象具有客观真理性因素。也就是说审美意象不仅"显示了世界万物这种作为生命整体的本来面目"，而且在人与世界万物之间具有本然性而构成的统一体（意象世界）中显示了人生的意味。这些都体现了审美意象世界是真实的世界。③ 所谓多义性，是指审美意象所具有的宽泛性、丰富性和某种含义的不确定性。所谓独创性，就是指审美意象所具有的独特的、不可重复的、不可模仿的性质。

（3）"意象"的性质。叶朗认为，审美活动是在物理世界和功利世界之外建构一个意象世界，这个意象世界就是审美对象，也就是广义的"美"。而审美意象是审美感兴或审美体验的产物，既不在心也不在物，只存在于主体与客体的意向性关系之中。在这种意向性关系中，客体主体化了，主体对象化了，从而使感性个体的"我"溶浸于生活和世界之中，同生活和世界结为一体，去感悟生命的意义和价值，体味其中的"真味"。所谓"意向性结构"就是通过"有生命力的形式"获得的"'我'与世界的沟通"。而这个"有生命力的形式"就是"唤醒""照亮"世界，使人们返回"天人合一"的有意味的"本真状态"的特殊审美方式。正是"意象"的这种特殊性质，世界才对"我"敞开，"我"也才真正融入世界，返回"本真"。④

此外，叶朗还对"意象"进行了分类。他认为，从意象的生成过程中"意"与"象"的关系来看，"意象"（审美意象）可以分为三类：兴象、喻

---

① 叶朗：《中国美学史大纲》，上海人民出版社，1995年，第466页。
② 叶朗：《胸中之竹——走向现代之中国美学》，第14页。
③ 叶朗：《胸中之竹——走向现代之中国美学》，第22~23页。
④ 叶朗：《现代美学体系》，第535~571页。

象和抽象。① 他还从意象的构成关系，考察了西方现代派艺术的意象构成特点和方式，对西方现代派艺术所取得的成就给予了足够的重视和中肯的评价。②

综上所述，叶朗由对美学的理解和定位，大量借鉴中西传统美学和现代西方美学的精华，以"意象"为核心建构起了"审美感兴、审美意象、审美体验三位一体"的"意象本体论美学体系"。这一美学体系是对以王夫之为代表的古代"意象美学"和以王国维为代表的近代"意象美学"的继承与推进，并在中国当代美学研究领域显示着独特的价值和意义。

(刊于《郑州大学学报》2002 年第 5 期)

---

① 叶朗：《现代美学体系》，第 122~138 页。
② 叶朗：《现代美学体系》，第 145~160 页。

蒋孔阳的实践创造论美学

⊙朱志荣
⊙华东师范大学中文系

一

蒋孔阳的实践创造论美学从20世纪60年代开始发萌,经过20世纪七八十年代的酝酿而形成于20世纪90年代初。这充分体现在他多年美学研究的结晶和集大成之作《美学新论》中。《美学新论》系统、全面、深刻地展现了实践创造论美学的理论体系,体现了包容性、开放性、发展性等方面的特征。

早在20世纪五六十年代的美学大讨论中,蒋孔阳的美学思想里就有了实践观的萌芽。在1957年发表的《简论美》中,蒋孔阳就明确提出:"马克思列宁主义的美学,既不是从人的主观心灵来探求美,也不是从物质自然属性来探求美,而是从人类社会的生活实践来探求美。……就美感的源泉与审美的对象来说,就不是与人无关的一般的自然界,而是人在劳动的过程中,按照自然的规律所改造了的自然界。这种自然界是'人化'了的,它'实践地形成人类生活和人类活动底一部分',从而'客观地揭开人的本质的丰富性',变成了人的现实。"[①] 在1959年,蒋孔阳又进一步说:"我们说美是社会的,那意思是

---

① 蒋孔阳:《简论美》,《学术月刊》1957年第4期。

说，美是人们在社会实践过程中所创造出来的。"① 这些强调实践和创造的思想，到20世纪80年代，得到了蒋孔阳更为系统和深入的阐释，从而把创造美学建立在以实践为核心的唯物史观的基础之上，形成了有自己特点的实践创造论美学。

在对实践内涵的理解上，蒋孔阳与李泽厚所理解的狭义实践观不同，而与朱光潜等人的实践思想一致。蒋孔阳主张，物质和精神的劳动同样都可以创造美。他强调艺术创造的核心地位，把精神生产也作为一种实践，甚至审美活动本身也是一种实践。在蒋孔阳看来，实践活动不仅产生了人与世界的认识关系和道德伦理关系，而且还产生了人与世界的审美关系，并在与其他关系的比较中发现审美活动和审美关系的本质属性。因此，实践应该是人类的各种有意识的活动的总和，而不应该只是狭义的物质生产活动；它不仅包括物质生产活动，而且也包括精神生产活动；它既包括物质性的工具实践，也包括行为性的伦理实践，更包括精神性的审美实践。所以他主张："劳动所创造的，不仅是物质的产品，而且也是劳动者的思想和感情、聪明和智慧等这样一些人的本质力量的实现。"②

与对实践内涵的理解相关，蒋孔阳认为，人类自由的物质生产活动和精神生产活动是美的根源。但与一般论者不同的是，蒋孔阳认为，异化劳动也能创造美。究其原因，一是异化劳动仍然是人类的劳动，也体现了人类劳动的特点，能按照预定的目的生产出一定的产品来，并且创造出美的产品。二是异化劳动对于美的创造也提供了一些积极的条件，如体力劳动和脑力劳动的分工带来了艺术的发展。三是异化劳动与自由劳动有时很难绝对地分开，奴隶的劳动虽然是异化的，但在他所劳动的范围内却有劳动的自由；有时候，精湛的艺术品是异化劳动与自由劳动共同创造的，如园林与建筑。四是异化劳动从反面刺激和促进了文学艺术和美的发展，如"愤怒出诗人"，如反异化作品对异化劳

---

① 蒋孔阳：《论美是一种社会现象》，《学术月刊》1959年第9期。
② 蒋孔阳：《美和美的创造》，江苏人民出版社，1981年，第19页。

动的谴责、揭露和批判等。蒋孔阳同时指出，自由劳动与异化劳动虽然都可以创造美，但异化劳动创造美与自由劳动创造美还具有不同的特征，在某种程度上，异化劳动创造的美还体现出对人及其本质的破坏。所以蒋孔阳说："第一，我承认异化劳动能够创造美；第二，异化劳动与人类的自由劳动毕竟不同，它创造美的工作受到了不同程度的破坏和阻碍。"[①] 这种对异化劳动与美的关系的看法具有很强的辩证性和包容性，并突出了人在各种实践过程中的审美创造性精神。

二

在实践的基础上，蒋孔阳还提出"美在创造中"，将审美活动视为"恒新恒异的创造"[②]。他从马克思主义的实践观点出发，以主客体之间的审美关系为基础，兼采众长，从历史和逻辑的角度加以论证，提出了独树一帜的"多层累的突创说"，不仅解释了美的形成和创造的缘由，而且还揭示了审美意识历史变迁的基本规律。

他说："所谓多层累的突创，包括两方面的意思：一是从美的形成来说，它是空间上的积累和时间上的绵延，相互交错所造成的时空复合结构。二是从美的产生和出现来说，它具有量变到质变的突然变化，我们还来不及分析和推理，它就突然出现在我们面前，一下子整个抓住我们。"[③] 他所说的"多层累"，从多个层次和侧面来探讨美的形成和创造，包括"自然物质层""知觉表象层""社会历史层""心理意识层"，综合吸取了蔡仪先生的客观说、朱光潜先生的主客观统一说和李泽厚先生积淀说的一些合理成分，同时更加强调突创性。蒋孔阳的"多层累的突创说"受到了马克思主义的由量变到质变、质量互变规律的影响。这种由渐而顿、由量变到质变的过程具有突发性和创造性的

---

① 蒋孔阳：《美学新论》，人民文学出版社，1993年，第212页。
② 蒋孔阳：《蒋孔阳全集》第三卷，安徽教育出版社，1999年，第147页。
③ 蒋孔阳：《蒋孔阳全集》第三卷，第148页。

特点，蒋孔阳将其比喻成"像母鸡孵小鸡一样，不是一脚一爪地逐步显露出来的，而是一下子突然破壳而出"[1]，强调了审美过程中主体的创造性。这种突创表现在我们对美的感受过程中，带有直觉的突然性、感受的完整性、思想感情的集中性和想象的生动性等特点，是对审美活动丰富性、多层次性的一种辩证描述。审美活动本身就是一种创造性的活动，主体与客体的关系永远处于恒新恒变的状态中，因此，美也处于不断的创造过程中。他把美看成是一个"开放性的系统"，一个"恒新恒异"的创造过程，强调了审美活动中主观的能动创造性，并且具体深入地揭示了审美创造的丰富性和复杂性，包括个体的个性特征、心理素质和文化素养，特别是在具体的审美活动中主体的处境和精神状态。因此，蒋孔阳的"美在创造中"的命题突破了传统的本质主义和认识论美学观的思路、方法，已经开始弥合主客二分的思维模式。

蒋孔阳认为美是"一种客观存在的社会现象，它是人们通过创造性的劳动实践，把具有真和善的品质的人的本质力量，在对象中实现出来，从而使对象成为一种能够引起爱慕和喜悦的观赏形象"[2]。这就把美、美学与人的实际生存理想和艺术实践联系了起来，实践创造论美学也得以展开。所以蒋孔阳说："我们应该把美看成是一个开放性的系统，不仅由多方面的原因与契机形成，而且在主体与客体的交相作用的过程中，处于永恒的变化和创造的过程。"[3]

蒋孔阳先生突出强调了人在审美活动中的主动创造性，把实践论与创造论结合起来，而且，在实践基础上的创造性品质突出了人在世界之美中的中心地位，强调人是美的中心和主体，在一定程度上具有生生不息、与人类审美生存息息相关的发展品质。这为实践创造论美学向实践存在论美学的发展培植了根基，提供了可能。

---

[1] 蒋孔阳：《蒋孔阳全集》第三卷，第158页。

[2] 蒋孔阳：《美和美的创造》，江苏人民出版社，1981年，第48页。

[3] 蒋孔阳：《蒋孔阳全集》第三卷，第147页。

三

实践创造论美学的突出特点,是蒋孔阳把人与现实的审美关系作为美学研究的出发点,这不同于以往的美学学派或以美(美的本质)或以美感(审美经验)作为研究的出发点,而是尝试着突破主客二分和形而上学的思维方式,力求贯彻马克思主义的唯物辩证法,从实践的角度深刻地揭示出美学的基本规律。

审美关系说最早由狄德罗提出,但是狄德罗的审美关系说还是旧唯物主义的反映论观点,他没有认清人、自然、社会以及它们自身各要素之间的辩证关系及其与美的创造之间的辩证关系,他也很少从社会发展变化的角度来探讨审美关系的属性与美的生成之间的关系。蒋孔阳的审美关系说很好地解决了这些问题。他以人的物质生产实践和精神生产实践为基础,把审美关系放在动态的实践过程中加以把握和理解,探讨实践活动中的审美关系与美的生成的各种问题,并以之为美学研究的出发点和中心环节,具有辩证性和灵活性。因此,蒋孔阳的这种以实践为基础的动态审美关系,超越了狄德罗的旧唯物主义的关系论,强调作为社会化的人的审美实践活动与美及美学各基本问题之间的内在联系,是一种十分周密和完善的学说。

蒋孔阳审美关系思想的建立是从阐释人与现实的各种关系开始的。他认为:"在人对现实的一切关系中,最根本的不是审美关系,而是实用关系。"[①]他还说:"人对世界的一切关系,都以人的需要为轴心,以人的实践为动力,以物的性质和特性为对象,各种关系之间相互交错和影响,形成了整个人类社会的历史和现实生活,审美关系也不例外。"[②] 蒋孔阳认为马克思主义的划时代意义是从人与自然的关系中全面地研究人,并特别指出关系对人的意义,包括人与自然的关系、人与人的社会关系。而"无论作为关系主体的人,或是作为

[①] 蒋孔阳:《蒋孔阳全集》第三卷,第9页。

[②] 蒋孔阳:《关于马克思主义人类学美学的思考》,《文艺理论研究》1997年第2期。

关系客体的现实，以及它们所构成的关系，都既不是简单的，也不是固定不变的。它们都各自具有多层次的结构，多方面的变化"①。这就能从关系的各个环节入手进行细致的辨析：作为关系主体的人是自然性、物质性与社会性、精神性的统一，是在一定历史条件下具有丰富、复杂内容的个性化的主体；而作为关系客体的现实，则包括自然界、人与自然的关系所制造出来的各种产品、人与人的关系所产生的各种社会现象和人类的各种精神产品；主体和客体都是如此的丰富复杂，它们之间的关系则更是丰富复杂了。因此，这一切关系，以人的需要为轴心，以人的实践为动力，以客体特性为对象，相互交错和影响，形成了整个人类社会的历史和现实。在感性实践的基础上生成的人与现实的关系多种多样，具有不断发展的性质和基础地位。马克思说："这种连续不断的感性劳动和创造，这种生产，是整个现存感性世界的非常深刻的基础。"② 因此，在实用、认知关系的基础上，主体可以超越物质对象本身的局限，超越直接的利害关系，从具体的感性形象本身获得愉悦，并激发主体的情感和想象力对对象进行创造性体验，同时构成主客体之间的审美关系。

正是在对人与现实种种关系考察的基础上，蒋孔阳认为审美关系是在人类长期的实践过程中逐渐从实用关系、认知关系中分化、独立出来的一种人对现实的关系，进而界定了审美关系的四个本质属性：（1）审美关系的建立以人的感性为基础，通过人的感觉器官来与世界建立起来；（2）审美关系是人与世界的一种自由关系，虽然受到种种限制却常常能使主体从这些限制中解放出来，获得自由；（3）审美关系是人对现实的整体的全面的关系，可以使人的本质力量得到展开和凸现；（4）审美关系是人对现实的一种情感关系，人的理智和意志等因素都要转化为情感与现实发生关系，并获得全面展开。这四点规定就把审美关系与其他关系区别开来，使审美关系在人与现实的关系中获得了自身独立的地位，既与其他关系相联系，又具有自己的特性。审美关系作为现实关系

---

① 蒋孔阳：《蒋孔阳全集》第三卷，第5页。

② 《马克思恩格斯选集》第一卷，人民出版社，1972年，第49页。

中的一种，是通过感官来建立的，是自由的，也是人作为整体与世界发生的关系，从中全面展开人的本质力量，最终化为一种情感的关系。在审美关系中，主体超越了客体对象的物质束缚，也超越了主体自身的局限，在与外界感性形象的融合中进入自由的审美境界。

审美关系是贯穿实践创造论美学的一条红线，充分体现了蒋孔阳美学思维方式的辩证性。他强调主体、客体、主客体关系三者的变动性、复杂性和丰富性，把它们置于原生态的审美关系的背景中去。在审美关系中，作为关系主体的人和作为关系客体的现实，以及它们所构成的关系，都不是简单的、固定不变的，而是都各自具有多层次的结构、多方面的变化。这是因为，作为主体的人既具有物质性、自然性，也具有历史性、社会性和精神性；作为客体的现实，是自然以及人与自然关系所有产品的集合体，也是丰富的、多层次的；这两者结成的审美关系，在这两者的基础上把各自的因素和条件相互交织在一起，具有更加多彩、丰富的内容。这样，审美关系说就说明了人与现实审美关系的无限丰富性、多样性和复杂性。

审美关系说显示出蒋孔阳突破主客二分的思维方式的努力。他说："人对现实的审美关系的特点也不是固定的、形而上学的。随着人对现实的审美关系的不断变化和发展，大千世界的美的东西也不断地变化和发展。"[①] 这就把审美对象和审美主体统一到具体的审美关系中去，既强调美的动态、历史生成的特点，又强调审美的主体、客体和主客体关系的变动性和发展性，并把三者放置于人与现实的审美关系之中，从而突破了实在论美学和认识论美学的僵化属性和静止的特点，对主客二分和形而上学的思维模式进行颠覆。当然，强调主客体的统一不代表主客不分，主客本来就是分的，但这种分又不是在强调对立，是分中的统一，是通过实践建构的动态的审美关系。

---

① 蒋孔阳：《蒋孔阳全集》第三卷，第16页。

四

在论及美感问题时，蒋孔阳有一个总的概括："如果说美是人的本质力量的对象化，是人的本质力量在客观对象上的自由显现，那么美感则是这一本质力量得到对象化或者自由显现之后，我们对它的感受、体验、观照、欣赏和评价，以及由此而在内心生活中所引起的满足感、愉快感和幸福感，外物的形式符合了内心的结构之后所产生的和谐感，暂时摆脱了物质的束缚后精神上所得到的自由感。"① 蒋孔阳强调应把美与美感作为构成审美关系的相反相成的主客体双方来把握，二者在现实的实践中同时诞生、同时存在而又相互创造、互为因果、相互循环，这就突破了美感研究的认识论框架。所以蒋先生说："美和美感都是人类社会实践的产物。在实践过程中，它们像火和光一样，同时诞生，同时存在。"②

蒋孔阳从马克思主义的实践论出发，把美感看成是社会历史实践的产物。他认为在审美活动中，"这种心理上的满足和精神上的享受，决不是自然的禀赋，而只能是在社会历史实践的过程中，经过世代积累，所诞生和形成起来的人之所以为人的特殊的本质力量"③。这种对审美心理的社会历史实践过程中的积累，正是美的产生和创造中的多层累的基础。因此，他说："人通过制造和使用工具的劳动实践，把主体的意识如目的、愿望、聪明、才智等，灌注到客体的对象中去，从而使对象成为主体意识的自我实现，或者对象化。就在这对象化的同时，人观照和欣赏到自我的创造，感到了自我不同于动物并超越动物的本质力量。这时，他所得到的，不仅是物质实用上的满足，同时也是心理上和精神上的满足。于是，美感就诞生了。"④

---

① 蒋孔阳：《蒋孔阳全集》第三卷，第 269 页。
② 蒋孔阳：《蒋孔阳全集》第三卷，第 270 页。
③ 蒋孔阳：《蒋孔阳全集》第三卷，第 272 页。
④ 蒋孔阳：《蒋孔阳全集》第三卷，第 273 页。

蒋孔阳从"美感的诞生""美感的生理基础""美感的心理功能""美感欣赏活动表层的心理特征""美感欣赏活动深层的心理特征"和"美感教育与人的心理气质和精神面貌的转移"各方面详尽探讨了美感的形成过程和多层结构,由此得出结论,认为美感和美一样,也是永远处在发展变动中的,没有终止,并随着人类实践活动的发展不断向更高的阶段发展。蒋孔阳说:"只有当人类制造的工具进一步发展,提高了征服自然的能力,从自然的必然中解放出来,超越了自我的限制和自然的限制,这时,他方才能够把生命的创造力量和本质力量,自由地在客观对象中展现出来,既感到了自我与外界的和谐,又感到了自我的解放和自由。只有这时,他们的美感才不仅是满足感、愉快感和幸福感,而且同时还是和谐感和自由感。这是美感发展的最高阶段。只有充分发展了的人,也就是真正自由了的人,才有这样的美感。"① 他又说:"美感的诞生,可能有一个起点,但从历史发展的观点来看,它却没有终点。它像长河一样,永远向前流去。"② 可以说,蒋孔阳一以贯之的辩证的创造生成论思想使他对美感的研究得到极大的深化和发展,深刻揭示了美感的多样性、丰富性、复杂性、动态性以及美感心理活动的矛盾性。

总之,蒋孔阳沿着自己20世纪50年代的思路,强调创造,强调了人在实践中创造美的主动性和主体性,超越了那种认为美是现成的、凝固的本质。美的自然物质层、知觉表象层、社会历史层和心理意识层四个层次的交相结合,解释了美的突然创造的直觉突然性、感受完整性、情感的集中性和想象的生动性。因此,美既有内容又有形式,既是客观的又是主观的,既是物质的又是精神的,既是感性的又是理性的,既是逻辑的又是生成的,也就是"多层累的突创"。

---

① 蒋孔阳:《蒋孔阳全集》第三卷,第277页。
② 蒋孔阳:《蒋孔阳全集》第三卷,第282页。

五

蒋孔阳坚持和维护"人的本质力量对象化",认为"美离不开人,因而美的本质离不开人的本质","人的本质转化为具体的生命力量,在'人化的自然'中实现出来,对象化为自由的形象,这时才美"[1]。对于"人的本质力量"的理解,蒋孔阳基于马克思的原意,融通了李泽厚、朱光潜等先生的解说,并创造性地加以发挥,提出这"是一个多元的、多层次的复合结构。在这个复合结构中,不仅既有物质属性,又有精神属性;而且在物质与精神交互影响之下,形成千千万万既是精神又是物质、既非精神又非物质的种种因素"[2]。对于对象,蒋孔阳也做了阐释,强调人化了的自然才能进入审美关系。对于对象化的活动,蒋孔阳也提出主体要有对象意识,所"化"的内容应该是根据社会的要求最能体现出人的本质力量的,是用形象化的实践方式双向反馈、循环不已地创造出来的有意味的形式,即"第二自然"。这样,他就将"人的本质力量的对象化"和李泽厚采用的"自然的人化"两个命题很好地结合了起来。

蒋孔阳由此推进到"自然的人化"理论,将"人的本质力量对象化"和"自然的人化"统一起来。在《美学新论》里,他把"自然的人化"解释为"自然和人发生了关系,打上了人的烙印,着上了人的色彩,人'通过实践创造对象世界'"[3]。他认为"自然的人化"包括实践改造自然,自由的想象和幻想对自然形象的感受,也包括人在欣赏自然时情感的倾泄,还包括人与自然关系的变化和个性化的体验。蒋孔阳这种对自然的人化的认识就与李泽厚坚持的自然人化理论区别了开来,形成了自己的特点,也为他对自然美问题的探讨开拓了广阔的空间。

对于自然美,蒋孔阳把它放在人与自然的审美关系中加以探讨,揭示了社

---

[1] 蒋孔阳:《蒋孔阳全集》第三卷,第175页。
[2] 蒋孔阳:《蒋孔阳全集》第三卷,第185~186页。
[3] 蒋孔阳:《美学新论》,人民文学出版社,1993年,第173页。

会实践对自然美形成的基础性作用，认为自然美依然是人类劳动实践过程中的产物。他认为自然美"虽然与客观的自然物质分不开，但如果没有人类的劳动，仍然不能成为美"[①]，"从整个人类劳动发展的历史过程来看，人类的劳动，始终在不断地扩大自然美的范围"[②]。蒋先生扩大了"人的本质力量"的范围，并把人的本质力量看作不断发展变化的动态形式，因此，人在物质层面和精神层面上把自己的本质力量投射于自然，就可以形成自然人化的多样性和变动性。同时，自然本身多种多样的形态与多种形态的人的本质力量相结合，自然人化的途径和方式也因此具有了丰富性和动态结构，主体的心理结构和自然景观的物质形式形成了多种多样的情景对应关系，既强调了自然的作用，又突出了人的主体性。这就解决了自然美的多样性和人的不同的主观情感之间的对应关系的难题。

　　同时，蒋孔阳先生还认为，在自然人化的过程中，人的劳动通过自由的想象和幻想，自由地支配和安排自然，使自然从自然的规律中解放出来，变成符合人的主观愿望的自由形象。因此，自然的人格化是一种人化，作为审美对象的自然，常常是人格化了的自然。所以，自然的人化并不一定要对自然本身起作用，只要通过自然，反映出人的本质力量，在自然中找回发现人自身的回响与反应，表现出人的思想和情感，就是自然的人化了。也就是说，自然的生命力召唤人类去探索它们，人们在探索之中，发现了自己的情感和精神，实现了精神的安宁，主体的感性生命得到了拓展，主体的心灵在自然中获得了无限自由。此外，人类劳动是不断发展的，人的本质力量和人与自然的关系也处在不断发展的过程中，自然人化和自然美的生成也就不是静止的，而是随之发生着相应的发展和改变，主体的自由与自然的生命关系也就处在不断的运动和创造之中了。

　　在此基础之上，蒋孔阳提出"美是自由的形象"。他说："美的理想就是

---

① 蒋孔阳：《美学新论》，第227页。
② 蒋孔阳：《美学新论》，第236页。

自由的理想，美的规律就是自由的规律，美的内容和形式就是自由的内容和形式。美是人的本质力量的对象化，人的本质力量也离不开自由，因此，我们说，美的形象就是自由的形象。"① 这个观点既是对"美是人的本质力量对象化"的拓深和延展，又借鉴了李泽厚先生"美是自由的形式说"和高尔泰先生"美是自由的象征说"，正体现出蒋孔阳美学的综合性和包容性。

  总之，蒋先生坚持和维护人的本质力量对象化理论，与美论和美感论相联系，并将之贯彻到自然人化理论的建构中。他从人与自然结成的关系入手，既强调自然本身的属性对于美的生成的重要性，又强调人在自然对象成为审美对象过程中的主体地位，形成了自己的特点。因此，蒋孔阳对自然人化和自然美的论述是与他一贯主张的"美在关系"和"美在创造中"的观点相一致的，他的"人的本质力量对象化"理论深化了实践美学对人与自然审美关系的认识，使主体对自然山水的认识上升到自觉的意识，推进了人对自然审美的展开和深化。

（刊于《郑州大学学报》2009年第2期）

---

① 蒋孔阳：《蒋孔阳全集》第三卷，第213页。

论宗白华美学思想的局限性

⊙王进进
⊙郑州大学文学院

一

　　品鉴一个人的生活状态是很难的,更不用说品鉴一代美学大师宗白华的美学思想了。当然,可以简单化地用若干业界认可的标签去标定,可盖棺论定式的言说方式往往与问题的复杂性以及对解决问题的启发性相距甚远。于是回到历史当中,回到具体语境,便成为认识品鉴宗白华美学思想的一个视窗。概括起来讲,中国美学由古典美学形态向现代美学形态转化是在两个层面上进行的。就外在层面而言,表征为美学家们阅读、译介西方哲学、美学,致使西方美学在中国的流播非常迅速和广泛,比如,王国维在《教育世界》上倾力介绍西方哲学、美学,陈望道的《美学纲要》《美学概论》,吕澂的《美学概论》《美学浅说》《现代美学思潮》《西洋美术史》,范寿康的《美学概论》《艺术之本质》等,这些以西方美学原理为框架的美学著作和美学教科书起到了普及美学的作用。尽管看起来这些理论比较浅陋,不过相对于传统美学,在学理上还是"推陈出新"的。就内在层面上讲,20世纪初期的中国,许多知识分子沉痛地反省中国文化,寻找中国落后的根源,进而指向潜藏的文化心理层面。在这一反思过程中,不期然地神交了西方文化理论,这就形成了中国知识分子看问题的新视角、新方法。这种思想潮流之下的中国美学家,自觉地选择、运用西方哲学、美学理论来诠释中国的传统美学。表面看来，中国现代美学家使用的材料是中国的，实际上他们的分析、理解、阐释所用的方法、观念、理论却是西方近现代的。这些西方的理论包括康德、叔本华、尼采、弗洛伊德等人的思想学说。"正是'西方'的这种多样性，使人们明确了西化必须是有选择的；一般地说，选择的标准是西方的方式要适合中国的需要，这样，引进的东西能扎下根并变成中国的东西。"[①] 外要和内结合，才能生长出一种新的范式。在现代知识分子眼中，学术是一种志业，他们对西方哲学、美学的吸纳、传播、借鉴乃至研究，并非是模仿移植，而在于创建时代的美学理论，以解决时代的社会问题。在这一神圣目标的激励下，他们一方面研究吸收域外的经验，另一方面结合中国传统美学，矢志不渝地进行中国现代美学的创构。在他们当中，可以清晰地看到宗白华的身影。

在前期，宗白华着重社会人生多一点，后期则较为关注审美自律性的研究，且二者关系紧密：投身社会启蒙意在为审美自律性搭建时代社会平台，审美自律性内在需要好的社会环境。时代赋予了宗白华这一代美学家过多的社会责任，他们的局限往往也是时代的局限性，抑或说是历史的真实性存在。

宗白华学术生涯开始于评述叔本华和康德的哲学学说。1917年的哲学论文《萧彭浩哲学大意》是其第一篇哲学文章。其后随着五四运动的爆发，他的学术兴趣点和时代问题纠结在一起。"当时青年思想也是偏于理想方面，对于哲学问题、文化问题（如东西文化及其哲学）、文艺问题（如新诗）都特感兴味。《时事新报·学灯》上所发表的文字，主要的是'杜威罗素的哲学'、'文学艺术理论'、'新诗'（郭沫若）、'青年问题'、'恋爱婚姻'、'反宗教问题'等。"[②] 以建造"少年中国"为宗旨的"少年中国学会"是他思考这些问题的阵地。学会同人认为，"社会黑暗既已如此，吾人不得不暂时忍辱"，"专从事

---

① [美] 费正清：《剑桥中华民国史》上卷，中国社会科学出版社，1994年，第10页。
② 宗白华：《我所见到五四时代的一方面——少年中国学会与〈学灯〉》，《宗白华全集》第二卷，安徽教育出版社，1994年，第265页。

于科学、哲学、人生观、群学等，以发阐之"，期待"政治社会诸问题，不解自解"①。宗白华是"少年中国学会"宗旨的身体力行者，他把目光投向当时风行的"青年问题"。"少年中国"的理想要依靠青年去实现，由于旧秩序的崩溃，新秩序尚未建立，弥漫于社会青年之中的是一种厌世的生活情绪。针对这一现状，宗白华从哲学角度切入，细述人生观问题。在宗白华树立的人生观范型之中，超世入世的人生观为他所推崇，也是他看作建造"少年中国"的中坚力量。"最纯洁高尚聪慧多才之少年，改造其出世之人生观，以为超世入世之人生观，为人类得一造福之人才。"② 人生观的确立只有落实到具体的人生修为上面，才有实际意义。具体到宗白华所处的时代，就表现为"具科学研究的眼光，抱真诚高洁的心胸，怀独立不屈的意志"③，即青年人要有科学的精神、试验的能力，这样才具备建造"少年中国"的潜质。"少年中国"的创造源于青年人的奋斗和创造。创造自我的人格，是人类社会的责任，宗白华所强调的自我的人格是培养向上的人格："我们做人的责任，就是发展我们健全的人格，再创造向上的新人格，永进不息，向着'超人'的境界做去。"④ 具体培养这一人格的方法，宗白华认为首先要体会自然的意志："自然的美丽庄严是人人知道的，日间的花草虫鱼，山川云日，可以增长我们的深思幽意，夜间的星天森严，寥廓无际，可以阔大我们的心胸气节，至于观察生物界生活战争的剧烈，又使我们触目惊心，启发我们大悲救世的意志。"完成自然风物的陶冶之

---

① 宗白华：《致北京少年中国学会同志书》，《宗白华全集》第一卷，安徽教育出版社，1994年，第26页。

② 宗白华：《致少年中国学会函》，《宗白华全集》第一卷，安徽教育出版社，1994年，第30页。

③ 宗白华：《致〈少年中国〉编辑诸君书》，《宗白华全集》第一卷，安徽教育出版社，1994年，第52页。

④ 宗白华：《中国青年的奋斗生活与创造生活》，《宗白华全集》第一卷，安徽教育出版社，1994年，第98页。

后,再接受社会奋斗的锤炼,人格的坚毅、健全就指日可待了。宗白华修改了歌德的诗句,说"人类最高的幸福在于时时创造更高的新人格"①。

二

宗白华不仅关注青年的人生观培养、"少年中国"创造等这些偏重宏伟理想层面的追求,青年的现实生活状况亦是他视野的一面。他倡导一种艺术化的人生生活榜样。激情迸发的五四青年的另一个特征是"烦闷"。宗白华提出,解决这个问题的方式之一是转换青年看待社会的方式——用唯美的眼光。"唯美的眼光,就是我们把世界上社会上各种现象,无论美的,丑的,可恶的,龌龊的,伟丽的自然生活,以及鄙俗的社会生活,都把它当作一种艺术品看待——艺术品中本有描写丑恶的现象的——因为我们观览一个艺术品的时候,小己的哀乐烦闷都已停止了,心中就得着一种安慰,一种宁静,一种精神界的愉乐。"②以关注艺术的眼光,看待社会上的美丑,这样现实的丑恶就同现实的人拉开了距离,从而获得精神的舒缓,日积月累生成一种艺术化的人生观。"这种艺术人生观就是把'人生生活'当作一种'艺术'看待,使它优美、丰富、有条理、有意义。总之,就是把我们的一生生活,当作一个艺术品似的创造。这种'艺术式的人生',也同一个艺术品一样,是个很有价值、有意义的人生。"③持这一艺术化的人生观,一方面可以减少小己的烦闷和痛苦,另一方面可以提倡艺术教育和艺术创造,实现社会民众人格精神的提升。

新文化的鼓吹是在时代的大风潮之下进行的,宗白华最终落实到了艺术人生观的培养上面,即建立新文化,建构民众新精神,落在了提倡艺术化的生活当中。这亦是"五四"以科学民主打头阵的启蒙所致力的事业。

---

① 宗白华:《青年烦闷的解救法》,《宗白华全集》第一卷,安徽教育出版社,1994年,第99页。

② 宗白华:《致少年中国学会》,《宗白华全集》第一卷,安徽教育出版社,1994年,第179页。

③ 宗白华:《致少年中国学会》,《宗白华全集》第一卷,第179页。

"冲击—回应"模式几乎主宰了近代以来中国知识分子对于西学的态度。其时科学与民主成为时代的关键词,新的文化的创见成为知识分子拯救民族危机的一道曙光。宗白华阐说人生观,关注青年的人格修养,追求科学的求真精神,及创造"少年中国"的理想,最终定位于艺术化人生观的追求,具化为教育的职业实践上面。他的所为时代目的非常明确:努力建造新的文化,建构新的民族精神。之所以推崇艺术化的人生观,和他哲学修养及内在秉性有关,宗白华可以说是一个诗性气质浓厚的人。关注艺术之美初始出现在时代的呼唤中,由此粘连了非常明显的手段性即工具价值。青年人格的陶冶依靠艺术,提供给广大民众精神生活的渠道也是通过艺术的途径。即便是五四青年的时代病烦闷,宗白华开的药方也是以唯美的态度去释解。宗白华填写的"少年中国"入会表格"终身欲从事之事业""将来终身维持生活之方法"两栏都是教育,①"教育"事业或职业的选择不得不联系到"五四"时代的"教育救国"背景。教育是启蒙的必须手段,通过它,广大民众才得以懂得科学与新的文化,而现代知识学的基础是民主产生的温床,这样整个"少年中国"的创造才有变为现实的可能性。同时,20世纪20年代的宗白华对审美的独立性是有着认识的。"美学底主要内容就是:以研究我们人类美感底客观条件和主观分子为起点,以探索'自然'和'艺术品'底真美为中心,以建立美底原理为目的,以设定创造艺术底法则为应有。"② 宗白华从这种经验主义美学出发,和以前的美学进行比较:"以前的美学大都附属于一个哲学系统内,他里面'美'的概念是个形而上学的概念,是从那个哲学家的宇宙观里面分析演绎出来的。"③ 他也提到了美育问题,采用的是德国梅伊曼的观点,是"研究怎样使美术的感觉普遍

---

① 宗白华:《美学与艺术略谈》,《宗白华全集》第一卷,安徽教育出版社,1994年,第305~306页。

② 宗白华:《中国艺术境界之诞生》,《宗白华全集》第二卷,安徽教育出版社,1994年,第188页。

③ 宗白华:《中国艺术境界之诞生》,《宗白华全集》第二卷,第188~189页。

到平民的社会生活和个人生活间"①。这里的美育和他所说的艺术化的人生观既有联系，又有区别。后者有对社会黑暗面的反驳，为新的社会文化做些民众基础。前者似乎仅在美育自身，是社会完善后的所为。

从德回国后宗白华开始了教授哲学、美学的职业生涯，由此他的学术兴趣点有了新变化，指向了中国传统美学。这一变动的原因有以下三点：一是到德国后，获取了异域的视点看待中国传统文化（包括传统美学、艺术），这样一些感情用事的因子抛除，对待中国传统文化的态度就较为公允；二是在欧洲游学期间，宗白华直接对法国、德国、意大利等国艺术经典作品的鉴赏，为他领会西方艺术的真谛提供了宝贵的机会，而深切的西方艺术体验反过来佐证了中国传统艺术的独特魅力；三是肇始于和郭沫若、田汉通信期间发生的学术兴趣转向，即宗白华说他由哲学转向诗。内在的这一心理诉求结合德国的一些美学思潮，它们更容易与中国现代知识分子发生精神上的直接沟通和理解，所映射的最佳载体就是中国本民族的传统美学及艺术。20世纪三四十年代，宗白华写了《介绍两本关于中国画学的书并论中国的绘画》《徐悲鸿与中国绘画》《论中西画法的渊源与基础》《中西画法所表现的空间意识》《中国艺术境界之诞生》《中国艺术三境界》《中国诗画中所表现的空间意识》等重点研究中国传统美学、艺术的文章，总体上就是运用现代分析的方法去阐述中国传统美学的一些范畴和概念，把纯粹依赖感悟性的古代美学的描述引领到一个理性的层面。比如，他由对中西绘画空间感性的比较分析得出中国艺术空间的气韵流动特征，并归纳出中国艺术空间的节奏化的时空统一体的卓越见地。他从绘画、诗歌、书法等具体的艺术门类着手，寻找它们的艺术共性。当然这些艺术是富有个性特征的，不过中国特有的诗、乐、舞一体，书、画同源，使得它们在发展中形成了同质性的艺术境界。宗白华创造性地命之为舞："'舞'是中国一切艺术境界的典型。中国的书法、画法都趋向飞舞。庄严的建筑也有飞檐表现着舞姿。""天地是舞，是诗（诗者天地之心），是音乐（大乐与天地同和）。

---

① ［德］恩斯特·卡西尔：《人论》，甘阳译，上海译文出版社，1985年，第188页。

中国绘画境界的特点建筑在这上面。画家解衣盘礴，面对着一张空白的纸（表象着舞的空间），用飞舞的草情篆意谱出宇宙万形里的音乐和诗境。"① 宗白华没有建立一个严整的关乎中国传统美学的系统（也许志不在此），他的作为简言之即建构了以中国美学的艺术境界为核心，空间、虚实为两翼，以气韵生动所蕴含的生命之动，作为同宇宙生命大化流行为映照的一个艺术小宇宙。这一中国传统美学的范畴性的建设，是比较纯粹的。这个时段宗白华对民族命运的关注集中流露在一些编辑后语中，他致力的中国传统美学研究，相对地具有一个理性的研究心态，少了许多时代的戾气。

"自律性"是与"他律性"相对应而存在的术语，最初是康德发展起来的伦理学上的一对范畴。"自律性"指人对道德的遵从是理性的自由的，是一种自发的自我约束。后来在一些存在主义者和分析学派哲学家那里，"自律性"成了一种凌驾于个人道德规范、有选择的自我建构之上的完全的个人自主权。"自律性"范畴真正进入美学和艺术理论领域，是在现代性问题触及社会的方方面面之后发生的，并且被包夹在审美现代性当中，本身亦构成现代性的内容，如同卡西尔所说："直到康德的时代，一种美的哲学总是意味着试图把我们的审美经验归结为一个相异的原则，并且使艺术隶属于一个相异的裁判权。康德在他的《判断力批判》中第一次清晰而令人信服地证明了艺术的自主性。以往所有的体系一直都在理论知识或道德生活的范围之内寻找一种艺术的原则。"② 宗白华的学术研究，确切地说是20世纪三四十年代以艺术境界为中心的中国美学研究，不纯然是传统的一种"接着说"，而是讲求审美现代意义上的自主性、内在同传统美学迥异的现代美学建构。同时它还流露出对现存社会文化的批判，尽管没有新文化时期那么显明。由此，是否可以指认宗白华的美学思想滑向了社会功利性，沦为启蒙的单一工具？康德说启蒙的重点是人类摆脱他们所加之于其自身的不成熟状态。中国现代史的启蒙和救亡的特征是显而

---

① ［德］恩斯特·卡西尔：《人论》，第369页。
② ［德］恩斯特·卡西尔：《人论》，第175页。

易见的,在西方社会延续几百年的启蒙运动因中国社会风潮的急迫则需要立竿见影的效果。启蒙运动的理性教育人民、批判不合理制度、反封建的功能渗透在中国现代知识分子的著作、言论和行动中,而美学、艺术特有的形象性及中国诗教的移风易俗的功能,首要地受到他们的青睐,而且汇合成一种自觉的行动。从这个意义上讲,宗白华美学及艺术研究的工具维向是十分清晰的,甚至可视为审美救世主义的倾向。

三

这就提出了一个问题:宗白华关于审美的独立性和功利性构成了一个矛盾,若说这是宗白华美学思想的局限性,那么又该怎么去认识这个局限性呢?

近现代以来的中国,救亡图存和启蒙交织在一起,构成社会现实最突出的特征。由之而催生的现代知识分子,在各种主义、思潮的熏陶之下,纷纷践行着自己的救国梦。梁漱溟的新村建设,作为教育和实业综合体式样的乌托邦可视为一个样板。审美救世主义作为一个亚型方式,在知识分子圈内有一定的拥趸,宗白华、朱光潜等人走的正是这条道路。推算起来,王国维可以作为救世主义的较早尊奉者。由于国运凋敝、文化衰微,加之个体人格的悲观主义内在塑形,以及叔本华人生之悲苦哲学外在影响,他把叔本华的通过审美无利害性而达到解脱的思想引入自己的学术和生活中,展开一条微茫的自救道路。延及20世纪30年代,审美救世主义几乎成为时代的显声。宗白华、朱光潜等人痛感于民族矛盾的日趋尖锐、时局的动荡不安,而转投到人本身来思考当时的困扰纷争,认为病根出在社会的人心险恶方面,于是齐齐从民众之心着手,意欲通过审美改造人心,使民众得以生活在艺术化的生活当中,实现由净化到美化,从而人人自我救赎成功,进而达到整个社会民众的美化,于是社会问题就不期然而自行解决。对于此,他们或者发表文章直陈这一问题和提出解决办法,或者从事艺术、美学研究等潜移默化的方式实现他们的初衷。宗白华、朱光潜等人之所以醉心于此,除却时代的无比严酷等因素之外,学理上他们深受德国传统影响亦是一个不可忽略的原因。关于这一点,王元骧先生的意见值得重视,他指出,一方面,在于对席勒审美思想的局限性认识不足。席勒从资本主义生产关系所造成的人的感性和理性分裂出发,来考虑个体和类的对立所造成的社会危害性;同时在理论资源上创造性地引入康德个体和类的统一的审美思想,从而形成自己的美育思想,也就是人通过审美从感性和理性的束缚中解放出来,达到两种本性的协调统一,从而实现人的真正自由。该思想对中国近现代的美学研究者产生了很多影响,甚至可以说中国现代的美育思想即是以席勒的美育思想为蓝本发展起来的。只是在引进的同时,或许因为那个时代的严酷性所造就的"急功近利"思想,几乎没有论者对席勒美育思想的局限性有足够的警醒。其局限性在王元骧先生看来,是"他们在提出通过审美来达到个体与类的统一,实现人的自由解放的时候,都忽视了它的实践基础和前提,把现实领域内的问题也当作意识领域内的问题来探讨它的解决途径,以致他们的美学思想在理论上完全陷入到唯心主义,在政治上完全陷入到空想主义"①。由于对于席勒美学思想局限性认识的缺漏,所以受席勒影响的宗白华等人的审美救世主义思想的唯心倾向和空想性质是一目了然的。另一方面,在于对康德美学思想关于美的无功利性和美是道德的象征认识的片面性。王元骧先生指出,长期以来,我国学界对康德审美的理解已经脱离康德的原意,把二者隔离开来,造成理论和实践的困惑。为此他纠正道:"康德通过对利害性、有限性、外在性、外在目的的否定,所要论证的正是审美这种无利害的自由愉快可以使人获得'他作为一个人格的生存的存在意义绝对的价值',即'最高的善'。这就是审美'在自身里面带有的最高的利害关系'。康德把美看作是'道德的象征',认为审美可以沟通经验世界和超验世界,现象世界和本体世界,目的就是使人从现实的种种利害的关系的束缚中解放出来,而实现人的生存自由,因为这种自由不是在自然关系中而只有在道德人格中才能实现。"这种认识极富创见,无疑为探研和解决近现代中国美学中存在的问题提供了新的理论坐标。所以从这个意义上讲,宗白华美学思想中的矛盾性更多地是时代局限性的反

---

① 王元骧:《文学理论与当今时代》,浙江大学出版社,2002年,第215页。

映。当然今天讲他们的局限性不是个体的臧否,而是后来人反思历史的使命使然。

由此还可以延伸至以下问题的思考:一方面,从现代知识谱系中看待审美的独立性和功利性特征,若把它放在现代性结构中来看,可以做进一步的分化,即它作为一种独立的话语应该发挥独特的作用;另一方面,它必须与实际的人生问题结合起来,做人生的思考。换言之,审美既要同实际的人生和社会功利问题相分离,唯有如此,审美才是它自身,否则人们不能获得纯粹的审美的标准;同时,审美又不能与实际的人生问题与社会问题相分离,如果分离,审美就不能产生真正的知识社会学效应,而仅仅沦落为个人的知识独白。也就是说,审美乌托邦的建立尽管不能直接构成改变现实社会的力量,但它所搭建的理想为社会变革准备了思想基础。而片面强调审美的独立性往往带来消极的影响,它容易使人沉湎其中,失去面对社会现实的能力,只在心理上完成一种无奈的消解。宗白华美学思想在那个时代的魔咒之下,难以遁逃,故有时显得苍白无力。但宗白华美学思想的局限性是时代的局限性,是人所处的时代状况和人的历史性的体现。这种局限性的解决,或许只有期待新理论的出现,这恐怕应是当下美学所思考的问题。

(刊于《郑州大学学报》2009年第2期)

末路回光
——评王夫之美学理论的历史地位

⊙王小慎
⊙北京市委党校哲学教研部

在当今中国美学史研究中，王夫之的美学理论受到普遍的推重和赞扬，甚至有人认为它标志着中国古典美学思想发展到一个新水平。盖因其美学理论，既重视艺术的审美特性，又坚持了唯物主义哲学原则，云云。但是，如果我们不是外在地个案地看待这个问题，而是着眼于中国古典哲学美学的内在逻辑，并将具体问题放在中国传统文化发展的全过程中看待，那么关于王夫之的美学理论就会得出完全不同的结论。我们会发现，王夫之的美学理论就其实质而言乃是一个保守、没落的思想体系。

一

王夫之无疑是一位学贯古今、见解深刻的哲学家，并且具有十分敏锐的审美直觉和艺术鉴赏力。以他的学问和天赋，本可以成为中国哲学史上第一流的人物，然而事实并非如此。悲剧来自他的时代——一个悲剧性的时代——传统民族精神的悲剧。这个悲剧就是个体存在的自我意识与普遍性原则的分裂。它首先出现在道家哲学以及相继而来的佛家哲学中。一开始，人们把这种现象归咎于佛老学说虚无空寂的消极性质，误导人们放弃了社会责任和伦理规范，率性任惰，唯我独尊，于是便有程朱理学代之而起。理学继承了正统的儒家学说，同时借鉴了佛老哲学的思辨性，进而为古老的儒家伦理学提供了新的本体论证明。人们曾一度对"理"的约束个体自我意识的能力抱有坚定的信心，因为"理"是一个积极的规定性原则，并且具有强烈的政治伦理色彩。但是，这个信念还是被动摇，终于破灭了。人们发现更深层的危机乃在于"理"的绝对普遍性与人的个体意识间的二律背反。"理"由于其绝对的普遍性，必然否定个体实在性的终极意义。但反过来说，理既然是绝对普遍性的原则，它就必然普遍地存在于个体之中，因此个人的自我意识才是终极的本然。这一矛盾所产生的逻辑逆反运动便是从程朱理学到陆王心学的转变，其与玄学独化论、佛家禅宗的发生机理是一致的。不过，理学的积极规定性及在政治上的正统地位所产生的强制性质，使得矛盾更加激烈尖锐，从阳明心学到李贽的"童心说"，个人自我意识的叛离已义无反顾，终于导致整个儒家思想体系的瓦解。

同样的危机也存在于审美领域里，最早表现在诗歌艺术中。经过盛唐的黄金时代，进入中晚唐后，诗的审美意识已呈现分裂趋向，诗人情之所钟，乃在闺阁田园，"兼济之志"则成了理性思维的高调。[①] 其后千余年，重振诗风的努力，不过是复古主义、形式主义和概念化倾向的泛滥而已。宋诗宗杜而重理，于是便有"以才学为诗""以议论为诗""以文学为诗"的恶习，风格艰涩险怪而又兴味索然。明七子"诗必盛唐"而倡格调说，又以古人之"法式""格律"桎梏时人才情，致使明清以来模拟剽窃、师袭古人之风披靡诗坛。终于激得李贽、三袁一派揭竿而起，离经叛道，鼓吹"童心"，"独抒性灵"，而情理之间已势同水火，不可弥合了。

面对如此严重的局面，王夫之既无锐意维新之志，又无另辟蹊径之举，他坚守着陈旧的儒家正统观念，慨然以斥佛老、攻心学、正人心为己任。一方面，痛骂"陆九渊、王守仁之罪通于天矣"，咒骂李贽邪说"逾于洪水、烈于猛兽"，使"礼教可以不遵，君父可以不恤"[②] 云云，并且对主情派文学思潮的审美倾向嗤之以鼻，认为自"李贽以佞舌惑天下，袁中郎、焦弱侯不揣而推

---

① 李泽厚：《美的历程》，文物出版社，1981年。

② 王夫之：《读通鉴论》。

戴之，于是以信笔扫抹为文字，而诮含吐精微、锻炼高卓者为'咬姜呷醋'。故万历壬辰以后，文之俗陋，亘古未有"①。另一方面，他也深刻认识到理学之不足，对宋明以来文学理论和诗歌创作中种种陋见弊端诸如议论用事、拘泥成法等也大不以为然。如何克服这些弊端，在哲学理论上恢复个体意识与正统伦理道德规范之间早已破灭的统一？在文学领域内，重建已成以往的情景交融、物我为一、情理之间自然和谐的审美境界，这就是王夫之治学立论的初衷。可见，王夫之的美学理论就其目的而言是保守的。

二

王夫之美学理论的基本思想主要有以下三方面：

1. 以"意"为主、情景交融。王夫之所言的"意"，包含两种不同的意义。其一，是指对理性的逻辑思维，以及对名言之理的认识。王夫之反对将这种非审美意义上的"意"用于诗歌创作，故而说："诗之深远广大，与夫舍旧趋新也，俱不在意。……如以意，则真须赞易陈书，无待诗也。"②

但在另一种意义上，王夫之又主"意"，断言"无论诗歌与长行文字，俱以意为主，意犹帅也，无帅之兵，谓之乌合，李杜所以称大家者，无意之诗，十不得二也。烟云泉石，花鸟苔林，金铺锦帐，寓意则灵。若齐梁绮语，宋人挢合成句之出处，役心向彼掇索，而不恤己情之所自发，此之谓小家数，总在圈绩中求活计也"③。在这后一种意义上，"意"指的是一种审美意识。它首先具有情的意思，但并非一般的情。"夫景以情合，情以景生，初不相离，唯意所适"④，可见，"意"并不仅等于情，而是指一种情景交融的诗意。

2. "意"中有"神理"。王夫之所说的"理"，也包含两种不同的意义。

---

① 王夫之：《姜斋诗话》卷二。

② 王夫之：《明诗许选》卷八。

③ 王夫之：《姜斋诗话》卷二。

④ 王夫之：《读通鉴论》。

其一是指名言之理，即抽象的、脱离具体存在的理。在这个意义上，王夫之反对以理入诗，"诗固不以奇理为高，唐宋人于理求奇，有议论而无歌咏，则胡不废诗而著论辨也"①。

而在另一种意义上，王夫之所言的"理"又是指不脱离具体事物和个人情感的理，即他所谓的"神理"。在这种意义上，他强调：第一，诗要有理。"谢灵运回旋往复，以尽思理，吟之使人下躁之意消。《小苑》抑不仅此，情相若，理尤居胜也。王敬美谓'诗有妙悟，非关理也'，非理抑将何悟？"② 第二，理要在具体的诗意中。"以意为主，势次之，势者，意中之神理也。"③"神理"必须体现于情景交融的意境中，无意境，则理无所托；有意境，则理在其中矣，故曰"次之"。

3. 意境由"现量"得来。"神理"既然具体地存在于情景交融的诗意中，就无法以抽象的理性思维把握它，只在具体的情景交会中直接感悟到它，因此他特别强调诗歌创作的审美直觉性，名之曰"现量"。"'僧敲月下门'，只是妄想，如他人说梦……若即景会心，则或推或敲，必居其一，因景因情，自然灵妙，何劳拟议哉？'长河落日圆'，初元定景。'隔水问樵夫'，初非想得。则禅家所谓现量也。"④

综观王夫之的美学理论，其关键处则在"神理"一说。王夫之写道："情不虚情，情皆可景；景非滞景，景总含情。神理流于两间，天地供其一目，大元外而细无垠，落笔之先，意匠之始，有不可知者存焉。"⑤ 可见，在王夫之看来，"神理"乃是人的审美活动的先在根据。

王夫之认为"神理"就是宇宙万物的本然终极之理，它普遍存在于万有众

---

① 王夫之：《古诗评选》卷五。
② 王夫之：《姜斋诗话》卷一。
③ 王夫之：《姜斋诗话》卷二。
④ 王夫之：《姜斋诗话》卷二。
⑤ 王夫之：《古诗评选》卷五。

生之中，在人中之理就叫性，性感物而生情，情景交融则成诗的意境，而这种情景交融的意境却不可能凭借感官的感知活动而获得。"耳与声合，目与色合，皆心所翕辟之牖精也。合，故相知，乃其所以合之故，则岂耳目、声色之力哉！"① 在王夫之看来，情与景之所以能妙合无垠，其根本原因是心和物中都蕴含着一个共同的终极原则。"尽吾心虚灵不昧之良能，举而于天地万物所从出之理合，不知其大始，则天下之物与我同源，而待我以应而成。"② 其中所言"虚灵不昧之良能"和"天地万物所从出之理"实为一个东西，都是指"神理"而言。"神理"为物我之同源，其本身却是"清通不可象"的无限性原则，所以不能以耳目感知得来，因为感官所能知觉的只是有形有象的有限之物。但王夫之同时又强调，"神理"并不脱离具体事物而抽象存在，"不可象者，即在象中"③。对"神理"的感情也离不开感官表象活动的触发作用，"人于所未见未闻者不能生其心"④。因此，对于艺术创作来说，"身之所历，目之所见，是铁门限"⑤。但感官的表象活动毕竟只能起到一种触发作用，对神理的了悟归根结底并不是靠经验的积累和逻辑的推理得来，而是得自于心物相应、内外相合的直觉活动。这种在外物的触发下发生的直觉活动就叫作"现量"。因此，诗的意境，固然不可缺少具体的情景，但是在具体情景中却必须包含超越的无限性意蕴，"多取象外，不失圜中"⑥。这种审美性质就是神理在诗歌创作中的具体体现，王夫之称之为"势"，而所谓势也就是指"意伏象外"的韵味。

那么，如何看待王夫之的"神理说"呢？这就不免涉及对王夫之哲学理论

---

① 王夫之：《张子正蒙注》。

② 王夫之：《张子正蒙注》。

③ 王夫之：《张子正蒙注》。

④ 王夫之：《张子正蒙注》。

⑤ 王夫之：《姜斋诗话》卷二。

⑥ 王夫之：《古诗评选》卷五。

的整体评价了。因为"神理"一说与王夫之哲学的基本概念——"气"紧密相连,不可分割。"太和之中,有气有神,神者非他,二气清通之理也"①。气是宇宙万有的根本,神则是气的存在方式和运动规律,故曰"神理"。所以,王夫之的主气哲学乃是其美学思想的理论基础。综览王夫之的美学理论,其主要观点大抵重述司空图、严羽、谢榛等人的旧说,超越前贤之处正在于他所提供的这个哲学基础理论。王夫之的美学思想之所以能取重于当今,主要原因也在于此。当今中国哲学美学界普遍认为王夫之的哲学是一种唯物主义哲学,其美学理论当然也是唯物主义美学了。果真如此,确属难得。但遗憾的是此论实属误断。应该看到,中国古典哲学中的"气",与西方近代哲学的物质概念原本风马牛不相及。中国古代哲人无论如何大讲"心性""灵明"等,却从未真正达到精神的主体性意识,自然也未及辨明心物双方各自独具的特殊规定性。中国古代哲学所关注的始终是一般与个别、无限与有限之间的关系问题,它的所有基本哲学概念的提出莫不以此为中心,"气"之说亦复如是。"气"作为中国哲学史上最早出现的宇宙本体概念,因其初始性而不免具有一种不成熟的含混性质,既虚且实:既有形而上的普遍性,又有形而下的实有性;既有规定性,又无规定性。因此,"气"这个概念,虽早已出现,却从未形成一个可与佛老、理学比肩抗颜的主流学派。它或者是在成熟的哲学体系中,比如在老庄哲学和程朱理学中被当作第二性的概念,被当作质料因而非终极因;或者是作为第一概念而出现于两大哲学思潮的过渡环节中,比如,张载的哲学。张载的哲学理论是儒家哲学的不成熟形态,是程朱理学取代佛老学说的先导。张载认为,"气"的实有性可以克服佛老学说虚空寂的消解作用,以气为宇宙之本体,能够对个体存在,特别是个人的自我意识发挥更强的控制作用。但问题恰恰在于,气正是由于它的"以器言""有方所"的实有性,在作为本体论第一原则所必具的抽象性和无限性上尚有所欠缺,所以二程才提出了"理",因为"理"不仅比"气"更具有本体的无限性和概念的抽

---

① 王夫之:《张子正蒙注》。

象性，并且还具有比气的概念更明确的规定性，"天下无实于理者""惟理为实"①。可知程朱理学之取代张载关学而为儒家哲学之高峰，实乃逻辑之必然。（此一哲学发展过程若参证古希腊哲学的原子论与理念说之消长，则相得益彰）然而，"理"也正由于它的抽象性和无限性而成为超越于个体存在之上的、否定个体价值的绝对观念了。于是在宇宙本体与具体存在、共性原则与个性意识之间就划出了一条不可逾越的鸿沟，终于使理学成为僵死的教条，从而陷入比佛老哲学更为困难的绝境。如何使"理"摆脱它的抽象性，这就是试图重振儒家正统哲学的王夫之所必须解决的问题。但遗憾的是，在儒家哲学已经走到自身逻辑演化尽头的情况下，王夫之纵有千里之志、万里之才，也只能返驾回程了。于是他的目光从未来转向过去，越过程朱，回溯到张载。王夫之发现"气"的概念，由于其逻辑的含混性质，能够维持共性与个体、抽象与具体之间的统一状态，于是便以为找到了对症的良方，认为只要以气为本，理在气中，则社会的伦理规范与个人自我意识之间的原始和谐便可恢复；变名言之理为气的"神理"，则审美领域中情理的分裂也可弥合了。这就是王夫之解决问题的方式，这个解决方式显然是反历史的。

三

然而问题并没有解决。气作为被"理"所超越的哲学范畴，是不可能解决理学所面临的逻辑困难的。因此，王夫之的美学理论终不免下述结果：

第一，由于基本概念的含混性质所导致的理论体系的内在矛盾，必然使其理论本身陷于两难的困境。王夫之以为用"神理"取代名言之理便可弥合情理的分裂，达到心物、情景的完美统一。殊不知，神自为神，理自成理。理之为理，必须具有确切的规定性；神之为神，却一定是虚灵而无可规定的。正如王夫之所自言"未聚而虚，虚而能有，故神"，"自其变化不测，则谓之神"②。是故，神则非理，理则非神，二者原不能兼容于一个概念中。变名言之理为

---

① 张岱年：《中国哲学史大纲》，中国社会科学出版社，1982年。

② 王夫之：《张子正蒙注》。

"神理"，王夫之虽然慨然以"辟佛老以正人心"为己任，但他的美学理论实际上却是在儒家之理的幌子下贩运佛道美学思想的旧说，与司空图、严羽等人的诗歌理论一脉相承。故其门人弟子王士禛，干脆存神而去理，标举"神韵"，自立门户，实在是深得师学之三昧，而诗道又不免佛老空寂之蔽了。于是便有翁方纲出来，去神而存理，倡"肌理"之实，以救"神韵说"之虚，而学问考据又成诗道之大害了。

第二，对他所深恶痛绝的李贽、袁中郎等人的"离经破轨，率尔之谈，调笑之说，咒咀之恶口"①，王夫之也拿不出什么一剑封喉、克敌制胜的绝招来。他的美学理论虽以儒家"主气说"为哲学基础，但其主要思想却是佛老一派美学理论的继承。而从"自足其性""任性直通"的道家玄学，特别是从"明心见性""见性成佛"的佛家禅宗旁通阳明心学、李贽"童心说"及三袁之"性灵说"，原本轻车熟路、半步雷池而已。所以尽管王夫之对李、袁等人的学说主张及审美倾向痛心疾首，破口大骂为"真庄子所谓'出言如哇'者"②，性灵派一方倒处之泰然，颇有君子风度。清代袁枚提到王夫之的高徒王士禛时从容言道："不相菲薄不相师，公道持论我最知。一代正宗才力薄，望溪文章阮亭诗。"③ 和平共处的礼貌安详中，难掩满不在乎的轻蔑揶揄，而王士禛之所以标举"神韵说"却原是秉承师意，要"以大音希声药淫锢习"④ 的。王夫之九泉有知，情何以堪？

这便是王夫之美学理论无可奈何的结局。它标志的不是中国古典美学思想发展的新水平，而是儒家思想体系无可挽救的没落。

（刊于《郑州大学学报》2003年第4期）

---

① 王夫之：《古诗评选》卷五。
② 王夫之：《姜斋诗话》卷二。
③ 袁枚：《仿元遗山论诗》。
④ 郭绍虞：《中国文学批判史》，上海古籍出版社，1979年。

王阳明"万物一体说"及其对当代美学的启示

⊙张 辑 李冬妮
⊙复旦大学哲学系

王阳明哲学的特点是质疑朱子,提出心学思想。"致良知"是王阳明哲学的核心命题之一。"万物一体说"与"致良知"的形成有密切关系,它是理解"致良知"乃至理解王阳明哲学的关键之一,对理解和发展当代美学也有着启示作用。

一

王阳明的思想经过几次大的变化,这一点没有争议。如何划分变化期有不同说法。仅在龙场悟道之前,就可以分好几个阶段。如果从心学理论的内在逻辑关系看,笔者倾向于将王阳明心学思想历程分为三个阶段,三个关节点分别是:龙场悟道、平藩明道、天泉证道。

龙场悟道之前,王阳明曾按朱熹居敬持志、循序渐进的方法,遍求朱熹遗书苦读深思。探索十几年,他始终没有找到物我关系这个基本哲学问题的答案,"物理吾心终若判而为二也"。这使得他对朱熹哲学产生了怀疑。谪官龙场,居夷处困,身陷险恶,一来身体与精神都必须靠自己主观能动努力才能维持;二来远离是非,有更多时间反思过去的探索;三来自觉和不自觉地超脱于得失荣辱,进而超越生死之念,对世界的终极意义问题有可能达到更深刻的思考。于是王阳明"恍然有悟"①。《年谱》记其所悟:"始知圣人之道,吾性具足,向之求理于事物者误也。"龙场悟道,王阳明由朱熹的"心存理"走到了"心即理",实现了重要的哲学转换,心学体系基本形成。②

平藩指平定宁藩之乱。平藩可以说是王阳明事业功绩的顶峰。江西各地至今流传着许多王阳明平藩的传奇故事。但他的成功没有带来应有的肯定和名禄,反而因内官陷害而落入空前的危机。与龙场悟道类似,困境促使他做更深刻的哲学沉思,其结果是以"致良知"来概括自己的心学。用他自己的话来说,是"某于此良知之说,从百死千难中得来"③。他在这一时期给弟子邹守益的信中写道:"近来信得致良知三字,真圣门正法眼藏。……譬之操舟得舵,平澜浅深,无不如意,虽遇飓风逆浪,舵柄在物,可免没溺之患矣。"④ 王阳明这时已把"致良知"作为自己思想的核心。

天泉证道发生于王阳明晚年。钱德洪与王畿两位门人对阳明学说有不同理解,在王阳明赴广西之任前夕就证王阳明于天泉桥。天泉证道时,王阳明嘱咐两位弟子:"以后与朋友讲学,切不可失了我的宗旨:无善无恶是心之本体,有善有恶是意之动,知善知恶是良知,为善去恶是格物。"⑤ 天泉证道是王阳明对自己一生思想的总结:"我年来立教,亦更几番,今始立此四句。""二君以后再不可更此四句宗旨。"⑥ 虽然四句教并非天泉提出,但天泉证道将四句教强调为王学宗旨。心学形成和发展的三个阶段,也是"万物一体说"的形成演变过程。或者说,"万物一体说"的形成和演变,是心学形成和演变的一部分,因而也是理解阳明心学必不可少的环节。

---

① 王阳明:《王阳明全集》,上海古籍出版社,1992年,第240页。

② 朱熹:《朱子语类》卷十三。

③ 王阳明:《王阳明全集》,第1297页。

④ 王阳明:《王阳明全集》,第1278~1279页。

⑤ 王阳明:《王阳明全集》,第177页。

⑥ 王阳明:《王阳明全集》,第1307页。

据《年谱》，王阳明正德三年春至龙场，时年37岁。正德七年41岁时，与徐爱同舟归越。《传习录》首卷徐爱所记先生之言应不晚于龙场悟道。其中记有一段对话：

> 爱曰：爱昨晓思格物的物字即是事字，皆从心上说。
>
> 先生曰：然。身之主宰便是心，心之所发便是意，意之本体便是知，意之所在便是物。如意在于事亲，即事亲便是一物；意在于事君，即事君便是一物；意在于仁民爱物，即仁民爱物便是一物；意在于视听言动，即视听言动便是一物。所以某说无心外之理，无心外之物。

王阳明肯定物字即是事字，显出与朱子学说的区别。朱熹的《太极图解》等思考的是与宇宙生成、万物本原等有关的问题，并由此出发推演宇宙模型或世界结构。王阳明对这些问题不那么关心，他的思路在于这个世界是属人的世界。沿这个思路，物，不尽是与人对举并称的外部世界、人的活动，即事，也是物。此外，物字即是事字，"无心外之事，无心外之理"，也就是贝克莱的"存在即被感知"。贝克莱在《人类知识原理》中说，我写字用的这张桌子所以存在，只是因为我看见它，摸着它。作为"事"的"物"，不限于甚至主要不是由人确定的实体，它本身可以包含以人心为本的人的活动。物理与"吾心"的统一首先在于将"吾心"的对象"物"，代换为与主体活动息息相通的"事"，物理已不再是与人无关的物体的定理。

但从心物关系的方向来说，这一时期王阳明主要强调心对物的涵盖。《传习录》上卷记薛侃由去花间草而设问，王阳明回答说："天地生意，花草一般，何有善恶之分？子欲观花，则以花为善，以草为恶；如欲用草时，复以草为善矣。此等善恶，皆由汝心好恶所生……"①

花草为物，本无善恶。物的善恶，由人心好恶所生。这里仍然不涉物的定理，只是以人的价值标准去赋予物善恶性质。人心也没有善恶，人心的善恶却

---

① 王阳明：《王阳明全集》，第29页。

不由花草之物赋予,"只在汝心循理便是善,动气便是恶"①。心物关系是单向度的。"物"作"事"解时,同样如此。徐爱对"无心外之事、无心外之理"提出疑问,王阳明回答:"心即理也。此心无私欲之蔽,即是天理,不须外面添一分。以此纯乎天理之心,发之事父便是孝,发之事君便是忠,发之交友治民便是信与仁。"② 心自身完满,同时向外建构一个伦理化的世界。这种建构活动是单向的。单向建构隐含一种可能,即心的无限扩张。推到极致而言,由于物理可能消解,物理与吾心仍然不是统一的关系。平藩明道,王阳明的思考包括这个问题。

二

从《年谱》上看,王阳明49岁平藩,此后的遭遇使他明确地用"致良知"来概括自己的心学。《答顾东桥书》为王阳明54岁时所写,时年为嘉靖四年,已在平藩明道之后。书中写道:"夫物理不外于吾心,外吾心而求物理,无物理矣;遗物理而求吾心,吾心又何物邪?"在这里,对象与心相互建构。心仍然为体,但心体离不开外物。物理在吾心中,求物理不能外吾心。而离开物理,吾心便不知为何物,心体的作用无法展开。在另一个著名的例子里,王阳明具体表述了这种关系:

> 先生游南镇,一友指岩中花树问曰:"天下无心外之物,如此花树,在深山中自开自落,于我心亦何相关?"先生曰:"你未看此花时,此花与汝心同归于寂。你来看此花时,则此花颜色一时明白起来,便如此花不在你的心外。"

"一时明白起来""同归于寂",说得甚为巧妙。

借现象学的概念来说,尽管外部的知觉认为事物本身具有存在的特性,但外部知觉中的事物的被给予性不是绝对的。存在的考察不能从直接的被给予性

---

① 王阳明:《王阳明全集》,第29页。
② 王阳明:《王阳明全集》,第2页。

出发，而恰好要扬弃直接被给予性。这种扬弃的过程就是化对象为意识的过程。不看此花时，花在人的意识之外，超越了直接被给予性，对人没有意义。来看此花时，对象的自在性没有改变，在人的意识世界中花的直接被给予性呈现出来。王阳明类似地区分了直接给予性与作为存在的事物本身那种绝对给予性。但与现象学不一样，他不考察超验存在。人物不相接时，同归于寂，不涉存在，人心无法展开；人物相接，明白起来，只是对象的外在形态在人的意识中明白起来，二者构成一个意义世界，对象仍然自在地存在。因此，从一定意义上来说，心的作用能否展开、如何展开，依存于对象。龙场悟道时那种单向的心外无物，此时拓展为心物的双向建构。

意义世界的双向建构，并非本体论意义上的生成。因此王阳明不会遇到贝克莱的困难，不需要像贝克莱那样设定无限精神实体来保证事物存在的连续性。但他也需要找到心物统一的基础，使心外无物成为可能。平藩明道之前，单向关系下，他的解释是"意未有悬空的，必着事物"①。为什么必着事物？平藩明道后，他解释为天地万物原本不能分离，双方互通共存："人的良知，就是草木瓦石的良知。若草木瓦石无人的良知，不可以为草木瓦石矣。岂惟草木瓦石为然，天地无人的良知，亦不可为天地矣。盖天地万物与人原是一体，其发窍之最精处，是人心一点灵明。风、雨、露、雷、日、月、星、辰、禽、草、木、山、川、土、石，与人原只是一体。故五谷禽兽之类，皆可以养人；药石之类，皆可以疗疾：只为同此一气，故能相通耳。"② 那么"致良知"也是一个合心物为一的过程。"故曰：致吾心之良知者，致知也。事事物物皆得其理者，格物也。是合心与理而为一者也。"③ "致良知"的基础是心物合一。"致良知"的道路是格物。

---

① 王阳明：《王阳明全集》，第91页。
② 王阳明：《王阳明全集》，第107页。
③ 王阳明：《王阳明全集》，第1294页。

三

如前所述，天泉证道几乎是王阳明生前最后一次正式论学，四句教宗旨是他一生的总结。因此，天泉证道的思想是在此前几年逐渐形成的。四句教由心之本体直说到格物，由心到物统一于格物致良知。钱、王两人对心体善恶有不同理解，因而对致良知的过程有不同解释。王畿理解，心无善恶，那么一悟本体，即是功夫。钱德洪则认为，心虽无善恶，但人有习心，功夫应当在于回复心性。王阳明认为，仅从本体入，容易流于空寂；过于强调自功夫进本体，则易于失去为学头脑，因此钱、王"二者之见正好相取，不可相病"①。但从这段话的上下文看，王阳明似乎有所偏重。他认为，除少数利根之人可以直接进入心体外，大多数人蔽于习俗，须得多用功夫。

这是阳明一生坎坷的痛切体会。前面已经提到谪官龙场和平藩后受到不公正待遇。官场不利，他的学术也遭贬。平藩明道后，阳明心学影响日大。嘉靖三年，即公元1524年，也即天泉证道前三年，中秋月夜，王阳明与弟子百余人聚会于碧霞池畔，击鼓泛舟，饮酒咏唱。他感而即兴作诗，其中有句："肯信良知原不昧，从他外物岂能撄。老夫今夜狂歌发，化作钧天满大清。"② 此时，心学因不入主流正遭诋毁，王阳明唯有抱定心中良知发狂歌，同时又渴望社会、国家作为群体而"致良知"，向往个体间的相互理解。这使天泉证道后他的心物统一双向建构基础上的"致良知"升华为"万物一体"的圣人之心。天泉证道前后他反复阐述了这个思想。全集第1301页《答聂豹书》写于嘉靖五年，即公元1526年，为天泉证道前一年。书中写道："夫人者，天地之心；天地万物本吾一体也。……世之君子惟务致其良知，则自能非，同好恶，视人犹己，视国犹家，而以天地万物为一体，求天下无治不可得矣。"《答顾东桥书》写道："夫圣人之心，以天地万物为一体，其视天下之人，无外内远近，

---

① 王阳明：《王阳明全集》，第117页。
② 王阳明：《王阳明全集》，第786页。

凡有血气，皆其昆弟赤子之亲，莫不欲而教养之，以遂其万物一体之念。"可见，到天泉证道前后，阳明的"致良知"由平藩明道时以个体道德修养为主，扩大指向天人群己关系。仍然是"致良知""万物一体"，体现的是更高的理想之境。个人得失融入天下治乱之大事，这是更高一层意义上的"万物一体"，值得以成圣为毕生理想的王阳明向往之。《答聂豹书》中他满怀激情地写下："今诚得豪杰同志之士，共明良知之学于天下，使天下之人皆知自致其良知，一洗谗妒胜忿之习，以跻于大同，则仆之狂病，固将脱然以愈，而终免于丧心之患矣，岂不快哉！"① 这种心物一体的境界，使王阳明个人自幼抱定的成圣理想，由个人道德修养升华为良知流行、天下大治的政治理想。哲学沉思，与其一生未离的入世济世、"爱山仍恋官"得到统一。当时不入传统儒学主流的心学，与朱熹等人代表的正统儒学那种向群体的仁教思想也得到了统一。正是因为这种"万物一体"的境界，王阴明的学说逐渐得到承认，他死后也诏赠新建侯，谥文成公。

从龙场悟道心体向物的涵盖，到平藩明道心物双向建构意义世界，再到天泉证道前后万物一体，心学由心走向心物一体、万物一体。将心物统一移向意义世界，阳明心学避开了心学难免遇到的本体论、宇宙生成论困难。将本体引向道德，同时避免了心的无限度扩张所致的另一性质的困境。阳明之后，李贽创"童心说"。李贽所说的"童心"是初生婴儿未受外界影响的真心。王阳明确认为心之本体无善无恶，"人心本体原是明莹无滞"②，"致良知"便是明尽本性。李贽承王学，认为保持童心才能致良知，高扬主体情感大旗。明清之际启蒙思想家们用王学反传统精神张扬个性。但中国自王学之后始终没有出现过有影响的过度张扬主体性，从本体论、宇宙生成论上扩张主体使之涵盖万物的学说。这与王学自身的特点有关，尤其与阳明"万物一体"理论有关。

王阳明的"万物一体"，构筑的是伦理意义的世界，得到的是价值评价。

---

① 王阳明：《王阳明全集》，第1302页。

② 王阳明：《王阳明全集》，第117页。

审美的世界里得到的也是价值评价。伦理与审美的天然联系，使王阳明"万物一体说"富于美学启示。综观当代中国美学，20世纪50年代大讨论时以美的本质问题为焦点，形成了主观派、客观派、主客观统一派和美的形式与规律相统一等流派。20世纪80年代美学热，开始时重拾50年代旧说，至80年代末90年代初美学开始退热，马克思《1844年经济学-哲学手稿》的价值得到再认识和充分肯定。这时比较普遍的说法是实践基础上人的本质力量的对象化。20世纪90年代末，经过几年的沉寂，美的本质话题再度被提起。

美的本质的问题为什么如此困难？

追问本质，探究"为什么"，原是西方文化的习惯。这种方式适合认识物理、揭示物的定理。在主客体、心物等双向建构的价值世界中则会遇到极大的困难。王阳明搁置自在的本体，就人论物，是中国式的对"什么样"的关注，适合描述双向世界。周敦颐、朱熹等人谈天和理，构造一个有序的依次决定的世界模式。不论他们的理论是否科学，探究的却是世界本体。但是，一旦他们依儒学传统将世界的本根与伦理问题交织在一起，立刻就会遇到困难。儒学关心的是世界的伦理秩序，最终要解决的是治国平天下，王阳明直接将万物的本原伦理化，避免了理论上的困难。

审美和伦理一样，本质追问会因价值的参与而失效。当本质追问依其本性向自在存在物逼近时，价值判断对象还停留在与主体双向建构的意义世界里。哲学不可回避本质审问，但至少要将本质与其他问题区分开来。这是阳明"万物一体说"的启示之一。

"实践基础上的人的本质力量的对象化"，核心概念之一是对象化。对象化意味着涉及的要素分置主客体两端，主体向客体运动。这是主要方向。客体展示自身的存在条件，被动地接受选择，接受主体的对象化，打下主体的烙印，成为主体力量的感性显现的承担者。主体向客体的运动，可能是实际的改变，例如说以活动改变客体的物理存在形态。客体向主体的运动，自身本在存在不动，只是相对主体的意义有所改变。因此对象化说到底还是一种单向的运动，而且对当前审美来说，是一种过去完成时态，不参与构成当前物我审美关系。

是否有过人的本质力量（这也是一个需要推敲的概念）对象化，与审美的发生没有直接的决定关系？有了，不在审美中时，"同归于寂"；有了，在审美中未必"一时明白起来"。

对象化有不同情况，或者是改变对象存在状态，或者是改变对象与人的关系。改变存在状态的说法，因大量存在人无法改变也未曾加以改变的对象，因而不得不以对象在人的生活中占有地位来说明。这实际已经倒退到另一种情况，即改变对象与人的关系。在这一种情况中，所谓的对象化不影响对象的自在的存在，只是赋予对象以意义。我们似乎看到阳明的心物意义世界双向建构。

朱光潜先生在审美主体与客体之间找答案，可惜被中国当代美学唯心唯物准绳捆绑，着力论证审美对象（非审美关系中的那个自在的存在物）的客观性，弄得很复杂，却没有真正解决问题。王阳明将心定义为伦理实体，通过意义世界的双向建构走向万物一体，思路很值得细思。只是中国美学史研究对阳明心学的忽略程度，令人遗憾。

（刊于《郑州大学学报》2001年第1期）

家园何以可能?

——海德格尔晚期美学思想论纲

⊙郭文成
⊙东南大学艺术学院

近年,中国美学界关于生态—景观—环境问题的讨论非常热烈。一般而言,自然已经分为生态、景观和环境三个方面,由此衍生的门类美学被称为生态美学、景观美学、环境美学。在此,笔者也想从海德格尔的视域对此问题进行探讨,即试图阐明海德格尔晚期美学思想中大地、诗意与居住的本性何在,何谓诗意地居住等关键问题。通过上述深思,海德格尔思想把我们带上还乡的美学道路。

一、海德格尔晚期美学思想的问题视域

海德格尔思想的独特性在于他的思想不同于所有哲学中的"主义",如叶秀山认为海德格尔和存在主义都源于胡塞尔的现象学,也都肯定"实存性"的意义,但海德格尔的确是与一切的"主义"背道而驰的。[①] 海德格尔关注的只是思想自身的命运,此命运即存在对人的召唤。因此,海德格尔批判了柏拉图以来的形而上学传统,同时他也追溯到古希腊前苏格拉底时期的源头之思想,甚而在东方智慧中寻找另样的启示,如老庄、禅宗思想,从而建立起海德格尔自己的思想。但这又是一条怎样的道路?它是一条神奇的道路,偏偏后退才能

---

① 叶秀山:《无尽的学与思——叶秀山哲学论集》,云南大学出版社,1995年,第108页。

前行，此前行是行到最邻近处，这邻近带我们退到开端处。而思考中持久的因素正是上述"蜿蜒的道路"。他相信，一切哲学探索必迂腐而不合时宜，因为哲学要么远远超出当今，要么把当今回复到开端，从而把时代置于自己的准绳之下。他认为我们思想的巨大危险之一恰恰是它不再真正地、原初地指向传统。

海德格尔认为，技术—科学文明时代自身隐藏着对自己的根基思考甚少的危险，且此一危险与日俱增：诗、艺术和沉思的思想物已无法经验自主言说的真理，这些领域已被作贱成支撑文明大工厂运转的空泛材料。它们原本自行宁静流淌着的言说在信息爆炸的驱逐下消失了，失去了它们古已有之的造形力量。为此，一种思想的出现绝对必要，这种思想决心使古老的基本追问更具有追问性，让这些古老的基本追问穿越逝去的时代，恒新地闪烁在此一穿越的狂风暴雨中。受此一目标趋策的对后物理的阐释就不可能停留在旧有的对上帝学说、世界观和人论的无谓辩论上，而是把技术—科学文明世界化的存在论地基摆入沉思的地平线中。为此，在技术—科学文明世界化的整体面貌中，较后露面的现代技术布局并不是近代科学的结果，甚至也不是近代科学的应用，或者说近代科学已经被现代技术深藏不露的本质规定好了。这再次说明在工业时代有一种独一无二的方式，依此一方式，存在者之存在起支配作用。在把包括人在内的一切存在者都进行绝对设定的存在规定的意义上，或许可以说，现代文明的世界化已经进入划时代的存在命运的终局。因此，首先按其来历寻索出它的危险，然后洞察出它的整个幅度是必要的。但这就要求做到把存在作为存在来追问，追问存在的存在其所以存在。在思想的道路上，当今时代的人也许能被带到此存在更高的可能性前，一种人自己不能任意摆布的可能性，然而也离不开受存在惠赐之人的追问之思想的行动的护佑。

无疑，当今时代仍然是一个技术时代，按照海德格尔的说法即是一个无家可归的时代。无家可归就是家园的丧失，由此人不能回归于它，也不能来源于它。在这个无家可归的时代，如何沉思家园并找到还乡的道路？这便是我们去追寻海德格尔思想道路的主要原因。

二、海德格尔晚期美学思想的界定

一般来说,海德格尔的美学彰显的是现代美学的本性。这里的现代是狭义的现代,"指从后黑格尔到海德格尔为止。这里不仅排除了理性问题,而且也排除了语言问题,惟有存在问题"①。在此,存在成了根本性的规定。但海德格尔晚期思想有一个重要的语言转向,这意味着他的思想由现代开始指向后现代——他关注的是人的本真生存。它既不同于中国古典的"美学",也不是古希腊意义上的"诗学",还不是所谓的诗化哲学或者艺术哲学,而是与生存环境密切相关。

在此姑且把海德格尔的美学分为三期:早期基于在世界之中的此在的理解,阐释了语言的意义,这为解释学美学提供了哲学基础。中期鉴于存在历史的真理的发生考察了艺术作品,认为美或艺术是真理自行置于作品。由此,美即为存在的显现。晚期在对于纯粹语言倾听这一背景中形成了思想与诗歌的对话,诗意作为纯粹语言那里的接受尺度,能给死者指明一条道路,于是人能诗意地居住在此大地之上。② 由此可见,海德格尔早期的问题可以概括为:此在如何可能?海德格尔试图显现世界的本性,而世界是此在的世界,此在规定了世界。这里的此在指的是人的存在,而"对于诸神我们来得太晚,对于存在我们来得太迟。存在在开端的诗篇为人"③。海德格尔中期的问题是艺术、美、诗如何可能?此时海德格尔转向历史性的解释,这个历史性是存在的历史性,因而是存在的命运。而存在不仅自身去蔽,而且首先自身遮蔽。因此,存在的真理就是自身遮蔽的林中空地。那么,如何通达存在的真理?海德格尔选择了艺

---

① 彭富春:《现代与后现代思想——评19世纪下叶到20世纪末期西方美学的两重边界》,《西南民族学院学报》(哲学社会科学版) 2000年第3期。

② 彭富春:《无之无化——海德格尔思想道路的核心问题》,上海三联书店,2000年。

③ 宋祖良:《拯救地球与人类未来——海德格尔后期思想》,中国社会科学出版社,1993年,第163页。

术和诗作为突破口,这种追问不是美学意义上的,也不是艺术哲学式的,因为它所寻求的只是存在的真理。由此,海德格尔选取了荷尔德林作为自己的知音。在荷尔德林那里,诗的意义就是诗的本质。晚期海德格尔美学的焦点在于:家园何以可能?换言之,诗意地居住何以可能?在此,海德格尔的美学显现在与传统美学、现代美学和后现代美学的区分上。这里的传统指的是古典哲学的,它包括古希腊和近代这两个时期,其根本的规定在于理性。无论是古希腊的美学,还是近代的美学及艺术哲学,它们都为理性所规定。在古希腊,当然这是指苏格拉底之后的古希腊,诗被柏拉图从"理想国"中驱逐出去。哲学家柏拉图战胜了诗人柏拉图,从而拉开了西方思想史上思想与诗分离的序幕。但在另一个古希腊,即苏格拉底之前的希腊,思想仍是存在的思想,这是整个西方思想的源头所在。而到了近代,鲍姆加通意识到理性本身的局限性,提出了建立一种感性认知的科学,这便是美学的诞生。但此时的美学依然是被理性所规定,它试图与理性分庭抗礼,但感性与理性的区分及统一决定了美学最终还是归属于理性。正是基于此,黑格尔将他的美学称为艺术哲学,只是以"美学"称呼而已。当然,海德格尔美学中有传统的因素,但他继承的传统不是理性的传统,他的思想源于前苏格拉底时期的希腊思想。在那时,并不存在所谓的美学、艺术哲学,只有关于存在的美学。这种美学关注人的生存,因而最终是存在之思想。由此,作为现代思想的海德格尔美学不仅不是传统美学、艺术哲学,而且实质上成了反美学和反艺术哲学。因为美学所理解的诗意作为创造是给予尺度,也即理性给予存在一个尺度。与之相反,现代的诗意作为倾听是接受尺度,也即思想接受存在所给予的尺度。而艺术哲学作为艺术的哲学,始终建立在对于哲学一般理解的基础之上,也即将哲学看作世界观和方法论。由此,艺术哲学与传统哲学是共生的。同时,现代美学不再基于传统美学的"我感觉对象",而是基于"人生于世界"。在此不再是主客体的二元分离与综合,而是人与世界本原的合一;不再是我设立世界,而是我经验存在。而现代美学将美的本性置于存在的基础,这种从理性到存在的转变是现代美学从传统美学分离的根本性标志。在这个意义上,海德格尔美学的主题、对象、方法等均与其他美学不同，虽然他也把诗、艺术作为对象，但他并不是仅仅在说诗与艺术，而是在探讨存在问题。

总体而言，海德格尔晚期美学思想的核心仍是存在问题，而从环境美学的视角来看，这一问题也可以表述为：人在大地上诗意地居住。宋祖良认为，海德格尔用问题代替了《存在与时间》中的"存在于世"的问题。

三、如何探讨海德格尔晚期美学思想

众所周知，探究海德格尔思想是一件很困难的事情。乔治·斯坦纳认为，对海德格尔的理解存在很多障碍，比如资料上的丰富性、语言上的鸿沟等。[①] "在某些圈子里，人们对海德格尔的命题的魅力和神秘性质加以审美化的欣赏，这并不是对这位思想家的真正的哲学态度；有些人则在海德格尔的非常规的说法和想法中只能够看到思想的模糊、不严肃，并且采取了恼羞成怒的态度，这同样也不是一种真正的哲学态度。"[②] 只有克服了各种偏见和误解，才能切近真正的海德格尔思想本身。

海德格尔晚期美学思想的核心主题可以从三个方面进行探讨：

一是科技之追问，其任务在于给出海德格尔晚期美学思想的出发点。与此相应，世界是海德格尔思想的出发点，而在其思想的晚期，世界显现为一个语言的世界。在此世界之中，语言规定了思想，最终显现为林中空地。但此世界在现实中表现的却是一个科学的世界。因为对于海德格尔而言，这样的世界里科学伟大而哲学、思想渺小，由此科学在根本上改变了世界，使得世界日益成为一个科学的世界。但问题在于科学的世界遗忘了世界的本性，同时使人也日益远离它的本性。那么，科学以及科学的力量何在？由此，技术作为科学世界

---

① [瑞士]奥特：《从神学与哲学相遇的背景看海德格尔思想的基本特征》，海德格尔等《海德格尔与有限性思想》，华夏出版社，2002年，第10~22页。

② 彭富春：《现代与后现代思想——评19世纪下叶到20世纪末期西方美学的两重边界》，《西南民族学院学报》（哲学社会科学版）2000年第3期。

背后隐秘的力量凸显出来。在海德格尔看来，技术的本性显现为去蔽，而在现代世界中，它表现为构架。此构架又在根本上改变了人们对于世界的看法，由此它获得了无与伦比的"统治地位"。因此危险也就随之而来，技术让人越来越远离它的本性。但拯救的力量何在？海德格尔将目光投向了与技术同词源的艺术。

二是诗意之显现，其旨在展现海德格尔晚期美学思想的主要道路。这就是从艺术到诗再到语言。但为何是这一道路？如何走上此道路？此道路在何种意义上成为其美学思想？具体到海德格尔晚期的思想文本，海德格尔所主张的艺术在何种意义上克服技术的危险？基于此，海德格尔对艺术的三个判断指引我们前行：（1）艺术作品设立世界；（2）艺术为历史奠基；（3）艺术的本性是诗。这里需要明确，什么是海德格尔所说的诗？这种诗在何种意义上比艺术更本原？基于此，语言是诗的本性而成为艺术和诗的规定。那么，什么是这里的语言？这种语言在何种意义上成为艺术和诗的规定？以此，我们聆听语言的本性并以语言为家园。

三是居住之生成，其阐明的是海德格尔晚期美学思想的旨趣。海德格尔晚期为什么要注重世界、科学与技术、诗的探讨，以及由历史性转向语言性？这不是其他，而是对于家园的向往，即我们常说的乡愁。由此海德格尔代表人们询问：在一个技术时代，思者何为？海德格尔认为，作为思者就要去思考：什么是居住的本性？思想又如何通达家园？在此沉思中，家园向思者生成。

综上，海德格尔晚期美学思想属于现代思想。现代思想关注的存在问题实际上是为人找到家园，但此家园不是现在的，而是未来的，因此它成了现在人的规定。但这家园是否存在？答案仍在提问之中。尽管后现代干脆否认了家园的存在，但这并非是思考的终结，而是刚上路。在这条通向家园的道路上，作为诗意的语言依旧指引着我们前行。这表现为一条还乡的道路，而其本性是一条美学的道路。

（刊于《郑州大学学报》2013年第6期）

比较美学语境中的中文"美"字与中国美学之特色

⊙张 法
⊙浙江师范大学人文学院

美的观念,首先从"美"字中体现出来。萨堤威尔(Crispin Sartwell)在其《美的六个名字》一书中,呈现了六种文化中不同的"美"字所蕴含的不同词义:英语中的 beauty 是围绕着渴望而来,希伯来语中的 yapha 是围绕着生长和繁盛而来,梵语中的 sundara 是围绕着神圣而来,希腊语中的 tokalon 是围绕着理念而来,日语中的 wabisabi(侘寂)是围绕着谦卑和求缺而来,印第安纳瓦霍语(Navajo)中的 hozho 是围绕着健康与和谐而来。六种文化的"美"字,显示了不同文化的美的特点。同样,中文的"美"字,也有中国文化独特的内蕴,并由之突显了中国美学的特色。

一、中文的"美"字:起源、词义、特点

中文的"美"字,最早出现在甲骨文和金文之中。按照《说文解字》:"甘也。从羊从大。羊在六畜主给膳也。美与善同义。"这里包含了三层意思:一是从本质上是味美(甘),再由味美到一般的美。从这里可以想到:为什么中国远古文化里,饮食之器、彩陶和青铜如此普遍和辉煌并成为礼器?后来青铜九鼎成为王朝的象征符号,而"神嗜饮食"(《诗经·楚茨》)成为中国上古之神不同于其他文化之神的鲜明特色,朝廷与家庭的宴请在中国文化中占有重要的地位。二是从起源上与羊和大相关。这里的羊不仅仅是羊肉,而且是远

古之时中国西部以羌为名号的众多的牧羊部落,而羌的一支姜进入中原,成为华夏的重要组成部分,三皇中的神农、五帝时的炎帝皆为姜姓。禹兴起于西羌,商的主要对手是羌,姬姓的周与姜姓的太公望联合,使西方的周成为中央王朝。而大,则为远古巫师型领导人。上古领导的力量来源于天,因此,孔子说"惟天为大"(《论语·泰伯》)。上古领导因效法天而成为大,因此孔子说:"大哉,尧之为君也。"(《论语·泰伯》)庄子也讲:"夫天地者,古之所大也,而黄帝尧舜所共美也。"(《庄子·天道》)大,具体为上古仪式中的巫师型领导人。而在以羊为名的羌姜部落,仪式中的巫师型领导人则体现以羊为装饰的大人。大羊为美,实则羊饰之大人为美。中国上古时期的大人,除了来自西方的羌姜为羊饰之人,还有东南西北各类不同装饰的"大人"。大皋、少皋以太阳为饰,如翟、翠、翠、翠、翌、翏、习、翚、翠、翟等,都突出了上部的羽毛。如羿,《说文解字》曰:"古诸侯也,一曰射师。"还有翠,《说文解字》曰:"乐舞,执全羽以祀社稷也。"巫和灵,是以玉为装饰的。还有用武器型的器物装饰在头上的,如钺、辛、干、戚。《山海经·海内西经》曰:"凤皇、鸾鸟皆载戚。"《太平御览》卷八十引《春秋元命苞》曰:"帝喾戴干。"《史记·五帝本纪》张守节引《应瑞图》曰:"颛顼首戴干戈,有文德也。"而皇帝之"皇"和夏朝之"夏",在古文字中,都是有着装饰的大人形象。可以说,中国上古东西南北各种仪式中有着不同装饰的大人,在多元一体融合成华夏的进程中,最后是羌姜的羊饰大人之"美"获得了文字上的胜利。然而,羊饰大人是在仪式中成为美的,仪式是一个整体,因此,从羊从大,不仅是羊饰大人,还体现在盛羊肉的礼器,以及礼器中所盛的美味。而仪式是为了整个氏族部落的利益而进行的,其性质是善,因此,美在词义上的第三层意思就是"与善同义"。《说文解字》曰:"善(善),吉也,从誩从羊,此与義美同义。"善在上古与一种神判仪式相关。当有人争执不下、各言其是时,则由神羊之角去抵,以决定谁是谁非。因此,"善"的字形是羊在两个言之中。以羊为神判应是羌姜族的仪式,在其他部落中则有以牛、鹿、鹰为神判的。后来由羊而来善,占有神判中善的词义。而義即古文中的仪,象征整个仪式的形式外观。美、善、仪，是一种由上古仪式而来互文关系。

由《说文解字》述说且在远古历史中可以得到印证的美字相互关联的三层含义，说明了什么呢？

首先，美来源于上古仪式中的整合性。美是羊饰之人、盛羊肉之礼器、礼器中之羊肉、羊人以诗乐舞食的方式行礼之过程以及仪式体现出来的由美内蕴着的善的内容和目的。形式中的羊人、羊肉、礼器是空间性的，行礼过程的诗、乐、舞表演则是时间性的，仪式的时空合一对应着天道的时空合一（律历）。因此，上古仪式的整合性之美构成了中国美学的原型。

其次，中国之美的整合性是以天人合一中的人为中心的，在上古仪式中是以人神合一中的羊饰之人为核心的，饮食之器、器中饮食、行礼之乐都围绕着这一核心而组织起来。上古仪式进一步演进到夏商周中央王朝建立之后，羊饰之美演进为以帝王之美为中心的朝廷之美，即由都城宫殿陵墓、服饰衣冠、旌旗车马、礼数威仪、诗书舞乐形成的自身整合性结构。当士人在先秦崛起，形成士人的文化定性，继而在魏晋形成自身的审美趣味之后，与天合一和与时休息的士大夫的庭院成为中心，展开为诗、文、书、画、琴、棋、园林，再加上宋代以后的茶、文玩等的整合性之美，构成了士人与朝廷有所关联又相对独立的美学体系。宋代以后，经济发达，城市繁荣，印刷术产生，以城市勾栏瓦肆为中心和以乡村戏台为中心的娱乐体系兴起，出现了小说、戏曲、版画、年画等大众审美形式。特别是小说和戏曲，前者以叙事者为中心，后者以舞台为中心，形成了天地人各门艺术一体的整合性之美。中国之美在演进中展开的三大相互关联的美学体系是整合性的。

再次，中国之美的整合性体现在五官美感的平等上，其特色通过对味美的强调而鲜明地体现出来。《说文解字》不但有"美，甘也"，以及反过来的"甘，美也"，还有"旨，美也"。在《尚书·说命》中有"王曰：旨哉，说乃言惟服"。《传》曰："旨，美也。美其所言皆可服行。"这里"旨"已经提升成为一般性的美，词义类似于《左传·襄公二十九年》季札观乐里在讲一种乐之前说一个定性的感叹词"美哉"。味在中国之所以属于美感，不仅在于古人对美味佳肴和美酒有一种独特的品尝力，也不仅在于这一美味嗜好让中国饮食体系特别的丰富，更在于中国文化的整合性。《国语·周语上》讲："味以行气，气以充志，志以定言，言以出令。"这句话的重要性不仅在于味与领导人的言论和国家的政治相关，更在于味与气的相互转化。中国的宇宙是一个气的宇宙，人禀气而生，也是一个气的人体。就像人之大与天之大相通而让人之美具有宇宙普遍性一样，味与气的内在同一性也让味之美具有宇宙之美的普遍性。

最后，中国的整合性之美体现为"美与善同一"，即把美与善相关联，其结果是美成为外在的善，善成为内在的美，即美是外在的漂亮，善是内在的德性。这里包含了非常丰富的复杂内容和非常丰富的复杂演进。但最重要的一点，就是美只有当是善时，才具有正当性，成为值得追求的正面之美。而当美背离善时，就失去了正当性，成为负面之美。正因为这一性质，在《尚书》中很少看到"美"字。整个《尚书》，"美"字只出现两次，一是《说命下》的"格于皇天，尔尚明保予，罔俾阿衡专美有商"，二是《毕命》的"商俗靡靡……实悖天道，敝化奢丽……服美于人"。两篇都是梅赜文本，如果像不少学者那样视其为伪，那整个《尚书》就没有"美"字。当有必要出现"美"字时，用的是内含着善而又具美感的"休"字。"休"字贯穿于整个《尚书》之中，共出现39次，几乎全被西汉的孔安国（传）和唐代的孔颖达（疏和正义）明确地注释为"美"。同样，在《诗经》的《颂》《雅》中也没有一个"美"字。《颂》中要表达美之义时，用得最多也可以说是《颂》中美的核心的是"皇皇"；《雅》中要表达美之义时，用的最多也可以说是《雅》中美的核心的是"威仪"。

中国美学以上四个特征都与中国文化的整合性思维方式有关。在中国美学的四个特征中，五官美感平等造就了中国之美在一切领域的泛化，美与善同一，造就了美字进入不了中国美学的价值高位。这两大特点，在与西方美学的比较中更加鲜明地体现出来。

二、从中西比较看中文"美"的词性及意义

中国文化讲究整合性,一个字也是如此。在中文中"美"既是名词(如西施之美、居屋之美、山川之美),又是形容词(美言、美德、美差)、感叹词(美哉、好美)。而且美不仅指客观之美,还指主体的美感,如"色之于目也,有同美焉"(《孟子·尽心下》)、"毛嫱丽姬,人之所美也"(《庄子·齐物论》)。美只一字而可多方流动,正是中国整合性思维的体现。在西方,美,首先要分成名词(美)和形容词(美的),如希腊文中的 χαλλος 和 χαλóζ、拉丁文中的 pulchritudo 和 pulcher、英文中的 beauty 和 beautiful。前者更强调美是事物的客观属性,后者更突出客观事物之美与主体感受的关联。进而,有个别事物之美和普遍一般的美,这样名词也需要两个:一个用来指个别的具体之美,一个用来指一般的抽象之美。这里,西方语言基本上用形容词充作名词指具体之美,而原有名词作抽象之美。

在区分性思维的指引下,西方关于美字的使用集中在三个方面:一是区别高级感官(视、听)而来的美和由低级感官(味、嗅、触)而来的美。亚里士多德宣称,只有高级感官感到愉快的才算美,而低级感官感到愉快的不算美。二是心灵是高于感官的,因此心灵感到愉快的也算是美,比如柏拉图的著作里常看到的制度之美、法律之美、道德之美、思想之美。用现代美学的眼光来看,如果说第一方面是力图把美与非美区别开来,那么第二方面又是把美与非美混淆起来。在古希腊和中世纪欧洲,这两个方面交互出现,似乎与中国古代一样都是一种泛美的观念,但其实是不同的。西方的泛美观是在区分性的原则中出现的,而中国的泛美观是在整合性的原则中出现的。中西之间的一个最大差别在于美由于区分而走向文化的高位,这就是柏拉图的美的理式的出现。

西方区分性原则在美上的进一步演进,在近代产生了第三个方面——用于纯粹审美意义的美。这由两个方面构成:一是在哲学上的整体区分,真、善、美形成各自不同的领域。在主体方面,真对应理性之知,善对应意志之意,美

对应感性之情。在知识上,与真对应的是逻辑学,最典型的体现在科学和哲学上;与善对应的是伦理学,最典型的体现在宗教和道德信仰上;与美对应的是美学,最典型的体现在艺术上。这样,美一方面仍然像古代一样,与低级的感官快乐区分开来,另一方面与古代不同,与科学、哲学、宗教、伦理区别开来,形成了(从主体上说的)美学或(从客体上说的)艺术哲学。这一区分,一方面在于艺术的演进,即经过古代的与手艺和科学不分,到近代的与手艺和科学区分开来,形成建筑、雕刻、绘画、音乐、文学、戏剧等美的艺术,其目的就是追求美;另一方面在于美感的演进,在近代它既不同于一般感性感官的快感,又不同于理性概念的快乐,而是一种超功利概念的快乐。而这一超功利超概念的快乐,只有在艺术上才可以纯粹地获得。美感与艺术的结合,构成了西方美学即艺术哲学。西方由区分性而来的美与中国由整合性而来的美的最大差异就是,西方的真、善、美是平等的,三者共同构成了宇宙、上帝和人的整体;而中国的真、善、美是有等差的,美只有体现真和善时才是正面的,偏离真和善时则是负面的。因此,中国的美被从文化的高位上排斥出去,这就是《尚书》和《诗经》的《雅》《颂》无"美"字的原因。在西方的区分性原则中,美自身可以就是目的,从而真、善、美可以并列,而在中国的整合性原则中,美如果以自身为目的,就有可能偏离文化的方向,只有以善为目的,美才是值得肯定的。

三、从美到美学:美学语汇与中西美学的演进

西方对美的区分,重要的在于两点:一是具体之美和抽象之美的区分。在这一基础上,柏拉图提出了美的本质是什么,从而把作为现象的具体之美与作为本质的理式之美区别开来,开创了西方美学追求美的本质而形成美学体系的基本理路。二是美与美感的区分。美感是感觉印象与思想的合一,因而既是感觉又带有认知理性元素于其中。当西方近代重点思考外在感官与内在感官的趣味问题时,美的问题变成了美感的问题,从主体上来讲,这就是从夏夫兹伯里到康德用美感(区别于感官的快适和概念的愉悦)来对美进行定义。从客体上

讲，就是巴托对美的艺术范围的确定，来对美进行定义（艺术的目的是追求美，美就是区别于真和善的与美感经验相对应的客体）。而主体的美感和艺术的美感，都远远不止于对美之感，霍布斯、丢勒、歌德、西布里等都提出过多种多样的美学类型，当时最著名的是柏克和康德提出的美与崇高。20世纪理论家回望过去，认为除了美与崇高，还有 picturesque（如画），构成了不同的美感类型。然而，无论是美之感、崇高之感，还是如画之感，都属于 aesthetic（美感或审美感或美学感）。而当 aesthetics（美感学）于20世纪初进入东亚，日本学人用汉语"美学"去与之对译，中国学人又确认了这一对译。而西方的 aesthetics 之所以在中文里成了美学，在于"美"字在古代汉语里兼有美和美感两种词义。只有当在现代汉语里，特别是经过苏俄马克思主义哲学对现代汉语学术语汇的规训之后，美与美感区别开来，"美学"对 aesthtics 的对应才变成了一个问题。

对于本文来说，需要思考的是：西方美学基本是由具体之美和抽象之美与美、美感的区分而来，而中国之美则是由一个"美"字圆转展开，这构成的中西美学各自的特质是什么？另外，西方美学由于区分性而把美升到哲学的理式高度，而中国之美由于整合性却升不到文化之道的高度，这里面内蕴的中西美学各自的特质是什么？

最后，讲一个与中西"美"字甚有关联的当代美学的演进问题。西方文化从近代到20世纪60年代之后，特别是21世纪以来，正在从区分走向整合，在美学上，以生态美学、身体美学、生活美学三大领域突显出来。这三种美学都要求从康德的纯粹的审美感受中超越出来，而走向一种与功利、生活、自然乃至与概念相关联、相渗透的美学，这好像是走到了与中国古代的整合之美上来。但是，这只是一种肤浅之见。西方美学无疑会在全球互动中超越自身，也会吸收中国古代整合性美学的长处，然而并未离开西方由区分性美学带来的特色。因此，中国当代美学面对西方美学的新转向时，对其实质应有清醒的认识。而且要清楚，生态美学、身体美学、生活美学是一种朝向 beauty（美）的方向的演进，而 aesthtics（美感）除美之外，还有更广大的领域，比如在20世纪以来有着巨大影响的荒诞、恐怖、媚世、堪鄙等。因此，展望未来，从西方aesthtics（美感）的角度，而不从中文"美"的角度去思考中西美学乃至全球美学的演进，是甚为重要的。而要很好地理解这一点，梳理中文"美"字的起源、内容、特点及其在当代中国的演进，又显得重要起来。

（刊于《郑州大学学报》2014年第3期）

从"美"字释义看中国社会早期的审美观念

⊙刘成纪
⊙北京师范大学哲学与社会学学院

    1883年,日本人中江兆民用"美学"一词翻译维隆的L'Esthétique,自此,西语中的感性学在汉字文化圈中逐渐获得了稳定的命名。以此为背景,如何理解"美",又成为关乎对中国(或日本)美学如何定性的新问题。对于"美"之本义的解释,目前最被学界倚重的史料来自许慎的《说文解字》:"美,甘也,从羊从大。"从这一释义看,传统中国与西方对美的理解具有一致性,即都肯定审美活动的感性品质,但对这种感性所依托的感官却存在认知差异。在西方,视觉和听觉被视为最卓越的审美感官,味觉、触觉、嗅觉则是"非审美的或低级的感觉"。尤其味觉,它"不像耳朵那样具有如此细致的和固定的辨别能力,烹饪和制酒的艺术,虽然人人都多少熟练或予以注意,但它所处理的材料未免太无表现力,不能称为美"[①]。但是,这种低级的感官,在古汉语中却被赋予了美之本源的意义。如日本人笠原仲二认为,汉语中的美,虽然重视视觉("大")和味觉感受("甘"),但由于"美"在字源上和"羊"相关,人对羊的肥大的感受最终也必然归于味美。这样,"中国人最原始的审美意识,终究还是起源于'甘'这一味觉性感受"[②]。

---

① [美] 桑塔耶那:《美感》,中国社会科学出版社,1983年,第44页。
② [日] 笠原仲二:《古代中国人的美意识》,生活·读书·新知三联书店,1988年,第2页。

西方的感性学在东传的过程中成为美学，西方美学的视听中心到东方后成为味觉中心，这既是美学在跨文化传播中必然出现的错位和变异，同时也为重建一门更具本土性的中国或东方美学提供了依据。近代以来，关于西方"感性学"与中国"美学"之间的辨异屡见于学术杂志，西方美学重视听、中国美学重味觉的观点也在学界颇有影响。如陈望衡在其《中国古典美学史》中，就将中国美学定位为"以'味'为核心范畴的审美体验论系统"[①]。据此可以看到，"美"作为为中国美学定性的文字，对其字义的理解，不仅关乎美学东传过程中东方特色如何被凸显，而且关乎这种在西方之外"另搞一套"的做法是否具有历史的正当性。

一、"美"字产生的观念前提

人类社会早期审美观念的形成，一个前提就是人具有表意的需要和渴望。为了实现这一渴望，人往往首先通过建立一套简洁的符号系统来面对世界的无限复杂性，从而实现对世界的认知和掌握，并使异己的世界最终成为属人的、可理解的世界。当然，世界的属人化，就意味着它不再是本然的世界，而是渗入了人的理解和看法。这种看法就是世界观，具体到美学而言，就是审美观。

对于中国美学来讲，世界为人掌握并最终属人化的进程，最初似乎是由"观物取象"开始的。如《易·系辞》云："古者包牺氏之王天下也，仰则观象于天，俯则观法于地，观鸟兽之文与地之宜，近取诸身，远取诸物，于是始作八卦，以通神明之德，以类万物之情。"文中的先古圣王是中国早期人类的象征，他仰观天上日月星辰的运动轨迹，俯察大地的山川走势及鸟兽行走留下的印迹，最终抽象出八种卦象作为认知世界的简洁图式。一方面，这种图式是形式性的，所以它简洁。另一方面，这种图式因为来自对象世界，所以它可以作为知觉的相等物。这样，人对世界的直观认识自此也就转化为图式认知。换言之，人可以通过对卦象形式的认知实现对世界的简洁掌握，靠"观物"取出

[①] 陈望衡：《中国古典美学史》，武汉大学出版社，2007年，第20页。

的"象"也就成了世界的暗示物。

《易经》是中国上古人类对于外部世界认知经验的累积性成果,它起于何时,已无确解。值得注意的是,就人试图以图像表征世界并实现认知的途径而言,中国上古时期并不只存在一种,除了《易经》的图式抽象,还存在着文字的图像摹写,即中国的象形文字。比较而言,《周易》的图式传达是对世界的类抽象,是要通过图式的暗示实现对世界的整个认知,以期最终逼近世界的运动规律和内在本质。而汉字自其初创期始,则是按照"依类象形"的原则,对生活中习见习闻的具体事物进行传移摹写,以期使日常的感知经验以图像的方式在场。这种努力显然与《易经》所要达到的目的存在巨大差异:前者是自下而上的抽象,最终引人走向"超以象外"的真理;后者则是要在字与物之间实现一一对应的直观,使由文字构建的符号系统成为现实经验的相等物。

就美学必须诉诸现象直观并最终落实为审美体验的特性看,《周易》的"观物取象"和汉字的"依类象形",显然都不是真正的美学命题,因为两者的目标都是要实现对对象世界的客观认知或符号化掌握,而不是将现象认知直接引向人的内心体验并诉诸情感表达。但必须指出的是,与《周易》将自然现象图式化并最终背离美学所要求的具体感性和情感体验不同,"依类象形"的汉字却天然地显现出向人的情感世界不断深入的趋向。拿甲骨文与金文做比较,从字体构造看,甲骨文明显更重视实物摹写的原真性,甚至以所表示实物的体量来决定字的大小,而金文则在摹写真实的同时,倾向于字体的方正整齐、均匀对称。这种变化,意味着金文有从重视实物再现向重视人的视觉感受转进的倾向。字体从求真向求美发展,则明确标示出对人作为文字认知主体的顺应和尊重。所谓人的主体性在殷周之际逐步被凸显的问题,在这种文字结体的细微变化中得到了恰切的印证。同时,甲骨文和金文,指称具体事物和动作的实词基本不变,表示人物情态和感受的形容词和副词明显增加,在《尚书》和《诗经》中的表现则更是蔚为大观。

关于殷商至西周、春秋中期的字变与词变,徐朝华在其《上古汉语词汇史》中曾指出,甲骨文中,"表示名物的基本词数量最多;表示动作行为的基本词次之，但有的动词出现频率高于名物词；表示事物性状的形容词较少，特别是表示性质的，除一些表示吉凶之词外，只有很少的几个。……表示伦理道德观念、心理活动等的词几乎没有"①。与此相对，周代以后，表示心理活动的词开始大量出现。比如，表示喜爱、快乐的词有爱、好、媚、喜、乐、说、怿、欢、宴、衎等，表示悲痛、忧伤的词有哀、悲、伤、悼、恫、怛、忧、恤、戚、悄、惨等，表示恐惧、怨怒、憎恶、怜悯、羞惭等心理活动的词也占有相当的分量。同时，表示程度的词，卜辞中几乎没有。周代以后出现了表示程度级别的小、少、大、丕、甚、孔、太、已等，以及表示程度变化的愈，并开始形成系统。另外，西周以降，汉语复音词中，形容情状的逐渐增多，如嘤嘤、阳阳、陶陶、夭夭、皎皎等。"也有一些形容词、名词、叹词性的连绵词，如'匍匐、委蛇、鸳鸯、螟蛉、于嗟'等。"②

在词语与其指称对象之间，事物和动作都是现实中实现的对象，与此相关的名词和动词只涉及亲眼所见，并不与人的精神世界发生必然的关联。相反，形容词、副词对事物存在情状及程度的表现、复音词和连绵词对事物延展性的渲染，看似失去了对于对象的准确指认，但却强化了语言主体对于对象事物体验的细腻性，以及人的主观感受的介入程度。从这个角度讲，与现实构成直接指称关系的名词、动词，越是朝形容词和副词的方向虚化，越会使对象趋于审美化。客观性的词物对应越是让位于主观性的感受和体验，越会强化对象的属人特性。据此不难看到，西周以降汉语词汇中形容词、副词、复音词、连绵词的大量出现，正是美进入人的生活并试图以审美的方式认知和理解世界的重要征兆。而表示心理活动的词的大量使用，则涉及人对自己的现实状况及对象世界的情感评价。这种评价本身就是美学的核心问题，因为审美判断就是情感判断。

根据以上分析，人从美的视角看待世界、世界被作为美的对象来思维，至

---

① 徐朝华：《上古汉语词汇史》，商务印书馆，2003 年，第 38 页。

② 马叙伦：《说文解字六书疏证》（二），上海书店，1985 年，第 61~70 页。

西周、春秋时期成为中国人观照对象世界的重要取向。这种取向在诗歌领域，表现为诗的繁荣及"诗言志"观念的提出。在美的领域，则表现为人对世界的情感体验，并以此为背景形成了"美"的基本观念。

二、"美"与"视"

美学，顾名思义，是关于"美"的学问。这样，对于"美"字的释义，似乎就关乎上古时期中国人形成的基本审美观念。按照许慎《说文解字》中的解释："美，甘也。从羊从大。羊在六畜，主给膳也。美与善同义。"宋代徐铉补注云："羊大则美，故从大。"近世以来，随着现代释义方法的使用及甲骨文、金文等新史料的发现，新的解释层见叠出。比如马叙伦在《说文解字六书疏证》中指出，"美"与"媄"相通，"媄之初文，从大犹从女也"，所谓美（媄）即指"女性色好也"[1]。文化学者萧兵认为，所谓"羊大则美"，实为"羊人为美"，它指一个人顶着羊头在跳舞，与原始歌舞中的图腾崇拜相关联。[2] 李泽厚、刘纲纪在《中国美学史》中发挥了这种观点。[3] 这里需要指出的是，无论东汉时期的许慎，还是近世的马叙伦、萧兵、李泽厚、刘纲纪，其对"美"字的解释均属于"望纹生义"，其合理性在于汉字的象形特征适合于"望文生义"，让人起疑的地方则在于所有"望文"生出的"义"，都无法从史料中找到足够的支持和证明。

首先，自殷商以来，中国人对"美"字的使用具有历史连续性，说中国西周至春秋时期才形成了较固定的美的观念，似乎从字源上找不到依据。甚而言之，试图从"美"的字形探寻上古时期中国人对美的认识，本身就是选错了路径。这是因为，目前已发现的甲骨文和金文中的"美"字，都是指称人名和地名，缺乏进行意义解析的语意背景。其次，从甲骨、金文、篆体字形看，确实

---

[1] 马叙伦：《说文解字六书疏证》（二），上海书店，1985年，第119页。

[2] 萧兵：《从"羊人为美"到"羊大则美"》，《北方论丛》1980年第2期。

[3] 李泽厚、刘纲纪：《中国美学史》第一卷，中国社会科学出版社，1984年，第80页。

有人顶羊头（或羽毛）的意味，但如果据此就引申出巫术歌舞及图腾崇拜，则属于过度联想。因为这三种字形都没有传递出跳舞的动感，图腾一说更是现代西方人类学强加给中国历史的判断。再次，即便从"美"字中臆测出的巫术歌舞及图腾崇拜是符合历史真实的，那也与美学意义上的"美"无多大关联。这是因为，美即便起源于巫术，但并不等于巫术。作为一种把握世界的方式，美有自己的独特规定。比如，"美"字上面的羊头（或羽毛）与其说是图腾，倒不如说是头饰更符合美学角度的历史猜想。另外，也有论者由羊头联想到原始时代的物物交换或者以羊作为交换货币的问题，这对于美历史的考察更缺乏实际的意义。

但是必须指出的是，虽然关于"美"字的字源学考察不足以让我们了解中国社会早期的审美观念，但如果由此得出一个相反的结论，即在这一时期中国人的审美观念并没有产生，也同样是错误的。从某种意义上讲，由于当时的甲骨卜辞、青铜器铭文多用套语、意义表述程式化，对于美这种更多涉及主体感受的词语而言，缺乏针对性的表达也具有必然性。在这种背景下，以《诗经》填补甲骨、金文的缺失就显得十分重要。如《诗经》中出现了大量表达人的心理感受和对事物做出审美评价的词语，这些词标示了当时人的审美取向和价值判断。同样，在《诗经》中，"美"字也不仅仅指称具体的人和地，而是更多地指涉人对事物的审美感受和品评。如："云谁之思？西方美人。彼美人兮，西方之人兮。"（《简兮》）"自牧归荑，洵美且异。匪女之为美，美人之贻。"（《静女》）

检视《诗经》中对"美"字的运用，有两点值得注意：一是"美"字是《诗经》中称颂人物之美的主导词。虽然有时也使用其他的词，如佼、姝、婉等，但"美"字具有最大的使用量。二是"美"字的使用专属于赞美人物形貌，主要指女性，个别也涉及男性。同时，高大、健壮、肥胖似乎超越了一般的人体美，成为美的极致性标准。像《诗经》之《考槃》《硕人》《椒聊》《泽陂》《狼跋》《车辖》《白华》诸篇，无一不将人的高大、壮硕作为赞美对象。另外，以人物的感性之美为基础，向德行、才干、气质的延伸被视为强化魅力的最重要向度。如"美且仁""美且好""美且武"(《叔于田》)、"美且偲"(《卢令》)、"硕大且笃"(《椒聊》)、"硕大且俨"(《泽陂》)等,明显将人物一般性的美和极致性的"硕",进一步引向超感性的善。据此来看,许慎在《说文解字》中将美与视觉上的壮硕和胖大联系起来,应该反映了中国社会早期审美观念的实际。

三、"美"与"味"

除了诉诸视觉的人物之美,味觉享受也是《诗经》中极其重视的感性体验。如《诗经·鹿鸣》:"我有旨酒,嘉宾式燕以敖。"《鱼丽》:"君子有酒,旨且多。"在《诗经》中,"旨"字多用于贵族的欢宴,诗中的场景既快乐和谐,其乐融融,又充满节制。这与殷纣王时期"酒池肉林""腥闻在上"式的狂喝滥饮形成了鲜明的对比。这说明经过周朝节制饮酒的法令(《酒诰》)及周公治礼,饮食对于贵族来讲,已由一般生理快感的满足逐步提升为味觉的审美品鉴和情感的交流方式。在这些诗篇中,"旨"往往与"嘉"同时出现,"嘉"既指嘉鱼、嘉味,又指嘉宾、嘉言,这种过渡,正说明了从味觉上的"美"向情感交流上的"好"变化的特征。在这里,饮食生理上的合目的性逐步被引向道德上的合目的性。

从《诗经》可以看出,视觉的愉快和味觉的享受(食与色),以及这种享受引申出的德性目的,基本可以概括中国社会早期的审美取向。由此反观许慎在《说文解字》中基于文字古义的训诂结论,不难看出许慎的判断对于理解这一时期的审美观念是有说服力的。其中,"美,甘也"正是《诗经》映显的味觉之美,"从羊从大"反映了对象以肥硕、胖大为美的视觉特征,"美与善同义"则是以美导善、美善统一这种《诗经》审美价值取向的良好证明。但需要指出的是,从《诗经》看,时人对于视觉和味觉审美感受的判断仍然缺乏内在的统一性,它被分成了"视觉—美"与"味觉—旨"两种话语系统,并由此形成了两相并置的审美观。许慎以"甘"释"美",其实是通过将味觉感受纳入视觉,实现了两者的统一。同时需要注意的是,许慎以"甘"释"美"

虽然在味觉层面与人类社会早期的审美取向相通，但"甘"与"旨"的差异依然应予以重视。从文献看，从以"旨"为美味到以"甘"为美味，应该有一个变化的过程。《论语·阳货》云"食旨不甘，闻乐不乐"，明显意味着"旨"原初是一个名词（酒与肴）与形容词相混杂的概念。"旨"作为名词向形容词的虚化，显示了从物向物感的滑动。与此比较，"甘"是一种与具体物相脱离的更趋纯粹的味，而且是与"五行"相比附的"五味"中的"正味"。这种差异说明了两个问题：一是西周至春秋以后，中国人对于味觉感受的认知更纯粹、更明晰；二是后世由五行引申出的辛、酸、咸、苦、甘五味，使其中作为正味的"甘"代替"旨"成为美味的代称。也就是说，"旨""甘"之变，正说明了中国社会早期对美味的认识与后世存在差异。

另外需要指出的是，许慎以属于视觉的"美"统合西周时期原本两相分离的视觉和味觉体验，并不是他此项努力的全部。事实上，他将中国社会早期关于色与味的诸多差异性指称都赋予了美的共性。比如，他在《说文解字》中对"旨""甘""甜""嘉""好""娶"均以"美也"二字给出了共同的解释。这种同一性解释有助于使"美"获得理论的普遍性，但它忽视了视觉与味觉之间的不可通约性，从而导致了主体感受中诸多细微差异的遗失。所谓审美观念，也就是这种忽略差异、日趋类化（也日趋虚化）的审美判断。

四、结论

中国远古至西周、春秋时期对美的认知，可描述为一个主体不断介入对象进而形成较固定的审美观念的历史进程。其中，哲学上的"观物取象"和日常认知层面的"依类象形"，虽然因缺乏主体情感的介入而很难被视为美学问题，但却因为它诉诸主体观照和形象摹写而为美学奠定了一个感性的起点。以此为背景，汉字字义从殷商向西周、春秋的变化，为理解中国人审美意识的觉醒和审美观念的形成提供了一个难得的线索。在《诗经》中，"美"字对于人物审美的专属性，以及对人体肥硕壮大之形的赞颂，使视觉层面的审美判断有了一个相对固定的尺度。"旨"字作为对饮食之味的肯定和赞美，则为味觉审美确立了需达到的标准。同时，无论视觉的快感还是味觉的快适，都应在超越层面将人引向合目的的善。这样，色之美、味之旨及德性之善，就基本可以概括西周至春秋时期的审美观念了。

但同样必须指出的是，检索中国春秋以前的文献，从来不曾发现"美"与"味"之间有任何关联，甚至许慎将"美"字归入"羊"部从而造成"美"与"羊"的语义关联，也极可能是一种错误。这是因为，被历代文字学家奉为圭臬的《说文解字》，是根据小篆来说解文字的构造和本义的，而小篆与古文字往往不甚相合。像"美"字，在甲骨文中其上部到底是羊头还是人头上的饰物，极易让人质疑。像徐中舒在《甲骨文字典》中对"美"字的解释，基本上是在两者之间保持了模棱两可的立场，即所从之为羊头，为羽毛，《说文解字》皆从羊，不复区分。① 但是，在两者之间做出区分却是极为重要的，这是因为，"美"字只有与"羊"建立关联，才可能让人由羊之肥美联想到肉味"甘"，许慎在"美"与味觉之间建立联系才具有正当性，否则就只能视为对"美"字古义的误读或曲解，从而也摧毁了后人认为中国美学重视味觉的文字学基础。

与此一致，笔者遍寻《尚书》《诗经》《论语》《左传》《国语》等春秋以前的文献，可以发现"美"字被广泛应用于对人、物、音乐的评价，以及对圣人德行、功业的称颂，却从未见到以"美"来评价食物和酒的实例。从历史文献看，"美"字与味觉的关联到战国晚期的诸子著作中才开始出现，如《荀子·王霸》："故人之情，口好味，而臭味莫美焉。"且仅此一例。到《韩非子》则变得蔚为大观。如其中《解老》云："人有福则富贵至，富贵至则衣食美。"《外储说左上》："挟夫相为则责望，自为则事行。故父子或怨谯，取庸作者进美羹。"这是否说明，"美"字在殷商甲骨文时代主要与人的自我装饰有关，至春秋时期依然保持着美与视觉的最紧密关联？如《国语·周语》云："夫乐不过以听耳，而美不过以观目。"但在这一时期，美也开始从基于视觉的

---

① 徐中舒：《甲骨文字典》，四川辞书出版社，1989年，第416页。

"观目"向一般性的价值判断蔓延（如《左传·昭公元年》："美哉禹功，明德远矣。"）直至成为涵盖一切美好事物的范畴（如《左传·昭公二十八年》："甚美必有甚恶。"）如果这种关于"美"字随时代发展而不断拓展外延的判断是成立的，那么它到战国晚期开始覆盖人的味觉也就顺理成章了。但据此也可以认定，许慎所谓的"美，甘也"与"羊大为美"的双重释义法，即"美"的表意范围对视觉和味觉全面统摄，至多对战国晚期以降的中国具有说服力。如果试图将这种释义逆推到整个中国上古时期，则只能被看作许慎对历史的误判。一方面，中国战国以前"美"的字义史，找不到任何可信的美、甘互释的证据；另一方面，旨、甘等字在《诗经》等文献中的大量使用，确实又意味着味觉审美是中国社会早期重要的审美方式，并在战国晚期被纳入"美"的表意体系。这种状况，为试图凭借"美"字释义研究中国社会早期的审美观念增添了复杂性。对此，一种可能的结论也许是：中国上古美学史研究，一方面应奠基于中国早期审美观念在视觉层面的自觉，另一方面必须向味觉等做出拓展。在这一过程中，"美"字不断扩大其表意边界，从美人、美物、美声、美言，至战国晚期开始覆盖人的味觉感受，出现了美食、美羹、美酒之类的表达法。这一过程，正可视为"美"作为中国美学史核心概念不断走向成熟的过程。到许慎"以甘释美"，则可视为对这一漫长的语义演变过程的总结。据此也可以看出，西语中的感性学，在汉字文化圈中转义为美学，一方面有其无可置疑的历史根据，但如果要借此为中国或东方美学的本土特性确立词源学上的根据，则应保持审慎的态度。

（刊于《郑州大学学报》2014 年第 3 期）

《说文解字》中的"美"

⊙刘天召
⊙中国人民大学哲学学院

作为一部系统地剖析字形推求本义的文字学巨著,《说文解字》(以下简称《说文》)的价值世所公认。美学研究者以《说文》为基点和参照系,从古文字训诂入手,对中国古代美意识进行了广泛研究。然而在研究中,《说文》的训释虽被广泛引用,却往往只是充当出发点的角色,学者们由此走向甲骨、金文及相关文献、文化、美学的探讨——这当然是正确、必要的,但如此一来,这部"万物咸睹,靡不兼载"的巨著本身所蕴含的丰富的古代社会美的讯息就未能得到应有的关注与探讨。

《说文》中不仅有诸多文字与"美"同义为训,许慎还以"美"对大量名物词进行了训释。此外,"好""美"同义,《说文》女部、人部等部中有大量的字训释为"好",即取其"美好"之义。"玉"为美石,多达140字的玉部字是古人以玉为美的审美意识的文字折射。

本文将对《说文》中所有与"美"相关的文字进行检视和统计,通过对"美"这一词语的把握,窥探古人独特的美的世界。

一、与"美"同义的字

《说文》中"甘""甜""旨""羊""義""善""好""娹""粲""嘉""懇"11个字皆与美同义为训。

对于"美"的本义,《说文·羊部》曰:"美,甘也。从羊从大。羊在六畜主给膳也。美与善同义。"《说文·甘部》曰:"甘,美也。"显然,许慎认为"美"本质上是从羊从大而来的"甘"的味美,甘、美互训。这一释义被古人广为接受,此后宋代徐铉至清代段玉裁、王筠等文字学家,都是在接受许慎的训释后对其加以补充疏解。现代以来,古文字学家李孝定、于省吾、姚孝遂等从对甲骨文"美"字的字形剖析入手,认为"美"字构形下面的"大"乃人之正立形,从"大"犹从"人","美"取象于头戴羊角之人,其本义乃羊人之美。[1] 古今观点的不同及其所反映的复杂问题,颇有意味,这里不做讨论。许慎训释"美"字认为"美与善同义",又《说文》:"善,吉也。从誩从羊。此与义、美同义。""苟,自急敕也。从羊省,从包省。从羊,羊与义、善、美同义。"由此我们看到一个从羊构形与美同义的汉字系列:"羊""義""善""美"。《说文·羊部》曰:"羊,祥也。"学者们一般认为,许慎以训诂学的方式给我们揭示了一个早已消亡的上古时代羊图腾崇拜的历史映象,这为探究美字本义及其所产生的远古文化氛围提供了重要线索。[2]

"美"可分析为"羊大为美"的味美和"羊人为美"的人美两种造字方式和两种美的指向。与"美"同义的字也在这两个方向展开,表示味美的"甜"(甘部)、"旨"(旨部)两字,《说文》皆训曰"美也"。与人之美相关的"好"(女部)、"娎"(女部)、"媻"(女部)、"嘉"(壴部),亦皆训曰"美也"。[3]

此外,美、善同义,也是美的意义展开的一个重要方面。《说文·心部》:"懿,美也。"传统观点一般引《尔雅·释诂》:"懿懿,美也。"认为"懿"即"懿"字。[4] 张舜徽说:"懿之言睦也,谓和顺也。顺之见于目为睦,存于心者

---

[1] 于省吾:《甲骨文字诂林》,中华书局,1996年,第224页。
[2] 张法:《美:在中国文化中的起源、演进、定型及特点》,《中国人民大学学报》2014年第1期。
[3] 徐中舒:《甲骨文字典》,四川辞书出版社,1989年。
[4] 丁福保:《说文解字诂林》,中华书局,1988年。

为懿,实一语耳。懿字从心,当以心意之美为本义,因引申为凡美之称。《诗·周颂》:'于穆清庙。'《传》云:'穆,美也。'《尔雅·释训》:'穆穆,美也。'穆亦懿之借字,皆双声通假耳。"① 按张说可从。

按照字形结构和字义所指,可将上述 11 个字分为三大类,即味的系列:"羊""甘""甛""旨";人的系列:"義""好""娥""粲""嘉";德性的系列:"善""懿"。仅从文字统计来看,古人(汉及此前时代)美的对象(或准确地说以"美"字及其同义字所指涉的对象)主要分布在味之美、人之美和德性之美三个领域,而尤以前两个领域为主。现代美学家们对"美"字本义的诸多探讨主要就集中于前两者:或接续传统训诂观点,阐释中国人独特的以味为美的艺术、文化意蕴;或上溯甲骨文,阐释"羊人为美"的美学、人类学内涵。属于德性之美系列的善、懿两字,文字虽少,在中国伦理文化的氛围里地位却不一般——古人论美往往是跟善和道德牵扯在一起的。

美不仅表现于观念,表现为"美"及诸多与"美"同义为训的文字,同时也表现于具体的事物,在《说文》中表现为以"美"训释的各种名物字。

二、《说文》中以"美"训释的名物字

许慎在《说文》中以"美"对各种名物字进行了训释,在这里,一方面美继续在具体领域中向味之美、人之美、德性之美三个方面延伸、发散,另一方面又有新的美的对象加入,即玉之美和光之美。

(1) 味之美

除上述与"美"同义的"甘""甛""旨"3 个字外,《说文》中表示味美的还有以下 5 个字:

蒮:菜之美者。云梦之蒮。

枦:柱上柎也。从木卢声。伊尹曰:"果之美者,箕山之东,青鸟之所,有枦橘焉。夏孰也。"一曰宅枦木,出弘农山也。

---

① 张舜徽:《说文约注》中册,中州书画社,1983 年,第 291 页。

秏：稻属。从禾毛声。伊尹曰："饭之美者，玄山之禾，南海之秏。"

鮞：鱼子也。一曰鱼之美者，东海之鮞。从鱼而声。

酒：就也，所以就人性之善恶。从水从酉，酉亦声。一曰造也，吉凶所造也。古者仪狄作酒醪，禹尝之而美，遂疏仪狄。杜康作秫酒。

"蕢""枊""秏""鮞"4个字许慎引伊尹之言以之为美，均出自《吕氏春秋·本味篇》伊尹论美味的一段话。"酒"字之训，段注曰："按许书事物原始皆用《世本》。此皆出《世本》。"① 伊尹之论和《世本》所载原本仅是一家之言，难以反映古人全貌，然而汉代人认为《世本》是古史官"录黄帝以来至春秋时帝王、公、侯、卿、大夫祖世所出"的古书，具有权威性，《吕氏春秋·本味篇》专论美味，是最早的烹饪理论，许慎著《说文》遵循"博采通人""信而有证"原则，对之加以征引，也就很自然了。

事实上，无论甲骨文还是上古文献，"美"皆不与味相关，而多指视觉，尤其是对人（美的男女）的视觉性美感。"味美作为'美'字的一个独立义项，在战国末期才出现。"② "美"取象于远古仪式中头戴羊角的大人，许慎剖形析义，解"美"为羊大，训"美"为甘，以字书的形式统一了视觉之美和味觉之美，使之得以确定，在古人关联—互渗的思维模式和五官整合的审美方式下，后世文人士大夫（包括文字学家）都接受了许慎的解释，成为中国古人独特的以味为美的观念。

（2）人之美

除前文属于人系列的"義""好""娶""粲""嘉"5个字外，《说文》中还有以下8个字与人之美相关：

甫：男子美称也。

彦：美士有文，人所言也。

姝：美女也。

---

① 段玉裁：《说文解字注》，凤凰出版社，2007年，第1296页。

② 高建平：《"美"字新探》，《天津师范大学学报》1988年第1期。

妭：妇人美也。

媄：色好也。

媛：美女也。

盼：《诗》曰："美目盼兮。"

昌：美言也。从日从曰。一曰日光也。《诗》曰："东方昌矣。"

人之美的8个字按意义所指可分为三大类，即男子之美：甫、彦；女子之美：姣、妭、媄、媛、盼；言语之美：昌。在三种类型中女子之美所占的字数最多，前述人的系列好、娎、姕、嘉4个字亦皆从女构形，可见在人之美中古人尤其将审视的目光投向了女子，关注女性之美。究其原因，大概在男权社会女性地位卑微，男人们认为以美色事人是女子之本事，"女为悦己者容"，这种文化心理自然也就在文字中得到反映。

不仅以"美"为训的诸字与人之美相关，《说文·女部》曰："好，美也，从女、子。"段注："好本谓女子，引申为凡美之称。凡物之好恶，引申为人情之好恶。"凡是美的都可称之为"好"，人部、女部中众多与人相关的字皆训为"好"，正是取其"美"义。

(3) 德性之美

除上文所论"善""懿"2个字外，《说文》中可归入德性之美一系的还有蔼、懿、孔3字：

蔼：臣尽力之美。

懿：专久而美也。

孔：通也。从乙从子。乙，请子之候鸟也。乙至而得子，嘉美之也。古人名嘉字子孔。

(4) 玉之美

上述味美、人美、德性之美三个系列皆与"美"同义的文字有着意义内涵的关联。在《说文》中还有一种虽与"美"同义的文字没有直接关联，却是古人心中非常重要的美的事物，即玉。《说文》训玉为"石之美"，有五德：润泽以温，仁之方也；䚡理自外，可以知中，义之方也；其声舒扬，专以远闻，智之方也；不桡而折，勇之方也；锐廉而不技，絜之方也。凡玉之属皆从玉。

玪：玪璠。鲁之宝玉。从玉番声。孔子曰："美哉玪璠。远而望之，奂若也；近而视之，瑟若也。一则理胜，二则孚胜。"

玪：玪璠也。

瑾：瑾瑜，美玉也。

瑜：瑾瑜，美玉也。

璇：美玉也。

琳：美玉也。

琰：璧上起美色也。

碧：石之青美者。

琨：石之美者。

珉：石之美者。

瑶：玉之美者。《诗》曰："报之以琼瑶。"

玫：火齐，玫瑰也。一曰石之美者。

鐆：金之美者。

除上述玉部字外，《说文》还有砥、镠两字值得注意：

砥：美石也。

镠：弩眉也。一曰黄金之美者。

根据意义关联，"砥"和上述玉部"石之美者"诸字合并为一类，镠与鐆皆为金之美者，并为一类，由此表玉之美的文字可分为三大类型，即美玉："玉""玪""璠""瑾""瑜""璇""琳""琰"；美石："碧""琨""珉""瑶""玫""砥"；美金："鐆""镠"。

玉为美石，因此各种似玉的石、金等也被认为是美的（其文字从玉构形，以美为训）。进一步而言，不仅许慎在释文中明确训为"美玉也""石之美者"等字与美相关，所有从玉构形因之得义的玉部字皆与美相关。《说文》玉部收140个字，是中国玉文化以及以玉为美的审美心理的重要反映。

(5) 光之美

这一类型在《说文》中只有一个字,《说文·日部》曰:"睟,光美也。"《方言》《广雅》训"瞠"为美,"睟""瞠"两个字从日构形,表示的都是日照光彩之美。闪亮发光的东西是容易吸引人眼光的,所谓温润而有光泽的玉之美,也充分表明了这一点。

《说文》中以"美"训释的各种名物字,从训诂学角度反映出古人以之为美的对象,其分布于以下五大领域:味之美、人之美、德性之美、玉之美、光之美。

三、因训为"好"而具有"美"义的字

《说文》中"好"训为美,引申为凡美之称。通检《说文》共有38个字训为好,取的就是"美好"之义。这些文字分布于人部、女部等部中,皆与人之美相关,可做如下分类:

(1) 一般性的好:傪、嬬、嫢、娧、嫙、姝、妟、僚、嫺。

(2) 身之长好:婠、艳、娙、嬥。

(3) 身体壮硕之好:儼、娥、姣。

(4) 柔弱之好:娱、嫇。

(5) 颜色之好:媄、孂。

(6) 眼睛之好:媌、娃。

(7) 头发之好:頖、髣、鬟。

(8) 手指之好:攕。

(9) 衣裳之好:袾、袒。

(10) 其他各种好:嬧、嫽、嫶、婡、婉、媱、姼、婉。

(11) 虽病犹好:娗、婞。

第(1)类字,许慎皆训为"好也"或"好儿",且称之为"一般性的好"。第(2)类字,《说文》:"婠,体德好也","艳,好而长也","娙,长好也","嬥,直好儿",均指人身高体长之美,称之为"身之长好"。余下诸

类亦皆据其训释意义归类命名。第（10）（11）类诸字在《说文》中并不训为好或美，但段玉裁注引其他字书或传注以"好"或"美好"为训，也收录于此。具体而言，第（10）类字涉及人的一般性的好及体态之美好，第（11）类字，"婷"，《说文》："女出病也。"段注："《广雅》曰：婷婷，容也。然则谓女出而病容婷婷然也。《广韵》有婷无婷。唐代乔知之、杜甫诗皆用娉婷字。娉婷皆读平声。疑婷、婷同字，长好儿。""婥"，《说文》："女病也。"段注："《广韵》曰：婥约，美儿。此今字今义也。"可见（后世）婷、婥两字以"美"义而被使用，且称之为"虽病犹好"。

上述文字涉及人的体态容貌之美的方方面面。对女性美的欣赏，身长体硕固然是美的［（2）（3）类］，就是柔弱甚至带有病态之姿也被认为是美的［（4）（11）类］。体态之好一览而见［（1）~（4）类］，接着审美的目光就会转向身体的细部［（5）~（8）类］，此时头部尤其重要，容颜、眼睛、头发是被关注的对象［（5）（6）（7）类］，余者手指、衣裳也是构成身体美的重要组成部分［（8）（9）类］。

在这里我们可以看出古人对（女性）身体美的审美嗜尚和审美视线。直接描绘人体的人物画姑且不论，古诗文中凡涉及对美女姿容细致描写的，一般都不出上述诸方面，当然中国艺术讲究以形写神、传神写照，人物的意态神韵关键在眼睛，对眼睛的描写尤为重要。以《诗经》描写美女的名篇《硕人》为例："硕人其颀，衣锦褧衣。……手如柔荑，肤如凝脂，领如蝤蛴，齿如瓠犀。螓首蛾眉，巧笑倩兮，美目盼兮。"[1] 首句写美人佼壮的体态和衣服的华美，接着就是对各个身体部位的精细描画，最后以巧笑美目传神，使千古美人如面。

四、从"玉"构形得"美"之义的字

前文指出，"玉"为美石，所有从"玉"构形因之得义的玉部字皆与美相关。《说文》玉部收126个字，徐锴新附14个字，共140个字。段玉裁在玉部之

---

[1] 李学勤：《十三经注疏·毛诗正义》，北京大学出版社，1999年，第221~224页。

末总结说："按自璙已下皆玉名也。瓚者，用玉之等级也。瑛，玉光也。璑已下五文记玉之恶与美也。璧至瑞皆言玉之成瑞器者也。璬、珩、玦、珥至瓃皆以玉为饰也。玼至瑕皆言玉色也。琢、琱、理三文言治玉也。珍、玩二文言爱玉也。玲已下六文，玉声也。瑀至玖，石之次玉者也。㺨至瑎，石之似玉者也。琨、珉、瑶，石之美者也。玓至珊瑚皆珠类也。玲、瓊二文，送死玉也。璗异类而同玉色者。灵谓能用玉之巫也。通乎《说文》之条理次第，斯可以治小学。"

段玉裁的按语是符合《说文》玉部字排列实际的。《说文》每部之中将意义相近的字排在一起，其排列次第有一定的内在规律，下面按照"先实后虚""先美后恶""先名后事"的一般原则，对玉部字进一步加以编排，可分类如下：

（1）玉名：璙、瓘、璥、瑛、瓊、瑾、瑜、玒、球、琼、珦、琍、珣、璐、球，18个字。

（2）玉光：瑛，1个字。

（3）玉色：瑳、玼、璱、瑮、莹、璊、瑕，7个字。

（4）玉声：玲、瑲、玎、琤、瑣、瑝，6个字。

（5）玉之美与恶：璑、瑂、璇、琳，4个字。

（6）用玉之等级：瓚，1个字。

（7）玉器：璧、瑗、环、璜、琮、琥、珑、琬、璋、琰、玠、场、瓛、珽、瑁、璬、珩、玦、瑞，19个字。

（8）玉饰：珥、瑱、琫、珌、璏、瑤、瑑、珇、璪、璪、瑬、璹、瓃，13个字。

（9）送死玉：琀、璧，2个字。

（10）治玉：琢、琱、理，3个字。

（11）爱玉：珍、玩，2个字。

（12）石之次玉者：瑀、玤、玪、璻、琚、璝、玖，7个字。

（13）石之似玉者：珷、珢、瑰、璅、砒、璿、璁、瓏、瑾、璺、瓄、珚、琂、瑿、璀、璙、琄、璒、玜、玗、殶、瑎，22个字。

(14) 石之美者：碧、琨、珉、瑶，4个字。

(15) 珠类：珠、玓、瓅、玭、玓、珧、玫、瑰、玑、琅、玕、珊、瑚、珈，14个字。

(16) 异类而同玉色者：璗，1个字。

(17) 能用玉之巫：靈，1个字。

(18) 徐铉新附字：珈、璩、琖、琛、珰、琲、珂、玘、珝、璀、璨、琡、瑄、珙，14个字。

上述18类139个字，加上未计入其中的"玉"字，共140个字。如此之多的玉部字显现出玉在中国文化中的重要性。徐锴说："玉者，君子所以比德也，天地之精也，王者所服用也。"[①] 这句话稍加调整，就符合历史实际了：玉者，"天地之精也"[②]（玉乃美石，考古发现早期玉器主要就是用作装饰品），为"王者所服用"[③]（在历史演进中玉成为最重要的礼器），进而"君子比德也"（在先秦理性化进程中玉被赋予种种美好的德性，形成种种玉德说）。中国玉文化博大精深，不在本文探讨范围。这里依据上述统计分类，对其与美学的一些关联加以揭示：

第一，玉字之多既反映出古人对玉与石以及对玉、石自身名目种类的精细辨别，也反映出古人对玉之美恶、用玉等级的严格区分。这种辨别与区分不仅建立在对玉石自然属性的深刻认识上，同时也是中国古代等级社会的必然要求，而对审美对象价值与等级的品评，正是中国美学的一贯传统。

第二，历代玉器、玉饰的精彩丰富，是中国工艺美术、设计美学重要的研究对象。

第三，对玉之美的把握，不仅在于目观其光、色，耳听其声，更在于爱玉之"珍""玩"及"弄"的触觉感受。以此对应古人对玉的种种道德比附，可

---

① 徐锴：《说文解字系传》，中华书局，1987年，第299页。
② 杨伯达：《中国玉文化论丛》（三编），紫禁城出版社，2005年，第560~561页。
③ 王国维：《王国维文集》第四卷，中国文史出版社，1997年，第99页。

知无论怎么言说,都是建立在对玉的质地、形式、声音等的全方位感受之上,这是中国五官整合的审美把握方式和伦理文化精神的必然结果。

第四,玉之美的泛化和审美理想化。汉语中以玉形容美好天地人事万物的语言文字不胜枚举,任何事物,只要以玉形容修饰之,就无不染上了玉的美好与圣洁。"玉"之美在向社会生活方方面面延伸泛化的同时,进而成为中国人审美理想的化身。宗白华说:"中国向来把'玉'作为美的理想。玉的美,即'绚烂之极归于平淡'的美。可以说,一切艺术的美,以至于人格的美,都趋向玉的美,内部有光彩,但这是含蓄的光彩,这种光彩是极绚烂,又极平淡。"① 中国玉文化从8000年前的新石器时代延绵至今,其中大有深意焉。

五、结语

许慎训"美"为甘,以味为美,显示出中国美学的独特性。对于人之美,中国人一方面进行着精细的欣赏,另一方面在美色之上又有德性之美(善)的要求,文质彬彬、尽善尽美,是中国文化对人、对艺术的审美原则与审美理想。这一美的理想的象征是"玉",中国人爱玉美的质地、纹理、光泽、声音,赋予玉种种美好的德性,"玉"成为比"美"更高一级的词。"美""善"的同义与纠缠既显示出中国文化对美善合一的要求,也昭示着"美"这一概念偏于形色声味的感官愉悦特性,决定了"美"并未能占据中国文化的高位。进而言之,这也决定了"美"并不是中国美学的核心概念。本文从"美"字入手,只是对《说文》及中国美学的一种把握方式。显然,这一方式在揭示古人审美世界一角的同时遮蔽了更多的东西,中国美学的丰富性、独特性并不是一个"美"字所能尽括的。

(刊于《郑州大学学报》2014年第3期)

---

① 宗白华:《宗白华全集》第三卷,安徽教育出版社,1994年,第453页。

"美"字原始意义研究文献概述

⊙王赠怡
⊙四川文理学院

随着西方美学思想在中国的流行,"从20世纪50年代的美学大讨论到80年代的美学热,在中国培养了一支庞大的美学队伍"[1]。与此同时,中国学人发掘本土美学思想的热情也渐渐高涨。20世纪80年代以来,中国美学的体系性建设成了中国美学发展的重要任务,对"美"字初义的阐释就成了学人们首先思考的问题。

从现有"美"字研究的著述看,根据其着眼点的不同,大致可以分成四类:其一,从文字学的角度研究"美"字字义。这类著述的根本目的是探讨"美"字的原初意义,虽然这对研究其美学意义具有奠基的作用,但他们并不是为了解决"美"字如何提升为美的问题,如李圃的《古文字诂林》,郑红、陈勇的《释美》等。其二,在中国文化研究中涉及对"美"字的解读。这类著述的重点也不是为了专门研究"美"字的美学意义,而是根据行文的需要从文化学的角度揭示"美"字的初义。如《生殖崇拜文化论》《巫、舞、美三位一体新证》等便是这样的文献。其三,在中国美学中牵扯到"美"字如何演变为审美的问题。这类著述虽然是在学人们的美学自觉意识中展开,但它们也

---

[1] 乔学杰、高建平、牛宏宝等:《和美·优存·同乐——六学者谈新人间美学》,《郑州大学学报》(哲学社会科学版) 2009年第2期。

不是"美"字研究的专门文献，如李泽厚、刘纲纪的《中国美学史》，张法的《中国美学史》，臧克和的《汉语文字与审美心理》等。其四，围绕"美"字原初意义，从各个角度展开对"美"字的美学意义所做的肯定性或否定性的专门研究。这类著述不仅数量多，而且都有强烈的美学自觉意识，探讨的也大都是"美"字如何走向审美的问题。

　　本文主要以文献的出版时间为逻辑顺序，而不采用以"六书"为顺序的呈现方法。因为这种方法至少有三大缺陷难以回避：一是不能直观地将"美"字研究的历史脉络呈现出来；二是弱化了中国学者美学意识的自觉性，容易使人误以为中国学者对"美"字的研究就滞留在文字训诂上；三是以"六书"为叙述方式并不能全面涵盖"美"字研究的所有文献。因此，本综述以时间为序，将研究粗分为20世纪80年代、20世纪90年代和2000年至今三个阶段。虽然这种划分方式可能会打断"美"字研究承继性的逻辑连贯，但毕竟能够做一种较客观的呈现。

　　在讨论20世纪80年代以来人们对"美"字研究的内容之前，我们先对古代至20世纪70年代末人们对"美"字阐述的大概情况做一概述。

　　最早解释"美"字的是东汉许慎，其《说文解字》曰："美，甘也。从羊从大。羊在六畜主给膳也。美与善同义。"从许慎的解释看，"美"字原初意义与味、人、善密切相关。南唐徐铉注释《说文解字》云："羊大则美，故从大。"清人王筠《说文句读》卷七则说："羊大则肥美，故从大。"从徐、王的解读看，美大抵是味觉与视觉共同作用的结果。清人段玉裁《说文解字注》云："甘者，五味之一，而五味之美皆从甘，羊大则肥美，引而申之，凡好皆谓之美。"在解释许慎"羊在六畜主给膳"又云："膳之言善也。羊者，祥也。故美从羊。"段说不仅在"味""善"两个方面继承许慎之说，而且由许说之甘味推及五味，并将美的内涵扩大为"凡好皆谓之美"。不过，段说把羊与祥相联系的做法，又为后来的学者们从羊文化、图腾、祭祀等角度发掘"美"字初义奠定了基础。

对于近代以来的"美"字的诠释情况，本文主要依据李圃《古文字诂林》①将商承祚、高田忠周、于省吾、王献唐、马叙伦、李孝定等学者较有影响的研究做一个简要叙述。近代以来的学者们更注重科学客观性，注重将考古学的成果应用到"美"字研究中，甲骨文、金文等是他们研究的主要材料。商承祚《殷墟文字类编》卷四说"美"字之象角敥之形。高田忠周《古籀篇十八》认为"美"字原初就是指肉味之义，后来引申为食味之美和佳善之称。王献唐《中国文字》第三十五册既否定了许、王、段等人把"美"同"味""善"相联系的做法，也不同意商承祚的"美"像角饰的看法。王献唐认为角饰和羽饰的差异与中国氏族文化相关。根据契文和金文的字形，"炎族羌人首上戴角为饰，黄族则否，黄族首上皆插毛羽，不以羊角为饰"。炎族人和黄族人的区别就是"大为黄人形象，人为炎人形象"②。他的观点是"毛羽加于女首为每，加于男首为美"。马叙伦《说文解字六书疏证》卷七认为美"从大、芈声"，《周礼》作"嫐"，而嫐为媄的转注异体。媄之初文从"大"犹从"女"，而媄有色好之义，为女人之美。于省吾《释羌、苟、敬、美》说"美"字像"大"上戴四个羊角形，"大"像人之正立形。他又根据商代金文的四个字形得出结论说，鹿角或羊角都系美的初文。李孝定《金文诂林读后记》卷四认为从金文、卜辞及金甲文看美不仅可以从"羊"，也可以像王献唐那样解作"羽饰说"，并且还有其他意涵，有些很难确定。中华人民共和国成立后，学者们从美学的角度讲到了中国的"美"字。如吕荧《美学抒怀》说"美"字最初表述美食，即好吃的食物。朱光潜认为中国的美最先见于食色，并力图寻找中西的相似点。他说："汉文'美'就起源于羊羹的味道，中外文都把趣味来指审美力。"③上述文献为20世纪80年代以后的研究提供了一个根基，通过这个基础，我们很容易看到现代学人对"美"字研究的创新、发展之处。

---

① 李圃：《古文字诂林》（第四册），上海教育出版社，2001年，第183~185页。

② 王献唐：《炎黄氏族文化考》，齐鲁书社，1985年，第225页。

③ 朱光潜：《谈美书简》，北京出版社，2003年，第20页。

萧兵《从"羊人为美"到"羊大则美"》在前人的基础上将戴装饰的人具体化。他说"美"之"羊"为角饰,"大"为人,是巫师或酋长,把羊头或羊角戴在头上以显示神秘和权威,这即"羊人为美"。"羊大为美"则是后来演变的结果。刘国清《"美"字考略》以卜辞、金文和早期青铜器上的图形示意文字中的"美"字形状来证明羽饰说的论断。他认为从象形、会意、形声等造字规律来看,"美"字刻画了当时氏族成员用羽毛装饰、美化自己的情况,或者描摹了用羽毛装饰的人们参与类似祭祀、丰收、婚礼等大典而载歌载舞的情况。林君桓《"羊大则美"与"羊人为美"孰先孰后》认为"羊大则美"与"羊人为美"是不分先后的,它们都是对"美"字的最早解释,但不能把它们看作对美所做的美学上的最早定义。韩玉涛认为美的最初含义是"羊人为美",到阶级社会后"羊人为美"的图腾扮演仪式不大举行了,"大"字也由名词"大人"变成形容词"巨大""硕大""伟大"之类,于是就有了"羊大则美"的出现。[①] 李泽厚、刘纲纪认为"中国的'美'字,最初是象征头戴羊形装饰的'大人',其含义所指的是在图腾乐舞或图腾巫术中头戴羊形装饰的祭司或酋长"[②]。笠原仲二依据许慎《说文解字》中的本义,说中国人最原始的审美意识起源于"膘肥的羊肉味甘"的味觉感受。作者还认为包含在"美"字中的最原始的意识内容是视觉、味觉、触觉、交换价值的预想感受等多种心理感官的综合参与,但是这种多样性最终又以"味"为本源。[③] 臧克和《从"美"字说到民族文化心态》反对以"从人以羽饰为舞的取象"的造字法去推断"美"的初义。他通过字源、语源、文化背景、时空的不同层次上的民俗事象和审美嗜尚等方面的考释,认为"美"字与肥、善、味同义。高建平《"美"字探源》批判"羊大为美""羊人为美""羽饰说""形声说"等四种"美"字析义的弊端,认为"人体和人的服饰的漂亮是'美'字较早的意义"。

---

① 李泽厚、刘纲纪:《中国美学史》(一),中国社会科学出版社,1984年,第79~81页。

② 李泽厚、刘纲纪:《中国美学史》(一),中国社会科学出版社,1984年。

③ 张法:《中国美学史》,四川人民出版社,2006年。

作者解释说古人很难用文字的笔画去刻画很美的人,但是头饰的表现最容易,实际上头饰是用来代表盛装的、美丽的人。

赵国华《生殖崇拜文化论》依据商代父己簋上的"美"字金文,认为上部以羊角代羊,下部的人为全形,上肢摊开,两腿外撇,腆着圆圆的肚腹,宛如女子怀孕之状。① 祁聿民《"美"字考辨》认为许慎的释义反映了上古时代美的概念和人们的直接功利密切相关,美是从实用功利中蘖生的,最早的'美'就是善的同义语。作者反对将"美"字的上部、下部释为羽毛之饰和舞人下肢的解法。何新《说美》从古文字学和语源学考证"美"起源于舞蹈,"美"与"舞"两字最初乃是同音、同形,是同义字的分化。郑红、陈勇《释美》叙述了学界从语言学角度对"美"字阐释的两种观点:一是"美"由"大"和"羊"字组成,其本义是指肥羊;二是以王献唐、李孝定为代表的指装饰的观点。该文否定了王、李之说,以训诂学为依据认为"羊大为美"应是"羊肥为美"。许龙《中国古代"美"之本义形成新探》根据古人造字中的"形局义通"现象,认为美字之"大"不是专指人的大,其他事物的大也可以叫"大",这种想象不属于词义引申的结果。以此为据,作者分别剖析了"羊"与"大"的美学含义,其对"羊"的分析在许慎的基础上又参照了笠原仲二的观点,对"大"的分析则从两方面讲:一是以大为美,古人把身材体型高大健壮作为衡量人美的尺度;二是以广大无垠的天地为美,这在先秦儒、道两家著作中有明显的表现。在此基础上作者认为中国的审美意识与先民的生命意志和阴阳观念相关。黄杨《"美"字本义新探——说羊到美》从羊的象征作用探讨"美"的本义,认为羊是远古先民的最早伙伴,是华夏初民的祭祀牺牲品,是沟通鬼神的灵物法官,是公正的道德法度,故而"美"的伦理意义重于感官意义。王政《美的本义:羊生殖崇拜》认为美的本义源自羊的生殖崇拜,是羊的生殖特性给人们感官想象中一种美的感觉。黄宇鸿《释"美"》坚持"羊大为美"的传统观点,从与"美"相关的"羌""羔""羞""羹"等字的

---

① 赵国华:《生殖崇拜文化论》,中国社会科学出版社,1990年,第252页。

字形结构以及古人的审美意识等方面入手，证明"美"字与肉味甘美的羊相关。李壮鹰《滋味说探源》认为"美"的原始意义就是指美味或者味道的美。他认为中国人的美的观念本是从口腹的快感中生发出来的，基于美味在感觉方面的基础性作用，人们通常也以美味来喻说在听觉、视觉方面的审美感受。

索斌、黄杨《关于扬弃"美善同意"的文化视角的历史思考》依据"善""義""美"三字均以羊为特征，认为"羊"并非许慎第一个文化视角中所提及的一般膳食意义上的羊，而是一个特殊伦理意义上的羊，进而认为"美"为善。黄杨《羊文化与善、羲、美的原始内涵》同样从"羊"字入手，认为羊是神判羊，是牺牲的象征。美中的"大"则是无比极致、完备或尊重、推崇的意思。两者合起来讲，美的意思就是古人对比极致之法（羊）的颂扬和对法道德的崇敬。祁志祥《以"味"为"美"：中国古代关于美本质的哲学界定》主要是论述"味"的美学意义，作者对"美"的分析是为了寻找美与味的相同之处。作者认为在古代文字学著作中，"美"是直接作为味觉快感的对象加以训释的，"美"即是"善"，"善"与膳、鲜等美食相通，则"美"亦是一种味、一种满足人口舌之欲的美味。陈良运《"美"起源于"味觉"辨正》认为，羊为女性之征，大为男性之征，美即男女交合，美始于性。王耘《"美"字新释》认为"美"字当中包含了多种多样的意义。该文以甲骨文中"美"的同构字群落中的"羌"为例，推衍出"美"是"一种美学与丑学的合题，是善与恶、真与假的凑泊"。秦建文、龚东娥《从"美"字看我国古代的审美取向》除采用以味为美的普遍性观点外，还提出了以形体为美、以优良素质和长寿为美的价值取向。朱玲《双重阐释：汉字"美"和中国人的美意识》主要承袭了陈良运"美始于性"的观点，认为美的意符兼声符的"羊"是母系社会的图腾，是古老的母性符号，"大"则为男性符号。"大""羊"合体既是人类最自然的行为，又是特定时期汉族婚姻习惯在汉字中的凝结。洪成玉《"羊、大"即食美，"女、子"即色美——从汉字看民族美感的萌芽》认同"美"初义与食美相关联。不仅如此，视觉美、听觉美以及其他能使人产生愉悦的各种美都是在食美的基础上引申的结果，因为文字的产生一般要符合经济的原则。张法《中国美学史》通过音乐讲到了美感的综合性问题,音乐在仪式中的重要性使之有了一种整合性,这意味着乐的普泛化"既包括听觉快乐,也包括视、味、嗅、肤觉快乐,还有着使用功利快乐的宗教神秘愉悦感"①。他在《美在中国文化中的起源、演进、定型及特点》一文中认为美是在远古与羊相关的仪式整体之中产生出来的。美包含着羊饰之人、羊享之肉、羊之圣言。这从与羊相关的仪式词语体现出来,美是羊人的美感,善是羊人的吉言(祝辞)或圣言(判词),这不同方面构成一个相互关联和会通的整体。冯海玲、杨莹《"美"字的起源及其初义研析》对"羊人为美""羊大为美""羊生殖崇拜"等三种"美"字起源说予以质疑,认为"美"字初义应当是建立在原始人装饰自身欲望的基础之上的,主体直接把装饰物作为美的象征,所以美在装饰。张文《从南阳方言中的"美"字看去》跳出传统"美"字释义的圈子,结合语言的地域性探讨"美"字的特殊含义。该文从研究内容上看具有创新意义,但是该文对南阳方言中的"美"字是如何继承和发展古汉语中"美"的词义问题尚待深入分析论证。岐周、岐从文《中国"美"——中华民族服饰艺术哲学之本》认为"美"字是中国"美"的原生态,原旨便是上古时代人们"天人合一"的仿生服饰。甲骨文"美"的造字中"花人为美""羽人为美""羊人为美""牛人为美"等就是古人们按照仿生服饰象形造字的具体体现。古风《中国古代原初审美观念新探》兼采"羊大为美""羊人为美""羊女为美"三说,合立一论,认为中国原初审美观念在视觉美、听觉美、味觉美、心觉美等维度上具有同步性。马正平《近百年来"美"字本义研究透视》以会意、形声、象形、非"六书"等四个视角分别阐述了关于"美"的十种观点的具体意涵和存在的缺陷。作者以西方美学为尺度,几乎否定了所有美字研究的美学意义,认为从造字结构上看"美"是以"羊"为声符,"大"为形符,取大人、正人、君子之意。刘振峰、张彦杰《羊火为美》根据"燧人氏钻木取火,以化腥臊"的经验性认识,认为"'羊在六畜主给膳也',羊肉可食,

---

① 张法:《中国美学史》,四川人民出版社,2006年,第32页。

然而只有有了火才能使之成为美味"，进而肯定"羊火为美"为"美"字的原始字形。邵鸿雁《中国美学"味"范畴新论》认为许慎将"美"字释义为甘，是取自两汉以来注经的成说，并不是从"造字"本义的角度入手。"羊大则美"的说法又是徐铉等人以宗经之态度对许慎"甘"义的附会。而儒家以"和味"为美，纯粹的味觉感官的"甘美"则是被排斥的对象，作者实际上将"味甘"之"美"从味美学范畴中清除了。周利明《"美"字蕴含的中华美学核心精神》除论及"味""善"之外，还把中道、人道和天道等内容纳入美字的原初意涵中。周梅《从"美"字原始意识探寻羌族民间艺术的审美渊源》运用"美"字研究的成果，分析了"美""羊""羌"之间的文化联系以及"美"字的原初意识（性美说）与羌族的哲学观的一致性，并以此为契机阐述了"美""羊"的初义在羌族民间艺术中的表现。李志宏、张红梅《根源性美学歧误匡正："美"字不是美》从西方美学的立场探讨作为概念的"美"字，认为在学术界长期存在将"美"字（美的概念）的存在当成"美"的存在。而事实上，世界上不存在美的本质和属性，事物之所以"美"，取决于认知结构中形式知觉模式的建立及其显效状态。

总括 20 世纪 80 年代以来"美"字初义研究的特征，可以发现，在内容上现代学人的"美"字研究大致有三种态度：其一，依据许慎之说生发拓展。《说文解字》之"美"有"味""善""人"三层意思，坚持传统的现代学人就是基于这三个含义，把"美"字含义向具有现代美学观念的方向引申。有的以"味"作为"美"字的初义。如郑红、陈勇、臧克和、李壮鹰、祁志祥、刘振峰、张彦杰、笠原仲二、洪玉成等大都采用此观点。有的围绕"善"展开。与许说一样，大抵把"羊"作为阐释的关挞。差异在于，有的学者仍旧以"味"作为"善"的基石；有的则从羊本身的德性象征意义，进而将"美"的初义推衍为善；有的以人为核心，从各个角度想象性地展开"美"之初义。学人们大抵把人分为装饰之人（萧兵、李泽厚、刘纲纪等）、舞蹈之人（何新、黄杨）、生殖之人（赵国华、王政、陈良运、朱玲）、以美为追求的装饰之人（刘国清、高建平、冯海玲、杨莹）。

其二，超越许说之框架，力图从多层面发掘、敞开"美"之初义。这里面，有的主张从文化的整合性中研究"美"字，如张法、周利明、古风、王耘等；有的另辟蹊径，如岐周、岐从文从仿生服饰美的本义；有的注重"美"字研究成果的应用，如周梅则利用"美"字的研究成果回溯羌族的审美渊源。

其三，反对从"美"字中寻找美学意义。持这种观念的人依据西方美学思想，对"美"字所包含美学意味予以修正或者彻底否定。

从研究方法看20世纪80年代以来人们倾向于把"美"置入各种具体文化场域中，对"美"字初义做更把握、更精细化的研究。如萧兵、韩玉涛、李泽厚、黄杨等基于图腾崇拜，刘国清从庆典上考虑，笠原仲二、臧克和、高建平、祁聿民、黄宇鸿、李壮鹰、祁志祥、洪成玉从日常生活经验出发，赵国华、王政、陈良运、朱玲从生殖崇拜文化上命意，何新、郑红、陈勇、许龙从语言文字文化方面下功夫，黄杨从羊的伦理象征方面着手，张法、王耘、古风、周利明从文化的多样性中予以考察，秦建文、龚东娥从人的生命意识方面解读，冯海玲、杨莹从对美的需求上出发，张文从语言的地域性着手，岐周、岐从文从仿生角度分析，马正平从人的道德性上分析。从上述诸例可以看出，人们对"美"字初义把握的分歧远远低于认识角度的分歧，学者们对"美"字的研究多表现为角度、方式的标新立异。这些研究本质上属于中国美学的现代性表征，从某种意义上讲它更主要的不是表现在内容的现代性，而是方式、方法或者形式方面的现代性。依照荣格的原型理论，美学的现代性不可能同过去、同历史割裂开来，过去、现在、将来总是互文性的存在，总具有"家族相似性"。因此中国美学的现代性不是片面地把西方美学思想当作我们现代性的内容，而是走有自身特色的路径，以一种还原的方式展示中国美学的丰富内涵，这正是我们研究"美"字初义的根本目的。

从效果上看现代学人对中国"美"字初义的探讨，已经从味觉、视觉、触觉、听觉、心觉等感官感受把"美"字引向具有现代美学的体系。从学人们对"美"字初义的种种诠释看，"美"字初义总是与现代美学思想保持着千丝万缕的联系——从修辞上看，它们是隐喻的，如以"羊大为美、羊人为美"的表达;从感官上看,它们是通感的,如由味觉之美导向其他诸感觉之美;从存在形式上看,它们是对现实具体存在的符号化抽象,如把"美"字从具体仪式、行动或者心理等方面抽绎出来的创造;从情感上看,它们是移情的,如由味美转向道德之美;从心理感受上看,它们是愉悦的,所有文献都体现了这一根本性特点。这是否定论者无法回避的事实。我们主张从方法论的角度利用西方美学的优秀成果推动中国美学的现代进程,反对借反传统之名完全将古代美学思想的精华弃之不顾。中国美学的现代性不能脱离自身的古代根基,否则,就只能是空中楼阁。以西方美学现代性的代表人物尼采和海德格尔为例,尼采从古典的酒神文化中获得美学思想的支撑,海德格尔的艺术真理观是从古希腊的神庙里得到美学启示,他们都通过古希腊的文化获得美学的现代建构。中国美学现代性也可以从尼采、海德格尔式的文化还原中获得灵感,这就是西方美学对于中国美学现代性建构的方法论意义。

(刊于《郑州大学学报》2014年第3期)

古希腊审美主义的发生及价值维度
——从毕达哥拉斯到苏格拉底

⊙彭公亮
⊙湖北教育学院中文系

人类对自身存在和他所面对的世界理性的审视和反思发展出哲学的智慧之思，对宇宙、自然、人生进行理性认识和价值追问，使西方审美主义一开始即同人类自身的自由、完善的价值目的相联系。他们力求在理性层面上对人类处境有新的认识。"轴心时代"的早期思想圣哲们的价值追问发生了重大转变，即从神人同一、神人合一观念中对世界的神化方式的解释转变为在神人分离、人与世界对象分裂的体验中对世界的理性化方式的解释，① 并开始以理性化规则调控、建构一种理性化的、有序的生活方式和文化行为以及基于价值理性的伦理行为，即在现实生活中努力去实现一种德行行为，由此发展出超凡品格和伦理化行为规范，以此来提升人和人的生活方式。这种人文理性化的建构使孔子、苏格拉底的个人生命行为的完善成为一种楷模，以一种自觉的、独立的内在生命价值承担一种"救赎宗教"的功能。苏格拉底肯定个人良心超越于人为法则之上，他对自己作为指导者的使命坚信不疑，宁愿舍身就死而不愿放弃自己的信念，放弃对真理的探讨。②

---

① 彭公亮:《希腊哲学的本源性使命》,《哲学的现代任务》,人大复印资料,《外国哲学》2001年第1期。

② [英] A. E. 泰勒、[奥] T. H. 龚珀茨:《苏格拉底传》,商务印书馆,1999年。

早期思想家不仅追求一种真正自由、人文、审美化的人生和社会的现实建构，同时也力求对这种现实建构进行一种理性化的反思和解释。尤为重要的是，这种反思和解释并不是纯粹思辨和形而上学的、脱离现实人生的，而是真正深刻地体现一种人文实践，或者说这种理性化反思是人文的、实践的，即是寻求人生、社会的人文化，使人生、社会成为人文世界和理想化、审美化人生和社会。它体现的是人类开始能动地、积极地对人生、社会进行构塑，以求为人自己的安身立命找到一种理想的场所，为人的自由、完善和发展找到一条真正的道路。

一

古希腊审美主义的哲学智慧的探讨，力求现实地对人和人的生活、人类社会的完善化建构提供一种形而上的指导，并内在地融入当时希腊人的现实生活和精神生活之中。它是希腊人的现实生活和精神生活的体现，换言之，希腊人的精神生活和现实生活的内在精神形成了希腊审美主义的内质。

希腊的民主政体，使希腊人享有完美的生活。政治上的自由，使希腊文明和自由理性得到极大的发展，为希腊的自由意识的发展和哲学、艺术的发展提供了重要的前提。希腊人对现实生活、生命充满着热爱，对现世生活的永恒充满着一种热切的渴望。自由的心灵、现世人生和生命的美为希腊艺术提供了最真实和生动的土壤。在希腊艺术中，他们把"最为完美的裸体在这里以多样的、自然的和优雅的运动和姿态展现在人们的眼前"[1]。比如希腊的雕塑，"男性青年美的最高标准特别体现在阿波罗身上。在他的雕像中，成年的力量与优美的青春期的温柔形式结合在一起。这些形式以其充满青春活力的统一而显得雄伟"[2]，体现了"希腊人天性的完善"。追求人生、人性的完美，追求人的自由和健康发展，成为希腊现实生活的重要的价值指向。对现世人生和生活的热

---

[1] ［德］温克尔曼：《希腊人的艺术》，广西师范大学出版社，2001年，第6页。

[2] ［德］温克尔曼：《希腊人的艺术》，第131页。

爱，渴望生命的不朽和永恒，使希腊人很早就深刻地体会到人生和生命的悲剧性存在。这种悲剧性存在的生命体验迫使希腊人寻求一种生命的超越和解脱。在早期希腊人那里，这种超越之维体现为两个方面。

第一，与神沟通，追求与神和神性样的永恒。希腊的古典时期之前是个宗教气氛浓烈的时代。灵魂不死和净化的宗教观念对古希腊的精神观念具有重要影响。古希腊人如同其他早期文明民族一样，将自然力加以人格化而成人格化的神。通过神化的自然体系和社会体系的构建，希腊人试图以神话想象的方式对人和周遭的世界进行掌握，尽管这种掌握和认识往往是充满"非理性"的。公元前6世纪，奥菲斯教在整个希腊传播，强调灵魂和肉体分离存在，灵魂可以离开肉体而永生、不朽，因此，灵魂的"净化"追求灵魂的永生、不朽成为根植于希腊人精神生活的一种真诚的信仰。

公元前5世纪的希腊人大多相信现世的生活，并认为试图跨越人与神的界限是世人最大的愚妄。毕达哥拉斯学派则认为人的灵魂本来是神性的，由于天神的惩罚，灵魂才被困于肉体之中，处于永恒的轮回之中，只有通过灵魂净化才能使它从轮回中解脱出来。[①] 早期希腊思想具有原始宗教巫术的性质，它体现在与狄奥尼索斯有关的奥菲斯教的巫术舞蹈庆典和酒神的祭祀仪式中。狄奥尼索斯是收获之神、酒神，是自由和狂放的象征。他每年在冬天去世，在春天复活，这是生对死的超越与胜利。古希腊人对酒神狄奥尼索斯的祭祀仪式盛大而隆重，人们饮酒狂欢、载歌载舞。这种迷狂可能只是暂时的、虚幻的、片刻的慰藉，但希腊人却能在这种"神圣的癫狂"中体验到生命的狂喜和真实的永恒，获得生命的超越。希腊人对神人分裂的体验体现在现实中就表现为对人和宇宙、世界、自然的分裂和对立的体验。渴望生命的超越、现实的完美是希腊人在现实生活中的一种永恒而执着的生命冲动，他们力求弥合理性与感性、俗性与神性、短暂与永恒的对立，从而使现世人生与神一样具有神性而不朽。

第二，教育（审美教育）可以培养一种健美的形体和德行的心灵，通过对

[①] 吕祥：《希腊哲学中的知识问题及其困境》，湖南教育出版社，1992年，第94页。

现实生活的理性规范和人的德性培养来保证现实世界的秩序，从而达到对悲剧性的克服。"当你遇见赞颂荷马的人，听到他们说荷马是希腊的教育者。在管理人们生活和教育方面，我们应当学习他，我们应当按照他的教导来安排我们的全部生活，……荷马确是最高明的诗人和第一个悲剧家"。追求运动、节奏、对称、平衡体现希腊人对人的现实的完满性的追求。这种完满性、人的完美的艺术能力是人有别于动物的基本生活特征。动物不具有体察运动中的顺序和混乱的能力，感受不到节奏和音调等现实生活特征。教育可以使心灵得到陶冶，训练可以使身体健美。"奥林匹克竞技是希腊人赋予人体的价值的活标志。这再次显示了强调和谐的特点。人具有肉体和心灵，两者都必须经受训练"①。追求完善、完美的人性教育，崇尚人文主义和自由境界，追求健美的身体，追求艺术的永恒，使现实人生和世界达到永恒，是希腊艺术创造和审美人生的终极目的。教育对人的塑造和作为技艺的艺术对石像、神庙的塑造一样都是种艺术，都体现了对永恒的渴望和超越现实悲剧性存在的渴望。

希腊人追求人生的完满性存在，追求心魂、心智的完满，把人的生活的精神价值、人的行为规范当成生命存在的重要指向，由此来超越人生的局限。在这个过程中，克服人可能产生的两种错恶：失调（或丑恶）与无知。真和美对无知与丑恶的对抗，即是要使内在的本能冲动与理性的冲动达到平衡与和谐。柏拉图认为，"无知"不是这个或哪个公民的"过错"，也不是这个或哪个民族的"缺陷"，作为一个普遍现象，它是人的一种生存境况，一种难以最终完全摆脱的局限。② 关心心魂的状态，保持心魂的和谐，不仅事关城邦的建设和人民的幸福，而且关系到超脱今生的永存，关系到人生的终极意义。人为什么崇尚克制？为什么追求真理？为什么主持正义？为什么强调把城邦的利益放在首位？因为人不只为今生今世存活，不只为物质的享受和看得见的利益奔波。③

---

① ［英］罗素：《西方的智慧》，世界知识出版社，1992年，第391页。
② 陈中梅：《柏拉图诗学和艺术思想研究》，商务印书馆，1999年，第119页。
③ 陈中梅：《柏拉图诗学和艺术思想研究》，第122~123页。

因此，寻求精神的永生，消除人生的各种罪恶，追求净化（肉体的净化、音乐和美的净化、知识的净化等方式），就不仅仅是宗教的，而是开始上升为伦理的和审美的。柏拉图把灵魂凝神观照美自身亦看成是一种灵魂净化的重要方式。从宗教的灵魂轮回转世的思想到追求灵魂净化、心智完善和谐到人生终极意义和价值的追求，形成了希腊古典人文精神的重要方面。可以认为，希腊审美主义从一开始就把审美（真、善、美的通接）当成人生生命价值追问的重要维度。

二

希腊人最智慧的人生追问体现在他们用理性的方式对现实生活、人生意义与价值的理性思考。这种思考是希腊哲学和审美理论产生的动力和主要内容。

希腊人意识到人与对象（实体自然）、人与世界、人与神分离，意识到世界与人的存在，理性与感性、本质与现象、真理与意见的对立。早期希腊思想的主要任务就是寻求人与世界、人与自然、人与人的分裂的悲剧性存在的消除，为生命超越和人生存境界的完善找到一种澄明之境，使人、自然、社会从原始宗教的束缚中解脱出来。这在哲学上即体现为对万物"始基"的探讨。"始基"（本原）的提出，在希腊思想发展中具有重要意义。叶秀山指出："古代希腊'始基'（本原）的提出，是真理意识的萌芽，要在纷繁变幻的感觉世界中寻求确定的、永恒的本原，而对万物本原的认识，也就是对真理的把握。"[1]

毕达哥拉斯及其学派认为数是万物的本原、始基、原则："一切其他事物，就其整个本性来说，都是以数为范例的。"毕达哥拉斯学派不仅把数的原则运用于自然事物、宇宙运动（宇宙的秩序是数的和谐）之中，也运用于社会事物及人的活动之中。他们把数的原则和美关联起来，强调"秩序和匀称都是美的和有用的，而无秩序和不匀称则是丑的和无用的"，"身体美确实在于各部分之

---

[1] 叶秀山：《苏格拉底及其哲学思想》，人民出版社，1997年。

间的比例对称"①。毕达哥拉斯学派提出"对立是存在物的始基"②的观点，不仅把美和数、比例、和谐联系起来，同时把和谐、秩序引进人生、社会领域，认为它关系到人的灵魂的"净化"与永恒生命的获得。由此，他不仅为宇宙、自然寻求不变的秩序和原则，而且把灵魂的"净化"、和谐以及追求一种理想化、永恒化的秩序的建构作为哲学的主旨。也正是从这里开始，希腊哲学对人生、社会的理性化思考有了一种真正深刻的人文品格和审美品格。"在人身上最有力的部分是灵魂，灵魂可善可恶。人有了好的灵魂便是幸福的，他们从不休止，他们的生命是一个永恒的变化。"③灵魂的净化，追求人生理想，寻求真理，既是对智慧的追求，也是人的生活方式。哲学正是通过凝神观照、净化灵魂以获得真理。审美静观、音乐教育也是达到灵魂净化的最有效的途径之一。通过审美（音乐教育）不仅能够静观、沉思宇宙世界万物的谐音、谐调，使自己沉浸在流动的宇宙的谐音之中（之所以如此是因为宇宙、灵魂和音乐之间通过数的原则能建立的一种内在联系），而且通过审美（音乐教育）使灵魂得到净化，从而培养出一种善的品性，实现人自身的完满。

世界是一个变动不居的世界，人是个分裂着的存在。"始基"的探讨正是他们力求探寻这分裂的、变动不居的世界背后的根据的哲学努力。这种努力在赫拉克利特的智慧之思那里得到了更明确的回响。

他提出了"逻各斯"的概念，以此来表明与流变不已的世界的对立，来思索这个世界的分裂：万物既存在又不存在，某物既是它本身又不是它本身，思想、语言与感知世界的对立，灵魂与感观、感觉的对立。同时，正是这种对立才能造成一种和谐。

世界本身是对立的，自然也同样追求对立，它是从对立的东西产生和谐，而不是从相同的东西产生和谐。事物构成因素的对立并由此达成和谐，是事物

---

① 北京大学哲学系美学教研室：《西方美学家论美和美感》，商务印书馆，1980年。

② 北京大学哲学系编译：《古希腊罗马哲学》。

③ 北京大学哲学系编译：《古希腊罗马哲学》。

存在的本性，是逻各斯的体现。正是这种逻各斯的理性法则，才达成社会的和谐。赫拉克利特从社会现实出发，看到社会的统一和秩序正是建筑在它内部的不同和对立上，① 自然、社会以及各种艺术都是在对立中存在，在相反中达到和谐，在不同中得到统一。对立构成和谐。无论是自然、社会，还是艺术，只要其中体现了对立而导致的和谐那就是美的。音调之所以美，正是由于不同的音调互相协调，产生和谐的音调，才呈现为美的音调，才是最美的和谐。

第一，和谐、统一是万事万物的本质属性。这种属性本质上即是逻各斯。一些东西的毁灭，另一些东西的生成都是逻各斯的产物，或者体现逻各斯的本源性力量。毁灭与生成、生与死、存在与不存在，都是在服从逻各斯。逻各斯既是宇宙万事万物运动的、变化的、普遍的尺度，也是灵魂（思想）的原则，是一切在场者和一切不在场者的原则。这种原则、尺度即是最高的"一"，服从这种尺度，这个"一"才是真正理性和智慧的人。赫拉克利特明确指出："如果你们不是听我本人而是听我的逻各斯，承认一切是一，那么你们就是智慧的。"

第二，"一"是由不同的东西或相反的力量构成的一个整体。这种整体体现的是对立统一。之所以能成为统一的整体就因为它体现了逻各斯，即遵循一种尺度、一种规律。这既是万物运动的必然性、统一性的体现，也是万物本质的体现。"万物服从命运，命运就是必然性……命运的本质就是贯穿宇宙实体的逻各斯。"这种对立的统一体现了一种必然性，也就是一种和谐的体现，恰恰是因为它们是对立的相反相成才导致和谐。

第三，和谐体现的是逻各斯的本性。当我们侧重于把逻各斯理解为"尺度""规律"时，不能排除逻各斯的其他含义，特别是作为思考、灵魂、语言、理性能力等含义。在赫拉克利特看来，语言与思想（灵魂），语言的对错与真假，灵魂的高尚与卑俗正是一般的人与智慧的人的重要区别。一般的人不能把握宇宙的尺度，也不能准确地理会逻各斯："逻各斯虽然对于所有人都是

---

① 汪子嵩等：《希腊哲学史》第一卷，人民出版社，1988年，第470页。

共同的，多数人都不加理会地生活着，好像他们有着一种独特的智慧似的。"而只有在高贵的灵魂引导下，"通过分享它（指逻各斯），我们就成为有思想能力的人"，才具有真正的智慧。因此，这个具有理性智慧的主体是比自然物更高的美："最美丽的猴子与人类比起来也是丑陋的……最智慧的人和神比起来，无论在智慧、美丽和其他方面，都像一只猴子。"① 人的美之所以低于神的美正是因为人的感觉、语言对逻各斯的把握、领会、表述并不能达到真理，或者说人的感觉与逻各斯的对立没有达到统一，而神却能够与逻各斯达到真正的统一，或者说神本身即是逻各斯（原则、规律）的真正体现。逻各斯从最高的角度规范了人本身，也规范了人的感官、感知、灵魂乃至人的行为和社会。

赫拉克利特对逻各斯的关注，对人生、自然、社会存在如何达成和谐的价值追问，正是体现了理性智慧的人对人类乃至人的整个世界的终极关注，由此，和谐——宇宙、自然、人、灵魂、社会现实的和谐——成为古希腊哲学追问的最高追求，也是对追求对象的智慧的理解，也是希腊人生命信仰和追求的终极目的。

三

在苏格拉底之前，希腊哲人并没有意识到宇宙的根本问题是人的存在问题，即人的生存和为了生存而必须建立起一个和谐的社会。而这个问题的核心则在于人对自己的认识和把握。尽管毕达哥拉斯及其学派、赫拉克利特、德谟克利特等在探究宇宙自然乃至人类现实世界时标举出"和谐"作为一种终极目的，但这种"和谐"背后隐含的依然是那个神秘莫测、具有无上力量的"神""命运"。这种神、命运造成人和宇宙、自然、社会的无限的对立与分裂。

哲学的智慧之思就在于人类把对宇宙、自然的惊异和探求的目光从宇宙、自然转到人自身。人被神、命运所制约体现的是人自身的有限性。而这种人的有限性意识正来源于对神性的消解，如果人永远只是屈从于神性和命运，没有

---

① 北京大学哲学系美学教研室：《西方美学家论美和美感》，商务印书馆，1980年。

人的自我意识的觉醒，也就不可能产生有限性意识。对诸神、命运的伦理化、理性化的反抗，对人自身的特别关注，这种突破与其说是理性的发展，毋宁说是"人文"的转向与发展。

在苏格拉底看来，实现人和宇宙、人和自然、现实秩序的和谐，哲学应该突出对人的生存状况和人的意识的研究。人的真谛，世界的本原，不应在外在自然之中，而在自我之内。他关注人生、社会问题，认为"勇敢""友谊""正义""善"是知识主体的"自我"（自知）寻求的真正"真理""美德"。因此说，"划分苏格拉底和前苏格拉底思想的标志恰恰是在人的问题上"。他所知道以及他的全部探究所指向的唯一世界，就是人的世界。[①]

苏格拉底使哲学从自然界、宇宙问题的探讨转到对人及其生活和生活实践的探讨，把人变成"自我意识"、"理智"、智慧（自知、无过）、知识（求知）的理性主体，把自然世界纳入带有价值意向（善、恶、公正）的人文视野，而变成人的生活世界。自然世界是具有秩序的世界。宇宙秩序、事物"生长和消亡的原因"，并不单纯就是自然世界的物理原因，而在于自然世界的宇宙秩序同价值、目的有关联，即同主体世界的价值、目的有关联。苏格拉底把宇宙秩序的"目的论"或终极的概念引入哲学，把宇宙秩序当作实现一个绝对的目的，[②] 这种绝对价值的目的与人生、社会有一种必然性的关联。这样，他从理性主体的角度重建一种伦理价值规范，从而使人的实践活动、生活世界既符合宇宙的秩序、法则，也符合理想的价值目的，符合人的本性的理想性原则，从而克服人性的弱点，重建社会秩序。

苏格拉底对"自知""毋过"进行了伦理学和哲学的改造。他认为"自知"不仅是道德、伦理上的谦虚、克制，而是寻求真知识、真理。这种真知识、真理并不单纯地体现为宇宙本原的"始基"探讨，而是关涉人的智慧、理

[①] ［德］恩斯特·卡西尔：《人论》，上海译文出版社，1985 年，第 6~7 页。

[②] ［英］A. E. 泰勒、［奥］T. H. 龚珀茨：《苏格拉底传》，商务印书馆，1999 年，第 102 页。

智的一种知识论。这种知识既不来源于外在对象（物质世界）自身的客观规律和对这种规律的认识，也不是来源于神的先天全知，而是来源于理智的、智慧的人（知识主体）对知识对象的目的和价值的一种追求。正如叶秀山所指出的"苏格拉底的'目的''善'，并不是像智者那样是感觉式的符合或愉快，而是事物的客观的、本质的目的，即他们所谓美德或功能。这种目的当然是属于主体的、自我的，因而是人与人相关的，但却不是感觉的、感性的，而是理性的、理智的，因为感觉的人只是自然的一部分，只能是自然原因系列中的一个环节；只有理性的自我，才是这个系列中的起始的也是终极的环节，才是真正的始基（本原）"①。苏格拉底的"自知"是他"知识论"的重要前提和基本哲学原则。世界的意义、人生的意义乃至世界的本质，不在自然本身，而在人的主体之中、在理性之中，认识自己就是认识真理。

由"自知"到"毋过"，苏格拉底进一步深入地探讨理性的、智慧的人如何才能真正达到"自知"，获得真理。在哲学实践中，他"一方面是试图发现人们应当如何生活，另一方面则考虑谈话对方是否在过一种值得过的生活，从而让对方意识到把握生活真实意义的重要性"。他教育人们"以自身理智的谦恭去发现如何生活的准则"②。由此，苏格拉底强调德性、善的重要性，认为诸如明智、智慧、勇敢、正义等一切（品质）是为人的"理念"。实践的主体、理性的自我，既是唯一真实可靠的真理的根据，也是善和德性的统一。"苏格拉底的世界既不是质的世界，也不是量的世界，而是目的（功能）的世界，即人的世界，善的世界"③。苏格拉底转变了对人的自然（physis，本性）的看法，使"人性"成为一种价值判断的根据，成为一种自然向善的东西，智慧本身就必须是善的。

---

① 叶秀山：《苏格拉底及其哲学思想》，人民出版社，1997年，第82页。
② 吕祥：《希腊哲学中的知识问题及其困境》，湖南教育出版社，1992年，第63页。
③ 叶秀山：《苏格拉底及其哲学思想》，第127页。

苏格拉底的"理念"本身具有"目的"的性质。[①]"美自身""美的理念"既体现了人的理性的目的性，即与人的理性对美、善的价值性追求有关，呈现为人的理性、心灵、智慧祈向美和善的价值目的，同时它又体现了事物内在的合目的性的特点，即客观事物趋向其内在的、客观的完满性。春华秋实、日新月异、四时之序、沧海桑田，客观事物自身构成及其运动都有其"度""道"。这种"度""道"正是事物自身的目的性和完满性的体现，亦是事物的"理念"。人的理性把握了事物本身内在的合目的性并能根据人的理性目的使事物的内在合目的性得到显现，也就是一种真正的"善的理念"的知识。苏格拉底思想的审美意义在于以人文价值理想的构建和对人的本性和理性能力的深刻反思，力求重建一种真善美真正和谐统一的审美境界，开创了以人和社会的和谐为对象和终极目的的理性主义、人文主义的审美道路。作为实践主体的人具有实践理性，人如何在生活实践中得到完善，真正把握生活的意义，成为一个健全的、自由的人就成为审美的最高目的。苏格拉底把人的生活及生活意义的探讨作为哲学和美学探讨的重要方面，使审美的探讨转到社会和人生方面，这种审美价值形而上学，完成了希腊审美理论发展中的一次革命。

（刊于《郑州大学学报》2003年第4期）

[①] 叶秀山：《苏格拉底及其哲学思想》，人民出版社，1997年，第117页。

论宋明理学的美学意蕴

⊙史鸿文
⊙郑州大学公共管理学院哲学系

依据明末清初学者孙奇逢的《理学宗传》,"宋明理学"应是"道学"与"心学"的总称。它的出现,除传统儒学的自身更张和社会形势所迫之外,还与大量吸收佛道思想有关。正因为宋明理学大量吸收了佛道思想,所以原本以讲道德义理为旨的理学文本具有了更加灵活多变的特点,并且很自然地浸染了道、佛思想中的审美气息,加之理学本身也具有向性情逼近的切实需要,从而打开了通向审美感悟之域的路径。

一、理学作为美学文本的可能性

理学本身不是美学,因此,要建立起理学与美学的联系,就必须找到二者的共生点。在这里,首先要解决的问题是作为儒家义理之学的宋明理学能否生发或如何生发美学意蕴的问题。解决这一问题可能有很多途径,但其根本意义在于如何使理学的伦理本体逼近美学的情理本体,而其出发点则是解决理学作为美学文本的可能性问题。

理学文本的影响力来自理学文本的包容性、活脱性和开放性,正是这些特性促成了理学文本走向美学文本的可能性。其具体表现为:

其一,理学文本对生命本体"往上翻"的关注是其走向美学文本的前提。理学文本的核心是指向人的生命本体,旨在把传统儒家的人生修养理论提高到一个新的境界。作为现代新儒学第二代核心人物的牟宗三,曾以极富诗性的情怀来看待宋明理学的这一特点。他认为,人的生命本体的自然性是不能没有理性来调润的,否则就会失之粗野而枯萎,这是促使他以阐扬理学为己任的基本心路。他指出:"理学家就是看到自然生命的缺点而往上翻,念兹在兹,以理性来调护也即润泽我们的生命,生命是需要理性来调节润泽的,否则一旦生命干枯,就一无所有,就会爆炸。而理性就能润泽我们的生命,这样生命就可以绵延不断地连续下去,这一代不行,以由下一代再来。"[①] 问题是,如何在"理"与"美"(艺)之间建立联系?在牟宗三眼中,中国文化以"三理"为本,即性理或义理(儒)、玄理(道)、空理(释);而西方文化同样也以"三理"为本,即名理(逻辑)、数理(数学)和物理(自然)。相较而言,中国的"三理"关注于主体生命的"往上翻",而西方的"三理"则关注于生命的"往外往下牵连";前者是生命的学问,后者是"知识的学问"。如果我们接着牟氏的观点推论,那么"往上翻"的生命的学问更容易走向伦理与情感乃至走向诗性和审美,而"往外往下牵连"的知识的学问更容易走向科学和实证。理学家虽如牟氏所说是以理来调润生命,但这理却不是死寂的知识和逻辑,而是活脱脱的精神境界和精神气象。这就使其具备了走向审美的可能性。朱子讲"性即理",阳明讲"心即理",这"性""心"往往与艺术审美无法脱离干系,如王阳明说:"艺者,义也,理之所宜者也,如诵诗、读书、弹琴、习射之类,皆所以调习此心,使之熟于道也。"(《传习录》)朱子也说:"乐……可以养人之性情,而荡涤其邪秽,消融其渣滓。"(《论语集注》)可见,艺术与审美本身就是生命"往上翻"的助动力。

其二,理学文本的"十字打开"的人文精神是其走向美学文本的条件。现代新儒学第三代核心人物杜维明认为,宋明儒学(理学)从文化批判意识的角度发展出一种新型的人文精神。"这种人文精神,如果引用陆象山的话说,是

[①] 牟宗三:《中西哲学会通十四讲》,上海古籍出版社,1997年,第19页。

种'十字打开'的人文精神,既有纵向又有横向,互相交汇所造成。"① 杜维明认为这种人文精神的突出特点是突出了主体性,而主体性与客体性(客观世界的一切真实内涵)是可以互通的。这种主体性能通向生命的核心价值,像掘井及泉一样,挖得愈深也就愈接近源头活水,这种深层的主体意识还可以通向"绝对精神"(形而上的道或理)。因此,主体性、客体性和绝对精神可以十字打开。通过这种十字打开,人在天地万物之中,可以跟天下所有人都有一种血肉相连的关系,甚至天下所有的东西我都可以"物吾与也"。这就是理学家程颢提出的"仁者以天地万物为一体"的观点。这种"以天地万物为一体",绝对不只是一种玄理言说,而是一种切身的体验。程颢曾以中医讲的"麻痹不仁"来说明这种切身存在的经验。杜维明分析道:"假如一个人的感性不能跟天地万物吻合,不能通透一切,并非本来如此,而是因为我们自己把心量限隔了。所谓麻痹不仁也就是感性觉情不能发生关联的地方正是我们自限心量的结果。如果不是麻痹不仁,我们可以跟天地万物包括遥远的星球发生一种血肉相连的关怀。"② 这里有两个很关键的要点,可以使我们找到理学通往美学的"突破口":一是打破自我中心,反对"心量限隔"。实际上是要求敞开人性的桎梏,走向心性的超越解放之路,这与中国古代特别是道、释两家审美自由精神不谋而合,诚如朱子《大学章句》所谓"虚灵不昧,以具众理而应万事"。二是在打破心量限隔和麻痹不仁的基础上,人与自然万物血肉相连,与宇宙同体,使人的生命与宇宙生命同流共振,这与中国美学的物我同一、情景合一也是相通的。

其三,理学中心学文本的虚灵性使其成为美学文本的主要途径。心学虽以陆、王、白沙为显,但早期理学家对心的重视实已开心学之源。朱子认为"心"的特点是"虚灵"或"神明",即《知言疑义》谓:"所谓心者,乃夫虚灵知觉之性,犹耳目之有见闻耳。"又《孟子集注·尽心上》谓:"心者人

---

① 杜维明:《杜维明学术文化随笔》,中国青年出版社,1999年,第24页。

② 杜维明:《杜维明学术文化随笔》,第25页。

之神明。"而具有"虚灵""神明"之特点的心,其最基本的特点是具有"知觉"能力,即《大禹谟解》谓:"心者人之知觉,主于身而应事物者也。"《朱子语类》卷七十八"人心是知觉"。朱熹认为,人虽然只有一个心,但这个心却有不同的"知觉"方式。《朱子语类》卷七十八谓:"人只有一个心,但知觉得道理底是道心,知觉得声色臭味的是人心。""道心人心本只是一个物事;但所知觉不同。""道心"偏于理性省察,是形上之思;"人心"偏于感性玩味,是具象之思。由此理解,"道心"最终走向哲学(理学),而"人心"最终走向美学(感性学)。如《朱子语类》卷五:"视听行动,亦是心向那里,若形体之行动,心都不知,便是心不在,行动都没理会了。"显而易见,视听知觉是"人心"的基本活动方式,而审美知觉便主要是一种视听知觉。在朱子理学中,视听知觉属于"欲"的范围,这种"欲"并非不好,只是不能过度("纵欲")而趋于"危",如《朱子语类》卷七十八"人心是知觉,口之于味,目之于色,耳之于声底,未是不好,只是危"。这"目之于色,耳之于声",自然是审美之欲(冲动),所以,在朱子对"心"的解释中已当然地隐含这样一种可能:理学文本假道心学文本而走向美学文本。

朱子对"心"的特点的解释还隐含了另一种文本转换的可能,即理学态度转向审美态度,理学心胸转向审美心胸。朱熹《答黄子耕七》谓:

> 人之心,湛然虚明,以为一身之主者,固其本体。而喜怒忧惧随感而应者,亦其用之所不能无者也。然必知至意诚无所私系,然后物之未感,则此心之体寂然不动,如鉴之空、如衡之平。物之既感,则其妍媸高下,随物以应,皆因彼之自尔,而我无所与,此心之体用所以常得其正而能为一身之主也。

在《大学或问》中亦云:"人之一心,湛然虚明,如鉴之空、如衡之平,以为一身之主者,固其真体之本然。"这是讲人心必须进行"至意诚无所私"的修炼训养,才能在未感时"如鉴之空、如衡之平",既感时则"妍媸高下,随物以应"。显然,这种理学心境就如老子的"涤除玄鉴"一样,是一种无私狭的超功利心境。这种无私狭的超功利心境,既是悟道养性的前提,也是观物审美的前提。如他在《答王子合十二》中所谓:"心犹境也,但无尘垢之蔽,则本体自明,物来能照。"《朱子语类》十六更说:"人心如一个镜,先未有一个影像,有事物来方照见妍丑。若先有个影像在里,如何照得。"无"影像""虚""空""明",有此心境才能照得见妍丑(美丑)。也就是说,人心的湛然虚明的审美胸襟,是产生美丑判断力(审美判断力)的前提条件。诚如刘小枫先生所谓:"在心学,审美的中介就是尽心,去除私欲,使良知向天地敞开,由此升达审美之境。"① 并引陆象山《语录下》:"心之体甚大,若能尽我之心,便与天同。"其实也就是前面所说的"十字打开"。

其四,理学家的艺术文本是理学文本走向美学文本的直接体现。理学家在言说"道理"(道之理或道理)时,虽不免对诗文之艺有所排斥,但这种现象既非普遍又不持久,所以在许多理学家的文本生涯中自然也少不了用诗文之艺甚至造型艺术来表达自己的心绪。钱穆《朱子学提纲》谓:"朱子独精妙文辞,自谓学文章,乃由慕效曾巩为入门。就理学言,虽韩愈、柳宗元,皆致纠弹。专就文学,即如苏轼。其学术思想,朱子尝备极排拒,独于其文章,则推为大家,亦盛加称誉。尤其朱子之于诗,乃欲超宋越唐,上追选体。以旧风格表新意境,又另一种旧瓶装新酒。"② 此"新酒"即高浓度理学精酿之酒。理学家善诗者不唯朱子,二程、康节、陆王、白沙莫不如此。理学家之于诗艺,颇类释僧,释僧以诗寄禅,理学家以诗悟理,所以禅诗每每有禅趣,理诗每每有理趣。

宗白华说:"艺术,心灵的诞生,在人生忘我的一刹那,即美学上所谓'静照'。静照的起点在于空诸一切,心无挂碍,和世务暂时绝缘。这时一点觉心,静观万象,万象如在镜中,光明莹洁,而各得其所,呈现着它们各自充实的、内在的、自由的生命,所谓万物静观皆自得。这自得的、自由的各个生命

---

① 刘小枫:《个体信仰与文化理论》,四川人民出版社,1997年,第58页。
② 牟宗三:《中西哲学会通十四讲》,上海古籍出版社,1997年,第25页。

在静默里吐露光辉。"① 理学家之于诗艺，实有极矛盾的心理，一方面他们看不起诗文小技，甚至认为"作文害道"（二程），另一方面他们又难以拒斥诗艺对于理的性情支撑，仅朱子存世诗就有1200多首。理学家之于艺术，很可能还是为延承中国传统儒家的人格观念，即通过诗教、乐教等手段使人格修养得以最终完成。在此基础上，理学家的艺术文本还能将儒教与论艺巧妙地结合起来，使其更显美学文本的华章。

二、交会于生存本体的理学与美学

宋明理学是以义理化的形式阐解人的生存本体的伦理哲学，在对人生本性的关切点上，由对人的终极本性的价值关切而生发出许多具体的知行规则，这些知行规则涉及内心省悟到日常践履的各个方面，其中虽以伦理为本位，但亦容括着审美的感怀与熏陶。

1. 道德境界如何走向审美境界。境界问题当是宋明理学的核心问题。无论从理学的形上学建构中所追求的天人合一，或是理学的修身成圣所追求的诚意情志，其实也都是两个境界问题。"天"在宋明理学中是一个形上学概念是不成问题的，但这个形上学概念又离不开人的日常生活。"理"是"天"的化身，合称"天理"，但天理却不能脱离人的伦理生活和日常生活，所以它"极高明而道中庸"。"中庸"是天理在日常生活中的贯彻，是一套极为具体的行为规范。因此，"天理"虽与"人欲"相对，却要落到生活的实处，这生活的实处便是诚意之心，修性冶情之道。譬如朱子既讲道器不离，又讲体用不二。《朱子语类》卷七五云："有道须有器，有器须有道。物必有则。"《朱子语类》卷六："人只是合当做底便是体，人做处便是用。譬如此扇子，有骨有柄用纸糊，此则体也。人摇之则用也。如尺与称相似，上有分寸星铢，则体也。将去称量物事，则用也。"《朱子文集》卷四十《答何叔京三十二书之第三十书》："体用一源者，自理而观，则理为体，象为用，而理中有象，是一源也。显微

---

① 宗白华：《美学散步》，上海人民出版社，1981年，第21页。

无间者，自象而观，则象为显，理为微，而象中有理，是无间也。"刘述先在评述朱子此意思时说："对朱子来说，形而上下的分别是确定而必然的，但两方面在事实上却不相离，所以不会有像柏拉图那样的理型（理式——引者注）与事物分离的问题。事实上形而上者即在形而下者之中，道理即在事物之内，两个方面是一种互相依赖的关系。"① 他又说："朱子肯定实然与应然之间有一定的关联，必有如是之体，始有如是之用。用是理的具体现实化的表现。"② 因此，宋明理学的天人合一便是一种道德境界，这种道德境界与审美境界是切近的。李泽厚在《宋明理学谈片》一文中说："宋明理学家经常爱讲'孔颜乐处'，把它看作人生最高境界，其实也就是指这种不怕艰苦而充满生意、属伦理又超伦理、准审美又超审美的目的论的精神境界。康德的目的论是'自然向人生成'，在某种意义上仍可以说是客观目的论，主观合目的性只是审美世界；宋明理学则以这种'天人合一，万物同体'的主观目的论来标志人所能达到超伦理的本体境界，这被看作人的最高存在。这个本体境界，在外表形式上，确乎与物我两忘而非功利的审美快乐和美学心境是相似和接近的。"③ 现代新儒学代表人物之一的方东美先生说："哲学的高度发展总是与艺术上的高度精神配合，与审美的态度贯串为一体，不可分割，将哲学精神处处安排在艺术境界之中。所以儒家的主张是志于道、据于德、依于仁、游于艺。就是文化总体须有高度的形上学智慧，高度的道德精神之外，还应该有艺术能力贯穿其中。"④

2. 道德品格如何成为审美品格。宋明理学作为一种修身成圣的义理之学，它的核心仍然未能也不可能脱离传统儒家的道德品格之论。品格一词大致是指品质和格调，是一个定位修身成圣所达到的境界的概念。事实上，关于道德品格和审美品格的联系本是传统儒家品格论的应有之义，孔子把诗乐之艺看作是

---

① 刘述先：《朱子哲学思想的发展与完成》，台湾学生书局，1984年，第317页。
② 李泽厚：《李泽厚哲学文存》下编，安徽文艺出版社，1999年，第324页。
③ 李泽厚：《李泽厚哲学文存》下编，第722~723页。
④ 方东美：《方东美集》，群言出版社，1992年，第45页。

道德品格得以成形的基本通道，于是他才把"道""德""仁"的最终完成归结为"游于艺"，才强调"不学诗，无以言"。按理说，个人不学诗，还不至于不会说话，只是不学诗说出的话与学过诗后说出的话，在道德品格与审美品格上都是大大不同的。不学诗时，说话可能会失之粗野，而学了诗就可能在说话时保持优雅美善的品格气调。孔子评价诗乐歌舞的标准是尽善尽美，其实也是着眼于人生品格的提升这一维度的。朱熹《论语集注》释"尽善尽美"云："美者，声容之盛；善者，美之实也。""声容"即"文"，"美之实"即质，美善相融，其实就是文质彬彬。文质彬彬是一种尽人皆知的品格境界，是一种美善相乐的品格境界。康德在《纯粹理性批判》中把"头上的星空"和"心中的道德律令"看作两种令其强烈感到惊叹与敬畏的东西，而它们都可以黏着在同一个坐标——审美性的崇高上。这说明，即便在西方的品格哲学中，美与善也是难以互相游离的。

问题是，传统儒学也好，宋明理学也好，善与美、伦理与审美是在怎样的交点上走向品格致性的？有的学者提出了所谓"幸福说"，即认为崇拜感（宗教）、理智感（科学）、道德感（伦理）、审美感（艺术）虽依据不同，但"这四大快感在'幸福感'这一点上，具有共通性，也就是说，凡此四大人格模式在'幸福'这一点上是相通的"。而所谓的"幸福"便是"理想实现之时、之后主体感到满足的一种心理状态、心理体验与心理氛围"。因此，"道德何以能步步走向审美，在快感这一点上，是因为两者共通于'幸福'的缘故"①。问题是，在许多情况下，某种品格的产生并不能使主体感到"幸福"，譬如"出师未捷身先死，长使英雄泪满襟"，何言幸福？何言理想的实现？何言满足感？所以，道德何以走向审美，并不是一个容易说清的问题。就宋明理学而言，以下几点值得重视：其一，审美观照是道德建构的一条通道，例如"万物静观皆自得"就是一种获致道德品格的方式。其二，审美品格是道德品格的一部分。也就是说，一个道德高尚的人，必然是有较高审美修养和艺术修

---

① 王振复：《中国美学的文脉历程》，四川人民出版社，2002年，第587页。

养的人，如《二程遗书》卷二十五《伊川语十一》："孔子曰：'有德者必有言。'何也？和顺积于中，英华发于外也。放言则成文，动则成章。""有文""有章"，是为"有德"。其三，审美品格必须依附于道德品格，如《晦庵先生朱文公文集》卷三十九《答范伯崇》："有德者言虽巧，色虽令，无害；若徒巧言令色，小人而已。"《答杨宋卿》："熹闻诗者，志之所之，在心为志，发言为诗，然则诗者，岂复有工拙哉？亦视其志之所向者高下如何耳！是以古之君子，德足以求其志，必出于高明纯一之地，其于诗固不学而能之。"

3. 生生之德如何成为生生之美。"生生"是儒家表达生命活力的基本术语，意为生命的发展进取递进不止，如《周易·系辞》所谓："日新之谓盛德，生生之谓易。"戴震《孟子字义疏证·性》谓："阴阳五行之运而不已，天地之气化也，人物之生生本乎是，由其分而有之不齐，是以成性各殊。"这说明人的生命和宇宙的生命是同流共振的。宋明理学也对古代儒家讲的生生之德做了大量的诠释，并认为"理能生气"，而气是构成生命的基本物流，"气化"便是生命流动的基本方式，所以理学家虽称"存天理，灭人欲"，但实际上对生命的呵护是自始至终的。据说，有一次程颐为皇帝讲经，中间休息时皇帝伸手摘掉一树枝上的嫩芽，立刻遭到程颐的批评。程颐可能不知道什么是生态学和可持续发展，但他却信奉呵护生命是一种人生的品德，是谓生生之德。宋儒释孔子的"仁"为"生气"，仁者生也。张立文先生说，桃仁也好，杏仁也好，放在地上就可以开始新的生命，新的芽就生出来了。由此程颐反对皇帝摘剥树芽便不难理解了。

生生之为儒家之德，何以通向生生之美呢？方东美先生有一本文集的书名就叫《生生之德》，而其中有一篇文章叫《生命情调与美感》，该文在解释"乾坤一场戏"时说："乾坤戏场繁华彩丽，气象万千，其妙能摇魂荡魄，引人入胜者要不外乎下列诸种理由：一、吾人挟生命幽情，以观感生命诗戏，于其意义自能心融神会而欣赏之。二、吾人发挥生命毅力以描摹生命神韵，备觉亲切而透彻。三、戏中情节，兀自蕴蓄灵奇婉约之机趣，令人对之四顾踌躇，百端交集，泊然生出心旷神怡之意态，此种场合最能使人了悟生命情蕴之神奇，契会宇宙法象之奥妙。"① 宋明理学以"生"释"仁"，如周敦颐《通书·顺化》"天以阳生万物，以阴成万物。生，仁也；成，义也。故圣人在上，似仁育万物，以义正万民"。这里隐含着由生命伦理走向生命美悟的契机，即由道德的理则走向超道德的审美，这一"走向"的转化条件便是对宇宙生生之美的道德感怀。如程颐说："登山难为言，以言圣人之道大，观澜必照，因又言其道之无穷。澜，水之动处，苟非源之无穷，则无以为澜；非日月之明无穷，则无以容光必照。""观水有术，必观其澜，澜湍急处，于此便见源之无穷。"总之，从审美观照的角度去挖掘自然生命的活动景象，便促成了生生之德向生生之美的转化。

三、在心物与善美之间的意义建构

宋明理学中的心学一派，从孟子的"万物皆备于我"的主体能动性出发，强调"心外无物"，由于孟子强调"心"非外铄于我，而是我固有之，所以"心"是一种具有本体论意义的万物之源。当"心"自为存在时，它是宇宙之本体，故心外无物；但当心向外扩张时，心是要作用于时空而产生"物"的源泉。于是"心外无物"便自动转化为"心外有物"。就如同西方人讲人创造了物质文明，但又不得不面对"人"与"物"的对立与牵制一样，"心"创造了"物"但又不得不面对心与物的互相制动与牵涉。心与物的关系不仅是一个哲学问题，更是一个美学问题。在宋明理学特别是心学体系中，心与物的照应关系主要还是为了讲述伦理行为的本体境界，以为儒家修身成圣之学寻找理论根据，但在对心与物的讲述中却透出了浓郁的由善而美的意义和韵味。

宋明理学的以上特点，尤其突出地表现在邵雍的"观物"思想中。邵子说："夫所以谓之观物者，非以目观之也，非观之以目而观之以心也，非观之以心而观之以理也。"（《观物内篇》）"观之以理"的基本方式不是"以我观物"，而是"以物观物"。前言朱子讲心的湛然虚明，内外澄澈，即言心的客

---

① 方东美：《方东美集》，群言出版社，1992年，第353页。

观主义特色,这和邵子的"以物观物"是意义相通的。邵子曰:"夫鉴之所以能明者,谓其能不隐万物之形也。虽然,鉴之能不隐万物之形,未若水能一万物之形也。虽然,水之能一万物之形,又未若圣人能一万物之情也。圣人能一万物之情者,谓圣人能反观也。所以谓之反观者,不以我观物也。不以我观物者,以物观物之谓也。"(《观物内篇》)邵子在《观物外篇》中还认为,"以物观物"是"性","以我观物"是"情","性公内明,情偏而暗",所以取性而去情。这种观物心胸不唯是一种道德心态,更是一种审美心境,如其谈诗之创作心境谓:

> 观物之乐,复有万万者焉。虽死生荣辱转战于前,曾未于胸中,则何异四时风花雪月一过乎眼也。诚为能以物观物,而两不相伤者焉,盖其间情累都忘去尔。所未忘者,独有诗在焉。然而虽曰未忘,其实亦若忘之矣。何者?谓其所作异乎人之所作也。所作不限声律,不沿爱恶,不立固必,不希名誉,如鉴之应形,如钟之应声。其或经道之余,因闲观时,因静照物,因时起志,因物寓言,因志发咏,因言成诗,因咏成声,因诗成音。是故哀而未尝伤,乐而未尝淫,虽曰吟咏情性,曾何累于性情哉!(《伊川击壤集序》)

可见,观物的态度(求真、求善)和写诗的态度(求美)其实都是同一种态度,即虚静的态度。

陈白沙与王阳明为明代心学"二雄",《明儒学案》载黄宗羲语云:"有明之学,至白沙始入精微","至阳明而后大"。而白沙心学的主要文本为诗文,如黄淳《重刻白沙子序》所谓:"先生(白沙)之学,心学也。先生心学之流注,在诗文。"白沙还兼擅书画,并以此表达心学之思。可以说,白沙是一位心学艺术家,这一特点常使他显得很另类,这也是他被后世治理学之人不断边缘化的原因。但白沙的这一治学风格,却是宋代邵、程、朱以来崇尚虚静心胸的集中表达和自然承续,黄宗羲就称白沙之学"以虚为基本,以静为门户",并称"其吃紧功夫,全在涵养"。白沙有诗抒怀云:"寄语山中人,妙契在端默。"

"端默"实际上就是一种以物观物(邵)的静观(颐)心态,这种心态要求"去有我之私""内忘其心,外忘其形""不累于物,不累于目,不累于造次颠沛,鸢飞鱼跃,其机在我"。如此看来,倒真有些援道、佛于儒的色彩了。但与道、佛不同的是"端默"的心态必须以诚为根本,而这种"诚"又是连接心物善美的中介。刘小枫说:"所谓'诚'实质上与'德'有相同的内涵,都指生生不息的生命意志。'至诚之息'乃生命意志本体的生生不息:'天'有生之意志('生生''诚''仁'),人也有生之意志('生生''诚之''为仁'),'至诚'就是追求道德圆满的君子穷尽自己的生命意志。那样就可以参赞化育,与'天'同一了。"① 而这"诚"在物为自然,在人则为"心"。《明儒学案·白沙学案》载白沙语:"夫天地之大,万物之富,何以为之也?一诚所为也。盖有此诚斯有此物,则有此物必有此诚。诚在人何所?具于一心耳。"其还称:"心之所有者此诚,而为天地者此诚也。"由诚而静,由善而美,此白沙心学文本与美学文本合一性的典型体现。由于白沙主张由诚而静,由善而美,所以白沙心学的至高境界便是一种审美境界,即"乐"。白沙在《心乐斋记》中说:"仲尼、颜子之乐,此心;周子、程子,此心也,吾子亦此心也。得此心,乐不远矣。"白沙由心而乐的主要媒介是自然,由自然而自得,所以白沙心学活脱生趣,超然妙味。如黄宗羲所谓:"先生学宗自然,而得归于自得。自得故资深逢源,与鸢鱼同一活泼,而还以握造化之枢机,可谓独开门户,超然不凡。"(《明儒学案·师学陈白沙案语》)白沙《与湛民泽》直道心声:"自然之乐,乃真乐也,宇宙间复有何事?"

白沙《湖山雅趣赋》更述其体验:"放浪形骸之外,俯仰宇宙之间。当其境与心融,时与意会,悠然而适,泰然而出。物我于是乎两忘,死生焉得而相干?"在此状态中,"撤百氏之藩篱,启六经之关键,于焉优游,于焉收敛;灵台洞虚,一尘不染。浮华尽剥,其实乃见;鼓瑟鸣琴,一回一点。气蕴春风之和,心游太古之面。其自得之乐亦无涯也"。白沙俨然一副庄老魏晋风度,可

---

① 刘小枫:《拯救与逍遥》,上海三联书店,2001年,第99页。

以说，白沙之学乃儒家内圣之学的另类境界。

　　与白沙相比，阳明心学亦不缺乏诗性气质，在心物善美之间寻求同一关枢，他同样也落脚于"乐"。王阳明《传习录下》谓："乐是心之本体。仁人之心，以天地万物为一体，欣合和畅，原无间隔。"又《传习录中》："乐是心之本体，虽不同于七情之乐，而亦不外于七情之乐。"宋明儒学所讲的"乐"有两个主要来源，即《论语·雍也》中讲的孔、颜乐处与《论语·先进》中讲的"吾与点也"。对此，现代新儒家李泽厚、刘小枫等都从不同角度做过阐发。阳明如白沙一样酷爱自然，其《睡起写怀》与《龙潭静坐》等诗，其境界不在陶渊明、谢灵运之下。如后者：

　　　　何处花香入夜清？石林茅屋隔溪声。
　　　　幽人月出每孤往，栖鸟山空时一鸣。
　　　　苹露不辞芒屦湿，松风偏与葛衣轻。

　　阳明此诗别有深意。《乐府诗集》五八《琴曲歌辞猗兰操》引《琴操》谓："《猗兰操》，孔子所作。"孔子"自卫返鲁，见香兰独茂，喟然叹曰：'兰当为王者香，分乃独茂，与众草为伍。'乃止车援琴鼓之，自伤不逢时，托词于香兰云"。对照此典故，方知阳明此诗既不失高逸雅趣之韵味，更兼儒者伤时感怀、怀才济世之良苦用心，可以说因美而善，因善而美，美善相乐。

（刊于《郑州大学学报》2004年第6期）

三大观念与魏晋南北朝美学的重写

⊙张　法
⊙浙江师范大学人文学院

在中国美学史的写作中,魏晋南北朝美学一直是难点,只要看看中国美学史近40年来的主要著作(如李泽厚、刘纲纪、叶朗、周来祥、王向峰、吴功正、王振复、陈望衡等的著作)的目录,就会发现,这一丰富复杂的美学史被某种程度地简单化了;或者说,一个较好地呈现这段美学史的认知模式尚未建立起来。这就导致了从十六国到北齐、北周的北朝美学基本未被呈现,[①] 魏晋南北朝美学史简化成了魏晋南朝美学史。为此,本文从三个主题重新思考魏晋南北朝美学的写作问题。

一、怎样定义"人的自觉"和"文的自觉"

"人的自觉"和"文的自觉"成为治魏晋南北朝美学史的基础性观念。这一观念从鲁迅、宗白华到李泽厚以不同的话语提出,改革开放后得到学界普遍认可。但怎样理解,或者说怎样把鲁、宗、李的观念核心具体为可以涵盖整个魏晋南北朝美学的基本概念,还需要进行内涵的细化、扩大、升级。在这里,且从三个方面进行初步的阐释。

（一）"人的自觉"应有的内容

如果仅从魏晋来讲"人的自觉",那么,这"人"应定义为"士人",士

[①] 胡海、秦秋咀:《中国美学通史·魏晋南北朝卷》,江苏人民出版社,2014年。

人的自觉体现在除先秦两汉以来的家国情怀之外，一些明显与家国情怀无关的属于个人性的嗜好或癖好，成为彰显个性的个人性符号，甚至影响到社会时尚，如饮酒方式、服药方式、呈裸体、爱打铁、喜驴叫、游山水等，总之有不同于他人的个性，成为此人之为此人的符号性特点。虽然，这种在家国情怀基础上的"个性自觉"让中国士人的内涵丰富了起来（此点已为学人共识），但还应强调的是，人的自觉不是"所有的人"，而是士人的自觉，是士人对何以成为士人（即具有魏晋风度）的自觉。这一自觉影响了整个魏晋南朝。如果把魏晋南北朝作为一个整体，特别是从十六国到北朝的演进来看，那么，"人的自觉"的"人"，可以定为由五胡代表的广大胡人中的上层人士。这些人身处中国北方的广大地域中，在与汉人的互动中，具有中华一体观，向中华之"士"的性质转变，然而其要达到的士，不是具有魏晋风度的士，而是先秦两汉之士的基本内质加上自身民族特点而形成的一种新的士。"人的自觉"在北朝主要体现为中国心性和中国情怀的自觉。北朝的整个政治变革、文化变革、美学变革，都是在这一"人的自觉"的定义中产生出来的。如果再把魏晋南北朝作为整体而对"整体"一词加以强调，不只看南朝的魏晋风度及其演进，也不只看北朝的胡人汉化及其演进，而观二者在互动中形成的新景，特别是北朝士人，南对江南诸朝在唯美追求中形成的文艺纷呈，北对西域诸夷在丝绸之路带来的众美纷呈，对"天下"的内容有了一种新的自觉。虽然这种自觉在隋唐才大放光彩，但其基因则在南北朝时产生和成长。正是在人的自觉的多路并进和复杂历程中，一个新型的中华民族产生出来，或者换句话讲，中华民族在南北朝多路并进的"人的自觉"的大融合中提升到了一个新的高度。总而言之，南朝的个性自觉，北朝的中华自觉，南北在互动中产生的新型天下观自觉，构成了魏晋南北朝"人的自觉"的主要内容。

（二）"文的自觉"应有的内容

在中国文化的形成过程中，文从远古仪式的巫师文身（人之美），到由文身之巫占主位的整个仪式之文（仪式之美），再到天地万物之文（天地之美），文即美，有多层面的词义。从远古到先秦，主要在政治美学的意义上使用

"文",即文是一种制度之美的展开。魏晋时代,文由制度之美上升为艺术之美。诗、文、书、画、乐(主要是琴与啸)、园林,在人的个性自觉中具有独立于政治美学的审美意义。所谓"文的自觉"就是指魏晋以来的艺术相对于政治的独有之美的发现,主要体现在两个方面:一是艺术为美的价值做了极大的提升,这一提升由诗文到书、画、音乐、园林,一个中国型的艺术体系由之产生;二是在艺术的基础上,艺术的形式感性和形外美蕴,作为独特于政治美学的重要内容被提了出来。这一形式美和形外美合一的艺术作品结构,即神骨肉结构,不但在所有艺术中存在,也在一切审美对象中存在,一个以艺术美为核心的审美体系产生了出来。由魏晋开始的"文的自觉"在南朝美学中得到长足的发展,蔚为大观,不但体现在文体的骈化、五言诗的律化、山水画的出现、私家园林的产生之中,更体现在系列的理论著作之中,如谢赫的《古画品录》、萧衍的《书品》、钟嵘的《诗品》、刘勰的《文心雕龙》。

与南朝之文的自觉的核心为艺术之美的展开不同,北朝之文的自觉体现为政治美学的转型,即由胡人原来的部落美学转变到华夏一统的政治美学,或者说是在多民族的复杂互动中进行的由夷变夏的美学升级。因此,由十六国到北魏,在北魏由道武帝—太武帝到文成帝—献文帝到冯太后—孝文帝,后来经东魏、西魏到北齐、北周,一方面,就其从部落到国家的政治美学升级来讲,可以看作远古美学的演进历程在新历史舞台上的复演,另一方面,就其在先秦两汉魏晋南朝的已成为政治美学的模仿—靠拢—互动来讲,又是北朝诸族的政治美学的创造性展开。文,首先是礼乐文化的典章制度的美学体系,体现在都城、宫殿、府第、陵墓、园林、服饰、旌旗、车马、礼仪等一系列的制度变革之中。文,在这里正如章太炎在《国故论衡·文学总略》中所讲的先秦时的文章一样:"盖君臣、朝廷、尊卑、贵贱之序,车舆、衣服、宫室、饮食、嫁娶、丧祭之分,谓之文;八风从律,百度得数,谓之章;文章者,礼乐之殊称也。"[①] 北朝的文的自觉,正是在政治美学的所有方面进行由夷到夏的变革,以

---

① 章太炎:《国故论衡》,上海古籍出版社,2007年,第38页。

使自身适应新的时代。当然这种政治美学之总称之文,达到一定阶段,文字的重要性就会突出。因此,北周在明帝元年建立了麟趾殿,北齐在武平三年设置了文林馆,这时的北朝之文,仍为文之"学"(即作为政治美学之文)而非文之"美"(即非作为艺术美学之文),但文的自觉的华夏美学方向是清楚的。北朝诸国的文的自觉,不同于南朝的文的自觉,还在于北朝各族向华夏核心观念的升级中,不但面临与南朝互动,还要面临西和北诸夷及更远的西来文化。其"文的自觉"一方面学习南朝,另一方面也有自己的选择和方向,从而构成了不同于南朝的"文的自觉"。

因此,魏晋南北朝的"文的自觉"可分为两段三面:两段即魏晋的开启之段和南北朝的展开之段,三面即魏晋一面、南朝一面、北朝一面。两段三面共汇了"文"的不同重点和"自觉"的不同内容。总而言之,人的自觉是士人内涵和特色在南方和北方的多面展开,文的自觉包括南朝的艺术美学体系的自觉和北朝的政治美学体系的自觉。

二、怎样理解南北朝美学的不同路向和北朝美学的特色

一旦洞悉南朝是以艺术美学为主而北朝是以政治美学为主,以前关于南北朝美学的言说的特点就清楚了——用艺术美学来定调南北朝美学。这样一来,北朝美学的基本内容和主要特点就被遮蔽了。南北朝美学的真正特性在于南朝和北朝的不同美学路向。关于南朝美学在艺术路向上的方方面面,已经较为详尽:骈文的成熟和五言诗的律化;琴和箫的境界与南朝吴歌西曲的特点;人物画以形写神和山水画的达意畅神;书法的意在笔前,拟象天地,彰显性情;园林之境从都市园到山水园,富贵园到自然园,从大园到小园;人之性情在与天地互动中得到高扬。但有一点尚未得到应有的突出,即中国艺术之美以"文"为核心,以神骨肉为结构,作为艺术之文在中国与西方的文学是相当不同的。这在《文心雕龙》中显得甚为清楚,凡是以美的方式呈现的语言,都是文。不但骚、诗、乐府、赋可以而且应当写成美文,就是颂、赞、祝、盟、铭、哉、诔、碑、哀、吊、杂文、谐、隐、史、传、诸子、论、说、诏、策、檄、移、

封禅、章、表、奏、启、议、对、书，都可以而且应当写成美文。

相对于南朝以艺术为核心的美学之各领域都被涉及，北朝以政治为核心的美学在以往的言说中阙如甚多，亟须填补。这是一个复杂丰富的演进，由游牧文化的政治美学到农耕文化的政治美学的演进，更是由边疆民族的政治美学到华夏核心的政治美学的演进，以政治为核心仪式美之转型和提升成为美学的核心。在政治基础上，黄帝为中华民族的政治共祖，鲜卑族认为自己是黄帝子孙，太宗拓跋嗣于泰常五年、文成帝拓跋濬于和平元年都远赴桥山祭祀黄帝。孔子是中华民族的思想核心，太宗拓跋嗣于泰常五年在国学祀孔子，太武帝拓跋焘在太延二年至鲁祭孔子，献文帝拓跋弘在皇兴二年遣中书令兼太常高允在东岳以玉币太牢祀孔子，孝文帝拓跋宏于太和十六年谥号孔子为"文圣"，并亲自到中书省拜宣尼孔庙。对于美学来说，重要的不是祭祀何人，而是用什么样的美学形式去祭祀。随着内容的不同，美学形式也会有相应的变化。美学形式的变化是一个相当复杂和漫长的进程。这里且以北魏的祭天仪式来讲，拓跋珪登国元年在牛川立为代王时，是按鲜卑传统"西向设祭，告天成礼"。而天兴元年定都平城即皇帝位后，即"立坛兆告祭天地"，方位仍"祀于西郊"，但"礼用周典"，按华夏观念"从土德，数用五，服尚黄，牺牲用白"，开始改变仪式。第二年正月，按华夏观念"祀上帝于南郊"。《魏书》呈现了由此开始的北魏在人神关系建构中对祭祀建筑、祭器、祭品、神灵体系上的夷夏互动和夷夏结合，其中特别突出的有三点：一是祭天礼的转型，二是祭祖礼的转型，三是神灵体系的转型。北魏定都平城后，在宗教仪式上，呈现为鲜卑传统和华夏观念并存的两套系统，一是鲜卑传统的祭天于西和祭祖于东，二是华夏的南郊祭天、北郊祭地和城内左祖右社。虽然两类并存，但又都用华夏文化的"数用五"进行统合，四郊祭地以四面城门为起点，皆为五的倍数。西郊天坛离西郭5里，东郊白登山祖庙距南郭10里，南郊圆丘距离南郭10里，北郊方泽距北郭20里。为强化"数用五"的原则，在拓跋嗣"泰常三年，为五精帝兆于四郊，远近依五行数。各为方坛四陛，埒壝三重，通四门。以太皞等及诸佐随配。侑祭黄帝，常以立秋前十八日。余四帝，各以四立之日。牲各用牛一,有司主之"。由此已经预示,演进的结果是鲜卑消失和华夏传统巩固。

先看祭天仪式的演进。传统祭天在西郊,虽然拓跋珪定都第二年就举行华夏仪式的南郊祭天,但在"天赐二年夏四月,复祀天于西郊",仪式仍有浓厚的传统内容,如"方坛一""木主七""女巫升坛,摇鼓""执酒七人西向,以酒洒天神主"。自此以后,西郊祭天为多,南郊祭天为少,二者交互进行。直到孝文帝太和十二年,方把南郊祭天圆丘建成固定建筑,太和十三年孝文帝启动了祭天礼的学术大讨论,获得理论自信之后,太和十八年"诏罢西郊祭天",完成了在最重要的国家仪式上的华夏转型。

再讲祖庙转型。鲜卑族的祖地是大兴安岭的"大鲜卑山",以山名为族名。其传统信仰为山岳崇拜。在拓跋氏从鲜卑传统走向华夏文化而需建构祖庙之营划过程中,太宗拓跋嗣在永兴四年先在东郊的白登山巅建立太祖庙,然后又在宫中建了太祖庙。两年后,又在"白登西,太祖旧游之处,立昭成、献明、太祖庙",还"别置天神等二十三于庙左右",但用的是《周礼·夏官·射人》中的"貔刘之礼"(即古代天子于立秋日射牲以祭宗庙之礼)。宫中祖庙与白登祖庙并行祭祀,直到孝文帝主导的礼制整体改革中,于太和十五年四月"改营太庙",同时降低九月白登山等山岳祖庙的祭祀规格。太和十六年,罢停了白登山的祖庙祭祀。当时孝文帝诏书给出的理论是:"玄冬之始,奉烝太庙。若复致齐白登,便为一月再驾,事成亵渎。回详二理,谓宜省一。白登之高,未若九室之美;帏次之华,未如清庙之盛。"总之,华夏政治美学的"清庙之盛""九室之美"完全取替了传统山岳祖庙形式。在神灵体系的转型上,太祖拓跋珪建国之初的天兴二年的祭天大礼,把华夷各神进行了整合,有"一千余神",以后进行过多次整理,减而增又增而减,到孝文帝延兴二年进行宗教体系总体改革前,"天地五郊、社稷已下及诸神,合一千七十五所"。

从名称等序上看,神系已经按华夏的结构呈现出来,此年改革的重点是仪式方式,把所有祭礼全要用牲,改为除天地、宗庙、社稷之祀用牲之外,所有祭礼"皆无用牲",而"悉用酒脯",而神所之数只减了50多所。接着太和十五年又开始"减省群祀,务从简约"。这里的内容甚为丰富,但总的方向是朝向华夏的神系结构进行。改革后的总体面貌，呈现出华夏政治美学的风采——"祭服冠屦牲牢之具，罍洗簠簋俎豆之器，百官助祭位次，乐官节奏之引，升降进退之法，别集为亲拜之仪"①，皆采用汉魏典制。

以仪式为核心的政治美学的一个重要方面是服饰。北朝美学的一个重要方面就是服饰演进，服饰不但与政治秩序有关，而且与生活秩序有关，牵动着整个政治和生活。北朝从鲜卑服饰变为华夏衣冠，是一个内容复杂、演进艰难的过程。《魏书》《北史》《隋书》对此都有描述，其中《隋书·礼仪志六》讲得较为全面：道武帝拓跋珪在天兴六年开始进行服饰改革，要让衣冠"各依品秩，以示等差"，然而"未能皆得旧制"。这里的"旧制"，指的是华夏衣冠制度。何以如此，原因非常复杂。直到孝文帝太和年间进行系统改革时，"方考故实，正定前谬，更造衣冠"，但仍是"尚不能周洽"。要经过孝明帝元诩在熙平二年率领能臣进一步"奏定五时朝服，准汉故事，五郊衣绩，各如方色焉"，才大体完成。最后，北齐武成帝高湛在河清年间方"改易旧物，著令定制"。② 以上史书是从制度—仪式讲，把服饰的演进从制度美学扩大到整个社会的生活美学。北朝的服饰演进，宋丙玲在《北朝世俗服饰研究》中将之分为三个阶段。第一阶段自北魏拓跋珪立国的登国元年到孝文帝太和十七年迁都洛阳，为早期。这时盛乐—平城地区流行鲜卑装束，同时又有对中原服饰的吸收。第二阶段自孝文帝迁都洛阳至孝武帝永熙三年北魏结束，分成东魏、西魏，为中期。这时以洛阳为中心的北朝服饰，在借鉴汉魏及南朝衣冠制度的基础上，着力恢复中原旧制，并吸取少数民族服饰的一些特点，形成了北朝服饰

---

① 《魏书·礼志一》，中华书局，1974年，第2733~2758页。

② 《隋书·礼仪志六》："自晋左迁，中原礼仪多缺。后魏天兴六年，诏有司始制冠冕，各依品秩，以示等差，然未能皆得旧制。至太和中，方考故实，正定前谬，更造衣冠，尚不能周洽。及至熙平二年，太傅、清河王怿，黄门侍郎韦廷祥等，奏定五时朝服，准汉故事，五郊衣绩，各如方色焉。及后齐因之。河清中，改易旧物，著令定制云。"（中华书局，1973年，第238页）

的特色。第三阶段自北魏、东魏、西魏—北齐—北周—隋朝建立,为晚期。这时的服饰,在继承中期服饰特征的基础上,具有鲜明的地域性。在各民族各地区的互动中,一方面呈现多样性,特别体现在被割据所分开的社会生活方面;另一方面又呈现统一性,体现在被割据的上层在礼制方向上的共同华夏上面。多样性和统一性的结合呈现出北朝服饰被提升后的总体面貌。①

与仪式之美同时演进的是北朝的都城演进。这体现在北魏因时而建的三个都城上:盛乐—平城—洛阳。拓跋力微于公元258年率部到盛乐时,只是将之作为游牧的屯住地。公元339年拓跋什翼犍欲按华夏方式建成有宫殿民居的城市,遭多方反对而未果。公元386年拓跋珪立国为代,正式把盛乐定为首都,此都内有皇城,皇城内有东西两宫,初具华夏意味。公元398年,拓跋珪改代为魏,定都平城,至公元494年孝文帝迁都洛阳,在96年的建设中,形成华夏型的三层套结构,宫城、外城(公元406年始建)、郭城(422年建)。宫城内初以西宫为主,应是与西郊祭天的观念相关。后以东宫为主,与太子监国的新制有关。最后太和初年建中央的太极殿,达到了华夏观念的完成,并形成了三朝(太和殿及东西两堂)五门(由南而北:象魏门、乾元门、止车门、中阳门,接太和殿面广场的端门)之制。宫城内东、西、中三条中轴线主次有别,主间中轴相接于外城御道,贯穿全城。在华夏化的逻辑推动下,外城形成了里坊。以上这些都是在与南朝的互动中运行,包括城内的众多佛寺,也是与南朝都城共有的时代现象。洛阳成为新都之后,同样的宫城、内城、郭城的三层结构,宫城内中区西部有以太极殿为中心的主轴线,中区东南有以朝堂为中心的次轴线。中轴由宫城延到内城的铜驼街,再延向郭城外的圆丘,无比宏伟。宫城北部的华林园,更有华夏美学韵味,内城里的永宁寺九层高塔为时代之最,里坊制在完善中形成棋盘格局。② 如果说,以上的种种创新都在华夏美学逻辑的推动之内,那么,四夷馆和四夷里的出现则是北魏具有新型视野的时

---

① 宋丙玲:《北朝世俗服饰研究》,山东大学2008年博士论文。

② 张炜:《略论北魏都城城市规划》,内蒙古大学2012年硕士论文。

代创新。洛水之南，铜驼街御道两旁设置有四夷馆和四夷里（设于宣武帝景明二年即501年），馆中、里内住有入朝的周边少数民族首领、边夷侍子、朝贡使节、以朝贡使节名义进入洛阳的商胡贩客，以及归魏的南朝人士。① 一种当时的天下胸怀在这里呈现，北魏立国前后对草原丝路的开拓所带来的巨大成就，以建筑的形式体现在四夷馆和四夷里中，由西而来的金银器、鎏金铜器、玻璃器、银币、漆器、石雕、胡俑、服饰、绘画、音乐、舞蹈、装饰纹样、文字、书籍等扩大了北魏的天下胸怀，重铸了北魏的天下观念。

仅从以上的几个基本方面就可以感受到，北朝美学的丰富和特色绝不是仅以南朝美学去裁剪而能将其完美地写出来的。

三、怎样呈现儒释道在南北朝的美学特色及互动交会而来的美学境界

魏晋南北朝时期，在王朝变化和佛教东来的双重激荡中，产生了儒释道三教鼎立的新局面。从美学上讲，儒释道各有特色，产生出了新的美学境界，三教互动，产生出了新的美学景观。前一问题是儒释道对南北朝美学的演进提供了什么，后一问题是儒释道互动为魏晋南北朝美学提供了什么。

在前一问题即儒释道的各自特色上，先讲儒学。儒学以政治—伦理为核心，既为身、家、国一体的政治美学提供支持，又为身、家、国的相对独立，士人的个性审美，门阀的家风之美，朝廷的帝王威仪提供了理论支持。在南朝，特别对朝廷结构、家族风气以及南方少数民族（山越、蛮、俚、僚、爨）的汉化，具有重要影响。在北朝，儒家美学对五胡十六国和拓跋鲜卑的华夏化进程，产生了重要影响。正是在这一时期，三礼（《周礼》《礼记》《仪礼》）之学在儒家的五经体系中成为显学，而《周礼》正是在此一时期成为三礼的核

---

① 《洛阳伽蓝记校注》："永桥以南，圆丘以北，伊、洛之间，夹御道有四夷馆：道东有四馆：一名金陵，二名燕然，三名扶桑，四名崦嵫。道西有四里：一曰归正，二曰归德，三曰慕化，四曰慕义。"（范祥雍校注，上海古籍出版社，1978年，第160页）又参见王静《北魏四夷馆考论》，《民族研究》1999年第4期。

心。由三礼而来的五礼（吉、嘉、军、宾、凶）得到多样实践、理论总结和现实展开。① 汉族的儒学提升和少数民族的华夏化，围绕着三礼经典和五礼实践，呈现出由儒学而来的丰富多彩的美学景观。

再讲佛教。佛教西来，刺激了中国宗教的民间形态（各地巫风）和政治形态（黄巾以及张鲁）向宗教形态的转化，使中国道教开始以适合中国文化的方式形成。具体来讲，第一，促进了中国宗教神系的体系化。佛教的像教，促进了中国道教神系的形象化。中国神系包括佛道两教的造像特点，应是以佛教造像为主而产生出来的，当然佛教造像又在受到中华本土造像基本因素的重要影响。总而言之，宗教造像体系主要由佛教西来结合本土实际而产生出来。第二，由佛教立寺，造成了中国宗教建筑的体系化。佛教道观以及各类神庙都由此而产生出来，既改变了中国城市的构成因素，也改变了中国山水的构成因素，城市中和名山大川之中有了佛寺或道观。由佛教和道观，不仅产生了建筑类型，而且产生了相应的雕塑体系、绘画体系、饰物体系、音乐体系、烧香体系、仪式体系。

再讲道教。道教除了上面讲的在佛教的刺激和互动中产生了与之对位的神系、建筑、美术、音乐、香系、仪式等体系之外，最重要的有三点：一是中国各地的巫风神系都被整编进道教的神灵体系之中而得到了理性的提升，中国本土的各种各类神灵都得到了秩序性的安排。二是中国文化不同于其他文化神灵的"仙人"得到了体系性的呈现，体现在各种各样的神仙话语之中。三是中国的山水被道教化了，各种山水被带着仙话的洞天福地关联了起来。可以说，儒家的五礼美学、佛教的窟寺美学、道家的洞天福地美学，成为魏晋南北朝时期横贯南北的美学亮点。

在后一问题即儒释道的互动交汇上产生了四大美学现象。第一，玄学中的儒释道合一与美学思想的特点。玄学思想，从东汉以来仲长统、桓谭、傅毅、

---

① 梁满仓：《魏晋南北朝五礼制度考论》，社会科学文献出版社，2009年。

冯衍等的"宗老氏"思想已开其端,[①] 魏晋王弼、何晏将之进行本体论的提升,两晋之际佛教般若学兴起而产生了佛玄合流。[②] 大而言之,儒家士人在由道家玄学和西来佛学的双重影响之下,形成了具有美学特色的魏晋风度。因忠君爱国而产生的屈原式的带着香草美人的苦闷骚情和要超然物外而产生的庄子式的逍遥,后来加进佛教般若型的体无的色空不二的悟智。从儒道合一之玄学和儒释道合一之玄学,构成了三国两晋美学演进的思想基础。第二,释道思想在与儒家的互动中产生了宗教思想的哲理化。佛教本有深厚的哲学思想,道教形成要援引老庄,也本有深厚的哲学思想,当其与儒家的家国天下一体思想结合,其哲理进入到现实的政治、社会、自然的新型建构之中,因此,都市中的佛寺-道观被纳入了儒家的家国体系之中,山水中的佛寺道观被整合进气化流行的天地大化和风水观念之中,因此,由佛教道教而来建筑、雕塑、绘画、音乐、装饰、香气体系,不仅成为各自宗教体系的一部分,而且也成为整体华夏美学的一部分。都市的佛寺道观要服从朝廷美学主导下的基本法则,山水的佛寺道观要服从华夏山水观的基本法则。无论在南朝还是在北朝,可以看到三教塑像在各具特色的同时,又有共性特征。一主像两侍像的结构或三主像两旁多侍像的结构,在儒释道的像教中,具有美学风格上的趋同。塑像上如此,绘画上也如此,装饰上亦如此。第三,在儒释道的共同作用下,民间巫风宗教化。由于佛教神系的体系和宗教性,道教神系在与之互动中产生,同时儒家圣人体系亦在与之互动中产生。儒释道的互动中,各地的巫风开始向三教靠拢,特别是被道教网罗在自己的神灵体系之下,山神、水神、城隍、土地都有了道教的本性和特征,提升到道教的理性水平。如果说道教在与儒释的互动中具有了相当的哲学高度,那么各地巫风也被提升到了道教的哲学高度,同时具有了与道教相似的美学特征。第四,在儒释道的共同作用下,巫风的理性化和规范化。中国文化中的鬼神从远古到先秦有系列的演变,到秦朝两汉,基本上在阴阳五

[①] 《汤用彤学术论文集》,中华书局,1983年,第233页。

[②] 余敦康:《魏晋玄学史》,北京大学出版社,2004年,第452、476页。

行的思想观念中进行规范，其美学风貌，一是在朝廷的天神地祇祖鬼的祭祀体系中呈现，二是在以画像砖石为主的家族墓室艺术中呈现。魏晋南朝，在儒释道互动之中，各自在巫风和志怪志异神仙等小说中呈现出来，通过曹丕《列异传》、张华《博物志》、葛洪《神仙传》、干宝《搜神记》、刘义庆《幽明录》、任昉《述异记》、颜之推《集灵记》等，怪、异、妖、鬼得到了定型。其中，不但儒释道思想有志怪形式的体现，志怪主题和叙事模式也得到了体系化。

正是在以上两个方面的交会中，魏晋南北朝美学的丰富内容呈现了出来。

（刊于《郑州大学学报》2017年第6期）

论魏晋南北朝美学的三个特征

⊙李修建
⊙中国艺术研究院艺术人类学研究所

魏晋南北朝美学，尤其是魏晋美学，是中国美学史上的重要环节。此一时期，文艺异常繁荣，名家名作迭出，理论著述多有，确立了中国美学的基本架构和中国艺术的内在精神。从审美主体、思想资源及文化交流的视野来看，魏晋南北朝美学具有三大特点。

一、贵族化取向

魏晋南北朝社会以世族为主体，所谓"魏晋名士""六朝人物"，大抵出自王、谢为代表的世家大族。这是一个重视"家"的时代。在《世说新语》一书中，由"家"构成的词组非常之多，如家道、家法、家风、家门、家国、家事、家祀、家讳、家君、家尊、家叔、家舅、家从、家兄、家弟、家嫂等。

世族之间，以政治制度、婚姻关系等为保障，结成相对稳定的共同体。这一共同体，一方面通过世（庶）的门第之分，造成巨大的社会区隔；另一方面，通过强化他们尊崇的文化表征，突显自身的社会地位与文化身份。显然，作为社会主流的世族阶层，其审美趣尚代表了六朝美学的主潮，如何晏的傅粉、嵇康、阮籍的放浪、夏侯玄的雅量、潘岳、卫玠的俊美、王导的清远识量，谢安的携妓东山、顾恺之的善画、支道林的养马、王徽之的好竹等，皆为时人所激赏，可以说受到社会各阶层的仰望、羡慕与效仿，自天子以至庶人，皆是如此。因此，六朝世族美学，带有强烈的贵族化取向，这主要表现为：

第一，身体的表征。台湾学者杨儒宾指出，儒家要求动静合礼，形成的是一种"慑威仪"的身体观。① 六朝士人浸润于特定的社会环境和思想观念之下，形成了特有的生活方式与文化符号，以及令人津津乐道的身体美学。

据《世说新语》"容止"等篇所载，六朝士人热衷于品评男性之美，并着意于修饰自己，如曹植初次会见邯郸淳："延入坐，不先与谈。时天暑热，植因呼常从取水，自澡讫，傅粉。遂科头拍袒，胡舞五椎锻，跳丸击剑，诵俳优小说数千言。……于是乃更著衣帻，整仪容，与淳评说混元造化之端，品物区别之意，然后论羲皇以来贤圣名臣烈士优劣之差，次颂古今文章赋诔，及当官政事宜所先后，又论用武行兵倚伏之势。"②《颜氏家训》所叙同样典型："梁朝全盛之时，贵游子弟……无不熏衣剃面，傅粉施朱，驾长檐车，跟高齿屐，坐棋子方褥，凭斑丝隐囊，列器玩于左右，从容出入，望若神仙。"③ 这些出身豪门的贵盛子弟，以身高、肤白、体瘦、有神为审美标准，追求着"秀骨清相"的身体形象，通过种种身体的修饰与举止，彰显自己高贵的出身与高雅的品位。

竹林七贤所引领的是另一种身体美学，他们土木形骸，不自藻饰，甚或粗头乱服，赤身裸体，纵情酒色。这些行为特征同样具有极强的象征性和符号性，可以谓之"名士范儿"，即魏晋风度。李长之讲道："这种风流或风度是当时士大夫的一种架子和应付人事的方式，这是在封建贵族阶级里所欣赏的一种'人格美'，同时也是现实社会所需要的一种做人的方法。"④ 他将魏晋风度总结为高贵和镇静，这两个方面体现出了其身体形象的审美特点。

第二，推崇学识与才情。世族之维系，虽以政治和经济地位为基础，但真

---

① 杨儒宾：《儒家身体观》，台北"中央研究院"中国文哲研究所筹备处，1996年。
② 陈寿：《三国志》，中华书局，1959年，第602页。
③ 王利器：《颜氏家训集解》，中华书局，1993年，第148页。
④ 李长之：《陶渊明传论》，天津人民出版社，2007年，第19~20页。

正使其绵延不辍的,是其文化素养。只有成为文化贵族,才能真正获得社会地位。因此,六朝之世族,不仅是政治世族、经济世族,更是文化世族。

那么,魏晋以及后来的南朝时期所推重的文化素养包含哪些方面?通过史书对重要士人的才能描述即可得知。以《晋书》为例,如郑冲:"耽玩经史,遂博究儒术及百家之言。"① 陆机:"少有逸才,文章冠世。"② 傅玄:"博学善属文,解钟律。"③ 王济:"善《易》及《庄》《老》,文词俊茂,伎艺过人。"④ 阮籍:"博览群籍,尤好《庄》《老》。嗜酒能啸,善弹琴。"⑤ 阮修:"好《易》《老》,善清言。"⑥ 嵇康:"学不师受,博览无不该通,长好《老》《庄》。……善谈理,又能属文,其高情远趣,率然玄远。"⑦ 谢鲲:"好《老》《易》,能歌,善鼓琴。"⑧ 王导:"少有风鉴,识量清远。"⑨ 王恬:"多技艺,善弈棋,为中兴第一。"⑩ 郭璞:"好经术,博学有高才,而讷于言论,词赋为中兴之冠。好古文奇字,妙于阴阳算历。"⑪ 庾亮:"善谈论,性好《庄》《老》。"⑫ 王廙:"少能属文,多所通涉,工书画,善音乐、射御、博弈、杂

---

① 房玄龄等:《晋书》,中华书局,1974年,第991页。
② 房玄龄等:《晋书》,第1467页。
③ 房玄龄等:《晋书》,第1317页。
④ 房玄龄等:《晋书》,第1205页。
⑤ 房玄龄等:《晋书》,第1359页。
⑥ 房玄龄等:《晋书》,第1366页。
⑦ 房玄龄等:《晋书》,第1369页。
⑧ 房玄龄等:《晋书》,第1377页。
⑨ 房玄龄等:《晋书》,第1745页。
⑩ 房玄龄等:《晋书》,第1755页。
⑪ 房玄龄等:《晋书》,第1899页。
⑫ 房玄龄等:《晋书》,第1915页。

伎。"① 谢安："神识沉敏，风宇条畅，善行书。"② 王献之："工草隶，善丹青。"③ 成公绥："博涉经传……词赋甚丽……雅好音律。"④

根据上述史料可以得知，魏晋南朝所欣赏的文化素养包括：第一，博通经史，精通古代典籍，尤其是经部和史部典籍。第二，爱好《庄》《老》，擅长清谈。玄学是六朝主流思潮，清谈是六朝士人最为热衷的文化活动。清谈需要掌握玄学经典，义理精熟，更要反应机敏，能言善辩，最易体现一个人的文化素养。第三，擅写文章，有文学才华，或工诗文，或能著论。第四，精于音乐、书法或绘画，有艺术才能。第五，精于其他技艺，如围棋、射御、医学、历算。

以上五点，大体可以概括士人文化素养的内容。很显然，这些素养所突显的是人物的才情。人物之才情，虽有天生的成分，不过更有赖于后天的教育。因此，才情之高下，能够表征家族教育的程度，进而反映家族的实力。琅邪王氏书法家辈出，陈郡谢氏文学家多有，其他家族无有出其右者，即能表明两大家族高卓的社会地位。

需要指出的是，世族共同体的稳定性是相对而言的，实际上世族的势力此消彼长、暗潮涌动，处处存在竞争。家族之间的竞争，某种程度上是人才之争。人才之间的竞争，同样体现于文化素养的较量。如颍川庾氏为东晋大家族之一，庾翼精书法，年少与王羲之齐名，后来王右军的书名高居其上，庾翼内心颇为不平，与人作书曰："小儿辈贱家鸡爱野雉，皆学逸少书，须吾下当比之。"⑤ 这一故事很典型地体现了六朝家族间的文化竞争。九品中正制度以及人物品藻，极大地刺激了士人之间的审美竞争。人物品藻的对象，或是清谈能

---

① 房玄龄等：《晋书》，第2002页。
② 房玄龄等：《晋书》，第2072页。
③ 房玄龄等：《晋书》，第2105页。
④ 房玄龄等：《晋书》，第2373页。
⑤ 李昉等：《太平御览》，中华书局，1966年，第4071页。

力,或是文学才华,或是风神举止,或是整体素养。易言之,这同样是人物才情的比较。此即为六朝文艺与美学发达的重要原因。

第三,推崇机智。盛行于魏晋的清谈,日常中的嘲谑,士人痴迷的围棋,这些活动全都需要思维敏捷,应对机智,体现出一个人的才情和学识。《世说新语》一书简直就是一部机智的对话集,尤在"言语""捷悟""夙惠""排调"等篇章中表现得淋漓尽致。

由于推崇智力,六朝士人钟爱的是一些静态性的活动,无论是清谈、书画,还是被称为"手谈"和"坐隐"的弈棋,皆是如此。那些孔武有力、以战功见长的武将,如桓温、王敦之流,便不受重视、不入时流。秀骨清相的文弱书生,成了他们的理想形象,这一形象在六朝石刻等视觉艺术中多有体现,甚至还影响了今人的审美观。

二、玄学与超越性追求

玄学是魏晋南北朝时期,特别是南朝的主流思潮,以《易》《老》《庄》为核心文本,玄学所涉及的基本问题可以归结为如下几组对立范畴:有无、本末、体用、言意、形神、名教自然、礼情、群体个体、出世处世等。

以何晏、王弼为代表的正始玄学,从本原的角度探讨有无关系,确立了以无为本、有为末的核心观念,这一观念成为玄学本体论和价值论的基础。在上述几对范畴中,如言意、情礼、形神等,皆可纳入有无的关系序列之中进行考量。何、王虽崇"无"却不息有,二人对于儒学皆有深入研究,王弼还认为圣人高于老子,具有明确的糅合儒道的倾向。嵇康和阮籍所代表的竹林玄学,高倡越名任心的价值观,大呼"礼岂为我辈设也"[1],蔑视名教礼法,追求个体精神的解放。他们不仅将《庄子》引入玄学讨论,更身体力行,开名士放达一派。向秀、郭象的《庄子注》提出"自生""独化",主张事物块然自生,排

---

[1] 余嘉锡:《世说新语笺疏》,中华书局,2007年,第859页。

斥外因的作用。西晋乐广认为"名教中自有乐地"①；东晋谢万作《八贤论》，以出者为优，处者为劣；孙绰则主张"体玄识远者，出处同归"②。东晋士人多玄礼双修，亦表明了玄学儒道合一的倾向。

作为这一时期的主流思潮，玄学不仅是一种智识性的学问，更是深具影响的价值观念，深刻影响了六朝士人的立身行事以及他们的文艺创作和美学态度，并对后世的美学和艺术产生了至深的影响。展开说来，有如下几个方面：

第一，玄学为六朝士人提供了"玄远之心"和"审美之眼"。玄远之心即"玄心"，它富有超越性，超越了礼制名法的规约限制，使个体得以解放，情感得以舒展，精神得以自由。它赋予士人一双"审美之眼"，他们面对世间万物，都以这颗玄远之心和这双审美之眼进行审视和观赏。他们评价人物，不再关注政治才能和道德品质，而是以艺术家的眼光，进行审美性的评断。他们清谈论辩，不以探讨义理获取真知为最终目标，而是流连于清谈者华美的辞采、清畅的音声、如大江大河一泄千里的气势。他们面对自然山水，不再做道德比附，也不激起占有之心，而是游目骋怀，兴起濠濮间想，在适意会心间体验宇宙之大化、天人之合一。他们饮酒服药，不再满足于感官的享乐，而是增加生命的密度，追求形神相接的诗意人生。他们吟诗作画，抚琴动操，栖止园林，都在建构着超尘脱俗的审美世界。

可以说，中国艺术精神是在魏晋南北朝得以确立与展开的，它的思想内核即是以无为本、重情重个体自由的玄学。宗白华先生指出："晋人的美感和艺术观，就大体而言，是以老庄哲学的宇宙观为基础，富于简淡、玄远的意味，因而奠定了一千五百年来中国美感——尤以表现于山水画、山水诗的基本趋向。"③ 此说可为确论。

第二，玄学塑造了六朝士人的审美人格。魏晋南北朝特别是南朝士人深受

---

① 余嘉锡：《世说新语笺疏》，中华书局，2007年，第30页。

② 余嘉锡：《世说新语笺疏》，第319页。

③ 宗白华：《美学散步》，上海人民出版社，1981年，第187页。

玄学浸染，其人格亦附着玄学色彩，颇具审美精神。玄学重视个体情感的抒发与个性的张扬，与儒学人生观形成鲜明对比。汤用彤先生在《言意之辨》一文中指出："言意之辨，不惟与玄理有关，而于名士之立身行事亦有影响。按玄者玄远，宅心玄远，则重神理而遗形骸。神形分殊本玄学之立足点。学贵自然，行尚放达，一切学行，无不由此演出。"① 他们"指礼法为流俗，目纵诞以清高"②，"居官无官官之事，处事无事事之心"③。"学者以庄老为宗而黜六经，谈者以虚薄为辨而贱名检，行身者以放浊为通而狭节信，进仕者以苟得为贵而鄙居正，当官者以望空为高而笑勤恪。"④ 六朝名士崇尚虚无，放诞毁礼，自然任心，皆是受玄学人生观影响之故，这种人生观同样具有审美性。

东晋以来，《庄子》的影响日深，自然成为六朝士人的至高理想。此一时期，他们不再像竹林士人和元康士人那样激越地纵情放诞，而是"自然有节""卓荦有致度"。因为有"节"有"度"，便不致流于放任。他们徜徉于东南山水之间，向往着超绝于世的"天际真人"，他们的人格显出从容优雅的气度，透射着潇洒、超逸、清畅、高爽、温润、率真的美学特征。时人的名字里面，亦不时出现简、旷、冲、淡等字眼，显现出玄学价值观的影响之深。

此一审美人格，进而影响着他们对于文艺的态度，清、远、朗、畅、传神、气韵等成为时人青睐的美学标准。他们穿越文艺语言的表象（形），着意于探寻其背后彰显着个体才情、闪烁着生命灵动、洋溢着宇宙天机的趣味、情调和精神。这种审美旨趣，构成整个中国艺术精神最为动人的一面。

第三，玄学与清谈的游戏性。清谈是六朝士人最为热衷的文化活动，谈论的话题，即以《老子》《庄子》《周易》三玄为中心，所以清谈又称谈玄。六

---

① 汤用彤：《魏晋玄学论稿》，刘梦溪主编《中国现代学术经典·汤用彤卷》，河北教育出版社，1996年，第689页。
② 房玄龄等：《晋书》，第2346页。
③ 房玄龄等：《晋书》，第1992页。
④ 房玄龄等：《晋书》，第135页。

朝出现的众多说理文章是在清谈的氛围中出现的，可视为一种广义的笔谈。士人的清谈，亦非只做哲学的探讨，而是具有浓厚的审美性和游戏性。正如劳思光所言："所谓'玄学'，基本上并非一严格系统。玄谈之士所取之精神方向，实是一观赏态度。在论'才性'、品评人物之时，固是以观赏为主，即就其议论形上问题或知识问题而言，亦仍是持此种态度。故魏晋玄谈之士谈'名理'时，所重者在对此种'玄趣'之欣赏，并非真建立一种'学'。"① 这种"观赏态度"和"玄趣"，即是审美的态度，清谈更类似一种审美活动，而非哲学活动。

清谈极具表演性和观赏性，谈家于精研玄理之外，尚需雕琢辞藻，锤炼字语，发音吐辞，讲究音声之悠扬清畅。如东晋王羲之与支遁初遇，支遁为其谈《逍遥游》，"作数千言，才藻新奇，花烂映发"②。王濛与支遁清谈，王濛"宿构精理，并撰其才藻""叙致数百语，自谓是名理奇藻"③。支遁与谢安等人谈《庄子·渔父》，支道林"作七百许语，叙致精丽，才藻奇拔"，谢安"自叙其意，作万余语，才峰秀逸"④。西晋裴遐，"善叙名理，辞气清畅，泠然若琴瑟"⑤。王濛之清谈，以"韶音令辞"⑥为特色。显然，清谈注重辞采与音声之美，具有极高的文学性和审美性。

由于清谈在魏晋南北朝特别是南朝士人生活中占有极高的地位，其审美性的着意追求，遂铺展开来：一是六朝士人的日常语言中，遂亦注重雕饰词句音声；二是对于自然景物与人物之品评，颇能见出对于音辞之"整饰"，讲求对仗，注重用典，凝练传神，言约旨远；三是六朝诗文创作中，讲究辞藻之华丽

---

① 劳思光：《新编中国哲学史》，生活·读书·新知三联书店，2015年，第122页。
② 余嘉锡：《世说新语笺疏》，中华书局，2007年，第264页。
③ 余嘉锡：《世说新语笺疏》，第270页。
④ 余嘉锡：《世说新语笺疏》，第281页。
⑤ 余嘉锡：《世说新语笺疏》，第247页。
⑥ 余嘉锡：《世说新语笺疏》，第624页。

与音声之动听,六朝文学对于"丽"的追求,与清谈不无关系。

第四,玄学推动了佛道美学的形成。佛教自东汉传入,道教自汉末创立,二教都在六朝得以发扬。二教之兴,皆与玄学有莫大关系。

佛教初传,先是依附于黄老,至魏晋时期则逐渐跻身上流,为士人阶层所接受。此时的佛教,以般若学最为流行,有着明显的玄学化倾向,以支遁、慧远等人为代表的名僧,无不精研《老》《庄》,玄学造诣深厚。他们与名士往来密切,晤言一室,清谈析理,大倡格义之学,以玄解佛,以"无"释"空",导致玄佛合流。南朝以后,佛教走上独立,但其思想深处,已附着老庄的印痕,尤其中国化的佛教——禅宗,与老庄更有牵连。它们的思想旨趣虽然大有差异,但在对中国美学与艺术精神的影响层面上,又不无共通之处。

中国本土的道教,初始并无严格的组织和体系,魏晋时期主要盛行神仙道教,此后在与佛教的刺激交流中发展壮大,南北朝时期,经寇谦之、陆修静、陶弘景等人清整,始见教派气象。

道教与玄学,更有切近关联。道教在教义上对玄学多有吸收,如崇无、虚静、养生、自然等观念。正如卢国龙所述:"作为反映魏晋时代精神风貌的文化意识,魏晋玄学与魏晋神仙道教构成一个整体,差别只在于一雅一俗而已。雅的玄学以其理论上的繁富将时代思想主题表现得曲折玄深,俗的神仙道教则表现得直接而浅显。"[①] 他又指出,南朝道教义学的最高理趣,即是重玄之道。

佛道二教,都在寻求个体精神的超越和心灵的皈依,在这个意义上,它们让深处社会动荡之际的六朝士人倾心不已,玄学名士出入道释,非但不相违拗,反而契合无间,表明了玄道释三者之间的深层关系。由于玄学糅合儒道,这种关系进而扩展到儒道释三教之间,构成了中国传统文化的支柱。

对魏晋南北朝佛教美学和道教美学还需进行深入的研究,其与玄学之间复杂隐微的纠葛关系,亦需更好地加以揭示。

---

① 卢国龙:《中国重玄学》,人民中国出版社,1993年,第20页。

三、差异与交融

魏晋南北朝时期，战乱频仍，社会动荡，人口流动极为频繁，胡汉之间剧烈碰撞，本土文化和异域文化交流日广，决定了六朝美学的复杂性和多元性。不同文化之间，既有明显的差异，更有渐进的交融。这种差异与交融表现于以下几个领域：

第一，汉民族内部，主要是南北美学的差异和交融。南北文化，主要指黄河流域的中原文化和长江流域的江南文化，二者之间一方面存在较大差异，另一方面亦有广泛交融，主要分为两个时期。

魏晋为第一时期，当魏、蜀、吴并峙之时，三国虽有广泛交往，但多是政治性和军事性的。公元280年西晋灭吴，大量吴人入洛，中原士人与江南士人有了更多密切接触，两地之间的文化差异得以展现。及至晋室南渡，北方士人入主江南，两地文化的差异性极大彰显，二者在饮食、语言、生活方式、文艺风貌等方面，都有明显差异。双方在跨文化交流中，形成一种新的江南文化。

南北朝为第二时期。北朝的中原文化与南朝文化，同样在生活方式、治学风格、文艺风格等方面多有不同。此时，南朝文化虽被奉为正宗，但北朝中原文化自有其独特性。如南朝尚玄学，北朝尚经学。南朝书法以帖札为主，追求妍丽创新，北朝书法以碑刻为主，较为质直厚朴。南朝诗歌清丽婉约，北朝诗歌则多雄豪之气。与此同时，二者亦有相互借鉴与吸收之处。在南北两地都有生活经历的士人，对这些差异有着深刻的体验，如陈庆之、颜之推、王褒、庾信等人。颜之推的《颜氏家训》、庾信的诗文都明显地反映出了这种情景。

第二，汉族美学与少数民族美学的差异与交融。魏晋南北朝是汉民族和周边少数民族剧烈碰撞的一个时期，西晋后期出现了"五胡乱华"，北朝则一直为诸少数民族所占据。匈奴、鲜卑、羯、氐、羌等众多少数民族纷纷登上历史舞台，有的长期建立地方政权。少数民族政权时常任用汉族士人，推行汉化政策，最力者莫过北魏拓跋宏。胡汉之文化，差异既很突显，亦颇有交融互通。

诸少数民族的生活方式和文化风貌又各具特色。此外，自汉代通西域以来，中外通过丝绸之路往来频繁，二者交易的不仅仅是丝绸、瓷器等物质商品，更有文化、艺术与思想观念的输入与外传。以绘画领域为例，像南朝张僧繇的画风、北齐曹仲达的"曹家样"，都可能受到了印度绘画的影响。以相关典籍、文艺作品、图像资料、出土文物乃至当代人类学田野资料为文献，考察其美学的差异与交融，亦为一重要却尚未充分展开的课题。

第三，士人美学与民间美学的差异与交融。魏晋南北朝为世族社会，与下层社会形成强大区隔，二者的审美趣味存在较大差异，如士人书法与民间抄经书法、士人绘画与民间绘画（如墓葬壁画）等，其风格迥异，颇为明显。不过，这并不意味着上下层之间没有交往互通，比较典型地表现于音乐领域。如六朝士人所青睐的清商曲，就是由相和歌与南方民歌"吴声"和"西曲"相融合的产物。再如南北朝佛教大兴之后，各地遍建佛寺，寺院的讲经、宗教节庆等活动大大促进了文化的下移，民间美学与士人美学得以互通。佛道的兴起亦促进了神怪小说等通俗文艺的繁荣，其对上下层文化的交融同样有助推之功。

（刊于《郑州大学学报》2017年第6期）

郭象哲学与魏晋美学思潮

⊙余开亮
⊙中国人民大学哲学院

在中国美学研究上，魏晋美学一直保持着它应有的热度。然而，在丰硕的理论成果背后，也呈现出魏晋美学书写上哲学维度的相对缺失。这种相对缺失至少体现在如下三个方面：第一，以文艺美学为主要写作范式，与先秦两汉哲学美学写作范式存在某种断裂；第二，高扬《庄子》美学精神却较少关注将《庄子》精神落到实处的《庄子注》；第三，认同玄学对魏晋美学思潮的深刻影响，但对其如何生发影响的具体机制勾连不够。本文试图以魏晋美学研究中较少被人关注的郭象《庄子注》[①]玄学为例，来探索一种哲学美学与文艺美学的互动写作范式，以重估郭象哲学在魏晋美学史写作中的地位。

一、郭象哲学与自然美的被发现

宗白华说："晋人向外发现了自然。"[②]从宗白华所举的例子可以看出，宗白华所说的晋人实际上指的是东晋之人。其所言的"发现"则是说，只有到了东晋，自然山水之美才从情志、比德、体国经野等象征模式中解脱出来，被人真正当作一个独立的审美对象来进行赏析。关于自然美之所以在东晋被发现的

[①] 房玄龄等：《晋书》卷四十九，中华书局，1974年。
[②] 宗白华：《美学散步》，上海人民出版社，1997年，第215页。

问题，学界多从政治、经济、文化、地理等层面进行了较好阐发。虽然这些理由都是存在的，但尚不充分。因为自然美的被发现最需确立的是一种重新看待世界万物存在形态的眼光，即一种新型自然观的产生。可以说，只有一种把自然视为自然万物、自然山水的新型自然观的出现，方能使得人去赏析自然山水之美。比较而言，《庄子》哲学的自然观追寻的是一种超越感性外物的自然而然的体道境界，而儒家哲学的自然观追寻的是一种融道德性于山水的伦理美学境界。二者皆无法从自然山水本然或主位的角度去发现自然美、赏析自然美。同时，由于汉魏、西晋的自然山水被过多的悲情、羁旅、咏怀、行役等浓情点染，也使得自然美成了情志的拟代而无法显现自身的独特风姿。由此可见，新型自然观的产生确实有待哲学的进一步突破。

针对两汉哲学神秘交感、天人比附、谶纬象数等带来的极端性影响，魏晋玄学以一种理性化的精神重新对中国文化进行了正本清源的工作。何晏、王弼以"无"的本体论哲学替代了汉人的宇宙生成论哲学，从而开启了玄学自然观对宇宙图景的清晰化历程。不过，何、王"以无为本"哲学关注的不是万有自身而是万有之本。王弼虽然试图通过崇本来举末，但其以反本为鹄的哲学思维依然有着"贵无贱有"的明显倾向。事实上，只有到了郭象的《庄子注》，一种肯定自然万物或者说自然万物即意义本身的新型自然观方告出现。可以说，郭象关于万物"自生独化"的新型自然观才是促使自然美被晋人发现的深层哲学理据。

郭象的"崇有论"哲学是在批判汉人阴阳生物以及王弼"以无为本"观念基础上建立的。郭象《知北游注》云："谁得先物者乎哉？吾以阴阳为先物，而阴阳者即所谓物耳。谁又先阴阳者乎？吾以自然为先之，而自然即物之自尔耳。吾以至道为先之矣，而至道者乃至无也。既以无矣，又奚为先？然则先物者谁乎哉？而犹有物无已，明物之自然，非有使然也。"[①] 郭象认为，阴阳亦是物，其自身还面临着被生成的问题，故"阴阳不能生物"。同时，郭象还

---

① 《庄子注疏》，曹础基、黄兰发整理，中华书局，2011年，第406页。

否定了王弼"无"的本体论意义，直接从经验的层面将之理解成什么都没有，故"无不能生物"。既然"无不能生有、有不能为生"（《庚桑楚注》）[①]，那万物则只能是"非有使然"地自然而生。由此，郭象不再从外在根据上去给万物生成寻求本原，而是转向了从万物"自生独化"的内在根据上去寻找理由。"自生"意味着万物不需要外在原因而是自我生成，而"独化"意味着万物独立自足的自我变化。郭象《大宗师注》云："然则凡得之者，外不资于道，内不由于己，掘然自得而独化也。"[②] 郭象把这种促使万物"自生独化"的内在根据称为"性"。在郭象看来，万事万物都有着不可更易的独特之"性"，而万物发展的过程则是其"性"得以实现的过程。"性"作为万物自身发展的根据、动力，构成了万物存在与变化的生命力所在。由于"物各有性，性各有极"（《逍遥游注》）[③]，"物之自然，各有性也"（《庄子·天运注》）[④]，故每一个具体事物都有着自身独特的生成之理与存在价值。正因如此，郭象所言的"自生独化"并不是笼统地说万物之变化生成，而是说每一个具体之物皆有着其独特的变化生成。这种对世间万物"殊性"意义的发现实际上打破了以往哲学对共性、普遍性的注重，堪称一种个性自觉的独立宣言。而魏晋美学中出现的个体、自然、文艺等多重自觉当置于这种哲学思想下方能得到更深入的阐释。

西晋中后期政局的动荡，使得郭象哲学缺乏落实到山水的现实基础。时至东晋，偏安的政局、江南的美景使得玄学之风又开始极盛江左。东晋的谈玄者多为一些具有艺术才情的名士，他们不是热衷于玄学体系的构建，而是把玄学具体化为一种清谈情调与艺术实践。江南的美景使得他们更广泛深入地步入山水，实现了郭象玄学与山水审美活动的结合，从而导致了自然山水之美在东晋

---

① 《庄子注疏》，第431页。

② 《庄子注疏》，第138页。

③ 《庄子注疏》，第6页。

④ 《庄子注疏》，第289页。

的独立。汪裕雄说:"东晋以降,山水游赏之风日盛一日,应该和郭象玄学有直接关系。"① 自然山水在东晋地位的上升并不只是表现在记载与描写数量上的增多,更表现在山水面貌的质变。不论是顾恺之所言的"千岩竞秀、万壑争流"②,还是王献之所说的"山川自相映发"③,都是把自然山水视为一种自性具有"生命力"的独特存在。这种山川之美已然摆脱了对道德比兴与帝国政治的附属性,而以卓然独化的面貌出现在世人面前。东晋"以玄对山水"观念的盛行,更是把郭象哲学具体落实到了山水审美之中。《世说新语·言语》载,简文入华林园,顾谓左右曰:"会心处不必在远。翳然林水,便自有濠、濮间想也。觉鸟兽禽鱼,自来亲人。"④ 这里,"翳然林水"与"濠、濮间想"、自然山水与意义本身已经完全融合为一,是谓"山水即道"。山水与道的圆融无间消解了山水之外还有一个道体的存在,恰是对郭象"自生独化"哲学的落实。它意味着对山水自然的欣赏过程,其本身就是感悟人性与物性存在价值的过程。由此,在自然山水当中,个人生命打开了自身的"自得之场",给生命的"适性逍遥"找到了诗意的栖居之地。这种把道具象化为山水的观念使得郭象的"自生独化"哲学最终转化为一种自然山水美学。

二、郭象哲学与寓目美学观的形成

从晋开始,"寓目"一词作为一种最为典型的感知经验开始大量出现在诗歌创作中,如"驾言游西岳,寓目二华山"(潘尼《游西岳诗》)、"拂驾升西岑,寓目临浚波"(庾阐《登楚山》)、"肆眺崇阿,寓目高林"(谢万《兰亭诗》)、"寥朗无厓观,寓目理自陈"(王羲之《兰亭诗》)、"以为寓目之美观"(谢灵运《山居赋注》)等。正因"寓目"所彰显出的感知新义,钟嵘

---

① 汪裕雄:《意象探源》,安徽教育出版社,1996年,第395页。
② 《世说新语笺疏》,余嘉锡笺疏,中华书局,2011年,第127页。
③ 《世说新语笺疏》,第128页。
④ 《世说新语笺疏》,第107~108页。

《诗品》对谢灵运诗歌的评价为："嵘谓若人兴多才高，寓目辄书，内无乏思，外无遗物。"① 晋宋时期所出现的这种强调眼见身观的感知方式被台湾学者郑毓瑜称为"寓目美学观"。郑毓瑜对"寓目美学观"描写道："那是以物色形象先于情理概念，并以为目光所及就足以成就意义；换言之，耳目观聆不但成为创作首要步骤，甚且是主要活动，因此所见所闻的声色形构直为创作的主题内容，而不必须被重塑、归类以便成为情志之借代品，即此身观眼见即是所欲表现（包括对象与作者）的整体实存与价值。"② 按其意，"寓目美学观"实是一种人与对象之间所形成的一种"冥于当下"的审美关系，而在这种"当下即是"的相互照面中，眼见先于心想，直观先于情理，从而成就被看对象与我自身一体共有的实存世界。显然，郑毓瑜的眼光是极有见地的，但遗憾的是，"寓目美学观"是如何出现的这一重大理论问题在郑毓瑜的文章中却付之阙如。新加坡的萧驰则在《郭象玄学与山水诗之发生》③ 一文中极具慧眼地看到了郭象玄学标示的"自然生命原发精神"对"寓目美学观"的形成以及对山水诗产生的影响，让笔者受益良多。不过，萧驰抓住郭象玄学所标示的"自然生命原发精神"来说明郭象玄学与"寓目美学观"之间的关系尚显得不够直接。因为"自然生命原发精神"在郭象玄学那里尚属于一个阐释性或引申性命题，由此论证而出的郭象玄学与"寓目美学观"之间的关联毕竟不是直接性的。如果从郭象玄学的情物关系这一文本性命题直接入手，则能揭橥出郭象玄学对"寓目美学观"形成的直接理论效应。也就是说，正是郭象玄学情物关系理论在东晋被具体化为一种审美方式，遂导致了"寓目美学观"的形成，并同时在人物品藻与山水审美中得到了实践，从而推动了后来山水诗的出现。

郭象在继承王弼、嵇康等人思想的基础上，从时人最为推崇的《庄子》入

---

① 钟嵘：《诗品注》，陈延杰注，人民文学出版社，1961年，第29页。
② 郑毓瑜：《六朝情境美学综论》，学生书局，1996年，第123~124页。
③ 萧驰：《郭象玄学与山水诗之发生》，《汉学研究》2009年第3期。

手,对情物关系进行了论述,从而明确地建构了一种"本性-物"之物我关系理论。郭象一方面继承了何、王圣人语境下的"情物"关系讨论,提出了"圣人无情说";另一方面又把这种无情应物的情物关系视作凡众达至"适性逍遥"的必然之途。郭象认为,凡众的逍遥是一种有待的逍遥,这种有待需要主客两方面条件的获得。从主体而言,凡众需要做到各当其分,使得自身的性分不受心知、不受欲望控制地自然呈现;从客体而言,凡众需要得其所待,在一种恰当的、与自身性分相适应的"自得之场"中方能获得逍遥。在郭象看来,人不得自由的原因在于不能安于性分,在面对外物的时候,往往被外物所惑而横生休戚。"人之有所不得,而忧娱在怀,皆物情耳,非理也。"① 这种物累之情不但破坏了性理,也遮蔽了物理。郭象《列御寇注》云:"必将有感,则与本性动也。"② 所以,在应物的过程中,人应当随变所适,做到不施心、不生爱、无哀乐、无休戚,则能任性命之情自然应物。这种"任而不助""任其所受"的无情心态,使得日常之我摆脱了心知的"推明"、情爱的"荷累"而呈现为一种"冥于当下"的真正性情之我。同时,"无心而应,其应自来"③,外物在这种无情无心的心态下,也廓除了情感的点染而呈现为一种自得之貌。郭象《大宗师注》云:"无心于物,故不夺物宜。"④《庚桑楚注》云:"天光自发,则人见其人,物见其物。物各自见而不见彼,所以泰然而定也。"⑤ 在郭象看来,物各有性,性各有别。只有"无心而应"者,方能不以己之意而强加于物,从而使物自宜、自别、自然、自鸣、自任、自应、自见。由此,外物在这种无情应物的心态之下,也敞开了其自然之物性。这种物性的敞开保证了本性之人与外物的冥然自合,使得彼我泯然为

---

① 《庄子注疏·大宗师注》,第133页。

② 《庄子注疏》,第543页。

③ 《庄子注疏·人间世注》,第75页。

④ 《庄子注疏》,第128页。

⑤ 《庄子注疏》,第419页。

一，畅然自得。这种"性与物冥"的主客玄冥实际上是一个情物或"本性—物"关系结构双向打开、双重显现的过程。人的本性的彰显意味着物性的彰显，同时物性的敞开意味着人的本性的敞开。唯有在这种"本性—物"的关联结构中，物我双方各尽其性，各得其所，一体任化而成玄冥之境。

郭象的这种具有现实实践性的新型情物关系无疑给在现实生活中受情累、物累的士人带来了一种"化其郁结"的实践方法。以无情、无心、无系的审美心态去"冥于当下"的即目山水，打开自我之本性与山水之性理，从而一体任化，使得一种与汉魏"感物缘情"不同的"寓目美学观"走上了历史舞台。这种寓目美学经验在东晋玄言山水诗中已经得到了实践。在重视情志的主流诗学那里，对淡乎寡味的玄言诗往往评价不高。然而，恰是在"以玄对山水"的无情鉴照、寓目直观下，人与山水才各得其所。王羲之《兰亭诗》（其三）云："三春启春品，寄畅在所因。仰望碧天际，俯磐绿水滨。寥朗无厓观，寓目理自陈。大矣造化功，万殊莫不均。群籁虽参差，适我无非新。"王羲之的《兰亭诗》把一种新的寓目山水审美经验与郭象哲学进行了直接勾连。这种山水审美经验结构至少具有三个基本要素：第一，"仰望""俯磐""观""寓目"强调了感官先于情理的寓目性或当下性。第二，"理自陈""万殊""参差""无非新"强调了山水之理的自在呈现。第三，"寄畅""适我"强调了人与山水相遇、相因而带来的一种审美境界。这三个基本要素是一体的：寓目直观的当下即目，绝截了日常心态中生命的悲情冲动，从而在山水形态的把玩中获得了一种逍遥之境。可以看出，王羲之的山水审美经验既是郭象情物关系在山水审美中具体化展开的经验，也是寓目美学的审美经验。只有如此之审美经验，方有"适性逍遥"之可能。后来谢灵运山水诗的"记游—写景—悟理"模式显然是与这种山水审美经验密切相关的。由此可见，"寓目美学观"盛行的背后实际上是郭象《庄子注》的盛行。

三、郭象哲学与魏晋风流

魏晋风流所昭示的生命之美，经过鲁迅、吴世昌、宗白华、冯友兰、王瑶、袁行霈等人的阐发，多年来受到魏晋美学研究者的重视。然而，仅仅停留于现象层面的美学描述也使得该领域的研究推进乏力。魏晋风流作为一种独特的审美现象，其深层次依赖于一种新的人性论、人生观的出现。只有对个体生命意识有了一种新洞见，对个体人生价值有了一种新觉醒，方能在日常生活中彰显出特立独行、摇曳多姿的生命风流。因此，对魏晋风流的研究，除了从现象层面对其具体美学形态进行描述与总结，还应该更深入到哲学人性论、人生观的层面来对这一独特历史现象进行哲学考察。然而，在众多的中国美学通史与魏晋美学断代史研究著作中，作为与魏晋风流最为切近的郭象人生哲学却并未得到足够重视。

正如前面所言，郭象哲学以直面万物现象的哲学思路开启了物性的独立自足。同时，郭象还扬弃了汉魏之际通过质实的阴阳五行的构成差异来说明个性的才性论思路，而以更为灵动的本性、性分来说明万物个性的摇曳多姿。就人性论而言，这份张扬个性的哲学宣言，直接把中国传统哲学追求普遍性的德性论转换为一种追求个性解放的本性论、自性论。也就是说，生命的本质在于与生俱来的个性而非别的外在东西，是个体的自然本性才决定了生命发展的根据、动力与目的。既然生命之性有着自足的发展动力与发展目的，那么生命的意义就只在于遵从本己之性的驱动，从而达到适性逍遥。《养生主注》云："感物太深，不止于当，遁天者也。将驰骛于忧乐之境，虽楚戮未加，而性情已困，庸非刑哉！"[①]《在宥注》云："人在天地之间，最能以灵知喜怒扰乱群生而振荡阴阳也。故得失之间，喜怒集乎百姓之怀，则寒暑之和败，四时之节差，百度昏亡，万事失落也。"[②] 在郭象看来，达至适性逍遥最大的障碍在于人之性情极易受到外在得失与内在情智的影响，从而使人陷情失理，偏离性分。为了顺利实现人的适性逍遥，就应当一任本己之性的自生自化，以无心、无情、无系的生存方式来任当自足。故《德充符》云："任当而

---

① 《庄子注疏》，第69~70页。

② 《庄子注疏》，第201页。

直前者，非情也。止于当也。未明生之自生，理之自足。生理已自足于形貌之中，但任之则身存。"① 因此，郭象的"适性逍遥"观如同一副人生良剂，给混乱、苦难时代的魏晋士人带来了拯救与逍遥。这当是魏晋名士任诞士风的哲学基础。

郭象的这种任自然之性的人生哲学必将与外在名教规范出现冲突。作为调和儒道哲学的郭象在此提出了自然是体、名教是用、体用一如的中庸解决策略。一方面，郭象没有如嵇康般去提出"越名教而任自然"的激愤口号，而是认为有些名教是本于自然需求与自然过程的，遵循这种名教本身就是任自然。郭象往往把仁义至孝、君臣夫妇之道、因性分不同而导致的等级制度等这种合乎自然的名教内化为人性的具体内容，从而实现自然与名教的调和。如《齐物论注》云："故知君臣上下，手足外内，乃天理自然，岂真人之所为哉！"②《天运注》云："夫仁义者，人之性也。"③ 另一方面，郭象也没有无条件地肯定所有现存的名教，反而对打着异己性名教和圣人陈迹的旗号去"用迹治迹"的腐儒和统治者表现了不满。郭象对名利之饰、圣人陈迹、先王典礼等这种以名教为号而去改造、压制自然本性的名教之治提出了批评，要求人能捐迹反一，从而保持任性而动。《在宥注》就云："由腐儒守迹，故致斯祸。不思捐迹返一，反方复攘臂用迹以治迹，可谓无愧而不知耻之甚也！"④ 可见，郭象适性生存的人生哲学既非庄子、嵇康式的睥睨一切，也非混世滑头，而是一种基于现实无奈的安生之道。

显然，郭象的这种注重个体本性、追求适性逍遥的人生哲学与魏晋名士的生存方式有着莫大的关联。第一，它所宣告的独立自足之个性理论为魏晋"人的自觉"主题提供了哲学基础。它让魏晋名士意识到，生命的价值是独一无二

---

① 《庄子注疏》，第122页。

② 《庄子注疏》，第3页。

③ 《庄子注疏》，第281页。

④ 《庄子注疏》，第206页。

的，是自我主宰的，它具有神圣的不可侵犯性。殷浩的"我与我周旋久，宁作我"①、刘惔的"正是我辈耳"②乃至魏晋名士相互对个人风姿神貌的欣赏皆与这种个性自觉有着莫大关联。而魏晋名士在人物品藻中对生命神情风韵的鉴赏，事实上就是对审美对象中蕴含的自然生命力、自然性理的欣赏，这无疑奠定了中国文化士人美学"重神"的基本审美旨趣。第二，它所追求的任性称情、不循常规的行为方式成为魏晋风流的极佳写照。它让魏晋名士意识到，生命固然不易，但依然可以通过任性不羁的"行为艺术"来感受生命的灵动华采。王子猷雪夜访戴的"乘兴而行，兴尽而返"③和听桓伊吹笛的"客主不交一言"④、谢尚酣宴"半坐，乃觉未脱衰"⑤等任诞之举皆可谓是一种适性怡情之美。第三，它所折中的自然名教观念抚慰了魏晋名士的内心焦虑，为东晋士人追求宁静的适性空间打开了大门。自然与名教的调和使得朝隐在东晋成为最具影响力的隐逸方式。隐逸朝廷使得士人独立性与集权制的关系得到了一定程度的舒缓，士人对人身和人格自由独立性的追求开始被纳入到集权制所能容忍的范围内进行。在集权制范围内保持士人独立性的要求更促使了东晋士人更加自觉地去建构体现其文化品位的艺术文化体系。东晋名士在与现实调和的悠游容与中，在山水、雅聚、文艺、清谈、嗜好中展示着生命的风流文雅，感受着人生在世的趣味与幽情。

《晋书·向秀传》载："秀乃为之隐解，发明奇趣，振起玄风，读之者超然心悟，莫不自足一世也。惠帝之世，郭象又述而广之，儒墨之迹见鄙，道家之言遂盛焉。"⑥由"振起玄风""莫不自足一世""道家之言遂盛"的表述可

---

① 《世说新语笺疏》，第455页。
② 《世说新语笺疏》，第456页。
③ 《世说新语笺疏》，第657页。
④ 《世说新语笺疏》，第657页。
⑤ 《世说新语笺疏》，第646页。
⑥ 房玄龄等：《晋书》，第1374页。

知，《庄子注》对魏晋思想的影响是广泛与深刻的。我们并不能因为较少看到郭象哲学与魏晋美学思潮之间的直接勾连性材料，就忽视郭象《庄子注》所散发出的时代美学亮度。

（刊于《郑州大学学报》2017 年第 6 期）

从都城变迁看北朝审美观念的融合

⊙席 格
⊙浙江师范大学人文学院

目前，北朝美学无论是在中国美学通史还是断代史的研究与书写中，都长期处于"边缘"甚至"缺席"的状态。究其原因主要有三：第一，北朝艺术雄强而理论建构不足，这就注定了运用美学理论史研究范式向北朝历史提问时难以形成有效的理论叙述。第二，北朝美学具有鲜明的"复古性"特征，但在美学史书写中已经滥用的启蒙史观过于强调"进步"观念，这就注定了北朝美学难以被纳入研究视野。第三，北朝美学出现史料瓶颈。草原游牧民族直接性文献匮乏，汉民族相关史料又因中原正统史观影响而遮蔽了对少数民族历史文化的呈现，石窟造像、墓葬等实物遗存及考古资料虽丰富却过于庞杂。换言之，北朝美学研究的困境，并不意味着对北朝美学及其价值的彻底否定，只是证实要照亮、呈现北朝美学的本然面貌必须诉诸新的提问方式。事实上，北朝不仅形成了具有自主性的、与南朝共通互补的美学，更开启了隋唐美学，凸显了少数民族与草原文化对中华美学精神生成的贡献。而这主要应归功于草原游牧审美观念及其所推动的以佛教为代表的外来审美观念与中原农耕审美观念的碰撞、交流与融合。

在北朝混乱的社会境域中，多元审美观念之所以能够走向融合并抱合生成北朝本土审美观念，深受少数民族入主中原的政治因素影响。少数民族政权不仅促使草原审美观念强势注入中原审美观念，赋予了北朝美学与南朝美学相区别的特质，而且推动了以佛教为代表的外来审美观念的传播。质言之，政治与审美的关系乃是梳理北朝审美观念融合历程必须把握的核心线索。具体来讲，该线索可以从四个层面进行把握：首先是文化认同。少数民族为维护对中原地区的统治，谋求政权的合法性，不得不接受、学习中原文化，即少数民族"汉化"。而真正的"汉化"，不仅包括少数民族对炎黄二帝的祖先认同，而且包括对以中原为中心的天下观的文化认同，更根本的则在于对华夏生存理想的审美认同。其次是礼乐教化。自永嘉以降，中原地区便陷入礼崩乐坏之中。少数民族政权为重建社会秩序而推动礼乐的重建，并以此教化少数民族。但因礼乐相关文献的佚失、相关器物的损毁以及百工伶人的逃亡，中原礼乐已不可能实现完全恢复。加之少数民族对草原文化的"恋本"和对外来文化的开放，促使少数民族乐舞、外来乐舞等被合法地纳入到了礼乐建构之中。再次是都城变迁。北朝政权几次变更都城和规建都城，在此过程中承接《周礼》设定的都城理想而彰显出中原审美观念；同时，又因吸纳草原审美观念、以佛教为代表的外来审美观念而影响了都城空间规划，并由此以都城本身呈现出多元审美观念的融合。最后是生存方式的转化。北方游牧民族因迁都被大批南迁至中原，生存方式从游牧经农牧混合最终转化为农耕，在根本上推动了草原审美观念对中原审美观念的注入。这四个关键词之间密切关联、相互影响。其中，都城作为文化认同的体现者、礼乐建设的象征者和生存方式转化的推动者，不仅对审美观念融合具有现实推动作用，而且可以在时间与空间两个维度具体呈现审美观念融合的程度与特征。基于此，本文拟通过都城变迁的视角来管窥北朝自主性审美观念的生成过程。

一、北朝都城沿革与审美观念融合的阶段性特征

城市，作为庞大的人工制品和文明的容器，在依托物体系对空间进行区隔时，充分体现了特定的空间观念、文化观念和审美观念。都城，则因其特殊地位更是处于整个国家审美链条的顶端，成为审美标准的制定者、审美风尚的引领者和审美观念的集中代表者。北朝时期的都城虽早已化为灰土，但诚如维特

根斯坦所言:"早期的文化将变成一堆瓦砾,最后变成一堆尘土。可是,精神将浮游于尘土之上。"①而要照亮、呈现北朝都城所包孕的审美精神,便须拓展美学史料的视野,综合运用相关历史文献、文物遗存、考古发掘等史料。由此,将从中凸现都城变迁的时序相应展现了多元审美观念融合的历时性态势,都城空间的变革则具体呈现了多元审美观念的碰撞与融合。因这两个维度相互交错,下面便依据北朝都城从北魏盛乐城至北周长安城的变迁历程进行梳理。

盛乐城(今内蒙古自治区和林格尔),北魏的前身"代"在此建都时间较长,"代"改"魏"后,仅于398年六月至七月以它为都。但盛乐城却是拓跋鲜卑族从游牧生存状态逐步接受中原农耕城市定居生存观念的标志,同时也展现了拓跋鲜卑族生存理想的转变。拓跋鲜卑族原本居于嘎仙洞(今内蒙古自治区鄂伦春自治旗)一带,后南迁与曹魏、西晋等建立关联,开始接触并学习中原文化。258年,拓跋力微率部迁居盛乐一带;313年,拓跋猗卢修筑盛乐城;315年,拓跋猗卢成立代国,以盛乐城为北都、故平城为南都。此后,拓跋翳槐与拓跋什翼犍分别于337年与341年修筑盛乐城。但受游牧生存方式和草原地区自然环境的影响,拓跋鲜卑族尽管建立了都城,实际上却没有实现从游牧到定居的转换。这可以从拓跋什翼犍在339年试图定都灅源川遇到极大阻力而失败的史实中看出:"昭成初欲定都于灅源川,筑城郭,起宫室,议不决。后闻之,曰:'国自上世,迁徙为业。今事难之后,基业未固。若城郭而居,一旦寇来,难卒迁动。'乃止。"②拓跋什翼犍之所以想定都灅源川、重新规建都城,当是受了中原文化的影响。他曾在汉化程度较深的后赵(羯)都城襄国(今河北邢台)做了十年人质,对中原文化有着较为深入的接触与学习。同时,定都遭遇失败,则体现了拓跋鲜卑族根深蒂固的游牧生存传统。概言之,盛乐城时期,拓跋鲜卑族虽然对城市生存观念、中原文化及审美观念有所接受与认

---

① [英]路德维希·维特根斯坦:《文化与价值》,涂纪亮译,北京大学出版社,2012年,第7页。

② [北齐]魏收:《魏书》,中华书局,2011年,第323页。

同，但游移而居的草原生存观念仍占据着主导地位，他们仍秉持着传统的草原文化及审美观念。

平城（今山西大同），398年至493年北魏建都于此，时间长达近百年，是北朝建都时间最长的城市。地处农牧混合地带的平城，即便是北魏迁都洛阳之后，仍作为辅都存在。平城的规划建设以汉平城为基础，从道武帝拓跋珪开始一直持续到孝文帝拓跋宏。如迁都前的492年，孝文帝于《营改太极殿诏》中还在阐述如何改建太极殿。平城持续建设的历程，既是拓跋鲜卑族对中原审美观念认同深化的历程，也是草原审美观念与以佛教为代表的外来审美观念影响都城规建、融入都城审美观念的历程。首先，坚守草原审美观念。平城地区仍可从事游牧生产，为草原审美观念在平城规建中发挥影响力奠定了现实基础。例如：因拓跋鲜卑信奉"万物有灵"，崇拜西方，而在平城西郊规划祭祀场所；为满足少数民族勋贵游猎巡幸之需求，而在平城周围设置野马苑、鹿苑、北苑、西苑、关外苑囿等大量官方牧苑；因强调少数民族游牧部落的等级地位、归降与否等差异，而促成了平城的"里坊"模式；对佛教造像提出"令如帝身"，展现出了拓跋鲜卑的身体审美观念等。更重要的在于，拓跋鲜卑对朴素审美观念的崇尚赋予了平城以"朴"的审美特征。如文成帝拓跋濬因崇尚节俭质朴的审美观念，以"在德不在险"为由，拒绝借鉴萧何主张建设富丽堂皇之宫殿的"非壮丽无以重威"说。其次，接受佛教审美观念。尽管佛教曾在太武帝时期蒙受法难，佛教信仰的传播依然影响了平城的生存空间。如：平城内外兴建了永宁寺、天宫寺等近百座佛教寺庙，使得平城宗教信仰空间不断被强化。在平城西之武州塞开凿了云冈石窟，既体现了拓跋鲜卑对佛教的开放态度，也体现了对佛教信仰的接受与利用，以及对佛教艺术中涵盖的音乐、绘画、雕塑等外来审美观念的接受。同时，石窟造像艺术还推动了佛教审美观念、中原审美观念与草原审美观念的融合。再次，学习中原审美观念。北魏在建设平城之初，充分参照了邺城、洛阳与长安等城市的空间布局、建筑样式等。如拓跋珪曾亲到邺城巡视，遍观其宫室建筑。《魏书·莫题传》明确记述：

"太祖欲广宫室,规度平城四方数十里,将模邺、洛、长安之制,运材数百万根。"① 随着拓跋鲜卑族统一北方,其汉化程度进一步深化。特别是孝文帝拓跋宏,对中原文化极为推崇,强化了中原城市审美观念对平城规建的影响。如兴建明堂、辟雍等儒家礼制建筑,遵循儒家礼制观念,祭祀亦由西郊改为南郊等。整体而言,平城建设推动了多元审美观念在农牧混合地带的融合,并呈现出草原文化审美观念渐趋弱化、中原文化审美观念渐趋强化的特征。

洛阳(今河南洛阳),北魏都城南迁于此约四十年,即493年至534年。虽说平城正式开启了北朝多元审美观念的融合,却因拓跋鲜卑族依赖游牧生存方式、坚守草原审美观念,而无法走向深入以生成具有北朝特质的审美观念。直到南迁洛阳之后,北朝审美观念才走向了抱合生成阶段。孝文帝为塑造北魏政权的正统性、合法性,在493年决定将都城迁往被视为"天下之中"的河洛地区,并以自西晋灭亡以来长期处于废墟状态的汉魏旧都洛阳为基础重新规建。这就内在注定了都城洛阳所推动与彰显的审美观念融合,乃是以中原都城审美理想为主体与基础的。而洛阳之所以能够推动北朝多元审美观念走向抱合,首先是得益于政治因素的推动。孝文帝迁都洛阳本身就是出于政治、文化等因素的考量,并假借南伐的军事行动实现迁都。达成目的之后,在洛阳又实施系列改革,主动推动少数民族汉化,如禁止在朝廷上使用"北俗之语"、改汉姓、穿汉服、与汉族通婚、学习儒家礼仪等。可以说,孝文帝重塑政权正统之审美政治理想的落实,强有力地推动了少数民族对中原审美观念的接受与认同。其次则是得益于少数民族生存方式的转化。少数民族大批南迁至洛阳地区,实则意味着不得不放弃游牧生存方式或者农牧混合的生存方式,而学习和适应农耕定居的生存方式。生存方式的转化,在根本上促使少数民族所秉持的草原审美观念与中原审美观念走向从衣食住行到文学艺术再到精神追求的立体融合。洛阳城的重新规建,推动审美观念融合不仅在城市规划、建筑景观、社会风尚等维度得到了彰显,而且形成了与平城不同的"壮制丽饰"的审美风

---

① [北齐] 魏收:《魏书》,第604页。

格,产生了从"武质"到"文华"的转变。具体融合情况详见后述。

邺城(今河北临漳与河南安阳一带),东魏、北齐于534年至577年在此建都。尽管邺城先前为后赵(羯族)、前燕(鲜卑)之都城,但它筑城却始于春秋,在曹魏时期仍为王都,后赵重建邺城承袭曹魏,前燕主要是对战火损毁之处进行修补,没有大兴土木,所以邺之根基仍是中原城市审美理想的现实转化。东魏、北齐在邺城,主要是改建邺北城、扩建邺南城。邺北城为旧城,改建过程中仍主要承续曹魏之传统;邺南城的建设则更多地承袭了北魏洛阳城的规制。在此过程中,邺城强化了"壮丽"的审美追求。如据《彰德府志·卷八·邺都宫室志》记述,在规建邺南城时:"高洋饰之,卑陋旧贯,每求过美,故规模密于曹魏,奢侈甚于石赵。"① 到武成帝高湛、幼主高恒时期,更是达到了"奢丽"的地步。邺城建都,直接强化了佛教信仰在该地区的传播,不仅兴建了大量佛寺,而且开凿了灵泉寺、响堂山与小南海等石窟,推动了邺城佛教艺术的发展。同时,鲜卑化的北齐高氏十分推崇少数民族乐舞,致使邺都胡风盛行,从而强化了草原审美观念的影响。如《魏书》的作者魏收便善少数民族舞蹈,深受北齐文宣帝高洋的喜爱。需要强调的是,东魏、北齐时期与南朝梁、陈之间的文化交流较为频繁,使得邺城有力地推动了南北审美观念的合流。

长安(今陕西西安),西魏、北周于535年至581年在此建都。这使得长安城在前赵(匈奴)、前秦(氐)和后秦(羌)之后又重归于都城的行列。五胡十六国时期的少数民族政权虽以长安为都,但基本沿袭了汉长安的规制,只是进行了或多或少的修复与重建,并没有重新规划建设,即便是西魏、北周时期同样如此。如新建了乾安殿、麟趾殿等一批宫殿,增加了安居寺、法王寺等很多佛教建筑,并没有效仿北魏洛阳的规制而改变长安"东、西二宫制""面朝后市""宫城位于城市南部"等城市格局。同时,受北魏北方六镇少数民族勋贵进入长安、关中地区为农牧混合地带等因素影响,长安在城市建筑、社会

---

① [明]崔铣辑:《彰德府志》卷八,上海古籍书店,1964年,第20页。

生活和文学艺术等多方面都被赋予了草原"尚朴"的审美观念特征。如宇文邕因提倡建筑"卑朴"之风而焚毁壮丽的上善殿,甚至北齐灭亡时邺城被焚亦与此有关;苏绰起草的《六条诏书》便旨在诉诸教化形成质朴之风,同时他还明确提倡"文质论"。可以说,自然淳朴、激越昂扬的草原审美观念在长安得到了彰显。

不难看出,北朝都城从盛乐城—平城—洛阳—邺城—长安的更替,首先直接以城市规建的方式推动多元审美观念融合,并因为草原文化缺乏城市相关内容,而内在注定了审美观念融合必然以中原文化为基础,有力佐证了北朝美学与南朝美学具有相通的文化基础。都城选址的空间变化,则是在推动多元审美观念在不同区域融合的同时展现出审美观念的融合并非简单的线性深入,实际上是极具复杂性的。都城变更的根本动因,则是鲜明地呈现了政治因素对北朝美学的影响,以及草原审美观念何以在融合中具有强势地位,从而凸显出北朝美学与南朝美学(形成基础在于中原文化与吴越文化、佛教文化及南部少数民族文化的融合)相区别的草原审美观念特质。

二、北魏洛都推动审美观念融合的具体呈现

在北朝以中原审美观念为基础的多元审美观念碰撞、交流与融合的过程中,北魏洛都在废墟之上重新规建而成,使得多元审美观念走向了抱合、熔铸。相较平城、邺城与长安而言,推动作用更大,融合程度更深。加之洛阳被视为"天下之中",乃是华夏文明的核心区域,与汉民族之中原审美观念相异质的少数民族草原审美观念、佛教所代表的外来审美观念,于此通过都城规建而与中原审美观念抱合为一体,意义尤为重大。具体体现如下:

一是中原审美观念的承接与发展。迁都洛阳本就基于对中原文化的认同,这可从孝文帝迁都之前巡视洛阳时的感慨中清晰看出:"(太和十七年九月)庚午,幸洛阳,周巡故宫基址。帝顾谓侍臣曰:'晋德不修,早倾宗祀,荒毁

至此，用伤朕怀。'遂咏《黍离》之诗，为之流涕。"① 显然，孝文帝已自认为是华夏正统的承续者，不仅熟知中原文化而且饱含深情。正是基于此，孝文帝要在废墟之上重建洛阳，以对《周礼》设定的都城审美理想的最大限度的现实转化为基础，来标榜北魏政权的正统性、合法性，由此，便内在地决定了既要承接都城审美理想，又要承续东汉、曹魏、西晋之洛阳城，以获取汉民族的根本认同。所以，复古性承接便成了北魏规建洛阳的必由路径。这主要包括：第一，关于都城选址。北魏并没有另选新址，而是以东汉、曹魏与西晋的洛都旧址为基础，充分发挥所占有的洛阳作为正统象征的地理空间优势。第二，关于都城宏观规划。将《周礼》关于都城建设的理想作为依据，并充分汲取先前洛阳、邺城、长安、平城等都城的规划经验，使北魏洛阳成为都城审美理想的完美体现者。如遵循都城设计比例，应用中轴线原则，整体空间布局以南向为重，在南郊建立了圆丘、方泽和"左祖右社"，并后续建设了明堂、辟雍、太学等标志性的礼制建筑等。第三，为标榜正统而直承魏晋。北魏洛都的城门多采用魏晋旧名；沿用魏晋建筑，如曹魏的濛汜池、西晋凌阴里等；保留魏晋遗存，如《春秋》《尚书》《周易》《公羊》《礼记》等刻经石碑，曹丕的《典论》碑等。正是基于此，北魏在南北政权"正统之争"中改变了完全被动的格局。更重要的是，以复古方式承接中原文化及审美观念，不仅使华夏文明在北朝时空境域内得到了有效延续，而且通过多元审美观念的大融合催生了新的都城审美模式。

北魏基于都城审美理想落实所做出的创新，主要体现在四个方面。第一，将"二重城"发展为"三重城"，即在宫城、郭城之外规建外郭城。第二，将"面朝后市"变为"前市后朝"，宫城以北不再设置市场，而是将市场与"里坊制"对普通居住空间的划分相结合，在东郭、西郭、南郭分别设置小市、大市与四通市。第三，将南北分开的二宫制发展成为一体的单宫制，明确设立东西轴线，将宫城区隔在城市北端。第四，运用"里坊制"区隔洛阳的生存空

---

① [北齐] 魏收：《魏书》，第173页。

间。另外，在具体建筑的审美追求方面，更是汲取"非壮丽无以重威"的观念，使得洛都凸显出"壮制丽饰"之美。这仅从杨衒之在《洛阳伽蓝记》中关于永宁寺的记述便可窥得一斑。整体而言，通过重建，北魏洛都彰显出都城的乐居之美、崇高之美与神圣之美。

二是草原审美观念的强势植入。北魏具体负责建设洛阳的穆亮、李冲、董爵、蒋少游、王遇等人，大都参与了平城的规建，从而为草原审美观念植入洛阳提供了便利渠道。具体到草原审美观念对洛阳城市生存空间的影响，集中体现在"里坊制"对洛阳城内空间区隔和"牧苑"对城外自然景观的转变两个方面。先看"里坊制"。它的定型与制度化，深受草原文化观念的影响，逯耀东曾言："这种坊里制度，是草原文化转向农业文化的过渡时期的产物。"① 从平城移植进入洛阳之后，便进一步制度化、规范化，使得洛阳城市空间更加规整，呈现出棋盘格化、等级化与类型化等特点。据杨衒之在《洛阳伽蓝记》中的记述，北魏洛阳共规建了220个里坊。里坊在洛都空间区隔中的运用，不仅对洛阳城的社会生存活动形成规训，而且对文学艺术的审美创造产生了深刻影响。如《洛阳伽蓝记·卷四·法云寺》中便明确记述："市南有调音、乐律二里。里内之人，丝竹讴歌，天下妙伎出焉。"②

再看"牧苑"。北魏都城南迁洛阳，在客观上直接导致了农牧分界线的进一步南移。据陈新海研究，北朝时期"并州和太行山南麓，都已成为千里牧场，就连汾沫流域也成了农牧交错区。匈奴、鲜卑、羯、氐、羌等少数民族的内徙，连年不休的战争，使农业区的界线大大地南移。北朝（主要是定都洛阳之后）的农牧界线大体上由碣石至上谷居庸关，折向西南至常山关，沿太行山东麓直达黄河"③。从中可知，北魏时期的牧区随着迁都已经南扩至河洛传统农耕地区。如据《魏书·宇文福传》记述，宇文福"规石济（在今河南延津）

---

① 逯耀东：《从平城到洛阳：拓跋魏文化转变的历程》，中华书局，2006年，第171页。
② [北魏]杨衒之：《洛阳伽蓝记》，周祖谟校释，中华书局，2013年，第137页。
③ 陈新海：《南北朝时期黄河中下游的主要农业区》，《中国历史地理论丛》1990年第2期。

以西、河内（今河南沁阳）以东，拒黄河南北千里为牧地"①。就美学视角而言，这意味着草原牧苑、牧场景观在中原农耕区域的出现，从而冲击了由农业景观所形成的自然审美观念。如果说该区域的汉民族不得不接受牧苑景观，对南迁至洛阳的少数民族而言，却可以通过牧苑缓解对草原生活和草原风光的怀恋。由此，不仅直接推动了自然审美观念的融合，而且促使牧苑所承载的激越昂扬的草原审美精神融入中原审美观念之中。

三是佛教审美观念的全方位融入。尽管孝文帝致力在洛阳实现中原传统的都城审美理想，佛教审美观念凭借自身的宗教底蕴、统治者的支持和信仰的广泛传播等，依然对洛都产生了多维度的影响。简言主要有三：首先，佛教文化景观对洛都礼制文化景观的冲击。《魏书·释老志》曾记述："故都城制云，城内惟拟一永宁寺地，郭内惟拟尼寺一所，余悉城郭之外。欲令永遵此制，无敢逾矩。逮景明之初，微有犯禁。故世宗仰修先志，爰发明旨，城内不造立浮图、僧尼寺舍，亦欲绝其杀觊。文武二帝，岂不爱尚佛法，盖以道俗殊归，理无相乱故也。"②可见，北魏为将洛都重塑为礼制之城，最初仅在城内规划了永宁寺与报德寺。但自506年沙门统惠深率先违背了"都城制"规定而在城郭之内兴建佛寺，佛教建筑便开始激增，使得洛都内外有佛寺多达1367座。这些"闳丽的寺院"，既是北朝辉煌艺术的代表，同时又重塑了都城的审美生存空间。

其次，石窟造像对精神生存审美表达的拓展。洛阳龙门石窟、巩义石窟（希玄寺）等的开凿，进一步成就了北朝"光芒万丈的"石窟造像艺术，也通过艺术创造深化了多元审美观念在洛阳的抱合，同时又强化了石窟造像对死亡之后佛国净土世界进行审美描述的宗教艺术体系。但是，这并没有就此割断拓跋氏对中原丧葬礼仪和墓葬艺术传统的继承，位于洛阳北邙的北魏孝文帝长陵、宣武帝景陵等大型陵墓可以对此佐证。必须指出的是，拓跋氏在墓葬空间

---

① ［北齐］魏收：《魏书》，第1000页。

② ［北齐］魏收：《魏书》，第3044页。

营造过程中，汲取了不少佛教艺术审美元素，从而丰富了墓葬美术的审美表达系统。换言之，石窟造像与墓葬美术一起成了北魏洛都营造死亡之后时空世界的艺术体系，也成了黄泉下美学的有机构成。

最后，佛教活动对社会生存审美内容的丰富。佛教寺院、石窟造像不仅直接以宗教文化景观的形式丰富了审美对象，而且通过宗教活动空间的区隔、宗教仪式活动的开展丰富了休闲审美活动。杨衒之在《洛阳伽蓝记》中的大量记述对此给予了全方位的呈现。如寺院园林，永宁寺、秦太上寺、正始寺、平等寺、大统寺、龙华寺、景明寺、法云寺、河间寺、宝光寺和高阳王寺等的园林。记述虽然或繁或简，但都充分展现了各个园林的特点和作为游览休闲胜地的妙处。再如佛诞日的行像庆典活动，杨衒之在长秋寺、昭仪尼寺、景兴尼寺等处均有记述。以《洛阳伽蓝记·卷一·长秋寺》中所记为例："作六牙白象负释迦在虚空中。庄严佛事，悉用金玉，作工之异，难可具陈。四月四日（周祖谟在注中指出，此处应为四月七日）此像常出，辟邪、师子道引其前。吞刀吐火，腾骧一面。彩幢上索，诡谲不常。奇伎异服，冠于都市。像停之处，观者如堵，迭相践跃，常有死人。"① 可见，本为佛教行像庆典的宗教活动，俨然已经成为北魏洛都全城的"狂欢节"。

三、都城变迁与多元审美观念融合互动的美学史价值

在北朝政治混乱、战乱频仍、礼乐崩坏、精神自由、民族与文化大融合的社会境域中，都城变迁与多元审美观念融合之间实质上形成了一种互动关系：一方面，都城变迁推动审美观念融合并展现审美观念融合的程度与特点；另一方面，审美观念又内在制约都城的规建以至重塑都城审美。正是在两者密切关联又相互影响的过程中，北朝以中原审美观念为基础，最终抟成了具有自主性、本土性特征的审美精神。据此，若从美学史的角度来审视北朝都城变迁所推动的审美观念融合，主要价值有三：

---

① [北魏] 杨衒之：《洛阳伽蓝记》，周祖谟校释，中华书局，2013年，第34~35页。

第一，凸显了都城作为审美共同体的特征。北朝都城的规建，一方面深受民族与文化大融合的影响，另一方面又充分展现着民族与文化的融合。两者结合便是北朝都城尤其是洛阳作为审美共同体的达成。可以说，北朝都城审美共同体形成的基础在于胡汉之间的民族融合所形成的民族共同体——中原文化与草原文化、佛教所代表的外来文化以及由南入北的南朝文化融合所形成的文化共同体。同时，北朝都城审美共同体既充分彰显又象征着胡汉与多元文化的大融合。就胡汉民族融合而言，北朝胡汉之间的矛盾长期存在，汉化与胡化的演进十分复杂。为缓解民族矛盾、维护对中原与草原的统治，拓跋鲜卑族选择对黄帝的祖先认同，作为匈奴或者鲜卑的北周宇文氏对炎帝的认同，作为汉族的北齐高氏对鲜卑文化的认同，都展现出了胡汉之间的民族融合。但民族的融合仅依靠杂居、交往等难以真正达成，关键在于"化"，即文化的深度认同。所以，平城、洛阳、邺城与长安都展现了北朝以中原文化为主体的文化大融合。正是在文化大融合过程中，南北之间的正统之争、华夏与夷狄之间的优劣、胡汉之间的汉化与胡化、儒道与佛教之间冲突等矛盾得到了不同程度的消解。可以说，北朝都城在民族与文化构成方面，都呈现出了多元融合的特征。其中，北魏洛都又最为突出，它不仅在民族、文化维度实现了深度融合，而且缔造了共同的审美理想，使洛阳成为一个审美共同体。这从杨衒之在《洛阳伽蓝记》关于南北正统之争中可以看出。

第二，强化了包容开放的城市审美精神。如果说先前的都城是中原审美理想的现实承载者，少数民族的审美观念、外来审美观念完全处于附属地位的话，到了北朝时期这种状况发生了巨大改变。在北朝，异质的草原游牧文明与以佛教为代表的外来文明一起影响了都城的规建、生存方式与审美精神，促使北朝都城展现出了前所未有的包容性、开放性。无论是平城、洛阳还是邺城、长安，在城市规建方面都吸纳了多种文化元素，儒家礼制建筑、道教建筑、佛教建筑等相互杂糅。都城居民民族归属既有汉族又有草原游牧民族，以及经丝绸之路而来的西域民族和来自东方的高丽人等。相应地，都城文化不仅有承接的汉魏中原文化、草原文化、佛教文化、由南入北的南朝发生新变的中原文化，而且有粟特文化、高丽文化甚至是希腊文化等外来文化。概言之，北朝都城的包容性、开放性得到了全方位的立体式呈现。这种包容开放的城市审美精神之所以能够生成，关键在于与中原文化异质的草原文化的注入。草原文化依托游牧生产方式，而游牧生产乃是以动物驯养为基础的畜牧经济，很容易受到塞北恶劣自然环境条件的影响，具有不稳定性。这便赋予了草原文化一种外向性、开拓性、包容性。所以，当草原文化及审美观念熔铸进入中原文化，进而影响都城审美时，便激发并凸显了城市审美包容、开放的特征，使北朝都城形成了包容开放的城市审美精神。

第三，促成了刚健激越的北朝审美精神。在以中原为中心的天下观体系中，华夏处于文明的核心区域，五胡处于"荒服蛮夷之地"，从京城到华夏再到四夷最后到八荒之野，实则是文明从中心到周围递减渐弱流溢的图式。据此，北朝都城南迁所带动的少数民族内徙、草原文化及审美观念的植入，相对于华夏、中原文化本质上乃是一种逆向传播。但少数民族的汉化、草原文化与中原文化的融合，并不意味着草原审美精神的消失。从《魏书》中所使用的"北人恋本""北人恋旧"等词语可以清晰窥见，草原文化所积淀下来的生存理想和审美精神深深地烙在了南迁之少数民族人身上。而随着少数民族生存方式从游牧到农耕的转化，胡汉民族及文化的深度融合，原本作为异质的草原审美精神作为新质熔铸进了中原审美精神之中，促使北朝形成了具有自主性、本土性特征的且与南朝"一体二分"的审美精神。这集中体现在两个层面：一是激越昂扬的现实生存观念。游牧民族在草原生存环境中形成富有生命力的、乐观积极的生存态度。对武功的崇尚与对饮酒的挚爱，都展现了激越、昂扬、豪迈的草原社会生存审美精神。这种精神在文化融合中进而激发了中原文化中的任侠之风，转变了汉族士人对北方边塞寒苦生存环境的态度，使得整个北朝境域内形成了一种激越的社会生存审美精神。二是雄强刚健的艺术审美观念。草原游牧生存方式孕育了刚健、自然、清新的少数民族文学艺术，如雄强、豪迈、率真的乐府民歌，劲健、昂扬的少数民族乐舞等。这些艺术形式与作品以独特的草原审美特质对汉民族的文学艺术产生了巨大冲击，加之少数民族在政治方面的统治性地位，使得刚健成为北朝艺术的审美基质。即便是由南入北的庾信、王褒、颜之推等人，亦受刚健审美精神的影响，在文学创作方面产生了巨大的审美转变。可以说，都城变迁的历程，也是草原审美精神融入中原审美观念并推动多元审美观念融合的过程，且此过程中生成了与南朝清新、婉约、绮丽审美精神相共通互补的刚健、激越的北朝审美精神。

（刊于《郑州大学学报》2017年第6期）

第四部分

美 育

美育哲学基础的重建

⊙刘成纪
⊙北京师范大学价值与文化研究中心

20世纪90年代以来,美学学科进入漫长的沉寂期。这期间,虽然先后有审美文化研究、生态美学、身体美学等不断成为新热点,但与80年代的"美学热"相比,在总体上仍显寂寥。简而言之,这一学科的沉寂,主要原因有两个:一是面对中国社会近20年来的重大变革,它长期无法做出有力的理论回应,失去了启人心智的力量;二是美育作为美学介入社会生活的主要方式,因理论的滞后而日益狭隘僵化,其价值取向已无法获得公众的认同。按照蔡元培先生的讲法,所谓美育,就是"应用美学理论于教育"。也就是说,没有美学理论的进步,便没有美育的进步。审美教育在当代面临的难题,归根结蒂是美学理论自身出的问题。那么,美学与美育在当代面临的共同问题是什么,如何通过理论的调整为审美教育确立更具生命力的哲学基础呢?

历史地看,中国社会自20世纪初叶美学传入以来,美的功利价值一直是这一学科获得社会认同的最主要原因,其中涉及启蒙、救亡以及"人生艺术化"等诸多问题。但就美学自康德以来的基本定位看,它的一个核心理念恰恰是反功利或超功利的。这种定位与中国漫长的审美功利主义传统(尤其儒家)存在融合的困难,也无法对中国近代以来更趋功利化的新美育传统提供有说服力的解释。再如20世纪80年代,美学至今被人津津乐道的贡献就在于它促进了人的觉醒和解放。但值得注意的是，这一成就的取得同样不在于当时人对美之非功利性有清醒认知和普遍肯定，而在于身处变革时代的哲学家以美的名义参与了当时社会的政治进程。也就是说，从分出来的意识形态问题才真正构成了那一时代的主导性问题。所谓非功利的美学，在此表现为充分功利化的审美政治学。至20世纪90年代，中国社会进入稳定发展时期，美学因失去对政治意识形态的依附而极大减损了社会影响，美的任务也由乌托邦式的精神引领让位于公民社会的人格养成，即素质教育。但是，在整个社会趋于实利主义和现行教育体制的促迫下，基于审美教育的素质教育，其功利性不但没有变弱，而且被大大地强化了。比如，对于那些陷入艺术考级制度和渴望高考加分的学生及家长而言，谈审美的非功利性显然是有讽刺意味的。

以上列举的中国现代以来审美教育存在的诸问题，均与近代以来美学固守的一个核心命题有关，即审美的无利害性。这一命题起源于英国的经验主义美学，至康德被系统表述。在中国形成影响则起于王国维、蔡元培对西方美学理论的借用和移植。按照康德在《判断力批判》中对美的规定："（审美）鉴赏是凭借完全无利害的快感和不快感对某一对象或其表现手法的一种判断力。"据此，如果我们认定审美是非功利的，那么审美教育也就成了一种非功利教育。而事实上，美育的本质恰好是通过与现实的隔离而实现一种更具超越性的功利目的。在此，美在体与用之间显然存在着逻辑上的矛盾。当然，也正是这种矛盾，赋予美一种超越的品质，成为一种对个体生存理想的展望，或者成为社会及国家想象的乌托邦。审美教育也因此成为一种给人做出自由与解放等诸多许诺的理想主义教育。但必须注意的是，美与功利对立，实际上就意味着与充分功利化的社会现实对立。美学虽可借此获得独立和神圣化，但也会因此陷入孤立状态，成为一种只对彼岸有效的理论。自席勒以来，我们时时会看到，西方近代奠基于审美无利害的美育传统，基本上是一种与主流社会对抗和进行现实批判的传统。所谓"以美拯救世界"，本身就暗含着对生活世界的蔑视和否定。与此相关的人格养成，当然也就不可能培养人对社会的爱心和融入，而只可能是疏离、憎恨与不合作。这一特点，从席勒到19世纪德国生命美学，再到 20 世纪的法兰克福学派，都可以看到清晰的脉络。

今天，我们一般认为，审美无利害性是审美现代性的基石。从以上分析不难看出，这一基石不但决定着现代美学对美的定位，而且是现代美育理论借以获得合法性的哲学基础。就美学自身而言，审美无利害促成了美与艺术的独立和自律，进而造就了一个超越于功利社会之外的审美王国。现代美学的唯美主义、形式主义潮流，为艺术而艺术之观念，以美介入社会文化批判等诸种选择，都是这一原则的衍生物。就作为美学之实践形态的美育而言，美则被赋予在现实之外重铸理想人格和理想社会的双重使命，但如上所言，美对人的精神世界的超越性引领及对一个非功利的理想世界的许诺，往往最终因缺乏现实的依托而归于无效，甚至成为一个经不起任何事实验证的诗意骗局。以此为理论基础的美育，必然会产生价值导向的偏执和极端。正是因此，在西方，审美无利害原则自 19 世纪即引起广泛的质疑和批评，如法国人孔德、让-马里·居约，英国人罗斯金、莫里斯，以及早期的马克思主义理论家（如普列汉诺夫）等，都是反对美与现实隔离的。在 20 世纪，马克思主义美学是审美功利主义的坚定主张者和实践者。除此之外，美国经验主义者杜威试图以经验连续体观念打破康德为美划定的边界，将审美与生活之间人为的鸿沟填平。直至今天，西方环境美学家（如阿诺德·伯林特）关于参与式审美的讨论，舒斯特曼关于身体美学的观点，以及费瑟斯通等对日常生活审美化的关注，都直接或间接地对这一现代美学的基石提出了挑战。这从一个侧面证明，审美无利害原则并不必然是审美教育必须坚守的原则。

一方面，由审美无利害原则主导的审美教育具有无法克服的偏执性，另一方面，放弃这一原则又必然导致审美与现实的混同。在此背景下，重新为美育确立一个既向艺术又向现实敞开的新起点就是重要的。我们认为，这一新起点就是感性。这是因为，与审美无利害仅仅被视为审美的四个契机之一（康德）不同，感性对于美学而言，更具普遍意义。或者说，它不仅是审美现代性的基石，同样也是一切美学问题的基石。一般而言，审美即是审形象，审美活动离不开对象的感性形式，离不开主体性的看和听。也就是说，如果无利害性对于美而言是可以质疑的，那么美最不可质疑的特性就是感性。这也是自鲍姆嘉通始，感性学成为美学最经得起历史检验的定位的原因。

那么，以感性为起点，审美价值如何生成进而为审美教育奠定理论基础呢？下面尝试论之：

第一，关于感性。鲍姆嘉通在其《美学》中，将感性更具体地表述为感性认识，但在一般意义上，这一范畴却应包括感知主体和感知对象两部分。也就是说，美学应是研究感知主体与感知对象如何建构关系并呈现形象的学科。建立在这种感性学基础上的美学，有两点值得注意：一是它拓展了美学和美育的关注范围。自黑格尔和谢林以来，西方美学被等同于艺术哲学，自然美几乎不被涉及，城市景观、传媒影像之美更无法得到有效的解释。但在当代社会，艺术与生活的边界日益模糊，自然美对人的精神生活表现出日益强大的影响力。在这种背景下，仍将美学限定在艺术哲学的范围内显然是不合时宜的，将美育等同于艺术教育也是狭隘僵化的。比较言之，感性学和感性教育，则不但可以有效解释艺术，而且可以将自然生态、城市景观、传媒影像等纳入解释的范围之内。这种拓展对于美学和美育的多元发展都是有重要意义的。二是有助于对人审美感知力的重新发现和培育。在当代社会，人愈来愈生活在数字与图像的包围中，审美感官的迟钝及感知对象的非真实性，成为影响人全面发展的重大问题。作为感性教育的审美教育，其首要的任务就是培养人对外部世界的感知能力，即整个身体与对象世界的相融。这种教育目标虽然看似低级，但对人的全面发展却是奠基性的。同时，审美感知不是抽象的精神概念，它建立于人身体的现实。或者说，健全的身体是形成审美感知的必要条件。据此，美育的问题最终逼近的是人的身体问题，所谓感性美育建立于人身体感受力的培养及身体自身的训练。

第二，关于爱。人的审美活动是一种情感活动，情感的价值在于造就了美与爱的紧密关联。在古希腊神话中，阿弗洛狄忒既是美神，也是爱神，很好地说明了爱与美的一体性。一般而言，爱，就其情感本质来讲，它所达到的是人与对象的一致，而非差异。或者说，对象总是因为和我一致而可爱，这种"适己性"是爱存在的根据。在审美活动中，对象首先给人带来感官和心灵的快适，这种快适使对象变得可爱，并因此被认定是美的。也就是说，爱既来自美的直接诱发，又直接导致了审美判断的生成。从这种爱与美的一体关系不难看出，所谓审美教育，就是爱的教育。同时，"爱"作为一个及物动词，它天然地要指向对象。这种情感指向是对对象存在价值的正面肯定。据此，如果说美的问题可以具体化为爱的问题，那么美的价值也就在于它可以使人与对象产生善意（而非敌意）的关联，并使原本充满差异和对立的世界，因相互的欣赏和肯定而成为一个和谐的整体。在这一过程中，人首先可以因对对象的审美评价而产生积极向上的情感，其次可以通过与对象世界的关联克服存在的孤独感，使原本作为单体的自我向他人、他物、社会、自然、宇宙敞开，成就一种"天地与我并生，万物与我为一"的博大情怀。这种情怀具有鲜明的伦理性质，但它在起点处却必然来自美的感悟和启迪。这种由美开启的爱的伦理，与基于道德训诫的强制性伦理不同。前者是顺受的，自然而然的；后者是逆受的，是与人性的自然要求背离的。也就是说，围绕爱的问题，审美教育天然地导向伦理教育，却在美、善之间打通了一条更顺畅的路径。

第三，关于完善。鲍姆嘉通在其《美学》中，将"完善"作为一般感性认识向美生成的关键，但对"完善"如何在人的认识过程中实现，鲍姆嘉通却缺乏有力的揭示。对于审美活动而言，所谓完善就是围绕事物形成的可以诉诸感性直观的形式完整性，但这种完整显然不是事物及其表象本然的性状，而是来自人的感觉和想象对对象的重建。康德把这种人将感觉的碎片再造为整体的能力称为直观中感知之综合和想象中再生之综合能力。由此可以看出，即便在最感性的层面，事物为人显现的完善之美也不在事物自身，而在于人的主观意欲对对象的改造。或者说，所谓美的对象，在感知意义上已成为被人的知觉建构的对象。据此，建基于感性或者被感性规定的美，本身已表现了人对对象世界的形式理想。至于想象和情感的再造，则更使对象成为主体意欲的表征，并因此使美表现出愈益强烈的理想主义（"人化"）气质。从这种分析不难看出，美的问题，天然地就是一个关乎对象世界的理想问题。所谓审美教育，也因此成为一种理想主义教育。这中间，知觉的构造能力使对象世界成为完整的形式，情感的投射使对象世界成为人自由心灵的映象，意欲的植入参与使对象世界成为道德的象征，实践的再造使对象世界体现出人的本质力量。从感觉、情感到意志、实践，这显然是一个"自然人化"不断深入的过程，也是一个人的自由理想借此得以彰显的过程。值得注意的是，传统美学在谈到这种由"自然人化"彰显的审美理想时，至多追溯到人对对象世界的移情问题，而忽略了人在感觉层面对对象世界的"完形"能力。这是我们习惯于将审美教育等同于情感教育的原因，也是感性教育在传统美学中一直找不到理论合法性的原因。

第四，关于审美判断。审美判断作为情感判断，是对审美对象的肯定性评价。比如，当我们说一朵花是"美的"，和说一朵花是"红的"，两者意义迥然不同。前者具有倾向性，能将人导向快乐之类的正价值；后者则是中性的，是凭借知性实现对事物实然存在性状的认识。通过比较可以看出，审美判断虽然无助于客观认识世界，甚至会因为"美的面纱"而使事物的本相被遮蔽，但它却能成功地将人的情感引向正面的价值判断，使生活中美好或积极的一面得到彰显。也就是说，美，是对生活的赞美，天然地具有一种乐观主义气质，以此为基础的审美教育所开启的必然是对生活肯定的态度，必然是对人生正面价值的培育和养成。作为这种人生态度的敞开状态，人一方面会按照类比联想的原则，将对个别美的事物的喜爱推及为对世界普遍的喜爱，另一方面也会使人的求知欲和道德情操得到提升，即一般所谓的以美启真，以美储善。于此，审美教育也就与知识教育和道德教育形成一个有效的连续。

从以上分析可以看出，感性、爱、完善是介入当代美学研究的三个关键性词语，分别涉及美的基础、美与人的关联、美的达成三个方面。以此为背景，如果我们认定审美教育建基于对美之本性（感性）的理解，那么，由感性衍生的感性教育、由爱衍生的情感教育、由完善衍生的理想主义教育，就构成了审美教育最基本的内容。在此基础上，当我们说一个对象"真美啊"的时候，我们就是在下审美判断。这一判断是对生活的赞美和肯定，有助于我们更乐观、更积极地看待世界和人生。所谓审美教育的目标，至此也就顺利完成了。比较言之，建立在审美无利害原则下的美育，则必然因与现实的悖谬而显得偏执，因过于强调美的彼岸而成为自欺欺人的幻景。据此，美育向感性、爱、完善等美的基本命题的回归，应是对现代美育理论的一次重要修正。

（刊于《郑州大学学报》2008年第6期）

技术时代的审美教育

⊙彭富春

⊙武汉大学哲学学院

教育自古到今在人的生活世界中都具有非常重要的意义。人们一般把教育分成家庭教育、学校教育和社会教育,其中学校是实施教育的主要场所,而它自身又包括了通识教育和专业教育。在现代教育的理念、制度和实践中,教育越来越演变为一种技术训练和职业培训,也就是一种适应现代技术体系的人力资源的开发。

但教育就其本性而言却具有比这更丰富和深刻的意义。无论是在汉语还是在西语中,教育一词的本意都与儿童的培养相关。教育就是让儿童去学习,从自然状态转变到文明或者文化状态,而成为一个真正的人。这规定了教育的本性是作为人自身的教育。它具有如下的特性:启蒙、培养、完成。所谓启蒙的本义是照亮黑暗,从而开发蒙昧,使野蛮的自然生命活动向自主自觉自由的文明状态发展。所谓的培养是指让人茁壮成长,不受伤害,保持自身的本性。所谓的完成是指人格的塑造,也就是成为一个获得完美人格的人。在这样的意义上,教育就不是技术教育,而是人性教育。

审美教育作为美的教育,是一种特别的教育。广义的审美教育是运用自然、社会与精神中一切美的形态对于人的陶冶,而达到人的身心的美化。但狭义的美育主要是通过艺术手段对人进行美的教育。

美育的历史如同艺术的历史、人类文明的历史一样悠久。原始社会的巫术不仅是人与鬼神的沟通与对话,而且也是人自身身体和心灵一种广义的审美教育。中国周代的"六艺"(礼、乐、射、御、书、数)则将美育纳入关于人性塑造的教育体制之中。至于中国漫长历史中的教育主要是人文教育,它除了经学的内容之外,还包括诸子百家和诗词歌赋,这都兼有美育的功能。但对于一个读书人,也就是受过教育的人来说,还必须精通琴棋书画。这却是专门的审美教育。与中国美育的历史不同,古希腊的雅典教育制度中包括缪斯教育和体育。前者是综合性的文学艺术的学习,后者是身体的健美和动作的优美的训练。中世纪虽然是宗教的时代,但仍然利用宗教艺术,如建筑、雕塑、绘画和音乐等对人进行审美教育。文艺复兴的人文主义主张培养全面的完人,因此教育的科目中包括智育、美育、德育、体育等。18世纪,法国的卢梭主张自然教育,反对理性的强制。他注重感觉在教育中的作用,其中尤其是触觉、视觉和听觉等。而德国席勒的美育思想具有划时代的意义。他认为一个人从自然的人到达道德的人必须成为审美的人。审美是感性和理性的对立和冲突的解决,是人性的全面和谐发展和解放。

但审美教育作为美的教育的独特性何在呢?审美教育的确有许多突出的特征。与科学教育相比,它是一种感性教育;与道德教育相比,它是一种情感教育。此外,审美教育还将自身表现为一种快乐教育和游戏教育等。人们发现审美教育的最根本特性在于,它既不是片面的身体教育,如体育,也不是片面的智力和德行教育,而是身心合一的教育。这就是说,审美教育既是身体的,也是心灵的。但仅仅将审美教育理解为身心一体的教育仍然是空洞的,它还必须更具体化,也就是考虑艺术自身的本性对于人的身心的规定。如果艺术自身是人的技艺、欲望和智慧游戏的活动的话,那么所谓艺术或者审美教育也就是关于人的技艺、欲望和智慧的教育。只有在这样的基础上,我们才能将审美教育确定为身心合一教育、感性教育、情感教育、快乐教育和游戏教育等。

但是,我们现在所处的时代是一个技术的时代。技术作为人类的活动工具虽然古已有之,但没有如我们的时代这般达到极端化。这表现为,它能将一切技术化,也就是能改造一切存在者。人们用技术征服自然。天空和大地成了人们开掘、加工和利用的材料。人们也用技术控制人的身体。生育、死亡和性爱在过去本来具有自然神秘的本性,但其奥秘现在都能为技术所揭示,并被设计和制造。另外,人们也用技术影响人的思想。信息技术通过各种媒介已经改变了人的大脑,并且还在进一步支配人的思维。

与技术时代的基本主张相一致,其教育已不是人性教育,而只是技术教育。虽然教育就其本性而言是关于人的教育,也就是关于人性的陶冶、人格的形成和人生道路的指引,但技术时代的教育理念只重视技术的研究和教学,亦即只让人认识和把握技术。于是,学校培养的所谓人才的重点不是人,而是才,也就是各种专门的技术人才。根据这样的理念,科学技术的学科设置在整个大学的建制中就占有决定性的地位。比起文科,理科和工科更有优势;比起人文科学,社会科学更有功效。不仅如此,人们还专门设置了各种科技大学,或者是理工、工程学院,使技术教育更加专门化。技术教育的思想还规定了人们在教育活动中的具体操作。一个根本性的标志就是由所谓的定量分析取代定性分析。于是,各种各样的分数和数据评估成为衡量大学建设的唯一尺度。大学的技术化完全演变成数字化。

与此相适应,审美教育也摆脱不了技术化教育的影响。人们现在也强调审美教育,但它往往成为技术教育的补充形态,如同在各种公式般的日程外加上某种情调一样。不仅如此,审美教育自身也有技术化教育的倾向。一般认为,审美教育就是艺术教育,而它主要是美术、音乐和舞蹈等的教育,这又最后简化为技艺教育,成了身体和心灵的某种技能的训练。现在各种艺术门类的培训班比比皆是,不可否认,其对人们艺术能力的培养并非一无是处,但将艺术的技能教育变成真正的审美教育,并成为人性教育还有漫长的路程。

这里需要我们重新思考一下技术问题,并确立对于它的一个适宜的态度。技术无疑如同自然一般是存在的,它既有积极的一面,也有消极的一面。因此,所谓技术的悲观主义和乐观主义是没有意义的。值得我们思考的是:技术的边界立于何处?也就是技术和自然的分界线如何划分?显然,技术在自然之外之所以存在,是因为技术弥补了自然的不足。但技术不能消灭自然,取代自然。技术不是自然的敌人，而是自然的朋友。因此，技术和自然之间一个明显的边界在于，技术不要伤害自然。当技术确立了自身的边界之后，它应让自然自然而然地存在。这个自然不仅指外在的自然——大自然，而且指内在的自然——人自身。在这样的意义上，当代的技术应该遵自然之道而行，守护自然的本性并让其成长。

如果我们如此看待技术的话，那么，一种技术化的教育观也就需要抛弃。作为人性的培养，教育首先是要注重人的天性的全面发展，其次才是某种工具般的有用性的开发。这就是说，教育首先是树人，其次才是育才。唯有如此，所谓的人才才可能既是人，又是才。否则，一个人才也许是真正的才，但并不是真正的人。人性培养的核心在于人的身心训练，亦即让人达到身体的健康和心灵的自由。一个身心和谐发展的人才能更好地为人处世，并推动他人的身心和谐发展，共同建设这个世界。

在人性教育的关联中，审美教育无疑具有其他教育无可比拟的地位。这是因为审美教育是最典型的身心合一的训练形态。但伴随我们对于技术时代及其教育观的批判，这里也必须重新思考在技术时代里审美教育的本性。

审美教育作为人的身心教育，绝不可以被技术教育所忽略，也绝不可能成为技术教育的补充。相反，它要超出技术教育，成为人性教育的根本。之所以如此，是因为审美教育自身包括了人的技艺、欲望和智慧教育等三个方面。

第一，就技艺而言，它是由技到艺。审美教育当然也是最宽广意义上的技术训练，这表现为人对于各种器具的把握和操作，如绘画的笔纸和颜料，音乐的乐器等。尽管如此，这种所谓的技术也不同于机械技术的运用，因为艺术活动里的技术性其主导因素不是物，而是人，是人的身心活动。此外，艺术作为技艺也超出了一般工匠劳动的技能，甚至是某种特技和绝技。这是因为艺术是人自身的活动，而且是心灵自由的活动，人在艺术创作和欣赏中经历了自由。因此审美教育让人从对技术或者技能的掌握上升到对于艺术的技艺的经验。

第二，就欲望而言，它是化欲为情。与人的生活世界中其他的活动不同，艺术生产了人的欲望，特别是人的身体的各种欲望。但艺术既不是直接或者间接的欲望的刺激物,也不是虚幻的欲望的满足品,而是对于欲望自身本性的批判,也就是关于欲望自身边界的标画。在此基础上,艺术将欲望转化成情感,让人的自然性变成文化性或者文明性。因此人的本能就不再是动物性的,而是人性化的。于是性欲不只是交媾,而成为爱情;食欲不只是充饥,而是成为礼仪。通过审美教育,也就是艺术的熏陶,人性得到洗礼,心灵得到净化,欲望得到升华。

第三,就智慧而言,它是转识成智。艺术不仅表达了人的身体的感觉和意识,而且表达了一个民族和时代的观念。因此艺术是意识形态性的,甚至也是为权力话语所支配的。但一切艺术尤其是伟大的艺术都是关于智慧的言说。所谓智慧就不是一般日常意义上的意识,而是关于人的存在的知识,也就是关于真理的知识。在艺术和审美的经验中,人与智慧相遇,同时也是与意识的分离。但智慧并不抛弃意识,而是反过来规定意识,使意识成为智慧。

通过上述三个方面的转化,审美教育实施了对于人的身心一体的培养。一个经历了审美教育的人能够通过美获得知识和意志的训练,具有智慧、爱心和创造力,并达到自身的觉悟和新生。这正是"以美育代宗教"的现代意义。在技术时代里,不是各种新旧宗教,而是美和美育让人类获得更美好的形象。

(刊于《郑州大学学报》2008年第6期)

美育与社会改造

⊙高建平
⊙中国社会科学院文学研究所

一

美育常常被人们作两种不同的理解,一种是广义的,一种是狭义的。广义的美育指对人的性格的全面培养,造就健全的人,从而造就健全的社会。狭义的美育指对艺术和自然的审美教育,主要指对艺术欣赏能力的教育。

席勒写过一本《审美教育书简》,他所关心的,是广义的美育。在现代社会,美育这个词常常被人们用来指狭义的美育。艺术欣赏需要培养能力,人需要成长为一个能欣赏艺术的人,这本身就包含着一种美学观。这种美学观是说,人的艺术能力并不是天生就具备的,而是要通过学习获得的。这种学习,可以包括有关艺术知识的学习。如绘画中关于线条、色彩和形体的知识,音乐中关于音乐调式、和声等方面的知识,文学中关于文体的知识,关于诗歌的韵律、小说的叙事方式、戏剧的结构等,这些都是艺术理解的重要因素。我们过去有一些文学概论和艺术概论类的教材,给学生提供这方面的知识,帮助学生对文学艺术有一些基本的了解。艺术欣赏能力的提高,并不是孤立地学习上面所说这些知识,而是要在艺术欣赏过程中培养欣赏能力。这就好比学习一门外语,抽象地学习几条语法规则,对于理解这门语言没有什么帮助。相反,大量地接触一门外语,在读写听说的活动中,浸泡在这门语言中,即使对这门语言的语法知识不够了解，没有很高的关于该语言的语法方面的理论知识，也能达到对该语言的理解。所以，理解艺术，需要从历史到社会、从哲学到宗教等多方面的知识。如果说艺术是一个小宇宙的话，那么，对大宇宙的理解，也就成了对小宇宙理解的前提条件。对艺术的理解，是与对生活的理解联系在一起的。对生活、对社会有着深入理解的人，有丰富的生活经验的人，才能在对艺术的理解方面达到一个很高的境界。这么说来，能懂艺术不是一件易事，要经过长期的学习，与各方面的知识有关，也与人生的阅历有关。

在美学史上，曾有一种将艺术欣赏等同于趣味判断的观点。我们知道，英语中有"趣味无争辩"的说法。这种观点很容易滑到一种关于艺术欣赏的相对主义上去，即认为每个人的趣味都是平等的。你喜欢莎士比亚，他喜欢福尔摩斯，你和他的趣味平等吗？你纵论神圣的荷马，他在说哈里·波特的故事，你们的趣味是在一个档次上吗？于是，争论就开始了。

趣味说会带来一种看法，认为艺术欣赏不过是对于客观对象的主观欣赏而已。一些人认为思想深刻的伟大作品味同嚼蜡，而喜欢一些惊险恐怖或者滑稽荒诞的故事，那么，让他们做喜欢做的事好了。假如他们这么做，对别人无害，对自己能提供快感，达到调节情绪的目的，那也不错。这是一种想法。与此相反，人们从趣味说中，又总结出另一种看法：作品与作品不同，趣味与趣味也不同。一位小学生看儿童画报，可以津津有味。给他讲讲黑猫警长的故事，或者看米老鼠唐老鸭的动画片，他觉得趣味无穷。但当他长大以后，就不再满足于那些儿童故事了。他要开始读更复杂一点的作品。我们能说，这位小学生不是在进步，而只是变化了吗？显然不能，他的进步是明显的。随着年龄和知识的增长，他学到了很多的东西，他的艺术欣赏能力也在提高。这不否认不同年龄、不同知识水平和欣赏水平的人可以欣赏不同的东西，他们的审美要求也有权得到满足。但是，既然人的审美趣味与教育水平挂上了钩，再说它们之间无高下之分，就很难成立了。文化教育水平高的人与文化教育水平低的人，在欣赏趣味方面的不同可以明显地表现出来。这时，人们实际上就已经不再坚持"趣味无争辩"了。实际上，人们并不是不争辩，而是一直都在争辩。

他们聚在一起，说新出的某部电影好或者不好。在他们之中，某些人似乎更能说服别人，使他们的趣味得到更广泛的接受。一些批评家写批评文章，说服别人也接受他们的观点，其中一些人成为著名的批评家，他们的批评为大众所看重，也让艺术家敬畏三分。在这些活动中，人们心照不宣，都有一个共识：艺术作品是有高下之分的。作家艺术家和其他的艺术从业者们生产着不同类型的文学艺术产品，艺术行业的管理者们对它们进行着分类管理，并在这种管理中显示出倾向性，这种倾向性就是对高下不同的艺术进行区别对待。从事文学艺术研究的人，也在进行着选择，将他们总是"有限的"篇幅，留给他们所认为的最重要和比较重要的艺术家、艺术作品和艺术现象。所有这些，都表明人们在对趣味进行着争辩，并宣示这种争辩的结果。

作为这种争辩的继续，他们确认，人与人的艺术欣赏能力有高下之分。碰到我不懂的艺术品，不能不懂装懂，不能觉得我已经在别的领域有了成就，或者有了社会地位，就自然成为艺术方面的专家。我仍然需要通过学习，变得懂一点，懂得多一些，慢慢看出门道，看出味道。

以上是说狭义的美育，这种美育的目的，是培养懂艺术的人。广义的美育则不同，要培养心智健全、全面发展的人。人们的学习，常常被直接的目的所引导，从升学考试到职业培训，都具有直接的目的。这些直接目的，常常使人片面地发展，只发展有直接效用的技能。人们在日常生活中也是这样，常常在生活中学会一些处理各种事务的能力，学会应付各种人际关系的能力，所有这些，也都具有直接功利性。怎样在这些能力的片面发展之上，获得人的知识、能力、性格和修养的全面发展，使学习成为一种生活方式？怎样使艺术能力成为生活的一部分？随着社会的现代化发展，随着教育被日益专业化，学术被日益学科化，人的社会分工变得越来越成为职业分工，这些问题也就变得越来越突出。

在古代社会，艺术的教育始终都是与培养人、使人全面发展、使社会获得凝聚力联系在一起的。孔子说"君子不器"，《乐记》讲"礼别异，乐和同"，说的都是这个道理。古代中国将"六艺"列入教育科目之中，即礼、乐、射、御、书、数,其中不仅包括礼和乐,也包括像射箭、驾车这样的身体锻炼,还包括书写和算术的训练。在古代希腊,戏剧成为公民教育的一个重要组成部分,从而出现了辉煌的悲剧和喜剧。这些都说明,所谓美育的狭义和广义,其中有着密切的内在联系。长期以来,美学家们都将对两者进行清楚的辨析看成是自己的使命。他们要区分真善美,在知识的学习、道德的培养与美和艺术的欣赏之间做出理论上的区分。然而,在实际上,美育理论正是在真善美的连接处展开的,美育研究者要看到的,是这三者在教育实践中的联系和相互促进关系,而不是它们在理论辨析中的区别。

二

自从蔡元培先生提出"美育代宗教"以后,这个口号在中国已经相当流行了。在蔡元培那里,"美育代宗教"的口号,是反对迷信、反对宗教的偏执性,同时肯定宗教所具有的审美功能,或者说通过情感教育来影响人的功能,并将这种功能抽取出来,用普遍性的审美来取代片面性的、在教派区分的支配下使人们各执一端的宗教。这些思想,我们在今天读来仍觉新鲜,仍有着重要的意义。

当然,蔡元培所提出的只是一个审美的乌托邦而已,这是从席勒开始的种种审美乌托邦的继续。我们一方面可以说,在世界的一些地方,生活中的宗教色彩逐渐淡化。人们仍然庆祝宗教节日,保留了宗教传统所带来的生活习俗和伦理观念的痕迹,但是,宗教对他们来说,更多的成为审美意味的东西了。宗教画像和雕塑从原来具有神性的图像,变成了艺术欣赏的对象。宗教音乐走出了教堂,人们仍喜爱它们,但这种喜爱已经超出了宗教含义。宗教经典文本被许多人从文学的角度来阅读,并使其获得超越某一宗教派别,超越民族、国家和文化的普遍性。

从另一方面看,艺术和美育是否具有取代宗教的巨大力量,学者们仍会各执己见,见仁见智,继续讨论下去。黑格尔排出的精神发展的三个阶段,顺序是艺术、宗教和哲学,宗教代表着一个比艺术更高的精神发展阶段。这样一来，如果说美育、艺术、审美能够代替宗教的话，那么，似乎就会出现一种与黑格尔不同的新的顺序观。这种新的顺序观还可以用来驳斥当今流行的艺术终结论，从而提出这样的观点：从某种意义上讲，宗教，甚至哲学，也可以被艺术所取代。当哲学由于思辨而变得软弱，缺乏生命力时，宗教乘虚而入，以其生动的形式和思想、情感与活动结合的特点，赢得人们的支持。当宗教由于其偏狭和排它性，在相互纷争中消耗了其力量时，艺术重新使人们团结起来。这种乌托邦式的对艺术的见解，也可以说下去，也会对人们有启发。

历史总要比哲学复杂得多，如果我们接触到实际的情况，就会发现，黑格尔的三段论，"美育代宗教"的构想，都远不如真实发生着的生活过程复杂。

在近代中国，更加现实的存在，更流行的趋势是"科学代宗教"。科学来到世间，给人类带来了许多新的东西。它改变了人的生活，改变了世界的面貌，也改变了人对世界的态度。这里所说的科学，应该区别于古代作为纯粹推理形式的数学和一般实用性的技术。它主要是指过去几个世纪，特别是从17到18世纪才在欧洲形成的对自然的实验性研究。古希腊的哲学家们将世界划分为我们可见到的、变动着的现象和存在于现象背后的、不变的本质，前者是感觉的对象，后者是理性的对象，数学从属于这种揭示对象本质的理性的思维方式。古代世界的这种本质与现象，理性与感性的二分，到了中世纪有了根本的改变，这时，理性中的数学因素被伦理因素所压倒，形成了伦理与现实的二分，即来自于上帝的道德要求与人的世俗欲求的二分。文艺复兴以后的哲学，从恢复古代世界所尊崇的理性开始，从而再次形成理性与感性的二分。欧洲近代的实验科学，打破了这种古代与中世纪所形成的本质与现象的二分。科学带来了一个观念，人们对于世界的认识，不再局限于通过对变动着的对象的否定而达到不变的本质，而是可以通过实验的方法，寻找变动着的对象的变动的规律。

由于有了科学，人们对自然和社会的许多现象的认识被彻底改变了。这也迫使宗教不能与之争锋。科学形成了对世界的种种新的认识，这些认识取代了过去宗教所赋予世界的种种特性。科学认识了自然，就揭开了宗教所赋予自然的神秘面纱。科学形成了巨大的改变世界的力量，而这些力量过去是归结于神或上帝的。于是，相信科学，反对宗教迷信，成为一个时代的口号。对于从事美学和艺术的人来说，科学与宗教之争，是一个他们正在经历的大的历史过程。他们所能做的事，只是在这一过程中寻找自己的定位。科学与宗教之争留下了许多的空间，需要去填补。现代生活的复杂性，使越来越多的人认识到，科学并不是万能的。这种在实验意义上的科学，并不能解决一些与社会和人的心灵有关的问题。艺术在这方面大有作为。艺术并不是要使宗教复活——宗教自身就在寻找着复活的时机，并力图在科学遇到困境时，在科学带来问题时，发挥自己的作用——艺术所能做的是，提供另一种可能：在科学事实上并不能代替宗教，从而使社会和人的心灵再一次出现两极化时，起一些建设性的作用。

三

在当代中国，美育所能起的作用，实际上要比"代宗教"重要得多。它应该作为教育的一个重要组成部分，融入全民教育，特别是青少年教育的体系之中。中国的教育长期被一些升学考试指挥着，从中考到高考，年轻学生要过一道又一道的关。这些关过不了，就无法升学，无法享受国家的教育资源，以后的就业前景也黯淡。当一个学生终于熬到大学毕业时，考试并没有完，一切才刚刚开始，他还要考各种各样的证书。当然，升学考试是目前阶段维护教育公平唯一的手段，无法替代；各种证书考试是竞争上岗的有效手段，想出更公平的办法也难。但是，由此带来的教育片面化问题，的确也是一个严重的问题。于是，我们培养出了在考试中长大的一代又一代人。

笔者曾听到一位年轻母亲与其女儿的对话。女儿大概在上幼儿园或小学一年级，朗诵刚学到的诗句："白日依山尽，黄河入海流。"母亲问："'白日依山尽'与'黄河入海流'之间是什么标点符号？"女儿回答："是逗号。"母亲高兴地说："对了。"那么一点大的孩子，一定要知道两句诗之间的标点符号吗？重要的是，引导孩子想这两句诗所提供的意象的美，而不是中间用什么标点符号。但是，有什么办法呢，学校里只能那么考：填个空，做个名词解释什么的。其实，我们的各种知识的学习都是如此，注意力都放在可考查性上面。对学生的要求，是朗声给出一个背诵得来的标准答案，而不是培养出思考力和想象力。

在巴黎一些博物馆里，我们常常会看到这样的情景：一群群不同年龄的孩子，在学校老师的带领下，到博物馆参观。孩子们坐在一些世界名画前，听馆里的专家讲课。课讲得生动活泼，孩子们不时举手提出问题，专家耐心地解答，那场景真使人感动！这样的教育潜移默化，会对他们的成长产生深刻的影响。与此同时，那里也有不少中国游客，他们只是在罗浮宫里找"三件宝"，即《米洛斯的维纳斯》《蒙娜·丽莎》和《胜利女神像》，找到后就拍照片，使"到此一游"的心理得到满足。在无数的重要艺术杰作前，他们匆匆走过，视而不见。看了真令人气愤。后来一想，气愤也没有用，这些游客能进博物馆就已经是很大的进步，是那些博物馆的巨大名气感召的结果了，他们平常在自己所居住的城市，是从来不进博物馆的。

在"考分代美育"的教育环境下，我们能说什么、做什么呢？我想说这样几个意思：

第一，美育对人的素质的发展，具有重要的意义。我们无法对现行的教育体制说什么。但是，我还是想说明这样一个道理，在中学生中进行美育，并不一定是浪费时间，只要处理得好，美育与文化知识的教育是可以相互促进的。不给学生出这样的题，问他们在"白日依山尽"和"黄河入海流"之间是什么标点符号，而是引导他们欣赏这两句诗的意象美，词句的美，使他们对一些优秀的诗歌产生爱好，这是我们能做得到的。用音乐和美术丰富他们的生活，从而使他们在视觉的形体和色彩、听觉的乐音和韵律的接受能力，知识与情感的协调发展方面，都得到发展，这也是我们能做到的。

第二，对于大学生来说，要强调理想。大学不是技能培训班，而是培养人的地方。大学生要全面发展，学文的学生要懂一点理科的知识，学理的学生要懂一点文科的知识，所有的学生，不管是学理学文，还是学医农工商，都要学一点艺术,形成对艺术的爱好,这就能对片面的中学教育有所弥补。

第三,近年在中国,有一个话题很流行,这就是"日常生活审美化"。日常生活审美化当然是一件好事,人人都爱美,我们的居室、环境和生活方式都体现出美的趣味,这当然是一件大好事。但是,本来很好的一种对生活美的追求,在一些学者那里却被弄得恶俗不堪,将美感等同于快感,追求高档生活享受,高消费,声色犬马的追求。溯其本源,还是教育,特别是美育的缺乏。

从席勒提出美育乌托邦到今天,已经二百多年过去了,这期间出现了无数教育救国、教育救世的主张。谈到社会改造,过去有根本解决与逐步解决之争。社会的改造是一种建设,它与经济建设一样,需要长时间坚持不懈的努力,不可能一下子来一个根本的变化。社会翻一个底朝天,就会将许多丑的东西翻上来,要花很长的时间才能打扫干净。社会的改造需要美育。我们要建设美丽的乡村和城市,如果不知道什么是乡村与城市的美,就只能造出一些恶俗的形象工程来。我们要建设美好的自然和社会,如果不知道什么是自然和社会的美,只能是破坏自然,毒化社会。让人们受到美的教育,提高全社会的审美修养,这是建设美的自然、美的社会、美的国家、美的世界的前提条件。

(刊于《郑州大学学报》2008年第6期)

美育在全球化时代的任务

⊙彭　锋
⊙北京大学美学与美育研究中心

随着时代的变化，不仅一个学科的内容会发生变化，而且它的角色、作用或者任务也会发生变化。就美育来说，它所扮演的角色或者要承担的任务，在今天这个全球化时代，跟在18世纪它刚确立的时候，就非常不同。如果说在18世纪的时候，美育是以人为中心的启蒙教育的核心的话，那么在21世纪，美育将成为摆脱人类中心的跨文化教育或者跨人类教育的核心。

让我们先简单地回顾美育在启蒙教育中的作用。启蒙教育是确立人而不是神在宇宙中的核心地位的教育，人的理性、自由、平等、人权等被推到了至高无上的地位。不过，启蒙教育在打破封建的、宗教的等级秩序之后，并没有让世界陷入一种无序状态，比如像后现代的无可无不可的消极多元主义那样，而是用一种新的秩序取代旧的秩序。这种新的秩序，代表了新兴资产阶级的利益。新的资产阶级意识形态与旧的封建的、神学的意识形态的最大区别在于：用个人自由取代世袭等级。洛克的"人为一张白纸"的比喻，可以被视为资产阶级意识形态的宣言。人生来平等，是否成功完全取决于自己的勤劳和智慧。但是，自由、平等只是资产阶级意识形态的一个方面，甚至是一个表面的幌子，其实质在于以更加巧妙的方式维护某种权威和利益。资产阶级意识形态的秘密在于：让人自由地服从权威。实际上，这是一个悖论。服从权威就没有自由选择；自由选择就不会服从权威。资产阶级启蒙教育，就是要将悖论变成常识，将理想变成现实。这是一种不可能完成的任务。要完成这种不可能完成的任务，就需要发明一种新的教育科目。这种新的教育科目就是美育。由此，我们不难理解，为什么美育是随着资产阶级意识形态的确立而确立，随着资产阶级意识形态的走强而走强的。

　　当然，尽管早在古希腊时代就有了美的概念，有了艺术的科目，有了一系列有关艺术和美的教育和训练，但是，直到18世纪，资产阶级思想家们对美和艺术等概念做出新的诠释，赋予它们新的内涵之后，才有了我们今天讨论的这种美育。新的美的概念具有两个方面的特征。第一，美是对已有的功利、概念、目的的解构，在这个方面美具有解放的特性。第二，美是对新的功利、概念、目的的建构，在这个方面美具有约束的特性。将美的这两个方面结合起来看，美育的任务就是打破旧秩序，建立新秩序。美育之中蕴含着一个动态的运动过程。然而，人们总是喜欢用静态的眼光来看问题，只是强调美的解放的特性，而忽略了美的约束的特性。由于人们相信在美的评判的问题上是完全自由的，因此对在美的评判中实际上受到规范就不容易有清醒的认识。由此，在美的评判中就出现了一种这样的情形：自由地接受规范、遵从权威。美育可以训练出人们自由地遵从权威的习惯，可以克服资产阶级意识形态中的悖论，正是在这种意义上，美育成了资产阶级启蒙教育的核心。

　　让我们再来看看艺术这个概念。审美教育常常是借助艺术进行的。到了18世纪，艺术的概念也被赋予新含义。艺术不再是一般的人工制品，而是天才创造的产物。天才艺术本身是不遵循规则的，但是它却会成为艺术的规则。在这里，解放与约束共存的现象得到了更加清楚的体现。艺术借助天才来打破旧的规则，然而，自身却要求成为新的规则。

　　最后，让我们来看看另一个与此有关的概念，即趣味。趣味是18世纪美学家确立起来的美学概念。与美和艺术概念一样，趣味概念中也蕴含着自由与约束的张力。在趣味问题上，人完全可以做自由选择，没有任何规则可以依据，没有任何普遍性可言，因而有"谈到趣味无争辩"的默契。然而，在对于艺术作品的评判上，人们却体现出高度的一致性。这种一致性是如何得来的呢？根据休谟的看法，这种一致性不是天生的，而是审美教育的结果。由此可见，人们在趣味问题上的自由选择，并不是自然的产物，而是教育的结果。人们是被教会获得自由的。这种说法本身就蕴含着矛盾。

总之，通过对美、艺术和趣味等概念的考察，我们可以发现，18世纪确立起来的审美教育，实际上是为资产阶级意识形态服务的，它的主要目的是将规范、约束、权威等内化到人的自由选择之中。对艺术作品的欣赏，是一种完全自由的游戏，没有任何强制。审美不像道德规则，我们必须服从；也不像生理需要，我们必须满足。它是自由选择的游戏。我们可以不审美（比如不听音乐），但不能不遵守道德规则（比如说谎），也不能不满足生理需要（比如不吃饭）。听音乐是我们完全自由的行为，没有道德和生理上的强制。由于我们能够感受到道德和生理上的强制，因此在服从道德规则和满足生理欲望的时候，我们可能会有些不情愿、不自由。在审美活动中，我们感受不到任何强制，我们不会有任何不情愿、不自由，但是我们却仍然在做遵守规则或者满足欲望之类的事情。因此，审美教育实际上是将外在的规范内化到我们的自由选择之中。资产阶级启蒙教育的步骤是，先将人们圈养在审美领域中，让他们形成自由遵从权威的习惯，然后将他们放到社会上去，将这种习惯带入一般的社会事务之中。

18世纪的美学家在用美育打破旧有的封建的、宗教的秩序的时候，的确收到了很好的效果。然而，他们建立起来的资产阶级意识形态的秩序，又遭到后来的思想家的批判和颠覆。一些思想家发现，18世纪确立起来的美育中蕴含着一个阴谋：少数人通过审美教育将自己的趣味合法化为唯一合法的审美趣味，从而获得巨大的文化资本。表面看来，审美是无利害性的，但实际上背后蕴藏着巨大的利益。不过，我们要意识到，由于审美教育所发挥的巨大功能，这个"少数人"的团体在不断地扩大。由欧洲贵族扩大到资产阶级，再扩大为欧洲中心主义，最后有可能扩大为人类中心主义。目前，对18世纪确立的审美教育进行批判性反思的大有人在。比如，舒斯特曼通过分析指出，18世纪确立的审美趣味，实际上是少数人积累文化资本的丑闻。威尔什也坦率地承认，18世纪建立起来的美学，实际上是欧洲中心主义的。

在今天这个全球化时代，欧洲中心主义和人类中心主义导致的弊端已经显而易见。简要地说，欧洲中心主义导致的弊端是文明冲突；人类中心主义导致的弊端是生态危机。18世纪美育教育的核心，是证明某些人的趣味比另一些人优越。这就会导致在趣味问题上将人分成不同的等级。再借助趣味的不可争辩性，剥夺"低级趣味"者的申诉权利。也许正是在这种意义上，伊格尔登将审美视为霸权。随着全球化时代的到来，欧洲中心主义的审美观必然会遭到挑战，那些被剥夺合法权利的审美趣味必然要谋求自身的合法地位。如果我们还是坚持18世纪确立的美、艺术、趣味等观念，那么势必会引起文化冲突。而且，这种文化冲突是根深蒂固的，甚至是不讲道理的。一些视野宽广的思想家发现，不同文化团体之间的冲突，事实上最终都可以归结到那个不讲道理的趣味之间的冲突上去。

这种趣味的合法权利的争夺，首先是在西方国家内部进行的。20世纪崛起的美国，开始建构自己的文化身份，力图从文化上与欧洲拉开距离。尽管美国文化在根本上受到欧洲文化的影响，但在它的发展过程中却逐渐形成了自己的特征。美国文化是以通俗文化为主体的。这与欧洲的贵族文化或者精英文化非常不同。但是，在18世纪确立的美学系统中，通俗文化所体现的趣味是被剥夺了审美上的合法地位的。通俗文化所体现的趣味，是一种低级趣味，是审美教育力图教化或改善的对象。从20世纪中后期开始，随着美国人对文化身份的要求日渐强烈，出现了一系列为通俗文化辩护的声音。

为了证明通俗文化所体现的趣味也具有审美上的合法性，一些美学家开始考察趣味的本质和历史。比如，科恩就认为，趣味没有高低，只有不同。比如，某人由喜欢通俗艺术发展到喜欢高雅艺术，这并不表明他的趣味提高了，只是表明他的趣味改变了。科恩主张趣味是完全平等的，多元的。他的论证是从三个方面进行的。首先，从历史的角度来看，趣味是不断变化的。曾经是低级趣味的莎士比亚戏剧，现在成了高级趣味的代表。由此可见，所谓高级艺术与低级艺术或者高级趣味与低级趣味的区别，并不是固定不变的。其次，从本质的角度来看，趣味是个人偏好，跟对象的质量和主体的能力无关。比如，某人能够从茅台中品出五种成分，从二锅头中品出三种成分，这有可能表明茅台的质量比二锅头高，但不能表明这个人一定会喜欢喝茅台胜过喝二锅头。因此，趣味跟对象的质量没有必然联系。再如，某人能够从茅台中品出五种成分，另一个人只能从中品出三种成分，这有可能表明前者比后者的鉴别能力强，但并不能表明前者比后者一定更喜欢喝茅台。因此趣味跟主体的鉴别能力也没有必然关系。由此可见，趣味是纯粹与个人有关的事务，不同的趣味之间是不可比较的。再次，从目的的角度来看，改变趣味的目的是获得快乐，如果因为趣味的改变而失去了快乐，或者为了获得小快乐而花费大本钱，那么是否要改变趣味就需要权衡。比如，某人先前喜欢流行音乐，能够从中获得快乐。后来经过训练，他转而喜欢古典音乐，讨厌流行音乐，这时他能从古典音乐中获得快乐，但已经不再能够从流行音乐中获得快乐了。从一失一得的角度来说，趣味的改变并没有让我们获得更多的快乐，因此在改变趣味上花费大量的时间和精力是一件值得考虑的事情。

科恩的这种多元趣味观，是后现代社会趣味的理论总结。但是，在我看来，这种多元趣味观并不能消除全球化时代可能出现的文化冲突和生态危机。我们前面已经指出，现代美学的等级趣味观或精英趣味观会导致文化冲突，因为不同的文化之间会进行趣味争夺，力图让自己的趣味成为高级趣味或者精英趣味。科恩的这种后现代美学的多元趣味观就有可能避免这种争夺，因为趣味已经没有高级与低级或者精英与大众之间的区别，而且改变趣味也是一件多此一举的事情。但是，尽管科恩的这种多元趣味观会促成不同文化之间互不相犯，相安无事，但也会导致不同文化之间互不理解，不相往来。在今天这个全球化时代条件下，不同文化之间不可能做到完全孤立。科恩的这种多元趣味看似民主、平等，但它无助于不同文化之间的交往与理解，其结果只能是产生文化孤僻症，以及由孤僻导致的敌意。

为了避免全球化过程中的文化孤僻症，笔者尝试提出一种新的趣味观。与后现代趣味观强调趣味之间无高低之分不同，这种新的趣味观认为趣味之间有高低区别。但是，这里的高级趣味与低级趣味的区别与现代美学中的区别完全不同，前者是从量上来做区别，后者是从质上来做区别。我们在这三者之间做一个简要的对比：按照现代美学的看法，古典音乐代表高级趣味，流行音乐代表低级趣味，这种区别是质的区别。按照后现代美学的看法，古典音乐代表的趣味与流行音乐代表的趣味不同，但无高低之分。笔者同意后现代美学的看法，但是又主张趣味有高低之分。相对来说，能同时欣赏古典音乐与流行音乐的趣味是高级趣味，单独欣赏古典音乐或流行音乐的趣味是低级趣味，这种区别是量的区别。在科恩的后现代多元趣味观中，仍然存在一个不容易发现的现代美学等级趣味观的残余。这表现在他的关于改变趣味的目的的论证中。科恩认为，某人从喜欢流行音乐改变为喜欢古典音乐后，一定不再可能从流行音乐那里获得快乐，或者一定会厌恶流行音乐。笔者认为这种论证是不成立的，至少是现代美学中的等级趣味观在作祟。因为只有那种从质上在趣味之间做出高低区别的人，才会因为获得了所谓的高级趣味而厌恶所谓的低级趣味。我们完全可以在能够欣赏高级音乐的同时，仍然保持从流行音乐那里获得快乐。如果果真是这样的话，我们的欣赏范围变得更广了，我们的趣味变得更有意思了。

　　事实上，当欣赏的范围变广的时候，欣赏的质量也就变高了。正如丹托在谈到艺术风格时所指出的那样，对于艺术界的诸成员了解得越多，对于某一成员的理解就越深，因为艺术风格总是成对出现的，某种风格总是在与其他风格的关联中获得自身的意义。能够兼容地欣赏古典音乐和流行音乐，不仅会扩大我们的音乐欣赏范围，而且会因为相互对照而加深对彼此的理解，更重要的是二者之间的切换会让我们的趣味变得更灵活、更完善。

　　为了摆脱欧洲中心主义，一些美学家开始倡导跨文化美学；为了克服生态危机，一些美学家开始倡导跨人类美学。比如，正是基于跨文化美学或跨人类美学的构想，威尔什反对绝大多数西方美学，因为它们体现出了明显的欧洲中心主义和人类中心主义色彩。威尔什主张，我们应该从一个比人类更大的范围来构想人类的问题，比如在宇宙和自然环境中来考虑我们的处境，考虑我们与世界的原始联系，或者考虑我们的存在中的非人类层面。威尔什主张用达尔文的进化论来研究审美领域中的跨人类或非人类层面,因为动物也有审美快感。在动物世界中,我们也可以发现某种"趣味",这种"趣味"不是由单纯的生存需要的刺激引发的,而是由对愉快的欲求引发的。如果动物果真也有"趣味"的话,那么在动物的"趣味"与人的趣味之间寻找某种联系就有了可能。威尔什的跨人类美学或者动物美学的目的,就是要探寻动物的审美趣味及其与人类审美趣味之间的联系。

我不认为求助进化论就可以发现动物的"趣味",进而找到人类审美的基因。对于威尔什等人倡导的进化论美学,我看不到任何希望。我主张通过审美教育,不断扩大我们的欣赏范围,不断改变我们的审美趣味,促成不同文化之间的欣赏,乃至打破人与动物之间的边界,为避免文明冲突和生态危机做出贡献。

(刊于《郑州大学学报》2008年第6期)

美育问题的美学困局

⊙潘知常
⊙南京大学新闻与传播学院

一

在自王国维、蔡元培迄始的中国美学研究的百年进程中,"以美育代宗教"的命题无疑堪称其中的第一命题,美育的问题也无疑堪称其中的第一问题。

1912年,蔡元培就任中华民国临时政府教育总长时,发表了《对于教育方针的意见》,提出把美育列入教育方针。在中国,最早提出"美育"概念的,是王国维。可参见他写于1903年的《论教育之宗旨》一文。而后,经过97年的沉寂,1999年,朱镕基在九届人大二次会议上的《政府工作报告》中再一次正式提出,要"使学生在德、智、体、美等方面全面发展"。2013年,《中共中央关于全面深化改革若干重大问题的决定》里更明确提出要"改进美育教学,提高学生审美和人文素养"。两年后,国务院办公厅《关于全面加强和改进学校美育工作的意见》(国办发〔2015〕71号)又对于"改进美育教学"做出了具体的顶层设计。毋庸置疑,尽管这一切都是社会各界协同努力的结果,但是,美学家在其中的努力却无疑是最为可贵的,而这也正是全体美学研究者不懈研究与推动审美教育的历史见证。

然而,隐含在这一切背后的,却仍旧是美育研究的困局。不过,这困局还主要不是体现在它仍旧是整个教育事业中的薄弱环节,也主要不是体现在《关于全面加强和改进学校美育工作的意见》所指出的一些地方和学校对美育育人功能认识不到位，重应试轻素养、重少数轻全体、重比赛轻普及，应付、挤占、停上美育课的现象仍然存在，资源配置不达标，师资队伍仍然缺额较大，缺乏统筹整合的协同推进机制等方面，而是体现在王国维、梁启超等第一代美学家提出"美育"是意在取代"宗教"的，也就是说，他们是看到了西方既存在"课堂"也存在"教堂"这一特征，但是在中国却只有"课堂"没有"教堂"，因此才大声疾呼美育，试图"以美育代宗教"，也就是试图以美育为"教堂"。然而，令人遗憾的是，当今之所谓的美育研究，已经完全背离了百年前王国维、梁启超等第一代美学家的以"美育"作为"教堂"的初衷。

当然，在王国维、梁启超等第一代美学家提出的"以美育代宗教"当中，确实也令人遗憾地存在着错误地把美育与宗教等同起来的尴尬，对此，笔者在十年前就已经撰文批评。① 不过，他们对于美育的"教堂"属性的关注却是十分重要的。这是因为，人与世界之间在三个维度上发生关系。首先，是"人与自然"这个维度，又可以被叫作第一进向，它涉及的是"我—它"关系。其次，是"人与社会"这个维度，也可以被称为第二进向，涉及的是"我—他"关系。同时，第一进向的人与自然的维度与第二进向的人与社会的维度，又共同组成了一般所说的现实维度与现实关怀。现实维度与现实关怀涉及的只是现象界、效用领域以及必然的归宿，瞩目的也只是此岸的有限。因此，只是一种意识形态，一个人类的形而下的求生存的维度，也只是功利活动。除此之外，人与世界之间还存在第三个维度，即人与意义的维度。这个维度，应该被称作第三进向，涉及的是"我—你"关系。它构成的是所谓的超越维度与终极关怀。置身超越维度与终极关怀的人类生命活动不再是功利活动，而是意义活动。借助马克思的描述：这意义活动必须"假定人就是人"，必须从"人就是人""人同世界的关系是一种人的关系""只能用爱来交换爱，只能用信任来

---

① 潘知常：《"以美育代宗教"：中国美学的百年迷途》，《学术月刊》2006年第1期。

交换信任"[①] 的角度去看待外在世界，这样一来，也就必然会从自己所赋有的人的意义、人的未来、人的理想、人所向往的一切的角度去看待外在世界。

而在人类的生命活动之中，同属人与意义的维度、超越维度与终极关怀的，则有宗教、哲学与审美三种。而且，在这三者之间，既存在同中之异，更存在异中之同。也因此，对于人类而言，一方面消解了"非如此不可"的"沉重"，另一方面却又面对着"非如此不可"的"轻松"；一方面消解了"人的自我异化的神圣形象"（马克思），另一方面却又面对着"非神圣形象中的自我异化"（马克思）。对于只有"课堂"而没有"教堂"的中国而言，在宗教"教堂"无法到位的特定情况下，充分发挥美育的作用，就无论如何都是十分重要的。因为它"假定人就是人"，推崇从"人就是人""人同世界的关系是一种人的关系""只能用爱来交换爱，只能用信任来交换信任"的角度去看待外在世界，因为它维护着人的意义、人的未来、人的理想、人所向往的一切。当然，这就必将有助于防止有知识却没有是非判断力、有技术却没有良知的精致的利己主义者的出现，也必将变培养"一只受过很好训练的狗"的教育模式而为培养"一个和谐发展的人"的教育模式（爱因斯坦）。借用英国著名学者汤因比的比喻，不妨可以说，这一教育模式是一种"与灾难赛跑的教育"模式。

然而，今天我们所看到的美育却并非如此。不论是诸多学者所津津乐道的情感教育、艺术教育还是人格教育，都完全背离了百年前王国维、梁启超等第一代美学家的以"美育"作为"教堂"的初衷。它不再是"假定人就是人"的教育，不再是从"人就是人""人同世界的关系是一种人的关系""只能用爱来交换爱，只能用信任来交换信任"的角度去看待外在世界的教育，不再是维护着人的意义、人的未来、人的理想、人所向往的一切的教育，而仅仅只是

[①] 《马克思恩格斯全集》第42卷，人民出版社，1979年，第112页。

情感陶冶，仅仅只是技能训练。① 结果，美育的特定功能被艺术教育的特定功能僭代，美育自身的价值定位和目标预设也被混同于艺术的价值定位与目标预设。这无论如何都是一种美育的尴尬，也都是一种美育问题的美学困局。

美育问题的美学困局还表现在，即便是作为审美教育，它也是不合格的。这是因为，它以一种模式化的美取代了真正的审美。"太阳每天都是新的"，美，也每天都是新的。可是在我们的美育中却不然，美，偏偏是早就已经被规定了的，甚至是早就被指定了的。其结果是：第一，被美育者从表面上看是在欣赏美，其实却是在欣赏一种为了达到某种美的标准而形成的审美实践的技巧。在这美的标准背后的意识形态叙事的隐秘逻辑、隐形书写被忽视了，"审美"成了"选美"，心甘情愿地以他人的美丑为美丑，以至于不惜成为他人的美丑的传声筒，然而，在这早就已经被规定了的甚至是早就已经被指定了的美的标准背后，它突出了什么？遮蔽了什么？如何突出？如何遮蔽？为什么突出？为什么遮蔽？同时，在传达这一美的标准时又如何放逐、压抑了其他不同的美的标准？这一切都被忽略不计了。于是，顺理成章地，美育不再是自由人格的展现，也不再是自由的创造，而是成了对于在统一的美的标准之下去完成审美实践的某种能力的培养。目前到处可见的以艺术教育来代替美育，以及以艺术技巧的培养、提高与考核来取代美育的做法，都是出于这一原因。

第二，由此，所谓美育在这里也实际上早已不存在。因为任何一种被规定了的甚至是被指定了的美都不再是美，而只是一种变相的虚构现实、想象现实，并且不惜重新定义现实，甚至将某种指定的"现实"不断地生产出来。可是，尽管透过这样的美育你确实可以看到诸多的不同面孔的美，但是透过这一切截然不同、完全相反的诸多面孔，却又不难看到一种共同的欲望投射、言说

---

① 这一点，不难从教育部体育卫生与艺术教育司的关注重点中看出：从 2006 年起每年对 200 余所普通高校一年级新生进行的美育调查表明，近 80% 的被调查学生在中小学阶段接受了正规的艺术课堂教学，62% 的学生参与了学校的艺术社团或兴趣小组，33% 的学生掌握了一定的艺术技能。调查还显示，67% 的学生具备了一定的艺术鉴赏能力。

背景与想象方式。"现实"被作为一种共同的"他者形象"在想象中被虚构，并且趋向于某种被"规训"而出的共同的美和共同的想象现实。它隐秘地决定着什么样的美值得关注，什么样的美才是美。于是，人们就通过美育所"想象的现实"去认识美、发现美。美，作为一个被言说的他者，从此不再是一个被自由的生命在自由的创造中被第一次展现出来的存在，而是一个被再释义的意识形态存在、一个被附加了特定身份的权力存在。

第三，更为重要的是，这样一个被再释义的意识形态存在、一个被附加了特定身份的权力存在，正是通过美育才被美育者"自由地同意"，并且被美育者认为既"合情"也"合理"的。这无疑正是美育的某种意味深长的"魅力"。于是，美育的"言说"也就不仅生产出某种"想象现实"，而且在被美育者身上生产出再生产这一"想象的现实"的条件。也就是说，美育不仅生产出被美育者与某种"想象的现实"之间的关系，而且还在被美育者身上生产出对于某种"想象的现实"的强烈的渴望。也因此，渴望某种"想象的现实"不断出现，渴望永远与某种"想象的现实"同在——因为只有它才既"合情"也"合理"——就成了我们所谓的美育的真实目标。在美育中，某种"想象的现实"因此而得以"永远"延续，并且被认为不可或缺。一旦失去了它，一切"现实"反而也就统统并非"现实"。同时，被美育者在美育者的"言说"的"召唤"下，无异坠落于一种"温柔的引诱"，沉醉其中，迷惑其中，一种认同、认可、快乐、幸福也就油然而生，最终，就从审美个体转而"自由地同意"成为审美主体，并且承担起被召唤者与召唤者的双重角色。

然而，如此这般的美育实在距离真正的美育不啻十万八千里之遥。众所周知，海德格尔曾经区分过两种不同的审美。一种是"真理之发生"，一种是"趣味之满足"。前者是对于艺术品的欣赏，后者则是对于工艺品的审视；[①] 前者是对真理的感悟，后者则是审美的享受。在后者，仿佛人的感官总是需要某

[①] 康德也谈到过艺术与手工业的区别：前者是自由的，后者是被雇用的；前者是游戏的，使自身愉快，后者却是"困苦"的。

种满足，也就是对外物的感性形式总是存在一种趣味的要求，因此，审美只是一种附加品，一种调剂，也只具有技巧的意义。能够把艺术价值还原为认识价值、伦理价值，就是审美的成功；能够成功地学习到审美实践的技巧，海德格尔认为只能被称为"趣味之满足"。它只是对于工艺品的审视，虽然也是审美的享受，但是却与真正的审美无关。"艺术是否能成为一个本源因而必然是一种领先，或者艺术是否始终是一个附庸从而只能作为一个流行的文化现象而伴生？"① 在海德格尔看来，这完全是两个不同的取向。

当然，海德格尔的答案无疑只是前者，即"真理之发生"。在他看来："美属于真理的自行发生。美不仅仅与趣味相关，不只是趣味的对象。美依据于形式，而这无非是因为，形式一度从作为存在者之存在状态的存在那里获得了照亮。那时，存在发生为外观。"② "艺术存在就是建立一个世界。这个世界是什么呢？……世界绝不是立身于我们面前能让我们细细打量的对象。只要诞生与死亡、祝福与惩罚不断地使我们进入存在，世界就始终是非对象性的东西，而我们人始终归属于它。"③ 因此，美是早就已经被规定了的，甚至是早就被指定了的，因为它根本就不是一个用来满足审美趣味的客体，而是对于人性的提升。因为人"进入自由存在"，所以他才能"有一个世界"，这里的"有"，当然不是"占有"，而是置身一个自由世界，无关系的世界，无角色的世界，世界之前的世界。在这里，"太阳每天都是新的"，美也每天都是新的。任何一个再释义的意识形态存在，任何一个被附加了特定身份的权力存在，任何一个通过美育才被美育者"自由地同意"并且被美育者认为既"合情"也"合理"的存在都是虚妄不实的。

而且，审美实践的技巧的学习也并非关键。因为声音、笔触、颜色、线条等这一切并非审美的对象，真正的美是在它们之外的。所以海德格尔说：雕塑

---

① [德] 海德格尔：《林中路》，孙周兴译，上海译文出版社，1997年，第62页。

② [德] 海德格尔：《林中路》，第65页。

③ [德] 海德格尔：《林中路》，第28页。

家并不消耗石头。作品,也仅仅以海德格尔所谓的"作品方式在场":"作品在其被创作存在中才被表现为现实的,也即以作品方式在场。""在艺术作品中,被创作存在也被寓于创作作品中,这样的被创作存在也就以独特的方式从创作品中,从如此这般的生产品中突现出来。"① 由此我们联想到,著名画家吴冠中曾提出:真正的美育应该是"眼睛教眼睛",并且在有关媒体采访时痛斥中国的美术教育教出了大群"美盲"。这是对审美实践的技巧学习的批评,至今仍值得我们警惕。

二

当然,美育问题的美学困局也并非无源之水,它的出现,与诸多因素有关。而就美学自身而言,则无疑来自对康德美学的误读。

康德是希冀将西方的"教堂"转化为美学、提升为美学的第一人,黑格尔说他道出了美学的第一句话,应该不是没有理由的。而他的贡献也就在于将追求真理的美学转换为维护自由的美学。人之为人的不可让渡的尊严、权利,在他的美学中得到了最大限度的呵护。在康德看来,人之为人,在"外在的、有限的目的之外,还有一个内在的、无限的目的"。"这目的,我们在外界是永远不能碰到的,我们自然而然在我们内心去寻找,……即在那构成我们生存终极的道德目的、道德使命"② 里去寻找。"真正的德行只能是植根于原则之上,这些原则越是普遍,则它们也就越崇高和越高贵。""这些原则不是思辨的规律

---

① [德] 海德格尔:《林中路》,第 50~51 页。对此,萨特的提示也很精辟:"审美快乐是实在的,但是审美的目的并不是去获得似乎是由现实的色彩所造成的快乐本身。审美只是我们认识非现实的对象的一种方式,它的对象远不是这幅现实的画。""如果我们把这种享受孤立起来考虑,那就没有任何审美性质,只不过是单纯的快感而已。"(萨特《审美对象的非现实性》,李普曼《当代美学》,邓鹏译,光明日报出版社,1986 年,第 138~140 页)

② [德] 康德:《判断力批判》上,宗白华译,商务印书馆,1964 年。

而是一种感觉的意识,它就活在每个人的胸中",而审美则正是"对人性之美和价值的感觉"①,是"唯一的自由的愉快"②,是"惠爱",是"生命力被提高的情感"③,而且,也正是借助审美,人类的生命才得以被"提升到地球上一切其他有生命的存在物之上"④,成为"作为本体看的人"⑤,因此,在审美中,人才被赋予一个"合目的性的决定",才得以回到自由存在,"不受此生的条件和界限的限制,而趋于无限"⑥,"来建立自己人类的尊严"⑦。

遗憾的是,我们在接受康德美学的时候,却出现了一个颇有意味的误读,即把"非功利"与康德美学等同起来。当然,在康德美学中是不乏对于"非功利"的强调,但这其实只是在强调审美的前提条件,而不是在强调审美的根本目的。正如康德所指出的:"只有人不顾到享受而行动着,在完全的自由里不管大自然会消极地给予他什么,这才赋予他作为一个人格的生存的存在以绝对的价值。"因此,审美"在自身里面带有最高的利害关系"⑧,为此,康德甚至明确强调,在他看来,美学绝对"不是以培养和精练审美趣味为目的"⑨。

当然,从表面看,后人对于康德美学的误读也并非毫无缘由。正如黑格尔所批评的:康德美学"把这种统一形式只取理性的主观观念形式"⑩,"都还只是主观的,本身还不是自在自为的真实"⑪,因此,人们竭力要去将之转化为

---

① [德] 康德:《论优美感和崇高感》,何兆武译,商务印书馆,2001年。
② [德] 康德:《判断力批判》上,第46页。
③ [德] 康德:《实用人类学》,邓晓芒译,重庆出版社,1987年,第126页。
④ [德] 康德:《实用人类学》,第1~2页。
⑤ [德] 康德:《判断力批判》下,韦卓民译,商务印书馆,1964年,第100页。
⑥ [德] 康德:《实践理性批判》,韩水法译,商务印书馆,1999年,第177~178页。
⑦ [德] 康德:《论优美感和崇高感》,何兆武译,商务印书馆,2001年,第3页。
⑧ [德] 康德:《判断力批判》上,第45页。
⑨ [德] 康德:《判断力批判》上,第6页。
⑩ [德] 黑格尔:《美学》第1卷,朱光潜译,商务印书馆,1979年,第70页。
⑪ [德] 黑格尔:《美学》第1卷,第76页。

"自在自为的真实"。然而,这一切却未必一定要以埋葬维护人的自由的康德美学为代价,① 也未必一定要将康德美学误读为非功利的美学。②

困局的出现,与西方现代化的历史进程息息相关。西方现代化的成功,根源于两大选择,其一是基督教会的作用,其二是人权与契约意识,可以简单地概括为"信仰启蒙"和"个体启蒙"。而英国之所以最后走上宪政的道路,之所以实现了不流血的改良,之所以成为世界的"带头老大",也正是因为两大启蒙的同时实现(所谓有神论+个人主义,也就是所谓的"有神论的唯心主义")。它所开创的现代化模式,被称为"盎格鲁圈"。但是,以法国为代表的其他国家却不然,他们就仅仅是一个启蒙——"个体启蒙"。而对于无神论的提倡,对于唯物论的提倡,所谓"无神论的唯物主义",使得这些国家既不承认上帝的伟大,也不承认人的渺小。都是以理性为神,以人为神,也都是从人性中寻找世界的至善,对于人性的罪性与人性的神性都没有充分的自觉。结果,对于英国而言的"应该成为的人"就变成了对于法国而言的"本能自然的人",而且,误以为只要强调个体解放,只要尊重人,就可以实现现代化。于是,还有一个启蒙——信仰启蒙,却因此而被令人遗憾地忽视了。③

在这方面,卢梭、伏尔泰、孟德斯鸠、狄德罗等人的主张很有典范意蕴。

---

① 黑格尔认为康德只"告诉我们上帝存在,而没有告诉我们上帝是什么"。(黑格尔:《小逻辑》,贺麟译,商务印书馆,1980年,第166页)然而,因此而应该引起的,本来应该是进而把"上帝"弄清楚,而不是抽身退回。

② 康德美学来源于自由本性的判断,是最为宝贵的美学遗产,尼采、海德格尔继承了这份遗产,他们把生存与诗统一了起来。生存即诗,诗即生存。诗即自由创造。而美育如果还希望自己赋有价值,那就必须去呵护这个东西。显然,这种看法是与黑格尔把艺术与审美等而下之完全不同的,也与今天美育把艺术与审美等而下之(作为"趣味的满足")完全不同。而且,它也不同于叔本华的逃向审美。

③ 潘知常:《让一部分人在中国先信仰起来——关于中国文化的"信仰困局"》(上、中、下篇),《上海文化》2015年第8期、第10期、第12期。

以人间天堂僭代上帝之城、以英雄僭代圣人、以人神僭代神人是他们的共同特征。其核心则是把罪恶归因于社会。例如卢梭，据王旭晓等统计，从1990—2010年的20年中，国内关于西方美育思想的研究，在前10年的论文中，约有20余篇。其中，研究古希腊时期的柏拉图8篇、亚里士多德3篇，德国古典美学中康德3篇、席勒11篇、黑格尔1篇，以及杜威2篇。而在后10年的论文中，对西方美育思想的研究增多，仅研究席勒美学思想的论文就几乎是前10年的4倍。[①] 此外，还有几篇谈及苏格拉底、福楼拜和比扎格的美育思想。而关于卢梭美育思想的研究论文，却有7篇。卢梭并非美学家，但是为什么却在中国的西方美育思想史研究中地位如此特殊呢？其实正是源于这个让康德学会了尊重人、让托尔斯泰成为艺术大师、让罗伯斯庇尔把他的《社会契约论》作为每日祈祷书的人所开辟的社会原罪的法国式道路。在他看来，人的罪孽不是源于原始堕落，而是源自社会（所以他的"忏悔"偏偏是以"控诉"为主。因为自己本来不坏，坏的是社会，所以，责任也在社会）。从"自爱"到"自私自利的爱"、从"自然人"到"人所造成的人""出自造物主之手的东西，都是好的，而一到了人的手里，就全变坏了"。[②] 他把自爱、良心等都归之于天赋，认为新的罪恶承担者是社会，是社会扭曲了人的天性，所以，过去罪恶的渊薮既然是归罪于原始堕落，那么，就只有回归信仰。现在，既然罪恶的渊薮转而变成社会，那么，则必须改造社会。

美育问题的提出，正是对于上述社会原罪思想的法国式道路的美学回应，也正是改造社会的法国式道路的美学翻版。至此，席勒的美育思想，就已经不能不提。

仔细核实一下，不难发现，所谓美育，其实在西方美学历程中远非主流，而是中国美学家们的一个"创造"。正如王旭晓等所统计的，国内美学界写来写去，无非就是苏格拉底、柏拉图、亚里士多德、康德、席勒、黑格尔、杜威

[①] 王旭晓等：《1990—2010年中国美育研究脉络》，《美育学刊》2011年第6期。

[②] ［法］卢梭：《爱弥尔》上卷，李平沤译，商务印书馆，1983年，第5页。

等几个人,道理就在这里。而且,即便是这几个人,明确提及美育的,其实只有席勒一人。

这是为什么?其实恰恰与席勒所开创的非康德美学的"政治美学"有关。严格说来,席勒并没有自己的美学体系,但是,却能够毫无愧色地进入美学史。例如,一位俄国学者就说过:人们在提到康德的名字之后立即就会提到他的名字。① 应该说,此话并没有任何的夸张成分。这是因为,如果没有席勒,康德美学的传播或许难以达到今天的程度。不过,我们同样也可以说,如果没有席勒,康德美学的被误读或许也难以达到今天的程度。为此,席勒自己也曾经强调过:自己的思考"大部分是以康德的原则为依据的;然而,如果您在这些研究的过程中想到另一种特殊的哲学流派,那么请您把这归于我的无能,而不要归于那些原则"②。可是,为什么席勒会从"康德的原则"转向"另一种特殊的哲学流派"呢?这无疑与启蒙运动在德国从社会政治层面转向个体精神文化层面有关,法国的卢梭们的改造社会变成了德国的席勒们的改造人性。然而,在1793年席勒首次提出美育问题的时候,他所沿袭的思路,却仍旧还是社会原罪的思路。这样一来,康德美学中精神性、超验性、形而上的东西就不见了,康德美学中对于自由以及对于人之为人的不可让渡的尊严、权利的维护也不见了,康德的终极关怀、康德的经验与超验的对立被他转而阐释为感性与理性的对立。"感性冲动""理性冲动""游戏冲动"以及"活的形象"等一系列的概念都是这样被推出的。于是,美学成为政治的,审美成为改造社会的工具,美育也就顺理成章地成为改造社会的重要手段。可惜,这也正是审美沦落为"趣味的满足"的开始。因为社会现代化进程中的关键并不在于感性与理性的对立,而审美虽然可以加以协调,但究其根本,其实也无足轻重。事实上,社会现代化进程中的关键在于人与物的颠倒,也就是马尔库塞所抨击的所

---

① [俄]古雷加:《德国古典哲学新论》,沈真等译,中国社会科学出版社,1993年,第12页。

② [德]席勒:《席勒美学文集》,张玉能译,人民出版社,2011年。

谓"痛苦中的安乐""不幸中的幸福感"。① 而这恰恰需要通过借助于审美的见证自由以及对于人之为人的不可让渡的尊严、权利的维护来实现。因此，克罗齐将席勒"游戏冲动"评价为"不幸的命名"，并且认为："到底什么是审美活动，席勒并未说清楚。"② 这看法无疑极具睿智！

因此，应该说，美育问题的美学困局的理论渊源，就来自席勒。黑格尔认为："席勒的大功劳就在于克服了康德所了解的思想的主观性与抽象性，敢于设法超越这些局限，在思想上把统一与和解作为真实来了解，并且在艺术里实现这种统一与和解。"③ 这无疑是不正确的，因为黑格尔自己的美学研究也偏离了康德所开辟的正确方向，因此他对于席勒的从"康德的原则"转向"另一种特殊的哲学流派"持明确的赞同态度。其结果是美学刚刚在康德手中获得了尊严，就突然衰落了，一直没有能够结出极具价值的美学果实，而这正是中国的生命美学三十年来所始终不渝地予以坚持的。④ 令人遗憾的是，美学被趣味化了，也被美育化了。

更为传奇的是，席勒的美育思想，在西方并没有直接结出大规模的美育果实，而仅仅是转而影响了西方的马尔库塞等批判学派的美学家。而且，西方的马尔库塞等批判学派的美学家也毫无例外地都是通过席勒而重返康德的维护自由的美学、维护人之为人的不可让渡的尊严与权利的美学。对于审美与艺术的关注，在他们那里，是意在对于甚嚣尘上的"欧洲虚无主义"的克服，是坚定不移地以艺术去否定异化与物化的社会，是与现实社会构成一种否定性的关系（可注意本雅明的区分"大众"与"流浪者"）。在他们看来，"自从艺术变得

---

① [美] 马尔库塞：《单向度的人》，张峰等译，重庆出版社，1988年，第7页。
② [意] 克罗齐：《作为表现的科学和一般语言学的美学的历史》，王天清译，中国社会科学出版社，1984年，第129页。
③ [德] 黑格尔：《美学》第1卷，朱光潜译，商务印书馆，1979年，第76页。
④ 潘知常、范藻：《"我们是爱美的人"——关于生命美学的对话》，《四川文理学院学报》2016年第3期。

自律以来，艺术就一直保留着从宗教中升华出来的乌托邦因素"①。这"乌托邦因素""在它拒绝社会的同一程度上反映社会并且是历史性的，它代表着个人主体性回避可能粉碎它的历史力量的最后避难所"②。

在20世纪，从戊戌维新到君主立宪再到民国建立再到五四运动再到联省自治最后再到1946年的宪政运动，通过向西方学习，为了大步追赶西方的现代化，中国起码也已经诉诸过六次转型的努力，只是，非常遗憾的是，这六次转型都以失败告终。其中的误区，诸多学者都已经发表过看法。例如，所谓"救亡压倒启蒙"，在我看来，其实在中国始终都并不存在被"救亡"压倒的所谓"启蒙"，而只存在被某一种"启蒙"所压倒的另外一种"启蒙"。具体来说，在中国始终存在的，都只是"法式"（乃至作为其变种的"俄式"）启蒙对于"英式"（乃至作为其变种的"美式"）启蒙的"压倒"。

同时，在中国，类似西方那种真正的人与神的关系始终没有形成，置身核心领域的，始终是人与人的关系。因此，真正的理想也不是"神人"，而是"人神"。于是也就只有"三不朽"，而没有"灵魂不朽"。而且，因为与西方基督教不同，在中国的宗教中所有的真善美不是都在上帝那边，所有的假恶丑也不是都在自己这边，神并没有被赋予一种绝对的、神圣的价值，于是，作为与神相对的人也就没有被赋予一种不可让渡的绝对的、神圣的价值。种种与现实价值有着千丝万缕联系的"功名利禄"之类，也就仍旧是判断标准。"民不畏死，奈何以死惧之""民以食为天"之类的对于"生""死""食"的关注，无疑都并非来自遥远的精神天空，也并非来自遥远的未来世界。生命仍旧是自然的、有限的，而并非是精神的、无限的。也因此，在20世纪之初，中国毫无悬念地天然规避开了英国式的现代化道路，从而也天然规避开了西方现代化的真正源头，并且天然地选择了以法国为代表的现代化道路。于是，以人间天

---

① ［德］霍克海默：《霍克海默集》，曹卫东编译，上海远东出版社，2004年，第214页。
② ［美］弗雷德里克·詹姆逊：《语言的牢笼：马克思主义与形式》，钱佼汝等译，百花洲文艺出版社，1995年，第27页。

堂僭代上帝之城，以英雄僭代圣人，以人神僭代神人，也成为中国现代化进程中的基本特征。其核心同样是把罪恶归因于社会。

"美育热"在中国的出现，并且历经百年而不衰，就是在这一背景下问世的。因为没有能够意识到西方基督教的通过否定"教权"以高扬"神权"，再借助"神权"以高扬"人权"的这一根本奥秘，一则误以为否定"教权"就是否定宗教，二则误以为可以越过"神权"去高扬"人权"，因此，也就没有能够意识到在西方基督教背后的"信仰"的出场，于是，动辄以美育、哲学、道德取而"代"之。可是，却偏偏忽视了必须犹如基督教的高扬"神权"维度那样去高扬"信仰"维度，结果，人的绝对尊严、绝对权利以及人人生而自由、生而平等的观念，总而言之，"人是目的"的观念，在中国并没有被真正关注到；真正被注意到的是"强兵富国之主义"。于是，美育成了填补宗教被剔除后的中国信仰空白的唯一选择。讴歌法国唯物主义传统的蔡元培当然也是卢梭的传人，更是席勒的传人。"以美育代宗教"，就是这样应运而生。遗憾的是，由于美育的问世究其根本其实只是美学的急功近利，也只是追求美学之用，因此也就只能是一个审美的乌托邦，最终，也只能无功而返。

三

还是要重新回到康德的美学。

问题的关键在于：在"康德的原则"与席勒所转向的"另一种特殊的哲学流派"之间，究竟存在着什么区别？又应该如何去加以区分？如前所述，康德美学的贡献，在于将追求真理的美学转换为维护自由的美学，这就意味着，人之为人的不可让渡的尊严、权利，在他的美学中得到了最大限度的呵护。可是，它与席勒所转向的"另一种特殊的哲学流派"之间，究竟区别何在？

在1918年4月柏林物理学会举办的麦克斯·普朗克六十岁生日庆祝会上，爱因斯坦曾经做过一个很有哲学意味的判断，他把人们进入科学与艺术的动机区分为：消极的与积极的。消极的动机是"逃避的"，他说："把人们引向艺术和科学的最强烈的动机之一，是要逃避日常生活中令人厌恶的粗俗和使人绝望的沉闷,是要摆脱人们自己反复无常的欲望的桎梏。一个修养有素的人总是渴望逃避个人生活而进入客观知觉和思维的世界。"而积极的动机则是"介入的":"人们总想以最适当的方式来画出一幅简化的和易领悟的世界图像,于是他就试图用他的这种世界体系(cosmos)来代替经验的世界,并来征服它。"[①]

显然,在一定意义上,也完全可以把爱因斯坦的判断看作一个意义重大的美学提示。在"康德的原则"与席勒所转向的"另一种特殊的哲学流派"之间,无疑就存在着一个积极的审美与消极的审美之重大区别。当然,就人类的审美而言,不论是消极的还是积极的,无疑都是有价值也是有意义的。但是,就人类真正的审美而言,也就是就"康德的原则"而言,却唯独积极的审美动机才是有价值的和有意义的。

审美为人类提供的是一种象征化的神圣体系。按照马斯洛的提示,应该是为人类提供一种"优心态文化"。可是,所谓的"神圣"与"优心态"又并不相同。还存在现实关怀与终极关怀之分。现实关怀,涉及的只是现实目标的实现。与终极关怀相关的"神圣"与"优心态",按照卡西尔的说法,则"与其说是一种单纯的期望,不如说已变成了人类生活的一个绝对命令,并且这个绝对命令远远超出人的直接实践需要的范围——在它的最高形式中它超出了人的经验生活的范围。这是人的符号化的未来"[②]。而且,与现实目标的实现相比,它是"智慧的范围",而现实目标的实现则是"精明的范围",它是"绝对命令",而现实目标的实现则是"远见"。它是预言、允诺,而现实目标的实现则是预告、预示。

换言之,积极的审美与"人是目的"密切相关。这是人类从终极关怀的角度为自身所建构的"神圣"与"优心态"。它不能作为人间天堂,也不能作为现实目标,永远也不能彻底地实现于人生的当下之中,只能存在于遥不可及的未来,只是关注人生痛苦的参照系,意在激发人们对现实的不满,但因此它也

[①] [德] 爱因斯坦:《爱因斯坦文集》第1卷,许良英等编译,商务印书馆,1976年。
[②] [德] 卡西尔:《人论》,甘阳译,上海人民出版社,2013年,第92~93页。

就永远地吸引着人走向更美好的未来、形成更完满的人格。歌德指出:"生活在理想世界,也就是要把不可能的东西当做仿佛是可能的东西来对待。"① 萨瓦托也认为:"人总是艰难地构造那些无法理解的幻想,因为这样,他才能从中得到体现。人所以追求永恒,因为他总得失去;人所以渴望完美,因为他有缺陷;人所以渴望纯洁,因为他易于堕落。"② 无疑,这是"只有'人'才独能具有美的理想,像人类尽在他的人格里面那样,他作为睿智,能在世界一些事物中独具完满性的理想"③。至于积极的审美,则可以被认为是这一理想的象征性的实现。

遗憾的是,到目前为止,我们还必须说,我们的美学还停留在消极的审美的水平上。从表面看,美学研究的是美、审美与艺术,这应该是学界的共识。但是,由于没有意识到现实关怀与终极关怀的根本差异,因而,长期以来都是在审美与人类现实生活关系的层面上打转,后来实践美学发现了其中的缺憾,也只是进而把人类现实生活深化为人类实践活动,仅仅避免了审美成为抽象的意识范畴的隐患,但是,却仍旧没有避免审美的独立价值这一根本问题。因而,把非功利作为审美的核心,视美为实践活动积淀下的"有意味的形式",片面强调"悦耳悦目""悦心悦意""悦志悦神"等作为实践活动、道德活动的"愉悦",作为社会生活的认识或者作为内在情感的传达,把艺术之美降低为工艺之美。总之,是把审美看作现实生活的满足与现实目标的实现。其结果,就是审美成为趣味、陶冶和宣泄,因此,这审美尽管仍旧可以被看作审美,但是却只是消极的审美,更根本无助于进入人与意义的维度、超越的维度与终极关怀。

显然,要进入人与意义的维度、超越的维度与终极关怀,就必须从消极的审美转向积极的审美。然而,这也并不容易。因为积极的审美涉及的是精神的

---

① [德] 卡西尔:《人论》,第92~93页。
② [阿根廷] 萨瓦托:《英雄与坟墓》,申宝楼等译,云南人民出版社,1993年,第59页。
③ [德] 康德:《判断力批判》上,第71页。

世界，犹如三维空间中的存在，消极的审美涉及的是现实的世界，只属于二维平面中的存在。从二维空间向三维空间的过渡，绝对不可能一蹴而就。为此，亟待完成的，是两个根本的美学转换。

首先，是在审美的一般本性的层面。在这个层面，生命超越是把握审美的一般本性的钥匙。但是，由于维系于客体的人类现实生活与维系于主体的人类精神生活以及现实维度、现实关怀与超越维度、终极关怀始终混淆不分，因此，对于审美活动的认识，往往也就始终停留在"悦耳悦目""悦心悦意""悦志悦神"的为实践活动、道德活动等而"悦"的层面，对于审美活动的本体属性，却始终未能深刻把握。然而，只要从维系于主体的人类精神生活以及终极关怀的层面出发，就不难发现，过去每每只注意到审美活动的非功利性，是何等的谬误。而且，由于错误地将审美活动置身于它所不该置身的现实关怀层面，结果，作为审美活动的本体属性的人的自由存在从未进入视野，进入的，仅仅只是作为第二性的角色存在（例如，主体角色的存在），因此，在审美活动中，自由偏偏是缺失的。人是目的、人的终极价值以及人的不可让渡、不可放弃的绝对尊严、终极意义也是缺失的。

事实上，置身审美之中的人的存在，只能够是自由的存在。这是因为，从维系于主体的人类精神生活以及终极关怀的层面出发，每个人都不再经过任何中介与绝对、神圣照面，每个人都是首先与绝对、神圣相关，然后才与他人相关，每个人都是以自己与绝对、神圣之间的关系作为与他人之间关系的前提，于是，也就顺理成章地带来了人类生命意识的幡然觉醒。人类内在的神性，也就是无限性，第一次被挖掘出来。每个人都是生而自由的，因而每个人自己就是他自己的存在的目的本身，也是从他自身展开自己的生活的，自身就是自己存在的理由或根据。他只以自身作为自己存在的根据，而不需要任何其他存在者作为自己存在的根据。于是，人也就如同神一样，先天地赋有了自由的能力。所以，人有（存在于）未来，而动物没有，动物无法存在于未来；人有（存在于）时间，而动物没有，动物无法存在于时间；人有（存在于）历史，动物也没有，动物无法存在于历史；人有（存在于）意识，动物也没有，动物无法存在于意识。

这样，人与理想的直接对应使得人不再存在于自然本性，而是存在于超越本性。不再存在于有限，而是存在于无限。不再存在于过去，而是存在于未来。于是，人永远高出自己，永远是自己之所不是，而不是自己之所是。

而审美之为审美，也就势必孜孜以求于借助追问自由问题并殊死维护人之为人的不可让渡的无上权利、至尊责任这一唯一前提。人之为人从各种功利角色、功利关系中抽身而出，从关系世界中抽身而出，不再受无数他者的限制，不再是角色中、关系中的自己，而成为自由的自己，无角色、无关系的自己。自由也居于优先的、领先的位置，每一个人也因此而真正获得精神上的自由和灵魂得救的自主权。因此，也就走向了积极的审美，并且以自由作为核心，以守护"自由存在"并追问"自由存在"作为根本追求，以尊重和维护每一个体的自由存在，尊重和维护每一个体的唯一性和绝对性，尊重和维护每一个体的绝对价值、绝对尊严作为自身使命。

其次，是在审美的特殊本性的层面。在这个层面，意象呈现是把握审美的特殊本性的钥匙。可是，我们的美学却往往只关注到人类的现实生活，只把审美维系于客体、维系于现实，所谓审美，无非就是现实的形象化、思想的形象化、真理的形象化，所谓美也无非就是现实生活的简单转移、位移，是现实生活的反映，是现实的异质同构甚至图解，是符号性存在，也是"观物以取象"的结果，因此，完全可以透过现象看本质，直接关注符号背后的意义和内容。由此，进入人与意义的维度、超越的维度与终极关怀的自身使命自然也就根本无从谈起。然而，这仅仅只是消极的审美。倘若从积极的审美出发，一切就完全不同了。因为，此时审美之为审美已经转换为一种意象呈现。它既不是客体的意义的"再现"，也不是主体的情感的"表现"，而是客体形象对自由生命的建构。人们都熟知黑格尔把艺术的特殊本性规定为"感性直观的思"，而把宗教与哲学两者的特殊本性规定为"超验表象的思""纯粹的思"。可是，何谓"感性直观的思"，却始终没有人能够解释清楚。其实，在我看来，就应该是"意象呈现"，也就是审美意象对自由生命的建构。

这意味着，所谓的审美关系，其实完全是一种独立的关系形态，也是自由的存在形态。它把审美维系于主体、维系于精神生活，是由客体形象与自由生命之间所形成的一种关系。其中，仅仅保留形式自身的与自由生命密切相关的表现性一面，现实生活之所以进入审美，也已经不是与现实生活之间的异质同构，而是与精神生活之间的异质同构。它的反映现实生活，也不是为了达到对于现实的认识，而是为了引发体验、为了表现自由生命，是为精神空间的打造而服务。

换言之，审美的意象呈现，是将人类的精神生活凸显而出，也将人之为人的无限本质和内在神性凸显而出，生命的精神之美、灵魂之美，被从肉体中剥离出来。它是生命的第二自然，也是生命的终极意义、根本意义。于是乎，审美只是人类精神生命的象征与呈现。它是借酒浇愁、借花献佛，也就是借现实生活之"酒"浇精神生活之"愁"，或者借现实生活之"花"献精神生活之"佛"。现实生活之所以被引入审美，其实不是因为它的重要，而是因为精神生活的无法言喻。而且，它也已经是现实生活的提纯、转换。同样，审美的真正价值也不在于它的认识与反映，而在于它的象征与呈现，在于它对于无法言喻的精神生活的象征与呈现，在于它的借用现实生活去塑造的精神王国。中国美学反复强调的"象外之境""言外之意"，其不朽的美学贡献也就在这里。"象外"的"境"、"言外"的"意"，强调的都是精神之花、本体性存在，它告诉我们，在其中，内容与形式是完全同一的，甚至，内容就是形式，形式也就是内容。或者说，内容已经完全转化为形式，而在形式之外则一无所有。于是，特定的形式，也就成为特定生命的自由表现、成为人类特定精神生活的自由表现。审美的"独立之位置""独立之价值"，也就在于它是通过"象外"的"境"、"言外"的"意"的对于生命的自由表现、对于人类精神生活的自由表现，亦即客体形象对自由生命的自由表现。这正是审美的奥秘之所在，也是审美与人类的内在关联之所在。审美，因此而成为人类的特殊存在方式。

四

从前述的"康德原则"出发，美育的问题也就不再成为困局。这是因为，倘若果真如前所述，那么，当今之所谓"美育"事实上就是无法存在的。

审美与宗教哲学同属终极关怀，一般而言，终极关怀是不需要去主动地在想象中构造一个外在的对象的，而只需直接演绎甚至宣喻，例如，哲学是将意义抽象化、宗教是将意义人格化。它们的意义生产方式是挖掘、拎取、释读、发现（意义凝结在世界中），审美活动却不然。尽管同样是瞩目彼岸的无限以及人类的形而上的生存意义，但是它却是通过主动地在想象中去构造一个外在的对象来完成的，是将意义形象化。而且，它的意义生产方式也是创生、共生的，不是先"生产"后"享受"，而是边"生产"边"满足"。而且，在宗教、哲学等作为终极关怀的意义活动中，其表达方式大多都为直接演绎甚至宣喻，然而，彼岸的无限以及人类的形而上的生存意义却又毕竟都是形而上的，都是说不清、道不明的，可是，人类出于自身生存的需要，却又亟待而且必须使之"清"、使之"明"，那么，究竟如何去做，才能够使之"清"、使之"明"呢？审美活动所赋有的，就正是这一使命。因此，也就没有办法设想，"美"是被预先设定了的，更没有办法设想，有人还可以指手画脚地垄断美，而且去颐指气使地"育"别人。甚至，审美这样一个最自由、最自主的事情，竟然可以由教育机构、由特定的美育者出面去"育"之？那就更加可疑了。

当然，美育的事实上的无法存在，也并不影响美育的实际存在。既然它已经实际上早就存在，那么，也不妨因势利导，在正确的方向上，借助美育去为美学的推广做一些必须的努力。而且，鉴于中国是一个没有宗教传统但又具有美学传统的古国，也鉴于从有神时代、有神信仰向无神时代、无神信仰转换这样一个特定的时代背景，略过昔日"强兵富国之主义"的目的不提，美育在实现审美活动所肩负的重大使命问题上，确实还是可以大有作为的。

具体来看，美育的大有作为表现在两个方面：一是维护人类神圣不可侵犯的审美权利。在人的行动中，总是观念优先的，就像萨丕尔所说，只有当我们头脑中有了"自由""平等"这些概念，我们才会有争取"自由""平等"的实际行动。[1] 美育问题也是如此。过去我们往往仅着眼于某些技能素质的培养，

---

[1] ［美］萨丕尔：《语言论》，陆卓元译，商务印书馆，1985年，第15页。

然而，审美权利观念的培养事实上是更为重要的。

在这方面，人的生命、财产、自由等权利的神圣不可侵犯给我们以深刻启迪，它意味着人的审美权利也是神圣不可侵犯的。

契约社会是人类从自然状态里走出来之后的选择，它意味着人自身的一部分权利被转交给政府，但是，其中有三个权利是绝对不能转交的，这就是生命、财产、自由。它们是神圣不可侵犯的，是所谓的天赋人权。而且，它们也是先于法律契约的，不是所谓获得性的权利（所以哈贝马斯才提出：把人权确认为更高法）。因此，任何时候、任何情况下都不得以任何名义去加以侵犯。而且，每个人都不能把别人当作工具，当作手段。任何不是出于维护天赋的人权目的而只是出于满足自己目的的行为都一定是在把无尊严当作一种当然的生活方式，也都是在极大地破坏着人的公共生活的完整性，更是在剥夺着人们的自由平等的权利。于是，所有的生命存在都会因此而朝不保夕，也都会因此而只是苟延残喘，生命的神圣、生命的尊严都不复存在，"人是目的"的合理预期也烟消云散。

人类的审美也如此。它隶属于人类的生命与自由，同样是所谓的天赋人权，同样是先于法律契约的，也同样并非所谓获得性的权利。为此，1948年通过的《世界人权宣言》第27条就对艺术做了具体规定："（一）人人有权自由参加社会的文化生活，享受艺术，并分享科学进步及其产生的福利。（二）人人以由于他所创作的任何科学、文学或美术作品而产生的精神的和物质的利益，有享受保护的权利。"这也就是说，审美，是人类的不可让渡、不允侵犯、不容剥夺的权利，不再生活在动物的食物链之中的人类，只有在享有了这一切之后，才是真正享有了自己为人的尊严。屠格涅夫为什么在看到维纳斯像时会说她比人权宣言更不容置疑？正是因为在他看来，维纳斯像就是形象的人权宣言。再回想一下，为什么屈原竟然宣布"余幼好此奇服兮，年既老而不衰"？为什么子路会信守"君子死而冠不免"？为什么孔子会声称"微管仲，吾其披发左衽矣"？为什么胡诠痛斥秦桧的罪恶行为时会认为他是要使"天下之士大夫皆裂冠毁冕，变为胡服"？为什么清兵入关时第一件事情就是要强迫汉人蓄辫？而为什么汉人又不惜以头颅去拒绝那根辫子？无疑，这里的关键并不在冠冕、服装、辫子，而在于这一切背后的神圣而不可侵犯的审美权利——它们是尊严的象征。一旦连冠冕、服装、辫子都要被指定，则尊严一定早已荡然无存。由此，摧毁一种文明，可以从冠冕、服装、辫子开始，呵护一种文明，也必然从冠冕、服装、辫子开始。俗语说，打人不打脸，审美权利，就是一个人、一种文明的"脸"。它是立身之本，不可让渡、不允侵犯、不容剥夺。

也因此，维护神圣不可侵犯的审美权利，就是美学的神圣天命，更是美育的神圣天命。美育的成绩，应该以公权力的逐步得到严格限制为标志。在此意义上，不难发现，所谓美育，一般都以为是面对作为弱势群体的被美育者的，其实不然，美育首先应该面对的是公权力。面对公权力，美学必须挺身而出，去誓死捍卫作为基本人权的重要组成部分的审美权。同时，美学也必须倾尽全力去阻止任何强势群体的越俎代庖，在审美问题上，任何群体的指手画脚、任何群体的一意孤行、任何群体的自以为是，以及任何的取代审美者自身的行为，例如代替审美者去谋划、行动、选择，或者去颐指气使地要求他人只能这样去审美和不能那样去审美等，无疑都是不美学的，也都是美育的敌人。因此，美育必须去为之抗争、为之犯颜、为之不惜抛头颅洒热血。

同时，在抵御公权力的侵犯之外，美育的对于审美权利的维护，还应该表现在对于审美者的自由天性的唤醒上。从表面看，美育是一些人对另一些人进行教育，其实不然，实施美育者是无权也无法对被美育者进行教育的，教育，只是他所借助的形式，究其实质，则是通过这一形式去唤醒被美育者的自由天性。因此美育与艺术教育不同，它不是教授一种技能、培养一种素质、提供一个标准，而是孜孜不倦地去提示每一个被美育者：审美，本来就是你自己的自由本性和神圣不可侵犯的权利。

第二个问题，在抵御与提示之类的维权行动之外，美育还能够去做的，是引导。审美权利固然是天赋人权，但是也毕竟有其特定规律，尤其是深度的审美，更是无法不学而能。过去我们常说要"透过现象看本质"，可是，"透过"却也并非轻而易举，更多的是反而无法"透过"。如前所述，审美的特殊性在于意象呈现,为了将人类的精神生活凸显而出,也为了将人之为人的无限本质和内在神性凸显而出,将人的精神之美、灵魂之美凸显而出,审美活动只能借酒浇愁、借花献佛,也就是借现实生活之"酒"浇精神生活之"愁",也是借现实生活之"花"献精神生活之"佛"。然而,在这里,美与生活之间却并非简单的位移,而是发生了根本的变化。就犹如花来自土壤,但不是土壤,酒来自粮食,但不是粮食。海德格尔说:"正是'美'把我们拉出存在之被遗忘状态,并且把存在观看提供给我们。"① 但是,我们必须说,这里的美已经与生活不同,犹如地球,与其他行星比,在它之中有"公转"的规律,但是更有"自转"的规律。

换言之,正如海德格尔一再提示的,在作品中,真正发挥作用的,是真理的现身方式,而不是与真理相脱节的某种"美的形式"本身。晏几道在《临江仙·梦后楼台高锁》中说:"琵琶弦上说相思。"那么,"琵琶弦上"是怎么"说"的?又"说"了什么?王羲之在《兰亭集》中的一首诗也说:"寓目理自陈。"同样,这寓目自陈的"理"又是什么?它"陈"述了什么?显然,审美就是让人看见——不但是要"看",而且是要"见"。

犹如郑板桥笔下的竹子,达·芬奇说绘画和雕塑的意义在于教导人们学会观看,郑板桥的竹子也是如此。在现实世界里,我们常常看到竹子,但是我们确实是"视而不见",确实是没有看"见"竹子,也就没有看见竹子背后的包括人在内的大千世界。于是,郑板桥就通过笔下的竹子教会了我们观看。

那么,郑板桥是如何做到的?在这里,无疑存在着美育的需求。因为在郑板桥笔下的竹子已经不同于生活中的竹子,它既是又不是,既在又不在,既真实又虚幻,既主观又客观,既非此非彼,又即此即彼……从表面看,是一个符号,但是实际上在其中被突出的却不是它的指称性,而是它的表现性。而且,这符号要突出的也不是它的再现性、语义性,而是价值内涵,意在激发审美者的自由生命的表现。因此,尽管从表面上看它只是一种符号存在,但实际上它

---

① [德]海德格尔:《尼采》上卷,孙周兴译,商务印书馆,2014年,第232页。

却是一种本体的存在。无疑，诸如此类的审美特殊属性，倘若不加以合理的引导，很多审美者就会因为身在庐山中而不识庐山真面目。

因此，美育的作用就在于可以让审美创造者更为清楚地洞悉应该如何在审美创造中完成意象呈现，如审美特征是如何增值的，审美结构是如何优化的，等等。同时，更加重要的是，美育的作用还在于可以引导审美欣赏者去自觉地利用艺术形式将自我对象化，去自我肯定、自我享受、自我实现、自我超越、自我塑造。科林伍德指出："我们知道某人是诗人，是基于他把我们变成了诗人这一事实；我们知道他在表现他的情感，这是基于他在使我们能够表现我们自己的情感这一事实。"① 美，不是标准，也不是规范，只是诱发审美欣赏者的自由生命的表现的媒介。那么，我们怎样才能通过美来将自己变成审美者？我们又怎样才能在美中"使我们能够表现我们自己的情感"？在这方面，美育无疑大有可为。

即便如此，我们必须强调，在这里，美育的所谓"引导"，仍旧不是一种技巧的训练，只是一种自由生命的唤醒。这是因为，把一个非我的世界看作自我，这非常常见，因为它其实也就是我们日常所说的现实世界中的实践活动，但是把自我看作一个非我的世界却不太常见了，这就是我们所说的审美活动。在这方面，人真是非常聪明，他竟然发现了现象里蕴含着无限，因此，把自我当作一个非我的世界，也就可以在这个非我的世界中呈现无限，并且，人也正是因为看到了自我、看到了自己的精神面孔而快乐。于是，人类就不断地把自我当作一个非我的世界，这当然就是审美活动之所以与人俱来的全部理由了。于是，人类就去创造一个非我的世界来证明自己，也就是去主动地构造一个非我的世界来展示自我（主动展示人类在精神上站立起来的美好，以及人类尚未在精神上站立起来的可悲）。不过，与通过非我的世界来见证自己不同，创造一个非我的世界，不是把非我的世界当作自己，而是把自己当作非我的世界，

---

① ［英］柯林伍德：《艺术原理》，王志元等译，中国社会科学出版社，1985年，第121~122页。

过去是通过非我的世界而见证自己，现在是为了见证自我而创造非我的世界。例如，我们可以通过让现实世界——例如让自然山水去显示那些不是它自己是怎样的而是它对我们来说是怎样的特性，也可以直接去创造一些只显现对我们来说是怎样的那些特性的文学艺术作品，通过它们来证明我们的自由生命。换句话说，审美活动满足的就是对象性地去运用"自我"的需要。这当然是人的第一需要。因为，一个人，只有当他懂得了把自我当作对象的时候，他才是"人"。对此，克莱夫·贝尔不太理解，在他看来，审美"不为唤起人们的审美情感，而是因为唯有这样做他们才能将某种特殊的情感物化"①。但是，恩斯特·卡西尔却非常理解："艺术并不是对一个现成的既有的实在的单纯复写。它是导向对事物和人类生活得出客观见解的途径之一。它不是对实在的模仿，而是对实在的发现。"②

无疑，恩斯特·卡西尔是对的。这是因为，假如说美育的使命首先是维护人类的神圣不可侵犯的审美权利的话，那么，美育的使命就应该是引导人类去实现这一神圣不可侵犯的审美权利。这里的所谓"引导"，必须是也只能是直面自由生命的"引导"，也必须是和只能是为了自由生命的"引导"，必须是和只能是呵护自由生命、砥砺自由生命、温暖自由生命、滋养自由生命。"艺术创造和欣赏都是人类通过艺术品来能动地现实地复现自己""从而在创造的世界中直观自身"。③

也因此，捍卫自由生命的尊严，维护自由生命的权利，激发自由生命的潜能，提升自由生命的品质，这才是现时代美育之为美育的神圣使命，也才是走出美育问题的美学困局的唯一路径。

（刊于《郑州大学学报》2016 年第 5 期）

---

① ［英］克莱夫·贝尔：《艺术》，周金环等译，中国文联出版公司，1984 年，第 34 页。
② 《马克思恩格斯全集》第 42 卷，人民出版社，1979 年，第 244 页。
③ 《马克思恩格斯全集》第 46 卷，人民出版社，1979 年，第 96 页。

蔡元培美育思想批判

⊙ 郭勇健
⊙ 厦门大学文学院

一、蔡元培美育思想的负面影响

在 20 世纪中国学术史上，蔡元培的美育思想影响深远。影响有正面的，也有负面的。1912 年，蔡元培就任中华民国临时政府教育总长时发表了《对于教育方针的意见》一文，呼吁将美育纳入教育方针，使中国的现代教育体系从此更为完备。在民国时期，"德、智、体、群、美"五育并重的设想就被普遍接受。时至今日，美育已是教育活动中不可或缺的一个环节。这是正面的和积极的影响。不错，王国维提倡美育要早于蔡元培。在《论教育之宗旨》中，王国维将教育分为"体育"与"心育"两种，而心育又分为知育、德育、美育三种。照他的看法，四育并施，才能实现教育之宗旨——"完全之人物"[1]。王国维在《去毒篇》中说："美术者，上流社会之宗教也。"[2] 这句话是蔡元培"以美育代宗教"说的先行版和简化版。不过比较而言，王国维的美育偏于理论，蔡元培的美育偏于实践。蔡元培在民国教育总长任上，将美育落实到实际教育活动中，他还以教育家的身份到处演讲，宣传美育的重要性。蔡元培自

---

[1] 聂振斌：《中国现代美学名家文丛·王国维卷》，浙江大学出版社，2009 年，第 89~90 页。
[2] 聂振斌：《中国现代美学名家文丛·王国维卷》，第 87 页。

云:"我说美育,一直从未生以前,说到既死之后,可以休了。"① 可谓鞠躬尽瘁,死而后已。他的演讲及随之发表的演讲稿将美育的观念传播开来,推广开来,至于深入人心。就此而言,蔡元培功莫大焉。

不过蔡元培的美育思想也具有消极的意义,产生了负面的影响。他的美育思想集中体现于"以美育代宗教"的命题之中,以往对蔡元培美育思想的反思和批判,也多半集中于质疑"美育是否能够替代宗教"。不少学者都主张美育并不能替代宗教。一般认为,以美育代宗教说的负面意义是"对不起宗教""委屈了宗教"。蔡元培过分宠爱美育,将宗教打入冷宫,对宗教并不公平,对基督教尤为不公。事实上,蔡元培"以美育代宗教"说的提出和传播,在时间上与1922—1927年中国的"非基督教运动"颇有重叠。蔡元培虽非"非基督教运动"的发起者,却是运动的主将。潘知常有一篇《"以美育代宗教":美学中国的百年迷途》,是近年批评蔡元培美育思想的较有分量的论文。文中认为,美育根本无法替代宗教,蔡元培的"以美育代宗教"说使20世纪初中国的第一批文化精英错失了与基督教对话的历史契机。②

另一方面,"以美育代宗教"说其实也"对不起美育""委屈了美育"。台湾学者汉宝德在《美可以代替宗教吗?》一文中指出,蔡元培的美育思想固然引人注目,但他自己对于美育却没有具体的贡献,导致"事隔近一个世纪,我们的美育居然没有进步"。其根本原因在于蔡元培的美育观。"他认为美是用来陶冶情操的,美的功能在他看来,可以使原本自私自利的人变成善良的人。"既然试图"用美来达到善的境界",那就使美育沦为工具了。按照这种说法,蔡元培的"以美育代宗教"说其实并没有弄清楚美育的真正目的。汉宝德批判道:"西洋的方法是以提升大众美感能力为目标,蔡先生要的则是提升民众道德,养成高尚情操。这两个目标虽不能说风马牛不相及,至少是没有交会

---

① 聂振斌:《中国现代美学名家文丛·蔡元培卷》,浙江大学出版社,2009年,第103页。

② 潘知常:《我爱故我在——生命美学的视界》,江西人民出版社,2009年,第127页。

点的。"①

没有认清美育的目标,则根源于对美学的理解出现了偏差。因而本文认为,蔡元培的"以美育代宗教"说归根到底对美学本身造成了负面的影响。其表现之一是:今天中国的美学理论高度重视美育问题,甚至将美学分为四大部分,即美论、美感论、艺术论、美育论。② 美育占据了美学内容的四分之一,这在西方美学中大概是难以想象的,甚至应当说,这是世界美学中绝无仅有的现象。因为美育本来只是对美学理论在教育上的运用。美育与美学的关系,大致相当于技术与科学的关系。科学与技术常常连在一起,但科学与技术处于不同层次,这也是毫无疑问的。从美学的角度看,将美育纳入美学领域并分配给它四分之一的地盘,乃是对美育的过分拔高。但美育侵入美学之领土,不只是结构上的问题,而且是思维上的问题,根源于对美学本身的理解出现了偏差。而过分拔高美育的始作俑者,当属蔡元培。如此,重审蔡元培的美育思想,就不仅是一种美学史或思想史的考察,对今天应该如何理解美学也有一定的作用。

比较而言,以往对蔡元培美育思想的研究,肯定性阐释较多,批判性分析较少。对蔡元培美育思想的批判,主要工作是剖析其不足之处、负面意义和消极影响。批判之指向,可以有三个层次:一是认为它不利于宗教(尤其是基督教),二是不利于美育,三是不利于美学。研究蔡元培的美育思想,在宗教问题上批判蔡元培的人较多,在美育问题上批判蔡元培的人较少,在美学问题上批判蔡元培的人,则颇为罕见。汉宝德以《美可以代替宗教吗?》为主的一系列论文,结集为《美学漫步》一书,主要在美育问题上批判蔡元培。潘知常的

---

① 汉宝德:《美学漫步》,北京联合出版公司,2012年,第70~74页。
② 骆冬青说:"以往的美学理论一般分为四块:第一部分是美论,探讨美是什么;第二部分谈美感;第三部分是谈艺术;最后部分是美育。"(骆冬青:《情性人生——心灵美学讲稿》,中华书局,2015年,第22页)这里所说的"以往的美学",其实是三十年来的中国美学,即当代中国美学。

论文《"以美育代宗教":美学中国的百年迷途》,对蔡元培的批判兼及宗教问题和美学问题。本文将搁置宗教问题,弱化美育问题,主要从美学的角度对蔡元培的美育思想展开批判。

蔡元培在中国现代美学史上是个举足轻重的人物,但他之所以拥有崇高的历史地位,主要在于引进西方的美学学科,介绍和转述西方美学思想,以及推广美育,而不在于其自身提出多么深刻和重要的美学思想。如果说"以美育代宗教"也算美学思想的话,那么这是一种经不起分析的美学思想。作为一种学说,它至少有四处混淆:一是在论域上,混淆了教育学与美学;二是在学理上,混淆了本体层与作用层;三是在语境上,混淆了中国与欧洲;四是在性质上,混淆了理论与实践。前面引用汉宝德的言论,指责蔡元培试图"用美来达到善的境界",大体上也属于第二种混淆,即学理上的混淆。

二、教育学与美学的论域混淆

"以美育代宗教",这是一个相当奇特的说法。说它奇特,主要是由于它在形式上不太协调,给人一种"违和感",或者说,是由于它在逻辑上似乎"不通"。王国维的命题"美术者,上流社会之宗教也",不仅比蔡元培的"以美育代宗教"提出得早,而且较蔡元培的说法更合乎逻辑。我们知道,20世纪初中国学者所用的"美术"一词,亦即"美的艺术"之简称,因而"美术"约等于"艺术"。"以美术代宗教"或"以艺术代宗教"的说法,在形式上是没有问题的。项羽见秦始皇游会稽,说"彼可取而代之"。"彼"指秦始皇,项羽要取代秦始皇,亦即夺取秦始皇的权势与地位。然而项羽不会对着一棵树或一间房子或一把椅子说,"彼可取而代之"。因为只有在同一逻辑层次上的事物才能互相"取代"。艺术与宗教都是文化形式。它们在原始社会大致同时产生,不过在早期社会和古代社会,宗教占据了相当显赫的位置,实为整个文化的中心所在。到了现代社会,宗教渐渐衰颓。进入19世纪,艺术凸显了从未有过的重要性,其势似取宗教而代之,隐然也成了文化的中心。所以王国维才可以说:"美术者,上流社会之宗教也。"

艺术与宗教的这种关系，有些类似科学与哲学的关系。科学与哲学是知识的两种不同形式，但它们都是知识。在古希腊，科学与哲学一起突破神话的混沌世界而诞生，此时科学与哲学是连体婴儿。不过，科学在成长过程中逐渐独立，直至完全脱离了哲学。在伽利略和牛顿之后，科学借助数学和实验，变得更为"可信"，已经对哲学造成极大的威胁。到了19世纪下半叶，哲学几乎被科学所取代了。事实上，从1831年黑格尔去世到1901年胡塞尔《逻辑研究》面世，在这半个多世纪里，哲学在欧洲文化中几乎销声匿迹。如果说那时还有哲学，那大概就只剩下实证主义了。然而实证主义与其说是哲学，不如说是科学。实证主义的基本观念是，人类的知识经历了神学、玄学、科学三个阶段，神学冥想，玄学思辨，科学实证。科学既出，哲学自然要退避三舍了。此之谓"以科学取代哲学"。我们固然可以说，科学的"可信"根本无法取代哲学的"可爱"，但这种反驳已涉及内容。至少在形式上、逻辑上，"以科学代哲学"的说法没有问题。

但是，"以美育代宗教"说，不同于"以艺术代宗教"或"以科学代哲学"。宗教是一种文化形式，而"美育"并不是一种文化形式，它如何能够取代宗教？所以潘知常强调："从逻辑与学理上看，美育与宗教的关系在逻辑上根本不对称，无法彼此取代，在学理上也并非互相排斥而是彼此兼容。"然而蔡元培公然无视这种"逻辑上不对称"，混淆了"以艺术代宗教"和"以美育代宗教"。1917年蔡元培的著名演讲，名为《以美育代宗教说》，而在1921年《关于宗教问题的谈话》中却说："有人以为宗教具有与美术、文学相同的慰情作用，对于困苦的人生，不无存在的价值。其实这种说法，反足以证实文学、美术之可以替代宗教，及宗教之不能不日就衰亡。"[①] 在1928年《学校是为研究学术而设》的演讲中也说："艺术是创造美的，实现美的，……现在要以纯粹的美来唤醒人的心，就是以艺术来代宗教。"[②] 按照前面的分析，"以美

---

① 潘知常：《我爱故我在——生命美学的视界》，江西人民出版社，2009年，第119页。

② 聂振斌：《中国现代美学名家文丛·蔡元培卷》，第86页。

术代宗教"或"以艺术代宗教",不但在形式上比"以美育代宗教"协调,而且就该命题的内容看,也是有些道理的。道理在于:主观方面,艺术与宗教一样能够提供心灵的慰藉;客观方面,艺术所开辟的理想界,与宗教的彼岸世界或超越世界有异曲同工之妙。大约启蒙运动之后,现代性在欧洲出现,使得自然"去魅",上帝隐匿,宗教逐渐退出现代社会,为了填补宗教退出之后所凸显的价值真空,欧洲人把目光投向艺术。人们把这一历史事件称为"以艺术代宗教"。所以我们可以认为,艺术经验是宗教经验的世俗形式。在19世纪德国浪漫主义者那里,以艺术代宗教的例证比比皆是,不胜枚举。遥承浪漫主义之余绪,尼采在高呼"上帝死了"之际,宣称"艺术是生命的最高使命和生命本来的形而上活动"[①]。1927年,留法回国的画家林风眠发表了《致全国艺术界书》,文中也公开呼吁"艺术代宗教"。问题是,蔡元培有时说"以美育代宗教",有时说"以美术代宗教",有时说"以艺术代宗教",这已是概念混淆了。不仅如此,他还明确反对"以美术代宗教"或"以艺术代宗教"。在《美育代宗教》的演讲中他说:"只有美育可以代宗教,美术不能代宗教,我们不要把这一点误会了。"[②] 如此一来,蔡元培似乎把自己逼入骑虎难下的困境中了。

不过,这个困境并不致命。仅仅指出"美育与宗教的关系在逻辑上不对称",还不足以击垮蔡元培的"以美育代宗教"说。事实上,或许当时就有人意识到"以美育代宗教"在形式上的"违和感",提出质疑了,蔡元培在1930年《以美育代宗教》的演讲中回应了这一质疑,他说:"我向来主张以美育代宗教,而引者或改美育为美术,误也。我所以不用美术而用美育者:一因范围不同,欧洲人所设之美术学校,往往止有建筑、雕刻、图画等科,并音乐、文学亦未列入。而所谓美育,则自上列五种外,美术馆的设置,剧场与影戏院的

[①] [德] 尼采:《悲剧的诞生——尼采美学文选》,周国平译,北岳文艺出版社,2004年,第2页。

[②] 蔡元培:《简易哲学纲要》,北京出版社,2005年,第249页。

管理，园林的点缀，公墓的经营，市乡的布置，个人的谈话与容止，社会的组织与演进，凡有美化的程度者，均在所包，而自然之美，尤供利用，都不是美术二字所能包举的。二因作用不同，凡年龄的长幼，习惯的差别，受教育程度的深浅，都令人审美观念互不相同。"①

蔡元培对"美育"与"美术"的区分表明，他是以教育家的身份说话的。因此，他消除概念混淆之困境的方法也立足于教育学。前面我们曾经质疑，宗教是一种文化形式，而美育并不是一种文化形式，两者在逻辑上不在一个层次，不可互相替代。美育不能替代宗教，艺术才能替代宗教。"以美育代宗教"是一种概念混淆。如何应对概念混淆的质疑？蔡元培首先是教育家，身为教育家而提倡美育、强调美育，这一立场无可厚非，所以"美育"两字是不必动的。为了贯彻"以美育代宗教"的说法，只需在"宗教"两字上做文章。蔡元培的方法是，将宗教的"教"解读成教育的"教"。在他看来，古代的宗教是一个教育综合体，古人的教育多在教堂之内完成。他说："不论宗教的派别怎样的不同，在最初的时候，宗教完全是教育，因为那时没有像现在那样为教育而设的特殊机关，譬如基督教青年会讲智、德、体三育，这就是教育。"②"宗教本旧时代教育，各种民族，都有一个时代，完全把教育权委托于宗教家，所以宗教中兼含着智育、德育、体育、美育的原素。"③ 如此一来，作为教育的宗教与美育便被置于同一逻辑层次之上了。

事实上，蔡元培也曾主张"以哲学代宗教"，只是这一主张远不及他的"以美育代宗教"有名罢了。他在《关于宗教问题的谈话》中说："将来的人类，当然没有拘牵仪式、依赖鬼神的宗教。替代他的，当为哲学上各种主义的信仰。"④ 这是有一定道理的。众所周知，形而上学与宗教有着千丝万缕的联

---

① 聂振斌：《中国现代美学名家文丛·蔡元培卷》，第108页。
② 蔡元培：《简易哲学纲要》，北京出版社，2005年，第250页。
③ 聂振斌：《中国现代美学名家文丛·蔡元培卷》，第108页。
④ 蔡元培：《简易哲学纲要》，第235页。

系。康德《单纯理性限度内的宗教》,是将宗教哲学化的重要尝试。黑格尔的形而上学,可以视为以哲学代宗教的最宏伟的一次挑战。以哲学代宗教说与以美育代宗教说可以并行不悖,因为哲学替代的是宗教中"教义"的部分,哲学承担了宗教的"智育"功能。于是,"美育与宗教的关系在逻辑上不对称"的质疑,似乎已被蔡元培预先化解了。我们或许可以挑剔蔡元培使用概念不严谨,或许还可以要求蔡元培提供更详尽更充分的论证,但是作为一个教育学的命题,"以美育代宗教"应当说是可以成立的。

严谨地说,"以美育代宗教"是教育学的命题,而非美学命题。吊诡的是,就连蔡元培自己也常常忘记这个命题所属的论域。他走出了概念混淆的困境,却陷入了更大的困境,即论域混淆。他无意中把教育学命题当作美学命题来处理、来论证了。后来研究蔡元培美育思想的学者,绝大多数都把"以美育代宗教"说视为美学命题,继续着蔡元培的论域混淆,至今依然。很少有人指出,在《以美育代宗教》和《美育与人生》等文章中,蔡元培并不是用"美育"本身来论证其必然替代宗教,而是用"美"或"美感"的性质特征来论证"美育代宗教"的。他接受了康德的审美论,强调美或美感具有普遍性和超脱性(非功利性):"足以破人我之见,去利害得失之计较,则其所以陶养性灵,使之日进于高尚,固已足矣。又何取乎侈言阴骘、攻击异派之宗教,以激刺人心,而使之渐丧其纯粹之美感为耶。"① 这是《以美育代宗教说》的最终结论。然而读到这里,不免令人心生疑惑:这明明是"以审美代宗教",如何竟名之为"以美育代宗教"?有此疑惑的肯定不止笔者一人。所以李泽厚在《己卯五说》中干脆直接说"以审美代宗教"了。而汉宝德质疑蔡元培的文章,则名为《美可以代替宗教吗?》。前者用的是"审美",后者用的是"美",皆非蔡元培的"美育",虽只一字之差,然而气象迥异:李泽厚和汉宝德把论域从教

---

① 聂振斌:《中国现代美学名家文丛·蔡元培卷》,第96页。

育学转移到美学来了。①

汉宝德指出:"如果我们说'以美育代替宗教',只能说用美感的体会取代在神前祈祷的忘我作用。可是单凭这一点,美是无法取代宗教的。"② 这句话值得重视。根据前半句话,美育的准确说法是"美感教育";后半句话则涉及审美经验(美感)与宗教经验的异同。确定美或美感或审美经验的性质,自然是美学的研究领域。朱光潜就曾说:"美学的最大任务就在分析这种美感经验。"③ 总之,"以美育代宗教",这只是教育学的命题;"以艺术代宗教"或"以审美代宗教",这才是美学的命题。蔡元培辛辛苦苦地绕开"美育"和"美术"的概念混淆,使他的命题在教育学领域得以立足,不料在阐述"以美育代宗教"的过程中,却又将命题偷换为"以审美代宗教",令人遗憾地落入了教育学和美学的论域混淆。

三、本体层与作用层的学理混淆

在德国诗人、美学家席勒之前,美育并不是什么重要话题。1795 年,席勒发表了《审美教育书简》,这是一部美学的经典,也是一部现代性批判的杰作,在欧洲思想史上占有重要地位。由于席勒使用了"审美教育"或"美育"的

---

① 李泽厚和汉宝德的表述,其实也不完美。李泽厚的"以审美代宗教",如果改为"以审美代信仰",似乎更为严谨。再则,依笔者之见,李泽厚的"以审美代宗教",其合理性不及林风眠的"以艺术代宗教",其理由在于,与李泽厚的看法相反,并不是审美大于艺术,而是艺术大于审美。汉宝德的文章如果改为"艺术的美可以替代宗教的圣吗",或简化为"艺术可以替代宗教吗",可能更为顺口。因为根据概念的对偶性,宗教与艺术相对,宗教的价值"圣"与艺术的价值"美"相对。汉宝德可能不承认艺术的价值是美,因为他认为在现代艺术中,美与艺术分家了,既然如此,或者可以考虑改为"美感可以替代宗教经验吗"。
② 汉宝德:《美学漫步》,北京联合出版公司,2012 年,第 73 页。
③ 朱光潜:《文艺心理学》,安徽教育出版社,2003 年,第 10 页。

概念，它也吸引了蔡元培的眼光。蔡元培是一个对美学有着浓厚兴趣的教育家，一旦发现了"美育"的重要性，便立志将美育纳入中国现代教育体系。不过，细读蔡元培的《以美育代宗教说》《以美育代宗教》《美育代宗教》等系列论美育的文章，不难发现，蔡元培固然接受了席勒的"美育"概念，却没有采纳席勒《审美教育书简》中的美学理论。大体上，他是将席勒的概念和康德的理论拼凑在一起，并且对于康德的美学，也照例只是选择性地接受。

席勒的《审美教育书简》，似乎有点"名不副实"，在此书中，席勒并没有提出一种教育理论，而是提出一种审美理论。事实上，席勒的美育思想奠基于美学理论，而美学理论又奠基于哲学。席勒所处的时代，其"时代的精神状态"是主体性哲学，他自然只能采取主体性哲学的视域，去观察艺术和美，以建立他的美学。所以席勒的美学基于一种自我的学说，或人性的学说。席勒指出："美必须作为人性的一个必要条件表现出来。因此，我们现在必须上升到人性的纯粹概念。……这条先验的道路虽然会使我们有一段时期不得不离开亲切的现象领域，离开事物的活生生的现实，逗留在抽象概念的空旷地带——但是，我们的确是在为寻求一个什么也动摇不了的、坚实的认识基础而努力；谁要是不敢超越现实，谁就决不会赢得真理。"[①] 席勒认为，抽象思维可以将人区分为两种东西：人格和状态。人格基于自由，状态的条件是时间。进一步说，人有两种冲动，即感性冲动和形式冲动。感性冲动对应于不断变化的状态，形式冲动对应于永恒不变的人格。感性冲动要求变化，形式冲动要求统一和保持恒定。感性冲动与形式冲动都是片面的，它们之间的分裂和矛盾，需要第三种冲动即游戏冲动来加以弥合或化解。游戏冲动兼有感性冲动和形式冲动的特点，可以在两者之间架起沟通的桥梁。在此桥梁上，裂隙被抹平了。感性冲动的对象是"最广义的生活"，形式冲动的对象是"形象"，而游戏冲动的对象则是"活的形象"，也就是美。因此席勒断言："只有当人是完整意义上的人

---

① ［德］席勒：《审美教育书简》，张玉能译，译林出版社，2009年，第31页。

时，他才游戏；而只有当人在游戏时，他才是完整的人。"①

受席勒的启发，斯宾塞也提出一种游戏说。此后，谷鲁斯出于对斯宾塞的不满和对游戏的进一步思考，又提出一种游戏说。美学史家认为，席勒提出人类学的游戏说，斯宾塞提出生物学的游戏说，谷鲁斯提出心理学的游戏说。这种比较固然可行，却容易让人产生误解，以为三种游戏说是处于同一层次的理论。卡西尔在探讨游戏说时指出："席勒的游戏说是一个先验的和唯心主义的理论；达尔文和斯宾塞的理论则是生物学的和自然主义的。达尔文和斯宾塞把游戏和美看成是普遍的自然现象，而席勒则把它们与自由的世界联系起来。""各种自然主义形式的游戏说对动物的游戏的研究是与对人的游戏的研究同时进行的。席勒不可能承认这类观点。对他来说，游戏不是一种普遍的有机体的活动，而是一种人类特有的活动。"② 从内容上说，席勒游戏说是"先验的和唯心主义的"，斯宾塞和谷鲁斯的游戏说则是"生物学的和自然主义的"；前者是哲学，后者是科学。从方法上说，前者是先验的，后者是经验的；前者是思辨的，后者是实证的。不过我们更要注意到，当斯宾塞和谷鲁斯发展席勒的游戏说时，他们把"自由""人格"等形而上学概念都抛弃了，换言之，把席勒游戏说的形而上学维度或本体论基础切割掉了。

蔡元培也缺乏形而上的视域，鲜有本体论的兴趣。我们看到，由于认定"美必须作为人性的一个必要条件表现出来"，所以席勒要到人性中去寻找美的条件，以获得"坚实的认识基础"，这是康德所开辟的"先验的道路"。然而，席勒美学的"先验道路"，蔡元培并没有亦步亦趋，甚至从未踏上；席勒的人性学说或自我学说，也被蔡元培"加上括号"，搁置起来了。在蔡元培的"以美育代宗教"说中，既没有出现人格和状态的概念，也不曾看到感性冲动和形

---

① [德] 席勒：《审美教育书简》，张玉能译，译林出版社，2009年，第48页。
② [德] 卡西尔：《人论》，甘阳译，上海译文出版社，1997年，第210页。

式冲动的概念,至于游戏或自由的概念,也极少提及。① 这就是说,席勒美育思想所依据的整个美学理论,以及该理论所依据的本体论基础,都被蔡元培置之不理了。在《以美育代宗教说》中如此,在《美学的进化》中也是如此。此文是一篇简短的西方美学发展史,需要直接介绍席勒的美学思想。蔡元培说:"他(席勒)所主张的有三点:一、美是假象,不是实物,与游戏的冲动一致。二、美是全在形式的。三、美是复杂而又统一的,就是没有目的而又合目的性的形式。"② 这三个要点,并无一点涉及席勒美学的本体论维度。

斯宾塞和谷鲁斯拒绝本体论,这是由于他们所处的时代是实证主义的时代,可以说是时代精神使然;蔡元培拒绝本体论,则与中国人的思维方式有关,应当说是民族精神或文化精神使然。中国思维的突出特征是所谓"实用理性"(李泽厚语),因而中国人高度强调"学以致用",对迂阔高远驰想天外的形而上学敬而远之。所以这种对本体论比较钝感的特点,不只体现于蔡元培的美育思想中。在20世纪初的"西学东渐"中,中国学者对西方美学思想的接受,舍弃本体论乃是普遍的现象。被誉为天才的王国维,也不例外。王国维本来颇有形而上气质,然而他体内的文化血液还是使他割舍了"可爱"的形而上学,选择了"可信"的实证主义。在中国的一切学问中,当以清代兴起的考据学最接近实证主义。对"可信"的选择使王国维在考据学方面取得不俗的成就,然而这成就是阉割了理论建构和思想开拓的可能性而换取的。在美学方面,王国维接受了叔本华美学,并将叔本华的美学理论运用于《红楼梦评论》,开辟了"红学"研究的新天地。但王攸欣指出,尽管王国维的《红楼梦评论》自称"立论全在于叔本华立脚地的","不过,本体论才真正是叔本华的'立脚地',而《红楼梦评论》却几乎没有涉及,从这种意义上说,王氏立论并不全在于叔氏立脚地。……在叔本华哲学中生活本质和世界本质是同一意志在不

---

① 蔡元培在比较美育与道德时曾说:"美育是自由的,而宗教是强制的。"这里的自由,只是常识意义的自由,并非席勒所说的人格的自由或个体的自由。

② 聂振斌:《中国现代美学名家文丛·蔡元培卷》,第163页。

同层次的表现,几乎是不可分的,王国维把二者分离开来,不接受本体论部分,说明他有意无意中只想在生活本质层面上论人生和文学"。① 这个判断是比较准确的。

既然不走先验之路,那就只能走经验之路;既然舍弃了本体层面,那就只能捡起作用层面了。简言之,所谓本体层,关注的是"是什么"的问题;所谓作用层,关注的是"如何"的问题。就美学领域而言,"美是什么""审美是什么""艺术是什么"等,都属于本体层的研究;考察美的功能、审美的功能、艺术的功能,则属于作用层的研究。黑格尔说"美是理念的感性显现",这是本体层的观点;黑格尔的名言"审美带有令人解放的性质",则是作用层的观点。以黑格尔《美学》、席勒《审美教育书简》为代表的西方美学经典著作,往往都兼有本体层和作用层。但是,蔡元培关心的只是美的功能、效果、作用。他说:"盖以美为普遍性,决无人我差别之见能参入其中。食物之入我口者,不能兼果他人之腹;衣服之在我身者,不能兼供他人之温,以其非普遍性也。美则不然。即如北京左近之西山,我游之,人亦游之;我无损于人,人亦无损于我也。隔千里兮共明月,我与人均不得而私之。中央公园之花石,农事试验场之水木,人人得而赏之。埃及之金字塔、希腊之神祠、罗马之剧场,瞻望赏叹者若干人,且历若干年,而价值如故。各国之博物院,无不公开者,即私人收藏之珍品,亦时供同志之赏览。各地方之音乐会、演剧场,均以容多数人为快。所谓独乐乐不如与人乐乐,与寡乐乐不如与众乐乐,以齐宣王之惛,尚能承认之,美之为普遍性可知矣。且美之批评,虽间亦因人而异,然不曰是于我为美,而曰是为美,是亦以普遍性为标准之一证也。""美以普遍性之故,不复有人我之关系,遂亦不能有利害之关系。马牛,人之所利用者,而戴嵩所画之牛,韩幹所画之马,决无对之而作服乘之想者。狮虎,人之所畏也,而卢沟桥之石狮,神虎桥之石虎,决无对之而生搏噬之恐者。植物之花,所以

---

① 王攸欣:《选择·接受与疏离——王国维接受叔本华、朱光潜接受克罗齐美学比较研究》,生活·读书·新知三联书店,1999年,第62页。

成实也,而吾人赏花,决非作果实可食之想。善歌之鸟,恒非食品。灿烂之蛇,多含毒液。而以审美之观念对之,其价值自若。美色,人之所好也,对希腊之裸像,决不敢作龙阳之想。对拉飞尔若鲁滨司之裸体画,决不敢有周昉秘戏图之想。盖美之超绝实际也如是。"①

以上是《以美育代宗教说》中最重要的两段话,一段说的是审美的普遍性,一段说的是审美的无利害性。这是蔡元培从康德美学中吸收的两大要点。在《美育与人生》等文章中,蔡元培所关注的还是这两点。的确,揭橥审美判断的有普遍性和无利害性,是康德为美学所做的划时代的贡献。牢牢把握审美的两大要点,说明蔡元培是颇有学术眼光的。但是,蔡元培的表述,是旁征博引,而不是逻辑推演;是经验性的举例,而不是先验分析;文章写得漂亮,思想却不深刻。用通俗的话说,蔡元培只记住和运用了康德美学的观点,却忽略了康德得出这种美学观点的方法、程序和过程。更重要的是,蔡元培不仅忽视了席勒美学的本体论基础,而且忽视了康德美学的本体论基础。

忽视并非淡漠。忽视是盲视,是看不见;淡漠则是看见了却不让它遮蔽视野。欧洲的现象学和中国的道家思想,对本体层面似乎也是淡漠的。较之"是什么"的问题,它们更关注"如何",这是由于现象学家和道家将本体层与现象层合二为一了。本体层并未被取消,只是被合并到现象层或作用层去了。所以胡塞尔、海德格尔、萨特、梅洛-庞蒂等现象学家都有"现象学本体论",而道家也有"境界形态的形而上学"(牟宗三语)。然而,蔡元培的美育思想显然并无现象学或道家思想的特征,他是直接越过本体层,把作用层当作事情的全部了,这就是本文所说的"本体层与作用层的学理混淆"。与席勒的美育思想有所不同,蔡元培的美育思想并没有奠基于美学(理论),更不曾奠基于哲学(本体论)。蔡元培忽视本体论的特点,也是包括王国维、梁启超在内的20世纪中国第一代美学家的共同特点,他们把忽视本体论的种子埋在了中国现代美学的土壤里。因此,本体论盲点可以说是中国现代美学的基因缺陷。直到今

---

① 聂振斌:《中国现代美学名家文丛·蔡元培卷》,第95~96页。

天，当代中国美学的一个致命伤还是哲学基础匮乏。①

四、欧洲与中国的语境混淆

现在还有一个问题需要追究："美育"因席勒而彰明较著，引人注目，既然如此，蔡元培论美育，为何不直接使用席勒的美学理论，却选择性地采用康德的美学观点？这个问题也可以换一种问法：为什么在论证"以美育代宗教"时，蔡元培要糅合席勒的概念和康德的学说？须知在哲学和美学上，席勒固然私淑康德，但毕竟将康德美学改造得面目全非。这与蔡元培对美育目的的认识有关。

美育的目的一般来说是比较明确的，一言以蔽之，就是提高审美力。当然还可以有不同的表述，或更为具体的表述，如朱光潜说："文学教育第一件要事是培养高尚纯正的趣味。"② 趣味也就是鉴赏力或审美力。无论如何表述，美育的目的都是大同小异的。美育造成审美力的提高，加上智育造成理解力和判断力的提高，德育造成道德意识的提高，等等，诸多教育和衷共济，一起培养全面发展的人——王国维称之为"完全之人物"。然而蔡元培并不这么看。《美育》一文说："人生不外乎意志；人与人互相关系，莫大乎行为；故教育之目的，在使人人有适当之行为，即以德育为中心是也。……所以美育者，与智育相辅而行，以图德育之完成也。"③ 按照这种说法，德育与美育的关系并非平等并列关系，而是上下等级关系；美育并无独立的目的，而是为德育服务的。难怪汉宝德要指责蔡元培试图"用美来达到善的境界"了。道德处理"人与人互相关系"，这导致蔡元培疏离席勒而亲近康德。席勒的人性学说或自我学说，首先是个体自我的学说，席勒的游戏首先是个人游戏，席勒的自由首

---

① 关于当代中国美学的哲学基础匮乏，可参看郭勇健的《当代中国美学的病理分析》，载《东南学术》2016 年第 1 期。

② 朱光潜：《谈文学》，安徽教育出版社，2002 年，第 37 页。

③ 蔡元培：《简易哲学纲要》，北京出版社，2005 年，第 240 页。

先是个体自由，这显然不适用于蔡元培的教育目的。康德论审美判断的普遍性，是"主观普遍性"，也就是"主体间性"，处理的是人与人的关系，可谓正中蔡元培之下怀。至于康德论审美判断的无功利性，这本来是说审美判断不涉及对象的存在，只涉及对象的形式，但蔡元培也将它并入普遍性去了。美的普遍性"不复有人我之关系"，本身就意味着人与人之间超越了利害关系。我们知道，康德美学中也有注重个体自我的部分，如天才论，这也是康德美学的重要部分，但天才论不合蔡元培的胃口，于是对之视而不见，只字不提。所以蔡元培只采取康德美学的鉴赏判断（审美判断）论。美育是对大众实施的美育，而按照康德美学和浪漫主义的艺术观，艺术乃是天才的创造，这恐怕也是蔡元培不愿将美育等同于艺术教育的原因之一。总之，蔡元培的教育目的不是个体的完善或自我的实现，而是社会或群体的和谐，这使他在学术支撑上选择性地远席勒而亲康德。

一个毕生提倡美育的教育家，却要让美育服务于德育，让美服务于善，这不免令人惊诧莫名。前面说过，蔡元培的以美育代宗教说实际上"对不起美育""委屈了美育"，至此我们当有更深的体会。事实上，蔡元培不仅搞错了美育的目的，也弄错了教育的目的。如果教育"以德育为中心"，那就意味着这种教育不想培养科学家、艺术家、运动员，而只愿培养出片面的人。这与现代教育的理念完全相悖。现代教育的目的是培养全面发展的人，即"全人"，而蔡元培的教育的目的则是培养有道德的人，即"好人"。好人或有道德的人，在蔡元培的概念中，是安于自己的本分，做出适当行为的人。显然，这预设了社会先于个人、群体重于个体的思维前提。这个前提也是与现代教育思想格格不入的。现代教育的终极目的是个体，是发展个性。英国教育家沛西·能指出："教育的任务，除了加强人们对个性的价值感，教育他们尊重个人生活，真正做到不把它看做个人的财产，而看做世界上获得真正价值的唯一手段，还有什么比这个工作更重要的呢？"[①] 他还说："一种教育计划最终必须从它根据

---

① [英] 沛西·能：《教育原理》，王承绪、赵瑞瑛译，人民教育出版社，2005年，第14页。

受教育者的可能培养他们最高度的个人才智的成绩来评价。"① 那么，蔡元培的教育观为何如此"逆潮流而动"呢？这要追溯到蔡元培的儒家立场或儒家情怀。

蔡元培的教育目的观，显然来自儒家。如果说笛卡儿以来的西方近代主体性哲学是"个体意识"的典型体现，那么中国的儒家思想就是"群体意识"的典型体现。基于个体意识的教育观注重培养"全人"，基于群体意识的教育观注重培养"好人"。用古代儒家的说法，教育的终极目的是使人成为"圣人"，一般目的是培养"君子"。不过"圣人"有如凤毛麟角，而"君子"仍可以说是精英，如面向大众，不妨说儒家教育的目的是培养好人。"好人"是社会的判断，也是道德的判断，是德育的结果。儒家的教育正是"以德育为中心"，儒家提倡"诗教""乐教"也是为德育服务的。于是我们几乎可以断言，蔡元培提倡"以美育代宗教"，乃是"借他人酒杯，浇自己块垒"。

的确，蔡元培煞有介事地论证"以美育代宗教"，为它赋予学说的形式，无非是为了接续传统儒家的美育主义。在中国，孔子是"以美育代宗教"的始作俑者。李长之在《释美育并论及中国美育之今昔及其未来——为纪念蔡孑民先生逝世作》中说："作为中国思想正统的儒家哲学，尤其是孔孟，所贡献最大的，即是审美教育。中国文化的精华在此，孔孟的极峰也在此。"② 这是不错的。不过论及美育，还得首推孔子。王国维在《孔子之美育主义》中指出："其审美学上之理论虽不可得而知，然其教人也，则始于美育，终于美育。"③ 蔡元培在《孔子之精神生活》中说，孔子的精神生活有两个特点："一是毫无宗教的迷信，二是利用美术的陶养。"④ 将两个特点合并起来，就是"以美育代宗教"了。但孔子不仅"以美育代宗教"，而且"以伦理代宗教"（梁漱溟

---

① ［英］沛西·能：《教育原理》，王承绪、赵瑞瑛译，人民教育出版社，2005年，第10页。
② 郜元宝编：《李长之批评文集》，珠海出版社，1998年，第319页。
③ 聂振斌：《中国现代美学名家文丛·王国维卷》，第105页。
④ 聂振斌：《中国现代美学名家文丛·蔡元培卷》，第128页。

语),两种说法均可成立,并不构成冲突,这是由于美育也是为伦理道德服务的。如果说儒家也有美学的话,那么其基本特点应当就是"美善合一"。蔡元培说:"高尚也是一种美。我们人类不愿做丑事,愿做美事,就是天性爱美的缘故。"① 这正是儒家式的"美善合一"。可见,蔡元培的"美育"两字或是来自席勒,而"美育"的实质,却来自儒家,来自孔子。

这是学理混淆,也是语境混淆。蔡元培主张"以美育代宗教",这里的"宗教"并非一般意义的宗教,而是特指基督教,至少可以说,主要指基督教。在蔡元培的叙述中,主要是以基督教在欧洲现代社会的衰颓,来论证美育取代宗教的必然性。《以美育代宗教说》开门见山地指出:"夫宗教之为物,在彼欧西各国已为过去问题。盖宗教之内容,现皆经学者以科学的研究解决之矣。"② 需要注意的是,其一,这里的"宗教"是欧西各国的宗教,即基督教;其二,按照蔡元培的说法,宗教之成为过去,是科学之崛起使然,这当然是只能够发生在欧洲的事情。然而,蔡元培是在中国提倡美育,主张"以美育代宗教"的。中国的情况不同于欧洲的情况。其不同有二:一是时间不同。宗教隐退,这是欧洲现代性的一个症状,而在 20 世纪初,现代性在中国尚未发生。二是空间不同。中国不属于基督教文化圈,在此地不存在基督教衰颓的问题,因而也不存在"以美育代宗教"的现象。如果坚持要说"以美育代宗教",那么在中国倒是可以追溯到两千多年前,追溯到孔子的"诗教""乐教"。提倡美育,可以重新接续孔子的美育主义传统。蔡元培在这里导演了一场偷梁换柱,或曰移花接木,我们称之为语境混淆。

同是"以美育代宗教",孔子的美育,替代的是原始宗教;而欧洲的美育,替代的却是基督教。"宗教"的实质完全不同,"美育"的实质也有极大的差异。在古代中国,美学尚未独立,美善合一;而在儒家,美善合一且合于善,所以美育是为德育服务的,不存在"为美育而美育"的状况。蔡元培认识到并

---

① 聂振斌:《中国现代美学名家文丛·蔡元培卷》,第 81 页。
② 聂振斌:《中国现代美学名家文丛·蔡元培卷》,第 93 页。

坚持了传统儒家的这一观点。从现代知识水平来看，这恐怕是一种倒退，至少可以说，这是不同时代语境的混淆。我们知道，席勒提倡审美教育的时间，是在美学成为一门独立的学科之后，是在康德区分了审美判断和道德判断、论证了审美的自律性之后。尽管康德声称"美是道德的象征"，但在康德和席勒那里，审美的独立性或自律性是基本前提，他们不可能主张美育只是德育的辅助手段。相反，美育应当有着自身的目的。美育自身的目的是什么？这个问题蔡元培似乎从未认真地加以考虑过。他认真考虑的是两个问题：其一，美育的功能，也就是替代宗教的功能；其二，美育的实施，这是一个实践问题而非理论问题。

五、理论与实践的性质混淆

实际上，蔡元培也是缺乏理论兴趣的。蔡元培是世所公认的大教育家，但他恐怕不能算是大教育学家。他并没有提出一种深刻、新颖、系统的教育理论，在教育学方面并没有突出的贡献，不过这并不能掩盖他作为大教育家的光芒。同样地，蔡元培对中国的美学学科建设居功甚伟，足以名垂青史，但是在美学理论方面，值得美学史书写一笔的，就只有他的"以美育代宗教"说了。然而这一说法，呼吁和宣传的意味要大于理论的意味，与其说是一种理论或知识，不如说是一种姿态或立场。不错，蔡元培为"以美育代宗教"提供了一些论证，但是，第一，这些论证在内容上不够充分，在程序上不够严谨；第二，这些论证是选择性地使用前人的现成美学知识，极少体现出自己对美学问题的独立研究成果；第三，这个学说理论性不强，哲学性也不强，甚至缺乏哲学性，而我们知道，美学本是哲学的一个部门，除非经验性、实证性的心理学美学，美学理论一般都有较强哲学性。

如果将蔡元培的以美育代宗教说重新置回教育学的论域，那么我们就会发现，蔡元培的"美育"，严格说来是一种教育学的实践（由于这一实践在内容上与美学相关，故应称之为"美学教育实践"，或可简称"美育实践"），而非教育理论或美学知识的探索。要言之，蔡元培所主张的美育，是实践，而非理论；是"行"，而非"知"。前文曾引王国维评孔子："其审美学上之理论虽不可得而知，然其教人也，则始于美育，终于美育。"孔子有丰富的美育实践，却几乎没有美学理论。这个评价也可以挪用于蔡元培。打个比方，某大学哲学系教师开设了哲学概论、西方哲学史、中国哲学史等课程，为了上好这些课程，他穷其一生，手不释卷，但是仅凭这些课程，仅凭他为这些课程所做的学识储备，并不能表明他是一个哲学家，因为他可能只是在课堂上传授前人的哲学思想、既有的哲学知识，而并没有自己的哲学探索和哲学贡献。如此，虽然他一辈子与哲学打交道，但他只是哲学教师，而不是哲学家。终生与美学为伍的蔡元培主要也是教育家，而非严格意义上的美学家。

为什么蔡元培在事业上的成就，美学教育实践远胜于美学理论建设？追究起来，这首先取决于他的个人天赋和早期教育。蔡元培早年接受的是传统教育即儒家教育，曾参加科举考试，甚至得中进士，并在朝廷为官多年。30岁适逢戊戌变法，蔡元培辞官而去，决定走"教育救国"之路，从事各种教育实践，也进行新式教育实验。40岁蔡元培去德国留学，接触了康德、席勒的美学。40岁才正式开始研读西学，为时甚晚，已经很难将西学纳入精神结构的深处了。所以归根到底，蔡元培的价值观以儒家为主，可算是20世纪的第一批现代儒家，他强于美育实践、弱于美学理论，恐怕还得归咎于自身的儒家立场和儒家情怀。

儒家思想的突出特色是"知行合一"。明确地提出"知行合一"观点的是王阳明，但孔子和孟子的思想中早已有了"合知行"萌芽。比较而言，西方哲学重"知"，中国哲学重"行"。不过中国哲学既然也是哲学，自然也有"知"的成分，这正如在古希腊哲学家看来，哲学是知识，同时是一种生活的艺术。但是儒家的"知"，是不离于行的"知"。张岱年说得好："中国哲人研究宇宙人生的大问题，常从生活实践出发，以反省自己的身心实践为入手处；最后又归于实践，将理论在实践上加以验证。即是，先在身心经验上切己体察，而得到一种了悟；了悟所至，又验之以实践。要之，学说乃以生活行动为归依。"① 蔡元培的早期教育使他接受了儒家思想，而他的教育家身份又使他与儒家的"知行合一"特别契合。教育学是一种知识、一种理论，教育却是一种实际的、具体的行动，是要求"知行合一"的实践。

知行合一之所以可能，是由于儒家大大地限制了"知"的领域，将它圈定在一个狭小的范围内。儒家的"知"，不是关于自然的"知"，而是关于社会的"知"，更确切地说，是伦理知识或道德知识。道德行为的确应当知行合一，譬如孝顺，不能光说不做，必须身体力行。缩小了"知"的范围，儒家思想预先阻止了"知"向科学知识发展。后来朱熹也讲"格物致知"，好比终于朝外在的自然界投去了惊异的眼光，所以清末民初曾将"物理学"译为"格致学"。然而这只是匆匆一瞥，王阳明很快将眼光收回，又把"格物致知"拉回到伦理道德的领域了："格物"被理解为"正心"或"诚意"，"致知"被理解为"致良知"。可以直接落实为或实现为行的"知"，不仅只能是小范围的"知"，而且可能是低层次的"知"。木心指出："耶稣的思想襟怀，纯粹理想主义，极端无政府主义，形上的，空灵的，不能实践的。'真理'大致如此，凡切实可行的不是真理。老子的许多话也只能听、想，无法去做。"② 据此不难了解，儒家的"知行合一"是对"知"的狭隘化和肤浅化。从实践的、修行的角度看，孔子的《论语》可能是高深莫测的，遥不可及的，因为没有一个人的道德修养是完美无缺的，既然做不到，只好顶礼膜拜。但是从理性的、纯粹哲学的角度看，孔子的《论语》是比较浅显的。黑格尔早已有过著名的评论，断言《论语》主要是常识性的道德教训，不具备思辨哲学的性质。今天很多中国学者出于民族自尊心，指责黑格尔"对中国文化无知"，其实黑格尔未必全无是处。准确的判断力是"知"的题中应有之义，把本来并不特别高明的东西看得高不可攀，这才是真正的"无知"。要说指导道德行为和为人处世，《论

---

① 张岱年：《中国哲学大纲》，中国社会科学出版社，2004年，第3页。

② 木心：《文学回忆录》，广西师范大学出版社，2013年，第87页。

语》或者不差,但要说认识世界建立学说,《论语》就远远不够了。

唯有把"知"和"行"分开了,知才能独立发展,才能向高处去,向深处去。"知"有自己独立的标准,比如逻辑标准,不能都用或只用"行"来衡量。

儒家的学说"以生活行动为归依",蔡元培的人生观和教育观也是如此。如前面曾引他的话:"教育之目的,在使人有适当之行为,即以德育为中心是也。""美育者,与智育相辅而行,以图德育之完成也。"在他这里,不仅美育服务于德育,智育也服务于德育,这岂非正是儒家的"知行合一""以生活行动为归依"?可见,儒家以"知"就"行"、"知"合于"行"的特征,也丝毫不爽地体现在蔡元培身上,体现在他的美育思想中。蔡元培的美育思想带有从儒家那里遗传的先天缺陷,即混淆理论与实践,使理论本身难以独立成长,开花结果。"以美育代宗教说"可能带来的严重后果,是以美学实践代替美学理论的探索,亦即"以美育代美学"。今天的中国美学原理将美育问题纳入其中,混淆了美育与美学的不同层次;今天的中国美学研究还是以美学史为主打,美学原理较为薄弱;今天中国美学研究者热衷于编写各种大同小异的美学教材,以教学或传播代替研究。凡此种种,都可或多或少地视为"以美育代美学"的体现。而这,可能是蔡元培美育思想对美学的最大负面影响。

(刊于《郑州大学学报》2016年第5期)

关于美育合法性的反思
——兼及生命美学的必然性存在

⊙ 范　藻
⊙ 四川文理学院

"爱美之心，人皆有之"，人类因为爱美而使生命充满意义。由自发式的"爱美"升华为自觉式的"创美"，就有了所谓的"美育"。那么，美育是什么？中国的美育是什么？1983年版的《辞海》（增补本）是这样解释的："美育：培养美感，提高对美的欣赏能力和创造能力的教育。"[①] 1986年，四川大学教授王世德主编的我国第一部《美学词典》上是这样阐释的："审美教育：简称美育。是通过一定方式、设施，培养人正确、健康的审美观点，提高人的欣赏和创造美的能力的教育。它与德育、智育、体育相辅相成。"[②] 1996年出版的北京大学杨辛和甘霖主编的《美学原理新编》是这样论述的："美育又称审美教育或美感教育，它是人类文明发展的必然结果，也是人类自身建设的一个重要方面。"[③] 2015年，国务院办公厅颁发的《关于全面加强和改进学校美育工作的意见》指出："美育是审美教育，也是情操教育和心灵教育，不仅能提升人的审美素养，还能潜移默化地影响人的情感、趣味、气质、胸襟，激励人的精神，温润人的心灵。美育与德育、智育、体育相辅相成、相互促进。"

---

① 《辞海》，上海辞书出版社，1983年，第564页。
② 王世德：《美学词典》，知识出版社，1986年，第73页。
③ 杨辛、甘霖：《美学原理新编》，北京大学出版社，1996年，第375页。

在"德智体美全面发展"的中国教育思想和行动方针指导下的美育，究竟怎么样了？国务院办公厅在这份文件里，接着指陈了当前的美育现状："但总体上看，美育仍是整个教育事业中的薄弱环节，主要表现在一些地方和学校对美育育人功能认识不到位，重应试轻素养、重少数轻全体、重比赛轻普及，应付、挤占、停上美育课的现象仍然存在；资源配置不达标，师资队伍仍然缺额较大，缺乏统筹整合的协同推进机制。"

毫无疑问，这个指陈或批评是相当真实和剀切的。我们对耳熟能详的美育，应该进行什么样的深刻质疑和重新认定呢？即美育的合理性实践并不等于它的合法性存在。我们质疑的与其说是美育的硬件设施，不如说是美育的制度设计，与其说是美育的制度设计，不如说是当代中国美育的基本理念。看来从孔子开创"兴观群怨"的诗教传统到《乐记》倡导的"移风易俗"，再到儒家强调养成"诗书礼乐"的君子风范，一直到蔡元培提倡的"以美育代宗教"的教育理念，乃至当今各种文件要求的德智体美全面发展的教育方针，中国古典美育人格式的熏陶和当代美育政策式的贯彻并不能代替，我们今天对它进行美学式的追问，实践性的开展并不能代替理论性的反思，教育制度的到位并不能代替生命完善的地位。对此，我们应该急需而必须思考的是：当代中国美育实践的合理性存在并不能代替它学理意义的合法性质疑。一言以蔽之，进入新世纪十余年之后的中国美育在经历合法性审判后，迎接它的必将是生命美学的必然性存在。

一、审判：美育究竟是什么？生命关怀的缺席

美育究竟是什么，不论是学者的解释，还是专家的阐释，还是政府的规定，尽管它们都有合理性的存在地位和价值领域，多年来美育也的确在校园文化建设、学生艺术特长培养这些教育的局部领域取得过骄人的成绩，但这并不意味着美育已经完成了它的历史使命，实现了它的现实作用，趋近了它的理想目标。换言之，美育尽管实现了它的形而下效果，但依然未能完成它的形而上使命。也就是说，当我们用生命美学来度量时，它的现实性成绩、局部式成

效,对于它身份的合法性依然存在重大观念性的缺失和先在性的误区,其根本原因是生命关怀的缺席,对此的学术质疑,不仅事关当代美育的价值取向,而且事关生命美学的意义引领,更是构成我们反思美育合法性的理论前提。

(一)美育之语义考究

当我们把"美"和"育"并列置放的时候,我们惊讶地发现,不论是"美"还是"育",都已经背离它们本义甚远了。关于"美"的文字含义及美的理解,大概有三种说法,一是"羊大为美",是许慎在《说文解字》中的解释"羊在六畜主给膳",其所包含的食欲的含义,已为人们之通识。二是"羊女为美",此为马叙伦先生的理解,"(美)盖媄之初文,从大犹从女也"①。这关乎美的性欲的含义。三是"羊人为美",淮阴师范学院萧兵教授在《从"羊人为美"到"羊大为美"》一文中最早提出,著名美学家潘知常教授则认为"'羊人为美',则不是将羊作为感性的象征,而是作为精神的象征,是在以羊为图腾的对象身上所看到的美,它同样象征着那些在生活中自己所乐于接近、乐于欣赏的东西,不过,这些自己所乐于接近、乐于欣赏的东西不再是感性的,而已经是精神的了"。如果说"羊大为美"是食欲的证明,"羊女为美"是性欲的揭示,那么"羊人为美"就应该是爱欲的象征了。无论如何,"美"都关乎人类生命物质性与精神性的二元统一,尤其更注重生命的本能性诉求和寓意式象征。

育,会意字,甲骨文意为妇女生孩子,上为"母"及头上的装饰,下为倒着的"子"。《玉篇》曰:"育,生也。"其本义为"生育""生养"。我们把它和美相连组成"美育"一词,意为人类向往美就如同母亲孕育生命一样自然而不可抗拒,人类热爱美就像母亲生育生命一样必然而不能阻遏,人类追求美就像母亲生养生命一样欣然而不会厌烦。这时的美育就是生命本身,与生命一样与生俱来,是生命种子的孕育、生命诞生的生育和生命成长的养育,当然也是生命所包含的美的感性形态和价值指向的实现、呈现和体现。就这个意义而

---

① 马叙伦:《说文解字六书疏证》,上海书店,1985年,第119页。

言，美育与生命美学有着异曲同工之妙，美育体现了生命美学的要义和宗旨，而生命美学承载着美育的责任和使命。

但是，由于现代汉语多为双音节词，美育之"育"几乎都与"教"相连，于是美育就成了"教育"。"美"这个词在使用时又被置换成了双音节词"审美""美感"，于是美育就被解释成"审美教育"或"美感教育"。那么，这个"教"的含义是什么呢？教，会意，从攴，从孝，孝亦声，"攴"，篆体象以手持杖或执鞭。许慎《说文解字》："教，上所施下所效也。"这是一种依仗权势的教训行为，依靠地位的教育方式，依赖传统的教化过程，它不是"育"的润物无声，更不是"美"的春风化雨，而是强制性的灌输和规训式的要求。由此导致时下的美育处处晃动着教鞭的影子，时时充满了教导的面孔，以至于成了道德的说教和政治的教训。本应是生命孕育、诞生和成长过程与结果合一、感性与理性统一的"美育"或"育美"，由生命的"自由""快乐"变成了规训生命的"异化"和"扭曲"。

(二) 美育之困境指陈

美育即美的教育的积习性语义所指，导致了美育的非"美"性存在。如果说这是语言文化、审美文化，甚或就是教育文化的历史积沉的话，那么当今的时代文化又雪上加霜地让美育身陷困境而不能自拔。它表现在这样三个方面：

一是实用为上的工具理性。这个概念是法兰克福学派批判理论中的一个重要概念，出自德国社会学家马克斯·韦伯的"合理性"概念，又分为价值的合理性和工具的合理性。前者追求理念的纯正性，后者看重功效的最大化，通过精确计算功利的方法最有效达到目的的最优性。在这样一种理性的引导下，本来是需要长期积淀和复杂工艺才能见效的美育活动，却成为急功近利的工具。在具体实施过程中，主题不深就借助稀奇古怪的创意来穿越，而且故弄玄虚；内容不够就利用声光电化的形式来炫目，甚至弄虚作假；效果不行就使用东拼西凑的技巧来忽悠，并且贪大求洋。

二是娱乐至死的流行文化。流行文化的最大魅力是对传统经典文化的"祛魅"，最大限度地刺激和调动起人类生命中的原欲。就以众多青少年崇拜的周杰伦为例吧，他在《青花瓷》里营造出了烟雨朦胧的江南水墨山水与风雨中伊人素袂纷飞的意境，反复咏叹的依然是"天青色等烟雨而我在等你"一类半白半文，甚至是文句不通的语言杂糅，支撑歌曲的古典韵味不外是青花瓷物象、江南味戏腔和复调式音乐，最后，所谓的国学变成了空洞的能指，柔媚的风格成为空虚的矫情。但是它的最大魅力在于吸引"不识愁滋味"的青少年沉醉其中，留下"但愿长醉不愿醒"的孤独身影，借酒浇愁，演绎"为赋新词强说愁"的青春迷惘。我们能说这是高雅而有意义的美育吗？显然是不能的。

三是金钱挂帅的消费主义。毫无疑问，美育的开展需要经费的投入和保障，但这并不意味着美育与金钱有关，当金钱成为必要的手段和应有的保障后，美育将会如虎添翼，实现它对现实生命个体全面性的关怀、多层次的关心和深入性的关爱。而目前问题的症结是打着美育的光鲜旗号，行使挣钱的龌龊勾当。这里我们不妨对各地火爆的艺术培训做一次深刻的美学剖析，它呈现出奇特的"自相矛盾"的尴尬。首先，从主办者的意图看，尽管招生广告冠冕堂皇，可是其真实用意是司马昭之心路人皆知，现实的反讽效果，大大超过了艺术的诱人魅力。其次，从参与者的目的看，是为了增加小孩的艺术细胞，然而由于定时定点，又是长期的、机械式和程式化的训练，反而使得小孩失去了对艺术的兴趣。最后，从接受者的效果看，经过长时间的培训后，小孩似乎掌握了艺术的技巧，并且考试过级的目的也达到了。然而这种"美育"的最大弊端是，一旦通过了艺术考试，拿到了所谓的考级证书，学生对所学习或培训的艺术，几乎再不染指，甚至"束之高阁"，因为在应试教育背景下长大的学生，认为考试是所有学习的最终目的。

（三）美育之内容反思

美育，也就是通常意义上的审美教育，当然应该包括与美有关的方方面面，即所谓的"以美育人"。但是，由于把美育纳入了狭义教育的范畴，就学校而言或就教育而言，最能体现美的教育的大概有以下三个方面：

首先是艺术教育。因为艺术是美最集中、最形象、最典型、最生动的形象载体和符号表征，于是借助艺术进行美育是毋庸置疑的，这也是很多教育机构常常把艺术教育等同于审美教育的普遍做法。例如组建各种艺术团体，开展各种艺术活动，进行各种艺术比赛，似乎这就是美育了。从艺术的功能看，它固然有认识作用、教育作用和审美作用，但是，如果认为长期熏染着艺术的美妙，浸润于艺术的情景，就能达到美育的效果，那么艺术专业的学生或从事艺术工作的人，就理所当然的是爱美之人，甚至是高尚之人了吗？然而实际情况并非如此。由此说明，不但艺术不能代替美，而且艺术教育也不能代替审美教育。所以，美育不仅仅是艺术教育。

其次是普遍认为的情感教育。因为如果说艺术是美的典型表现的话，那么不论是艺术还是美，都需要情感的滋养，就以文学来说吧，从白居易的"情根、苗言、华声、实义"到王国维的"一切境语皆情语"，可以说，没有情感就没有艺术。作用就是将自然性的甚至野蛮性的人改造成文明的人，即马克思所谓"自然的人化"。在这个过程中，"情"的出现导致"文"的优雅，中国"乐感文化"背景下的美育，就是李泽厚所谓的"情本体"，"鸟飞鱼跃，生意盎然，其中深意存焉。……此生命哲学最终归结为'乐'的心理—生活—人生境界，'成人''立圣'即成此境界"①。的确，美育是要在包括艺术活动中，陶养高尚的情感，培养广博的情怀，宣泄正常的情绪，但情感教育虽然是美育的重要内容，却不应该是根本要义。所以，美育不仅仅是情感教育。

最后是理解深刻的人格教育。因为使受教育者拥有健康而高尚的人格乃是教育的最高境界和最后目标。在这个过程中，德育不免带有灌输的性质和强制的手段，很容易引起教育对象的拒斥和反感，而有着艺术方式和情感途径的美育则不然了，虽然它能在春风化雨和润物无声中达到潜移默化的美育效果，但是毕竟不能具有高屋建瓴的价值涵盖和洞幽探微的意义本质，而美育的人格教育，就能起到"灵魂深处爆发革命"的效果。但从另一方面看，美育毕竟是"以美育人"，如果仅仅"把美育看成是人格教育，不仅可能导致把美无限丰富的内容狭窄化，用道德吞没审美，而且还可能造成对美育独立性的漠视以至

---

① 李泽厚：《论语今读》，安徽文艺出版社，1998年，第19页。

于取消"①。由此可见，美育尽管有品德培养、个性陶冶的内容，但美育不仅仅是人格教育。

在对美育合法性的思考中，我们通过美育的语义考察发现"教"的引入而导致美育的学校行为，通过美育的困境指陈发现世俗性文化的浸染而导致美育的急功近利，通过美育的内容反思发现艺术、情感、人格等有限性的存在而导致美育的支离破碎，正是因为曾经的美育是"只见树木不见森林"的片段式，是"一叶障目不见泰山"的片面性，是注重了对象性的物的美育，而忽略了主体性的人的美育。一言以蔽之，生命关怀的缺席和生命意识的缺失，从根本上使得美育在整个人文社科体系中合法性地位的阙如和合法性身份的被僭越。

二、反思：美育应该是什么？生命意识的重建

美育的不是什么，不仅是一个知识性的话题，更是一个思辨性的问题。在我们初步厘清了美育不是什么之后，接下来的工作就是弄清美育是什么。如果说此前的美育在词典里、教材中和文件上的是什么，仅仅属于操作性的或然式的"是"，那么我们现在要询问的美育的"是什么"，就是属于学理性的必然式的"是"。由于生命关怀的阙如导致了美育的不合法性，进而使得美育沦落为教育的增优补缺和生活的雕虫小技，那么，由于生命意识的重建，我们对美育应该"是什么"的反思，将使得美育得以重新敞亮而名副其实。

（一）生命意识的阐释

生命意识的诞生关系着人类脱离动物界这个重大历史存在和深远的理论问题。原始人睁开迷蒙的双眼，注视着赤身裸体的自我，思索着"我是谁？我从何来？又将何往"，可以说"人之为人"思考的出现就意味着生命意识的诞生。

首先是死亡意识的降临。屈原在《天问》中曾发出"何所不死，长人何守"的疑问，即个体生命为何终有一死的质疑。美国学者卡尔·萨根说道：

---

① 朱立元：《美学》，高等教育出版社，2006年，第415页。

"伴随着前额进化而产生的预知术的最原始结论之一就是意识到死亡。人大概是世界上唯一能清楚知晓必定死亡的生物。"① 正是死亡意识由悬置到显豁、由朦胧到清醒的逐渐明确,促使人类开始反思既往生活的得失,总结现实生存的成败,料想未来生命的凶吉,在生命终有一死的死亡意识阴影的笼罩下,人类不仅注重现世生活的惬意,更期待来世人生的美好。人类不仅改善生存的环境,提高生活的质量,而且思索生命的意义。可以说,死亡意识的出现标志着人类真正走出原始的浑沌,跨入文明的门槛。

其次是边缘处境的知晓。死亡意识让人类知道了生命的有限,于是人类开始对永恒的追慕,希冀长生不老,渴望魔法无边,然而面对无尽的时间和苍茫的空间,个体的生命显得如此渺小而脆弱,置身于"前不见古人,后不见来者"的边缘处境,人类只能"念天地之悠悠,独怆然而涕下"!是的,如帕斯卡尔所言"这永恒的空间使我战栗"。为了追求永恒,人们虚构出长命百岁的彭祖玉皇,幻想出极乐世界的蓬莱仙山。然而,人又毕竟是生活在当下的现实世界的,这种真实处境让人类走出了"物我浑然"的原始迷茫,知道了自己只是茫茫宇宙中一次"偶然"的诞生,他的最后结局是"必然"的死亡,从而让人类更加珍惜当下,呵护自我,让有限的生命活得更有意义。

最后是崇高精神的诞生。死亡意识让人类知道了其"固有一死",边缘处境让人类明白无误地知晓了"什么是有限",这就是生命的悲剧体验,更是生命如影随形而又无法抗拒的"悲本体"。苏东坡浩叹道:"寄蜉蝣于天地,渺沧海之一粟。哀吾生之须臾,羡长江之无穷。挟飞仙以遨游,抱明月而长终。知不可乎骤得,托遗响于悲风。"对此,我们除了"一声叹息"外,还能做什么呢?我们能坐以待毙吗?能忍气吞声吗?当然是不能的,那就只有在挑战死亡意识和超越边缘处境中,走向生命的崇高。正所谓"没有崇高毅力的悲剧,只能是生活中的悲痛事件;没有悲剧精神的人生,只能是自然状态中的生命现象。生命不仅是靠孕育而成,摇篮曲的作用是有限的;真正的生命还必须经历千锤百

---

① [美] 卡尔·萨根:《伊甸园的飞龙》,河北人民出版社,1982年,第73页。

炼的锻造，经受风暴雷雨的洗礼，经由严寒酷暑的考验，并在这一过程中获得它的价值崇高"①。

(二) 美的本质的重解

对生命意识反思的意义就在于对生命意义的追问，而生命意义在经过求真向善后，必然升华为爱美，因此生命意义的最高境界一定是美的体现。那么，当我们追问生命意义是什么的时候，就自然而必然地转换为对美是什么的思考，而其中的美是什么是绕不过去的问题。此刻，我们就像历史上的美学家一样，开始了"美是什么"的美学"千古之谜"的探秘和解密的伟大而繁复的工程。解开这个秘密的首要一步是要揭示人的本质是什么。马克思在《关于费尔巴哈的提纲》中说："人的本质不是单个人所固有的抽象物，在其现实性上，它是一切社会关系的总和。"② 人的本质和美的本质一样尽管是抽象的，但我们可以通过在人与人的关系和交往中，感受和发现其中如同情、悲悯、博爱等最纯洁、最真挚、最美好的存在，这些虽然不是美的本质，但体现出了人的本质最温柔的一面。

人在社会交往中所展现出来的温柔善良的本质，即中国文化所推崇的"人之初性本善"，它所体现出来的人性和良知，与中外美学家所阐述的"美在自由""美在和谐"等美的本质不谋而合，这也是美育所提倡的内容和企及的境界。人之为人的反思，既折射出理论意义上人的本质探究，又表现为现实意义上人的本性探寻，即有什么样的本性就有什么样的本质。如何让人的本性尽量地减少动物性的原欲，拥有更多的文明社会所允许并认可的品质，这就需要美育的介入。如果说"美"是自由的象征和和谐的体现，那么"育"就具有限制的意味，并对"教"的规训予以矫正。从这个意义上讲，不论是人的本性，还是美的本质，都不是自然而然形成的，而是在现实的环境中，根据人类社会发展的要求和目标，遵循个体生命成长规律养育和培育出来的。

---

① 范藻：《叩问意义之门：生命美学论纲》，四川文艺出版社，2002年，第73页。

② 《马克思恩格斯选集》第一卷（上），人民出版社，1972年，第18页。

毫无疑问，塑造美的生命需要美育，那么在美育的视域下，美应该具有或呈现出什么样的本质呢？由于美育的对象是人，因此理解美的本质也要"以'人'为本"，即从人类生命的意义上来思考美的本质，否则，我们又将陷入见美不见人的误区，仅仅是为了满足学术体系的建构来谈论美的本质。在这里，笔者认为，美是人类生命创造达到的和谐状态与自由境界的合一。其中有三个关键词：一是生命创造。不论是美育的实施，还是文明的传承，无不与生命息息相关，而有意义的生命无时无刻不是处于创造性的"进化"进程中的。二是和谐状态。人类文明传承的目的与个体美育的实施要求，其最高表现形态就是和谐。三是自由境界。这种境界当然不仅仅是美育的，也不仅仅是文明的，而是生命的终极意义所在，从一定意义上可以说，美育、文明、生命是三位一体的。如果说和谐侧重于形式的话，那么自由就关乎内容，二者水乳交融、珠联璧合，呈现的就是"美本身"。

(三) 美育真谛的揭示

美育从最本质的意义上讲，就是生命美学的人类学表述和人本式实践，明乎此，生命意识的重建才有了牢固的理论基础和现实的广阔前景。否则的话，生命美学最核心的生命意识，将沦落为感官层面的美味之饕餮爽口、美色之绚丽耀眼、美音之鼓噪刺耳、美体之婀娜触目。结合生命美学"生生之谓德"的意义，联系《诗经》的"载生载育"的理解，美育本义的正本清源一定意味着生命意识重建之必要的逻辑前提。为此，生命与美育的结合，将展示"历史—逻辑"的美育流程。

一是生命的自觉意识。这里有必要对"爱美之心，人皆有之"这一似乎"无须证明"的说法进行反思。如果说"爱美之心"的"爱"是生命文明意识的表征的话，它有着社会存在的普遍性，那么"人皆有之"的"人"就不是一个全称判断的概念了，即并非所有的人都能爱美，都会爱美，就如同"爱"不但是生命的一种本能，而且是生命的一种境界。因此，不论是"爱"还是"美"，抑或是"爱美"，都不仅仅是一个与生俱来的"命中注定"，更是一种由于生命死亡意识的降临、边缘处境的知晓和崇高精神的拥有后，迫使个体生命不得不走出洪荒的泥淖，睁开文明的双眼，重新厘定生存的法则，这就是在"天不生仲尼，万古如长夜"之后，在所谓"生年不满百，常怀千岁忧"的心理纠结下，让自然的生命存在从而获得自觉的生命意识。

二是生命的自为担当。正是因为生命的自觉让人类有了死亡意识、边缘感觉和崇高情怀。换言之，死亡意识让我们知道了生命的短暂，边缘感觉让我们明白了生命的无奈，然而文明进程开启的生命意识的自觉，绝不会让生命坠入死亡的恐惧，忍受边缘的煎熬，它只会让生命绝地反击，在置之死地而后生的抗争中，让生命拥有了自为的担当。那远古的"后羿射日""女娲补天""愚公移山"，不仅是神话传说，而且在某种意义上就是中华民族最早的"美育"教材。它形象生动地告诉我们，与其坐以待毙，不如向死而生。以此反观时下的"美育"，便会发现其过分注重优美理念下的审美实践，片面强调愉悦心态中的审美感染，而没有了"铁肩担道义，妙手著文章"的壮怀激烈，少了"生当作人杰，死亦为鬼雄"的慷慨激昂。

三是生命的自省能力。如庄子所谓的"其生也天行，其死也物化"生命，是浑浑噩噩的行尸走肉，是懵懵懂懂的酒囊饭袋，作为"宇宙之精华，万物之灵长"的人类生命，除了如前所说的自觉意识和自为担当外，还应该具有高度的理性意识，这就是自我反思意识与能力，即孔子谆谆教诲的"吾日三省吾身"，古希腊德尔菲神庙上的"认识你自己"，尽管这些说法不是美育的直接陈述，但是当我们把美育视为生命意识重建的关键词和核心义之后，那么把一切与生命攸关的事物纳入美育的视野，就成了题中应有之义。可以说，正是由于有了文明自觉的意识，有了社会自为的担当，人类生命才会具有自省的能力。这种自省能力的获得，既是自觉意识和自为担当的原因，也是它们的结果。因此，理性的思辨和反思，也应该成为生命美育不可或缺的要义。

美育应该是什么，它肯定不应该是一个通常意义的教育问题，更不能局限于学校的教育，尤其不能与德智体做简单的并列。当我们把美育从审美教育或美感教育中剔除，即不再看重它的"教"的功能以后，那就自然而然地注重它的"育"的意义了。从"育"的文字含义中，我们发现它与生命息息相关，因此，通过生命意识的重建，借助美的本质的重解，美育的真谛终于被揭示出来了。它应该在生命自觉意识的孕育、生命自在行为的化育、生命环境感染的熏育、生命人文情怀的浸育和生命意义的爱育这几个方面展开。

三、追问：美育应该是什么？生命美学的登场

关于美育不是什么和美育应该是什么，我们初步完成了理论与实践双管齐下的清理和梳理。针对美育的现实对象——生命本身进行的全方位和多层次的美的孕育、化育、熏育、浸育和爱育，根据"知行合一"的原则和"学以致用"的理念，接下来的问题就应该是"美育如何是什么"的追问了，当然这种追问依然是思辨性的，即在思维的王国完成美育的理论构建。从中外美育史上看，有三个美育思想家是不能绕过的：德国18世纪具有浪漫气质的启蒙主义美学家席勒，德国19世纪充满现实精神的共产主义美学家马克思，中国20世纪满怀救亡使命的实践主义美学家李泽厚，通过对他们美育思想的梳理和反思，最后我们呼唤的是生命美学的庄严登场。

（一）回到席勒：为美育正本清源

我们之所以要回到席勒，不仅是因为从1793年他开始了《美育书简》的思考，第一次在美学史上提出了比较系统和全面的美育理论，而且是由于他敏锐地发现了近代英国的工业革命和现代法国的资产阶级革命导致"人性的分裂"，这是一种"无限众多的但却无生命的部分组成一种机械生活的整体"，它具体表现在"国家与教会、法律与习俗都分裂开来，享受与劳动脱节、手段与目的脱节、努力和报酬脱节。永远束缚在整体中一个孤零零的片段上，人也就把自己变成一个片段了"[1]。这种状况进入20世纪后愈演愈烈，在正处于转型发展时期的21世纪的中国表现得尤为突出。借席勒的美育思想诊断中国的美育沉疴，为美育正本清源，这才是我们今天要回到席勒的真正原因。那么，席勒提出了哪些值得我们借鉴的美育思想呢？

---

[1] ［德］席勒：《美育书简》，徐恒醇译，中国文联出版公司，1984年，第51页。

首先，自由与美育的关系。席勒在《美育书简》的第二封信里是这样阐述的："我们为了在经验中解决政治问题，就必须通过审美教育的途径，因为正是通过美，人们才能达到自由。"朱光潜评述道："自由不是政治经济权力的自由行使和享受，而是精神上的解放和完美人格的形成；因此达到自由的路径不是政治经济的革命而是审美的教育，至少是须先有审美教育，才有政治经济改革的条件。这是《审美教育书简》的主题思想。"[1] 席勒受客观唯心主义的影响，尽管把美育视域下的自由当成政治经济革命的先决条件，违背了人类文明进步和社会革命证明是真理的、马克思主义的社会存在决定社会意识、经济基础决定上层建筑的历史唯物主义精神，但是他的伟大之处是发现了自由与美育的必然联系，虽然他是"头首倒立"的联系，即美育的实施能够达到社会的自由，但他对美育功能的重视由此可见一斑。

其次，冲动与游戏的关系。席勒在考察人的本能与社会文化的关系时，提出了三种"冲动"的概念，他在《美育书简》第十二封信里先提出了两种冲动，即"感性冲动。产生于人的自然存在或他的感性本能"和"形式冲动。它产生于人的绝对存在或理性本能"。前一个冲动要"把我们自身以内的必然的东西转化为现实"，涉及如何限制生命本能的泛滥，让本能式的感觉战胜社会性的人格；后一个冲动要"使我们自身以外的实在的东西服从必然的规律"，涉及如何做到生命内容的和谐，让理性法则把"生命的一瞬间作为永恒来对待"。如何消弭这两种冲动对生命的戕害呢？他在《美育书简》第十五封信里，提出了能够涵盖这两种冲动的美的对象——"游戏冲动"，"游戏冲动的对象用一个普遍的概念来说明，可以叫作活的形象。这个概念指现象的一切审美性质，总之是指最广义的美"。由此产生了席勒对美育思想最有意义的贡献："只有当人在充分意义上是人的时候，他才游戏；只有当人游戏的时候，他才是完美的人。"席勒借助自由生命活动的"游戏"理念，无意中透露了美育与生命的息息相关，那就是康德所揭示的美的"无目的的合目的性"，即充满着

---

[1] 朱光潜：《西方美学史》（下卷），人民文学出版社，1979年，第443页。

"主观的必然性"的心灵愉悦与精神自由。

再次,艺术与审美的关系。席勒在涉足美学的园地前,首先是一位伟大的浪漫主义戏剧大师,他的《阴谋与爱情》等至今是德国古典主义艺术的高峰,因此对艺术的高度重视,是他美育思想的重要组成部分,以自由追求为鹄的的《美育书简》第二封信里就提出了"迫切要求哲学精神去从事于一种最完美的艺术作品""艺术是自由的女儿"的见解。他在第二十二封信里对艺术与审美的关系做了集中而深刻的探讨,他论述了什么是真正的艺术:"真正的艺术作品能使完美所处的心境,正是这种高度安详、精神自由与力量、生机和交融,这是最可靠的真正审美品质的试金石。""因此一部艺术作品的卓越只是在最大限度地接近那种审美纯洁性的理想。"在艺术作品的内容与形式的关系上,他也有精妙的见解:"艺术大师的独特的艺术秘密就是在于,他要通过形式来消除素材。"艺术之于美学和美育的奥秘昭然若揭,其意义更是毋庸赘言。因此,席勒无愧于这样的称号:一个有着诗人气质的美学理论家和美育实践家。

在20世纪中国美育的理论探讨和审美实践的历史中,就在各种著述汗牛充栋、各派观点百花齐放、各路大师摩肩接踵的时候,我们恰恰忽略了"美育之父"席勒。今天我们提倡"回到席勒",就是在有关美育的基本原理、核心概念、重要思想等方面,让人性、自由、人格、游戏、艺术、形式等,来一次回望式的正本清源,这些对于当代中国美育的反思和重建,其历史意义和现实价值不可估量。

(二) 继承马克思:使美育高瞻远瞩

在西方文化史上,席勒不但是连接康德和黑格尔思辨哲学的桥梁,而且还是开启马克思实践哲学的先河。朱光潜在比较席勒的《美育书简》和马克思的《1844年经济学-哲学手稿》后说道:"马克思在这部名著里所讨论的问题,如'劳动的异化',人的全面发展,人与自然的统一,最高的人道主义以及艺术在人的全面发展中所占的地位之类重大问题,正是席勒所接触到而且努力要求解决的。马克思在一些论点上可能受到席勒的启发,但马克思和席勒有着唯物史观和唯心史观的根本分歧。"① 继承席勒社会"自由"的思想，马克思在《共产党宣言》里着眼和瞩目于人类理想的大同社会，"每个人的自由发展是一切人自由发展的条件"，不但对社会的美育能激浊扬清，而且对人类的美育境界高瞻远瞩。

其一，揭示"异化"处境，指陈美育的现状。马克思根据资本主义生产的社会化与生产资料的私有化的不可调解的矛盾，揭示了社会生产对社会个体的"异化"处境，认为它带来的严重恶果是："劳动创造了宫殿，但是给工人创造了贫民窟。劳动创造了美，但是使工人变成畸形。……劳动生产了智慧，但是给工人生产了愚钝和痴呆。"② 在这种情形下，一切的美都形同虚设，"忧心忡忡的贫穷的人对最美的景色都没有什么感觉"，对于挣扎在贫困线上的劳动者，所谓的美育也成了纸上谈兵，"对于没有音乐感的耳朵来说，最美的音乐毫无意义"③。就当下而言，借用马克思的思想，日益增长的物质—精神的需求与相对滞后生产—供给的矛盾，社会阶层的固化，社会分配的悬殊，社会公平的阙如，依然让我们处于"异化"的境地，"天赋人权"的社会公平，"多劳多得"的社会正义，并没有在我们的想象中如期而至，所以不进行社会经济制度和政治体制的改革，我们憧憬的美育只能是画饼充饥式的心理安慰。

其二，要求"全面"发展，提出美育的目标。正是因为"异化"的现实，让我们人格分裂、身心分离、苦不堪言、形容憔悴、备受摧残。于是，如何让每个人都能够自由而全面地发展，就成了马克思关于社会解放理论的重要目标。他在《1844年经济学–哲学手稿》里提出了具有美育意义的生命理想："作为一个完整的人，占有自己的全面的本质。"他还在《德意志意识形态》中，批判了私有制社会的分工强加于人的固定化的活动范围之后，展望了未来共产主义社会人的个性全面发展的理想："在共产主义社会里，任何人都没有

---

① 朱光潜：《西方美学史》（下卷），人民文学出版社，1979年，第469页。
② [德] 马克思：《1844年经济学–哲学手稿》，人民出版社，2000年，第54页。
③ [德] 马克思：《1844年经济学–哲学手稿》，第87页。

特定的活动范围，每个人都可以在任何部门内发展，社会调节着整个生产，因而使我有可能随我自己的心愿今天干这事，明天干那事，上午打猎，下午捕鱼，傍晚从事畜牧，晚饭后从事批判，但并不因此就使我成为一个猎人、渔夫、牧人或批判者。"① 当社会分工和职业选择不再桎梏人性的时候，狭义的生活美育将成为最广义的生命美育。

其三，瞩目"自由"境界，阐述美育的意义。美育的理想目标之所以能引导和促进人的全面发展，是因为它是符合"美是自由的象征"的本质定义的。因此，全面发展的人也是自由的人。马克思着眼于人性的全面发展，立足于自由的美妙境界，从人与动物的比较中，见出了人在改造世界和自身过程中的主观能动性。"有意识的生命活动把人同动物的生命活动直接区别开来。……他自己的生活对他来说是对象。仅仅由于这一点，他的活动才是自由的活动。"因为"自由的有意识的活动恰恰就是人的类特性"②。在马克思那里，这个自由境界不仅是个体生命的憧憬，而且还是人类历史的理想，它是人类大同社会所期待的"历史之谜"的解答，这"是存在和本质、对象化和自我确证、自由和必然、个体和类之间的斗争的政治解决"③。由此可见，美育不仅是个体生命实现自由的形式和内容，而且也是人类生命通往自由的途径和目标。

正因为马克思将美育从理性思辨的象牙塔里解放出来，置之于深厚的历史传统和时代舞台，终结了从康德到席勒纯粹性的思辨王国的构建，而使他的科学社会主义理论第一次赋予美育社会革命使命，即如《共产党宣言》最后宣称的："无产阶级在这个革命中失去的只是锁链。他们获得的将是整个世界。"自此，在有关美育"应该是什么"的追问中，马克思不但针对既往的美育理论激浊扬清，而且瞩望未来的美育理想高瞻远瞩，为全面而自由的生命美学的出场，拉开了神奇的大幕。

---

① 《马克思恩格斯选集》第1卷（上），人民出版社，1972年，第37页。
② [德] 马克思：《1844年经济学-哲学手稿》，第57页。
③ [德] 马克思：《1844年经济学-哲学手稿》，第81页。

(三) 批判李泽厚：让美育返璞归真

正如著名学者赵士林在《李泽厚美学》一书开篇所说的那样："李泽厚是当代中国人文社会科学学者中最有学术原创性的哲学家、思想家和美学家。"学术界多有对他的"实践美学"的研究，而鲜有对他的美育思想的批判。不可否认，他首创的诸如"文化心理结构""积淀""实用理性""历史本体""情本体"等概念对丰富美育理论做出了巨大的贡献，并更新了美育研究的基本思维。如果说既往的李泽厚美育思想还停留在实践美学的领地，那么，随着21世纪前后生命美学的兴起，也许超越他已成为历史的必然。今天，当我们站在生命美学的新高度，回看他的美育思想时，让美育带着生命的感觉和心灵的温度返璞归真，这不仅是美育理论建设的义不容辞，而且是生命美学建构的本职工作。

在美育的"应该是什么"的回答中，李泽厚给我们贡献了哪些有着启迪智慧、开启思维的思想呢？

一是美育的功能——以美启真，以美储善，自由快乐。李泽厚高扬人类文明意识的主体性，将人性的结构一分为三："理性的内化"的智力结构、"理性的凝聚"的意志结构、"理性的积淀"的审美结构，在人类由野蛮到文明的美育意义上，"它们作为普遍形式是人类群体超生物族类的确证。它们落实在个体心理上，却是以创造性的心理功能而不断开拓和丰富自身而成为'自由直观'（以美启真）'自由意志'（以美储善）和自由感受（审美快乐）"[①]。显然，美育的这三大功能是紧紧围绕人的知、意、情的心理结构来展开的，在真善美三者的关系上，他没有平行排列，而是从两个方向上展开：一方面围绕"美"——紧紧扣住美育之核心和目的的"美"，用美来引领和带动真与善；另一方面结合"自由"，牢牢把握住科学、伦理和艺术的终极目标和最高境界，让"自由女神引领着我们"前进。因此，李泽厚的美育是广义的人类学美育。

二是美育的路径——悦耳悦目，悦心悦意，悦志悦神。李泽厚说："中国哲学所追求的人生最高境界，是审美的而非宗教的（审美有不同层次，最普遍

---

① 《李泽厚哲学美学文选》，湖南人民出版社，1985年，第169页。

的是悦耳悦目，其上是悦心悦意，最上是悦志悦神。悦耳悦目不等于快感，悦志悦神也不同于宗教神秘经验）。西方通常是由道德而宗教，这是它的最高境界。"① 这三个阶段或三个要素，从表面看，既是审美感受的过程，也是审美效果的证明。然而，李泽厚的高明之处是超越了它们的通常含义，而把它们上升到超越感觉的哲学，超越道德的宗教，在不舍弃而又依托常规审美感受的基础上，直指个体生命灵府，此时的美育就实现了让人"大彻大悟"的涅槃。正如他所说的："'悦志悦神'不停留在传统的'乐陶陶'的'大团圆'的心灵状态中，而是有更高险的攀升；使中国人的体验不止于人间，而求更高的超越；使人在无垠宇宙和广漠自然面前的卑屈可以相当于基督教徒的面向上帝。"② 此之谓李泽厚式的"以美育代宗教"说，其实又回到了"准宗教"的境地。

三是美育的内容——积淀、新感性、天地境界。李泽厚的美学理论博大精深，尽管他对美育鲜有直接阐述。但如果我们把一切与人的生命息息相关的人文社会科学都视为广义的教育学或教育人类学的话，那么，李泽厚的美学理论仍然包含并闪耀着美育思想的火花，其中最能给予当代美育思想资源的莫过于"积淀""新感性"和"天地境界"。

关于"积淀"。李泽厚在《批判哲学的批判》《美的历程》中对此均有论述，他在《美学四讲》里进一步指出："所谓积淀，本有广狭两义。广义的积淀指所有由理性化为感性，由社会化为个体，由历史化为心理的建构行程。它可以包括理性的内化（智力结构）、凝聚（意志结构）等，侠义的积淀则是指审美心理情感的构造。"③ 从美育的角度看，积淀就是人文性形式的孕育、形象的熏育和意味的化育，因此，积淀过程就是美育的过程，积淀的内容就是美育的内容，这不但是"自然的人化"，而且是"存在的美化"，更是"生命的诗化"。

关于"新感性"。针对康德的先验心理自由、席勒的教育人性自由和马克

---

① 李泽厚：《历史本体论·己卯五说》，生活·读书·新知三联书店，2006年。

② 李泽厚：《李泽厚哲学美学文选》，湖南人民出版社，1985年，第454页。

③ 李泽厚：《李泽厚十年集·美的历程卷》，安徽文艺出版社，1994年，第579页。

思的社会现实自由所留下的生命本体自由的遗憾,李泽厚再一次高举起了人性至上和人道主义的旗帜,在《美学四讲》里他鲜明地提出要"建立新感性","所谓'建立新感性'也就是建立人类心理本体,又特别是其中的情感本体"①。"所谓'情感本体',是以'情'为人生的最终实在、根本。"② 如果按李泽厚说的"审美就是自然的人化"③,那么美育就是促使人在认识领域、伦理领域和情感领域更加地充满人性味、人道性和人伦化,尤其如他所醉心的魏晋境界"情之所钟,正在我辈"那样,因为人化即教化,教化即美化,美化即情化。

关于"天地境界"。李泽厚对著名哲学家冯友兰的人生四境界即"自然境界、功利境界、道德境界、天地境界"进行了改造,将其"天地境界"改造为"审美境界"。他说:"唯审美境界(天地境界)则不然。它可以表现为对日常生活、人际经验的肯定性的感受、体验、珍惜、回味和省视,也可以表现为一己身心与自然宇宙相沟通、交流、融解、认同、合一的神秘经验。这种神秘经验具有宗教性,直到幻想认同于某种人格神。"④ 这种"天地境界"联系前文有关美育路径的"悦志悦神"来看,具有"面向上帝"的"更高超越"。然而,"中国没有'沉重的肉身'问题,相反,而是在肯定这个物质性的生存世界,肯定这个'沉重肉身'的重生、庆生基础上来追求精神的超越或超脱,这就是以'天地境界'为最高情感心态和人生境地的审美主义传统"⑤。显然,李泽厚尽管竭力维系"天地人"三才系统中"人才"的主体性地位,但实际上已悄然滑向神秘而不可言说的"天神""地仙"了,美育在"参天地,赞化育"中走向了不可捉摸的虚无缥缈。

---

① 李泽厚:《李泽厚十年集·美的历程卷》,第493页。

② 李泽厚:《实用理性与乐感文化》,生活·读书·新知三联书店,2005年,第55页。

③ 李泽厚:《李泽厚哲学美学文选》,第386页。

④ 李泽厚:《实用理性与乐感文化》,第186页。

⑤ 李泽厚:《人类学历史本体论》,天津社会科学院出版社,2010年,第339页。

不论是以美启真、以美储善、自由快乐的美育功能，还是悦耳悦目、悦心悦意、悦志悦神的美育路径，还是积淀、新感性、天地境界的美育内容，都可视为李泽厚对当代中国美育理论的创造性思想。但是，距离通往真正意义上的美育殿堂，还有一步之遥。批判李泽厚的目的，并不是要否定李泽厚，而是要终止他在有关美育问题上宗教式的"异化"，在"扬弃"他的"悦志悦神""天地境界"的基础上，让美育返璞归真，从他的历史本体和宗教情结中走出来，让他的"人性结构""心理本体""文化积淀""以美启真""以美储善"还有"禅意盎然"和"度本体"等美学思想"批判的武器"都成为美育理论"武器的批判"。

不过，令人欣慰的是李泽厚在美学理论的探索路上，悄然开始由"实践美学"向"生命美学"的转向，这也暗合他所谓的"历史建理性"说法："任何个体的独创性、独特性都是站在这块人类历史的基地上而不断开拓和升高的。"①2005年他在《实用理性与乐感文化》一书中创立了超越历史"积淀说"的生命"情本体"，他说："美学作为'度'的自由运用，又作为情本体的探究，它是起点，也是终点，是开发自己的智慧、能力、认知的起点，也是寄托自己的情感、信仰、心绪的终点。"②2012年上海译文出版社推出了他的《中国哲学如何登场》，继续强调"回归到我认为比语言更根本的'生'——生命、生活、生存了。中国传统自上古始，强调的便是'天地之大德曰生''生生之谓易'。这个'生'或'生生'究竟是什么呢？不是精神、灵魂、思想、意识和语言，而是实实在在的人的动物性的生理肉体和自然界的各种生命"③。尽管这个说法有违他"实践理性""文化心理"的一贯思想，而充满着自然主义的生命意识的危险，但是，这毕竟有了生命原欲的介入和生命美学的临场，我们深信，李泽厚将为新世纪中国的美育思想再立新功！

---

① 李泽厚：《历史本体论·己卯五说》，生活·读书·新知三联书店，2006年，第43页。
② 李泽厚：《人类学历史本体论》，天津社会科学院出版社，2010年。
③ 李泽厚：《中国哲学如何登场》，上海译文出版社，2012年，第4页。

本文以"生命"作为支撑美学理论大厦的支点，以"生命美学"作为开启美育批评的钥匙，按照从生命关怀的缺失、生命意识的重建、生命美学的登场的逻辑顺序，依次开展了美育究竟是什么、美育应该是什么、美育如何是什么的系列质询。或许期待的结果是什么，已经不是十分重要的了，重要的是我们不仅进行了美育的合法性思考，而且论证了生命美学的必然性存在，即缺乏生命美学介入的当代中国美育，已经被"启蒙救亡""改革开放"背景下的教育方针遮蔽了整整一个世纪，在中国文化自信昭示五洲四海、在核心价值观念传遍大江南北、在信仰重建意识深入五脏六腑的今天，我们应该如何理解、要求和期待21世纪的中国美育呢？

首先，它是教育学。如李泽厚所言："教育学——研究人的全面生长和发展、形成和塑造的科学，可能成为未来社会最主要的中心学科。"[1] 其实，只要是以人为本的价值取向，那么，一切与人类生命健康与平安、尊重与信任、充实与完善、和谐与幸福的学问，何尝不是生命的"教育"学呢？

其次，它是审美教育学。如刘士林所言："使审美教育真正地建立在美的本体论基础上，并以它最本来的功能，在智育与德育的对立冲突中，发挥它对人的心理结构乃至整个生命结构的协调作用。"因此，"审美教育在本质上是一种澄明，一方面它能够直观并勇于揭示人在现实中的异化事实，另一方面又以审美活动的方式协调人自身面临的分裂危险，使异化的人性结构复归于自然的平衡"[2]。这说明，任何有价值和筋骨的教育学，在实践意义上不仅要引导现实生命求真向善，更要爱美。似乎可以这样说，教育学在这个意义上，就是生命的美学。

最后，它更是生命的创造美学。如潘知常所言："真正的美学应该是也必然是生命的宣言、生命的自白，应该是也必然是人类精神家园的守望者。"因此，"美学作为人类生命的诗化阐释，正是对于人类生命存在的不断发现新的

---

[1] 李泽厚：《实用理性与乐感文化》，生活·读书·新知三联书店，2005年，第175页。

[2] 刘士林：《澄明美学——非主流之观察》，郑州大学出版社，2002年，第237页。

事实、新的可能性的根本需要的满足,也正是人类生存'借以探路的拐杖'和'走向一个新世界的通道'"①。生命美学视域中的美育,意味着我们不但需要"推翻一个旧世界"的理论阐释,而且需要"建设一个新世界"的行动纲领。美育就是生命的创造美学,它不仅为我们提供了人生"上下求索"的"探路拐杖",而且为我们创造了生命"内外得道"的"新世界通道"。

那么,美育究竟是什么?美育应该是什么?美育如何是什么?这的确是一个哲学美学之于实践美育深奥的理论问题,更是一次生命美学之于生命美育伟大的实践创造。本文的思考,是为了挥舞起生命美学的扫帚,清扫这堆积如山的"奥吉亚斯的牛圈",更是为了高扬起生命美育的利剑,斩断这积重难返的"戈尔迪俄斯之结"。借用马克思在《资本论》第一卷转用《伊索寓言》的典故:"这里是罗陀斯,就在这里跳吧!"不论是美育的合法性思考,还是生命美学的合理性存在,都已经成为"事实胜于雄辩"的罗陀斯。

(刊于《郑州大学学报》2016年第5期)

---

① 潘知常:《诗与思的对话》,上海三联书店,1997年,第4页。

美育本质的双重规定性

⊙冉祥华
⊙商丘师范学院

一

美育的本质即美育的本体存在及其特殊质的规定性,国内外历来都有不同的看法,从而导致了对美育作用与地位的不同认识。20世纪80年代以来,我国学术界对美育的理解开始泛化,对美育本质的认识出现多种说法,较有影响的有"从属论""娱乐论""情感论""完人论""感性论"等。

所谓"从属论"是指美育从属于德育、智育和体育,即认为德育、智育、体育中包含有美育的成分,美育可以不必另提。"从属论"还有另外一种解释,即认为美育是德育的一种手段或途径,是为德育服务的,以德育的目的为目的。坚持上述观点的学者,其立论依据主要是马克思、恩格斯的全面发展说和毛泽东对教育方针的论述。例如,周冠生指出:"毛泽东同志在其个性全面发展的学说中不列入美育……在教育科学是一个了不起的卓见。……个性心理学把人的个性分为低层的自然素质系统、中层的认识素质系统和高层的行为(意志)素质三个层面。德育训练人的行为素质系统,智育促进人的认识能力或智能发展,体育则促进人的自然素质及其与精神(心理)系统之间的和谐而完善的发展。如果有人要在个性全面发展中硬塞进美育，岂非是画蛇添足？"①

显然，"从属论"的观点认为德育、智育、体育中包含美育，这就从根本上否定了美育的独立地位和特殊功能。"从属论"的一个逻辑结果是美育"取消论"。过去这是一种很有代表性的观点，现在坚持的人已经为数不多了。因为，1999年我国政府正式将美育列入教育方针，并且在《关于深化教育改革全面推进素质教育的决定》中明确指出，美育是素质教育不可缺少的组成部分。

"娱乐论"者以蒋孔阳先生为代表。1984年，蒋孔阳先生发表了《谈谈审美教育》一文。他摆脱当时我国美学界对苏联美学理论的依赖，开始借鉴现代西方美学理论，探讨美育的本质问题。在该文中，蒋先生始终把人的尊严和幸福置于最突出的位置，来思考美育的本质和价值。他指出："审美教育……应该首先是一种娱乐教育……生活主要包括工作与学习、休息与娱乐两个方面。……一个全面发展的人，既要懂得工作与学习，也要懂得休息与娱乐。"②

蒋先生认为，美育的内涵非常丰富，美育既是爱美的教育，又是情感的教育、人品的教育，还是艺术的教育，但是美育"应该首先是一种娱乐的教育"。这就是说，他把美育本质的第一层规定性置于娱乐层面之上，其他的规定性都是从属于此的。"在这一角度提出的美育本质论是极为独到的，意义在于，把审美活动的本原性的、本然性的性质还原。审美是一种快感，是一种享受，不管对此有多少种限定，但是首先是作为直接的幸福感来呈现的。"③ 蒋先生的这一观点，对于当时学术界存在的认识论倾向是一种反拨，使美育从玄奥的空洞讨论中走向现实人生。

但是，把美育的本质定位在娱乐层面是值得商榷的。因为蒋先生的"娱乐

---

① 周冠生：《试论艺术教育与美学教育——关于审美素质教育系统与结构的思考》，《教育研究》1996年第11期。

② 蒋孔阳：《谈谈审美教育》，《红旗》1984年第1期。

③ 刘彦顺：《论新时期美育理论的学术进程》，山东大学博士论文，2004年。

论"与传统美育"教化论"有很大的衍生关系。正如蒋先生说的那样,通过"审美方式来打动人的感情,来对人进行教育,使人在心灵深处受到感化和感染",很容易把美育作为伦理教化的一部分,美育的独立性和不可替代性的作用也容易被忽视。

"情感教育论"是一个由来已久的观点。在康德的哲学体系中,人的心理被分为知、情、意三部分,美学是研究情感的科学,所以与此相关的美育自然也会被视为情感教育。20世纪初,王国维、蔡元培、朱光潜等美学家在创建中国现代美学理论时,多作如此理解。受上述美学大师的影响,新时期许多学者都认为美育应当是情感教育。例如,滕守尧指出:"美育,归根结底是一种情感教育,它所要得到的,是一种使人格变高尚的内在情感。"① 有关美育是情感教育的论述,曾繁仁先生的观点是应当加以重视的。1985年,他在《试论美育的本质》一文中,较早地从学理的角度审视了这一命题。他指出:"将美育的本质归结为'情感教育'的基本思想是可取的。"② 他认为:"美育就是借助于美的形象的手段(包括自然美、社会美和艺术美)达到培养人的崇高情感的目的。"③ 后来,曾先生在"情感论"的基础上,吸收中国传统美学思想的精髓,提出了"中和美育论",对美育本质的理解达到一个新的高度。当然,把美育界定为情感教育,学术界同样也有不同的声音。潘必新指出:"对这种观点(指美育是情感教育)细加推敲,就会疑窦丛生。特别是当前心理学界至今对情感一词尚没有一个共同的、统一的认识,那么要进行所谓的情感教育,试问从何着手呢?"④ 杨杰也认为,在心理学界对"情感"一词的厘定还存在差异的情况下,笼统地将美育认定

---

① 滕守尧:《审美心理描述》,中国社会科学出版社,1985年,第348页。
② 曾繁仁:《试论美育的本质》,《文史哲》1985年第1期。
③ 曾繁仁:《试论美育的本质》,《文史哲》1985年第1期。
④ 潘必新:《论美育的使命》,《哲学研究》2000年第6期。

为"情感教育"显然是不妥的。①

所谓"完人论"即认为美育是一种培养完整人格的教育,是一种完人教育。德、智、体、美几个方面都得到发展的人,才能称得上完人;"四育"并行才能称为完人教育。完人教育与"美的教育"意思很接近。所谓"美的教育"实际上是把教育作为审美的对象,讲求"教育"之"美","美"就美在使人身心和谐发展。如李戎指出:"美育从根本上讲,是一种对人的全面教育,是为实现崇高的理想,充分发挥人的潜能,实现人的全面发展的特殊教育方式。"② 很明显,上述界定不是把美育拘泥于情感教育、艺术教育、审美教育、美学教育等范畴,而是从系统论的角度,强调美育的全面育人功能。换言之,该观点主要从美育的目的是培养全面发展的人着眼的。可是,其他教育也旨在培养全面发展的人,所以此观点也未能准确反映美育的本质。而且这种观点还模糊了作为独立成分的美育的性质,夸大了美育的作用,把德、智、体、美"四育"的任务(促进人的全面发展)全加给美育,实际上则无助于美育的实施。

二

近年,受西方生命哲学、存在主义哲学的影响,我国美学界开始运用"感性""生命"等范畴来解释美育问题。尤其是韦伯、海德格尔、马尔库塞等人对工业文明、工具理性的批判,被很多中国学者所接受。为警惕"单面人"的危险,马尔库塞提出通过艺术和审美建立"新感性"。他所说的"新感性",就是把感性从理性的压抑中解放出来,使感性与理性达到和谐统一的,从而以新的感觉方式知觉世界。而能够发挥这种功能,形成和建立"新感性"的,正是艺术和审美。

---

① 杨杰:《当前美育研究中亟待澄清的两个问题》,《江西师范大学学报》(哲学社会科学版) 2004 年第 6 期。

② 李戎:《美学概论》,齐鲁书社,1992 年,第 423 页。

在我国学界,李泽厚先生较早提出了建立"新感性"问题。他指出要从工具本体发展到情感本体,并把情感本体与"新感性"、美感的本质等问题联系起来。在《美学四讲》中,他专门辟出一节论述"建立新感性"。李先生的这一提法意义是重大的,它为美育开拓了应然的空间。然而,李先生这里的"新感性"是从"内在自然的人化"来观照的,内涵限定于通过人类世代文化承袭而不断丰富、巩固和发展起来的心理本体,特别是其中的情感本体。显然,李先生触及美育的本质,但却未能深入,他所说的"新感性"在内涵上仍然是片面的。20世纪90年代后,不少学者开始借鉴西方生命哲学、存在主义哲学的观点,从感性的维度探讨美育的本质问题。1998年,樊美筠在《美育作为感性教育初探》一文中,以工具理性过度膨胀、造成感性能力的迟钝为出发点,探讨了美育的感性教育本质。她指出:"感性即人生之所以然者,它包括人的本能、欲望和情感,是人格的一个重要方面,没有这一方面,人格就会是片面的,甚至是病态的。"对于美育作为感性教育的作用,她指出:"美育作为一种感性教育,是以人们对对象的直接感知为基础的,也是以人的感性不断敏感和丰富为目的的。人的感官如果长期不去感知,就将变得迟钝,就将逐渐退化。美育正为人的感官提供一片广阔的感知天地。"①

1999年,杜卫发表了《感性教育:美育的现代性命题》。他认为,美育作为现代化进程中被提出来的命题,其现代性意义是感性教育。感性与理性自古以来就是美育思想中的核心范畴,但是,古代美育思想总体上偏重于感性的理性化,而现代美育思想则强调理性的感性化。这是不同历史阶段美育的不同意义和作用的体现。他指出:"感性是一个贯通了肉体和精神的个体性概念,它以情感为核心,所以美育被不少学者界定为'情感教育'。但是,由于从严格意义上讲,情感只是感性的一种形式,不可能包含感性这个概念的丰富内涵,

---

① 樊美筠:《美育作为感性教育初探》,《苏州大学学报》(哲学社会科学版)1998年第3期。

因此还是把美育界定为感性教育更合适。"① 他对感性的具体规定是：首先，感性意味着生存的具体性，即个体性。也就是说要尊重个体，发展个性，充分强调和发挥个体的能动性，这是美育作为感性教育的最基本、最关键的宗旨。其次，感性意味着人的"肉体性"，这里"肉体性"不是纯生理学的范畴，而是指人性、人格中与生理有直接关联的方面，如感觉（感官）、知觉、想象、情感、直觉等。再次，感性意味着生命活力。感性以人的本能冲动和情感过程为特征，感性的发达意味着生命活力的充沛。

徐碧辉在《美育：一种生命和情感教育》一文中，则从培养人的生命意识的角度，对美育的本质进行了阐释。她指出："美育本质上是一种生命教育和情感教育。它通过最直接最本真的生命活动——审美活动的激发、培养和引导，直达生命的本源，从根本上对生命存在加以影响和引导，使生命中那些不受理性控制的因素能够符合理性的要求，朝着健康、美好、高尚的方向趋动。……总之，美育是对人的生命本身进行塑造，使之更加完美合理的一种教育。"② 她认为，美育的核心是培养人的生命意识。生命意识是人的作为一种生命的自我意识，其内涵是尊重、珍惜和热爱生命。只有当一个人具有生命意识、能够珍惜和尊重所有生命存在时，他才能真正具有宽广的胸怀，才能不为世俗和眼前的功利所遮蔽，发现生命真正的美。他这里所说的"生命意识"与"感性"是两个不可分离的概念，因为生命本身就是感性的。是故，他结论说，美育从根本上讲就应当是感性的、心灵性的，而不是理性的、知识的、技巧的。

从上述分析可以看出，"感性论"与"生命论"并不矛盾。虽然它们论述的角度和语言表述不同，但阐发的道理却是一致的：美育是诉诸人的整个感性生命存在的。事实上，"感性"（包含"情感"）、"生命"等范畴在内涵和外延上有很大的关联性。如果放弃"二元对立"的思维模式，用整体性来把握美

---

① 杜卫：《感性教育：美育的现代性命题》，《浙江学刊》1999年第6期。
② 徐碧辉：《美育：一种生命和情感教育》，《哲学研究》1996年第12期。

育的本质，我们亦可以说，"美育是一种感性的情感的生命教育"[1]。

当然，从语义学角度讲，"情感"是感性的一种形式，包含不了感性的全部，而"生命"又是一个比"情感""感性"更大的概念，用其来界定美育的本质，显然较为笼统。"感性"则是一个大于"情感"、小于"生命"（比"生命"一词内涵更具体）的范畴，同时，它又包含丰富的内容，既涵盖"情感"又融通"生命"。所以，把美育界定为"感性教育"在内涵上比"情感教育"更丰富，在形态上比"生命教育"更具体。这样一来，思路就比较清晰了：从感性的维度来探讨美育的本质是可行的，也是较切合美育实际的。舍此，将是缘木求鱼，舍本逐末。

在我国，"感性教育论"的提出有着复杂的学术背景。长期以来，占据主流地位的认识论美学、实践论美学，热衷于探讨美的本质的"客观性"问题，人生问题被所谓的"客观性""社会性""必然性"等所淹没。而作为感性存在的人、作为一次性生命存在的人，却完全被疏忽或者遗忘了。部分年轻学者不满足于这种对美的纯理论的思辨式探讨，他们将这种探讨批评为"形而上"，并从生命哲学、存在主义哲学等角度出发，探讨美与人的生存的关系问题，旨在促使美学研究关注当前条件下人的日渐困惑的生存问题，表现出对人类命运的终极关怀。

正是在这样的学术背景下，美育本质的"感性论""生命论"便出现了众多的声音。"感性""生命"等范畴以更加丰富的历史与哲学内涵被美学界提出，同生命本体、人的生存意义以及人类的前途命运紧密相关，并赋予美育更新更丰富的意义。

三

笔者认为，从"感性"的维度研究美育的本质问题是一条比较可行的学术方向，这也符合席勒最初提出"美育"的本意。仔细研读席勒的《审美教育

---

[1] 易健：《现代美育是一种感性的情感的生命教育》，《湖南教育学院学报》1999年第4期。

书简》可以发现，席勒提出美育的出发点是人性和美的统一性。他指出："从人的天性的概念来推导美的一般概念……有了人的理想也就有了美的理想。"①这就意味着，美与人性的理想是一致的，即感性与理性、内容与形式、肉体与精神的完善和谐。如果说这个出发点还是思辨性的话，那么席勒提出美育的现实性的出发点则是人性的缺失，即理性过分压抑感性和肉体。席勒具体描绘了人性分裂的现状："现在，国家与教会，法律与道德习俗都分裂开来了；享受与劳动，手段与目的，努力与报酬都彼此脱节。人永远被束缚在整体的一个孤零零的小碎片上，人自己也只好把自己造就成一个碎片。他耳朵里听到的永远只是他推动的那个齿轮发出的单调乏味的嘈杂声，他永远不能发展他本质的和谐。他不是把人性印在他的天性上，而是仅仅变成他的职业和他的专门知识的标志。……死的字母代替了活的知解力，训练有素的记忆力所起的指导作用比天才和感受所起的作用更为可靠。"②

在席勒看来，现代文明的病症就在于理性过分压抑感性、情感和肉体，从而导致人心灵丰富性的消失。他指出："分析功能占了上风，必定会夺走幻想的力与火，对象的范围变得狭窄，必定会减少幻想的丰富性。因此，抽象的思想家常常有一颗冷漠的心，因为他们的任务是分析印象，而印象只有作为一个整体时才会触动灵魂；务实的人常常有一颗狭隘的心，因为他们的想象力被关闭在他职业的单调的圈子里因而不可能扩展到别人的意象方式之中。"③

席勒提出，不仅需要理性的一般法则，还需要感性的特殊法则，以保持或恢复个体性格的多样性，从而保证人格的完整。"培养个别的力，就必须牺牲这些力的完整性，这肯定是错误的；……通过更高的艺术来恢复被艺术破坏了

---

① ［德］席勒：《审美教育书简》，冯至、范大灿译，北京大学出版社，1985年，第88页。
② ［德］席勒：《审美教育书简》，第30页。
③ ［德］席勒：《审美教育书简》，第32页。

的我们天性中的这种完整性，也是我们自己的事情。"① 这里，"更高的艺术"指的就是美育，其着眼点正是人的感性。

由此可见，席勒论述的美育的这种意义完全是现代化进程的产物，也是针对现代化所发生的文化危机而提出的一种生存理想和策略。② 正如马尔库塞评论的那样："他（席勒）诊断出文明的病症就在于人类的两种冲动（感性的冲动与形式的冲动）之间的对立，以及对这种对立的残暴'解决'：以理性压抑的既存专制体制去压倒感性。所以，对立着的冲突的和解，就涉及取消这个专制——也就是说，恢复感性的权利。……换言之，拯救文明将包括废除文明强加于感性的那些压抑、控制。而这些正是《美育书简》所欲阐发的义理。"③

追溯席勒提出美育的本意，理解美育的本质就比较简单了：美育首先是感性教育，它通过审美能力的培养，发展人的感性。这是美育本质的第一层规定性。美育以发展感性为目的，它就不同于德育和智育。德育和智育以发展理性为目的，这样就把美育与德育、智育区别开来，美育因此可以作为一种独立的教育成分，与德育、智育、体育相并列。另外，美育还有第二层规定性，即通过发展人的感性促进感性与理性的协调发展，以此来塑造完美的人性。这就是说，美育作为感性教育，"发展感性"既是目的也是手段。在第一个层面，"发展感性"是目的，在第二个层面，"发展感性"则是以塑造完美人性的手段出现的。这一点，席勒在第20封信中的一个尾注里表述得非常清晰："有健康的教育，有审视力的教育，有道德的教育，也有趣味和美的教育。后一种教育的意图是，在尽可能的和谐之中培养我们的感性力和精神力的整体。"④

---

① ［德］席勒：《审美教育书简》，第34页。
② 杜卫：《感性教育：美育的现代性命题》，《浙江学刊》1999年第6期。
③ ［美］马尔库塞：《审美之维》，李小兵译，广西师范大学出版社，2001年，第55~56页。
④ ［德］席勒：《审美教育书简》，第105页。

这里所说的"趣味和美的教育"指的就是美育，其基本任务是通过审美能力的培养，来发展人的感性，但是美育的终极目的不在于"感性的发达"，而在于"尽可能的和谐之中培养我们的感性力和精神力的整体"。这样，就把美育提到了一个新的高度：综合、中介、协调。也就是说，通过德育、智育培养的理性力量，通过美育培养的感性力量，最终还要通过美育最后起综合协调作用，即将感性与理性有机融合在一起，以此来塑造完美的人性。

美育的这种综合、中介作用，正是由美育本质的第二层规定性所决定的。曾繁仁先生借鉴中国传统美育"致中和"的思想，提出了"中和美育论"，核心观点表达的就是这个意思。[①] 他以孔子《论语》中君子的培养为例作了说明。孔子说："兴于诗，立于礼，成于乐。"其中"兴于诗"意思是指从诗歌中获得启发，"立于礼"是指从礼教中掌握处世和做人的规范，"成于乐"是指君子的培养要通过"乐教"才能最后完成。"成"即含有综合、中介、协调之意。德育、智育、体育都各有其独特的不可替代的作用，但和谐人格的最后塑造还得依赖美育对其他各育的综合、协调。换句话说，无论一个人接受多少文化知识教育和道德规范教育，但是只有在他接受了美育之后，文化知识教育、道德规范教育才能最后发挥作用，才能最终成为一个"和谐的人""全面发展的人"。

需要指出的是，部分学者对席勒的这一尾注是误读的，因而导致了对美育的两种片面理解：一是仅把"美育"作为同"体育""智育""德育"并列的教育，强调美育是发展审美能力的教育，但却忽视了美育对人格培养的综合、中介作用。比如，有的学者指出："美育即审美教育，它要求培养年轻一代感受美、鉴赏美和艺术创作的能力。"二是把"美育"理解为"教育本身"，"美育"即美的教育，美的教育应当是使"感性和精神力量的整体达到尽可能和谐"的教育。按照这种理解，"美育"仅在德育、智育、体育之间和在每一育之中寻找协调，它实际上是一种抽象的"个性全面发展"的概念。这种认识显然消解了美育的独立地位和发展审美感受力的作用。

---

① 曾繁仁：《走到社会与学科前沿的中国美育》，《文艺研究》2001年第2期。

对美育本质认识的上述两种片面倾向，归根结底是因为没有认识到美育本质的双重规定性，而是孤立地、片面地去看待、理解美育。笔者的基本观点是，美育作为一种独立的教育成分，首先是感性教育，其基本任务是通过审美能力的培养来发展人的感性力量。但是作为感性教育的美育，其最终目的不在于发展人的感性，而在于通过发展感性促进感性与理性的协调发展，以此来塑造完美的人性。这正是作为感性教育的美育的特殊性之所在。

（刊于《郑州大学学报》2009年第2期）

生态审美与生态美育的任务

⊙丁永祥
⊙河南师范大学文学院

近代以来，随着工业化的迅速推进，出现了日益严重的生态危机。这种情况的出现，与人现存的生存观念、文化价值及实践方式密切相关。近代科学技术在增强人战胜自然力量的同时，也带来人主体意识的膨胀。人类中心主义文化的不断强化，导致主体行为的无限扩张，从而给自然也给人类自己带来无穷无尽的灾难。要改善这种状况，人类不只是从技术上加以改进，更重要的是从思想上和文化上加以反思。从审美入手，高标自然的精神价值，寻求生态的多重意义，从精神上建立与自然平等和谐的关系，是从本质上对抗物质主义、解构人类中心主义、建立人与自然和谐关系的有效途径。生态美学认为，自然不但是我们生存的物质基础，而且是我们与之交流情感、获得心灵慰藉、怡志畅神的精神家园。当前充分认识自然生态的精神价值，使在现代科学技术解构下"祛魅"的自然重新"复魅"，恢复和彰显自然的神圣，是我们面临的一个重要问题。传统的生态教育过分强调自然的物质价值，不利于人们从精神上建立与自然平等的关系。大力开展生态审美教育，充分认识自然的精神价值，是从根本上改变人的意识、实现人类生态化生存和可持续发展所必不可少的工作。为此，本文试就生态美育与生态教育和普通美育的异同及生态美育的任务作一些探讨。

一

所谓生态美育，就是以生态原则为基础，把生态原则提升为审美原则，通过生态审美实践，培养人的生态审美情感，提高生态审美欣赏能力和创造能力的教育。它是生态学、美学、教育学的有机结合，是重在进行生态观、生态审美观、生态生存观的教育。[①] 生态美育作为一种新的美育理论，不同于普通的审美教育，也不是一般的生态教育。生态美育以生态美学理论为支撑，遵循普通审美教育的规律，与生态教育和普通美育既有密切的联系，又有重要的区别。

生态美育与生态教育密切相关。生态美育以生态规律和知识为基础。生态教育所关注的内容如生态的系统性、物质循环、环境污染、可持续性发展等，也都是生态美育要关注的。从追求目标上讲，生态美育与生态教育具有一致性。它们都是要通过教育使受教育者认识到生态的价值，保护生态，实现人与自然的和谐发展。生态美育中包含有大量生态教育的内容，从某种程度上来说，它们难解难分。

但生态美育与生态教育又有重要的区别，主要表现在：第一，生态美育与生态教育的性质、目标不完全相同。生态教育是科学教育，重在传达知识，掌握生态规律，重理性和客观性。而生态美育是人文教育，它虽然包含有知识性，但更重要的是从人的存在出发，关注人的生态意识和存在观。与生态教育的理性特征不同，生态美育更重情感。生态教育在生态知识教育基础上意欲建立人的生态观。而生态美育则是基于生态观之上的存在观的教育，其目的是提升人的生存境界，实现人的"诗意栖居"。生态美育就是从存在论的高度探究人与自然存在的最佳模式。因此，生态美育是一种更宏观、更切近自然和人的生存本质、对人更有影响力的教育。它比单纯的生态教育具有更广阔、更深远的意义。第二，生态美育与生态教育的内容不完全相同。生态教育主要以生态

[①] 丁永祥、李新生：《生态美育》，河南美术出版社，2004年，第34页。

知识为主，生态美育则从单纯的生态知识教育升华到价值观、伦理观、审美观和存在观的教育。生态美育是对世界更深层规律的把握，世界的和谐性、动态平衡性、可持续性、审美性等是它的重点。生态价值观、生态伦理观、生态审美观是它的核心。第三，生态美育与生态教育运用的方法不同。生态教育作为科学知识教育，主要运用的是摆事实、讲道理的理性教育方式。生态美育作为审美教育，则是从形象入手，通过生动形象的生态美来打动受教育者，激起他们内心深处对生态美的追求和渴望。在生态美育的过程中，应该避免单纯的说教，要让人们多参加生态美的欣赏实践，让人们在对生态美的体悟、感受中受到教育。这种教育更容易打动人，对人的影响也更深远。

生态美育与普通美育有密切的关系。从依从关系看，生态美育包含在大的美育概念之中，就其性质来讲都是美育。美育的基本性质、任务、目标都适用于生态美育。如美育的基本目的是通过美的熏陶，培养受教育者的性情，提升他们的人生境界，实现审美确立。生态美育也是要通过对人生态情感的培养，提高人的生存意识，实现生态审美确立。生态美育是情感教育，不是理论说教，生态美育要通过生动形象的生态美，培养受教育者对生态的热爱。从形象入手，动之以情，是生态美育的重要特点。生动妩媚、款款生情、魅力四射的生态美，具有勾魂摄魄的力量。沉浸在自然的美景中，宠辱皆忘，流连忘返，没有人不被其美所征服。生态美育与生态教育、普通美育的联系是密切的、不可分割的。生态美育的不断发展、深化，依赖生态教育与普通美育的不断深化与发展。

但生态美育与普通美育也有很大的区别。其最重要的区别就是生态意识和生态原则介入审美之中。普通美育中没有生态概念，或者说不强调生态原则。在普通美育中，虽然也重视自然美的美育作用，但它与生态美育的概念完全不同。普通美育的潜台词是人类中心主义。人对自然美的欣赏不是平等的交流，而是人对自然的观照、观念的灌注和移情。自然美审美的基础是自然的人化。人在这个过程中是主要的、关键的、中心性的。人是自然美的发现者、欣赏者和创造者。人对自然的欣赏是俯视的、高屋建瓴的、单向度的，是人对自然的情感投射和实践的创造。自然是从属的、被动的，与人是不平等的。生态美育中所理解的人与自然的关系不是这样。生态美育强调的是万物平等、民胞物与、天人合一。人与自然是平等的和谐的关系。这里不存在谁改造谁的问题，而是适应与和谐共生。人虽然有实践能力，但当他们处理与自然的关系时必须尊重自然，遵循生态的规律，按生态规律办事。任何对自然的强行改造和规律的破坏都是不美的，是不能容忍的。当今备受关注的肯定美学更提出了"自然全美"的看法。如卡尔松就指出：全部自然世界都是美的，"所有未被人类玷污的自然，在本质上具有审美的优势"[①]。这些研究者坚持认为，原生态的荒野甚至比"改造了"的自然更有审美价值。他们把生态美的自然性提到了相当的高度。生态审美就是要在更大的程度上尊重自然，重视自然的客观规律。生态审美观的引入，丰富了美育的思想，拓展了审美的视野。生态审美思想的确立使人更有可能切近自身的存在本质，找到生存的本真意义。浪漫的"诗意生存"召唤着每一位热爱生态美的人。在这一光明大道上人到底能走多快、多远，这就取决于生态美育开展的状况。

二

生态美育的内容很多，在具体的工作中至少应该完成这样三个方面的任务：

（一）培养生态审美意识。生态审美意识是生态审美活动的基础。人们只有拥有了生态审美意识，才会主动地去开展生态审美活动。"环境问题由人类对自然的认识和价值观念的偏差所造成，必须彻底转变自身的自然观，克服错误的思维方式，才能从根本上解决当前所面临的环境危机。"[②] 长期以来主客二分的哲学观念和与自然斗争的思想左右着人们。人总是以斗争的态度对待自

---

① 彭锋：《"自然全美"及其科学证明许卡尔松的"肯定美学"》，《陕西师范大学学报》（哲学社会科学版）2001年第4期。

② 王维：《人·自然·可持续发展》，首都师范大学出版社，1999年，第16页。

然。征服、奴役成了人们挂在口头的关键词。其结果导致了一系列环境和社会问题，将人类引入灾难深重的危机之中。生态的规律证明，世界的有序发展，来自于其内部的和谐运动。只有在和谐平衡的状态下，生物圈才会有效地运转，各生命体才能得以更好地生存。无休止的斗争只能带来生态的破坏和灾难。因此，进行生态审美我们就要首先转变观念，把非生态的观念转变为生态的观念，抛弃那种斗争的、征服的观念，代之以追求和谐、合作、平衡的意识。"要建立可持续的生存世界，就必须克服现存的主客相分、重权轻责、分体冲突、膨胀的世界观、人生观，确立整体和谐、相互依存、至诚为本的新的世界观、人生观。"① 生物圈是一个整体，其中的各种因素互相关联、相互依赖，某些因素的变化、消失会影响到系统其他因素的变化。如蛇的减少可能会引起老鼠的泛滥。虎、狼等食肉动物的消失可能会导致鹿、兔等食草动物种群的恶性膨胀。正是生物圈中各生命体相互依赖、相互协调，构成了丰富多彩的生命世界。相互依赖、和谐共存是生态中各生命关系的本质。因此，树立整体、平等、和谐的生态观是人正确处理与自然关系的基础。同时我们还要看到，生态之美是一种过程之美。任何一种生命，其结果也许是毫无意义的。生命的意义就在于其完成生命的过程。无数生命生生死死的循环，带来了自然界生生不息的无限生机。罗尔斯顿说："衰老生命的毁灭，常常导致年轻生命的复兴。无序和衰朽是创造的序曲，而永不停息的重新创造将带来更高级的美。"② 生态之美正在于其生生不息的循环延续之中。人生的追求不是生命的结果，而在于生命过程的意义。当代生态美学家徐恒醇指出："在整个人类的历史长河中，任何一个人的成功或成就都只有相对的意义；任何个人的成功也都是在其他人的配合下实现的。因此，人的生命之美应该是一种过程之美。美在

---

① 丁永祥、李新生著：《生态美育》，河南美术出版社，2004年，第32页。

② [美]霍尔姆斯·罗尔斯顿：《环境伦理学》，杨通进译，中国社会科学出版社，2000年，第328页。

生命过程之中。"① 把生命理解为一种追求平衡的过程，追求平等、和谐，才是人生存的本质，也是生态审美的核心。

（二）树立生态审美理想。审美理想是人类审美活动的动力之源。拥有什么样的审美理想，就会有什么样的审美活动。如今某些人行必专车，食必野生动物，追求一次性消费，暴殄天物，似乎个人消耗的资源越多就越好。这些都是由其畸形的、非生态的生活理想造成的。这些人不懂得生态原则，不知道什么才是人类应然的追求。与生态的规律相违背，到头来得到的不是幸福，而只能是难以下咽的苦果。要进行生态性的生存，就必须首先树立生态审美理想。

生态审美理想就是以生态原则为基础，追求自然、和谐、平衡和过程之美的审美愿望。它基于生态意识，是生态审美更明确、更直接、更具体的理性力量。建立明确的生态审美理想，会引导我们更加明确、有效地追求生态审美，进入生态审美的高级境界。如前所述，和谐是生态美的基础。因此，追求和谐应是生态审美理想的重要构成内容。从人与世界的关系看，所谓和谐主要包括三个方面的内容：客观世界内部的和谐、人际关系的和谐和人与世界关系的和谐。和谐的自然环境是一切生物生存的基础。适宜的温度、新鲜的空气、完整的食物链、持续的能量供应、生物的多样性等，这之中任何一个因素的破坏都可能会影响整个生物圈的平衡，也会危及人的存在。所以珍惜、维护自然的平衡、和谐，是我们的基本任务，也是生态审美理想的基本内容。人与人的和谐是人类存在的必要条件。历史事实证明，人与人之间只讲斗争是没有出路的。相互攻击、不合作甚至战争，这些都只能使人的生存状况更糟糕。战争给人类带来的创伤、损失大家有目共睹。合作、和睦、互利互惠才是现代人与人之间正确的关系。中国人民大学教授张立文先生总结东亚文化传统提出了"和合学"，很精要地概括了这一关系。他指出："各民族、种族、国家、社会、文化、他人以及贫富、集团之间，都应相互和生，和生才能共荣共富，否则就会

---

① 徐恒醇：《生态美学》，陕西人民教育出版社，2000年，第121页。

走向共亡。"① 最后，人与世界的和谐应该说是生态审美关系中最重要的内容。人依赖世界，世界也需要人。只有两者的关系走向和谐，人类才能获得真正的幸福。事实上这种和谐并不难实现。因为人与自然本来就是一体的。人由进化而来，自然是我们真正的家和根。人只有回到自然中才能感到真正的幸福。这就是为什么久居城市水泥森林的人们来到高山之巅、雪域高原、森林草地后心旷神怡，产生像回到了家一样的感觉的原因。总之，追求世界内部的和谐、人与人的和谐、人与世界的和谐是生态审美理想的重要内容。生态审美教育的任务，就是将这些意识内化为人们的现实理想，造就出更多的热爱自然、珍惜生态和谐、追求生态美的社会新人。

追求人与自然的和谐在中国有着悠久的历史传统。"天人合一"思想长期影响着中国人与自然的关系。与天地"和"一直是中国人最崇高的理想。这一点可以从古往今来诸多的艺术作品和思想家的言论中看出。宋人张孝祥的词《念奴娇·过洞庭》所描绘的那种"玉鉴琼田三万顷，著我扁舟一叶。素月分辉，明河共影，表里俱澄澈"的境界不仅引发了词人"不知今夕何夕"的审美感慨，同时也感动了多少向往这种境界的读者。范仲淹《岳阳楼记》里所描写的看到洞庭湖的春和美景宠辱皆忘的愉快心情，正是人与自然同化的形象描绘。千百年来的审美实践证明，自然是人类相亲相爱、沉醉迷恋、荡涤心灵的家。与自然同化的境界是人生审美的最高境界。因此，亲近自然、热爱自然、保护自然，通过对自然的审美追求，达于"心斋""坐忘"之至境，应是人类最执着的审美理想。生态美育中我们应特别加强这方面的教育。

（三）引导生态审美生活。生态美育的最终目标是使人们实现生态审美生活，促进世界的和谐发展。引导生态审美生活，首要的应是培养人们的生态审美情感。因为情感是决定人行动的内在力量。人们只有充满了对生态之爱，才会积极地去追求生态美，进而去创造生态审美生活。美所蕴含的充沛情感感染着每一个欣赏它的人，触动着欣赏者的心灵。生态美育中我们应充分利用美的

---

① 张立文：《和合与东亚意识》，华东师范大学出版社，2001年，第46页。

这一特性，着重培养人们对生态的感情。如果社会的每一个人都能成为热爱生态美、积极追求生态美、向往诗意化生存的人，那么我们的生态审美活动就会广泛地开展起来，过上生态化的审美生活就不仅仅是梦想。

生态审美欣赏和生态审美创造是生态审美活动的主要内容。比较而言，生态审美欣赏是开展得最为广泛的活动。生态美育中应该高度重视生态审美兴趣的培养和鉴赏力的提高。只有更多的人具有了较高的生态审美能力，生态审美活动才能广泛地开展。生态美育的最终目标是为了推动生态审美生活的创造、促进世界的和谐发展。生态审美人应该有较强的生态审美创造能力。因为只有拥有了较强的生态审美创造能力，才能有效地纠正非生态的行为，改变不符合生态规律的现实存在，创造生态化的审美生活。但值得我们注意的是，生态审美创造与普通审美创造不同，生态审美创造首先应该是对生态自然性的维护。即不是积极地改造它什么，而是积极地去维护它的合规律存在，去尊重、适应它的规律，与之融合。面对我们尚不能完全把握的自然，我们应当提倡"无为"。"无为"在这里就是尊重、维护自然生态的规律，而鲁莽地"有为"则很可能破坏自然的和谐，这一点已为许多的教训所证实。美国自然保护区里狼与鹿的故事，人们毁林造田、毁草原造田所带来的后果，是众所周知的。有时尽管我们是出于好心，但结果往往事与愿违。所以在自然面前我们宁愿更多地"无为"。当然，重视维护生态的自然性并不是说人们在生态美的创造上一点作为也没有。相反，在尊重生态规律的条件下，适度地进行生态的创造不仅是可能的，而且是必要的。以往的实践证明，我们在许多生态美的创造中取得了成功。如沙漠的治理、荒山的绿化、生活环境的美化、污染的治理、物种的人工优化等都显示出人在生态美创造中的能动作用。懂得了生态规律，按照生态规律进行创造，人类在此是大有可为的。尤其是在人的社会精神生态领域，更是要依靠人的主动作为才能得以改善。所以我们应当在了解生态规律的前提下，充分发挥人的能动性，通过我们的劳动创造，使自然和社会变得更为和谐，更适宜于人和其他所有生命的生存。

三

生态美育任务的完成，依赖于我们实践中多方面的努力。首先，政府应该高度重视生态美育。政府在社会的生态化建设中起着主导作用。在政府的积极倡导下，全社会都来关注生态美育，形成一定的社会风气，生态美育就会很好地开展起来。美化人类生存环境（包括社区生活环境、自然环境和社会人际环境），让人们生活在一个优美、和谐的环境中，处处体验到生态的美，这非常有利于生态美的开展。社会上还应设立一定的生态审美教育基地。生动形象的生态美，是进行生态美育最好的教材。大力建设风景名胜区，开辟新的旅游区，建设博物馆、教育中心，美化城乡人居环境，都是进行生态美育不可缺少的社会行动。当然，光有政府的重视还不行，生态美育还需要广大民众的广泛参与。因此，做好生态美育的宣传教育工作，引起整个社会的广泛重视，也非常重要。其次，学校是生态美育的重要阵地。青少年是未来社会生态化建设的生力军。他们的生态审美意识能否确立，关系到未来社会生态化建设的成败。因此，青少年的生态审美教育是生态美育的重点。学校是青少年接受教育的重要场所，也是生态美育的重要阵地。学校的生态美育需要各级教育管理部门和学校领导高度重视。管理者应该拥有生态美育意识。只有管理者重视了，有了具体的规章和依据，学校才有可能按章执行。同时广大教师也必须有生态美育意识。因为学校的生态美育主要是通过教师来实施的。教师以身作则，把生态美育的思想融入教学中，是学校生态美育成功的关键。教材建设是学校生态美育的重要环节。编写适合各年龄段使用的生态美育教材，是学校生态美育必须首先解决的问题。目前，中小学都有的"环境教育读本"，可以把生态审美思想融入其中。同时在学校的各科教学中将生态美育思想渗入其中。尤其像生物、语文等学科，它们本身与生态和审美密切相关，充分发挥这些学科的优势，不失时机地开展生态审美教育，一定会收到良好的效果。其次，家庭是生态美育的基本单位。审美教育历来重视家庭的教育。针对青少年的生态美育，家庭起着更为重要的作用。家庭的生态美育，一方面表现在家长的示范作用，另一方面来自于家庭环境和家庭的各种活动中。家长对生态美的欣赏和追求对孩子具有重要的示范作用。家长的趣味、情感和活动，会潜移默化地影响到孩子。因此，提高家长的生态审美水平、积极开展生态审美活动，是家庭美育的先导。同时家庭里优美的环境、和谐的人际关系，也必然会对孩子产生良好的影响。孩子的生态审美活动在多数情况下取决于家庭的计划和家长的带领，如旅游、参加维护环境的公益活动等，对没有独立行动能力和经济能力的孩子来讲，在更多情况下是由家长带领进行的。因此，家长的生态审美教育意识和家庭教育计划，对青少年的生态审美教育也有着关键的影响。家庭的生态美育应该作为一种有意识的、长期的活动来进行。

　　人的问题始终是生态可持续发展中的关键问题。"生态失衡的根本原因是人的发展的失衡。要解决生态问题，必须首先解决人的问题。"[1] 人类生存环境的改善、生存质量的提高需要大量懂得生态规律、热爱生态美、追求生态生存的"生态人"。生态美育肩负着培养"生态人"的重要任务。高度重视生态美育，充分发挥其在建立人类精神生态平衡中的作用，在社会各个阶层，尤其是青少年中，广泛开展生态美育，应是我们未来工作中的一项重要任务。

（刊于《郑州大学学报》2005年第4期）

---

[1] 丁永祥：《生态美育与"生态人"的造就》，《河南师范大学学报》（哲学社会科学版）2004年第3期。

功能论思想模式与生活改造论取向
——从"以美育代宗教"理解现代中国美学精神的发生

⊙王德胜
⊙首都师范大学美育研究中心

整整 100 年前,蔡元培在《以美育代宗教说》中号召中国人"舍宗教而易以纯粹之美育"①。自此,作为中国社会现代进程中最具精神召唤力的思想主张之一,"以美育代宗教"也成为具体引导中国人从生活改造的实践意愿出发,谋划现实社会与人生发展前景的一种思想逻辑——现实生活中我们既然不能直接由传统接续出足以保持人的精神持久的内在信仰,而精神信仰的有无却决定着生活现实乃至整个人生实践的方向性差异,那么,为现实中的中国人和中国社会寻找可以加以实践的精神持久之道,就是有效改造生活现实、不断完善中国人精神结构的必然。

一

把蔡元培的这一思想主张及其内在逻辑放到现代中国美学精神的发生问题上来看,可以认为,"以美育代宗教"的提出,实际内含着特定的功能论思想建构模式,它深刻影响了同时期及以后中国美育思想的形成及实践选择,并且也极具代表性地体现了现代中国美学的特定精神旨趣。

毫无疑问,借助康德哲学"知、意、情"三分并以情感作用为居间中介的

---

① 蔡元培:《以美育代宗教说》,《蔡元培美育论集》,湖南教育出版社,1987 年,第 46 页。

致思路径,蔡元培在对原始宗教所具有的知识、意志、情感统合功能进行大致分析的基础上,亦即所谓"知识作用之附丽于宗教者","意志作用之附丽于宗教者","情感作用之附丽于宗教者","最早之宗教,常兼此三作用而有之",而"当时精神作用至为浑沌,遂结合而为宗教,又并无他种学术与之对,故宗教在社会上遂具有特别之势力焉"①,实质性地表达了一种有关美育功能的现代性观念:为社会和人生的长远发展以及人的现实生活提供真正有力的价值精神,必须具备一种新的、真正有力的精神纯化能力,而这一能力就体现为美育的具体功能实践。面对中国人、中国社会的生活实际,美育的现代发生正在于能够以一种纯化人的实际精神感受的方式,持续地引导人从生活现实中走出来,走向一个自由、普遍和进步的人生境界。应该说,这也正是蔡元培反复强调在科学与社会进步过程中的宗教精神业已丧失自身原始能力、不可能真正提供足以解决现代社会中人的精神问题的原因所在——在这里,对于功能满足的要求被突出地放在了一个十分具体的生活现实层面。

这一点,在1930年蔡元培发表的《以美育代宗教》一文中有着同样明确的体现。他之所以反对"以宗教充美育"而坚决主张"以美育代宗教",就是因为"美育是自由的""进步的""普及的",是面向"纯粹的美感"。这种能够在生活的具体活动中指引人的情感走向的"纯粹性"的功能,不可能从那种统合功能业已瓦解的宗教强制性、保守性和封闭(有界)性中获得。所以,即便"宗教中美育的原素虽不朽;而既认为宗教的一部分,则往往引起审美者的联想,使彼受智育、德育诸部分的影响,而不能为纯粹的美感"②。显然,之所以美育可以"代宗教"而不是反过来以宗教代行美育功能,既是由于宗教精神本身存在极端功利性的问题,更主要的还是宗教原始统合功能随着科学昌盛、社会进步而不断衰落的结果。换句话说,蔡元培的目的在于为现实生活中的人另外找到一条整合精神的实践路径。在他的思想逻辑中,人的情感作为认识活

---

① 蔡元培:《以美育代宗教说》,《蔡元培美育论集》,第43~44页。

② 蔡元培:《以美育代宗教》,《蔡元培美育论集》,第207页。

动和实践活动的中介，只有朝向更为高尚和纯粹性的方向发展，才可能真正引导人在有限的生活现实中摆脱强制、保守和封闭的精神陷阱，现实生活也才能通过以情感纯化为根本的美育功能实践，"提起一种超越利害的兴趣，融合一种划分人我的僻见，保持一种永久平和的心境"①。在这里，我们明显看出一种不同于一般知识论立场而体现了鲜明的功能论建构维度的思想模式——知识论范畴的宗教信仰的解体，为美育在现代生活中的具体实践提供了新的前景。美育功能的现代发生，使得曾经被宗教异化和利用的情感中介作用获得重新启用，并且在审美活动的具体展开中不断满足人在生活现实面前的精神纯化需要。"既有普遍性以打破人我的成见，又有超脱性以透出利害的关系；所以当着重要关头，有'富贵不能淫，贫贱不能移，威武不能屈'的气概，甚且有'杀身以成仁'而不'求生以害仁'的勇敢。这种是完全不由于知识的计较，而由于感情的陶养。"只有这样"才算是认识人生的价值了"②。也因此，美育取代宗教而作用于人的精神发展，既可以有效克服宗教知识的精神局限，同时也扩大了审美在人的生活现实中的实际作用。

"对于现代美育来说，内在于美育价值意图、外显于美育操作性活动的功能实践问题，直接联系着对'为什么要美育'和'美育可以做什么'问题的回答，也进一步突出了从功能论立场考察和把握现代美育品格的必然性。"③ 这种积极凸显审美在生活现实中的具体作用的功能论思想建构模式，其实已在思想的发生层面，通过把现代中国人和中国社会的精神信仰问题置于现实思考的前沿，以"美育"为理论旗帜，独特地开启了现代中国美学精神的发生过程。事实上，现代中国美学精神的整体建构，就是在现实地关注中国社会和中国文化建设、中国人生活处境的基础上，围绕与之相应的人生实际问题的精神解决

---

① 蔡元培：《文化运动不要忘了美育》，《蔡元培全集》第 3 卷，中华书局，1984 年，第 361 页。

② 蔡元培：《美育与人生》，《蔡元培全集》第 3 卷，中华书局，1984 年，第 267 页。

③ 王德胜：《"以文化人"：现代美育的精神涵养功能》，《美育学刊》2017 年第 3 期。

之道而展开的。以实现人的精神纯化作为思想发生的起点,不仅是蔡元培"以美育代宗教"这一具体学说的基本核心,同时也直接联系着现代中国美学精神的建构性展开。也可以说,"以美育代宗教"的提出,以及现代中国美学精神的发生、发展,在鲜明地突出特定理论活动的现实意图,以学理方式充分张扬精神层面上的审美"救俗"可能性的同时,往往又非常明确地把这种精神的"救俗"活动与生活现实的改造前景直接联系在一起。就像宗白华所期待的,"人生不复是殉于种种'目的'的劳作,乃是将种种'目的'收归自心兴趣以内的'游戏'。于是乃能举重若轻行所无事,一切事业成就于'美'。而人生亦不失去中心与和谐"。"达到这种文化理想的道路就是'美的教育'。'美的教育'就是教人'将生活变为艺术'。"而如果"人人能实现这个生活理想,就能构成一个真自由真幸福的国家社会。这个理想在现在看来似乎迂阔不近时势,然而人类是进步的,我们现代的生活既已感到改造的必要,那么,向着这个理想去努力,也不是不可能的"[①]。很显然,通过强调审美所具有的精神建构功能来积极调适人的现实生活方向,标举高尚的新生活精神来取代甚至重塑中国人的现实追求,进而实现中华民族新文化建设的新理想、新方向,乃是现代中国美学的一个基本精神主调。

二

在"以美育代宗教"这一思想主张中,通过美育的具体实施以实现现实生活的精神超越的必要性与可能性问题,被蔡元培放在了全部思考的核心。它一方面联系着蔡元培"超功利"的美育本体观,另一方面也体现了他对"情感陶养"作为现代美育功能实践的内在自觉。

早在1912年发表的《对于新教育之意见》中,蔡元培就曾经明确提出:

---

① 宗白华:《席勒的人文思想》,《中国现代美学名家文丛·宗白华卷》,浙江大学出版社,2009年,第61页。

"现象世界与实体世界之区别何在耶？曰，前者相对，而后者绝对。"① 现实活动作为"现实世界"的相对性，前提性地决定了要想真正超越人的生活现实，实现人生意义的普遍性，便只能通过人对于绝对的超越性本体（实体世界）的把握而获得。在"现象"和"实体"、"相对"和"绝对"之间，后者才是确立人生意义普遍性的根本，而前者却是对于这种普遍性的遮蔽与破坏。因此，蔡元培十分强调"非有出世间之思想者，不能善处世间事，吾人即仅仅以现世幸福为鹄的，犹不可无超轶之观念，况鹄的不止于此者乎？"② 能否获得现实生活的超越性认识，进而实现人生意义普遍性的绝对化，成为蔡元培思考现代美育功能实践问题的关键。

当然，对于蔡元培来说，这种人生意义普遍性的确立，与"美的普遍性"直接联系在一起。"美以普遍性之故，不复有人我之关系，遂亦不能有利害之关系。"③ 这里存在一个基本的逻辑关系：美的普遍性—无利害关系的实现—超越（不复有、不能有）生活现实的有限性—人生意义普遍性的确立。其中，"无利害关系"的实现是充分体现美育功能的根本，美育的实际作用就在于将一种普遍性价值引入生活的当下，将人从现实的有限与相对中引向"超绝实际"的普遍性人生。应该说，这也是蔡元培为美育的现代发生所寻找到的落脚点：以美的普遍性价值确立人生意义普遍性的现实维度，不断跨越生活现实的功利关系而趋近于"破人我之见，去利害得失之计较"的"无差别"人生境界。"人既脱离一切现象世界相对之感情，而为浑然之美感，则即所谓与造物为友，而已接触于实体世界之观念矣。故教育家欲由现象世界而引以到达于实体世界之观念，不可不用美感之教育。"④ 正是基于这样一种对于美育本体的基本认识，蔡元培特别看重美育不同于宗教那种"感情刺激"作用且可以真正代

---

① 蔡元培：《对于新教育之意见》，《蔡元培全集》第 2 卷，中华书局，1984 年，第 133 页。
② 蔡元培：《对于新教育之意见》，《蔡元培全集》第 2 卷，第132~133 页。
③ 蔡元培：《以美育代宗教说》，《蔡元培美育论集》，湖南教育出版社，1987 年，第 46 页。
④ 蔡元培：《对于新教育之意见》，《蔡元培全集》第 2 卷，第 134 页。

替宗教的"情感陶养"功能。"美育之附丽于宗教者,常受宗教之累,失其陶养之作用,而转以激刺感情。""宗教之为累,一至于此,皆激刺感情之作用为之也。""鉴激刺感情之弊,而专尚陶养感情之术,则莫如舍宗教而易以纯粹之美育。"① 宗教之不能成为人在现代生活中的精神信仰,恰恰是因其单向度情感的过度激化反而带来人生发展的狭隘性。而美育之于人的情感强化却不以激化人的单向度情感投入为鹄的,它在践行更为广大深刻的"情感陶养"活动中,注重的是美育本身内在的"超功利"本体与其功能性"教养"方法的统一,以此把握那种不以特定利害关系为目的的人生意义的普遍性。"纯粹之美育,所以陶养吾人之感情,使有高尚纯洁之习惯,而使人我之见,利己损人之思念,以渐消沮者也。"② 由此,我们也可以发现,当蔡元培在超功利的生活改造前景上将个体情感"陶养"与人的"性灵"联系起来,提倡"美育之目的,在陶冶活泼敏锐之性灵,养成高尚纯洁之人格"③,他其实最终是把美育功能具体落实在养成人的高尚精神底色,以此作为在人生普遍性意义层面找寻生活有限性的根本改造之道。

如果说,在蔡元培这里,"以美育代宗教"而确立人的现实的精神价值维度,最终目的是能以超越性精神来具体引导中国社会和中国人生活现实的改造,那么,这一思想旨趣既出自蔡元培,也同样体现为现代中国美学精神的发生旨趣。其如华林当初所揭示的:"中国人之生活,干枯残酷,极单调无味之生活也!人与人之间,狡诈欺骗,视为惯技,无创造之能力,无变化之趣味,目之所接耳之所闻,均给一种卑劣污秽之印象,混乱无秩序之生活,令人心闷而脑裂。""吾人感于生活之烦闷,而欲在时间空间上,变更实际之生活,吾人只有从文艺上提高人生之'欲望'趋于极端之感情和意志在'爱与恨'上,

---

① 蔡元培:《以美育代宗教说》,《蔡元培美育论集》,第45~46页。

② 蔡元培:《以美育代宗教说》,《蔡元培美育论集》,第46页。

③ 蔡元培:《创办国立艺术大学之提案》,《蔡元培全集》第5卷,中华书局,1988年,第180页。

发展伟大之创造力。"① 在理论思考的具体层面上，现代中国美学自始至终关注着如何能够通过审美（艺术）的途径和方式来实现人的精神提升和生活改造等实际问题。

从思想发生的角度来看，在强调"超功利"的审美活动可以完成现世"救俗"功能之际，现代中国美学非常明确地突出了一种"生活改造论"的价值取向。这一取向主要包含两点：第一，生活现实既然是功利主导的和狭隘的，它就极大地阻碍了人生发展，是对人生普遍性意义的反动，但它同时也有着被拯救和改造的可能，因而仍然是有希望的。这就像朱光潜在《无言之美》里指出的："我们所居的世界是最完美的，就因为它是最不完美的。""人生最可乐的就是活动所生的感觉，就是奋斗成功而得的快慰。世界既完美，我们如何能尝创造成功的快慰？这个世界之所以美满，就在有缺陷，就在有希望的机会，有想象的田地。换句话说，世界有缺陷，可能性才大。这种可能而未能的状况就是无言之美。"② 生活改造的现实前提在于人生生活有实际的基础，改造的可能与前景都存在于生活的现实之中。在这个意义上，作为现代中国美学精神价值取向的"生活改造论"，体现了相当充分明确的现实性，而以审美的"超功利"或"非功利"来实现生活现实的具体改造，便内含着一份对于人生现世的价值关怀。"艺术和美育是'解放的、给人自由的'"，而"我们要想复兴民族"，就"必须提倡普及的美感教育"③。可以认为，现代中国美学精神的发生，在张扬现实功能性的同时，又保持着具体的生活立场。它强调超越，但不是对生活现实的绝对放弃，而是要努力从现实当中为人的生活发展寻找精神的出路。它寻求确立非功利的人生关系，却又主张通过强化审美的功能性作

---

① 华林：《生活之节奏》，《艺术文集》，大光书局，1936年，第102页。
② 朱光潜：《无言之美》，《朱光潜全集（新编增订本）》第1卷，中华书局，2012年，第74页。
③ 朱光潜：《谈美感教育》，《朱光潜全集（新编增订本）》第1卷，中华书局，2012年，第234页。

用来实现人生意义的普遍前景。正因此,现代中国美学在自身发展中往往具体选择了"美育"来转换美学的知识力量。

第二,以生活现实作为具体出发点来追求实现人的生活改造,固然需要选择具体的路径,但更重要的是如何把握这一改造路径的功能价值。无论是蔡元培试图"以美育代宗教",抑或其他各种以具体审美(艺术)活动形式来实现生活改造的思想意图,应该说,在"生活改造论"价值取向的内部,"美"也好,"美育"也罢,都不是生活改造的目的本身,而是其所带来的去蔽除障、疗治人的精神有限性的作用。"因美之刺激而生变化,是即美感足以潜移吾人之精神活动;换言之,即足以发展吾人之精神生活;更换言之,即为吾人人类本然性之要求。盖人类本然性,乃时时欲为不绝的向上发展,但非有以刺激之,或刺激之而非由于美的刺激,则不容易使之发动。"为此,李石岑特别强调"美育者发端于美的刺激,而大成于美的人生,中经德智体群诸育,以达美的人生之路"①。同样,丰子恺也把"恢复人的天真"视为"学艺术"的根本,以为"在不妨碍现实生活的范围内,能酌取艺术的非功利的心情来对付人世之事,可使人的生活温暖而丰富起来,人的生命高贵而光明起来",进而"体得了艺术的精神,而表现此精神于一切思想行为之中。这时候不需要艺术品,因为整个人生已变成艺术品了"②。在直面社会与人生的过程中,作为生活改造路径的美育"救俗"功能,积极践行着人生普遍性的意义指向。换句话说,蔡元培的"以美育代宗教"或整个现代中国美学的展开,都内在地指向了以审美(艺术)方式改造生活现实的具体功能实现问题。由此,蔡元培不仅观念性地提倡以美育确立人的现实精神维度,而且高度重视、反复强调美育实施方法的操作性和具体性。而宗白华则在《青年烦闷的解救法》里提示当时的青年,"常时作艺术的观察,又常同艺术接近,我们就会渐渐地得着一种超小己的艺

---

① 李石岑:《美育论》,《李石岑哲学论著》,上海书店出版社,2010年,第103、107页。
② 丰子恺:《艺术修养基础》,《丰子恺文集·艺术》卷4,浙江文艺出版社,1990年,第126、124、123页。

术人生观。这种艺术人生观就是把'人生生活'当作一种'艺术'看待,使他优美、丰富、有条理、有意义。总之,就是把我们的一生生活,当作一个艺术品似的创造"①。显然,将美育对于现代人生、生活现实的改造功能加以具体化,将生活改造的价值意图实践化,充分体现了包括"以美育代宗教"在内的整个现代中国美学的精神方向。

(刊于《郑州大学学报》2017年第5期)

---

① 《中国现代美学名家文丛·宗白华卷》,浙江大学出版社,2009年,第24页。

"以美育代宗教"的四个美学误区

⊙潘知常
⊙南京大学新闻与传播学院

百年之前的 1917 年 4 月 8 日，蔡元培提出了著名的"以美育代宗教"说，20 世纪的中国美学，从此与它血脉相连，同时，关于它的讨论也至今未曾停止。

无疑，百年中国的持续发酵的美育热潮应该由此开始，"以美育代宗教"也因此而成为中国百年美学历史中的第一美学命题。然而，由于时代的局限，随着讨论的深入，这一美学命题也逐渐暴露出其自身存在的美学误区。而今，驻足新的百年之交，关于"以美育代宗教"的新的思考也必须从对美学误区的反思开始。

在我看来，"以美育代宗教"的美学误区有四个方面，这就是：对于宗教的误读（尤其是基督教）、对于信仰的误读、对于审美的误读和对于美育的误读。

首先看对于宗教的误读。"以美育代宗教"的提出，意味着人类的全新的灵魂建构必须在宗教之外来完成，即必须借助审美来完成。也就是说，长期雄霸人类灵魂建构中心的宗教已黯然退场。然而，这"退场"却并不简单。

"以美育代宗教"的美学误区正是由此而生，即它虽然顺应了长期雄霸人类灵魂建构中心的宗教的黯然退场这一历史潮流，并且因此而功莫大焉，但它却忽略了这一"退场"的"并不简单"，并且因此而始终没有能够把这一"退场"洞悉分明。

例如,从蔡元培开始,在几乎所有的关于"以美育代宗教"的讨论中都存在着某种共同的缺憾,即未能将"以美育代宗教"放在世界格局中来评价。

正值"无神的时代",人类期待着"无神的信仰","以美育代宗教"正是对于这个时代的积极回应,也是来自东方的回应,它的重大意义无疑恰恰在此。而且,其中还存在着对于西方的基督教(这就是蔡元培所特指的必须以"美育"去加以取代的"宗教")的历史意义与终极价值的认真思考。然而,也恰恰就是对于基督教的误读,导致了蔡元培提出的"以美育代宗教"美学命题时的一个根本缺憾。因为,还在尚未开始认真面对基督教之前,他就已经轻率地对基督教予以全盘的否定。然而,文艺复兴和宗教改革以来的历史证明,基督教(新教)对于现代社会的推动作用有目共睹,它与人类审美活动之间的联系也十分密切。因此,尽管在"以美育代宗教"要取代的宗教里,基督教确属首当其冲,但是,我们并不能仅仅只看到前后的取代,而更要看到两者之间的共通。例如,倘若能够在基督教与美育所共同秉赋的"神圣性"上着力运思,"以美育代宗教"的美学命题也就不难别开生面。但遗憾的是,从蔡元培开始,百年中几乎所有的讨论者都不约而同地把这个"共通"轻轻放过了。①

还为所有研究者所忽视的,是蔡元培对于"法式启蒙"的片面倚重。熟知蔡元培的人应当都记得他一再表白的要"以法国为最","固与法国为同志也","灌输法国学术于中国教育界,而为开一新纪元"。为此,他甚至"感无限之愉快,而抱无限之希望"。而且,在强调教育与宗教分离的时候,他所举出的楷模也是法国。在他看来,1886—1912年间的法国教育之所以十分发达,

---

① 蔡元培:《蔡元培选集》,中华书局,1959年,第193页。值得注意的是,百年之后的李泽厚仍旧如此。2012年第12期《中国企业家》刊载的李泽厚的《小步走,慢慢来》中说:现在西方有很大的问题,基督教作为宗教性道德的源头已经不能规范和引导社会性道德了,所以我大胆预言,两百年后,儒学会在全世界战胜基督教,因为中国这套最符合人情(大笑)。

正是因为"厉行教育与宗教分离之政策",凡国立学校中与关系宗教之分子,一律开除。因此从小学至大学的任事者中已经没有了教会中人。总之,是教育超然于各派教会之外。

众所周知,就西方实际的现代化途径而言,存在着盎格鲁-撒克逊人的神本主义现代化(所谓"英式启蒙")与法国人的人本主义的现代化(所谓"法式启蒙")以及斯拉夫人的社会主义的现代化("法式启蒙"的变种)的不同。"英式启蒙"的"有神论+个人主义"也是严格区别于"法式启蒙"的"无神论+个人主义"的。由此,从"英式启蒙"出发与从"法式启蒙"出发,由于背后存在着北欧的"新教改革"与南欧"文艺复兴"的不同,对于"以美育代宗教"的提倡,自然也会有截然的不同。

更为重要的是,"宗教"是否必须被美育所"取代",其实还都是一个亟待重新考量的问题。

确实,我们已经看到,从百年前开始,不论是"以哲学代宗教""以道德代宗教""以科学代宗教""以美育代宗教"还是"以革命代宗教",宗教都是始终被搁置在亟待去取代的位置上,似乎不去取而代之就不足以言文化的成功。而且,这里的宗教其实也都是遥遥指向在西方现代化进程中占据主流地位的基督教的。为此,梁漱溟先生指出:宗教问题是中西问题的分界线,这无疑是颇具眼光的。

在这种大的历史背景下,尽管也存在着王国维这样的并未轻易地将宗教乃至基督教全然否定的清醒者,但是绝大部分人却并非如此。如蔡元培,他虽然深刻意识到宗教乃至基督教所带来的巨大困惑(蔡元培先生称之为"今日重要问题"),但他所提出的解决途径却是从拒绝"信从基督教"开始。他认为,基督教是"教祸"和"独断之宗教"。[1] 基督教进入中国,也是对于中国的一种文化侵略,是"用外力侵入个人的精神世界,可算是侵犯人权的。"[2] 由此,

---

[1] 蔡元培:《蔡元培选集》,中华书局,1959年,第43页。

[2] 蔡元培:《蔡元培选集》,第193页。

百年以来，以蔡元培为代表的国人对于宗教尤其是基督教的敌视态度不难窥见。

当然，在中国这样一个无神论传统浓郁的国度动辄将宗教与社会进步截然对立起来，尤其是动辄将西方的基督教与社会进步截然对立起来，其实都并不令人特别意外，因为即便是有神论传统浓郁的西方，我们也同样可以听到"上帝死了"的喧嚣，而且，犹如中国的"以美育代宗教"，西方的尼采、韦伯以及法兰克福学派所提出的审美救赎，就其实质而言，也同样意味着对于在现代化中占据主流地位的基督教的取代。

可惜，在中国与西方之间，这一切还都只是表面的相似。因为从西方来看，"宗教在近代的衰微，只不过意味着宗教不再是人的生活无可争辩的中心和统治者，而教会也不再是人生最终和无可置疑的归宿和避难所"①，即这只是意味着基督教逐渐回到了真实的自身，"以美育代宗教"因此也应该是转而尝试以美育作为"人的生活无可争辩的中心和统治者"，作为"人生最终和无可置疑的归宿和避难所"，而不是对于基督教的作用与价值的全盘否定，更不是美育自身的被等而下之，不是美育自身的超越维度、信仰维度和形而上维度的丧失。事实上，基督教之为基督教的一线血脉——"神圣性"——仍旧在美育中被呵护和传递下来。

遗憾的是，在中国，却没有意识到基督教在西方近代社会为什么竟然会成为"人的生活无可争辩的中心和统治者"与"人生最终和无可置疑的归宿和避难所"，也没有意识到基督教在"民主""科学"背后的强大作用力。例如，从蔡元培开始，中国的美学家们都普遍未能意识到西方基督教通过否定"教权"以高扬"神权"与再借助"神权"以高扬"人权"的这一根本奥秘，因此，一则误以为否定"教权"就是否定宗教，二则误以为可以越过"神权"去高扬"人权"，进而也就没有意识到西方美学的进步中所实际存在着的与基督教一脉相承的这样一种隐秘的关联，更没有意识到在西方美学中所蕴含的美

---

① [美]威廉·巴雷特：《非理性的人》，杨明照译，商务印书馆，1995年，第24页。

学共同价值中偏偏还深刻蕴含着基督教的重大影响，从而误将在西方现代化道路上起根本推动作用的基督教等同于避之唯恐不及的瘟疫，并且将审美与基督教简单地对立起来，以至于错误地认定为前后相继的"取代"关系。

因此，在新的百年之交，新的关于"以美育代宗教"的思考也就必须从全面、客观地思考基督教在西方社会和西方美学中的深刻影响开始。

对于信仰的误读，是第二个美学误区。

由于蔡元培本人以及从他开始的中国美学家们所普遍存在着的对于基督教的误读，进而也就没有能够意识到在西方基督教背后的"信仰"的出场，于是，以美育去取宗教而"代"之，就被片面地加以强调。结果，因为"信仰"而培育起来的人的尊严、权利以及自由、平等即"人是目的"的观念，在中国的美育中就没有被真正关注到。人类精神中的绝对价值、终极价值也没有在美育中被开掘出来。真正被注意到的，只是所谓美育之为美育的低层次的艺术趣味的培养与艺术素质方面的教育。

换言之，对于"以美育代宗教"的提倡，本来更亟待引起关注的应当是信仰得以从中孕育而出的宗教尤其是基督教的"神性"。在基督教，因为人首先直接对应的是神（而且与神的对应还是与人的对应的前提），人以展现上帝的荣耀为荣耀（而不是以展现自己的荣耀而荣耀），而人与神之间的直接对应恰恰正是自由者与自由者之间的直接对应，这样，人之为人也就如同上帝，他自身所秉赋的自由属性同时被先天地赋予了一种绝对的尊严与权利。而且，还由于这种自由被认为是上帝的赋予，因此也就绝对不会让渡。正如西方学者乌尔比尔认定的：人有可以放弃的自由，因此有自愿的奴隶，但是基督徒不行，因为人是上帝的造物，自由属于上帝，人当然无权放弃。而且，既然是上帝所恩赐的一切，当然也就必须无条件地恪守。于是，作为完整的自由的一个至为重要的组成部分——内在的自由——也就在基督教中被特别地予以关注、开掘和凸显。正如黑格尔所说："只有在基督教的教义里，个人的人格和精神才第一次被认作有无限的绝对的价值。"① 而这也正是基督教与信仰之间的内在契合之处。由此,基督教作为"信仰"得以孕育而出的温床,其积极意义才真正显现出来。而审美之所以能够"取代"基督教而得以在现代社会登上历史舞台,也恰恰是因为它与宗教、哲学一样,是"信仰"得以孕育而出的温床。

这也就是说,人类是意义的动物,信仰则是对于人类借以安身立命的终极意义的孜孜以求。卡西尔指出,人类"被一个共同的纽带结合在一起",这个"共同纽带"就是终极意义,也就是"信仰"。② 它是人类的本体论诉求和形而上学本性,也是人类的终极性存在。借用蒂利希的说法,它是"人类精神生活的深层"和"人类精神生活所有机能的基础"。③ 至于人类的哲学、艺术与宗教等,则"都被看做是同一主旋律的众多变奏"。可惜我们过去既误解了哲学、艺术,也误解了宗教,或者误以为信仰只隶属于宗教,④ 或者误以为信仰只隶属于哲学、艺术,其实,尽管在形式上存在理论的、感性的抑或天启的区别,但是,这三者的深层底蕴却都应该而且必须是信仰。

当然,就人类社会的历史来看,信仰主要是孕育于宗教之中。在西方,则是孕育于基督教之中。关于基督教,马克思说过,它是"人的自我异化的神圣形象"⑤,"是还没有获得自身或已经再度丧失自身的人的自我意识和自我感觉","是人的本质在幻想中的实现",是"锁链上那些虚构的花朵"。⑥ 显然,在基督教那里,价值关系是存在的,但却是被颠倒了的。自我意识也是存在的,但也是被颠倒了的。"只有当实际日常生活的关系,在人们面前表现为人

---

① [德] 黑格尔:《哲学史讲演录》第 1 卷,贺麟等译,商务印书馆,1981 年,第51~52页。
② [德] 恩斯特·卡西尔:《人论》,甘阳译,上海译文出版社,1985 年,第 78 页。
③ [美] 保罗·蒂利希:《文化神学》,陈新权等译,工人出版社,1988 年,第 9 页。
④ 哲学、艺术都是在宗教的基础上起步的。因此与信仰并非水火不容。歌德说:如果人不信仰哲学,那就信仰宗教吧,其实也是在提示我们去关注哲学、艺术背后的信仰。
⑤ 《马克思恩格斯选集》第 1 卷,人民出版社,1995 年,第 6 页。
⑥ 《马克思恩格斯选集》第 1 卷,第 1 页。

与人之间和人与自然之间极明白而合理的关系的时候，现实世界的宗教反映才会消失。只有当社会生活过程即物质生产过程的形态，作为自由结合的人的产物，处于人的有意识、有计划的控制之下的时候，它才会把自己的神秘的纱幕揭掉。"① 这意味着，当"实际日常生活的关系，在人们面前表现为人与人之间和人与自然之间"的极不明白而且也不合理的关系的时候，才是所谓的"宗教反映"，也就是所谓的基督教反映。而"当实际日常生活的关系，在人们面前表现为人与人之间和人与自然之间极明白而合理的关系的时候"，"神秘的纱幕揭掉"了，而呈现出的正是信仰。

由此出发，我们不难发现，宗教（例如基督教）的退场，并非只需要简单地被美育取代即可，而是亟待信仰的出场。

这一点，已经成为西方思想家们的共识。施泰格缪勒指出："我们首先遇到的是世界观哲学，它想要取代宗教满足人们对形而上学的需要，企图对那些不能再从宗教找到支持的人给以支持。"② 而这样一种"世界观哲学"无疑就是信仰。因此，正如丹尼尔·贝尔指出的："现代性的真正问题是信仰问题。"③ 也正如歌德所说的："世界历史的唯一真正的主题是信仰与不信仰的冲突。"④ 还正如巴雷特所说的："信仰与理性之间的对立……是今天的一个关键问题。"⑤ 甚至，连中国的梁启超也意识到："中国当以有信仰而后进。"

更何况，作为人类从终极关怀的角度对于"精神"的关怀，作为人类特有的文化存在方式，作为人类的终极价值表达形式，信仰是人类特有的自由选择与精神权利，它体现着对现实的超越和对未来的终极关怀。通过它，人类脱胎

---

① 《马克思恩格斯全集》第23卷，人民出版社，1972年，第96~97页。
② [德]施泰格缪勒：《当代哲学主流》上卷，商务印书馆，1986年，第1~2页。
③ [美]丹尼尔·贝尔：《资本主义文化矛盾》，赵一凡等译，三联书店，2010年，第28页。
④ [德]弗里德里希·包尔生：《伦理学体系》，何怀宏等译，中国社会科学出版社，1990年，第363页。
⑤ [美]威廉·巴雷特：《非理性的人》，杨明照译，商务印书馆，1995年，第93页。

而为"万物之灵",并最终从自然的"物性"中超越而出,以"灵性""精神性"屹立于天地。

不过,信仰的建设也不容易。

首先的困境当然是宗教——即便是基督教——已经没有办法再作为信仰孕育的温床。由于制度宗教已经遭遇了致命的打击,而且,其中的认识论的部分也已经一蹶不振,而价值论的部分也仅仅因为蕴含着共同价值——信仰而存在,因而,基督教乃至宗教都无法继续担当信仰孕育的温床了。不但无法继续,"随着宗教这一包含一切的框架的丧失,人不但变得一无所有,而且成为一个支离破碎的存在物"。①

更何况,由于长期寄居于宗教也长期被宗教独霸,宗教对于信仰的阐释也仅仅是"宗教信仰",而并非信仰。然而,信仰与宗教信仰并不对等,信仰也更不能与宗教对等。信仰远比宗教根本,也远比宗教原始。当然,这并不是说宗教在信仰的孕育中就已经毫无作用。事实上,在它自己的领域,它还是能够发挥自己的积极作用的,只是毕竟已经回归本位,再也无法像过去那样担当大任了。"雅斯贝尔斯作为一个新教徒,他在新教中看不到最终解决人类灵魂中的紧张状态的办法。"② 这句话所描述的就是这样一种窘境。它昭示我们,不是

---

① [美]威廉·巴雷特:《非理性的人》,杨明照译,商务印书馆,1995年,第35页。
② [美]威廉·巴雷特:《非理性的人》,第32页。

趋近宗教,而是趋近信仰,才是唯一正确的选择。①

其次的困惑是,要对信仰从"有神"向"无神"加以创造性的转换。卡西尔指出:"宗教的反对者总是谴责宗教的愚昧和不可理解性。但是,当我们考虑到宗教的真正目的,这种责备就成了对它的最高褒奖。宗教不可能是清晰的和理性的。它所叙述的乃是一个晦涩而忧伤的故事:关于原罪和人的堕落的故事。……宗教绝不打算阐明人的神秘,而是巩固和加深这种神秘。……因此可以说,宗教是一种荒谬的逻辑;因为只有这样它才能把握这种荒谬,把握这种内在矛盾,把握人的幻想中的本质。"②

其实,信仰就是这样的与"荒谬的逻辑""内在矛盾"并存,也因此,要把它从宗教中剥离出来,也并非易事。但是,这又是必需的。因为正是在这样的剥离过程中,人类自身才得以不断实现自我的解放和觉醒。恩格斯在给伯恩施坦的信中说道:"无神论单只是作为对宗教的否定,它始终要谈到宗教。没有宗教,它本身也就不存在,因此它本身还是一种宗教……"③"无神论"当然不是"宗教",恩格斯之所以要把它称为"宗教",无非是在强调务必要把两者都同等地放在"信仰"的平台上去思考。在以无神思维去否定有神思维的

---

① 近年来,有一部分学者以信仰基督教的选择来投身信仰的建设,对此我有不同看法。蒂利希说过,在信仰建构中,知识分子的重要性必须强调,因为依靠宗教已经没有力量了。可是,也不能简单地去依靠普通大众,而需要依靠知识分子,但是,这些知识分子如果只信仰基督教却不去信仰信仰,却也必然是失败的。倘若在这些知识分子身上"没有这种预示的创造力,人类历史中无数的可能性也许依然得不到实现"。"没有乌托邦的文化总是被束缚在现在之中,并且会迅速地倒退到过去之中,因为现在只有处于过去和未来的张力之中才会充满活力。"([德]保罗·蒂利希:《政治期望》,徐钧尧译,四川人民出版社,1989年,第136~137页)"具有充分的存在力量而向前进的人""保持自己完整性的人""具有本体论意义上的不满的人""能够把存在的一切都推向前进的人",一切才会有完整的力量。

② [德]恩斯特·卡西尔:《人论》,甘阳译,上海译文出版社,1985年,第17页。

③ 《马克思恩格斯文集》第10卷,人民出版社,2009年,第522页。

同时，把"信仰"从中剥离出来。1875年，马克思在《哥达纲领批判》中说得更加明确："资产阶级的'信仰自由'不过是容忍各种各样的宗教信仰自由而已，工人党则力求把信仰从宗教的妖术下解放出来。"①

在这里，无神是必需的前提。1871年，恩格斯在一封信中说："要知道，马克思和我本来差不多就像巴枯宁一样早就是坚定的无神论者和唯物主义者。"②"无神论者"和"唯物主义者"在这里并列起来，这表明无神论和唯物主义两者在马克思、恩格斯那里必须是同时并存的。而且，也是在这个意义上，他们才会指出："一切宗教都不过是支配着人们日常生活的外部力量在人们头脑中的幻想的反映。"③而且，在宗教中的"幻想的反映"必将消失，"因而宗教反映本身也就随着消失"。④ 而"由清一色的无神论者所组成的社会是能够存在的，无神论者能够成为可敬的人"，"他宣告了不久将要开始存在的无神论社会的来临"。⑤

不过，对于"有神的宗教"的否定也并非对于"无神的宗教"的否定。恩格斯曾经提示，费尔巴哈的《基督教的本质》揭示了"我们的宗教幻想所创造出来的那些最高存在物只是我们自己的本质的虚幻反映"，"它直截了当地使唯物主义重新登上王座"，因此，"我们一时都成为费尔巴哈派"了。⑥ 但是，尽管如此，他仍旧对于费尔巴哈把性爱和性关系"尊崇为'宗教'"的做法予以严厉批评："如果无神的宗教可以存在，那么没有哲人之石的炼金术也可以存在了。"⑦ 正确的做法是把有神的信仰转换为无神的信仰。也正是着眼于

---

① 《马克思恩格斯文集》第3卷，人民出版社，2009年，第448页。
② 《马克思恩格斯文集》第10卷，人民出版社，2009年，第362页。
③ 《马克思恩格斯文集》第9卷，人民出版社，2009年，第333页。
④ 《马克思恩格斯文集》第9卷，人民出版社，2009年，第334页。
⑤ 《马克思恩格斯选集》第1卷，人民出版社，1995年，第330页。
⑥ 《马克思恩格斯文集》第4卷，人民出版社，2009年，第275页。
⑦ 《马克思恩格斯文集》第4卷，人民出版社，2009年，第288页。

此，在他们看来，费尔巴哈给自己的哲学提出的任务"是将上帝现实化和人化"①，也就是把上帝还原为人，证明事实上"无神"。可是，在马克思看来，这并非结束，因为，"主要的事情还没有做"："费尔巴哈是从宗教上的自我异化，从世界被二重化为宗教的、想象的世界和现实的世界这一事实出发的。他做的工作是把宗教世界归结于它的世俗基础。他没有注意到，在做完这一工作之后，主要的事情还没有做。"②

值得注意的是，关于这"还没有做"的"主要的事情"，马克思、恩格斯事实上讲过多次，例如，"就德国来说，对宗教的批判基本上已经结束；而对宗教的批判是其他一切批判的前提"③。"对天国的批判变成对尘世的批判，对宗教的批判变成对法的批判，对神学的批判变成对政治的批判。"④ 恩格斯指出，这是"第一次对唯物主义世界观采取了真正严肃的态度，把这个世界观彻底地（至少在主要方面）运用到所研究的一切知识领域里去了"⑤。那么，这"还没有做"的"主要的事情"是什么？就是信仰的建构。恩格斯说："只有对自然力的真正认识，才能把各种神或上帝相继从各个地方撵走。"⑥ 但是要完成信仰的建构，"自然力"就远远不够了，还亟待"精神力"的建构，亦即信仰的建构。借用1844年马克思和恩格斯在《神圣家族》中所说的：揭露了青年黑格尔派和黑格尔的唯心主义"思辨结构即黑格尔结构的秘密"之后，⑦ 现在要做的，无疑应该是揭示"精神力"结构的秘密。

---

① ［德］费尔巴哈：《费尔巴哈哲学著作选集》上卷，三联书店，1959年，第122页。
② 蔡元培：《蔡元培选集》，第504页。
③ 蔡元培：《蔡元培选集》，第3页。
④ 蔡元培：《蔡元培选集》，第4页。
⑤ 《马克思恩格斯文集》第4卷，人民出版社，2009年，第297页。
⑥ ［美］丹尼尔·贝尔：《资本主义文化矛盾》，赵一凡等译，三联书店，2010年，第356页。
⑦ 《马克思恩格斯选集》第1卷，人民出版社，1995年，第276页。

而且,"精神力"结构的秘密的揭示,无异是人类学术研究的珠穆朗玛峰。长期以来,我们习惯于著名的三种把握世界的方式:真的尺度、善的尺度、美的尺度。然而,实际上,这并不真实。赖尔就郑重指出过:知、情、意"这个传统的学说非但不是不证自明的,而其实这样一团混乱和错误的推理,我们最好不要重建它了,应该把它看做一个理论的古董"①。其实,把握世界的真正的方式应该是四种,即知、情、意、信。在这方面,罗素的话异常深刻:"信念是心的分析中的中心问题,信念似乎是我们所做的最'心理'的事物,这事件离开由单纯的物所作的事件最远。"② 因此,信仰地把握世界,应该是一个亟待回应的重大问题。人类立足于自身超越本性的对作为终极存在、终极解释和终极价值的根本承诺,是一个终极关怀。可是,过去在神圣世界与世俗世界的分离中,或者将之诉诸上帝,或者诉诸物神,或者将之"神化",或者将之"物化",而现在需要的却是实现信仰层面的伟大革命,使之真正成为超越本性和价值追求的真实体现。马克思指出:"人的根本就是人本身。"既然如此,我们就必须摈弃过去那种脱离人本身来理解和把握人的实体化、抽象化的做法,从人类自身生命活动的具体展开把握人的命运。无疑,在信仰的建构问题上,也应当如此。

进而,对于美育的认识也必须从信仰的高度来加以把握。在这方面,蔡元培对于"美育"的思考存在着明显的缺憾。他尽管已经注意到了反对宗教与反对宗教的所谓"哲学主义的信仰心"的根本区别,但是,却未能对于美育的信仰维度这一重大取向给予充分的关注。由此,蔡元培对于美育与艺术教育之间的区别,也就没有能够予以充分关注。在他那里,美育被矮化为艺术教育,美育的诸多功能也被艺术教育所取代,以至于美育竟然失去了自身的价值定位和目标预设,并导致美育落入了困局。

---

① [英]吉尔伯特·赖尔:《心的概念》,刘建荣译,上海译文出版社,1988年,第60~61页。

② [英]罗素:《心的分析》,贾可春译,商务印书馆,2009年,第173页。

值得注意的是，尽管"以美育代宗教"体现了现代性的核心特征，尽管美育的"复魅"与宗教的"祛魅"在其中也始终同步展开，但是，对美育与宗教之间关系的不同定位，也导致了不同美学家的不同选择。因此，百年来，并不是所有的美学家都紧紧盲目地跟随在蔡元培身后亦步亦趋，例如，王国维就没有像蔡元培那样地"去宗教化"和完全否定宗教（尤其是基督教），也没有完全地否定美育的神圣性、超越性与形而上属性，而是走向美育的信仰化。换言之，王国维是在清除了宗教的愚昧、迷信因素之后又在美育中延续了宗教的神圣性、超越性与形而上属性，而蔡元培则是坚定不移地"去宗教化"和认为宗教是多余的、落后的，是必须被取而代之的。这样，尽管诞生于20世纪80年代的生命美学从起步伊始就与王国维所开辟的美育道路心有灵犀并且不谋而合，但是百年来的中国美学的主流却令人遗憾地与王国维开辟的美育道路擦肩而过，而是始终在蔡元培开辟的美育道路上愈行愈远，并且逐渐远离了美学的根本抉择。

再次是对于审美的误读。

与宗教、信仰密切相关的是审美。如前所述，宗教（包括基督教）其实只是信仰的极不明白而且也不合理的关系的反映，那么，信仰的"极明白而合理的关系"的反映又何以可能？因此，审美呼之欲出。然而，在这方面，从蔡元培开始，中国的美学家们也仍旧存在着深刻的误解。在这方面最大的疏忽在于没有洞察到区别于西方美学的外在超越、对话式超越和"神人"精神，在中国美学只是内在超越、境界式超越和"人神"精神。区别于西方美学的"天路历程"，在中国美学中只是"心路历程"。其中所匮乏的，恰恰就是神性一维。当然，没有神性一维并不影响中国人的"成圣"，但是却无法"成神"，因此中国只有"三不朽"而没有"灵魂不朽"。既然无法"成神"，那么，中国的审美乃至中国的美育又如何去取宗教（尤其是基督教）而代之呢？

换言之，中国美学中始终都没有神性一维，而只有人性一维。关注的不是人与神的区别，而是人与动物的区别，并且关注的只是"逍遥"，而不是"救赎"。其中虽然存在"天地人仁"和"天地人道"，却不存在"天地人神"。儒家没有"神"人,只有"圣"人。道家没有"神圣",只有"神秘"。禅宗更是既无"神"也无"神秘"。蔡元培希冀以这样一种人性之维的美学去取代神性之维的宗教(尤其是基督教),无疑并不可能。①

显然,能够取代宗教的,应该是所谓的神圣之美。可是,众所周知,孕育神圣之美的温床唯有西方的基督教文化,正如张世英先生所说:"这是我们从西方基督教文化遗产中所能得到的一点启发。"确实,神圣之美的出现一定是由于"绝对的他者"的存在,而且也恰恰是因为这个"绝对他者"的存在,一切一切的美才都集中到了彼岸的一边。至于此岸的这边,则只有丑陋。可是,在中国,所谓神圣之美竟然存在于"人与宇宙协同共在"的天地君亲师的天地境界之中,这实在是一场百年中国美学历程之中的关公战秦琼式的美学混战。

与此相关的,是对于审美本身的理解。

当然,还可以进而思考的是作为"以美育代宗教"的首倡者的蔡元培对于西方美学源头的阐释。尽管蔡元培已经注意到了"以美育代宗教"与康德、席勒与中国美学之间的关系,但他却过多地强调了康德美学中存在对于作为审美的前提条件的"非功利"方面,而忽视了康德对于作为审美的根本目的的"人是目的"以及对于自由与尊严的呵护。其实,康德美学对于"非功利"的

---

① 对此,应该说,百年来中国的美学界都始终若明若暗,并且把曾经的与佛教的对话与百年中才刚刚开始的与基督教的对话混淆起来。其实,古老的中国有对于"有"的思考(儒)和对于"无"的思考(道),也有对于"空"的思考(禅),但是,却没有对于"神"(神圣)的思考。至于救赎,则更是陌生。韦伯就郑重提示过:"印度所有源之于知识阶层的救赎技术,不论其为正统的还是异端的,都有这么一层不只从日常生活,甚而要从一般生命与世界,包括从天国与神界当中解脱出去的意涵。因为即使是在天国里,生命仍是有限的,人还是会害怕那一刻来临,亦即,当剩余的功德用尽时,不可避免地要再度坠入地上的再生。"([德]马克斯·韦伯:《印度的佛教——印度教与佛教》,康乐等译《韦伯作品集》,广西师范大学出版社,2005年,第222页)因此,在中国,其实是只有"解脱",没有"救赎"。

强调，只是在强调审美的前提条件，而不是强调审美的根本目的。至于审美的根本目的，则关系到康德美学的第二个方面，即"人是目的"和对于人的自由与尊严的呵护。蔡元培显然没有注意到这个区别，而是偏向到了"非功利"的一边。他甚至还认为，康德承认上帝的存在，最终走向了宗教神秘主义。而蔡元培则摒弃了其神秘主义倾向。①

李泽厚的人类学本体论的美学就是如此。在美学研究中，李泽厚十分提倡所谓的工具本体、心理本体，但是，人类的审美活动从来都是以个体为前提的。真正的美学，必须以自由为经、以爱为纬，必须以守护"自由存在"并追问"自由存在"作为自身的无上使命。然而，实践美学的"实践存在"却是一个历史大倒退。它从人的"自由关系"退到了"角色关系"。因此，在李泽厚那里，人的自由存在从未进入视野，进入只是作为第二性的角色存在（例如，主体角色的存在），因此，自由是缺失的。也因此，人是目的、人作为终极价值以及人的不可让渡、不可放弃的绝对尊严、绝对意义也是缺失的。而审美之为审美，却势必孜孜以求于借助追问自由问题并殊死维护人之为人的不可让渡的无上权利、至尊责任这一唯一前提。在审美中，人之为人也势必从各种功利角色、功利关系中抽身而出，从关系世界中抽身而出，不再受无数他者的限制，不再是角色中、关系中的自己，而成为自由的自己、无角色无关系的自己，并且因此而获得精神上的自由和灵魂得救的自主权，从而，以自由作为核心，以守护"自由存在"并追问"自由存在"作为根本追求，以尊重和维护每一个体的自由存在、尊重和维护每一个体的唯一性和绝对性、尊重和维护每一个体的绝对价值、绝对尊严作为自身使命。在此，人类被有效地从动物的生命中剥离出来，并且通过重返自由存在来"把肉体的人按到地上"②，"来建立

---

① 姚文放：《蔡元培"以美育代宗教"说对于康德的接受与改造》，《社会科学辑刊》2013年第1期。

② [德]席勒：《论崇高Ⅱ》，《席勒散文选》，张玉能译，百花文艺出版社，1997年，第99~103页。

自己人类的尊严"①。

当然，从蔡元培到李泽厚，事实上只代表着百年中国美学的一种取向，却绝非唯一取向。众所周知，百年中国美学还存在着另外一种美学取向，这就是生命美学的取向。颇具意味的是，这两种美学取向都与西方马克思主义美学存在着密切的对应。从蔡元培到李泽厚的美学取向，对应于以列宁、卢卡奇为代表的实践论美学，生命美学则是与从康德开始的尼采、海德格尔、法兰克福学派、福柯等的生命美学密切对应。正如沃林所指出的："从浪漫主义时代以来，在'唯美主义'的幌子下，美学越来越多地假定了某种成熟的生命哲学的特征。正是这个信念把从席勒到福罗拜，再到尼采，再到王尔德，一直到超现实主义者的各个不同的审美领域的理论家们统一起来了。尽管这些人之间存在着种种差异和区别，但他们都同意这样一个事实：审美领域体现了价值和意义的源泉，它显然高于单调刻板日常状态中的'单一生活'。从这个方面来说，在现代世界美学已经变成工具理性批判的最重要的武器库之一。"② 而福柯更提示我们："道路已经被法兰克福学派打开了。"③ 在这个过程中，尽管存在着以康德的"美学革命"亦即"审美王国"，到尼采、海德格尔、法兰克福学派的"革命

---

① 不过，就审美救赎而言，也必须予以关注的是：一方面，审美救赎是在现代社会所出现的一个特定现象。作为人类的一种独特的精神现象，审美救赎希望赎回马克思所呼唤被现代社会所放逐了的"合乎人性的生活"。另一方面，在关于审美救赎的思考中，也不应片面凸显审美的现实功能的问题。其实，审美救赎毕竟是一种乌托邦、一种想象，例如尼采的"酒神精神"、巴赫金的"狂欢化"、俄国形式主义的"陌生化"、奥特加的"非人化"等。也就是说，审美救赎其实只是作为与虚无主义的互补而存在的，离开了虚无主义，审美救赎并不存在。而且，审美救赎也不可能等同于对于虚无主义的现实拯救，因为真正的现实拯救必须是从现代社会的自身中生长出来。

② [美] 理查德·沃林：《存在的政治——海德格尔的政治思想》，周宪等译，商务印书馆，2000年，第216~217页。

③ [法] 米歇尔·福柯：《结构主义和后结构主义》，杜小真《福柯集》，上海远东出版社，1998年，第493页。

美学"亦即"审美乌托邦",再到福柯的"生命美学"亦即"审美异托邦"的差异,然而关于审美本身的深长思考却是其共同之处。因此,生命美学关于审美的具体思考,无疑不潜存着与西方马克思主义美学的诸多共同之处,并且在西方马克思主义美学通过批判理性束缚、市场泛滥以维护人的自由与尊严之外,中国的生命美学也可以在通过批判封建愚昧、人权泯灭以维护人的自由与尊严方面开拓出审美研究的东方特色,从而为百年来的中国美学研究走出对于审美的误读做出自己的特殊贡献。遗憾的是,生命美学长期付出的这些努力,都被遮蔽在从蔡元培到李泽厚的美学取向之外,始终未能引起足够的关注与重视。

最后是对于美育的误读。

首先必须指出的是蔡元培的"以美育代宗教"在逻辑上是明显矛盾的,因为"美育"与"宗教"根本就不对等。相比之下,倒是王国维早于他所提出的"美术者,上流社会之宗教也"更合乎逻辑。可是,颇具深意的是,尽管蔡元培自己也觉得其中存在矛盾,因此有时也会改为"以美术代宗教""以艺术代宗教",但在正式的场合,他却始终坚持"以美育代宗教"。如在《美育代宗教》的演讲中他就说:"只有美育可以代宗教,美术不能代宗教,我们不要把这一点误会了。"① 为了弥补漏洞,蔡元培的方法是,将"宗教"理解为"宗教教育",也就是把"宗教"的"教"理解为教育的"教"。于是,"以美育代宗教",就成了"以美学教育代宗教教育",结果,"以美育代宗教"也就成了一个教育学命题,而不再是美学命题。正是出于对这一失误的觉察,李泽厚才在《己卯五说》中改称为"以审美代宗教"。

其次,对美育本身,蔡元培的看法也存在问题。所谓的"宗教",在他看来,是特指西方的基督教。这样一来,取西方基督教而代之的也应该就是西方的美育。可是,在蔡元培那里却不是这样。他所谓的美育,只是孔子所谓的美育,即"诗教""乐教"。当然,孔子所谓的美育倘若要取代孔子所谓的宗教,那倒起码是合乎逻辑的,但孔子所谓的美育又如何去取代西方所谓的宗教(基

---

① 蔡元培:《简易哲学纲要》,北京出版社,2005年,第249页。

督教)？那完全又是一场关公战秦琼式的误打误撞。因此，尽管蔡元培能够敏锐地捕捉到世界已经进入"无神的时代"这一时代脉搏，同时又能够敏锐地意识到美学在这个时代的特定价值与作用，但却未能提供正确的回答。

换言之，蔡元培敏锐发现的，是一个"以审美代宗教"的重大课题，但是却因为出于种种现实的考虑（例如教育总长的对于教育工作的重视），却把它替换为一个"以美学教育代宗教教育"的教育学的现实课题。这样，他也就始终未能觉察宗教（基督教）与审美（包括美育）之间的在作为根本问题的终极关怀上的一致，也就始终未能觉察审美（包括美育）只是在宗教没有办法在"弱相关"的条件下再像过去那样去包打天下才得以应运而生，也才得以去尽职尽责发挥自己的作用。而且，审美（包括美育）与宗教之间也并非取代与被取代的关系，而是都在从不同的角度去共同地为信仰的建构、终极关怀的建构各尽所能。

或许在蔡元培看来，美育只是善的工具。在这方面，他与后来的李泽厚堪称心有灵犀。在李泽厚看来，审美所要企及的只是"以美启真""以美储善"和"以美立命"之类的功利目的。为此，他甚至还提出了所谓的"积淀说"。他在追问"美是什么"的时候借用"有意味的形式"来说明所谓的美无非就是"形式里积淀了内容"，因此，"有意味的形式"就是美。然而，无数的审美实践都告诉我们，更加重要的是形式创造了内容，创造了美，是艺术的形式、主题和意义以及抽象的点、线、面创造了美。换言之，在形式之外、形式之前、形式之上，都没有美。因此，美必然是先于真也先于善的。所谓"形象大于思想"和海德格尔所说的艺术中的"真"要大于认识中的"真理"，也正是这个意思。并且，倘若所谓审美其实并非意在追求真理，而是意在维护自由，倘若审美只为审美的根本目的在于维护人之为人的不可让渡的权利与尊严，是把人自身当作目的，是为了人自身的提升与超越，而"不是以培养和精炼审美趣味为目的"，那么所谓美育，充其量也就只能是对于每一个人自己的自由本性和神圣不可侵犯的权利意识的唤醒与引导，而不可能是善的工具，不可能是"以美启真""以美储善"和"以美立命"，甚至也不可能是诸多学者所津津乐道的情感教育、艺术教育和人格教育等。

必须指出的是，对于美育问题的关注，王国维无疑比蔡元培还要先知先觉。早在1903年，王国维就已经在中国首次提出了美育的问题。在《论教育之宗旨》《孔子之美育主义》《教育家之希尔列尔》《论近世教育思想与哲学之关系》《去毒篇》《人间嗜好之研究》等一系列文章中，王氏都反复提到以文学、美术、音乐对国人进行美的教育。例如，在《论教育之宗旨》中，王国维指出："盖人心之动，无不束缚于一己之利害；独美之为物，使人忘一己之利害而入高尚纯洁之域，此最纯粹之快乐也。"在他看来，美育"使人之感情发达，以达完美之域"。因此，"美育即情育"①。更为重要的是，王国维并没有简单地否定宗教，而是以审美、以艺术为宗教，大力提倡在宗教衰微的中国去以美育取代宗教的缺位，这或许正是1904年他在《红楼梦评论》中就已经以艺术为解脱的根本原因："设有人焉，备尝人世之苦痛，而已入于解脱之域，则美术之于彼也，亦无价值。何则？美术之价值，存于使人离生活之欲，而入于纯粹之知识。彼既无生活之欲矣，而复进之以美术，是犹馈壮夫以药石，多见其不知量而已矣。"②"美术之务，在描写人生之苦痛与其解脱之道，而使吾侪冯生之徒，于此桎梏之世界中，离此生活之欲之争斗，而得其暂时之平和，此一切美术之目的也。""故美术之为物，欲者不观，观者不欲；而艺术之美所以优于自然之美者，全存于使人易忘物我之关系也。"③"能使吾人超然于利害之外者"，"非美术何足以当之乎？""故究竟之慰藉，终不可得也。"④"自己解脱者观之，安知解脱之后，山川之美，日月之华，不有过于今日之世界者乎？"⑤

显然，王国维对于美育的思考极为深刻。因为他是出于对宗教的价值与功能的同情与理解，强调在宗教衰微的时代，赋予美育以宗教的性质与功能，认

---

① 王国维：《王国维文集》第3卷，中国文史出版社，1997年，第58页。
② 王国维：《王国维文集》第1卷，中国文史出版社，1997年，第16页。
③ 王国维：《王国维文集》第1卷，第3页。
④ 王国维：《王国维文集》第1卷，第2页。
⑤ 王国维：《王国维文集》第1卷，第15页。

定美育就是此岸中的彼岸，以形而上的美育取代形而上的宗教，以美育的王国取代宗教的"天国"，以审美的超越性取代宗教的超越性，而且，宗教的神性也被他转化为美育的内在要素。

不难看出，在王国维对于美育的宗教性质与功能的强调的背后，蕴含着的正是对于美育的信仰维度这一重大取向的敏锐洞察。而且，这一维度的充分展开，也正是中国20世纪一系列关于美育的深刻思考的重要起点。遗憾的是，王国维的这一思考并未引起时人的普遍关注。

最后，在蔡元培所提出的"以美育代宗教"美学命题中，至为重要的是对于美育的"教堂"属性的关注，并非对于其"课堂"属性的关注，因此，这一命题的最为重大的意义在于"全新的灵魂重建"的美学方案。与此相应地，美育之为美育，只有在审美救赎的背景下，才能够深入地加以讨论。

众所周知，人类失落的生命，过去只能在宗教中才能够被赎回，这就是人们非常熟悉的宗教救赎，然而，在宗教退出历史舞台的主导地位后，人类失落的生命又将如何去赎回？审美救赎，当然应该是首先的选择。审美救赎，意味着对于自己所希望的生活以审美的方式赎回。人注定为人，但是却又命中注定生活在自己并不希望的生活中，而且也始终处于一种被剥夺了的存在状态，它一直存在，但是却又一直隐匿不彰，以致只是在变动的时代中我们才第一次发现，也才意识到必须要去赎回。然而，因为已经没有了彼岸的庇护，因此，这所谓的赎回也就只能是我们的自我救赎，也就是所谓的审美赎回、审美救赎。

因此，关于美育的讨论，也就不能在艺术教育的层面进行，而只能在审美救赎的层面进行。遗憾的是，百年中关于"以美育代宗教"的讨论中，对于这个层面，却往往未曾顾及，或者仅仅一笔带过，这无异于一次世纪性的美学失误。

其实，早在百年前蔡元培提出"以美育代宗教"之初，他对于审美救赎的问题并非毫无察觉，因此在他提出的"以美育代宗教"的美学命题中，也实际存在"以审美代宗教"与"以美学教育代宗教教育"的两种不尽相同的美学取向。当然，由于甲午海战的失败，焦头烂额的古老中国急于向西方学习，因此对于"科学""理性""民主"和对于自然的奴役、神的迷信、君主专制的破解，都毕竟不可能像西方那样深思熟虑地及时反省，而是一味赞美之。但是，就广义而言，我们又不能说，就面临外在的合法性规范的崩解这一角度而言，蔡元培提出的"以美育代宗教"又与西方的对于虚无主义的克服存在着内在的根本一致。

"虚无主义意味着，最高价值的自行贬黜。"[①] 作为一种现代之后的特定现象，在过往的将"最高价值"绝对化之后，虚无主义则是将"虚无"绝对化。一旦"虚无"被绝对化，它也就成了绝对的否定，成了关于"虚无"的主义。而且，虚无主义的关键就是"上帝之死"。有人认为，既然如此，重新把上帝请回神坛，事情不就圆满解决了吗？事情远没有那么简单。众所周知，虚无主义是商品拜物教的必然结果。商品拜物教无疑确实亟待批判，否则无以达成对于信仰物化的"解蔽"。它可以被称为"非神圣形象"中的异化，是信仰的物化形态——物神的泛滥。按照马克思的看法，商品拜物教也是一种宗教——"感觉欲望的宗教"，因为无法把人提高到自身感觉欲望之上，导致现代人陷入粗鄙化和外在化的感觉和欲望的泥潭中无以自拔。但是，对于新神——物神的批判，却绝对不能借助旧神——上帝的重新出场来完成。这是因为，对旧神——上帝的批判，也是同等重要的。它是对于信仰神化的"去魅"，可以被称为"神圣形象"中的异化，是以抽象化、外在化的方式对于人的超越性的表达。正是因此，对于虚无主义的正面阻击，只能通过敞开信仰的本真意蕴，并且同时展开对于信仰物化的"解蔽"与信仰神化的"去魅"，才能够成功达成。正是如此，宗教的退场才亟待美育对信仰的推进来加以实施和完成。

因此，我们可以说，以审美去救赎合法性规范崩解的虚无之路，"审美代宗教"并非"以美学教育代宗教"，这应该是蔡元培在中国所开创的第一次完全与世界同步的美学大讨论。他所提出的"以美育代宗教"，应该是中国美学史上第一个世界性的美学命题，而这一美学命题在百年中国的长盛不衰，乃至在过去的百年中所出现的三次引人瞩目的美学热，也都一再证明着这一美学命题以及审美救赎在东方中国的强大生命力。

---

① ［德］海德格尔：《尼采》，孙周兴译，商务印书馆，2002年，第26页。

假如说尽管尼采的克服虚无主义的审美救赎思路受到了海德格尔的严厉批评,认为这个美学方案虽然意在克服虚无主义却最终反而成为一种虚无主义的表现,但是无论如何,它却毕竟可以因为是西方的第一个克服虚无主义的美学方案而永垂青史,那么,蔡元培也如此。尽管他的"以美育代宗教"的克服虚无主义的审美救赎思路也绝非完善,甚至较之尼采而言,要更加不完善,但是,它却毕竟可以因为是非西方的中国的第一个克服虚无主义的美学方案而同样永垂青史。

然而,必须指出,为蔡元培所忽视了的,却是席勒与尼采之间的截然不同的美学路径的差异。① 同样是面对审美与宗教的关系,在席勒是审美作为美育,在尼采却是审美作为宗教;在席勒,是审美的去宗教化,是对于宗教的否定,因为宗教是多余的、落后的,必须被取而代之的,审美则正是因此而应运而生,因此也是审美的去神性化、去超越性化与去形而上属性化;在尼采,则是趋向审美的宗教化,因此在清除了宗教的愚昧、迷信因素之后,又在审美与艺术中延续了宗教的神性、超越性与形而上属性。于是,昔日曾经由宗教来满足的,今日被转移到了审美。审美,成为当今之世的拯救之道、救赎之道。

在西方,从尼采开始的审美救赎还绝非结束,而只是开始。他们在席勒的"趣味的满足"以及感性与理性的协调的审美教育歧途外毅然继续前行,在审

---

① 在这方面,众所周知,蔡元培选择的是席勒。值得注意的是,继之的鲁迅却毅然选择了尼采。区别于王国维的从叔本华那里汲取了"意志",鲁迅转而从尼采那里汲取了"意力"。区别于"意志"的"事已如此""你应该","意力"是"自身的解救者"和"快乐之施主",是"我要它如此""我要"。必须强调,"意力"早在梁启超那里就已经使用。更早的龚自珍、谭嗣同也已经使用过"心力"。鲁迅显然并非从中国文化入手。他明确说:"孔孟的书我读得最早,最熟,然而倒似乎和我不相关。"所谓"意力",完全是从尼采的思想出发,是以个体的人格来承担起过去的上帝的职责。而且,其中的昂扬的生命力也是中国文化所匮乏的。不过,他对于"意力"的阐发更多的是从"社会"的角度而并非"存在"的角度,并且与进化论相互整合,最终形成自己的启蒙思想(参见伊藤虎丸《鲁迅如何理解在日本流行的尼采思想》,载《鲁迅研究》第十辑,中国社会科学出版社,1987年),这是一大缺憾。因此,也就再一次地与审美救赎擦肩而过。

美救赎的道路上取得了丰硕的研究成果。可是，在中国，蔡元培所提出的"以美育代宗教"却被转而在席勒的审美教育意义上去详加讨论，这导致了百年来的在审美救赎这个世界性课题的研究上中国美学家们的成绩竟然微乎其微。因此，面对宗教的弱化，审美何为？审美何谓？我们又不能不说，蔡元培所提出的"以美育代宗教"的克服虚无主义的审美救赎思路尽管确实是20世纪初在中国就已经开始的一个最有共同价值的提问与回答，但是它并不完美，只不过是一个堪称完美的开始，一个在百年中始终可以去"接着讲"的开始。

更何况，关于审美救赎的思考，还意味着中西美学的平等对话。综观百年的中国美学研究，到处可见的都是跟随在西方后面的亦步亦趋，诸多的研究专著与论文中出现的，也都是顺从的姿态，而不是对话的姿态。当然，认真的学习与领会永远是极为重要的，但是，这毕竟只是研究的开始。可是，在中国的很多美学家们看来，却以为这就是研究的结束。因为我们始终误以为西方已经结束了真理，因此也就始终以代西方权威传言为荣，始终以为中国的工作就只是为西方理论提供例证，始终以为中国人的智商处于绝对劣势，因此而不惜自甘被动、俯首帖耳。然而，正如乔纳森·卡勒所说：作为理论，其本身的准则就是反思。倘若我们放弃"反思"的权利，放弃平等对话的机遇，并且不去毅然以西方权威作为质疑的对手，那么，不论我们如何努力，其结果都必然是我们的出发之处，就是我们的失足之处。① 而在审美救赎问题上，我们显然不难发现，这实在是一个中西美学间可以同台竞技的舞台。当我们从蔡元培开始，一路走过康德、席勒、尼采、韦伯与西方马克思主义美学中的法兰克福学派之

---

① 因此，中西美学对话其实也并非什么中西文化、中西美学交流的必然要求，而是20世纪人类坠入价值虚无的深渊之际所提出的必然要求。这个问题完全是绝对性的，而并非民族性的（比起绝对的精神境遇，民族的精神境遇实在不算什么）。显然，谁能够解决这一困境，谁就有资格成为新的精神资源。因此，人类坠入价值虚无的深渊才是真正值得关注的"事情本身"，而并非是为一种民族精神辩护。在此意义上，本文所深入展开的对话也只是与全世界的美学先知的精神对话，而并非肤浅的中西美学间的对话。

后，应该不难发现，相对于西方的侧重于理性的丰富性，以便给予自我感觉以充分的形而上的根据，中国应当侧重的是自由意志与自由权利。在西方，是期望从窒息理性的使人不成其为人的"铁笼"中破"笼"而出，在中国，却应当是从窒息人性的不把人当人的"铁屋"中破"屋"而出。自由意志与自由权利的成长因此而成为审美救赎的中国特色、中国方案。在这个方面，中国美学无疑大有文章可做，而且也完全可以在关于审美救赎问题的思考与反省方面展示中国的特色，做出中国的贡献。可惜，这一切却始终未能引起我们的高度重视与深入思考。

综上所述，尽管蔡元培提出"以美育代宗教"的美学命题已经百年，国内对于这一美学命题的研究也已经百年，但是在充分开掘这一世纪第一美学命题的价值与贡献之余，对于其各种误读却使得我们始终未能走得比蔡元培更远。这使得蔡元培所提出的这一世纪第一美学命题至今仍旧只是一个未完成的美学命题、一个待阐释的美学命题。不但其中的真正的美学价值至今未被完全揭示出来，而且其中的根本的美学缺憾、美学失误仍旧未被彻底揭示出来。

幸而，美学的新的百年已经开始，新的关于"以美育代宗教"的思考也已经开始，在洞察了其中的四个美学误区之后，相信我们可以比蔡元培走得更远。不难想象，在新的百年，对于蔡元培所提出的"以美育代宗教"的美学命题的全新拓展，应该是可以预期的！

（刊于《郑州大学学报》2017年第5期）

当代美学转型与美育的理论困境
——兼论美学与美育的关系

⊙席 格
⊙河南省社会科学院 文学研究所

一、美学与美育的关系

关于美育与美学的关系，蔡元培先生曾明确指出：
"美育者，应用美学之理论于教育，以陶养感情为目的者也。"[①] 陈望道先生也曾断言："谈美育必先知美学。"[②] 因为只有站在美学的维度上，作为美学与教育学、心理学、伦理学、脑科学等的交叉学科的美育，才能获得学科的基本规定性，确立学科的基本性质。换言之，美育的理论建构与实践发展都必须建基于深厚的美学基础上，以美学为理论支撑，才能针对现实生活中人们审美观念的流变发挥自身的引导作用，提升人们的人生境界。

美学对美育的理论支撑，主要体现在三个层面：

首先，美学以审美活动为研究对象，为美育建构提供了理论基石。审美活动"是人的一种精神—文化活动，它的核心是以审美意象为对象的人生体验。在这种体验中，人的精神超越了'自我'的有限性，得到一种自由和解放，回

---

① 陈望道：《陈望道文集》（第1卷），上海：上海人民出版社，1979年，第455页。
② "文艺美学丛书"编辑委员会：《蔡元培美学文选》，北京：北京大学出版社，1983年，第174页。

到人的精神家园"①。审美教育乃是审美活动的最后落脚点和现实归宿，审美教育只有诉诸审美活动，才能引导人们获得自由和解放，获得精神境界的不断提升。因此，美育的理论建构必然要关涉何种对象能够成为美育诉诸的审美对象，何种审美对象能够培养何种或提高何种审美能力、审美趣味，不同的审美经验对美育的实施会产生什么影响等。而美育所关涉的审美对象、审美能力、审美趣味与审美经验等，乃是以审美活动为研究对象的美学元理论研究和美学体系建构所必然取得的成果。同时，以审美活动为中心的美学元理论范畴体系，也自然为美学体系及相关理论向美育理论的转化开辟了通道，成为美学为美育提供理论支撑的中介。

其次，美学的审美价值研究为美育获取独立性提供了理论依据。美学的审美价值研究，为审美价值独立于政治价值、伦理价值与经济价值等功利性价值奠定了基础。而审美价值独立性的确立，不仅为人们开辟了超功利的价值取向维度，而且为建基于审美价值独立性之上的美育提供了价值认同的可能，从而在两个维度上为美育奠定了独立存在的理论基础：一是美育学科的独立性，即在教育体系中美育具有独立存在的价值，不同于德育、智育与体育；二是美育实践的独立性，即在实践中不能从属于更不能让位于德育、智育。在审美价值理论的基础上，美育还可获得超越功利价值的理论支撑，使美育实践最大可能摆脱功利性价值的冲击与影响。

最后，美学对自由的审美乌托邦建构为美育提升人生境界提供了理论引导。美学学科具有鲜明的乌托邦气质，强烈的非功利性内在地要求对现实进行超越，让人在审美中进入自由的境界。美学对于审美理想的确立，从对美育的开启来看，则是促使美育在现实实践中始终能够避免美育目标的庸俗化、世俗化，维系着人生向理想境界维度的提升。在审美理想的引导下，美育能够获得实践的源动力，通过对审美心胸、审美能力和审美趣味的培养，促使人们超越现实功利的束缚，去追求自由的精神境界。而如果失去美学审美乌托邦的引

---

① 叶朗：《美学原理》，北京：北京大学出版社，2009年，第15页。

导,美育实践便无法摆脱现实功利主义取向和现世世俗生活目标满足的困扰,以致迷失方向,最终失去对审美人生的达成,而只能满足于具有浓厚功利化色彩的世俗目标。

但美学与美育之间的理论关联,却因受美学研究转向、美育的交叉学科属性和美育实践的社会属性以及社会、文化等诸多因素的影响,经常处于脱节、错位的状态。如果以美学与美育之间的理论关联性为理论基础来审视20世纪80年代以来中国当代美学转型与美育转向的发展,便可清晰看出二者之间错位的影响:当代美育因无法有效得到美学的理论支撑而陷入了理论狭隘、僵化与匮乏的困境,并致使实践严重滞后。因此,从美学为美育提供理论支撑的层面探讨二者错位的内在理论关联,对美育摆脱困境而言乃是一个不可或缺的维度。

二、当代美学转型与美育发展的错位

20世纪70年代末,美学与美育在经历十年的停滞之后开始复苏。因美学追求自由的本质和乌托邦式的话语方式与当时社会从"五四"继承来的以"启蒙"为核心的文化基调相吻合,在全社会迸发出巨大的美学热情,形成了"共同美"讨论、"手稿热""翻译热"和"方法论热"等组成的"美学热"。加之"政治问题审美化",美学与政治形成联姻,美学肩负起精神启蒙和对社会审美乌托邦构建的重大历史使命。而随着"美学热"所推动的美学研究的深入和社会实践的需要,作为美学介入现实生活方式的审美教育也引发广泛关注,并与美学社会审美乌托邦建构的审美理想相适应,被赋予了培养与"四个现代化"建设相适应的社会主义新人的重大任务,同时在全社会形成了"五讲四美三热爱"的群众运动。但到了80年代末,随着社会、政治、经济和文化环境的变革,美学与美育发展的转型转向,美学与美育实践一致发展的状态便宣告结束。美学研究的转型,主要体现为理论视域由艺术拓展到文化、生态等领域,理论形态则由单一走向多元并存等。而美育理论建构的转向,主要体现在三个层面:由对社会主义新人的培养转向对完满人性的培养与人生境界的提升；由以美育为促进人的解放的启蒙维度，转向发展完满人性的人文素质教育；由主要诉诸艺术教育，转向美育手段的多元化，开启了日常生活美育新维度。可以说，美学与美育在各自的领域内均取得了一定成绩，但若从美学为美育提供理论支撑的角度来审视二者的发展，当代美学转型与美育转向之间则处于一种错位状态。

首先，美育理论建构相较于美学转型发展成果严重滞后。美学转型之后，美学逐渐由艺术哲学向文化哲学转变，审美文化研究在美学泛化和大众文化勃兴的基础上，自20世纪90年代初开始兴起，持续至今，不断走向深化。美学理论体系，在20世纪80年代中后期"实践与后实践"论争的基础上，由实践美学的一枝独秀，转变为超越美学、生命美学、存在论美学、修辞论美学、生态美学等的多元化发展。同时，在全球化背景下，对国际美学由先前的接受转向对话与交流，形成了接受美学、分析美学、环境美学、身体美学等。另外，古典美学资源在现代转换的驱动下，引发对中国美学史的重新梳理。但美学转型所取得的理论成果，并未引发美育理论建构进行相应的调整。美育理论研究所取得的主要成就，其一是对现代美育传统的梳理、研究与反思，如杜卫的审美功利主义研究等；其二是学校美育理论体系的建构，如赵伶俐的"跨世纪美育科研成果书系"，依据幼儿园、小学、中学和大学四个不同阶段的学校美育的特征，针对性地建构学校美育理论；其三是美育与心理学、脑科学、优生科学、生命科学等的联姻，如姚全兴的《胎教的美育原理和方法》，便是美育与现代科学相结合的成果。美育理论建构的这些主要成果，显然并不是在美学理论强有力的支撑下取得的，美育的手段仍主要限于艺术教育，并未实现向文化、身体、环境等审美对象的有效拓展。而且，即便依据新兴美学体系提出了一些新的美育形式，如生态美育、身体美育、环境美育等，实质上主要是以美学的新发展为美育贴标签，并没有体现出美育理论的建设性。美育理论建构相对于美学新发展的严重滞后，致使美育实践在面对城市景观规划、现代医学整容、新媒体艺术等新兴审美现象时，陷入了"失语"、缺位的实践困境。

其次，审美价值的弱化与美育独立性的丧失。自20世纪80年代末开始，随着经济体制改革的逐步深入、外来文化的大量流入等，人们的价值观念发生巨变，工具理性、实用主义至上，功利价值成为竞相追逐的对象。这对审美实践形成了强烈冲击，致使审美功利主义不断强化，加之审美价值理论在美学研究中遭到冷遇，审美价值在与功利价值的对抗中处于下风。现实功利价值的上扬和审美价值研究的不足，最终导致审美价值遭到质疑、冷落，进而丧失独立性，从属甚至让位于功利性价值。审美价值的弱化，与美育以审美价值独立性为依托的理论诉求产生严重错位。相应地，在具体落实中美育遭到功利性价值的严峻挑战，致使美育在实践中丧失了应有的独立地位，并受现实功利主义的冲击而失去了应有的人文品格。

最后，美学学科使命的转变与美育目标的错位。

20世纪80年代末，随着社会政治的稳定发展和改革开放的逐步深入，美学逐渐失去了对政治意识形态的依附，由此而逐渐趋于边缘化。在边缘化的过程中，美学建构社会审美乌托邦的使命，随之让位于国民素质的培养与提升。换言之，美学由一种理想化的精神家园建构转变为对现实人生的关怀，审美理想的超越性在现实关怀中被逐渐消解，而流于一种世俗化的审美满足。这就致使以美学审美乌托邦为旨归的美育乌托邦失去了精神指向和维系理想境界的动力。美学乌托邦建构的缺失，与美育维系目标的理想信仰维度的理论要求之间产生了错位，从而使美育在审美实践与文化实践中失去了对现实超越的动力与目标，而陷入世俗的困境。

从美育与美学联姻的角度整体上审视美学与美育的错位，不仅在于美育相对于美学新发展的滞后，而且在于美学转型过程中能为美育提供支撑的相关理论资源的缺失。这种双重错位决定了美育理论既无法获取美学研究新进展的有效支撑，又因丧失先前原有的理论基础而无法应对现实的挑战，最终陷入理论与实践的双重困境。

三、当代美学转型与美育错位发展下美育理论困境的表现

美学与美育转型转向的错位发展，致使美育实践在错综复杂的审美实践与

文化实践中，因无法获得强有力的美学理论支持而陷入地位边缘化、目标世俗化、主要手段艺术教育产业化和在审美时尚面前"失语"与"缺位"的困境之中。并且，在审美观念、审美时尚等迅速流变的当下，美育现实实践困境的愈发凸显，愈发暴露出美育理论的困境所在。

第一，美育理论建构的狭隘、僵化与匮乏。美育仍主要局限于艺术教育，理论视域过于狭隘。当下，艺术教育依然是美育的主要手段，但因艺术教育之"艺术"并未随着时代的发展而做出相应的调整，依然限于传统经典艺术，现代艺术、后现代艺术并未得到充分运用，而新媒体艺术等更是被排除在美育范围之外，这就导致人们接受审美教育的"艺术"鉴赏活动与现实生活中的审美实践出现严重错位。人们在审美教育中所培养的审美能力，并不能帮助他们对日常生活中的"艺术"进行有效的阐释与鉴赏。同时，由日常生活审美化、环境美学、身体美学等新兴美学体系所开启的日常生活美育维度，并未得到应有的重视。美学疆域的拓展，并没有使"美的艺术"之外的生态、环境、身体、影像等进入美育的理论视域之内。理论视域过于狭隘，使美育在艺术教育带有浓厚功利色彩的当下，在纷繁复杂的文化实践和审美实践面前显得更加无所适从。

与此同时，美育的理论建构，主要是对美学理论的直接移植，并没有进行深层次的理论熔铸创新，理论体系过于僵化。美学知识是美育理论与实践的底蕴所在，而并非美育理论构建的框架和内容。但就目前的美育理论建构来看，既没有谋求建立美学与美育对接的基本模式，将美学理论熔铸到美育理论之中，进行创新发展，更没有将美学的基本范畴与美学体系的最新研究成果吸纳进去。美育理论俨然成了美学理论的翻版，美学基本理论和艺术美与美育构成了美育理论建构的主要模式，并没有从审美活动、审美价值、审美理想三个基本层面来获取美学支撑，也没有讲述如何运用不同的审美对象来提高何种审美素养，更没有细化区分不同审美对象对提升审美理想所能够发挥的作用。目前大学美育所使用的理论教材，基本上是沿用美学基本理论介绍、艺术美与美育等为主的内容体例。美育理论体系的僵化，阻碍了美育对美学研究新成果的有效汲取，使美育在审美时尚迅速流变的当下丧失了应有的理论包容性。

此外，美育理论在动态的审美教育实践中暴露出严重的"失语症"，无法应对新兴审美现象，理论资源过于匮乏。随着社会、经济、文化、科技等的发展，审美实践日趋多元化，人们的审美需求获得满足的同时也暴露出许多负面现象，如日常生活中经济价值与审美价值冲突、生态环境恶化状况加剧、现代医学"整容热"引发身体美争议以及近来出现的网络色情、手机黄色信息等。美育虽不是根治这些现象的良药秘方，但也没有发挥出应有的引导作用，相反处于一种"失语"、缺位的状态。以身体审美为例，在现代医学整容技术的推动下，"整容热"的"人造美"已远远超出了"对镜贴花黄"式的对身体的外在修饰之美，"身体人造美"与"身体自然美"、精神内在美之间的冲突，已经超出了原有关于人体美的美学美育理论的解释范围。要通过美育引导人们尤其是青少年理性面对身体美，显然必须借助以身体美学为理论资源而构建的美育理论。相应地，面对生态、环境、影像、新媒体艺术等新兴审美现象，美育要展现出应有的解释力、引导力与影响力，必须从相应的美学新理论中获取支持，拓展美育理论构建的理论资源，弥补当前理论资源匮乏的缺陷。

第二，美育缺乏对功利性价值冲击的理论应对。由于缺乏审美价值理论的有效支撑，在功利性价值的冲击下，美育地位降低，被严重边缘化。如学校美育中，受升学压力、教学考核等因素的影响，美育被置于从属地位，甚至被排除在课程设置之外，与美育相关的师资力量和教学硬件设施建设更是严重不足。美育的主要手段艺术教育，在功利性目的的驱使下俨然演变成为艺术产业，应有的审美性、趣味性、人文性丧失殆尽。而承载普及美育的公共艺术——电影电视、公共建筑、城市环境设计等，更是因商业利益等功利价值的驱使而放逐了审美价值。对于边缘化、产业化的困境，美育理论自身不但没有相应地进行与功利主义冲击相抗衡的理论建构，更没有摆脱这种困境的理论能力。这有待于美学对审美价值理论研究的加强，以及相关理论向美育理论的转化。

第三，美育丧失了维系实践理想维度的理论支持。美育乌托邦建构的缺失使美育目标趋于世俗化。艺术教育成为大学入学的"敲门砖"和快速成名的捷径，其美育功能被架空，而屈服于功利性目的；日常生活的美育维度，因过分强调生活各环节的人性化满足、心理满足和审美满足，沉迷于世俗化目标的达成，丧失了超越现实的乌托邦精神。而现有美育理论显然无法使美育实践从世俗化的泥潭中超脱出来，美育实践要在与现实生活审美实践的深度融合中保持应有的理想气质，还有待于美学对审美乌托邦的重构及对美育的引导。

四、美育无法从当代美学转型中有效获取支撑的理论原因

美学要真正成为美育理论建构的重要支撑，必须诉诸一定的理论转换模式，从形而上的哲学思辨性研究转化为能够直接为美育实践提供指导或直接能够实施的理论形式。当下美育实践滞后与理论狭隘、僵化、匮乏的困境，在理论层面的根源便是二者之间理论对接的缺失。

首先，美学与美育之间一直没有建立稳定有效的理论对接范式。对美学理论的生搬硬套，是无法推动美育理论的创建发展和适应美育实践环境变革的。美学与美育的对接，就美育中国化以来的历程来看，在中国现代美学美育中，尽管没有二者对接的深入研究，却取得了较大成就，关键就在于二者的一体化使美学与美育以潜在的方式实现了对接。对于现代美学与美育的关系，杜卫就认为："中国现代美学的一个突出特点是美育理论的丰富和深刻，或者说，中国现代美学的创建在相当程度上是以美育问题为主导的。"[①] 姚全兴也认为："中国现代美育又是和中国现代美学一起发生发展的。不仅'五四'以前两者在王国维、鲁迅、蔡元培等人的论著中共生共存，以至难解难分，就是在'五四'时期和'五四'以后，北方的《曙光》杂志、南方中华美育会的《美育》月刊、李金发的《美育》杂志上发表的许多文章，也是融美育和美学于一体。现代一些哲学家、美学家如朱谦之、李石岑、朱光潜等，谈美学也就是谈美

---

① 杜卫：《审美功利主义——中国现代美育原理研究》，北京：人民出版社，2004年，第1页。

育，谈美育也就是谈美学，彼此没有绝对的界限。"① 这种特殊关系，使美学与美育的理论建构和具体实践之间形成了一种潜隐的对接。以朱光潜先生为例，《谈美》和《论美感教育》等都是他将深奥的美学理论研究以通俗易懂的方式向审美教育转变的结果，不仅推动了美育研究，而且切实推动了美育实践。这种由美学家自身完成的美学与美育的潜隐对接，在促进中国现代美育发展的同时，却遮蔽了现代美学对美学与美育理论对接范式构建的研究。以至于当代美学与美育的理论对接范式研究依然没有受到重视。无论是20世纪五六十年代的美学大讨论，还是80年代的"美学热"，都没有对美学与美育的理论对接进行研究。尤其是在"美学热"期间，美育实践是依托体制性力量而获得大发展，随着美学对政治意识形态依附的终结，美学与美育的分别转向，80年代美育理论建构中将美学理论直接植入美育理论，缺乏创建性对接发展的弊端在新环境中被彻底暴露出来。可以说，美学与美育理论对接研究的先天阙如，对接范式的缺乏，是形成二者错位发展的深层理论动因。

其次，当代美学转型中对美学元理论、审美价值与审美理想研究的不足，使美育失去了理论支持的来源。

"没有美学理论的进步，便没有美育的进步。审美教育在当代面临的难题，归根结蒂是美学理论自身出了问题。"② 建构美学体系，是转型发生后美学研究的一个核心所在。"体系性冲动"，乃是当代美学转型的一个"关键词"。在1991年由全国青年美学研究会组织的为使美学"尽快地摆脱困顿，实现超越"的《"当代中国美学研究的出路"笔谈》中，吴子连便认为，"'体系冲动'在一定时期、一定领域、一定群体中，未尝不是理论研究的一种有效操作动力和操作模式"③。1992年5月于河南召开的"全国当代美学学术研讨会"更是明确提出了"建构中国当代形态的美学体系问题"。当代美学自20世纪90年代

---

① 姚全兴：《中国现代美育思想述评》，武汉：湖北教育出版社，1989年，第2页。
② 刘成纪：《美育哲学基础的重建》，《郑州大学学报》（哲学社会科学版）2008年第6期。
③ 吴子连：《"体系冲动"的当代意义》，《福建论坛》1991年第1期。

以来体系的多元化发展也证实了这一点。但体系多元化所形成的美学表面的复兴,实际上是建立在对形而上的美本质研究等基本命题搁置的基础之上的。美学元理论研究的缺失,使美学与美育的对接研究失去了基石。审美价值研究的弱化,使审美价值无法与功利性价值相抗衡,维系审美与美育的独立性。审美乌托邦建构的缺失,更是导致美学、美育失去其应有的精神品格。尤其是美学基本命题研究因美学体系建构遭到冷遇,直接阻碍了美学向美育理论转化通道的建构,自然决定了新兴美学体系无法顺利向美育转化。

最后,美育学科建构的哲学基础、多学科交叉属性与实践属性在一定程度上阻碍了美育对美学理论的主动有效汲取。从美育学科构建的哲学基础来看,美育陷入困境的自身根源就在于审美无利害原则与审美功利主义传统的冲突。而审美无利害原则,并不是美育建构必须恪守的金科玉律。对此,刘成纪在《美育哲学基础的重建》一文中指出,"审美无利害原则并不必然是审美教育必须执守的原则",应"以感性为起点",对美育建构的哲学基础进行重建,赋予美育以更富生命力的哲学基础。[①] 因为只有建基于"感性"之上,才能拓展"美育的关注范围",与新美学体系建立深度理论关联。从美育多学科交叉属性的构成原因来看,虽然美学在美育理论建构中处于核心地位,美育理论仍必须获得教育学、心理学等学科理论和方法论的支持。近年来美育对教育学、伦理学等理论的汲取和与科学的联姻,在一定程度上推动了美育理论的发展,相对地减弱了对美学理论汲取的诉求。从美育诉诸实践的现实动因来看,美育理论的构建在于推动美育实践深入有效的开展。而20世纪90年代以来美育实践所获得的发展,主要得益于教育学、心理学、脑科学等其他理论来源的支持,并未对美育主动寻求美学的理论支撑形成巨大的现实驱动力。只是在美育应对审美流变出现严重滞后的情况下,才产生了对理论重建、要求美学支撑的强烈诉求。

---

① 刘成纪:《美育哲学基础的重建》,《郑州大学学报》(哲学社会科学版)2008年第6期。

五、当代美学转型为美育理论重建带来的契机

在当代美学转型与美育转向的错位发展中,因转型而引发的审美价值弱化、审美理想建构与美育目标的错位,虽然和美育边缘化、产业化和世俗化的困境密切相关,但美学在体系多元化、理论美学与应用美学的并存式发展方面所取得的成就,也为美育理论的重建与拓展提供了可能:

第一,美学理论形态的多元化发展,将审美主体性研究推向了深入,为美育理论的重建提供了理论基础。

实践美学所强调的"美是人的本质力量的感性显现",并没有关注作为审美主体的人的生命状态等因素,为关于实践美学的论争提供了理论空间。在美学的转型发展过程中,后实践美学对实践美学的批判,使个体生命受到充分的美学关怀,"主体间性"受到理论关注,审美主体性理论得到深化。而审美主体性对美育的本质论、功能论等美育基本命题的研究都具有重要的理论价值。

第二,美学疆域的扩大有利于美育的多元化发展。黑格尔美学与艺术哲学一致性的论断,形成了西方将美学等同于艺术哲学的开端。而二者的等同,结果导致自然美被置于美学疆域的边缘,很少被美学研究所关注。但随着现代、后现代艺术的发展和"艺术终结"论的提出,美学逐步打破了艺术的局限,尤其随着艺术与生活界限的模糊,艺术向文化、向生活的敞开,美学关注的对象更是扩展到了审美文化、城市景观、身体、影像等。以这些新拓展对象为核心所建构的美学体系,促使美学在多元发展的同时,也为美育获得多元化发展提供了可能。叶朗先生在论及当下的艺术教育时,就明确指出:"电影、电视、网络等领域一些新的艺术形式对青少年的影响越来越大,对于这些艺术教育领域的新现象我们应该予以关注,尤其是这些领域内有许多紧迫的问题值得我们研究,应该注意将这些领域纳入艺术教育的视野。"[①] 如果美育能够与美学新进展保持密切关联,及时获取美学新体系的有效支撑,那么,美育将随着美学疆

---

① 叶朗:《关注艺术教育的"人文导向"》,《人民日报》2010年8月13日。

域的拓展而重新获得对审美时尚的话语权，引导人们正确面对日常生活中经济价值与审美价值冲突等审美现象，实现多元化发展。

　　第三，应用美学的发展，为美育理论重建提供了新维度。随着功利性与美学关联度的不断强化，应用美学逐渐兴起，并走向泛化。应用美学虽无法直接创造经济价值，但却可以让人们切实体验到抽象的美学理论对于现实社会生活领域的影响。尤其是随着设计美学、环境美学等的发展，应用美学借助特定的与现实生活相关联的中介，对现实生活所产生的影响愈加突出。以环境美学为例，将环境视为一种审美对象所进行的审美活动，不再是一种视听体验，而是要求以"体"去验，要求各个感官乃至整个身体的介入。据此，针对环境的审美经验便与传统的审美经验论产生了重大分歧，这是一种"参与式的审美经验"而非"分离式的审美经验"。由环境、身体、生态等新审美对象所引发的美学理论的深化，自然为美育向这些领域的拓展提供了潜在的理论支撑。换言之，应用美学的发展，所引发的一些美学基本范畴、原则的再思考，为重构美育理论提供了新维度。

　　从对当代美学转型与美育困境之间理论关联性的分析可以看出，美育对理论建构困境的超越，必须在美育与美学之间理论对接范式建构的基础上实现创新性发展，而绝不是简单地对新兴美学体系冠以"美育"的标签。而美育对因审美价值遭到质疑、审美理想维度丧失所造成困境的超越，则有待于在"美学复兴"中审美价值观的重树和审美乌托邦的重建。换言之，当前美学的发展，能否在向文化、向生活敞开的基础上对"艺术"进行再度阐释，在全球化背景下进行体系建构的基础上实现对美学元理论研究的突破创新，将会直接影响到美学对其介入生活的通道——美育的发展。在感性、情感、形象、趣味等基本学科限定的基础上实现美学与美育深层对接，使美学、美育对时代性的问题作出自身的正面回应，既可促使美育超越困境，又可彰显出美学的学科价值。

（刊于《郑州大学学报》2011年第2期）

后 记

编辑出版学术论文集是学术生产和传播的重要途径之一，也是我在主持《郑州大学学报》（哲学社会科学版）办刊过程中一直强调和坚持的一条基本原则。2012年，在《郑州大学学报》（哲学社会科学版）申报教育部第二批"名栏建设"期刊的汇报材料中，我曾将学术期刊在学术生产与传播中的作用概括为七个有机联系的方面，即：论文发表；学科建设；出论文集；主办会议；二次文献；人才培养；社会服务。这是我第一次将自己多年来的办刊体会和思考以文字的形式呈现出来，并且在向教育部领导和专家的汇报中得到了大家的认可。

我的主要观点是，论文发表虽然是学术期刊的主要职责，但一本学术期刊要成为好的学术期刊，要在读者、作者、学界和评价机构中具有较高认可度和较大学术影响力，就不仅仅是发表论文这么简单的事情。即使每一本学术期刊都认真地在做着约稿、审稿、编辑、校对等程序性工作，即使每一期发表的文章都是从数千篇来稿中精挑细选出来的优质稿件，即使每一篇文章从选题、论证、观点、材料、创新上都是精品佳作，也不是稿件发出来就万事大吉了，还需要完成上述至少七个方面的工作。从这个意义上说，学术生产与传播其实是一个"链"或系统工程，而学术期刊只是这个"链"或"系统工程"的有机组成部分。

比如说学科建设，它与学术论文发表有着内在的千丝万缕的联系。著名的例子就是以《自然》和《科学》为代表的学术期刊。这些期刊上所发表的最新学术成果在引导学科建设和科学研究方面所起的作用是有目共睹的。一个重大科学发现或发明的推出，不仅会引导许多科学家、科研机构和高等院校去做这方面的研究，一些成果甚至还影响到科技产业的发展。人文社会科学也是这样，一本期刊尤其是优秀学术期刊，在引领学术方向、促进学科发展等方面也起着非常重要的作用。我国目前正在进行的一流大学和一流学科建设，其核心指标（A类学科、ESI学科排名）与其在高水平学术期刊发表论文的数量及其引用之间的关系是密切相关的。

再比如说举办学术会议。几乎所有的学术期刊都支持和鼓励编辑参加学术会议，以保持对学术前沿的关注和与学科专家的交流。其实，由学术期刊主办各种学术会议更能凸显期刊在学术方面的超前意识和引领作用。由期刊主办的学术会议，主要有讨论期刊重大选题的专家论证会、聚焦某一个选题的专题研讨会和重大成果发布会。通过这些会议，期刊不仅可以密切与学科专家的联系，保持对学科前沿的引领，而且便于期刊直接获取优质稿件，吸引优秀人才，还可以有效提升和扩大期刊的学术影响力。

至于二次文献、人才培养和社会服务等方面，更是学术期刊的天职和使命。任何一本学术期刊，都希望它所发表的文章能够被学术界广泛关注、转载和引用，这在当前的学术评价体系中，几乎是衡量学术期刊质量的核心要素。人才培养对学术期刊的要求主要是学术意识培养、学术规范化训练和推出学术新人。学术期刊的使命感就体现在它对一代又一代学术新人的发现和培养上，这既是保证学术研究不断创新的需要，也是保持学术期刊学术生命力和影响力的关键。社会服务主要是通过学术成果的发表，为社会提供科技和智力支撑。除此之外，学术期刊服务社会的方式还可以向实践领域拓展，比如参与重大科技和社会问题的讨论，策划、组织相关科技或社会活动等，这样不仅可以提升期刊的社会影响力，而且还可以使期刊的一些主张、理念等深入人心。

当然，编辑出版论文集也是提升期刊影响力的途径之一，其意义主要在于：一是对期刊来说，把分散在不同年度、不同刊期的文章，重新拟定主题，重新汇集、编排，这既是对期刊某一时段出版成果的集中展示，也是对其所关注的学术问题的再一次确认和聚焦，同时也提供给学术界一个可检验的、历史的样本。就像赵家璧在编纂"中国新文学大系"时所考虑的，"在资料留存的基础上展示新文学发展的实绩"。二是就传播方式而言，论文集以书籍的形式聚焦学术话题，是对期刊学术传播方式的拓展和增益。书籍与期刊相比，不仅更有利于长期保存，而且有阅读上的相对优势。即使在今天数字化阅读已成为大众习惯的情况下，图书仍然是许多人包括学者钟爱的阅读方式之一。三是对研究者来说，把某一个专题的论文集中起来，既可以为其研究工作提供方便，还可以通过与编者的交流互动，不断生成新的学科领域和新的学术热点问题。

现在，呈现在大家面前的这本《21世纪美学热点问题》论文集就是《郑州大学学报》（哲学社会科学版）教育部名栏"美学·环境美学"2001—2017年间所发表的美学热点方面的论文选编。作为国内美学研究的重要阵地，我刊从20世纪80年代初就开设了"美学研究"栏目，并且始终坚持服务学术研究、服务社会主义"两个文明"建设，刊发了许多前沿性、标志性的学术成果。进入新世纪以来，随着美学研究新一轮热潮的兴起，我刊更是紧跟时代潮流，追踪学术热点，几乎关注了所有重要的美学话题，如美学理论方面，就有闫国忠先生的《何谓美学？——100年来中国学者的追问》、张涵先生的《构建新世纪中西美学对话的总体框架》、杨春时教授的《生存—超越美学的现代性》、彭富春教授的《美学的第三条道路》、薛富兴教授的《普遍性：中国美学古今会通的现实途径》、阿列西·埃尔耶维奇教授的《美学：艺术哲学还是文化哲学》以及张弘、刘成纪、杨道盛、毛崇杰、牛宏宝、彭锋、张志伟、唐玉宏、史鸿文、郭勇健、郭文成、周黄正蜜等一大批美学名家和优秀中青年学者的力作；美学新思潮方面，则有新人间美学、空间美学、传播美学、电影美学、法美学、价值美学、身体美学、生态美学、生命美学等新研究领域；美学史方面，有朱志荣教授的《中国美学史中的审美意识史研究》、张法教授的《东吴与江南美学的四个方面》、刘成纪教授的《论中国社会早期审美时空格局的形成》、王小慎教授的《末路回光——评王夫之美学理论的历史地位》、史鸿文教授的《论宋明理学的美学意蕴》、李修建教授的《论魏晋南北朝美学的三个特征》以及余开亮教授的《郭象哲学与魏晋美学思潮》等；美育方面，有高建平教授的《美育与社会改造》、潘知常教授的《美育问题的美学困局》、彭锋教授的《美育在全球化时代的任务》、王德胜教授的《功能论思想模式与生活改造论取向——从"以美育代宗教"理解现代中国美学精神的发生》、冉祥华教授的《美育本质的双重规定性》和席格教授的《当代美学转型与美育的理论困境——兼论美学与美育的关系》等。许多文章发表后先后被《新华文摘》《中国社会科学文摘》《高校文科学术文摘》以及中国人民大学报刊复印资料转载（摘），在社会上产生了较大的反响。现在把它们汇集成册，一方面是对我刊多年来关注美学热点问题的成果进行总结，另一方面也是我刊对教育部"名栏建设"工作的一个汇报。感谢教育部"名栏建设"工作的推进，使我刊不仅得到了河南省教育厅和郑州大学的大力支持，而且在综合性学术期刊专业化、特色化方面探索出了一条新路。

论文集的编选得到了几位年轻学者的帮助，他们是河南省社会科学院文学研究所副研究员席格，河南工业大学马克思主义学院副教授王燚，《河南财政金融学院学报》编辑部副编审周军伟。本书从选题策划到论文选定，每一个细节都凝聚着他们的智慧创造和辛勤劳动，在此向他们表示衷心的感谢！

大象出版社作为国内学术出版的重镇，对本论文集的出版给予了大力支持。郑强胜先生和责编、美编等人对书稿严格把关，认真校对，付出了大量心血，在此也向他们心系学术、服务学术的精神致以崇高的敬意！

付梓在即，发现全书仍有诸多不尽如人意之处，恳请学者和编辑同人不吝指正，我们将以此作为继续为学术出版事业不懈奋进的动力。

乔学杰

2018 年 8 月 30 日